Osni Moura Ribeiro

CONTABILIDADE GERAL

Atualizado conforme as leis n. 11.638/2007 e n. 11.941/2009 e NBCS TGS convergentes com as Normas Internacionais de Contabilidade IFRS

10ª edição

- O autor deste livro e a editora empenharam seus melhores esforços para assegurar que as informações e os procedimentos apresentados no texto estejam em acordo com os padrões aceitos à época da publicação, *e todos os dados foram atualizados pelo autor até a data de fechamento da obra*. Entretanto, tendo em conta a evolução das ciências, as atualizações legislativas, as mudanças regulamentares governamentais e o constante fluxo de novas informações sobre os temas que constam do livro, recomendamos enfaticamente que os leitores consultem sempre outras fontes fidedignas, de modo a se certificarem de que as informações contidas no texto estão corretas e de que não houve alterações nas recomendações ou na legislação regulamentadora.

- O autor e a editora se empenharam para citar adequadamente e dar o devido crédito a todos os detentores de direitos autorais de qualquer material utilizado neste livro, dispondo-se a possíveis acertos posteriores caso, inadvertida e involuntariamente, a identificação de algum deles tenha sido omitida.

- **Atendimento ao cliente: (11) 5080-0751 | faleconosco@grupogen.com.br**

- Direitos exclusivos para a língua portuguesa
  Copyright ©2018 by
  Saraiva Uni, um selo da SRV Editora Ltda.
  Uma editora integrante do GEN | Grupo Editorial Nacional
  Travessa do Ouvidor, 11
  Rio de Janeiro – RJ – 20040-040
  www.grupogen.com.br

- Reservados todos os direitos. É proibida a duplicação ou reprodução deste volume, no todo ou em parte, em quaisquer formas ou por quaisquer meios (eletrônico, mecânico, gravação, fotocópia, distribuição pela Internet ou outros), sem permissão, por escrito, da **SRV Editora Ltda.**

- Capa: Aero Comunicação

- **10ª edição**
  1ª tiragem: 2017
  2ª tiragem: 2018
  3ª tiragem: 2018
  4ª tiragem: 2019
  5ª tiragem: 2020
  6ª tiragem: 2025

- DADOS INTERNACIONAIS DE CATALOGAÇÃO NA PUBLICAÇÃO (CIP)
  ALINE GRAZIELE BENITEZ CRB-1/3129

R37c Ribeiro, Osni Moura
Contabilidade geral / Osni Moura Ribeiro. 10. ed. – [6. Reimp.] – São Paulo: Saraiva, 2025.
          (Série em foco)

Inclui bibliografia.
ISBN 978-85-472-2081-5 (Impresso)

1. Contabilidade. I. Título.

CDD: 657
CDU: 657

Índices para catálogo sistemático:
1. Contabilidade

APRESENTAÇÃO

Este livro de Contabilidade Geral foi elaborado para atender não só ao conteúdo programático dos cursos de Bacharel em Ciências Contábeis como também para atender aos conteúdos programáticos de todos os cursos para os quais sejam exigidos do estudante conhecimentos de Contabilidade, sejam eles de nível médio ou superior, com ênfase, ainda, aos conteúdos programáticos ministrados em cursos preparatórios para concursos públicos.

A metodologia é a mesma aplicada em todos os livros da Série em Foco (antiga Série Fácil), com linguagem clara e objetiva, sendo que os assuntos apresentados obedecem à sequência lógica que a disciplina exige, partindo sempre do mais fácil para o menos fácil, permitindo que você tenha foco nos conceitos e fique permanentemente em sintonia com a matéria, o que facilita a aprendizagem.

Assim, progressivamente você dominará todo o mecanismo que envolve o processo contábil, ainda que nunca tenha estudado Contabilidade.

Os assuntos contidos nesta obra foram selecionados criteriosamente e são suficientes para dotar o estudante – contabilista ou não – dos conhecimentos de Contabilidade Geral, necessários para obter êxito tanto na vida acadêmica e profissional quanto nas provas dos concursos públicos.

Estruturalmente, a obra compõe-se de 14 capítulos e um Apêndice.

Nos Capítulos de 1 a 6, você estuda as noções de Contabilidade e aprende passo a passo todo o mecanismo que envolve o processo contábil (ponto de partida para o estudo da Contabilidade).

No Capítulo 6, especialmente, apresentamos uma prova simulada composta de dez testes extraídos de provas de concursos já realizados, com gabarito, soluções e comentários.

Essa prova serve para verificar o aproveitamento de seus estudos, ao mesmo tempo em que aumenta, ainda mais, sua familiaridade e experiência na resolução de questões de concursos.

Nos Capítulos de 7 a 14, incluindo o Apêndice, você complementa o estudo das noções de Contabilidade, pois os assuntos são tratados com profundidade, mantendo a clareza da exposição.

Todos os capítulos foram estruturados para atingir, efetivamente, o objetivo de aprimorar seus estudos e ainda prepará-lo para provas de concursos. Veja como cada um deles está organizado:

- Teoria: em linguagem acessível, contém as informações estritamente necessárias para o bom entendimento da matéria, sem, no entanto, desprezar termos ou expressões que, embora em desuso, ainda têm sido utilizados por organizadores (mais conservadores) de concursos.
- Atividades: para melhor fixação da matéria estudada, no final dos capítulos ou de alguns itens, sempre que necessário há três grupos de atividades:
  a. Testes de fixação: elaborados pelo autor, cobram os assuntos que acabaram de ser vistos e têm a finalidade de ajudar a fixar o conhecimento;
  b. Atividades práticas: também elaboradas pelo autor, cobram os conhecimentos sobre a parte prática da matéria já abordada;
  c. Testes de concursos públicos: tratam de questões extraídas na íntegra de provas já realizadas, e têm por finalidade principal fazer que você se familiarize com a maneira como os organizadores costumam apresentar as questões dos concursos.

Para todas as atividades propostas, você encontra, no final do livro, gabaritos, soluções e comentários.

- "Dicas" e "Sugestões": compreendem informações importantíssimas, que visam a esclarecer pontos de conflito na aprendizagem da matéria. Elas estão por toda a obra e foram cuidadosamente inseridas nos pontos em que tais informações são necessárias para, por exemplo, facilitar a aprendizagem, fornecer um "atalho" para a execução de um exercício ou esclarecer melhor um raciocínio contábil. Podem ser localizadas facilmente pelo símbolo ☞, e estão presentes nos itens "Observações", "Notas", "Informações Complementares" e "Outras Informações Importantes".

Em 2008, procedemos a importante reformulação nesta obra, especialmente para ajustá-la às mudanças trazidas pela Lei n. 11.638/07 e pela Medida Provisória n. 449/08, convertida na Lei n. 11.941/09, que promoveram expressivas alterações na Lei das Sociedades por Ações, especificamente na parte que trata de matéria contábil, para adequar os procedimentos contábeis praticados no Brasil aos padrões internacionais de contabilidade.

Em 2013, procedemos a novas atualizações nesta obra, que resultaram na 9ª edição, para adequá-la às Normas Brasileiras de Contabilidade Técnicas do tipo NBC TG, aprovadas pelo CFC (Conselho Federal de Contabilidade), com fundamento nos Pronunciamentos Técnicos CPCs do CPC (Comitê de Pronunciamentos Contábeis), convergentes com as Normas Internacionais de Contabilidade IFRS (International Financial Reporting Standards), emitidas pelo IASB (International Accounting Standards Board) com sede em Londres, na Inglaterra.

Em 2017, procedemos outras importantes alterações que resultaram na 10ª edição desta obra, as quais contemplaram as revisões em várias NBCS TGS processadas pelo Conselho Federal de Contabilidade até o início de 2017, bem como substituições e inclusões de informações em vários capítulos motivadas pela revogação da Resolução CFC n. 750/1993.

Essas reformulações abrangeram também as mudanças introduzidas na legislação brasileira em geral, desde o ano de 1997 (data da 1ª edição), até 2017, além de uma sólida reestruturação com inclusão de vários assuntos, tornando a obra ainda mais útil e completa.

O objetivo deste livro é, portanto, traduzir para uma linguagem de fácil entendimento temas constantes dos programas de Contabilidade Geral, especialmente os contidos nos editais de concursos públicos.

Esperamos, assim, estar contribuindo para tornar o ensino e a aprendizagem da contabilidade cada vez mais fáceis.

O autor

SUMÁRIO

CAPÍTULO 1 ☐ A CONTABILIDADE
1.1 O desafio da terminologia 1
1.2 Conceito 2
1.3 Objeto da Contabilidade 3
1.4 Objetivo (finalidade) da Contabilidade 4
1.5 Aspectos qualitativos e quantitativos do patrimônio 4
1.6 Usuários das informações contábeis 4
1.7 Técnicas contábeis 4
1.8 Campo de aplicação da Contabilidade 5

CAPÍTULO 2 ☐ PATRIMÔNIO
2.1 Conceito 8
2.2 Aspectos qualitativo e quantitativo 9
2.3 Representação gráfica do patrimônio 9
2.4 Equação patrimonial 11
2.5 Situação Líquida ou Patrimônio Líquido 12
    2.5.1 Conceito 12
2.6 Situações Líquidas Patrimoniais possíveis 12
    2.6.1 Ativo maior que o Passivo 13
    2.6.2 Ativo menor que o Passivo 13
    2.6.3 Ativo igual ao Passivo 14
    2.6.4 Outras informações importantes 14
2.7 Patrimônio Líquido 15
2.8 Equação Fundamental do Patrimônio 16
2.9 Estática e dinâmica patrimonial 17
2.10 Origens e aplicações de recursos 20

      2.10.1 Passivo – origem dos recursos 20
      2.10.2 Ativo – aplicação dos recursos 20
      2.10.3 Outras informações importantes 21
2.11 Formação do patrimônio e suas variações **24**

CAPÍTULO 3 ❑ CONTAS

3.1 Conceito **30**
3.2 Classificação das contas **30**
3.3 Função das contas **33**
3.4 Noções de débito e crédito – funcionamento das contas **33**
3.5 Plano de contas **36**
      3.5.1 Conceito 36
      3.5.2 Composição do plano de contas 37
3.6 Código da conta **43**
3.7 Grau da conta **45**

CAPÍTULO 4 ❑ ESCRITURAÇÃO

4.1 Conceito **50**
4.2 Atos e fatos administrativos **51**
      4.2.1 Atos administrativos 51
      4.2.2 Fatos administrativos 52
4.3 Livros de escrituração **55**
      4.3.1 Classificação dos livros de escrituração 56
      4.3.2 Livro Diário 58
4.4 Métodos de escrituração **62**
      4.4.1 Método das Partidas Simples 62
      4.4.2 Método das Partidas Dobradas 63
4.5 Lançamento **63**
      4.5.1 Conceito 63
      4.5.2 Elementos essenciais 63
      4.5.3 Como elaborar o lançamento 63
      4.5.4 Fórmulas de lançamento 69
4.6 Operações de abertura **73**
      4.6.1 Introdução 73
      4.6.2 Etapas da constituição do capital 74
      4.6.3 Gastos com a organização da empresa 78
4.7 Operações envolvendo juros e descontos **81**
      4.7.1 Juro 81
      4.7.2 Desconto 83
4.8 Operações envolvendo materiais de consumo **88**
4.9 Erros de escrituração e suas correções **90**
      4.9.1 Erros de redação 91

		4.9.2 Borrões, rasuras, emendas, registros nas entrelinhas 92
		4.9.3 Intervalos em branco (saltos de linhas ou de páginas) 93
		4.9.4 Valores lançados a maior 93
		4.9.5 Valores lançados a menor 94
		4.9.6 Troca de uma conta por outra 94
		4.9.7 Inversão de contas 95
		4.9.8 Omissão de lançamentos 96
		4.9.9 Lançamento em duplicata 96
4.10	**Outras contabilizações de importância** **97**
	4.10.1 Aceite de duplicata 97
	4.10.2 Emissão de nota promissória 99
	4.10.3 Adiantamentos de clientes e adiantamentos a fornecedores 100
	4.10.4 Adiantamentos de salários 101

CAPÍTULO 5 ☐ RAZONETE E BALANCETE

5.1 Razonete **110**

5.2 Balancete **113**

CAPÍTULO 6 ☐ APURAÇÃO DO RESULTADO DO EXERCÍCIO E BALANÇO PATRIMONIAL SIMPLIFICADO

6.1 Introdução **121**

6.2 Apuração Extracontábil do Resultado do Exercício **122**

6.3 Apuração Contábil do Resultado do Exercício **123**

6.3.1 Roteiro para Apuração do Resultado do Exercício 123

CAPÍTULO 7 ☐ OPERAÇÕES COM MERCADORIAS

7.1 Introdução **141**

7.2 Métodos e sistemas para registro das operações com mercadorias **142**

7.2.1 Conceitos 142

7.3 Fatos que alteram os valores das compras **148**

7.3.1 Devolução de Compras ou Compras Anuladas 148

7.3.2 Abatimentos sobre Compras 148

7.3.3 Fretes e Seguros sobre Compras 149

7.3.4 Descontos incondicionais obtidos 150

7.4 Fatos que alteram o valor da venda **151**

7.4.1 Vendas Anuladas ou Devoluções de Vendas 151

7.4.2 Abatimentos sobre Vendas 152

7.4.3 Descontos Incondicionais Concedidos 152

7.4.4 Outras informações importantes 154

7.5 Tributos e Juros Incidentes sobre Compras e Vendas **156**

7.5.1 Impostos 156

7.5.2 Contribuições Incidentes sobre Vendas 171

7.5.3 Juros embutidos nas compras e vendas a prazo 179

7.6 Resultado da Conta Mercadorias 183
    7.6.1 Introdução 183
    7.6.2 Conta Mista com Inventário Periódico (conta Mista de Mercadorias) 183
    7.6.3 Conta Desdobrada com Inventário Periódico 186
    7.6.4 Fórmulas influenciadas pelos fatos que alteram os valores de compras e vendas 191
    7.6.5 Conta Desdobrada com Inventário Permanente 194
    7.6.6 Maneira prática para apuração do Resultado da Conta Mercadorias 194
7.7 Critérios de avaliação de estoques 197
    7.7.1 Introdução 197
    7.7.2 Critério do Custo (ou Preço) Específico 198
    7.7.3 PEPS 198
    7.7.4 UEPS 200
    7.7.5 Custo médio ponderado móvel (média ponderada móvel) 201
    7.7.6 Custo médio ponderado fixo (média ponderada fixa) 202
    7.7.7 Critério do Preço de Venda diminuído da Margem de Lucro 203
    7.7.8 Qual dos critérios deve ser utilizado? 205
    7.7.9 Custo ou valor realizável líquido, dos dois o menor 206
7.8 Divergências entre o estoque físico e o contábil 212
7.9 Quebras ou perdas de estoque 214
7.10 Perdas estimadas em créditos de liquidação duvidosa 216
    7.10.1 Introdução 216
    7.10.2 Disciplina da NBC TG 38 217
    7.10.3 Exemplo prático 218
    7.10.4 Baixa de direitos incobráveis 219
    7.10.5 Reconhecimento de novas perdas – novo provisionamento 220

CAPÍTULO 8 ☐ OPERAÇÕES ENVOLVENDO ATIVO NÃO CIRCULANTE

8.1 Introdução 224
8.2 Investimentos 225
    8.2.1 Conceito 225
    8.2.2 Participações permanentes em outras sociedades 225
    8.2.3 Outros investimentos 230
    8.2.4 Avaliação (mensuração) dos investimentos 230
8.3 Ativo Imobilizado 240
    8.3.1 Conceito 240
    8.3.2 Aspectos Contábeis 241
    8.3.3 Incorporações de Bens no Ativo Imobilizado 242
    8.3.4 Avaliação (mensuração) dos Bens do Imobilizado 245
    8.3.5 Baixa de Bens do Ativo Imobilizado 246
8.4 Intangível 248
    8.4.1 Conceito 248
    8.4.2 Incorporação de Bens no Intangível 249
    8.4.3 Avaliação (mensuração) de Bens do Intangível 253
    8.4.4 Baixa de Bens do Intangível 253

- 8.5 Depreciação 255
  - 8.5.1 Conceito 255
  - 8.5.2 Causas que justificam a Depreciação 256
  - 8.5.3 Tempo de vida útil e taxa de Depreciação 257
  - 8.5.4 Métodos de Depreciação 258
  - 8.5.5 Cálculos da Depreciação 261
  - 8.5.6 Outras informações importantes sobre Depreciação 262
  - 8.5.7 Exemplos práticos 263
- 8.6 Amortização 265
  - 8.6.1 Conceito 265
  - 8.6.2 Vida Útil 266
  - 8.6.3 Métodos de Amortização 266
  - 8.6.2 Taxa Anual de Amortização 267
  - 8.6.3 Quota de Amortização 267
  - 8.6.4 Exemplo prático 268
- 8.7 Exaustão 268
  - 8.7.1 Conceito 268
  - 8.7.2 Exaustão de recursos minerais 269
  - 8.7.3 Exaustão de recursos florestais 271
  - 8.7.4 Outras informações importantes 271
- 8.8 Teste de Recuperabilidade 274
  - 8.8.1 Introdução 274
  - 8.8.2 Conceitos 275
  - 8.8.3 Outras Informações Importantes 275
  - 8.8.4 Exemplo prático 275
- 8.9 Ganhos ou perdas de capital 279
  - 8.9.1 Conceito 279
  - 8.9.2 Exemplo prático 279

CAPÍTULO 9 ▢ OPERAÇÕES ENVOLVENDO CONTAS DE RESULTADO

- 9.1 Introdução 284
  - 9.1.1 Despesas 284
  - 9.1.2 Receitas 285
  - 9.1.3 Resultado Bruto e Resultado Líquido 285
- 9.2 Regime de competência 286
  - 9.2.1 Introdução 286
  - 9.2.2 Ajustes em Contas de Despesas 287
  - 9.2.3 Ajustes em Contas de Receitas 292
  - 9.2.4 Gastos com pessoal 294
- 9.3 Regimes contábeis 305
  - 9.3.1 Regime de Caixa 305
  - 9.3.2 Regime de Competência 306
  - 9.3.3 Comparação entre Regime de Caixa e Regime de Competência 306

CAPÍTULO 10 ▢ OPERAÇÕES COM INSTRUMENTOS FINANCEIROS

- 10.1 Introdução 312
- 10.2 Ativos Financeiros...312
  - 10.2.1 Conceito 312
  - 10.2.2 Investimentos.. 314
- 10.3 Passivos Financeiros 327
  - 10.3.1 Conceito 327
  - 10.3.2 Empréstimo... 327
- 10.4 Instrumentos patrimoniais 334
- 10.5 Operações com duplicatas...334
  - 10.5.1 Introdução... 334
  - 10.5.2 Cobrança simples de duplicatas.. 334
  - 10.5.3 Desconto de duplicatas... 336
  - 10.5.4 Empréstimo mediante caução de duplicatas 339

CAPÍTULO 11 ▢ PROVISÕES, RESERVAS, ATIVOS E PASSIVOS CONTINGENTES

- 11.1 Provisões 347
  - 11.1.1 Introdução... 347
  - 11.1.2 Exemplo prático 349
- 11.2 Reservas 352
  - 11.2.1 Conceito 352
  - 11.2.2 Reservas de Lucros 352
  - 11.2.3 Reservas de Capital 361
  - 11.2.4 Reservas × Provisões... 363
- 11.3 Ativos e Passivos Contingentes..364

CAPÍTULO 12 ▢ O RESULTADO DO EXERCÍCIO E SUA DESTINAÇÃO

- 12.1 Introdução 367
- 12.2 Roteiro..368
- 12.3 Orientações para apuração do resultado do exercício e sua destinação 368
  - 12.3.1 Primeiro Balancete de Verificação.. 368
  - 12.3.2 Resultado operacional bruto 369
  - 12.3.3 Resultado operacional 370
  - 12.3.4 Resultado líquido antes das deduções 371
  - 12.3.5 Deduções do Resultado do Exercício.. 374
  - 12.3.6 Participações no Resultado do Exercício 382
  - 12.3.7 Lucro Líquido do Exercício 384
  - 12.3.8 Destinações do resultado do exercício 387
  - 12.3.9 Segundo Balancete de Verificação... 388
- 12.4 Exemplo prático 389

CAPÍTULO 13 ▢ DEMONSTRAÇÕES CONTÁBEIS (FINANCEIRAS)

- 13.1 Introdução 400

13.2 Balanço Patrimonial 402
13.2.1 Conceito 402
13.2.2 Estrutura do Balanço Patrimonial 402
13.2.3 Contas Redutoras do Balanço 409
13.2.4 Elaboração do Balanço Patrimonial 411
13.2.5 Modelo de Balanço Patrimonial 412

13.3 Demonstração do Resultado do Exercício 416
13.3.1 Conceito 416
13.3.2 Elaboração da DRE 417
13.3.3 Estrutura da DRE 417
13.3.4 Modelo de DRE 418
13.3.5 Comentários acerca de alguns componentes da DRE 419
13.3.6 Demonstração do Resultado e do Resultado Abrangente 420

13.4 Demonstração de Lucros ou Prejuízos Acumulados (DLPA) 425
13.4.1 Conceito 425
13.4.2 Estrutura da DLPA 425
13.4.3 Elaboração da DLPA 426
13.4.4 Modelo de DLPA 426

13.5 Demonstração das Mutações do Patrimônio Líquido (DMPL) 427
13.5.1 Conceito 427
13.5.2 Estrutura da DMPL 427
13.5.3 Elaboração da DMPL 428
13.5.4 Modelo de DMPL 428

13.6 Demonstração dos Fluxos de Caixa (DFC) 431
13.6.1 Conceito 431
13.6.2 Conceito de caixa e equivalentes de caixa 432
13.6.3 Estrutura da DFC 432
13.6.4 Classificação das entradas e saídas de caixa por atividades 432
13.6.5 Transações que devem integrar a DFcx 433
13.6.6 Transações que não devem integrar a DFC 435
13.6.7 Métodos de Estruturação da DFC 436
13.6.8 Como elaborar a DFC 439
13.6.9 Exemplo prático 439

13.7 Demonstração do Valor Adicionado (DVA) 441
13.7.1 Conceito 441
13.7.2 Riqueza de informações 442
13.7.3 Elaboração da DVA 442
13.7.4 Estrutura da DVA 443
13.7.5 Modelo de DVA 443
13.7.6 Instruções para o preenchimento da DVA 445
13.7.7 Ativos construídos pela empresa para uso próprio 448

13.8 Notas explicativas 449
13.8.1 Conceito 449
13.8.2 Notas Explicativas segundo a NBC TG 26 449

13.9 Relatório da diretoria e opinião do auditor independente **451**
    13.9.1 Relatório da diretoria 451
    13.9.2 Opinião do auditor independente 452

CAPÍTULO 14 ❏ PRÁTICAS DE REVISÃO – SOLUCIONADAS
14.1 Prática 1 .... **458**
14.2 Prática 2 .... **462**

RESPOSTAS 490

APÊNDICE
  1. **Informações complementares sobre as contas** **516**
    1.1 Teorias das contas 516
    1.2 Classificação das contas segundo a Lei n. 6.404/1976 517
    1.3 Sistemas de contas 517
    1.4 Contas de Compensação 518
    1.5 Capital Autorizado 519
    1.6 Superveniências e insubsistências Ativas e Passivas 520
    1.7 Outras informações importantes sobre as contas 522
    1.8 Modelo de elenco de Contas 523

REFERÊNCIAS 545

CAPÍTULO 1

A CONTABILIDADE

1.1 O desafio da terminologia

A **terminologia** é um dos desafios dos que iniciam o estudo da contabilidade, pois pode, num primeiro momento, dificultar o entendimento da matéria.

Na Língua Portuguesa encontramos palavras que, dependendo do ponto de vista, assumem significados diversos. A palavra "ativo", por exemplo, poderá significar coisas diferentes, dependendo do setor de atuação no qual será empregada. Há casos em que dezenas de palavras podem ser utilizadas para significar a mesma coisa. Por exemplo, de acordo com o *Novo Aurélio da Língua Portuguesa:* Século XXI (São Paulo, Nova Fronteira, 1999), há mais de 20 maneiras diferentes de se dizer "ideia".

Assim, é comum encontrarmos, em toda profissão, um conjunto de palavras cujo significado seja específico para aquela área de trabalho.

A Contabilidade também possui vocabulário próprio e, em muitos casos, alguns termos, palavras ou expressões também são usados na nossa linguagem comum. Contudo, nem sempre significam a mesma coisa.

As palavras que mais perturbam os estudantes contabilistas – principalmente os iniciantes – são **débito** e **crédito**.

Débito, na nossa linguagem comum, significa "situação negativa, desfavorável"; ou "saldo negativo na conta bancária"; ou "estar em falta com alguém" etc. Na terminologia contábil, essa palavra pode ter esses mesmos significados ou até mesmo representar uma situação positiva.

Crédito, no dia a dia, emprega-se para "situação positiva, favorável"; ou "saldo positivo na conta bancária"; ou "ter crédito no mercado" ("possibilidade de poder comprar a prazo", "ter nome limpo na praça") etc. Na terminologia contábil emprega-se da mesma forma, mas também pode corresponder a uma situação negativa.

Não é fácil para quem inicia o estudo da Contabilidade concordar que em determinado momento "débito" represente algo positivo, favorável, uma vez que, em seu cotidiano, essa palavra nunca assuma esse significado.

Portanto, para que se possa entender com facilidade não só o mecanismo do débito e do crédito, que representa a essência da Contabilidade, mas também todo o processo contábil, é preciso ter noção de que algumas palavras ou expressões do cotidiano podem ter significados diferentes quando utilizados nesse estudo.

Veja outros exemplos da terminologia contábil: empresa, capital, imóveis, legalização da empresa, personalidade jurídica, pessoa jurídica, móveis e utensílios, mercadoria, compra e venda, à vista e a prazo, obrigação, direito, saldo, estoque, lucro, prejuízo, patrimônio, fornecedor, cliente, fato, ato, Diário, Razão, Caixa etc.

Se, por ventura, alguma explicação não for compreendida, procure verificar se a dificuldade está no significado de algum vocábulo que faz parte da terminologia contábil. Analise-o a partir do contexto do tema tratado.

Para facilitar e orientar os estudos, quando termos ou expressões de Contabilidade forem apresentados no texto, serão devidamente explicados, a fim de facilitar o entendimento.

1.2 Conceito

Se no edital do concurso constar bibliografia, será muito importante consultar as obras citadas, a fim de verificar como os autores conceituam a Contabilidade.

Eis alguns conceitos:

"Contabilidade é a ciência que estuda e pratica as funções de orientação, de controle e de registro relativas à administração econômica." – Conceito oficial formulado no Primeiro Congresso Brasileiro de Contabilistas, realizado no Rio de Janeiro, de 17 a 27 de agosto de 1924.

"A Contabilidade é, objetivamente, um sistema de informação e avaliação destinado a prover seus usuários com demonstrações e análises de natureza econômica, financeira, física e de produtividade, com relação à entidade objeto de contabilização." – Estrutura Conceitual Básica da Contabilidade – estudo elaborado pelo Instituto Brasileiro de Pesquisas Contábeis, Atuariais e Financeiras (Ipecafi).

NOTA:
- Ao ler os conceitos de Contabilidade apresentados neste item, certamente você não os compreendeu com clareza. Ocorre que o entendimento de alguns deles requer de você conhecimentos que ainda serão obtidos ao longo deste livro. As expressões: funções de orientação, de controle e de registro; sistema de informação e avaliação; usuários; demonstrações; natureza econômica, financeira etc. são algumas das que integram a terminologia contábil que, nesse momento, ainda não lhe é familiar. Após estudar todos os capítulos do presente livro, você fixará os conhecimentos necessários para entender qualquer que seja o assunto envolvendo Contabilidade. Portanto, sugerimos que após concluir o estudo de todos os capítulos, releia-os novamente. Será nessa segunda leitura que você compreenderá tudo com muito mais clareza.

Informações complementares

"Azienda" é uma palavra italiana que corresponde a "fazenda", e etimologicamente significa "coisa a fazer", em geral, negócios, ocupações, afazeres: complexo de obrigações, Bens materiais e Direitos que constituem um patrimônio, representado em valores ou como objeto de apreciação econômica, considerado juntamente com a pessoa natural ou jurídica que tem sobre ele poderes de administração e disponibilidade.

Esse conceito já está superado e apresentamos apenas para seu conhecimento, levando em conta que organizadores de concursos mais conservadores costumam incluí-lo em algumas provas.

Convém salientar, ainda, que no **aziendalismo** (escola italiana – veja "Teoria das Contas", no item 1.1 do Apêndice) a contabilidade tinha, por objeto, o patrimônio das aziendas. Do aprimoramento do aziendalismo temos hoje o **patrimonialismo**, no qual o objeto da Contabilidade é o patrimônio das entidades econômico-administrativas. A palavra "azienda", na literatura contábil brasileira, está em desuso e vem sendo substituída por "entidade econômico-administrativa". Veja o conceito no item 1.8 deste capítulo.

1.3 Objeto da Contabilidade

O objeto da Contabilidade é o **patrimônio** das entidades econômico-administrativas. Veja o conceito de entidades econômico-administrativas no item 1.8 deste capítulo.

1.4 Objetivo (finalidade) da Contabilidade

O objetivo da Contabilidade é o estudo e o controle do patrimônio e de suas variações visando ao fornecimento de informações que sejam úteis para a tomada de decisões.

Dentre as informações destacam-se aquelas de natureza econômica e financeira. As de natureza econômica compreendem, principalmente, os fluxos de receitas e de despesas, que geram lucros ou prejuízos, e são responsáveis pelas variações no patrimônio líquido. As de natureza financeira abrangem principalmente os fluxos de caixa e do capital de giro.

1.5 Aspectos qualitativos e quantitativos do patrimônio

A Contabilidade estuda o patrimônio nos seus aspectos qualitativos e quantitativos. O aspecto qualitativo refere-se à expressão dos componentes patrimoniais segundo a natureza de cada um. Trata do detalhamento desses componentes, segundo a sua espécie. O aspecto quantitativo refere-se à expressão dos componentes patrimoniais em termos monetários.

1.6 Usuários das informações contábeis

Compreendem todas as pessoas físicas ou jurídicas que, direta ou indiretamente, tenham interesse na avaliação da situação e do desenvolvimento da entidade, como titulares (empresas individuais), sócios ou acionistas (empresas societárias), administradores, governo (fisco), fornecedores, clientes, investidores que atuam no mercado de capitais, bancos etc.

1.7 Técnicas contábeis

São inúmeras as técnicas utilizadas pela Contabilidade. Veja as mais expressivas:

- Escrituração: consiste no registro, em livros próprios (Diário, Razão, Caixa e Contas Correntes), de todos os fatos administrativos, bem como dos atos administrativos relevantes que ocorrem no dia a dia das empresas;
- Demonstrações Contábeis: são os relatórios (quadros) técnicos que apresentam dados extraídos dos registros contábeis da empresa. As demonstrações mais conhecidas são o Balanço Patrimonial e a Demonstração do Resultado do Exercício;

- Auditoria: é a verificação da exatidão dos dados contidos nas Demonstrações Contábeis, por meio do exame minucioso dos registros de Contabilidade e dos documentos que deram origem a eles;
- Análise de balanços (análise das Demonstrações Contábeis): compreende o exame e a interpretação dos dados contidos nas Demonstrações Contábeis, a fim de transformar esses dados em informações úteis aos diversos usuários da Contabilidade;
- Consolidação de balanços (consolidação das Demonstrações Contábeis): corresponde à unificação das Demonstrações Contábeis da empresa controladora e de suas controladas, visando a apresentar a situação econômica e financeira de todo o grupo, como se fosse uma única empresa.

1.8 Campo de aplicação da Contabilidade

Estudar o campo de aplicação da Contabilidade significa saber onde ela é utilizada, ou seja, em que os contabilistas trabalham.

Assim, o campo de aplicação da Contabilidade abrange todas as entidades econômico-administrativas.

Entidades econômico-administrativas são organizações que reúnem os seguintes elementos: pessoas, patrimônio, titular, ação administrativa e fim determinado.

Quanto ao fim a que se destinam, as entidades econômico-administrativas podem ser assim classificadas:

a. Entidades com fins econômicos: denominadas empresas, visam ao lucro para preservar e/ou aumentar o patrimônio líquido.

Exemplo: empresas comerciais, industriais, agrícolas, prestadoras de serviços etc.

b. Entidades com fins socioeconômicos: intituladas instituições, visam ao *superavit* que reverterá em benefício de seus integrantes.

Exemplo: associações de classe, clubes sociais etc.

c. Entidades com fins sociais: também chamadas instituições, têm por obrigação atender às necessidades da coletividade a que pertencem.

Exemplo: a União, os Estados e os municípios.

Testes de Fixação

1. Identifique a alternativa correta:
    1.1 O objeto da Contabilidade é:
        a) O Balanço Patrimonial.
        b) A escrituração.
        c) O patrimônio.
        d) Registrar os fatos administrativos.
    1.2 O objetivo da Contabilidade é:
        a) O estudo e o controle do patrimônio e de suas variações visando ao fornecimento de informações que sejam úteis para a tomada de decisões econômicas.
        b) O patrimônio.
        c) A entidade.
        d) Fornecer informações sobre o patrimônio das entidades.
    1.3 Além do estudo e do controle do patrimônio, a Contabilidade tem por objetivo:
        a) Desenvolver a auditoria.
        b) Processar a consolidação de Balanços.
        c) Fornecer informações acerca da movimentação do patrimônio e de suas variações.
        d) Controlar o fluxo de informações políticas que interfiram na movimentação do patrimônio.
2. Responda:
    2.1 O que as informações de natureza econômica evidenciam?
    2.2 O que as informações de natureza financeira evidenciam?
    2.3 Cite três técnicas contábeis.
    2.4 O que são entidades econômico-administrativas?
    2.5 O que são empresas?

Testes de Concursos

NOTA:
- Alguns testes de concursos apresentados neste livro precisaram ser adaptados pelo autor, tendo em vista que foram extraídos de provas de concursos realizadas antes do advento da Lei n. 11.638/2007.

1. (TTN-SP/92)

    O Primeiro Congresso Brasileiro de Contabilistas, realizado na cidade do Rio de Janeiro, de 17 a 27 de agosto de 1924, formulou um conceito oficial para Contabilidade. Assinale a opção que indica esse conceito oficial:
    a) Contabilidade é a ciência que estuda o patrimônio do ponto de vista econômico e financeiro, observando seus aspectos quantitativo e específico e as variações por ele sofridas.
    b) Contabilidade é a ciência que estuda e pratica as funções de orientação, de controle e de registro relativas à administração econômica.
    c) Contabilidade é a metodologia especial concebida para captar, registrar, reunir e interpretar os fenômenos que afetam as situações patrimoniais, financeiras e econômicas de qualquer ente.
    d) Contabilidade é a arte de registrar todas as transações de uma companhia que possam ser expressas em termos monetários e de informar os reflexos dessas transações na situação econômico-financeira dessa companhia.
    e) Contabilidade é a ciência que estuda e controla o patrimônio das entidades, mediante registro, demonstração expositiva, confirmação, análise e interpretação dos fatos nele ocorridos.

2. (TTN-RJ/92)

    É função econômica da Contabilidade:
    a) Apurar lucro ou prejuízo.
    b) Controlar o patrimônio.
    c) Evitar erros e fraudes.
    d) Efetuar o registro dos fatos contábeis.
    e) Verificar a autenticidade das operações.

3. (TTN/91)

    A palavra "azienda" é comumente usada em Contabilidade como sinônimo de fazenda, na acepção de:
    a) Conjunto de Bens e haveres.
    b) Mercadorias.
    c) Finanças públicas.
    d) Grande propriedade rural.
    e) Patrimônio, considerado juntamente com a pessoa que tem sobre ele poderes de administração e disponibilidade.

4. (TTN/94)

    "O patrimônio, que a Contabilidade estuda e controla, registrando todas as ocorrências nele verificadas."

    "Estudar e controlar o patrimônio, para fornecer informações sobre sua composição e variações, bem como sobre o resultado econômico decorrente da gestão da riqueza patrimonial."

    As proposições indicam, respectivamente:
    a) O objeto e a finalidade da Contabilidade.
    b) A finalidade e o conceito da contabilidade.
    c) O campo de aplicação e o objeto da Contabilidade.
    d) O campo de aplicação e o conceito da contabilidade.
    e) A finalidade e as técnicas Contábeis da contabilidade.

5. (TFC/93)
    - Escrituração
    - Atos administrativos
    - Demonstrações contábeis
    - Auditoria
    - Análise de balanços
    - Mecanismo do débito e do crédito
    - Equação fundamental do patrimônio
    - Princípios contábeis

    Indique quantas técnicas contábeis constam dos itens acima.
    a) Duas.
    b) Quatro.
    c) Três.
    d) Cinco.
    e) Seis.

CAPÍTULO 2

PATRIMÔNIO

2.1 Conceito

O **patrimônio** – objeto da Contabilidade – é um conjunto de bens, direitos e obrigações avaliado em moeda e pertencente a uma pessoa.

Bens são as coisas capazes de satisfazer às necessidades humanas e suscetíveis de avaliação econômica. Podem ser materiais ou imateriais.

Bens materiais, corpóreos ou tangíveis são os objetos que a empresa tem para uso (armários, prateleiras, computadores, máquinas, automóveis, vitrinas etc.), **troca** (mercadorias e dinheiro) ou **consumo** (materiais de limpeza, de expediente e de embalagem).

Bens imateriais, incorpóreos ou intangíveis correspondem a determinados gastos efetuados pela empresa que, por sua natureza, devem fazer parte do patrimônio. Exemplos: fundo de comércio (valor que se paga a maior (além dos valores dos Ativos e Passivos) por ocasião da compra do total ou parte de uma empresa); marcas, patentes de invenção etc.

Direitos são todos os valores que a empresa tem para receber de terceiros, como: Duplicatas a Receber, Promissórias a Receber, Aluguéis a Receber etc.

Obrigações são todos os valores que a empresa tem para pagar a terceiros, como: Duplicatas a Pagar, Salários a Pagar, Impostos a Pagar etc.

Informações complementares

a. Note que os direitos e as obrigações são fáceis de se conhecer, pois, na Contabilidade, normalmente representam um elemento seguido das expressões "a Receber" ou "a Pagar". Entretanto, há exceções a essa regra: Clientes e Fornecedores, por exemplo, representam direito e obrigação, respectivamente, porém não são seguidos das expressões "a Receber" ou "a Pagar".

As compras a prazo feitas pelos clientes geram direitos para a empresa; e as vendas a prazo efetuadas pelos fornecedores geram, para a empresa, obrigações. Não é necessário, contudo, escrever "Clientes a Receber" ou "Fornecedores a Pagar".

b. É bom saber que os compromissos que a empresa tem com entidades governamentais poderão ser contabilizados com intitulações que contenham a expressão "a Recolher" ou "a Pagar". Alguns contabilistas preferem usar a expressão "a Recolher" nas intitulações de contas de obrigações representativas de tributos descontados (retidos) de terceiros (exemplo: Contribuição Previdenciária e Imposto de Renda retidos dos salários dos empregados); e a expressão "a Pagar" nas intitulações de contas de obrigações representativas de encargos da própria empresa.

2.2 Aspectos qualitativo e quantitativo

Todo documento extraído dos registros contábeis da empresa – seja em forma de relatório, mapa, demonstração, quadro etc. – deve ser elaborado observando-se os **aspectos qualitativo** e **quantitativo**.

O aspecto qualitativo refere-se à natureza do componente patrimonial que deve ser evidenciado segundo a sua espécie. Exemplo: caixa, móveis e utensílios, veículos etc.

O aspecto quantitativo refere-se à expressão dos componentes patrimoniais em valores.

2.3 Representação gráfica do patrimônio

Podemos representar o patrimônio por um gráfico em forma de T. Veja:

PATRIMÔNIO

No lado esquerdo, denominado lado do Ativo, são relacionados os elementos positivos (Bens e Direitos). No lado direito, denominado lado do Passivo, são relacionados os elementos negativos (Obrigações). Veja:

Testes de Fixação 1

1 Identifique a alternativa correta:
   1.1 O conceito mais correto de patrimônio é:
      a) Conjunto de Bens e Direitos.
      b) Conjunto de Bens e Obrigações.
      c) Conjunto de Bens, Direitos e Obrigações.
      d) Conjunto de Bens, Direitos e Obrigações avaliado em moeda e pertencente a uma pessoa.
   1.2 Enquanto o aspecto qualitativo do patrimônio refere-se à natureza de cada elemento que o compõe, o aspecto quantitativo refere-se a:
      a) Quantidade física dos Bens e dos Direitos.
      b) Expressão dos componentes patrimoniais em valores.
      c) Quantidade dos estoques existentes.
      d) Total dos valores existentes em caixa.

Atividade Prática 1

1. Classifique os elementos em:
   a) Bem, Direito ou Obrigação.
   b) Positivo ou negativo.
   c) Ativo ou Passivo.

N. elementos	A	B	C
1 Computador			
2 Estante			
3 Duplicatas a Receber			
4 Impostos a Recolher			
5 Aluguéis a Receber			
6 Dinheiro em Caixa			
7 Fornecedores			
8 Clientes			

CONTINUA

CONTINUAÇÃO

N. elementos	a	b	c
9 Fundo de Comércio			
10 Promissórias a Receber			
11 Duplicatas a Pagar			
12 Carnês a Receber			
13 Impostos a Pagar			
14 Vitrina			
15 Salários a Pagar			

2.4 Equação patrimonial

O gráfico em T, quando utilizado para representar a situação patrimonial de uma empresa, denomina-se **Balanço Patrimonial**.

Balanço lembra balança. Imagine uma balança de dois pratos em equilíbrio. Para que isso aconteça, é preciso que cada um dos pratos contenha o mesmo peso. Assim deve ser apresentado o Balanço Patrimonial: em equilíbrio.

Para que o Balanço Patrimonial reflita adequadamente a situação econômica e financeira da empresa, o total do lado do Ativo tem de ser igual ao total do lado do Passivo.

$$\frac{\text{Ativo}}{\text{(bens + direitos)}} = \frac{\text{Passivo}}{\text{(obrigações)}}$$

Na prática, entretanto, nem sempre a soma de bens e direitos tem o mesmo tamanho das obrigações. Assim, a diferença entre o Ativo (bens + direitos) e o Passivo (obrigações), denominada **Situação Líquida**, será colocada no gráfico sempre no lado do Passivo, como se fosse um peso no prato da balança, para manter o equilíbrio entre os dois lados.

$$\frac{Ativo}{(bens + direitos)} = \frac{Passivo}{(obrigações)} +/- \text{Situação Líquida}$$

2.5 Situação Líquida ou Patrimônio Líquido

2.5.1 Conceito

Situação Líquida é a diferença entre o Ativo e o Passivo.

$$SL = A - P$$

Já sabemos que os Bens, os Direitos e as Obrigações que compõem o patrimônio devem ser avaliados em moeda (aspecto quantitativo). Assim, somando os valores dos Bens e dos Direitos, teremos o total do Ativo. Da mesma forma, somando os valores das obrigações, teremos o total do Passivo. Veja:

BALANÇO PATRIMONIAL	
Ativo	Passivo
Bens	Obrigações
Caixa 18.000	Fornecedores 8.000
Móveis 27.000	Impostos a Recolher 1.000
Direitos	Aluguéis a Pagar 2.000
Clientes 20.000	Salários a Pagar 4.000
TOTAL 65.000	TOTAL 15.000

Situação Líquida = $ 65.000 − $ 15.000 = $ 50.000

2.6 Situações Líquidas Patrimoniais possíveis

Os elementos patrimoniais devidamente equacionados poderão apresentar três Situações Líquidas Patrimoniais diferentes.

2.6.1 Ativo maior que o Passivo

BALANÇO PATRIMONIAL	
Ativo	Passivo
Bens..................90	Obrigações..................100
Direitos..................60	Situação Líquida..................50
TOTAL..................150	TOTAL..................150

Maneiras ou formas de se referir a esta Situação Líquida:

- Situação Líquida Positiva.
- Situação Líquida Ativa.
- Situação Líquida Superavitária.
- A = P + SL
- P = A – SL
- SL = A – P
- Ativo maior que zero; Passivo maior que zero; Situação Líquida maior que zero.

2.6.2 Ativo menor que o Passivo

BALANÇO PATRIMONIAL	
Ativo	Passivo
Bens..................90	Obrigações..................170
Direitos..................60	(–) Situação Líquida..................(20)
TOTAL..................150	TOTAL..................150

Maneiras ou formas de se referir a esta Situação Líquida:

- Situação Líquida Negativa.
- Situação Líquida Passiva.
- Situação Líquida Deficitária.
- Passivo a descoberto.
- A = P - SL
- P = A + SL

- SL = P - A
- Ativo maior que zero; Passivo maior que zero; Situação Líquida menor que zero.

2.6.3 Ativo igual ao Passivo

BALANÇO PATRIMONIAL	
Ativo	Passivo
Bens....................90	Obrigações....................150
Direitos....................60	Situação Líquida....................0
TOTAL....................150	TOTAL....................150

Maneiras ou formas de se referir a esta Situação Líquida:

- Situação Líquida Nula.
- Situação Líquida Inexistente.
- A = P
- P = A
- SL = zero
- Ativo maior que zero; Passivo maior que zero; Situação Líquida igual a zero.

2.6.4 Outras informações importantes

Nas três situações apresentadas, Ativo e Passivo sempre foram maiores que zero. Em raras ocasiões, porém, poderão ser iguais a zero. Nesses casos, teremos:

a. PASSIVO = ZERO

BALANÇO PATRIMONIAL	
Ativo	Passivo
Bens....................10	Obrigações....................0
Direitos....................20	Situação Líquida....................30
TOTAL....................30	TOTAL....................30

A constituição da empresa é um dos raros momentos em que esta situação poderá ocorrer. Maneiras ou formas de se referir a esta situação:

Todas as apresentadas no item 2.6.1, considerando que neste caso o **Passivo** é igual a zero.

b. ATIVO = ZERO

BALANÇO PATRIMONIAL	
Ativo	Passivo
Bens..0	Obrigações..25
Direitos..0	(–) Situação Líquida..25
TOTAL..0	TOTAL..0

O encerramento de atividades é um dos raros momentos em que esta situação poderá ocorrer.

Maneiras ou formas de se referir a esta situação:

Todas as apresentadas no item 2.6.2, considerando que neste caso o **Ativo** é igual a zero.

> **NOTA:**
> - Dos cinco casos apresentados, note que Ativo e Passivo somente poderão ser iguais ou maiores que zero; mas a Situação Líquida poderá ser menor, igual ou maior que zero.

2.7 Patrimônio Líquido

Patrimônio Líquido é o mesmo que Situação Líquida. Embora sejam duas expressões utilizadas como sinônimas, nos meios contábeis há momento em que o uso de uma é mais adequado que o da outra.

A Lei n. 6.404/76, em seu artigo 178, estabelece que no Balanço as contas serão classificadas segundo os elementos do patrimônio que registrem, em Ativo e Passivo.

No **Ativo**, as contas serão classificadas nos seguintes grupos:

- Ativo Circulante; e
- Ativo Não Circulante, composto por Ativo Realizável a Longo Prazo, Investimentos, Imobilizado e Intangível.

No **Passivo**, as contas serão classificadas nos seguintes grupos:

- Passivo Circulante;
- Passivo Não Circulante; e
- Patrimônio Líquido, dividido em Capital Social, Reservas de Capital, Reservas de Lucros, Ajustes de Avaliação Patrimonial, Ações em Tesouraria e Prejuízos Acumulados.

Assim, quando elaboramos um Balanço Patrimonial, não podemos denominar "Situação Líquida" o grupo de contas que representa o capital próprio da empresa, pois, segundo a Lei n. 6.404/76, deve receber a denominação de Patrimônio Líquido.

É importante salientar que as entidades construídas sob qualquer forma jurídica, desde que não seja a de sociedade por ações, poderão manter ainda no Patrimônio Líquido, a conta Lucros Acumulados.

No Balanço Patrimonial, portanto, o grupo do Patrimônio Líquido é composto pelas contas que representam o Capital Social, as Reservas de Capital, as Reservas de Lucros, os Ajustes de Avaliação Patrimonial, as Ações em Tesouraria, os Lucros e os Prejuízos Acumulados.

Além dessas, há ainda a conta representativa do capital ainda não realizado.

> **NOTA:**
> - Ainda não tratamos das contas representativas das Reservas, dos Ajustes de Avaliação Patrimonial, das Ações em Tesouraria, dos Lucros e dos Prejuízos Acumulados, bem como do Capital a Realizar. Elas serão explicadas no momento oportuno, nos capítulos seguintes.

Ao se referir ao Estado Patrimonial de uma empresa, é mais adequado dizer que a empresa se encontra em **Situação Líquida Positiva**, **Negativa** ou **Nula**.

Podemos, ainda, dizer que a **Situação Líquida** é um valor resultante da soma algébrica entre os valores dos bens mais os valores dos direitos e menos os valores das obrigações, e que o **Patrimônio Líquido** também é um valor resultante da soma algébrica, só que entre os valores das contas que compõem o próprio grupo do Patrimônio Líquido.

Assim, se em um concurso lhe for apresentado um Balanço Patrimonial completo, você terá dois caminhos para obter o valor da Situação Líquida:

1º subtrair o total das obrigações do total do Ativo;
2º simplesmente considerar o total do grupo do Patrimônio Líquido.

2.8 Equação Fundamental do Patrimônio

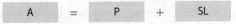

$$A = P + SL$$

A **Equação Fundamental do Patrimônio**, também conhecida por Equação Básica do Patrimônio, é a que evidencia o patrimônio em situação normal, ou seja, em Situação Líquida Positiva.

2.9 Estática e dinâmica patrimonial

Os assuntos **estática** e **dinâmica patrimonial** podem constar do conteúdo programático publicado em editais de concursos como subdivisão do item Patrimônio.

A situação estática (em repouso) do patrimônio é representada por meio do Balanço Patrimonial, que evidencia os totais dos bens, dos direitos e das obrigações, além do patrimônio Líquido, existentes em um determinado momento.

A situação dinâmica do patrimônio é representada pela Demonstração do Resultado do Exercício, que evidencia as variações patrimoniais ocorridas em um determinado período, as quais interferem na Situação Líquida do Patrimônio. No Capítulo 13, você estudará essas Demonstrações Contábeis com detalhes.

Testes de Fixação 2

1. Identifique a alternativa correta:
    1.1 O gráfico em T – utilizado para representar a situação patrimonial de uma empresa, evidenciando os bens, os direitos e as obrigações, devidamente agrupados em Ativo e Passivo – denomina-se:
    a) Balança.
    b) Balanço.
    c) Ativo e Passivo.
    d) Balanço Patrimonial.
    1.2 A diferença entre Ativo (bens e direitos) e Passivo (obrigações) denomina-se:
    a) Balanço Patrimonial.
    b) Situação Líquida.
    c) Situação Líquida Positiva.
    d) Situação Líquida Negativa.
    1.3 Situação Líquida Ativa é o mesmo que:
    a) Positiva ou Deficitária.
    b) Passiva ou Negativa.
    c) Positiva ou Superavitária.
    d) Passivo a Descoberto.
2. Responda:
    2.1 O que é Passivo a Descoberto?

2.2 O que evidencia a equação: Ativo maior que zero, Passivo maior que zero e Situação Líquida menor que zero?

2.3 O que evidencia a equação: Ativo maior que zero, Passivo maior que zero e Situação Líquida igual a zero?

Atividades Práticas 2

Represente graficamente e apure a Situação Líquida.

Para esclarecer, resolvemos a Prática 1:

PRÁTICA 1

    Caixa.................................200

    Móveis e Utensílios......................300

    Duplicatas a Pagar......................170

    Veículos.................................30

    Salários a Pagar.........................20

    Duplicatas a Receber...................70

Solução:

BALANÇO PATRIMONIAL	
Ativo	Passivo
Caixa 200	Duplicatas a Pagar 170
Móveis e Utensílios 300	Salários a Pagar 20
Veículos 30	Soma 190
Duplicatas a Receber 70	(+) Situação Líquida 410
TOTAL 600	TOTAL 600

A Situação Líquida é positiva: $ 410.

Desenvolva, da mesma forma, as práticas 2 e 3.

PRÁTICA 2

    Veículos..............................4.000

    Móveis e Utensílios..................2.000

    Máquinas............................1.000

    Caixa................................1.000

    Promissórias a Pagar................2.000

    Impostos a Pagar...................5.000

Duplicatas a Pagar 7.000
Títulos a Receber 500
Aluguéis a Receber 500

PRÁTICA 3

Imóveis 6.000
Veículos 1.500
Títulos a Pagar 5.000
Títulos a Receber 3.000
Aluguéis a Pagar 1.000
Impostos a Pagar 4.500

Testes de Concursos 1

1. (TTN/91)

Diz-se que a Situação Líquida é Negativa quando o ativo total é:

a) Maior que o Passivo total.

b) Maior que o Passivo exigível.

c) Igual à soma do Passivo Circulante com o Passivo Exigível a Longo Prazo.

d) Igual ao Passivo exigível.

e) Menor que o Passivo Exigível.

2. (TTN/94)

Uma empresa transferiu seu **Ativo e Passivo** por $ 165.000, importância recebida em dinheiro. Sabendo-se que o seu Patrimônio Líquido era de $ 145.000, pode-se afirmar que a operação gerou:

a) Resultado nulo – nem lucro, nem prejuízo – porque a empresa foi vendida integralmente.

b) Prejuízo de $ 310.000.

c) Prejuízo de $ 20.000.

d) Lucro de $ 310.000.

e) Lucro de $ 20.000.

3. (BB/92)

B = Bens

D = Direitos

O = Obrigações

PL = Patrimônio Líquido

Assinale a afirmativa **incorreta**:

a) Se B + D = O, então, o Patrimônio Líquido é compensado.
b) Se B + D < O, a empresa encontra-se em Situação Deficitária.
c) Se B + D > O, a Situação Patrimonial é Positiva.
d) Se B + D > O, a empresa encontra-se com Passivo a Descoberto.
e) B + D = O + PL.

2.10 Origens e aplicações de recursos

Ao observar um Balanço Patrimonial, você pode visualizar o total de recursos que a empresa obteve e que estão à sua disposição. O lado do Passivo mostra onde a empresa conseguiu esses recursos; o lado do Ativo, onde ela aplicou os referidos recursos. Veja melhor:

2.10.1 Passivo – origem dos recursos

Os **recursos totais** que estão à disposição da empresa podem originar-se de duas fontes:

a. **Recursos de terceiros**: correspondem às obrigações, isto é, são recursos de terceiros que a empresa utiliza no seu giro normal. Esses recursos, por sua vez, provêm de duas fontes:
Débitos de funcionamento (débito no sentido de dívida): obrigações que surgem em decorrência da movimentação normal do patrimônio da empresa, como as obrigações a fornecedores, obrigações fiscais, obrigações trabalhistas e outras;
Débitos de financiamento: recursos obtidos pela empresa junto a terceiros em forma de empréstimos.

b. **Recursos próprios**: também podem provir de duas fontes:
Proprietários ou sócios: parcela do capital que foi investida na empresa pelo titular ou pelos sócios;
Giro normal: acréscimos ocorridos no Patrimônio Líquido em decorrência da movimentação normal do patrimônio da empresa. Esses acréscimos são obtidos pelos lucros, que poderão estar representados em contas de Lucros Acumulados ou de Reservas.

2.10.2 Ativo – aplicação dos recursos

O lado do Ativo mostra em que a empresa aplicou os recursos que tem à sua disposição, cujas origens estão evidenciadas no lado do Passivo.

A empresa aplica seus recursos em Bens (de uso, de troca ou de consumo) e em direitos (Duplicatas a Receber, Promissórias a Receber etc.).

2.10.3 Outras informações importantes

Veja o seguinte Balanço Patrimonial:

BALANÇO PATRIMONIAL	
ATIVO	**PASSIVO**
ATIVO CIRCULANTE	**PASSIVO CIRCULANTE**
Caixa 23.000	Fornecedores 18.000
Clientes 30.000	Impostos a Recolher 5.000
Estoques 50.000	Salários a Pagar 8.000
Total do AC 103.000	Total do PC 31.000
ATIVO NÃO CIRCULANTE	**PASSIVO NÃO CIRCULANTE**
ATIVO REALIZÁVEL A LONGO PRAZO	PASSIVO EXIGÍVEL A LONGO PRAZO
Clientes 10.000	Promissórias a Pagar 15.000
IMOBILIZADO	RECEITAS DIFERIDAS (ANTECIPADAS)
Móveis 6.000	Aluguéis Ativos a Vencer 2.000
Imóveis 34.000	
Total do AP 40.000	Patrimônio Líquido
	Capital 70.000
	Reservas 35.000
	Total do PL 105.000
Total Geral do Ativo 153.000	Total Geral do Passivo 153.000

Veja, agora, com base neste Balanço, alguns termos técnicos (sinônimos de contas, grupos e subgrupos) envolvendo o Balanço Patrimonial, que poderão ser úteis a você no momento de resolver algumas questões de concursos:

Recursos Totais = $ 153.000.

Capital Total = $ 153.000 (o mesmo que Recursos Totais).

Capital = $ 70.000.

Capital Subscrito = $ 70.000 (o mesmo que Capital).

Capital Nominal = $ 70.000 (o mesmo que Capital).

Capital Inicial = $ 70.000 (o mesmo que Capital).

Capital Social = $ 70.000 (o mesmo que Capital).
Capital Integralizado = $ 70.000 (neste caso, o mesmo que Capital). Se houvesse Capital a Integralizar, o Capital Integralizado seria igual ao valor do Capital Subscrito diminuído do Capital a Integralizar.
Capital Realizado = $ 70.000 (o mesmo que Capital Integralizado).
Patrimônio = $ 153.000 (o mesmo que Recursos Totais).
Patrimônio Líquido = $ 105.000.
Situação Líquida = Positiva de $ 105.000 (o mesmo que Patrimônio Líquido, podendo ser apurada ainda pela diferença entre o Ativo e as obrigações).
Recursos Próprios = $ 105.000 (o mesmo que Patrimônio Líquido).
Capitais Próprios = $ 105.000 (o mesmo que Patrimônio Líquido).
Recursos de Terceiros = $ 48.000 (o mesmo que obrigações; neste caso, correspondem à soma dos grupos Passivo Circulante e Passivo Não Circulante).
Capitais de Terceiros = $ 48.000 (o mesmo que Recursos de Terceiros).
Capitais Alheios = $ 48.000 (o mesmo que Capitais de Terceiros).
Passivo Exigível = $ 48.000 (o mesmo que Capitais de Terceiros).
Passivo = Origens dos Recursos ou dos Capitais.
Ativo = Aplicações dos Recursos ou dos Capitais.

Testes de Fixação 3

1. Identifique a alternativa correta:
   1.1 No Balanço Patrimonial, o **lado do Ativo** evidencia onde a empresa aplicou os recursos que obteve e que tem à sua disposição. O **lado do Passivo** evidencia:
      a) As origens dos recursos que a empresa obtete e tem à sua disposição.
      b) Os bens e os direitos da empresa.
      c) Os bens, direitos e obrigações da empresa.
      d) A aplicação dos recursos.
   1.2 **Recursos Próprios** ou **Capital Próprio** é o mesmo que:
      a) Bens.
      b) Direitos.
      c) Obrigações.
      d) Patrimônio Líquido.
   1.3 **Recursos de Terceiros** ou **Capitais de Terceiros** é o mesmo que:
      a) Bens.
      b) Direitos.
      c) Obrigações.
      d) Patrimônio Líquido.

1.4 Assinale a alternativa que contém as informações corretas extraídas do seguinte Balanço Patrimonial:

BALANÇO PATRIMONIAL			
Ativo		Passivo	
Caixa	5.000	Fornecedores	12.000
Duplicatas a Receber	10.000	Capital	26.000
Estoques	20.000		
Móveis e Utensílios	3.000		
TOTAL	38.000	TOTAL	38.000

a) Recursos Totais: $ 38.000; e Capital Próprio: $ 12.000.
b) Aplicações de Recursos: $ 38.000; e Capitais de Terceiros: $ 26.000.
c) Capital Próprio: $ 26.000; Capitais de Terceiros: $ 12.000; Aplicações de Recursos: $ 38.000; e Recursos Totais: $ 38.000.
d) Recursos Totais: $ 38.000; Aplicações: $ 5.000.

Testes de Concursos 2

1. (TTN-SP/92)

Eis os componentes patrimoniais da empresa Semínola Ltda.:
Dinheiro em Caixa .... $ 50.000
Bens para Revender .... $ 90.000
Impostos a Recolher .... $ 15.000
Títulos a Pagar .... $ 55.000
Capital Social .... $ 95.000
Veículos de Uso .... $ 40.000
Dívidas com Fornecedores .... $ 35.000
Títulos a Receber .... $ 60.000

Com os dados acima, pode-se afirmar que o Capital Próprio e o Capital Alheio neste patrimônio são, respectivamente:
a) $ 95.000 e $ 105.000.
b) $ 135.000 e $ 90.000.
c) $ 135.000 e $ 105.000.
d) $ 240.000 e $ 200.000.
e) $ 240.000 e $ 105.000.

2. (FTE-MG/93)

A empresa Cascata comprou uma máquina por $ 350.000 em cinco prestações iguais, sendo uma entrada no ato da compra e quatro pagamentos mensais. Após a contabilização da operação, o patrimônio da empresa sofreu a seguinte alteração:

a) Diminuiu o Ativo em $ 70.000 e aumentou o Passivo em $ 280.000.
b) Aumentou o Ativo em $ 280.000 e aumentou o Passivo em $ 280.000.
c) Aumentou o Ativo em $ 280.000 e aumentou o Passivo em $ 350.000.
d) Aumentou o Ativo em $ 350.000 e aumentou o Passivo em $ 280.000.
e) Aumentou o Ativo em $ 350.000 e aumentou o Passivo em $ 350.000.

2.11 Formação do patrimônio e suas variações

Vamos acompanhar a formação do patrimônio de uma empresa comercial e alguns exemplos de sua movimentação, representando, a cada acontecimento, a Situação Patrimonial respectiva.

1. Vera inicia suas atividades comerciais com um capital de $ 80.000 em dinheiro.

BALANÇO PATRIMONIAL	
Ativo	Passivo
Caixa 80.000	Capital 80.000

2. Comprou, à vista (em dinheiro):

a. Móveis e Utensílios .... $ 3.000

b. Um automóvel .... $ 25.000

c. Mercadorias .... $ 20.000

BALANÇO PATRIMONIAL	
Ativo	Passivo
Caixa 32.000	Capital 80.000
Estoque de Mercadorias 20.000	
Móveis e Utensílios 3.000	
Veículos 25.000	
TOTAL 80.000	TOTAL 80.000

3. Comprou mercadorias a prazo, mediante aceite de duplicatas, no valor de $ 30.000.

BALANÇO PATRIMONIAL	
Ativo	Passivo
Caixa..................................32.000	Duplicatas a Pagar.......................30.000
Estoque de Mercadorias...............50.000	Capital..80.000
Móveis e Utensílios.......................3.000	
Veículos.....................................25.000	
TOTAL.................................... 110.000	TOTAL.................................... 110.000

4. Comprou, a prazo, uma casa no valor de $ 100.000, mediante emissão de notas promissórias.

BALANÇO PATRIMONIAL	
Ativo	Passivo
Caixa..................................32.000	Duplicatas a Pagar.......................30.000
Estoque de Mercadorias...............50.000	Promissórias a Pagar..................100.000
Móveis e Utensílios.......................3.000	Capital..80.000
Veículos.....................................25.000	
Imóveis....................................100.000	
TOTAL.................................... 210.000	TOTAL.................................... 210.000

5. Vendeu mercadorias como segue:

   a. à vista: $ 10.000;

   b. a prazo, mediante aceite de duplicatas: $ 8.000.

> Não considerar o possível lucro nas vendas, pois será estudado mais adiante.

BALANÇO PATRIMONIAL	
Ativo	Passivo
Caixa...42.000	Duplicatas a Pagar...30.000
Estoque de Mercadorias..................32.000	Promissórias a Pagar...100.000
Duplicatas a Receber..........................8.000	Capital..80.000
Móveis e Utensílios..............................3.000	
Veículos...25.000	
Imóveis..100.000	
Total do Ativo................................... 210.000	Total do Passivo.. 210.000

6. Pagou uma duplicata, em dinheiro, no valor de $ 10.000.

BALANÇO PATRIMONIAL	
Ativo	Passivo
Caixa...32.000	Duplicatas a Pagar...20.000
Estoque de Mercadorias..................32.000	Promissórias a Pagar...100.000
Duplicatas a Receber..........................8.000	Capital..80.000
Móveis e Utensílios..............................3.000	
Veículos...25.000	
Imóveis..100.000	
Total do Ativo................................... 200.000	Total do Passivo.. 200.000

7. Recebeu uma duplicata, em dinheiro, no valor de $ 2.000.

BALANÇO PATRIMONIAL	
Ativo	Passivo
Caixa...34.000	Duplicatas a Pagar...20.000
Estoque de Mercadorias..................32.000	Promissórias a Pagar...100.000
Duplicatas a Receber..........................6.000	Capital..80.000
Móveis e Utensílios..............................3.000	
Veículos...25.000	
Imóveis..100.000	
Total do Ativo................................... 200.000	Total do Passivo.. 200.000

Atividades Práticas 3

PRÁTICA 1

Represente graficamente, após cada fato ocorrido, a Situação Patrimonial da empresa, considerando-a em evolução, isto é, cada gráfico apresentado deve ser igual ao gráfico anterior, modificado pelas operações subsequentes.

1. Investimento inicial:
   a) Em dinheiro: $ 200;
   b) Em móveis: $ 100.
2. Compras efetuadas:
   a) Mercadorias, em dinheiro: $ 50;
   b) Veículos, a prazo, mediante aceite de duplicatas: $ 130.
3. Venda de mercadorias, à vista, por $ 20.
4. Vendas de mercadorias, a prazo, mediante aceite de duplicatas, por $ 20.
5. Empréstimo obtido junto ao Banco do Brasil, mediante emissão de nota promissória, no valor de $ 80.
6. Pagamento, em dinheiro, de uma duplicata no valor de $ 30.
7. Recebimento, em dinheiro, de uma duplicata no valor de $ 10.

PRÁTICA 2

Identifique as operações que deram origem às Situações Patrimoniais a seguir representadas.

Considere o patrimônio em evolução, isto é, compare o gráfico do item em análise sempre com o gráfico anterior e responda quais foram os fatos que provocaram tais modificações.

1. BALANÇO PATRIMONIAL

Ativo	Passivo
Caixa 24.000	Capital 24.000

2. BALANÇO PATRIMONIAL

Ativo	Passivo
Caixa 24.000	Duplicatas a Pagar 6.000
Móveis 6.000	Capital 24.000
Total do Ativo 30.000	Total do Passivo 30.000

3. BALANÇO PATRIMONIAL

Ativo		Passivo	
Caixa	10.000	Duplicatas a Pagar	6.000
Móveis	6.000	Capital	24.000
Veículos	14.000		
Total do Ativo	30.000	Total do Passivo	30.000

4. BALANÇO PATRIMONIAL

Ativo		Passivo	
Caixa	4.000	Capital	24.000
Móveis	6.000		
Veículos	14.000		
Total do Ativo	24.000	Total do Passivo	24.000

Testes de Concursos 3

1. (TTN/91)

ATIVO	x0	x1	PASSIVO	x0	x1
Caixa	700	7.400	Fornecedores	1.600	600
Bancos	1.600	1.600	Patrimônio L	—	—
Dupl. Rec	4.400	2.000	Capital	10.000	10.000
Veículos	5.300	—	Reservas	400	400
Totais	12.000	11.000	Totais	12.000	11.000

Considerando os dados acima, pode-se afirmar que a totalidade das operações realizadas no período compreenderam:

a) Recebimento de Duplicatas a Receber no montante de $ 1.000 e pagamento de Duplicatas a Pagar no valor de $ 2.400.
b) Venda de veículo por $ 5.300 e recebimento de Duplicatas a Receber no valor de $ 2.400.
c) Recebimento de Duplicatas a Receber no valor de $ 2.400, pagamento a fornecedores no valor de $ 1.000 e venda de veículo por $ 6.000.
d) Venda de veículo por $ 5.300, pagamento a fornecedores no valor de $ 1.000 e recebimento de Duplicatas a Receber no valor de $ 2.400.
e) Venda de veículo por $ 6.000, pagamento de Duplicatas a Receber no valor de $ 1.000 e recebimento de fornecedores no valor de $ 2.400.

CAPÍTULO 3

CONTAS

3.1 Conceito

Conta é o nome técnico que identifica um Componente Patrimonial (Bem, Direito, Obrigação ou Patrimônio Líquido) ou um Componente de Resultado (Despesa ou Receita).

Todos os acontecimentos que fazem parte do dia a dia da empresa, responsáveis pela movimentação do patrimônio – como compras, vendas, pagamentos, recebimentos etc. –, são registrados pela Contabilidade por meio de contas. Assim, toda movimentação de dinheiro (entrada e saída) efetuada dentro da empresa é registrada em uma conta denominada **Caixa**; os objetos comercializados pela empresa são registrados em uma conta denominada Mercadorias; os Bens de Uso da empresa são registrados em contas que evidenciam a espécie do respectivo Bem, como Móveis e Utensílios, Computadores, Veículos, e assim por diante.

3.2 Classificação das contas

As contas podem ser classificadas em dois grupos: contas patrimoniais e contas de resultado (Teoria Patrimonialista).

As **Contas Patrimoniais** são as que representam os elementos componentes do patrimônio. Dividem-se em Ativas (representativas dos Bens e dos Direitos) e Passivas (representativas das Obrigações e do Patrimônio Líquido).

BALANÇO PATRIMONIAL	
Ativo	Passivo
Bens	**Obrigações**
Caixa	Fornecedores
Veículos	Duplicatas a Pagar
Direitos	**Patrimônio Líquido**
Duplicatas a Receber	Capital
Promissórias a Receber	Total do Passivo

As **Contas de Resultado** são as que representam as variações patrimoniais. Dividem-se em contas de despesas e contas de receitas.

> **NOTA:**
> - Dizemos que as contas de resultado provocam variações patrimoniais porque as **receitas** geram **lucros que aumentam** o Patrimônio Líquido e as **despesas** geram **prejuízos que diminuem** o Patrimônio Líquido. Assim, as despesas e as receitas provocam variações para mais ou para menos no Patrimônio Líquido e consequentemente produzem modificações no patrimônio da empresa.

As **Despesas** caracterizam-se pelo consumo de bens e pela utilização de serviços durante o processo de obtenção das receitas. Por exemplo: a energia elétrica consumida, os materiais de limpeza consumidos (sabões, desinfetantes, vassouras, detergentes), o café consumido, os materiais de expediente consumidos (canetas, papéis, cartuchos de tintas para impressoras, impressos e outros), a utilização dos serviços telefônicos etc.

Veja algumas Contas de Despesas:

Água e Esgoto	Impostos
Aluguéis Passivos	Material de Expediente
Café e Lanches	Juros Passivos
Contribuições Previdenciárias	Energia Elétrica e Comunicação
Descontos Concedidos	Material de Limpeza
Despesas Bancárias	Salários
Fretes e Carretos	Prêmios de Seguro

As **Receitas** decorrem da venda de bens e da prestação de serviços. Há um número menor de receitas que de despesas, sendo as mais comuns representadas pelas seguintes contas:

Aluguéis Ativos	Vendas de Mercadorias
Descontos Obtidos	Receitas de Serviços
Juros Ativos	

Existem **Contas de Resultado** que podem aparecer tanto no grupo das despesas quanto no grupo das receitas. É o caso dos Aluguéis, dos Juros e dos Descontos.

Como saber quando essas contas representam despesas e quando representam receitas?

Na Língua Portuguesa existem palavras que possuem vários significados. Alertamos que os adjetivos que apresentaremos a seguir devem ser analisados com cuidado.

Veja a diferença entre uma conta de aluguel que representa despesa e uma conta de aluguel que representa receita:

- A conta **Aluguéis Passivos** é conta de despesa;
- A conta **Aluguéis Ativos** é conta de receita.

A diferença está nos **adjetivos** empregados. Note que as palavras "Passivos" e "Ativos" não têm nenhuma ligação com Ativo e Passivo do Balanço Patrimonial. Portanto, a palavra "Ativos" está qualificando "Aluguéis" como **positivos** (logo, **receita**). Por outro lado, a conta **Aluguéis Passivos** não é do Passivo, e representa aluguéis **negativos** (logo, **despesa**).

NOTA:
- Você poderá encontrar ainda **Aluguéis Pagos** para representar as despesas de aluguéis; e **Aluguéis Recebidos** para representar as receitas de aluguéis.

O mesmo raciocínio deve ser aplicado às contas utilizadas para o registro de juros:

- A conta **Juros Ativos** é de receita.
- A conta **Juros Passivos** é de despesa.

> **NOTA:**
> - Também neste caso pode-se encontrar **Juros Pagos** representando as despesas com juros; e **Juros Recebidos** representando as receitas com juros.

Os **descontos**, quando concedidos pela empresa, representam **despesas** e são registrados na conta **Descontos Concedidos**. Quando obtidos pela empresa, representam **receitas**, sendo registrados na conta **Descontos Obtidos**.

3.3 Função das contas

Função é a missão da conta, a razão de sua existência, para que ela serve.

As contas exercem papel de grande importância no processo contábil. Por meio delas a Contabilidade controla a movimentação de todos os componentes patrimoniais (contas patrimoniais), extrapatrimoniais (contas de compensação) e das variações do Patrimônio Líquido (contas de resultado).

Usando as contas, a Contabilidade atinge sua principal finalidade: suprir os usuários de informações acerca do patrimônio e de suas variações.

> **NOTA:**
> - Veja explicações sobre as contas de compensação no item 1.4 do Apêndice (Contas de compensação).

3.4 Noções de débito e crédito – funcionamento das contas

As contas são movimentadas por meio de débitos e créditos nelas lançados. Os débitos não significam "dívidas, situação negativa ou desfavorável", e os créditos não significam "direitos, situação positiva ou favorável", ou ainda, "poder comprar a prazo em um estabelecimento comercial".

Então, o que significa débito e crédito sob o ponto de vista contábil?

Vimos que **conta** é o nome técnico que recebe cada um dos elementos componentes do patrimônio, bem como cada um dos elementos representativos das despesas e das receitas.

Vimos também que a Contabilidade exerce o controle do patrimônio e de suas variações, por meio das contas.

Isso ocorre da seguinte maneira: o contabilista cria nos registros contábeis um gráfico em forma de T para controlar cada elemento patrimonial ou de resultado. Cada gráfico será identificado na contabilidade pelo nome do elemento componente do patrimônio ou representativo de despesa ou de receita, como: Caixa, Móveis e Utensílios, Aluguéis Passivos etc.

Nesses gráficos, o contabilista controlará a movimentação de cada elemento, registrando seus aumentos (ingressos, entradas, compras) e suas diminuições (saídas, vendas).

Para facilitar o entendimento, vamos pensar em uma conta que identifique um elemento representativo de Bem material: a conta **Caixa**.

Você sabe que a quantia de dinheiro existente no caixa aumenta pelas entradas de numerários e diminui pelas saídas deles. Esse é o fundamento do controle de cada conta: **aumento** (entrada) e **diminuição** (saída).

Pois bem: o controle da conta Caixa é feito mediante o registro das entradas e das saídas de dinheiro. A contabilidade utiliza o gráfico em T para controlar o movimento de cada conta, propositalmente, porque ele tem dois lados: de um lado serão registradas as entradas e do outro, as saídas.

Convencionou-se denominar o lado esquerdo do gráfico em T, utilizado para o controle das contas, de lado do débito; e o lado direito, de lado do crédito.

Estabeleceu-se, ainda, considerar as contas do Ativo e as contas de despesas como de **natureza devedora**; e as contas do Passivo, bem como as contas de receitas, de **natureza credora**.

Por uma questão lógica, sendo a conta Caixa de natureza devedora, obviamente, as entradas de dinheiro no caixa serão controladas mediante o registro dessas importâncias no gráfico em T, no lado do débito – que é o lado esquerdo; da mesma forma, as saídas de dinheiro do caixa serão controladas mediante o registro dessas importâncias no lado do crédito – que é o lado direito.

Resumindo:

Entradas de dinheiro no caixa	=	débitos da conta Caixa (lança-se no lado esquerdo do gráfico)
Saídas de dinheiro do caixa	=	créditos da conta Caixa (lança-se no lado direito do gráfico)

Para saber quanto dinheiro existe no Caixa em um determinado momento, por meio desse controle contábil, bastará somar todas as importâncias registradas no lado do débito (entradas) e todas as importâncias lançadas do lado do crédito (saídas); subtraindo o total das saídas do total das entradas, teremos o quanto restou no caixa, ou seja, o **saldo** da conta.

Se concordarmos que as contas de natureza devedora são contas que possuem saldos de natureza devedora, ficará mais fácil entender o mecanismo do débito e do crédito das contas, isto é:

a. as contas com saldos de natureza devedora serão debitadas sempre que ocorrer entradas de valores nas respectivas contas, ou seja, serão debitadas para registrar os aumentos em seus saldos; da mesma forma essas contas serão creditadas para registrar saídas de valores, ou seja, diminuições em seus saldos;

b. as contas com saldos de natureza credora serão creditadas sempre que ocorrer entradas de valores nas respectivas contas, ou seja, serão creditadas para registrar os aumentos em seus saldos; da mesma forma essas contas serão debitadas para registrar saídas de valores, ou seja, diminuições em seus saldos.

Finalmente, as palavras "débito" e "crédito" em Contabilidade, considerando o enfoque do presente item, podem ser consideradas sinônimas de **aumento** e **diminuição** do saldo das contas. No entanto, é preciso cautela: para as contas de natureza devedora, a palavra "débito" representa aumento do saldo e a palavra "crédito" representa diminuição do saldo; por outro lado, para as contas de natureza credora, o raciocínio é o inverso: "débito" representa diminuição do saldo e "crédito" representa aumento do saldo.

Se você entendeu o **mecanismo** do débito e do crédito da conta Caixa, saiba que o raciocínio é semelhante para todas as demais contas utilizadas pela Contabilidade. Esse mecanismo será novamente exercitado no capítulo seguinte, quando estudaremos os lançamentos.

Para entender o mecanismo do débito e do crédito das contas é preciso, em primeiro lugar, conhecer a **natureza** de cada conta.

No estágio de estudo em que você se encontra, é importante entender que, convencionalmente, as contas do Ativo e as contas de despesas são de natureza devedora, ou seja, de débito; enquanto as contas do Passivo e as contas de receitas são de natureza credora, ou seja, de crédito.

Portanto, nos meios contábeis, a frase "debitar determinada importância em uma conta" significa que a referida importância deve ser registrada no gráfico em T da respectiva conta no lado esquerdo, que é o lado do débito; da mesma forma, a frase "creditar determinada importância em uma conta" significa que a referida importância deverá ser registrada no gráfico em T da referida conta no lado direito, que é o lado do crédito.

Memorize os dois gráficos a seguir, que serão muito úteis na sequência de seus estudos:

CONTAS PATRIMONIAIS	
Ativo	Passivo
Bens (+)	Obrigações (–)
Direitos (+)	Patrimônio líquido (+ ou –)
(Contas de natureza devedora)	(Contas de natureza credora)
CONTAS DE RESULTADO	
DESPESAS (–)	RECEITAS (+)
(Contas de natureza devedora)	(Contas de natureza credora)

Informações complementares

Diante do que foi exposto, podemos concluir: os aumentos que ocorrerem nas contas do Ativo e nas contas de despesas serão registrados por meio de débitos lançados nas respectivas contas, enquanto as diminuições serão registradas por meio de créditos lançados nas mesmas contas; os aumentos nas contas do Passivo e nas contas de receitas serão registrados por meio de créditos lançados nas respectivas contas, enquanto as diminuições serão registradas por débitos lançados nas mesmas contas.

3.5 Plano de contas

3.5.1 Conceito

O **plano de contas** é um conjunto de contas, diretrizes e normas que disciplina as tarefas do setor de Contabilidade, objetivando a uniformização dos registros contábeis.

O plano de contas constitui ferramenta indispensável no desenvolvimento do processo contábil, sendo que cada empresa deve elaborá-lo, tendo em vista as suas particularidades, observando-se as disciplinas contidas na Lei n. 6.404/1976, a legislação específica do ramo de atividade exercido pela empresa, bem como as Normas Brasileiras de Contabilidade emanadas do Conselho Federal de Contabilidade (CFC).

É importante salientar que as instituições financeiras – dentre elas os estabelecimentos bancários – estão sujeitas à adoção do plano de contas específico das Instituições do Sistema Financeiro Nacional (COSIF). Da mesma forma, as companhias que atuam no ramo de seguros estão sujeitas à adoção do Plano de Contas específico aprovado pela Superintendência de Seguros Privados (SUSEP).

Assim, tendo em vista o porte, o ramo de atividade da empresa, bem como a quantidade de informações exigidas pelos usuários, o plano de contas poderá conter um número maior ou menor de informações.

De acordo com o estabelecido na Lei n. 6.404/1976, as contas podem ser divididas em dois grupos: a) contas patrimoniais; b) contas de resultado.

As **contas patrimoniais** são utilizadas para o registro de elementos representativos de bens, direitos e obrigações, bem como para aqueles que compõem o Patrimônio Líquido.

As **contas de resultado** destinam-se ao registro das despesas, dos custos e das receitas. Essas contas – que são abertas na escrituração contábil no início do exercício social e encerradas no final dele – não fazem parte do Balanço Patrimonial, porém possibilitam a apuração e o conhecimento do custo de fabricação, bem como do resultado econômico da movimentação do patrimônio, que poderá ser lucro ou prejuízo.

Embora não contemplado pela Lei das Sociedades por Ações, há um terceiro grupo de contas consideradas **extrapatrimoniais** que possibilita o registro dos atos relevantes que venham a ocorrer na empresa, cujos efeitos possam se traduzir em modificações futuras no patrimônio. No item 1.4 do Apêndice, você encontrará detalhes acerca das contas de compensação.

3.5.2 Composição do plano de contas

Em cada empresa, o plano de contas poderá conter um número maior ou menor de informações em decorrência dos interesses da própria empresa ou mesmo da criatividade do contabilista. Entretanto, julgamos essencial que um plano de contas contenha pelo menos as seguintes partes: **elenco de contas**, **manual de contas** e **modelos de Demonstrações Contábeis padronizadas.**

Elenco de contas

O elenco de contas consiste na relação das contas que serão utilizadas para o registro dos fatos administrativos responsáveis pela movimentação do patrimônio da empresa, bem como dos atos administrativos considerados relevantes (aqueles cujos efeitos possam se traduzir em modificações futuras no patrimônio da empresa). Envolve a **intitulação** (rubrica, nome) e o **código** de cada conta.

Em qualquer elenco de contas, seja qual for o tipo de empresa, as contas devem ser agrupadas de acordo com a estrutura estabelecida pela Lei n. 6.404/1976, visando facilitar a elaboração das demonstrações contábeis.

Assim, as contas que representam os bens e os direitos serão reunidas no Ativo em dois grupos principais: **Ativo Circulante** e **Ativo Não Circulante**, sendo este último dividido em Ativo Realizável a Longo Prazo, Investimentos, Imobilizado e Intangível.

Da mesma forma, as contas que representam as obrigações e o Patrimônio Líquido serão reunidas no Passivo em três grupos principais: **Passivo Circulante, Passivo Não Circulante** e **Patrimônio Líquido**, sendo este último dividido em Capital Social, Reservas de Capital, Reservas de Lucros, Ajustes de Avaliação Patrimonial, Ações em Tesouraria e Prejuízos Acumulados.

É importante destacar que no Patrimônio Líquido dos Balanços de qualquer tipo de entidade, exceto das sociedades por ações, poderá figurar ainda a conta Lucros Acumulados representando lucros retidos para futuras destinações.

Veja, a seguir, um exemplo de elenco de contas elaborado para atender ao estágio dos estudos em que você se encontra.

ELENCO DE CONTAS			
GRÁFICO I – CONTAS PATRIMONIAIS			
1.	ATIVO	2.	PASSIVO
1.1.	ATIVO CIRCULANTE	2.1.	PASSIVO CIRCULANTE
1.1.01	Caixa	2.1.01	Fornecedores
1.1.02	Bancos Conta Movimento	2.1.02	Duplicatas a Pagar
1.1.03	Clientes	2.1.03	Promissórias a Pagar
1.1.04	Duplicatas a Receber	2.1.04	Contribuições de Previdência a Recolher
1.1.05	Promissórias a Receber	2.1.05	FGTS a Recolher
1.1.06	Ações de Outras Empresas	2.1.06	Salários a Pagar
1.1.07	Estoque de Mercadorias	2.1.07	Impostos e Taxas a Recolher
1.1.08	Estoque de Material de Expediente		
1.1.09	Estoque de Material de Consumo		
1.2.	ATIVO NÃO CIRCULANTE	2.2	PASSIVO NÃO CIRCULANTE
1.2.01	Duplicatas a Receber	2.2.01	Duplicatas a Pagar

CONTINUA

CONTINUAÇÃO

1.2.02	Promissórias a Receber		2.2.02	Promissórias a Pagar
1.	**ATIVO**		**2.**	**PASSIVO**
1.2.03	Participações em Outras Empresas		2.3.	PATRIMÔNIO LÍQUIDO
1.2.04	Imóveis de Renda		2.3.01	Capital
1.2.05	Computadores		2.3.02	Lucros Acumulados
1.2.06	Imóveis			
1.2.07	Instalações			
1.2.08	Móveis e Utensílios			
1.2.09	Veículos			
1.2.10	Fundo de Comércio			

GRÁFICO II – CONTAS DE RESULTADO

3.	**DESPESAS**		**4.**	**RECEITAS**
3.1.	DESPESAS OPERACIONAIS		4.1.	RECEITAS OPERACIONAIS
3.1.01	Água e Esgoto		4.1.01	Aluguéis Ativos
3.1.02	Aluguéis Passivos		4.1.02	Descontos Obtidos
3.1.03	Café e Lanches		4.1.03	Juros Ativos
3.1.04	Combustíveis		4.1.04	Receitas de Serviços
3.1.05	Contribuições de Previdência		4.1.05	Receitas Eventuais
3.1.06	Descontos Concedidos			
3.1.07	Despesas Bancárias			
3.1.08	Despesas de Organização			
3.1.09	Encargos Sociais			
3.1.10	Energia Elétrica e Comunicação			
3.1.11	Fretes e Carretos			
3.1.12	Impostos e Taxas			
3.1.13	Juros Passivos			
3.1.14	Material de Expediente			

CONTINUA

CONTINUAÇÃO

3.1.15	Material de Consumo		
3.	**DESPESAS**	4.	**RECEITAS**
3.1.16	Salários		
3.1.17	Despesas Eventuais		
5.	**CONTAS DE APURAÇÃO DO RESULTADO**		
5.1	RESULTADO LÍQUIDO		
5.1.01	Resultado do Exercício		

> **NOTA:**
> - No item 1.8 do Apêndice, você encontra um elenco de contas mais completo. Examine-o somente após ter estudado os seis primeiros capítulos deste livro.

Informações complementares

No Ativo Circulante e no Passivo Circulante, classificam-se as contas que representam direitos e obrigações, respectivamente, e cujos vencimentos ocorram durante o exercício social seguinte ao do Balanço que estiver sendo elaborado.

No Ativo Não Circulante e no Passivo Não Circulante, classificam-se as contas que representam direitos e obrigações, respectivamente, cujos vencimentos ocorram após o término do exercício social seguinte ao do Balanço que estiver sendo elaborado.

Quando o ciclo operacional da empresa tiver duração maior que o exercício social, a classificação no circulante ou longo prazo terá por base o prazo desse ciclo (parágrafo único do artigo 179 da Lei n. 6.404/1976).

Exercício social é um período de 12 meses, normalmente coincidente com o ano civil (de 1º de janeiro a 31 de dezembro). No final do exercício social, as empresas apuram os seus resultados e elaboram as Demonstrações Contábeis.

Ciclo operacional é o espaço de tempo necessário para que a empresa realize integralmente o seu processo operacional. Nas empresas comerciais, prestadoras de serviços e industriais em geral, o ciclo operacional dificilmente ultrapassa um mês. Exemplos de atividades cujos ciclos operacionais superam um exercício social: construção de edifícios, navios, turbinas para hidrelétricas etc.

O critério para classificação das contas no Ativo é a ordem decrescente do grau de liquidez (possibilidade de os componentes se transformarem ou realizarem em dinheiro. A conta Caixa é a que possui o maior grau de liquidez). Para as contas do Passivo, o critério é a ordem decrescente do grau de exigibilidade (quanto menor for o prazo para pagamento da obrigação, maior será o grau de exigibilidade da conta).

Observe que, para facilitar o uso das contas, apresentamos o elenco de contas em dois gráficos:

- **Gráfico I: contas patrimoniais**: nesse gráfico você encontra as contas que representam os bens, os direitos, as obrigações e o Patrimônio Líquido, devidamente classificadas no Ativo e no Passivo, em seus grupos principais, de conformidade com o que estabelece o artigo 178 da Lei n. 6.404/1976. Essa classificação facilita a elaboração do Balanço Patrimonial.
- **Gráfico II: contas de resultado**: nesse gráfico, você encontra as principais contas de resultado, devidamente classificadas em despesas e receitas, e a conta Resultado do Exercício que será utilizada na apuração do resultado do exercício.

Manual de contas

O **manual de contas** tem por fim apresentar informações detalhadas de cada conta, servindo de guia para que o contabilista possa registrar uniformemente todos os eventos responsáveis pela movimentação do patrimônio da empresa.

As informações contidas no manual de contas devem envolver o código numérico, a intitulação, a função, o funcionamento, a natureza e os critérios de avaliação de cada conta, exemplos de lançamentos apropriados para o registro de operações raras, roteiros para conciliações de dados, bem como informações acerca dos documentos que servem de suporte aos registros contábeis.

Veja, agora, como as informações podem constar de um manual de contas:

> **NOTA:**
> - Para atender às necessidades do estágio de estudos em que você se encontra, apresentamos no item 3.5.2.1 um elenco de contas simplificado, com poucas contas e sem as subdivisões dos grupos principais. Com o intuito de melhor embasar nossos comentários, vamos utilizar a seguir uma parte do elenco de contas apresentado no item 1.8 do Apêndice.

Função, funcionamento e natureza da conta

1. ATIVO

Parte do Balanço Patrimonial que representa a aplicação dos recursos que a empresa tem à sua disposição. Engloba contas apropriadas para o registro e controle dos bens e dos direitos de qualquer natureza.

1.1 ATIVO CIRCULANTE

Um dos dois grupos principais em que se divide o Ativo. Engloba contas apropriadas para o registro e controle das disponibilidades, bem como de contas apropriadas para o registro e controle de bens e direitos de qualquer natureza, cuja realização em disponibilidades espera-se que ocorra a curto prazo, ou seja, até o término do exercício social seguinte ao do Balanço.

1.1.1 DISPONIBILIDADES

Subdivisão do grupo Ativo Circulante. Engloba contas apropriadas para o registro e controle de bens numerários de livre e imediata movimentação. Compreende o dinheiro acumulado no caixa da empresa ou em estabelecimentos bancários, bem como os valores tratados como equivalentes de caixa, quais sejam, aqueles representados por aplicações financeiras efetuadas em instituições próprias, desde que garantam liquidez imediata, sendo que a empresa possa utilizá-las livremente, sem restrições.

1.1.1.01 Caixa Geral

Conta principal ou sintética. Representa o montante do dinheiro em espécie existente na empresa. Pode englobar quantias existentes em vários estabelecimentos ou localidades da entidade. Nesse montante, pode estar incluído também cheques recebidos de terceiros, enquanto não forem descontados ou depositados em estabelecimentos bancários.

1.1.1.01.1 Matriz

Subconta representativa do dinheiro existente no estabelecimento matriz.

1.1.1.01.1.001 Caixa

Função: serve para controlar o fluxo de entradas e saídas dos bens numerários em poder da empresa, normalmente compostos por dinheiro e cheques.

Funcionamento: debitada pelas entradas de dinheiro ou cheques no caixa e creditada pelas saídas de dinheiro ou cheques do caixa.

Natureza do saldo: devedora.

Lançamentos apropriados para o registro de operações raras

Esta parte do manual de contas compõe-se de modelos de partidas de Diário, próprios para o registro de fatos que raramente ocorrem na empresa. Esses modelos de lançamentos podem ser apresentados por meio de fluxogramas.

Modelos de Demonstrações Contábeis padronizadas

Além de modelos das demonstrações contábeis exigidas pela Lei n. 6.404/1976, deverão constar, nos planos de contas, modelos de todos os demais quadros, livros auxiliares, fichas, mapas de apropriação ou rateio, relatórios, gráficos, ou seja, de todos os quadros sintéticos ou analíticos que devam ser elaborados pelo setor de contabilidade da empresa.

3.6 Código da conta

Código da conta é um conjunto de algarismos utilizado para identificar cada uma das contas que compõem o plano de contas de uma entidade.

A adoção de códigos agiliza os registros contábeis, especialmente quando efetuados por meio de processamento eletrônico de dados. Assim, débitos e créditos são lançados pelo código da conta e não pela intitulação.

Os critérios para se definir a codificação a ser adotada fica a cargo de cada contabilista que ponderará sua decisão considerando o porte da empresa, bem como o grau de detalhamento das informações que se pretende obter. No entanto, conforme já dissemos, algumas entidades estão obrigadas a adotar o Plano de Contas elaborado pelo seu respectivo órgão regulador, como ocorre por exemplo com as instituições financeiras e seguradoras.

A codificação que sugerimos identifica as contas do Ativo pelo algarismo 1; as contas do Passivo pelo algarismo 2; as contas de despesas pelo algarismo 3; as contas de receitas pelo algarismo 4; as contas de apuração do resultado do exercício pelo algarismo 5; e as contas de compensação pelo algarismo 6. Veja o grupo de contas de compensação no elenco de contas apresentado no item 1.8 do Apêndice.

Veja, agora, um exemplo de contas com seus respectivos códigos:

NOTA:
- Mais uma vez, basearemos nossos comentários no elenco de contas do item 1.8 do Apêndice.

CÓDIGOS	TÍTULOS
1	ATIVO
1.1	ATIVO CIRCULANTE
1.1.1	DISPONIBILIDADES
1.1.1.01	Caixa Geral
1.1.1.01.1	Matriz
1.1.1.01.1.001	Caixa
1.1.1.01.1.002	Fundo Fixo de Caixa
1.1.1.01.2	Fábrica
1.1.1.02	Bancos conta Movimento
1.1.1.02.1	Matriz
1.1.1.02.1.001	Banco Urupês S/A

Veja a função dos dígitos que compõe o código da conta:

1º dígito: reservado para o grupo a que pertence a conta, no sistema patrimonial, de resultado e de compensação.

2º dígito: reservado para o grupo a que a conta pertence.

3º dígito: reservado para o subgrupo a que a conta pertence.

4º e 5º dígitos: reservados para a conta principal. O 4º dígito também poderá ser utilizado para representar divisão de subgrupo, quando houver. Nos casos em que não houver divisão de subgrupo e que também não houver mais de nove contas principais no respectivo subgrupo, o quarto dígito será preenchido com o algarismo 0.

6º dígito: reservado para a subconta que representa cada um dos estabelecimentos que compõem a entidade. Quando a entidade possuir mais de nove estabelecimentos, deverá reservar dois, três ou mais algarismos para esse fim, aumentando assim a quantidade de dígitos dos códigos das contas.

Quando a entidade for representada por um só estabelecimento, pode-se utilizar o algarismo 1 para representar o estabelecimento único, ou simplesmente excluí-lo, ficando as contas com oito dígitos. Neste caso, deve-se manter um ponto após o quinto dígito, para facilitar a leitura do código da conta.

7º a 9º dígitos: reservados para o desdobramento da subconta ou da conta principal.

O algarismo 0 indicará sempre a inexistência de grupo, subgrupo, divisão de subgrupo ou detalhamento de conta principal ou secundária.

Observe que utilizamos um só dígito para os grupos e subgrupos e reservamos dois dígitos para as contas principais; em seguida, um dígito para a subconta e, finalmente, três dígitos para as contas que representam desdobramento da conta principal ou da subconta. Essa quantidade de dígitos poderá ser aumentada conforme a necessidade de cada empresa.

Para garantir a uniformização dos registros contábeis, somente deverão receber lançamentos a débito ou a crédito as contas que contiverem o maior número de dígitos previstos no elenco de contas. No caso em questão, serão as contas com nove dígitos. Desta forma, quando a conta principal ou a subconta não contiver subdivisão, será preciso completar a quantidade de dígitos com o algarismo 9, como fizemos com a conta: 5.1.1.01.1.999 CUSTO DAS MERCADORIAS VENDIDAS (CMV), constante do Elenco de Contas apresentado no item 1.8 do Apêndice.

3.7 Grau da conta

O grau da conta indica a sua posição hierárquica no grupo a que pertence.

No exemplo apresentado no item anterior, os títulos 1. ATIVO, 1.1. ATIVO CIRCULANTE e 1.1.1 DISPONIBILIDADES, embora estejam codificados, não são contas. Veja:

1. ATIVO = subdivisão do Balanço Patrimonial (Ativo e Passivo);
  1.1 ATIVO CIRCULANTE = é um dos grupos de contas em que se divide o Ativo (Ativo Circulante, Ativo Realizável a Longo Prazo e Ativo Permanente);
    1.1.1 DISPONIBILIDADES = subgrupo de contas em que se subdivide o Ativo Circulante (Disponibilidades, Clientes, Estoques etc.);
      1.1.1.01 Caixa Geral = Conta Principal ou de Primeiro Grau;
        1.1.1.01.1 Matriz = Conta Secundária ou de Segundo Grau. Corresponde a desdobramento da Conta de Primeiro Grau.
          1.1.1.01.1.001 Caixa = Conta de Terceiro Grau. Corresponde a desdobramento da Conta Secundária.

Veja outro exemplo considerando que a empresa tenha um só estabelecimento:
1.1.1.02 Bancos conta Movimento = Conta de Primeiro Grau;
  1.1.1.02.001 Banco Urupês S/A = Conta de Segundo Grau.

> **NOTA:**
> - Você encontrará outras informações importantes sobre as contas no Apêndice. Para consultar essas informações, contudo, você deverá antes estudar os seis primeiros capítulos deste livro.

Testes de Fixação

1. Identifique a afirmativa correta:
    1.1 Em Contabilidade, conta é:
        a) O nome técnico que identifica um ou mais componentes patrimoniais.
        b) O nome técnico que identifica um componente do Patrimônio Líquido, uma despesa ou receita.
        c) O nome técnico que identifica um componente patrimonial (Bem, Direito, Obrigação e Patrimônio Líquido) ou um componente de resultado (despesa ou receita).
        d) N.D.A.
    1.2 Todas as contas utilizadas pela contabilidade podem ser classificadas em dois grupos:
        a) Patrimoniais e de resultado.
        b) Patrimoniais e do Patrimônio Líquido.
        c) Patrimoniais e de despesas.
        d) Patrimoniais e de receitas.
    1.3 As contas patrimoniais:
        a) São as que representam os elementos componentes do patrimônio, e dividem-se em despesas e receitas.
        b) São as que representam os elementos componentes do resultado, e dividem-se em ativas e passivas.
        c) São as que representam os elementos componentes do patrimônio, e dividem-se em ativas e passivas.
        d) São as que representam os elementos componentes do patrimônio, e dividem-se em ativas, passivas e de resultado.
    1.4 Assinale a alternativa incorreta:
        a) Função da conta é a sua razão de ser.
        b) Funcionamento da conta refere-se à situação em que a conta será debitada e ou creditada.
        c) A natureza da conta indica se o seu saldo é devedor ou credor.
        d) Classificação, código e grau da conta significam a mesma coisa.

2. Responda:
    2.1 O que são contas de resultado?
    2.2 Qual é a função da conta?
    2.3 As contas do Ativo e de despesas, convencionalmente, são de que natureza?
    2.4 As contas do Passivo e de receitas, convencionalmente, são de que natureza?

2.5 Como se dá a movimentação das contas?

2.6 O que é necessário levar em consideração para classificar contas representativas de direitos e obrigações no Balanço Patrimonial?

2.7 No Ativo, em que grupos as contas devem ser classificadas?

2.8 No Passivo, em que grupos as contas devem ser classificadas?

2.9 No Ativo, as contas serão classificadas tendo em vista a ordem decrescente do grau de liquidez. No Passivo, o que é preciso ter em vista na classificação das contas?

2.10 O que é plano de contas?

2.11 O que é elenco de contas?

2.12 O que é manual de contas?

2.13 O que é código da conta?

2.14 Em que consiste a função da conta?

2.15 Em que consiste o funcionamento da conta?

2.16 Em que consiste debitar uma conta?

Atividade Prática

Classifique as contas em:

a) patrimonial ou resultado;

b) Ativo, Passivo, despesa ou receita;

c) devedora ou credora;

d) por seus respectivos grupos conforme plano de contas.

N.	Contas	a	b	c	d
01	Caixa				
02	Fornecedores				
03	Clientes				
04	Água e Esgoto				
05	Aluguéis Ativos				
06	Bancos Conta Movimento				
07	Participações em Outras Empresas				
08	Duplicatas a Pagar				
09	Promissórias a Pagar				

CONTINUA

CONTINUAÇÃO

N.	elementos	a	b	c
10	Capital			
11	Reserva Legal			
12	Aluguéis Passivos			
13	Café e Lanches			
14	Descontos Obtidos			
15	Juros Ativos			
16	Combustíveis			
17	Contribuições Previdenciárias			
18	Descontos Concedidos			
19	Prejuízos Acumulados			
20	Contribuições de Previdência a Recolher			
21	FGTS a Recolher			
22	Salários a Pagar			
23	Despesas de Organização			
24	Veículos			
25	Estoque de Mercadorias			
26	Receitas de Serviços			
27	Ações de Outras Empresas			
28	Despesas Bancárias			
29	Impostos e Taxas a Recolher			
30	Móveis e Utensílios			

Testes de Concursos

1. (TTN-RJ/92)
    1 – Adiantamentos de Clientes
    2 – Bancos
    3 – Caixa
    4 – Duplicatas a Pagar
    5 – Edifícios de Uso
    6 – Fornecedores
    7 – Máquinas Fabris
    8 – Mercadorias
    9 – Nota Promissória a Pagar
    10 – Receitas de Vendas
    11 – Salários a Pagar
    12 – Terrenos

Levando-se em conta os dados anteriores, assinale a opção que indica, pelos números de ordem, exclusivamente contas que se classificam no Ativo.
a) 1, 4, 7, 10.
b) 2, 5, 8, 12.
c) 3, 6, 9, 12.
d) 4, 7, 10, 12.
e) 5, 8, 11, 12.

2. (TTN/91)

Assinale a opção que contém, na ordem certa, os grupos principais do Balanço Patrimonial, de acordo com a Lei n. 6.404/1976:
a) Ativo Circulante, Disponibilidades, Passivo Circulante e Patrimônio Líquido.
b) Ativo Circulante, Ativo Não Circulante, Passivo Circulante, Patrimônio Líquido e Passivo Não Circulante.
c) Ativo Circulante, Ativo Realizável a Longo Prazo, Passivo Circulante, Passivo Não Circulante e Patrimônio Líquido.
d) Ativo Circulante, Ativo Não Circulante, Passivo Circulante, Passivo Não Circulante e Patrimônio Líquido.
e) Ativo Não Circulante, Ativo Realizável a Longo Prazo, Passivo Circulante e Patrimônio Líquido.

3. (TTN/91)

O Balanço Patrimonial de uma empresa está assim constituído:

Ativo Circulante .... $ 3.000
Ativo Não Circulante .... $ 10.000
Passivo Circulante (Impostos
  a Recolher) .... $ 2.000
Passivo Não Circulante
  (Financiamentos) .... $ 1.500
Patrimônio Líquido .... $ 9.500

Pode-se, assim, afirmar que:
a) O seu capital próprio é de $ 13.000.
b) O capital de terceiros é de $ 1.500.
c) O Conjunto de Bens Disponíveis e Realizáveis a Curto Prazo é de $ 3.000.
d) O capital nominal é de $ 9.500.
e) O capital à disposição da empresa é de $ 9.500.

4. (BB/92)

Analise as afirmativas e marque a opção correta.
1 – No Passivo Circulante, são classificadas as contas representativas de Obrigações Exigíveis a Curto Prazo.
2 – As contas do Ativo figuram nas Demonstrações Financeiras em ordem crescente de liquidez.
3 – As contas do Passivo são ordenadas em ordem decrescente de exigibilidade.
4 – O Não Circulante é a parte de maior liquidez do Ativo.
a) 2 e 4 são verdadeiras.
b) 2 e 3 são verdadeiras.
c) Apenas 4 é falsa.
d) 2, 3 e 4 são falsas.
e) Apenas 1 e 3 são verdadeiras.

5. (FTE-MG/93)

Segundo a Lei n. 6.404/76, os elementos ativos serão apresentados no Balanço Patrimonial em ordem decrescente do grau de liquidez. Assim sendo, no Ativo os elementos são classificados em dois grandes grupos, respectivamente, a saber:
a) Ativo Circulante e Ativo Realizável a Longo Prazo.
b) Disponibilidades e Estoques.
c) Ativo Circulante e Ativo Não Circulante.
d) Circulante e Imobilizado.
e) Circulante e Realizável a Curto Prazo.

CAPÍTULO 4

ESCRITURAÇÃO

 ## 4.1 Conceito

Escrituração é uma técnica contábil que consiste em registrar nos livros próprios (Diário, Razão, Caixa etc.) todos os acontecimentos que ocorrem na empresa e que modifiquem ou possam vir a modificar a situação patrimonial.

Segundo estabelece o artigo 1.179 do Código Civil Brasileiro (Lei n. 10.406/2002), todas as empresas (sejam elas caracterizadas como **empresário** – antiga empresa individual – ou como **sociedade empresária**) estão obrigadas a seguir um sistema de Contabilidade, mecanizado ou não, com base na escrituração uniforme de seus livros, em correspondência com a documentação respectiva.

O controle contábil das empresas começa com a escrituração dos atos administrativos relevantes e de todos os fatos administrativos no livro Diário, completando-se, depois, nos demais livros de escrituração.

> **NOTA:**
> - A escrituração é de responsabilidade de contabilista legalmente habilitado, salvo se nenhum houver na localidade (artigo 1.182 do Código Civil/2002).

Informações complementares

Está dispensado da escrituração contábil, somente o pequeno empresário. (§ 2º do artigo 1.179 do Código Civil/2002).

Pequeno empresário é o empresário individual caracterizado como microempresa que aufira receita bruta anual de até $ 60.000 (artigo 68 da Lei Complementar n. 123/2006).

Microempresa (ME) é a sociedade empresária, a simples ou ainda o empresário, devidamente registrados no Registro de Empresas Mercantis ou no Registro Civil de Pessoas Jurídicas, conforme o caso, desde que aufira, em cada ano-calendário, receita bruta igual ou inferior a $ 360.000.

Empresa de Pequeno Porte (EPP) são as mesmas pessoas citadas no parágrafo anterior, desde que aufiram, em cada ano-calendário, receita bruta superior a $ 360.000 e igual ou inferior a $ 3.600.000 (artigo 3º da Lei Complementar n. 123/2006).

Simples é um sistema de tributação simplificado, criado pelo Governo Federal especificamente para beneficiar as **ME** e as **EPP**.

4.2 Atos e fatos administrativos

4.2.1 Atos administrativos

São os acontecimentos que ocorrem na empresa e que não provocam alterações no patrimônio. Por exemplo: admissão de empregado, assinatura de contratos de compra e venda, assinatura de contratos de seguro, fianças em favor de terceiros, avais de títulos etc.

Por não provocarem modificações no patrimônio, os **atos administrativos** não são objetos de contabilização. Entretanto, alguns deles, considerados relevantes, tendo em vista que seus efeitos podem se traduzir em modificações futuras no patrimônio da empresa, deverão ser contabilizados por meio das **contas de compensação**.

Exemplos de atos administrativos que devem ser contabilizados:

- remessas de bens a terceiros para industrialização e conserto ou como empréstimo;
- recebimento de bens de terceiros para industrialização e conserto ou como empréstimo;
- fianças a favor de terceiros – por exemplo: quando a empresa, por meio de titular ou sócios, assina um contrato de locação como fiadora de uma empresa locatária;
- avais a favor de terceiros – por exemplo: quando a empresa, por meio de titular ou sócios, assina uma nota promissória como avalista de outra empresa que pretenda obter empréstimo junto a uma instituição financeira;
- remessa de títulos ao banco para cobrança simples;
- remessa de títulos ao banco, nos casos de empréstimos mediante caução;
- assinatura de contratos de seguro com companhias seguradoras;
- entrega de bens a terceiros como garantia de dívidas – por exemplo: hipotecas (bens imóveis), penhor (bens móveis);
- recebimento de bens de terceiros em garantia de dívidas – por exemplo: hipoteca (bens imóveis), penhor (bens móveis);
- assinaturas de contratos de compra e venda junto a fornecedores e clientes.

4.2.2 Fatos administrativos

São os acontecimentos que ocorrem na empresa e que provocam modificações no patrimônio, sendo, portanto, objeto de contabilização por meio das contas patrimoniais ou das contas de resultado, podendo ou não alterar o Patrimônio Líquido (Situação Líquida).

Podem ser classificados em três grupos:

a. **Permutativos**, **qualitativos** ou **compensativos**: representam permutas (trocas) entre elementos ativos, passivos ou entre ambos simultaneamente, sem provocar variações no Patrimônio Líquido;

b. **Modificativos** ou **quantitativos**: provocam variações (modificações) no Patrimônio Líquido;

c. **Mistos**: envolvem, ao mesmo tempo, um fato permutativo e um modificativo.

Fatos administrativos possíveis

- **Fatos permutativos entre elementos Ativos**: envolvem somente contas do Ativo. Os mais comuns são os que correspondem às compras à vista; as vendas à vista ou a prazo, porém pelo preço de custo; as transferências de contas do Ativo Realizável a Longo Prazo para o Ativo Circulante em decorrência da diminuição do prazo de vencimento etc.

- **Fatos permutativos entre elementos Passivos**: envolvem apenas contas do Passivo (somente obrigações). Os mais comuns são os que representam as retenções efetuadas dos salários dos empregados nas folhas de pagamentos (compromissos dos empregados com Previdência, Imposto de Renda, Contribuição Sindical etc.) e as transferências de contas do Passivo Exigível a Longo Prazo para o Passivo Circulante, esses últimos em decorrência da diminuição dos prazos de vencimento.

- **Fatos permutativos entre elementos Ativos e Passivos, acarretando aumento no patrimônio**: envolvem contas do Ativo e do Passivo ao mesmo tempo; provocam aumento no patrimônio sem interferir no Patrimônio Líquido. Os mais comuns são os que representam as compras a prazo.

- **Fatos permutativos entre elementos Ativos e Passivos, acarretando diminuição no patrimônio**: envolvem, também, ao mesmo tempo contas do Ativo e do Passivo; provocam diminuição no patrimônio sem interferir no Patrimônio Líquido. Os mais comuns são os que representam os pagamentos de obrigações.

- **Fatos modificativos aumentativos**: envolvem uma conta patrimonial e uma ou mais contas de receita. Os mais comuns são os que representam recebimentos de receitas no momento da ocorrência do respectivo fato gerador.

- **Fatos modificativos diminutivos**: envolvem uma conta patrimonial e uma ou mais contas de despesa. Os mais comuns são os que representam pagamentos de despesas nas datas das ocorrências de seus fatos geradores.

- **Fatos mistos aumentativos**: envolvem duas ou mais contas patrimoniais e uma ou mais contas de receita. Os mais comuns são os que representam vendas de bens com lucro, recebimento de direitos com juros, pagamento de obrigações com descontos etc.

- **Fatos mistos diminutivos**: envolvem duas ou mais contas patrimoniais e uma ou mais contas de despesa. Os mais comuns são os que representam vendas de bens com prejuízo, recebimentos de direitos com descontos, pagamentos de obrigações com juros etc.

NOTAS:

- No Patrimônio Líquido também podem ocorrer fatos permutativos entre seus elementos. Eles aparecem, por exemplo, com o aumento do capital pela incorporação de reservas. Embora esses fatos ocorram entre elementos do Patrimônio Líquido, por não provocarem modificações no total desse grupo, são tratados também como fatos permutativos e não modificativos.
- Muito cuidado: os fatos correspondentes às deduções e participações no resultado, bem como à Distribuição de Dividendos, devem ser tratados como fatos modificativos diminutivos, uma vez que provocam diminuições no Patrimônio Líquido pela redução do lucro apurado no final do exercício.

Informações complementares

Fato gerador da despesa é o acontecimento que dá origem a uma despesa. A maior parte deles decorre do consumo de bens e da utilização de serviços. Outras situações que comumente geram despesas são os descontos que oferecemos aos nossos devedores por ocasião do recebimento antecipado de direitos e os juros e acréscimos impostos a nós, por nossos credores em decorrência da liquidação de dívidas com atraso.

Fato gerador da receita é o acontecimento que dá origem a uma receita. A maior parte deles decorre da venda de bens ou da prestação de serviços. Outras situações que comumente geram receitas são os juros e acréscimos por nós impostos a nossos devedores por ocasião do recebimento de direitos com atraso e os descontos obtidos de nossos credores em decorrência da liquidação antecipada de dívidas.

Quando ocorre o fato gerador de uma despesa, tecnicamente dizemos que ela foi **incorrida**; quando ocorre o fato gerador de uma receita, tecnicamente dizemos que esta foi **realizada**.

Portanto, no regime de competência de exercício, o que determina a inclusão ou não de uma despesa e de uma receita no resultado é a data da ocorrência do fato gerador da respectiva despesa e receita.

No Capítulo 14 você encontrará mais detalhes acerca do regime de competência.

> **NOTA:**
> - Leitura Complementar: após estudar todos os capítulos deste livro, leia o item 1.4 do Apêndice – Contas de Compensação.

Testes de Fixação 1

1. Os eventos que ocorrem no dia a dia das empresas e que não provocam modificações no patrimônio são denominados:
   a) Atos administrativos.
   b) Fatos administrativos.
   c) Fatos permutativos.
   d) Fatos modificativos.

2. Os sócios João e Paulo, da empresa X, avalizaram um título para a empresa Z, que efetuou empréstimo junto a estabelecimento bancário. Esse evento, para a empresa de João e Paulo, será:
   a) Fato administrativo.
   b) Ato administrativo relevante que deverá ser contabilizado por meio de contas de resultado.
   c) Ato administrativo relevante que não precisa ser contabilizado.
   d) Ato administrativo relevante que deverá ser contabilizado por meio das contas de compensação.

3. Os eventos que ocorrem no dia a dia das empresas e que provocam modificações no patrimônio são:
   a) Atos administrativos.
   b) Atos contábeis.
   c) Fatos administrativos.
   d) Fatos administrativos que não devem ser contabilizados.

4. Os eventos que provocam modificações entre elementos do Ativo, do Passivo e entre ambos ao mesmo tempo, sem provocar modificações no Patrimônio Líquido, denominam-se:
   a) Atos administrativos.

b) Fatos permutativos, qualitativos ou compensativos.
c) Fatos modificativos.
d) Fatos mistos.

5. Os eventos que ocorrem no dia a dia das empresas e que provocam modificações para mais ou para menos no Patrimônio Líquido são denominados:
    a) Atos administrativos.
    b) Fatos permutativos, qualitativos ou compensativos.
    c) Fatos modificativos.
    d) Fatos mistos.

6. Os eventos que ocorrem no dia a dia das empresas, provocando modificações entre os elementos do Ativo, do Passivo ou entre ambos ao mesmo tempo, interferindo no Patrimônio Líquido, denominam-se:
    a) Atos administrativos.
    b) Fatos permutativos.
    c) Fatos modificativos.
    d) Fatos mistos.

7. Analise os seguintes eventos ocorridos em uma empresa:
    • Pagamento de despesa de energia elétrica.
    • Compras de mercadorias à vista.
    • Recebimento de $ 5.000, referente a receitas de aluguéis.
    • Pagamento de uma duplicata com desconto.
    • Assinatura de contrato para compra de mercadorias.
    Com relação a esses acontecimentos, temos:
    a) Três atos administrativos e dois fatos administrativos.
    b) Quatro atos administrativos e dois fatos administrativos.
    c) Um ato administrativo, dois fatos modificativos e dois fatos mistos.
    d) Um ato administrativo, um fato permutativo, um fato misto e dois fatos modificativos.

4.3 Livros de escrituração

São muitos os livros utilizados; a quantidade e a espécie variam em função do porte, da forma jurídica e do ramo de atividade desenvolvido pela empresa.

Geralmente, as provas dos concursos versam acerca dos principais livros utilizados pela Contabilidade, exigindo do candidato conhecimentos sobre sua utilidade, natureza e finalidade.

4.3.1 Classificação dos livros de escrituração

Quanto à utilidade

a. **Principais**: utilizados para o registro de todos os eventos do dia a dia da empresa, como ocorre com os livros Diário e Razão.

b. **Auxiliares**: utilizados para o registro de eventos específicos, como os livros Caixa, Contas Correntes, Registro de Duplicatas, além de todos os livros fiscais que podem servir de suporte para a escrituração do Diário e do Razão.

Quanto à natureza

a. **Cronológicos**: aqueles em que os registros são efetuados obedecendo à rigorosa ordem cronológica de dia, mês e ano. Segundo a legislação atual, todos os livros destinados à escrituração mercantil são cronológicos (artigo 1.183 do Código Civil/2002, artigo 2º Decreto-lei n. 486/1969 etc.).

b. **Sistemáticos**: livros destinados ao registro de eventos da mesma natureza, como o Livro Caixa, que é utilizado somente para o registro de operações que envolvam entradas e saídas de dinheiro; e o Livro Contas Correntes, destinado somente para o registro de transações que envolvam direitos e obrigações.

Quanto à finalidade

a. **Obrigatórios:** exigidos pela legislação civil (Código Civil/2002), pela legislação comercial (Decreto-lei n. 486/1969), pela legislação tributária (RIR/1999), pela legislação societária (Lei n. 6.404/1976) e pela Interpretação Técnica ITG 2000 aprovada pela Resolução n. 1.330/2011 do Conselho Federal de Contabilidade.

Exemplo:

a1. Exigido pela legislação civil, comercial, tributária, societária e também pela Interpretação Técnica ITG 2000 do CFC: Livro Diário.

a2. Exigido especificamente pela legislação comercial: livro de registro de duplicatas – Lei n. 5.474/1968.

a3. Exigidos por leis tributárias:

Âmbito federal: Livro Eletrônico de Escrituração e Apuração do Imposto sobre a Renda e da Contribuição Social sobre o Lucro Líquido da Pessoa

Jurídica Tributada pelo Lucro Real (e-Lalur) – Instrução Normativa RFB n. 989/2009; Livro Razão – Lei n. 8.218/1991; Livro Caixa (obrigatório somente para as microempresas e para as empresas de pequeno porte optantes pelo Simples – § 2º do artigo 26 da Lei Complementar n. 123/2006 –, bem como para as empresas que optarem pela tributação do Imposto de Renda com base no lucro presumido (parágrafo único do artigo 527 do RIR/99).

Âmbito estadual: cada Estado, por meio de legislação própria, poderá determinar a obrigatoriedade da adoção e escrituração de vários livros, tais como registro de entradas, registro de saídas, registro de inventário, registro de apuração do ICMS etc.

Âmbito municipal: cada município poderá determinar a adoção e escrituração de livros específicos, sendo o mais comum o Livro de Registro de Notas Fiscais e Faturas de Serviços (Prefeitura do Município de São Paulo).

a4. Exigidos por leis societárias: a Lei das Sociedades por Ações, em seu artigo 177, estabelece que a escrituração da companhia será mantida em registros permanentes, com obediência aos preceitos da legislação comercial e, em seu artigo 100, estabelece que a companhia deve ter, além dos livros obrigatórios para qualquer comerciante, os seguintes, revestidos das mesmas formalidades legais: Livro de Registro de Ações Nominativas; Livro de Transferência de Ações Nominativas; Livro de Registro de Partes Beneficiárias Nominativas; Livro de Registro de Partes Beneficiárias Endossáveis; Livro de Registro de Debêntures Endossáveis; Livro de Registro de Bônus de Subscrição Endossáveis; Livro de Atas das Assembleias Gerais; Livro de Presença dos Acionistas; Livro de Atas das Reuniões do Conselho de Administração; Livro de Atas das Reuniões da Diretoria; Livro de Atas e Pareceres do Conselho Fiscal.

b. Facultativos: livros que as entidades utilizam sem que haja exigência legal. Esses livros, como podem servir de suporte para o registro nos livros Diário e Razão, são denominados também livros auxiliares. Exemplos: Livro Caixa (exceto para as ME, EPP e optantes pela tributação do IR com base no lucro presumido, conforme já comentamos), Livro Contas Correntes, Livro de Controle de Contas a Receber, Livro de Controle de Contas a Pagar etc.

Informações complementares

O Diário, por destinar-se ao registro de todos os eventos que ocorrem no dia a dia das entidades, é o livro mais importante sob o ponto de vista legal.

O Razão, por permitir o controle em separado de cada conta, é o livro mais importante sob o ponto de vista contábil.

O Contas Correntes é um livro auxiliar do Razão. Destina-se, como já dissemos, ao controle da movimentação das contas que representam direitos e obrigações da empresa.

O Caixa, também conforme já dissemos, é um livro destinado ao registro de todos os fatos administrativos que envolvam entradas e saídas de dinheiro na empresa.

Livros	Quanto à Utilidade	Quanto à Natureza	Quanto à Finalidade
Diário	Principal	Cronológico	Obrigatório
Razão	Principal	Cron./Sist.	Obrigatório
Caixa	Auxiliar	Cron./Sist.	Facultativo
Contas Correntes	Auxiliar	Cron./Sist.	Facultativo
Registro de duplicatas	Auxiliar	Cron./Sist.	Obrigatório
e-Lalur	Auxiliar	Cron./Sist.	Obrigatório

É importante salientar que as legislações previdenciárias e trabalhistas podem reiterar às empresas a manutenção dos livros exigidos pela legislação civil e comercial e exigir a adoção de outros, embora de cunho não comercial, como é o caso dos livros de Registro de Empregados, de Registro de Horário de Trabalho e de Inspeção do Trabalho, exigidos pela legislação trabalhista.

Podem optar pela tributação do Imposto de Renda com base no lucro presumido as pessoas jurídicas cuja receita bruta total, no ano-calendário anterior, tenha sido igual ou inferior a $ 48.000.000, desde que não estejam obrigadas à tributação com base no lucro real (artigo 516 do RIR/99).

4.3.2 Livro Diário

Conforme vimos, o Diário é um livro obrigatório. Nele são lançadas, com individualização, clareza e indicação do documento comprobatório, dia a dia, por escrita direta ou reprodução, todos os acontecimentos que ocorrem na empresa e que provocam modificações no patrimônio (fatos administrativos), bem como aqueles que possam vir a modificar futuramente o patrimônio (atos administrativos relevantes). Por ser obrigatório, o Diário está sujeito às formalidades legais extrínsecas e intrínsecas exigidas para os livros de escrituração em geral.

Formalidades extrínsecas (externas)

Dizem respeito ao livro propriamente dito, isto é, a sua apresentação material. O Livro Diário deve ser encadernado com folhas numeradas sequencial e tipograficamente.

O empresário ou a sociedade empresária que adotar escrituração mecanizada ou eletrônica poderá substituir o Diário por conjunto de fichas ou folhas soltas que também deverão ser numeradas tipograficamente, ou ainda por folhas contínuas que deverão ser numeradas mecânica ou tipograficamente.

Os livros, fichas, folhas soltas ou contínuas do Diário deverão conter termos de abertura e de encerramento, e ser submetidos à autenticação no órgão competente do Registro do Comércio; quando se tratar de empresa civil, no Registro Civil de Pessoas Jurídicas ou no Cartório de Registro de Títulos e Documentos. Veja um modelo de Termo de Abertura:

TERMO DE ABERTURA

Contém este livro, ____ folhas numeradas tipograficamente, de 1 a ___, e servirá de Diário n. ____ do empresário* _____, sediado na Rua _____ n. __, na cidade de _____ Estado de _____, Nire** _____, conforme atos constitutivos arquivados em ___/___/___, inscrito no CNPJ sob n. _____.

*** _____, ____ de _____ de ____.

_____
(assinatura do titular, administrador ou representante legal da empresa)

_____
(assinatura de contabilista habilitado)

---

* ou sociedade empresária. Neste caso, substituir a palavra "sediado" por "sediada" e a palavra "inscrito" por "inscrita".
** Nire: Número de Inscrição de Registro de Empresas na Junta Comercial.
*** Localidade e data.

Informações complementares

O Termo de Encerramento é idêntico ao de Abertura, diferenciando-se somente no título – termo de encerramento – e no tempo do verbo servir, passando de "servirá" para "serviu".

Os Termos de Abertura e de Encerramento devem ser apostos, respectivamente, no anverso da primeira e no verso da última ficha ou folha numerada do Diário, na mesma data e antes de iniciada a escrituração, salvo quando a escrituração for realizada em fichas ou folhas soltas ou contínuas, caso em que, sendo o diário encadernado após a sua escrituração, os termos mencionados serão lavrados na data da autenticação.

Feitas as devidas adaptações, tanto o Termo de Abertura como o de Encerramento aqui apresentados poderão ser utilizados em outros instrumentos de escrituração das empresas em geral.

Formalidades intrínsecas (internas)

Estão relacionadas à escrituração propriamente dita.

A escrituração será completa, em idioma e moeda corrente nacionais, em forma contábil, com individualização e clareza, por ordem cronológica de dia, mês e ano, sem intervalos em branco, nem entrelinhas, borrões, rasuras, emendas ou transportes para as margens.

Informações complementares

As formalidades extrínsecas e intrínsecas devem ser observadas para que o Livro Diário mereça fé a favor do empresário ou da sociedade empresária.

Como a vida da empresa é registrada nesse livro, toda e qualquer demonstração elaborada com base na escrituração nele contida será reconhecida como verdadeira, salvo se na sua escrituração não forem observadas rigorosamente as formalidades legais aqui apresentadas.

O Livro Diário até hoje passou por pelo menos três estágios de escrituração:

a. **processamento manual**: no princípio, toda escrituração era processada de forma manuscrita. Atualmente, esse processo está em desuso, embora ainda utilizado por algumas empresas de pequeno porte, é de grande utilidade para o ensino da contabilidade;

b. **processamento mecânico**: nesse estágio, a escrituração do Diário passou a ser feita em fichas ou em folhas soltas, as quais, posteriormente, eram copiadas por decalque em livro apropriado;

c. **processamento eletrônico de dados**: hoje, quase que a totalidade das empresas processam a escrituração do Diário por meio do computador, sendo que as folhas impressas são posteriormente encadernadas. A legislação tributária disciplina o uso da escrituração por meio do computador, cuidando inclusive dos critérios a serem observados quanto ao armazenamento de dados em arquivos magnéticos.

É importante salientar, no entanto, que a adoção de qualquer que seja o sistema de escrituração do Diário não exclui a empresa da obediência aos requisitos intrínsecos e extrínsecos, previstos tanto na legislação civil, comercial e tributária, como também nas Normas Brasileiras de Contabilidade.

As empresas que processam a escrituração por meio de fichas, folhas soltas ou contínuas são obrigadas a adotar livro apropriado para transcrição das Demonstrações Contábeis.

Na escrituração, é permitido o uso de códigos de números ou de abreviaturas, desde que constem de livro próprio devidamente revestido das formalidades extrínsecas.

A empresa que adotar o sistema de fichas de lançamentos poderá substituir o Livro Diário pelo Livro Balancetes Diários e Balanços, desde que sejam observadas as mesmas formalidades extrínsecas exigidas para o Livro Diário.

É admitida a escrituração resumida no Diário, por totais que não excedam ao período de um mês, relativamente a contas cujas operações sejam numerosas ou realizadas fora da sede do estabelecimento, desde que utilizados livros auxiliares para registro individualizado e conservados os documentos que permitam sua perfeita verificação (Decreto-lei n. 486/1969, artigo 5º, § 3º).

Testes de Fixação 2

1. São formalidades extrínsecas do Livro Diário:
   a) Ser encadernado com folhas numeradas sequencial e tipograficamente; conter termos de abertura e de encerramento.
   b) Ser encadernado com folhas numeradas sequencial e tipograficamente; a escrituração será feita por ordem cronológica de dia, mês e ano.
   c) A escrituração será completa, em idioma e moeda corrente nacionais, sem intervalos em branco, nem entrelinhas.
   d) Ser submetido à autenticação no órgão competente do Registro do Comércio; a escrituração será em forma contábil, com individualização e clareza.

2. São formalidades intrínsecas do Livro Diário:
   a) Ser encadernado com folhas numeradas sequencial e tipograficamente; conter termos de abertura e de encerramento.
   b) Ser encadernado com folhas numeradas sequencial e tipograficamente; a escrituração será feita por ordem cronológica de dia, mês e ano.
   c) A escrituração será completa, em idioma e moeda corrente nacionais, sem intervalos em branco, nem entrelinhas.
   d) Ser submetido à autenticação no órgão competente do Registro do Comércio; a escrituração será em forma contábil, com individualização e clareza.

3. O Livro Diário é:
   a) Principal, sistemático e facultativo.
   b) Principal, cronológico e facultativo.
   c) Principal, cronológico e obrigatório.
   d) N.D.A.

4. O Livro Razão é:
   a) Auxiliar, cronológico e facultativo.
   b) Principal, cronológico e facultativo.

c) Principal, sistemático e facultativo.

d) Principal, sistemático e obrigatório.

5. O Livro Caixa é:

a) Auxiliar, sistemático e facultativo.

b) Auxiliar, sistemático e obrigatório.

c) Auxiliar, cronológico e facultativo.

d) As alternativas "a" e "d" estão corretas.

6. O Livro Contas Correntes é:

a) Principal, cronológico e obrigatório.

b) Auxiliar, sistemático e facultativo.

c) Auxiliar, cronológico e obrigatório.

d) Principal, cronológico e facultativo.

7. O Livro de Registro de Duplicatas é:

a) Principal, cronológico e obrigatório.

b) Principal, sistemático e obrigatório.

c) Auxiliar, sistemático e obrigatório.

d) N.D.A.

8. E-lalur é:

a) Principal, sistemático e obrigatório.

b) Principal, cronológico e obrigatório.

c) Auxiliar, sistemático e facultativo.

d) Auxiliar, sistemático e obrigatório.

9. Indique se a afirmativa é falsa ou verdadeira:

a) O Livro Diário é o mais importante sob o ponto de vista legal.

b) O Livro Razão é o mais importante sob o ponto de vista legal.

c) O Diário é o livro mais importante sob o ponto de vista contábil.

d) O Razão é o livro mais importante sob o ponto de vista contábil.

10. Indique se a afirmativa é falsa ou verdadeira:

a) O Livro Caixa destina-se ao controle da movimentação das contas representativas de direitos e obrigações.

b) O Livro Caixa destina-se ao registro das operações que envolvem entradas e saídas de dinheiro.

c) O Livro Contas Correntes é auxiliar do Razão.

d) O Livro Contas Correntes é facultativo.

4.4 Métodos de escrituração

Método de escrituração é o modo de registro dos atos e dos fatos administrativos.

4.4.1 Método das Partidas Simples

Consiste no registro de operações específicas envolvendo o controle de um só elemento. No Livro Caixa, por exemplo, os eventos são registrados visando apenas ao controle do dinheiro, sem a preocupação de controlar outros elementos patrimoniais ou até mesmo de se evidenciar o lucro ou o prejuízo decorrente das respectivas transações. Outro exemplo de registro pelo Método das Partidas Simples ocorre com o Livro de Contas a Pagar, no qual só interessa o controle específico das obrigações.

Esse método é deficiente e incompleto, pois não permite o controle global do patrimônio.

As entidades que utilizam apenas esse método de registro só conseguem controles estanques de alguns eventos.

O conhecimento do resultado econômico só será possível por meio da comparação do patrimônio existente no início com o existente no final de um período.

4.4.2 Método das Partidas Dobradas

De uso universal, esse método foi apresentado pela primeira vez pelo frade franciscano Luca Pacioli, na cidade de Veneza, Itália, em 10 de novembro de 1494. Sua adoção permite o controle de todos os componentes patrimoniais bem como das variações do Patrimônio Líquido, que poderão resultar em lucro ou prejuízo.

O princípio fundamental do método é o de que não há devedor sem que haja credor, correspondendo a cada débito um crédito de igual valor.

Por meio desse método, os eventos são registrados inicialmente no Livro Diário e, posteriormente, no Livro Razão.

4.5 Lançamento

4.5.1 Conceito

Lançamento é o meio pelo qual se processa a escrituração. É a forma contábil de se processar o registro dos fatos no Livro Diário.

4.5.2 Elementos essenciais

- Local e data da ocorrência do fato;
- Conta a ser debitada;
- Conta a ser creditada;
- Histórico;
- Valor.

4.5.3 Como elaborar o lançamento

Na vida prática, ao deparar-se com um evento a ser contabilizado no Livro Diário, o contabilista precisa registrá-lo obedecendo a uma determinada disposição técnica.

Por isso, apresentamos os cinco elementos essenciais do lançamento. Isso equivale a dizer que todo registro a ser efetuado no Livro Diário, em forma de lançamento, terá de conter esses cinco elementos na ordem em que foram apresentados: em primeiro lugar, registram-se o local e a data da ocorrência do fato; em segundo lugar, o nome da conta a ser debitada; em terceiro lugar, o nome da conta a ser creditada; em quarto lugar, o histórico; e finalmente, em quinto lugar, o valor.

Suponhamos o seguinte fato ocorrido em uma empresa:

- **Fato**: compra de um automóvel marca Brasil, ano x1, conforme Nota Fiscal n. 1.996, da Auto Comercial Ltda., no valor de $ 100.000, pagos em dinheiro.

Para registrar esse fato no Livro Diário, é preciso que você saiba encontrar, no respectivo fato, os cinco elementos essenciais que irão compor o lançamento.

Para facilitar seu raciocínio, siga os seguintes passos:

- **Primeiro passo**: identificar o local e a data da ocorrência do fato.

O local é a cidade em que a empresa está estabelecida e a data é a constante do documento comprobatório da ocorrência do fato. Para fins didáticos, sugerimos que você considere sempre a sua cidade e a data em que estiver estudando.

Nas provas dos concursos, esse primeiro elemento (local e data) raramente é exigido.

- **Segundo passo**: verificar que documento foi emitido para comprovar a operação.

No exemplo em questão, o documento emitido foi a Nota Fiscal n. 1.996.

Na vida prática, se não houver documento idôneo que comprove a ocorrência do evento (fato ou ato), ele não poderá ser contabilizado.

Para fins de concurso, quando a necessidade for apenas a de identificar no lançamento as contas a serem debitadas e/ou creditadas, esse segundo passo pode ser ignorado.

- **Terceiro passo**: identificar, no fato, os elementos envolvidos.

Quando você entra em uma padaria para comprar pão e paga em dinheiro, efetua-se uma troca: dinheiro por pão. É assim que os fatos administrativos ocorrem em todas as empresas: a empresa entrega um elemento para um terceiro e dele recebe outro em troca. Veja como é fácil identificar os elementos no nosso exemplo: estamos comprando um automóvel e pagando essa compra em dinheiro; logo, estamos trocando dinheiro por automóvel. Estes são os dois elementos envolvidos: automóvel e dinheiro.

- **Quarto passo**: identificar as contas que serão utilizadas para registrar os elementos envolvidos no fato.

Como a Contabilidade registra os fatos por meio das contas, para cada elemento componente do patrimônio – ou correspondente a uma despesa ou a uma receita – existe uma conta apropriada.

O nome da conta deve permitir fácil identificação do elemento envolvido, seja ele bem, direito, obrigação, despesa, receita ou Patrimônio Líquido.

Para encontrar as contas adequadas ao registro dos fatos, você deverá procurá-

-las no plano de contas constante da p. 38. Observe que se o elemento for um Bem ou um Direito, o título correto da conta será encontrado no Ativo; se o elemento for uma obrigação ou pertencer ao Patrimônio Líquido, o título correto da conta será encontrado no Passivo; se o elemento for uma despesa ou receita, o título correto da conta será encontrado no gráfico II – contas de resultado.

No exemplo em questão, temos dois elementos: automóvel e dinheiro. Esses dois elementos representam bens: logo, as contas apropriadas para registrá-los encontram-se no Ativo do plano de contas. Assim, basta ler todos os nomes das contas do Ativo para encontrar as contas que mais se identificam com os respectivos elementos. Teremos: automóvel = Veículos; dinheiro = Caixa.

- **Quinto passo**: identificar que conta será debitada e que conta será creditada.

Após identificadas as contas que utilizaremos para registrar os elementos envolvidos no fato em questão, precisamos saber qual delas será debitada e qual será creditada.

Para isso, você poderá escolher uma das seguintes opções:

- **Primeira opção**: origem *versus* aplicação.

Adotando essa opção, o raciocínio do débito e do crédito torna-se simples, mas você precisa saber que todo fato administrativo ocorre em forma de troca, sendo envolvidos pelo menos dois elementos que possuam valores idênticos, denominados *recursos*. Assim, um dos elementos representa a origem dos recursos, isto é, de onde a empresa retirou o respectivo valor, e o outro elemento representa a aplicação do recurso, ou seja, em que a empresa investiu esse valor.

Dessa forma, teremos:

| Aplicação de recursos | = | Débito |
| Origem de recursos | = | Crédito |

No exemplo em questão, a Conta Veículos será debitada e a Conta Caixa será creditada.

Veja melhor: como estamos comprando um automóvel, aplicamos o recurso na compra desse automóvel, logo, a conta Veículos representa a aplicação desse recurso, e por isso será debitada. Por outro lado, o recurso aplicado na compra do automóvel foi retirado da conta Caixa (originou-se do Caixa), por isso, essa conta será creditada.

- **Segunda opção**: aumento ou diminuição do saldo da conta.

Por essa opção, já comentada no item 3.4 do Capítulo 3, identificamos a conta a ser debitada e a conta a ser creditada no lançamento tendo em vista a natureza do seu saldo.

O raciocínio, a partir dessa opção, exige de você o conhecimento da natureza do saldo de cada conta.

O **saldo da conta** é a diferença entre os valores lançados a débito e os valores lançados a crédito na respectiva conta.

Como as contas do Ativo e de despesas são de natureza devedora, seus saldos serão aumentados por meio de débitos e diminuídos por meio de créditos. Por outro lado, sendo as contas do Passivo e de receita de natureza credora, seus saldos serão aumentados por meio de créditos e diminuídos por meio de débitos.

Para facilitar esse raciocínio, utilize o Quadro Auxiliar da Escrituração a seguir.

QUADRO AUXILIAR DA ESCRITURAÇÃO
I – Para elementos Patrimoniais:
a. Toda vez que aumentar o Ativo, DEBITAR a respectiva conta.
b. Toda vez que diminuir o Ativo, CREDITAR a respectiva conta.
c. Toda vez que aumentar o Passivo, CREDITAR a respectiva conta.
d. Toda vez que diminuir o Passivo, DEBITAR a respectiva conta.
II – Para os elementos de Resultado:
e. Toda vez que ocorrer uma despesa, DEBITAR a respectiva conta.
f. Toda vez que se realizar uma receita, CREDITAR a respectiva conta.

O uso do quadro é muito fácil. Ele é composto por seis regras, devidamente relacionadas pelas letras "a" a "f", sendo que as constantes das letras "a" e "b" aplicam-se às contas do Ativo, as constantes das letras "c" e "d" aplicam-se às contas do Passivo, a constante da letra "e" aplica-se às contas de despesas e a constante da letra "f" aplica-se às contas de receitas.

Veja, agora, a aplicação dessas regras no nosso exemplo:

O raciocínio sobre a conta Veículos ficará entre as letras "a" e "b" do Quadro Auxiliar da Escrituração, pois ela representa bens e, por isso mesmo, pertence ao Ativo. A compra do automóvel resultará em aumento no saldo dessa conta; logo, será debitada conforme estabelece a regra da letra "a".

Coincidentemente, a conta Caixa também representa bens; logo, o raciocínio ficará entre as letras "a" e "b". Assim, como o pagamento em dinheiro resulta em redução do respectivo saldo, a conta Caixa será creditada conforme estabelece a regra da letra "b".

NOTA:

- Apresentamos, nesse item, duas opções que poderão ser utilizadas para a identificação das contas a serem debitadas e creditadas. Adote, para seus estudos, a opção que melhor o conduza ao raciocínio do lançamento.

- **Sexto passo**: preparar o histórico do lançamento.

    O histórico do lançamento consiste na narração do fato ocorrido. Cada contabilista poderá elaborar o histórico à sua maneira, devendo, porém, evitar o uso de muitas palavras (prolixidade).

    É bom saber que o histórico deverá conter pelo menos:
    – número e espécie do documento comprobatório;
    – nome da pessoa ou empresa com quem se transaciona; e
    – identificação da "coisa" transacionada.

NOTA:

- O histórico do lançamento deve representar a essência econômica da transação, sendo permitido o uso de código de histórico padronizado, desde que baseado em tabela auxiliar inclusa em livro próprio. (Letra "d" do item 6 da Interpretação Técnica ITG 2000, aprovada pela Resolução CFC n. 1.330/2011.)

- **Sétimo passo**: elaborar o lançamento no Livro Diário.

    Veja, agora, como deve ser escriturado o lançamento no Livro Diário tradicional (manuscrito).

```
              Rio Verde, 11 de novembro de x5
    Veículos
    a Caixa
              N.F. n. 1.996 da Auto Co-
    mercial Ltda., ref. a um auto-
    móvel marca Brasil.                           100.000
```

Veja o mesmo lançamento feito por meio de processamento eletrônico de dados (computador):

```
CT03 - * SISTEMA CONTÁBIL ENSICOM *                         Pag. 001
         Movimento Diário Referente ao Mês de Novembro
  C. Débito... : 1521      VEÍCULOS            11.11.95              1
  C. Crédito.. : 1001      CAIXA                              100.000
  Histórico.. : NF 1996    DA AUTO COML. LTDA REF. AUT. MARCA BRASIL
```

Com exceção dos concursos específicos para contabilistas (técnicos ou contadores), dificilmente será exigido que você escriture, na folha de resposta, um lançamento de Diário. Normalmente, você terá de raciocinar sobre o fato apresentado para identificar, dentre as alternativas da questão, o lançamento correto ou o incorreto, conforme o caso.

Assim, para facilitar seu raciocínio no dia da prova, utilize o esquema a seguir, que poderá ser rascunhado no próprio caderno de provas ou em folhas destinadas a rascunho, se houver.

ELEMENTOS	CONTAS	D/C

Inicialmente, rascunhe esse quadro no próprio caderno de provas. Em seguida, leia atentamente o fato apresentado, identifique os elementos envolvidos e transcreva-os na coluna própria. Veja:

ELEMENTOS	CONTAS	D/C
Automóvel		
Dinheiro		

Identificados os elementos, escolha as contas adequadas para contabilização. Veja:

ELEMENTOS	CONTAS	D/C
Automóvel	Veículos	
Dinheiro	Caixa	

Agora, basta você raciocinar, pela primeira opção (origem x aplicação) ou pela segunda opção (aumento ou diminuição do saldo da conta, utilizando o Quadro Auxiliar da Escrituração), para identificar qual conta será debitada e qual conta será creditada, colocando as iniciais D (Débito) e C (Crédito) na coluna própria. Veja:

ELEMENTOS	CONTAS	D/C
Automóvel	Veículos	D
Dinheiro	Caixa	C

Depois de elaborado o esquema, você perceberá que a conta a ser debitada será Veículos, e a creditada, Caixa. Basta agora procurar, dentre as alternativas da questão, qual apresenta Veículos no Débito e Caixa no Crédito, seja qual for a forma de registro apresentada no caderno de questões (Diário tradicional, Computador etc.).

NOTA:
- O registro contábil deve conter o número de identificação do lançamento em ordem sequencial relacionado ao respectivo documento de origem externa ou interna ou, na sua falta, em elementos que comprovem ou evidenciem fatos contábeis. (Item 7 da ITG 2000 – Escrituração Contábil, aprovada pela Resolução CFC n. 1.330/2011).

4.5.4 Fórmulas de lançamento

Dissemos, anteriormente, que quando você entra em uma padaria para comprar pão e paga em dinheiro, você efetua uma troca: dinheiro por pão. É assim que os fatos administrativos ocorrem nas empresas.

Além do pão, você poderá comprar na padaria, ao mesmo tempo, manteiga, leite, café etc., pagando tudo com dinheiro. Nesse caso, você estará trocando um só elemento por vários. Isso também ocorre nas empresas.

Há fatos que envolvem três ou mais elementos. Daí a existência de quatro fórmulas de lançamento.

- **Primeira fórmula**: aparece, no lançamento, uma conta no débito e uma no crédito.

		São Paulo, de de x9		
1.3.04		Imóveis		
1.1.01		a Caixa		
		Compra de uma casa, do Sr. Plínio de Almeida, situada na Av. Nove de Julho, n. 1.001, nesta cidade, conf. escritura passada no 5º Tabelião.		5.000.000

- **Segunda fórmula**: aparece, no lançamento, uma só conta no débito e mais de uma no crédito.

		São Paulo, de	de x9		
1.3.07	Veículos				
	a Diversos				
		Compra de uma bicicleta, marca Lunar, da Casa Estrela, conf. N.F n.5390, paga como segue:			
1.1.01	a Caixa				
		Em dinheiro	3.000		
2.1.02	a Duplicata a Pagar				
		Casa Estrela			
		Dupl. 0001, venc. 30 dias	5.000	8.000	

- **Terceira fórmula**: aparece, no lançamento, mais de uma conta no débito e uma só no crédito.

		São Paulo, de	de x9		
	Diversos				
1.3.06	a Móveis e Utensílios				
		Venda de uma máquina, conf. N.F n.0118, como segue:			
1.1.01	Caixa				
		Recebido em dinheiro	1.000		
1.1.04	Duplicatas a receber				
		Vicente Leite			
		S/ aceite duplicata			
		0118/01- venc...	1.000		
		Idem, duplicata			
		0118/02-venc...	1.000		
		Idem, duplicata			
		0118/03-venc...	1.000		
		Idem, duplicata			
		0118/04-venc...	1.000	4.000	5.000

> **NOTA:**
> - Nos lançamentos que envolvem direitos e obrigações, costuma-se incluir, na linha imediata à conta de direito ou de obrigação, o nome da pessoa envolvida, conforme você pode verificar nos exemplos de segunda e terceira fórmulas apresentados.

- **Quarta fórmula:** aparecem, no lançamento, mais de uma conta no débito e mais de uma no crédito.

	São Paulo, de de x9		
	Diversos		
	a Diversos		
	Compras a saber:		
1.3.06	Móveis e Utensílios		
	N.F n.1.521, ref. uma geladeira	50.000	
1.3.07	Veículos		
	N.F n.372, ref. 1 moto marca Guará	60.000	110.000
1.1.01	a Caixa		
	Pago em dinheiro	20.000	
2.1.02	a Duplicatas a pagar		
	Supermercados Taubaté		
	Três dupls. de $ 30.000 cada, vencíveis de 30 em 30 dias	90.000	110.000

> **NOTAS:**
> - Os lançamentos de quarta fórmula são pouco inteligíveis, devendo ser desdobrados em outras fórmulas.
> - Qualquer fato pode ser contabilizado pela primeira fórmula. Havendo necessidade, o fato pode ser desdobrado em vários lançamentos.
> - A adoção dos lançamentos de segunda e terceira fórmulas agiliza os registros contábeis.

Atividades Práticas 1

Instruções:

Para que você possa familiarizar-se bem com a escrituração dos fatos no Livro Diário, é conveniente que procure solucionar os fatos propostos nesta Prática em folhas de Diário observando os cinco elementos essenciais do lançamento: local e data, conta debitada, conta creditada, histórico e valor. Se isso não for possível, para fins de concurso será suficiente que você leia os fatos e identifique, em cada um, as contas a serem debitadas e as contas a serem creditadas.

Escriture, em partidas de Diário, os seguintes fatos:

1. Compra de mercadorias, à vista, conforme Nota Fiscal n. 761, da Comercial Souza Ltda., no valor de $ 8.000.

2. Compra de três armários de aço, à vista, conforme Nota Fiscal n. 213, da Comercial Mendes Ltda., no valor de $ 3.000.

3. Venda de mercadorias, à vista, conforme nossa Nota Fiscal n. 100, no valor de $ 8.000 (não considerar o valor do custo de aquisição).

4. Venda de três armários de aço, à vista, conforme nossa Nota Fiscal n. 11, por $ 3.000.

5. Compra de mercadorias, a prazo, conforme Nota Fiscal n. 384 da Casa Theodoro S/A, no valor de $ 5.000. Houve, no ato, aceite de cinco duplicatas no valor de $ 1.000, cada uma para vencimento de 30 em 30 dias.

6. Venda de mercadorias, a prazo, ao senhor Cláudio de Biasi, conforme nossa Nota Fiscal n. 18, no valor de $ 1.500. Houve aceite, no ato, de três duplicatas no valor de $ 500 cada uma, com vencimento para 30, 60 e 90 dias.

7. Abertura de conta bancária, com depósito inicial em dinheiro, no Banco Urupês S/A, no valor de $ 10.000.

8. Saque efetuado para reforço de caixa, conforme nosso cheque n. 1 do Banco Urupês S/A, no valor de $ 2.000.

9. Compra de uma casa situada na rua X, n. 25, conforme escritura lavrada no Terceiro Tabelião, no valor de $ 100.000. Foram pagos, à vista, como sinal, $ 10.000, por meio do nosso cheque n. 2 do Banco Urupês S/A, e o restante será pago em 60 dias, conforme Nota Promissória.

10. Venda de mercadorias, ao Sr. Olavo, conforme nossa Nota Fiscal n. 653, no valor de $ 6.500, sendo que $ 500 foram recebidos no ato, em dinheiro, e o restante será recebido em três parcelas de $ 2.000, conforme aceite de duplicatas.

11. Venda de mercadorias, à vista, ao Sr. João César, conforme nossa Nota Fiscal n. 32, no valor de $ 500. O cliente efetuou pagamento por meio do cheque n. 300 do Banco do Estado.

4.6 Operações de abertura

4.6.1 Introdução

Embora normalmente conste dos editais, esse assunto raramente é exigido nos concursos.

O raciocínio para a contabilização da constituição do capital de uma empresa é muito simples.

Consideremos a constituição do capital de uma empresa individual (empresário), em dinheiro.

Nesse caso, a contabilização envolverá o registro do dinheiro que o titular ou proprietário está entregando (investindo) para constituir sua empresa.

Duas contas serão utilizadas:

Caixa: para registrar a importância em dinheiro que o titular está investindo na empresa. Como o dinheiro é um Bem, obviamente fará parte do Ativo do patrimônio, motivo pelo qual a conta Caixa será debitada.

Capital: essa conta, que deverá ser sempre creditada na constituição do capital de qualquer tipo de empresa, representa a soma dos valores que o titular está investindo nela. É a contrapartida das contas do Ativo que compõem o capital inicial da empresa.

O registro contábil no Livro Diário ficará assim:

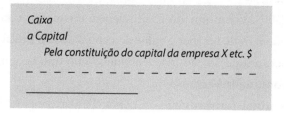

Na constituição do capital de qualquer tipo de empresa, seja ela individual (empresário) ou sociedade, a conta Capital será sempre creditada. Por outro lado, será debitada a conta Caixa ou várias outras que representem o conjunto de elementos entregues pelo titular ou pelos sócios para constituição do respectivo capital.

Assim, afirmamos que a contabilização da constituição do capital de qualquer que seja a empresa é muito simples, pois o lançamento no Diário conterá, no débito, a conta Caixa ou diversas contas do Ativo que representem os elementos entregues para constituição do capital e no crédito, sempre a conta Capital.

Esse é o raciocínio básico para contabilização da constituição do capital. No estudo dessas operações, entretanto, outros aspectos precisam ser considerados, principalmente quando se tratar da constituição de sociedade.

4.6.2 Etapas da constituição do capital

Na constituição do capital, dois momentos precisam ficar bem definidos:
- constituição ou subscrição;
- realização ou integralização.

Constituição ou subscrição do capital

É o momento em que o titular – ou sócios – decide sobre a fundação da empresa, valor do capital e sua composição (em dinheiro ou em diversos valores ativos), bem como a forma com que esse capital será entregue para a empresa (de uma só vez ou em parcelas).

Quando se tratar de empresa individual, esse momento praticamente se confunde com o momento da realização do capital; tratando-se de sociedade, ele fica mais bem evidenciado.

A subscrição do capital em uma sociedade compreende o momento em que os sócios reunidos assumem o compromisso de investir, na entidade, o valor da parte do capital que cabe a cada um deles, em dinheiro ou em diversos elementos. Normalmente, a subscrição ocorre com a assinatura do contrato (sociedades em geral) ou do estatuto (sociedades por ações).

O registro contábil desse momento é feito debitando-se uma conta que represente o direito que a entidade tem de receber o valor do capital do seu titular ou dos sócios. Essa conta poderá receber intitulação própria, dependendo do tipo de empresa (ou entidade) que estiver sendo constituída. Veja:

Empresa individual (empresário) – conta: Titular conta Capital a Realizar (ou a Integralizar).

Sociedade por quotas de responsabilidade limitada – conta: Quotistas conta Capital a Realizar (ou a Integralizar).

Sociedade em nome coletivo – conta: Sócios conta Capital a Realizar (ou a Integralizar).

Sociedades anônimas (por ações) – conta: Acionistas conta Capital a Realizar (ou a Integralizar).

É aceita, também, a intitulação "Capital a Realizar" ou "Capital a Integralizar" para qualquer tipo de entidade.

Em contrapartida a uma dessas contas debitadas, conforme o caso, será creditada sempre a conta Capital, que também poderá figurar com outras denominações, como Capital Inicial, Capital Subscrito, Capital Social ou ainda Capital Nominal.

Exemplos de contabilização:

a. Empresas individuais
Titular conta Capital a Realizar (ou a Integralizar)
Danilo conta Capital
a Capital
    Pela constituição do capital etc. 10.000

b. Sociedades por quotas de responsabilidade limitada
Quotistas conta Capital a Realizar (ou a Integralizar)
a Capital
    Pela constituição do capital da sociedade por quotas
de responsabilidade limitada X a saber:
Leonardo conta Quotas
    Sua subscrição de 100 quotas 1.000
Eduardo conta Quotas
    Idem, idem... <u>1.000</u>   2.000

c. Sociedade em nome coletivo
Sócios conta Capital a Realizar (ou a Integralizar)
a Capital
    Pela subscrição do capital da sociedade
em nome coletivo Y a saber:
Fernanda conta Capital
    Sua subscrição de 50% do capital........................ 2.000
Karina conta Capital
    Idem, idem... <u>2.000</u>   4.000

d. Sociedades anônimas (por ações)
Acionistas conta Capital a Realizar (ou a Integralizar)
a Capital
    Pela constituição da sociedade anônima etc. como segue:
Pedro conta Capital a Realizar (ou a Integralizar)
    Sua subscrição de 3.000 ações. 3.000
Joel conta Capital a Realizar (ou a integralizar)
    Idem, idem .... <u>3.000</u>   6.000

Realização ou integralização do capital

Corresponde ao momento em que o titular ou os sócios entregam para a empresa os valores em dinheiro, ou em outros elementos, pelos quais se comprometeram no momento da subscrição do capital.

A contabilização da realização (ou integralização) do capital é muito simples, pois basta debitar uma ou mais contas do Ativo, que represente o elemento ou o conjunto de elementos que cada sócio estiver entregando para a empresa como pagamento de sua parte do capital, e creditar a conta que registrou, no lançamento da subscrição, o direito da empresa sobre o titular ou sócios.

Exemplos de contabilização:

a. Empresas individuais
   Realização em Dinheiro
   Caixa
   a Titular conta Capital a Realizar (ou a Integralizar)
   a Danilo conta Capital
      Sua realização em moeda corrente............................ 10.000

   _____   _____

   Realização em Diversos Valores Ativos
   Diversos
   a Titular conta Capital a Realizar (ou a Integralizar)
   a Danilo conta Capital
      Pela realização do capital, como segue:
   Caixa
      Em moeda corrente... 2.000
   Computadores e Periféricos
      Um Microcomputador Marca W etc. 1.000
   Móveis e Utensílios
      Diversos Móveis Conf. Relação................................ 3.000
   Veículos
      Uma Motocicleta etc... <u>4.000</u>   10.000

   _____   _____

b. Sociedades por quotas de responsabilidade limitada
   Realização em Dinheiro
   Caixa
   a Quotistas conta Capital a Realizar (ou a Integralizar)

a Leonardo conta Capital
      Pela realização de suas quotas, em dinheiro................. 1.000
   a Eduardo conta Capital
      Idem, idem... 1.000   2.000

> **OBSERVAÇÃO:**
> - Na realização do capital de sociedades por diversos valores ativos, para não prejudicar a clareza do registro contábil por meio de lançamento de 4ª fórmula, aconselha-se contabilizar a realização de cada sócio segregadamente, por meio de lançamento de 3ª fórmula.

c. Sociedade em nome coletivo
   Realização em Dinheiro
   Caixa
   a Sócios conta Capital a Realizar (ou a Integralizar)
   a Fernanda conta Capital
      Pela realização de sua parte................................ 2.000
   a Karina conta Capital
      Idem, idem... 2.000   4.000

d. Sociedade anônima (por ações)
   Realização em Dinheiro
   Caixa
   a Acionistas conta Capital a Realizar (ou a Integralizar)
      Pela realização do capital da Companhia X como segue:
   a Pedro conta Capital a Realizar (ou a Integralizar)
      Sua parte em dinheiro... 3.000
   a Joel conta Capital a Realizar (ou a Integralizar)
      Idem, idem... 3.000   6.000

Informações complementares

   Convém ressaltar, ainda, que para a contabilização da fase de constituição das sociedades é importante que você conheça as diversas formas jurídicas com que as entidades podem se revestir. A contabilidade adapta-se à legislação pertinente a cada uma dessas formas, utilizando contas apropriadas, como você já observou nos exemplos apresentados.

As sociedades por ações sujeitam-se a outras exigências, como as constantes do artigo 80 da Lei n. 6.404/1976, veja:

> "Art. 80. A constituição da companhia depende do cumprimento dos seguintes requisitos preliminares:
>
> I – subscrição, pelo menos por 2 (duas) pessoas, de todas as ações em que se divide o capital social fixado no estatuto;
>
> II – realização, como entrada, de 10% (dez por cento), no mínimo, do preço de emissão das ações subscritas em dinheiro;
>
> III – depósito, no Banco do Brasil S/A., ou em outro estabelecimento bancário autorizado pela Comissão de Valores Mobiliários, da parte do capital realizado em dinheiro.
>
> Parágrafo único. O disposto no número II não se aplica às companhias para as quais a lei exige realização inicial de parte maior do capital social."

LEITURA COMPLEMENTAR:
- Capital autorizado – item 1.5 do Apêndice.

4.6.3 Gastos com a organização da empresa

Na fase de constituição da empresa, o titular – ou os sócios – efetua uma série de gastos necessários à organização.

Esses gastos, normalmente, envolvem as despesas de legalização (pagamento de honorários a contadores para providenciar o registro da empresa nos órgãos públicos próprios, pagamentos de taxas, aquisição de livros fiscais, impressos etc.) e despesas com reformas (aquisições de materiais, pagamento a profissionais como pedreiros, engenheiros, pintores, carpinteiros, decoradores etc.), além de outros gastos que podem surgir pela necessidade de adaptar as instalações da empresa ao exercício das atividades conforme seja o ramo de atividade a ser explorado pela empresa ou mesmo pelo capricho do titular ou dos sócios.

Antes do advento da Lei n. 11.638/2007 e da Medida Provisória n. 449/2008, convertida na Lei n. 11.941/2009, esses gastos que ocorrem na fase pré-operacional, ou seja, antes mesmo de a empresa começar a operar, eram ativados, isto é, contabilizados em conta patrimonial para serem posteriormente amortizados. Após a promulgação dos dispositivos legais citados, este procedimento mudou. Agora esses gastos devem ser contabilizados diretamente como despesas.

Exemplo:

Dirceu Amaral constituiu uma instituição de ensino, para ministrar cursos técnicos profissionalizantes, tendo efetuado os seguintes gastos na fase de organização:

- pagamento em dinheiro ao Escritório Bandeirantes Ltda. referente à legalização da empresa, conforme recibo, no valor de $ 1.700;
- pagamento à empresa de engenharia Itamar & Cia., referente à reforma efetuada no imóvel, no valor de $ 10.000;
- pagamento de diversos gastos com combustíveis, lanches, xerox etc., conforme comprovantes devidamente relacionados, no valor de $ 500.

Contabilização em partida de Diário

Despesas de Organização
a Caixa
  Pagamento de gastos com a organização
  da empresa, conforme relação.. 12.200

Testes de Fixação 3

1. Titular conta Capital a Integralizar
a Capital

_____   _____

Esse lançamento é adequado:
a) Para o registro de constituição de capital de empresas individuais.
b) Para o registro de constituição de capital de sociedades.
c) Para o registro de realização de capital de S/A.
d) Para o registro de constituição de capital de sociedade em nome coletivo.

2. Considerando que os históricos estejam corretos, assinale a alternativa certa:
a) Quotistas conta Capital a Realizar
a Capital
  Pela subscrição das quotas do capital da sociedade Irmãos Querino Ltda., a saber:
Mário Quirino conta Quotas
  Sua subscrição de
500 quotas................................. 500
Ângelo Quirino conta Quotas
  Idem, idem......................... 500   1.000

_____   _____

b) Acionistas conta Capital a Realizar
a Capital
  Pela realização de parte do capital da Comercial Padoam S/A, a saber:
Otávio Conta Capital

         Pela realização em
dinheiro 1.000
Jacinto conta Capital
         Idem, idem 1.000 2.000
_____   _____

c) Titular conta Capital a Realizar
   a Capital
         Pela realização do capital da
   empresa individual José da Silva......1.500
_____   _____

d) Caixa
   a Bancos conta Movimento
   Banco Urupês S/A
         Depósito efetuado nesta data
   por José da Silva, ref. ao capital
   realizado..1.500
_____   _____

3. Caixa
   a Quotistas conta Capital a Realizar
   a Marcília conta Quotas
_____   _____

   Esse lançamento refere-se a:
   a) Constituição de capital de sociedade por quotas de responsabilidade Ltda.
   b) Constituição do capital de empresa individual.
   c) Realização do capital de S/A.
   d) Realização do capital de sociedades por quotas de responsabilidade limitada.

4. Qualquer que seja o tipo da empresa, a conta a ser creditada no lançamento de constituição do capital será sempre:
   a) Caixa.
   b) Capital.
   c) Veículos.
   d) Sócios conta Capital.

5. A conta Titular conta Capital a Realizar é própria para a contabilização da fase de constituição:
   a) De sociedade em geral.
   b) De empresas individuais.
   c) De sociedades por ações.
   d) De sociedades por quotas.

6. Leia com atenção:
   1ª – Constituição, subscrição, realização e integralização significam a mesma coisa.
   2ª – A subscrição do capital é o momento em que os sócios entregam para a empresa a importância correspondente à parte do capital de cada um.
   3ª – A subscrição do capital é o ato por meio do qual os sócios se comprometem a realizar o capital social da empresa.
   4ª – A realização ou integralização do capital é o ato por meio do qual sócios entregam, para a empresa, valores Ativos correspondentes às partes subscritas.
   Assinale a alternativa correta:
   a) Somente a primeira está correta.
   b) A primeira e a segunda estão corretas.
   c) A terceira e a quarta estão corretas.
   d) A primeira e a terceira estão incorretas.

7. O depósito em conta especial da importância recebida em dinheiro, correspondente à realização do capital, é exigência legal:
   a) Para todo tipo de sociedade.
   b) Para firmas individuais.

c) Somente para sociedades por ações.

d) Somente para empresas comerciais.

8. Leia com atenção as alternativas:

   1ª – Capital Nominal é o mesmo que Capital Subscrito.

   2ª – Capital é o mesmo que Capital a Realizar.

   3ª – Capital, Capital Inicial e Capital Subscrito são sinônimos.

   4ª – Capital a Realizar é a parte do capital ainda não realizada.

   5ª – Capital Integralizado e Capital Realizado significam a mesma coisa.

   Assinale a alternativa correta:

   a) As duas primeiras estão corretas.

   b) A primeira, a terceira e a quinta estão incorretas.

   c) A segunda e a quarta estão corretas.

   d) Somente a segunda está errada.

9. *Reserva Legal*

   a Capital

   _____ _____

   Esse lançamento:

   a) Corresponde a erro no Livro Diário.

   b) Corresponde à diminuição de capital.

   c) Não pode ser efetuado.

   d) Corresponde a registro de aumento de capital com incorporação de Reserva Legal, promovido por sociedades anônimas.

10. Os gastos que o titular ou os sócios realizam antes mesmo que a empresa comece a operar devem ser contabilizados:

    a) Em conta de Receita.

    b) Em conta Patrimonial do Ativo Circulante.

    c) Em conta de Despesa que será classificada no Ativo Não Circulante.

    d) Em conta de Despesa.

4.7 Operações envolvendo juros e descontos

4.7.1 Juro

Juro é o preço do uso do dinheiro. Representa despesa para quem paga e receita para quem recebe.

Despesas de juros

É comum o pagamento de juro pelo atraso no cumprimento de obrigações como duplicatas, aluguéis, impostos, contribuições de previdência, conta de energia elétrica etc.

Normalmente, essas despesas são contabilizadas em contas com as seguintes intitulações:

- Despesas de Juros;
- Juros Passivos;
- Juros Pagos.

Exemplo:

Pagamento, em dinheiro, da duplicata n. 701/1 à Casa Cristiano Pereira, no valor de $ 800, com 10% de juros pelo atraso.

Esquema para raciocínio lógico do lançamento:

ELEMENTOS	CONTAS	VALORES	D/C
Duplicata	Duplicatas a Pagar	800	D
Juros	Juros Passivos	80	D
Dinheiro	Caixa	880	C

Registro no Livro Diário:

Diversos

a Caixa

    Pagamento da Dupl. n. 701/1, como segue:

Duplicatas a Pagar

Casa Cristiano Pereira

    Valor da Duplicata...   800

Juros Passivos

    10% pelo atraso..   <u>80</u>   880

Receitas de juros

É comum as empresas receberem juros de seus clientes, quando eles atrasam o pagamento de seus deveres para com a empresa.

Normalmente, essas receitas podem ser contabilizadas em contas com as seguintes intitulações:

- Receitas de Juros;
- Juros Ativos;
- Juros Recebidos.

Exemplo:

Recebido do Sr. Gustavo de Luca, em dinheiro, a importância de $ 416, sendo $ 400 referentes a Duplicata n. 220/5 de nossa emissão e $ 16 referente a juros pelo atraso.

Esquema para raciocínio lógico do lançamento:

ELEMENTOS	CONTAS	VALORES	D

Livros	Quanto à Utilidade		Quanto à Natureza
Juros	Juros Ativos	16	C
Dinheiro	Caixa	416	D

Registro no Livro Diário:

Caixa

a Diversos

   Recebido Dupl. n. 220/5 como segue:

a Duplicatas a Receber

a Gustavo de Luca

   Valor da Duplicata... 400

a Juros Ativos

   4% sobre dupl. supra.. <u>16</u>   416

NOTA:
- É importante salientar que no descumprimento de compromissos na data aprazada, é comum os credores cobrarem de seus devedores não só juros como também outros acréscimos denominando-os: Encargos Contratuais, Multas, Acréscimos, Variações Monetárias etc. Quando for possível segregar cada uma dessas despesas/receitas, o ideal será contabilizá-las em contas distintas de despesas ou de receitas, conforme o caso.

4.7.2 Desconto

Desconto é o prêmio pelo cumprimento antecipado de um compromisso. Representa despesa para quem concede e receita para quem obtém.

Despesas com descontos

É comum a concessão de descontos aos clientes nas vendas de mercadorias, no recebimento de duplicatas, aluguéis etc.

As despesas com descontos podem ser classificadas em duas categorias:

a. **Descontos comerciais ou incondicionais**: concedidos aos clientes por ocasião das vendas de mercadorias. Esses descontos são indicados nas próprias notas fiscais de vendas. Sua concessão independe de condição imposta ao cliente.

A contabilização desse tipo de desconto é desnecessária. Para fins de concurso, contudo, é importante conhecê-la, pois normalmente os organizadores das provas costumam incluí-la entre as operações envolvendo mercadorias.

Exemplo:

Venda de mercadorias à vista por $ 100, conforme NF n. 20, com desconto indicado de $ 5. Valor total da nota fiscal: $ 95.

Esquema para raciocínio lógico do lançamento:

ELEMENTOS	CONTAS	VALORES	D/C
Mercadorias	Vendas de Mercadorias	100	C
Desconto	Desc. Incond. Concedidos	(5)	D
Dinheiro	Caixa	95	D

Registro no Livro Diário:

Diversos

a Vendas de Mercadorias

NF n. 20

Caixa

Valor Recebido... 95

Descontos Incondicionais Concedidos

5%.. 5   100

OBSERVAÇÃO:
- A conta Descontos Incondicionais Concedidos é redutora da Receita Bruta de Vendas e integra a fórmula do RCM na apuração do Resultado Bruto do Exercício (vide Capítulo 7 – "Operações com Mercadorias").

b. Descontos financeiros: concedidos aos clientes em operações financeiras como recebimento de duplicatas, aluguéis etc. A condição normalmente imposta ao cliente para que esse tipo de desconto seja concedido é o pagamento antecipado da dívida.

Exemplo:

Recebido em dinheiro, da senhora Andréa, a importância de $ 3.600 referente à quitação da Duplicata n. 380 de nossa emissão, com 10% de desconto. (Valor da Duplicata $ 4.000).

Esquema para raciocínio lógico do lançamento:

ELEMENTOS	CONTAS	VALORES	D/C
Duplicata	Duplicatas a Receber	4.000	C
Desconto	Descontos Concedidos	(400)	D
Dinheiro	Caixa	3.600	D

Registro no Livro Diário:
Diversos
a Duplicatas a Receber
a Andréa
   Recebido Dupl. n. 380, como segue:
Caixa
   Líquido Recebido 3.600
Descontos concedidos
   10% sobre dupl. supra .... <u>400</u>   4.000

OBSERVAÇÃO:
- A conta Descontos Concedidos integra o grupo das Despesas Financeiras. Esse desconto pode ser contabilizado em contas com as seguintes intitulações: Descontos Concedidos, Despesas com Descontos, Descontos Passivos etc.

Receitas com descontos

É comum a obtenção de descontos no cumprimento antecipado de compromissos. As receitas com descontos também são de duas categorias:

a. **Descontos comerciais ou incondicionais**: obtidos pela empresa por ocasião das compras de mercadorias, são indicados nas próprias NFs de compras. Para a sua obtenção não é imposta condição alguma pelo fornecedor ao cliente.

A contabilização desse tipo de desconto também é desnecessária, mas para fins de concurso é importante conhecê-la.

Exemplo:

Compras de mercadorias à vista, conforme NF n. 75, no valor de $ 600, com $ 60 de desconto. Total da nota fiscal: $ 540.

Esquema para raciocínio lógico do lançamento:

ELEMENTOS	CONTAS	VALORES	D/C
Mercadorias	Compras de Mercadorias	600	C
Desconto	Desc. Incond. Obtidos	(60)	C
Dinheiro	Caixa	540	C

Registro no Livro Diário:

Compras de Mercadorias
a Diversos
   Conf. NF n. 75:
a Caixa
   Valor pago... 540
a Descontos Incondicionais Obtidos
   10%... <u>60</u>   600

OBSERVAÇÃO:
- A conta Descontos Incondicionais Obtidos é redutora do valor do Custo das Mercadorias Adquiridas (vide Capítulo 7 deste livro).

b. Descontos financeiros: obtidos no pagamento antecipado de compromissos financeiros, como duplicatas, aluguéis etc.

A condição normalmente imposta pelo fornecedor é o pagamento em data anterior à do vencimento.

Exemplo:

Pagamento em dinheiro da Duplicata n. 101/6 ao Sr. Vitório, no valor de $ 1.000 com 20% de desconto.

Esquema para raciocínio lógico do lançamento:

ELEMENTOS	CONTAS	VALORES	D/C
Duplicata	Duplicatas a Pagar	1.000	D
Desconto	Descontos Obtidos	(200)	C
Dinheiro	Caixa	800	C

Registro no Livro Diário:

Duplicatas a Pagar
Vitório
a Diversos
    Pagamento da Dupl. n. 101/6, como segue:
a Caixa
    Líquido pago 800
a Descontos obtidos
    20% 200   1.000

OBSERVAÇÃO:
- A conta Descontos Obtidos integra o grupo das Receitas Financeiras. Esse tipo de desconto pode ser contabilizado em contas com as seguintes intitulações: Receitas com Descontos, Descontos Obtidos, Descontos Ativos etc.

Testes de Fixação 4

1. No Livro Razão de uma determinada empresa destacam-se, dentre outras, duas contas:
   Descontos Incondicionais Concedidos
   Descontos Concedidos
   Com relação a essas contas, podemos afirmar:
   a) A primeira é redutora do Custo das Mercadorias Adquiridas, e a segunda é despesa financeira.
   b) Ambas significam a mesma coisa.
   c) A primeira refere-se à despesa comercial, e a segunda, à Despesa Financeira.
   d) N.D.A.

2. As contas: Descontos Obtidos, Descontos Concedidos, Descontos Incondicionais Obtidos e Descontos Incondicionais Concedidos são respectivamente:
   a) receita financeira, despesa comercial, receita comercial e despesa comercial.
   b) receita financeira, despesa financeira, retificadora do Custo das Mercadorias Adquiridas e retificadora do Custo das Mercadorias Vendidas.
   c) A primeira e a terceira são patrimoniais; a segunda e a quarta são contas de resultado.
   d) N.D.A.

Atividades Práticas 2

Identifique, nos eventos a seguir, as contas que deverão ser debitadas e/ou creditadas:

1. Recolhimento de contribuições previdenciárias, em dinheiro, no valor de $ 200, acrescidos de $ 20 de juros de mora.

    Observação: considerar que o valor original da obrigação já estava registrado a crédito da conta Contribuições de Previdência a Recolher.

2. Pagamento de uma duplicata ao fornecedor J. C. Ltda. no valor de $ 300, com 5% de desconto.

3. Venda de mercadorias, à vista, no valor de $ 350, com desconto destacado na NF de $ 50. Total da NF: $ 300.

4. Recebimento de aluguel do Sr. Paulo, em dinheiro, no valor de $ 1.200, com 10% de desconto.

    Observação: considerar que o valor original do direito já estava devidamente registrado na conta Aluguéis Ativos a Receber.

5. Compra de mercadorias, à vista, do fornecedor J. L. Ltda., no valor de $ 9.000. Na NF, houve desconto incondicional de $ 1.000. Total da NF: $ 8.000.

6. Recebimento, em dinheiro, de uma duplicata da Sra. Celeste, no valor de $ 100, com 30% de juros.

NOTA:
- Nas provas dos concursos, raramente será exigida do candidato a escrituração de fatos no livro Diário. Portanto, se você estiver estudando para se submeter a provas de concursos, ao ler um fato administrativo, o importante é que saiba identificar as contas envolvidas e quais delas serão debitadas e/ou creditadas. Assim, sugerimos que, no dia do concurso, no próprio caderno de questões, você esboce nas entrelinhas ou margens o esquema para raciocínio de cada lançamento apresentado nesta parte do Capítulo 4; depois que identificar quais contas serão debitadas e/ou creditadas, bastará procurar na questão a alternativa que as contém.

4.8 Operações envolvendo materiais de consumo

As empresas adquirem vários tipos de materiais que são consumidos diariamente. Os mais comuns são os materiais de expediente ou de escritório (lápis, borrachas, papéis diversos, impressos, clipes, grampos, colas, cartuchos de tintas para impressoras etc.) e o material de limpeza (sabões, desinfetantes, detergentes, vassouras, papel higiênico etc.).

A contabilização desses materiais pode ser feita de duas maneiras:

1ª Diretamente a débito de uma conta de despesa.

Quando a empresa adquire tais materiais para consumo imediato, a contabilização poderá ser feita a débito de uma conta de despesa.

Exemplo:

Compra, à vista, de materiais de expediente, conforme Nota Fiscal n. 720 da Papelaria Campello, no valor de $ 100.

Contabilização em partida de Diário:

Material de Expediente

a Caixa

    Nota Fiscal n. 720 da Papelaria Campello....................   100

2ª Inicialmente a débito de uma conta de estoque e, posteriormente, a débito de uma conta de despesa.

Quando a empresa compra materiais de consumo em grandes quantidades, tendo como praxe estocá-los para posterior consumo, a contabilização deverá ser feita em duas etapas, visando a refletir adequadamente o comportamento da empresa.

Exemplo:

Aquisição, em 30 de junho, de material de expediente, conforme Nota Fiscal n. 166 da Papelaria Nova Nação Ltda., no valor de $ 5.000.

Contabilização em partida de Diário:

(2-A) *Estoque de Material de Expediente*

    a Caixa

        NF n. 16 da Papelaria Nova Nação Ltda. 5.000

Em 6 de julho, foram retirados do estoque, para consumo, $ 200 em materiais de expediente, conforme Requisição n. 10.

Contabilização em partida de Diário:

(2-B) *Material de Expediente*

    a Estoque de Material de Expediente

        Conforme Requisição n. 10......................200

Informações complementares

No primeiro caso, como os materiais adquiridos destinavam-se a consumo imediato, debitamos diretamente a conta de despesa (Material de Expediente), tendo em vista que a despesa ficou devidamente caracterizada.

No segundo caso, houve uma compra de grande quantidade de materiais para consumo posterior, não havendo caracterização de despesa no momento da compra. Por isso, debitamos inicialmente a conta representativa de estoque (Estoque de Material de Expediente). Posteriormente, sempre que houver retirada de materiais para consumo, mediante requisição, será dada baixa no estoque e debitada uma conta de despesa, conforme fizemos no lançamento n. 2-B.

Testes de Fixação 5

1. Os materiais de uso no expediente normal das empresas, quando adquiridos para consumo imediato, devem ser contabilizados:
   a) A débito de uma conta de despesa.
   b) A débito de uma conta de estoque.
   c) A crédito de uma conta de despesa.
   d) A crédito de uma conta de estoque.

2. Os materiais de expediente adquiridos pela empresa em grandes quantidades, para utilização posterior, deverão ser contabilizados no momento da compra:
   a) A débito de uma conta de despesa.
   b) A débito de uma conta de estoque.
   c) A débito de uma conta de despesa e posteriormente a crédito de uma conta de estoque.
   d) A débito de uma conta de obrigação.

4.9 Erros de escrituração e suas correções

Os erros que normalmente ocorrem na escrituração do Livro Diário são: erros de redação, borrões, rasuras, escritos nas entrelinhas, intervalos em branco (saltos de linhas ou de páginas), erros de valores lançados a maior ou a menor, troca de uma conta por outra, inversão de contas, omissão de lançamentos e lançamentos em duplicata.

Com a automação presente em quase todos os setores das atividades humanas, a Contabilidade também passou a ser feita por meio de processamento eletrônico de dados. Assim, alguns dos erros que eram comuns na época da escrituração manuscrita praticamente deixaram de ocorrer, como é o caso dos borrões, dos saltos de páginas e das rasuras. Contudo, como não foram proibidos outros processos de escrituração que não por meio do computador, esses erros, embora raros, ainda podem aparecer.

A correção dos erros de escrituração pode ser feita por meio de retificação de lançamento e ressalva por contabilista habilitado.

Retificação de lançamento é o processo técnico de correção de registro realizado com erro na escrituração contábil.

A retificação de lançamento pode ser realizada por meio de estorno, lançamento de transferência e lançamento complementar.

Estorno é o lançamento inverso àquele feito erroneamente, anulando-o totalmente.

Portanto, estornar significa lançar ao contrário, isto é, a conta debitada no lançamento errado será creditada no lançamento de estorno, e a conta creditada no lançamento errado será debitada no lançamento de estorno. Procedendo assim, o lançamento de estorno anula o lançamento errado.

Lançamento de transferência é aquele que promove a regularização de conta indevidamente debitada ou creditada, por meio da transposição do registro para a conta adequada. (Item 34 da ITG 2000, aprovada pela Resolução CFC n. 1330/2011).

Lançamento complementar é aquele realizado com o fim de retificar o valor de um lançamento por ter sido efetuado a menor ou a maior.

> **NOTA:**
> - O histórico do lançamento retificativo deve precisar o motivo da retificação, a data e a localização do lançamento de origem. (Item 32 da ITG 2000, aprovada pela Resolução CFC n. 1330/2011).

4.9.1 Erros de redação

Quando o erro for notado antes de encerrado o histórico, basta utilizar um termo adequado, como "digo", "isto é", "ou melhor" etc.

Exemplo:

Computadores
a Caixa
    NF n. 32 ref. à compra de um automóvel,
    digo, microcomputador marca TK 200

_____   _____

Se o erro for notado após encerrado o histórico, a solução será estornar o lançamento errado e efetuar o lançamento correto.

Exemplo:

Suponhamos o seguinte lançamento com erro de histórico:

Veículos
a Caixa
  NF n. 81 de Taubaté Veículos ref. à compra
  de um micro marca BX.. 20.000

Faremos a correção por meio do estorno e posterior registro correto, veja:

a. Estorno:

Caixa
a Veículos
  Estorno que se processa do lançamento de fls. deste
  Livro Diário, ref. à compra de um automóvel de Taubaté
  Veículos, conf. NF n. 81.. 20.000

b. Registro correto:

Como o estorno anula o lançamento errado, deve-se, agora, proceder o registro corretamente. Veja:

Veículos
a Caixa
  NF n. 81 de Taubaté Veículos ref. à compra
  de um automóvel... 20.000

4.9.2 Borrões, rasuras, emendas, registros nas entrelinhas

Ocorrendo um destes erros de escrituração, o contabilista deverá ressalvar, datar e assinar a ressalva na própria escrituração.

Exemplo:

São Paulo, 10 de Abril de x1		
Caixa		
a Bancos Conta Movimento		
a Bancos do Brasil S/A		
Nosso saque nesta data para	*Ressalva:*	
reforço de caixa, conforme cheque	O valor correto do cheque n. 982.433 é $ 110.000. Por engano lançamos $ 100.000. Portanto ficou rasurado o lançamento. 10/08/x1	
n. 982.433		100.000

4.9.3 Intervalos em branco (saltos de linhas ou de páginas)

Havendo saltos de linhas, estas deverão ser preenchidas com traços horizontais e com a ressalva datada e assinada pelo contabilista.

Exemplo:

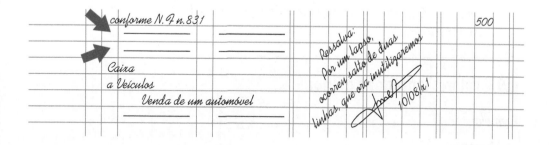

Havendo saltos de páginas ou espaços em branco, estes deverão ser preenchidos com traços diagonais e com a ressalva datada e assinada pelo contabilista.

Exemplo:

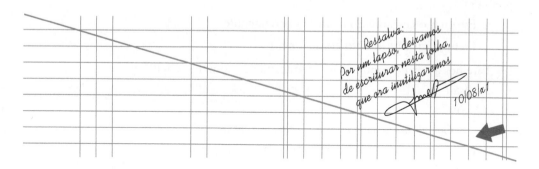

4.9.4 Valores lançados a maior

Exemplo:

Impostos
a Caixa
   Pago imposto predial referente ao mês. 785

Suponha que o valor correto do imposto seja de $ 758. Nesse caso, a correção poderá ser feita de duas maneiras:

a. Estornar o lançamento inteiro (anulá-lo) e lançar novamente a importância correta;

b. Estornar apenas a diferença por meio do lançamento complementar.

Faremos a correção pela opção "b", veja:

Caixa
a Impostos
    Estorno de parte do lançamento efetuado a maior
    em __/__/__, referente ao pagamento de imposto predial
    do 1º trimestre... 27

4.9.5 Valores lançados a menor

Exemplo:

Impostos
a Caixa
    Pago imposto predial referente a este mês...................... 390

O valor correto do imposto é $ 890. Esse erro também pode ser corrigido de duas maneiras:

a. Estornar o lançamento e lançar corretamente;

b. Efetuar um lançamento complementar.

Faremos a correção por meio do lançamento complementar, veja:

Impostos
a Caixa
    Complemento do lançamento efetuado a menor
    em __/__/__, referente ao pagamento do imposto predial
    deste trimestre.. 500

4.9.6 Troca de uma conta por outra

Exemplo:

Móveis e Utensílios
a Caixa
    Compra de um automóvel, conforme Nota Fiscal
    n. 5.201, da Comercial Taubaté S/A. 45.000

Note que a conta a ser debitada seria Veículos, porém lançamos erradamente Móveis e Utensílios.

A correção pode ser feita de duas maneiras:

a. estornar e lançar corretamente;

b. estornar somente a conta Móveis e Utensílios e debitar a conta Veículos, por meio de um lançamento de transferência.

Faremos a correção por meio do lançamento de transferência, veja:

Veículos

a Móveis e Utensílios

    Transferência que se processa da 2ª para a 1ª conta, tendo em vista lançamento indevido em ___/___/___, referente a compra de um automóvel, conforme Nota Fiscal n. 5.201..   45.000

4.9.7 Inversão de contas

Exemplo:

    Caixa

    a Veículos

        Compra de um automóvel..   30.000

Note que, se ocorreu compra de automóvel, a conta Veículos teria de ser debitada e a conta Caixa, creditada. Nesse caso, a correção pode ser feita de duas maneiras:

a. estornar e lançar corretamente;

b. inverter as contas e lançar a importância duas vezes.

Faremos a correção pela opção "b", veja:

Veículos

a Caixa

    Estorno do lançamento de ___/___/___, referente à compra de um automóvel..............................   30.000

    Compra de um automóvel ....   <u>30.000</u>   60.000

4.9.8 Omissão de lançamentos

A omissão se dá pelo esquecimento: na época oportuna, o contabilista deixa de efetuar o registro de um fato, por um motivo qualquer. Passado algum tempo, ele verifica a omissão. Nesse caso, a correção é simples. Basta efetuar o registro do fato no dia em que se verificou a omissão, mencionando, no histórico, o motivo e a data correta do evento.

Quando a omissão implicar na falta de recolhimento de tributos, a empresa deverá providenciar os respectivos recolhimentos, espontaneamente, acrescidos dos encargos que por ventura estejam previstos na legislação pertinente.

4.9.9 Lançamento em duplicata

Ocorre quando o contabilista registra, por qualquer motivo, duas vezes o mesmo fato contábil. Quando notada tal ocorrência, basta que se efetue o estorno do lançamento que estiver a mais.

Testes de Fixação 6

1. Antes de concluir, em um microcomputador, a redação do histórico de um lançamento, a contadora Marcela percebeu que havia digitado incorretamente o número da nota fiscal. Para sanar esse erro, a contadora deverá proceder da seguinte maneira:
   a) Utilizar no histórico "ou melhor", "isto é", "digo" e, em seguida, registrar o número correto da nota fiscal.
   b) Como está trabalhando em um microcomputador, bastará deletar o número errado e digitá-lo corretamente.
   c) Estornar o lançamento errado e lançá-lo corretamente.
   d) Efetuar um lançamento retificativo.

2. Examinando os registros contábeis do mês, o contador Campos constatou determinada importância lançada a maior. Assinale a alternativa que contém uma das maneiras corretas de correção:
   a) Lançamento complementar.
   b) Lançamento de primeira fórmula.
   c) Lançamento em duplicata.
   d) Omissão de lançamento.

3. O contador Sérgio, percebeu que no dia anterior havia registrado, em um lançamento, a importância de $ 100, quando o correto seria $ 1.000. Esse erro poderá ser corrigido da seguinte maneira:
   a) Estornar o lançamento errado e lançá-lo corretamente.
   b) Por meio de um lançamento complementar.
   c) Por meio de um lançamento de quarta fórmula.
   d) As alternativas "a" e "b" estão corretas.

4. Ao organizar papéis que estavam em uma gaveta, o contabilista Henrique constatou a existência de uma nota fiscal de compra de Bens de Uso que não havia sido registrada por ocasião da respectiva compra ocorrida há três meses. Identifique a alternativa que contém o nome correto desse erro de escrituração:
   a) Lançamento em duplicata.
   b) Estorno.
   c) Valores lançados a maior.
   d) Omissão de lançamento.

5. Quando for constatado, em uma escrita, o registro de um fato em duplicata (o mesmo fato lançado duas vezes), a maneira mais correta para sanar tal irregularidade é:
   a) Utilizar um lançamento retificativo.
   b) Estornar o lançamento que estiver em duplicata.
   c) Utilizar um lançamento complementar.
   d) Providenciar uma ressalva por profissional habilitado.

6. Borrões, rasuras, emendas, espaços em branco:
   a) São erros que atualmente não ocorrem porque todas as empresas processam a contabilidade por meio de computador.
   b) Devem ser justificados mediante ressalva efetuada na própria folha do Livro Diário por profissional habilitado.
   c) Devem ser corrigidos, quando ocorrerem, por meio de estorno.
   d) As alternativas "a" e "c" estão corretas.

7. Estornar significa:
   a) Inverter a posição das contas: debitando no lançamento de estorno a que foi creditada no lançamento errado e creditando no lançamento de estorno a que foi debitada no lançamento errado.
   b) Anular todos os lançamentos do mês.
   c) Duplicar um lançamento.
   d) Complementar um lançamento.

8. O estorno serve para:
   a) Anular o lançamento errado.
   b) Indicar o lançamento errado.
   c) Complementar o lançamento errado.
   d) Ressalvar um erro de escrituração.

9. Ao registrar a compra de um terreno à vista, a contadora Simone debitou indevidamente a conta Instalações, em lugar de Imóveis. Assinale a alternativa que contém a maneira técnica mais correta para corrigir essa irregularidade:
   a) Lançamento retificativo.
   b) Lançamento complementar.
   c) Lançamento de transferência do saldo de uma conta para outra.
   d) Lançamento de estorno.

4.10 Outras contabilizações de importância

4.10.1 Aceite de duplicata

Nas vendas de mercadorias à vista, a empresa emite a nota fiscal; nas vendas a prazo, o documento apropriado é a fatura.

Para garantir o recebimento dos valores correspondentes às vendas efetuadas a prazo, a empresa emite a duplicata.

A **duplicata**, portanto, é um título de crédito emitido pelo vendedor e corresponde à cópia da fatura.

O reconhecimento da dívida é feito pelo comprador ao assinar a duplicata. A essa assinatura dá-se o nome de **aceite cambial**.

Portanto, as duplicatas de emissão da empresa que recebem o aceite de terceiros representam direitos da empresa, enquanto as duplicatas de emissão de terceiros que recebem o aceite da empresa representam obrigações da empresa.

Exemplo:

A empresa Comercial Ângelo Mariotto Ltda. vendeu mercadorias a prazo para a empresa Comercial Moura Ribeiro S/A, conf. Nota Fiscal Fatura n. 454, no valor de $ 30.000. A Comercial Moura Ribeiro S/A aceitou no ato três Duplicatas n.os 454/01 a 454/03, vencíveis de 30 em 30 dias.

Contabilização:

a. Na Comercial Ângelo Mariotto Ltda. (vendedor; fornecedor; credor)

Duplicatas a Receber
Comercial Moura Ribeiro S/A
a Vendas de Mercadorias
  Seu aceite das Duplicatas n.os 454/01 a 454/03,
  no valor de $ 10.000 cada, vencíveis de 30 em 30 dias,
  ref. à nossa venda conf. Nota Fiscal Fatura n. 454..........   30.000

_____

b. Na Comercial Moura Ribeiro S/A (comprador, cliente, devedor)

Compras de Mercadorias
a Duplicatas a Pagar
a Comercial Ângelo Mariotto Ltda.
  Nosso aceite das Duplicatas n.os 454/01 a 454/03,
  no valor de $ 10.000 cada, vencíveis de 30 em 30 dias, ref.
  à nossa compra conf. Nota Fiscal Fatura n. 454..............   30.000

_____

Informações complementares

Observe que o emitente da duplicata é o fornecedor, que contabiliza o direito a débito da conta Duplicatas a Receber.

Observe que quem aceita a duplicata é o cliente, que contabiliza a obrigação a crédito da conta Duplicatas a Pagar.

Nesse caso, dizemos que o vendedor, Comercial Ângelo Mariotto Ltda., é o credor, pois tem direito (crédito) junto ao comprador; e que o comprador, Comercial Moura Ribeiro S/A, é o devedor, pois tem obrigação (débito) para com o fornecedor.

Muito cuidado com os significados das palavras "devedor" e "credor", que nesse caso não se referem a conta devedora ou credora e sim a crédito no sentido de direito e débito no sentido de obrigação.

4.10.2 Emissão de nota promissória

Enquanto a duplicata decorre de uma transação mercantil, pois corresponde à cópia da fatura que comprova a venda a prazo de mercadorias ou de serviços, a **nota promissória** é um título de crédito emitido em transações efetuadas a prazo e que não correspondam à venda de mercadorias ou à prestação de serviços.

Nas empresas, a emissão da nota promissória ocorre normalmente nas transações financeiras realizadas com os estabelecimentos bancários (empréstimos de dinheiro) ou nas vendas a prazo de bens do Ativo fixo, quando não couber a emissão de nota fiscal fatura, como nas vendas de imóveis.

Quem emite a duplicata é o credor (vendedor, fornecedor das mercadorias ou dos serviços); quem emite a nota promissória é o devedor (o cliente, aquele que toma o dinheiro emprestado).

Enquanto a duplicata somente pode ser emitida por pessoas jurídicas, uma vez que corresponde à cópia da fatura, a nota promissória pode ser emitida por pessoas jurídicas ou por pessoas físicas.

Na nota promissória, não há a figura do aceite cambial, uma vez que quem a assina é o próprio emitente, o devedor, também denominado sacado.

Exemplo:

Suponhamos que a empresa comercial Cecília S/A tenha adquirido um apartamento, da empresa Industrial Tadao Ltda., no valor de $ 80.000, nas seguintes condições: $ 10.000 em dinheiro, como sinal, no ato da transação e o restante a ser pago após 120 dias, conforme a emissão de uma nota promissória.

Contabilização:

a. Na empresa Industrial Tadao Ltda. (credor, sacador, vendedor)

(1) Diversos
 a Imóveis

Venda de um apartamento etc. como segue:

Caixa
    Em dinheiro, como sinal 10.000
Promissórias a receber
Cecília S/A
    NP de s/ emissão para 120 dias .... <u>70.000</u>   80.000

b. Na empresa comercial Cecília S/A (devedora, cliente)

(1) Imóveis
  a Diversos
    Compra de um apartamento etc. como segue:
  a Caixa
    Em dinheiro, como sinal. 10.000
  a Promissórias a pagar a Industrial Tadao Ltda.
    NP de n/ emissão, para 120 dias....................... <u>70.000</u>   80.000

Informações complementares

Observe que o emitente da nota promissória é o devedor, sacado, neste caso, aquele que comprou o imóvel a prazo e contabilizou a obrigação a crédito da conta Promissórias a Pagar.

Observe, por outro lado, que o credor, sacador, isto é, aquele que vendeu o imóvel a prazo, contabilizou o direito a débito da conta Promissórias a Receber.

Portanto, em relação à duplicata e à nota promissória, é importante fixar:

A duplicata, quando emitida pela empresa, caracteriza direito da empresa; quando emitida por terceiros, caracteriza obrigação da empresa. A nota promissória, quando emitida pela empresa, caracteriza, para esta, obrigação; quando emitida por terceiros, caracteriza direito para a empresa.

4.10.3 Adiantamentos de clientes e adiantamentos a fornecedores

É comum nos meios comerciais, entre fornecedores e clientes, ocorrer adiantamentos. Os adiantamentos entregues pelos clientes aos fornecedores para garantir o recebimento de mercadorias ou de prestação de serviços geram direito para quem entrega o adiantamento (cliente) e obrigação para quem recebe o adiantamento (fornecedor).

Exemplo:

Suponhamos que o Colégio IDESA Ltda., no processo de ampliação de seu patrimônio, tenha contratado a empresa prestadora de serviços Rômulo Piscinas Ltda.

para a construção de três piscinas de alvenaria, tendo entregue ao fornecedor dos serviços a importância de $ 15.000 como adiantamento, conforme contrato n. 1, firmado entre as partes. O pagamento foi efetuado por meio do cheque n. 005 de sua emissão contra o Banco Urupês S/A, mediante recibo do favorecido.

Contabilização:

a. No Colégio IDESA Ltda. (cliente)
Adiantamentos a Fornecedores
Rômulo Piscinas Ltda.
a Bancos conta Movimento
a Banco Urupês S/A
   N/ adiantamento efetuado por meio do cheque de n/
   emissão, referente ao contrato de prestação de serviços n.1. . 15.000

b. Na empresa de prestação de serviços Rômulo Piscinas Ltda. (fornecedor)
Caixa
a Adiantamentos de Clientes
a Colégio IDESA Ltda.
   N/ recebimento referente a parte dos serviços a serem
   prestados conf. contrato n. 1 .... 15.000

Informações complementares

Observe que o cliente (Colégio IDESA Ltda.), que entrega a importância como adiantamento ao fornecedor, passa a ter direito com o fornecedor, contabilizando o referido valor a débito da conta de direito, Adiantamentos a Fornecedores. Essa conta é classificada no Ativo Circulante.

Observe, por outro lado, que o fornecedor dos serviços, que nesse ato está recebendo a importância adiantada, torna-se devedor e contabiliza o referido valor a crédito da conta de obrigação denominada Adiantamentos de Clientes. Essa conta é classificada no Passivo Circulante.

4.10.4 Adiantamentos de salários

Há ainda os adiantamentos de salários que a empresa faz a seus empregados. Esses adiantamentos representam direitos da empresa que os descontará do total dos salários dos empregados, no momento da elaboração da folha de pagamento do mês.

Exemplo:

Suponhamos que a empresa Comércio de Cosméticos Ltda. tenha efetuado, no dia 20 de maio, adiantamento de salário a seus empregados no valor de $ 5.000, em dinheiro.

Contabilização:

Adiantamentos a Empregados (ou Adiantamentos de Salários)
a Caixa
    Adiantamentos de salários efetuados aos
    empregados, n/ data... 5.000

OBSERVAÇÃO:
- A conta debitada Adiantamentos a Empregados ou Adiantamentos de Salários representa direito da empresa e é classificada no Ativo Circulante.

Atividades Práticas 3

PRÁTICA 1

Contabilizar os fatos a seguir, na empresa do fornecedor e na empresa do cliente, quando couber:

Fato 1. A empresa Comercial Veneza Ltda. comprou mercadorias, a prazo, da empresa Industrial São José S/A, conf. Nota Fiscal Fatura n. 5000, com aceite no ato de duas duplicatas no valor de $ 25.000, com vencimento para 30 e 60 dias.

Fato 2. O Clube de Regatas Flamengo emprestou, para o Sport Club Corinthians Paulista a importância de $ 100.000, em dinheiro. No ato, o C. R. Flamengo exigiu do S. C. Corinthians Paulista a emissão de uma nota promissória, com vencimento para 120 dias. Não houve cobrança de juros e de outros encargos.

Fato 3. A empresa de prestação de Serviços Constantino Bakaukas Ltda. recebeu um adiantamento da Comercial Henrique Grizante S/A, no valor de $ 20.000, em dinheiro, referente ao contrato firmado entre as partes, para prestação de serviços hidráulicos e elétricos nas dependências da empresa.

Fato 4. A Malharia Campos Ltda., no dia 19 de junho, concedeu adiantamentos de salários aos seus 12 empregados, no valor de $ 8.000, em dinheiro.

PRÁTICA 2

Escriture, em partidas de Diário, os seguintes fatos administrativos:

1. Compra, à vista, de cinco armários de aço para uso da empresa, conforme Nota Fiscal n. 333, do Atacadista Olindense S/A, no valor de $ 4.000.

2. Compra, à vista, de mercadorias para comercializar, conforme Nota Fiscal n. 241, da Casa Araçá S/A, no valor de $ 5.000.

3. Compra, à vista, de um terreno para uso da empresa, localizado nesta cidade, da Sra. Noêmia de Jesus, conforme escritura lavrada no Terceiro Tabelião, no valor de $ 30.000.

4. Depósito efetuado em conta corrente no Banco Urupês S/A, em dinheiro, conforme recibo: $ 12.000.

5. Compra, à vista, conforme Nota Fiscal n. 555, da Papelaria Jabuticabeira S/A, de 500 folhas de papel sulfite e 10 canetas, no valor de $ 100.

6. Venda, à vista, de um automóvel, marca Brasil, no valor de $ 15.000, conforme recibo desta data.

7. Venda, à vista, de mercadorias, conforme nossas notas fiscais n.os 20 a 60, no valor de $ 1.900.

8. Venda, à vista, de uma casa para a Sra. Arlete Padoan, conforme escritura lavrada no Quinto Tabelião, no valor de $ 50.000.

9. Saque efetuado junto ao Banco Paineiras S/A conforme cheque de nossa emissão, para reforço de Caixa, no valor de $ 3.500.

10. Venda, à vista, de um microcomputador com impressora, marca TRR, conforme nossa Nota Fiscal n. 73, por $ 3.000.

11. Pagamento efetuado em dinheiro ao Sr. Joel Ferreira, referente ao aluguel de maio, conforme recibo: $ 700.

12. Pagamento efetuado no banco Urupês S/A, referente a gasto com energia elétrica, conforme recibo: $ 110.

13. Pagamento da Nota Fiscal n. 1.111, emitida pela Lanchonete Rodoviária, referente a lanches e refeições fornecidas aos funcionários da empresa, no valor de $ 600, em dinheiro.

14. Recebida do Sr. Laércio Ferreira a importância de $ 6.000 em dinheiro, referente a serviços prestados, conforme nossa Nota Fiscal n. 99.

15. Recebida da Sra. Zenaide Padoan, a importância de $ 500 referente a aluguel, conforme recibo desta data.

16. Recebida do Sr. João Reimberg a importância de $ 3.000, referente a aluguel de um caminhão de nossa propriedade, conforme recibo desta data.

17. Pagamento à Casa Nogueira S/A, da importância de $ 70 de juros por atraso no cumprimento de obrigações. Obs.: o pagamento foi efetuado por meio do cheque de nossa emissão.

18. Pagamento efetuado à Transportadora Catuçaba Ltda., referente a fretes, no valor de $ 250. Pagamento efetuado com cheque recebido de nosso cliente.

19. Pagamento efetuado no Banco Goiabeira S/A referente a impostos e taxas conforme guia, no valor de $ 300, em dinheiro.

20. Recebida do Sr. Euclides César a importância de $ 280 em dinheiro, referente a juros.

21. Compra de mercadorias, a prazo, conforme Nota Fiscal n. 721 da Casa Pitangueira S/A, no valor de $ 20.000.

22. Compra de mercadorias, a prazo, conforme Nota Fiscal n. 234, da Casa das Ameixas S/A, com aceite de duas duplicatas, no valor

de $ 3.000 cada uma, para vencimento em 30 e 60 dias.

23. Venda de mercadorias, à vista, ao Sr. Mário Fagundes, conforme nossa Nota Fiscal n. 721, no valor de $ 600.

24. Venda de mercadorias, a prazo, para a Sra. Clarice Oliveira, conforme nossa Nota Fiscal n. 888, no valor de $ 5.000.

25. Venda de mercadorias a prazo ao Sr. Flávio Silva, conforme nossa Nota Fiscal n. 654, no valor de $ 8.000. Houve aceite no ato de oito duplicatas vencíveis de 30 em 30 dias.

26. Alexandre Reis constituiu uma empresa comercial, na cidade de Tremembé, para explorar o comércio de gêneros alimentícios em geral, com capital de $ 40.000, em dinheiro, integralizado no ato da constituição.

27. Alexandre Reis efetuou gastos com a organização de sua empresa no valor de $ 7.500, tendo pago em dinheiro, conforme relação.

28. Juliana e Mariângela constituíram uma sociedade, por quotas de responsabilidade limitada, para explorar o comércio de roupas feitas, com capital de $ 60.000, subscrito nesta data, correspondendo a 50% para cada uma.

29. Juliana e Mariângela integralizaram nesta data, em dinheiro, todo o capital que subscreveram conforme fato anterior.

30. Nelson Moura Ribeiro, empresário, aumentou hoje o capital de sua empresa com $ 15.000 em dinheiro.

31. Wilson Pereira diminuiu o valor do capital de sua empresa individual (empresário), retirando a importância de $ 8 em dinheiro, conforme alteração efetuada na Junta Comercial.

32. Neusa Soares constituiu uma empresa de prestação de serviço, com capital no valor de $ 50.000, integralizando esse valor, no ato da constituição, da seguinte maneira:
    a) em dinheiro, $ 20.000;
    b) um terreno avaliado em $ 25.000;
    c) vários móveis avaliados em $ 4.000;
    d) uma nota promissória de sua emissão, no valor de $ 1.000.

33. Empréstimo efetuado, nesta data, junto ao Banco Paineiras S/A, no valor de $ 10.000, para pagamento em 90 dias, com emissão de Nota Promissória. O banco creditou a importância na conta corrente da empresa, descontando $ 600 referentes a juros e taxas.

34. Compra de uma casa, para uso da empresa, situada na rua X, nesta cidade, da Sra. Sonia Geni, conforme escritura, nas seguintes condições:
    a) em dinheiro, $ 5.000;
    b) em cheque de nossa emissão, $ 7.000;
    c) três notas promissórias, vencíveis de 60 em 60 dias, no valor de $ 20.000 cada.

35. Compra, à vista, de um terreno do Sr. Hélio Marins, conforme escritura, no valor de $ 35.000. O pagamento foi efetuado por meio de cheque de nossa emissão e o imóvel será utilizado pela empresa para obtenção de renda com a exploração de um estacionamento.

36. Compra de mercadorias do fornecedor J. A. & Cia. conforme Nota Fiscal n. 654, no valor de $ 3.000, sendo paga à vista, em dinheiro, a importância de $ 1.000; o restante será

pago em 30 dias, conforme aceite de uma duplicata.

37. Venda de um automóvel ao Sr. Benedito no valor de $ 16.000, conforme recibo desta data, nas seguintes condições:
    a) à vista, em dinheiro, $ 6.000;
    b) a prazo mediante emissão de uma nota promissória, $ 10.000.

38. Venda de mercadorias conforme nossa Nota Fiscal n. 987 ao cliente Josué, no valor de $ 8.000, nas seguintes condições:
    a) à vista, em dinheiro, $ 5.000;
    b) a prazo, mediante aceite de uma duplicata, $ 3.000.

39. Compras efetuadas no Supermercado Garça, conforme Nota Fiscal n. 766, a saber:
    - materiais de limpeza, $ 500;
    - um refrigerador para uso da empresa, $ 1.200;
    - uma motocicleta para uso da empresa, $ 5.000.

    O pagamento será efetuado da seguinte maneira:
    a) à vista, por meio do cheque de nossa emissão, $ 3.000;
    b) a prazo, em 30 dias, conforme aceite de uma duplicata, $ 3.700.

40. Pagamento efetuado, junto ao Banco Paineiras S/A, das seguintes despesas, conforme documentação anexa:
    a) energia elétrica, $ 200;
    b) conta de telefone, $ 30;
    c) impostos e taxas, $ 200;
    d) aluguel de máquinas, $ 230;
    e) conta de água, $ 30.

41. Recebemos em dinheiro, nesta data, conforme documentação anexa:
    a) duplicata de nossa emissão, $ 900;
    b) aluguéis, $ 500;
    c) juros, $ 80.

42. Aquisição de material de expediente conforme Nota Fiscal n. 100 da papelaria Taubaté Ltda., no valor de $ 9.000. Obs.: a empresa adota o critério de estocar os materiais no momento da compra.

43. Foram retirados de estoque, para consumo, conforme Requisição n. 90, materiais de expediente no valor de $ 300.

44. Pagamento efetuado ao mecânico Norberto, referente a reparos no veículo da empresa, no valor de $ 500.

45. Compra de ações, na Bolsa de Valores, da companhia X, no valor de $ 4.500, por meio de cheque de nossa emissão.

46. A empresa Comercial Celeste Ltda. adquiriu, à vista, um imóvel para instalação de filial por $ 30.000, sendo $ 20.000 pelo imóvel e $ 10.000 pelo ponto comercial.

47. Pagamento de uma duplicata ao Sr. Jaime Mariotto, no valor de $ 10.000, com 10% de desconto.

48. Pagamento de aluguel ao Sr. Edison Natalino, no valor de $ 900, com 5% de juros.

49. Recebida do cliente Carlos de Luca duplicata de nossa emissão, no valor de $ 2.000, com 30% de desconto.

50. Recebida do cliente Gustavo Ribeiro duplicata de nossa emissão, no valor de $ 1.000, com 6% de juros.

51. Analisando os registros no Livro Diário efetuados no mês anterior, o contador da empresa constatou que um pagamento de impostos e taxas efetuado em dinheiro no

valor de $ 435 tinha sido contabilizado por $ 345. Proceder a correção.

52. Analisando os registros efetuados no Livro Diário, correspondentes à semana anterior, o contador constatou o registro do pagamento de uma duplicata no valor de $ 600, sendo que o valor real da duplicata paga foi de $ 500. Proceder a correção.

53. Analisando os registros contábeis do Livro Diário referentes ao dia anterior, o contabilista constatou que um registro, referente à compra de um computador, havia sido efetuado duas vezes, sendo pago por meio de cheque de emissão da nossa empresa, no valor de $ 3.000. Proceder a correção.

54. Serviços prestados à Sra. Vanessa Patrícia, conforme nossa Nota Fiscal n. 777, no valor de $ 5.000, sendo recebidos no ato, em dinheiro, $ 3.000, e o restante será recebido após 30 dias, conforme aceite de uma duplicata.

55. Prestação de serviços ao Sr. Silvano de Souza, por meio da nossa Nota Fiscal n. 366, com fornecimento de material, tendo recebido parte em dinheiro e parte a prazo, como segue:
    a) valor dos serviços: $ 3.000;
    b) valor das mercadorias vendidas: $ 7.000;
    c) valor recebido, no ato, em dinheiro: $ 4.000;
    d) o restante será recebido em 60 dias, conforme aceite de uma duplicata.

Testes de Concursos

1. (TTN/91)
   Caracterizam o Livro Diário todos os atributos abaixo mencionados, exceto:
   a) Registro de todos os atos e fatos administrativos ocorridos na empresa.
   b) Registro no órgão competente.
   c) Ordem cronológica de escrituração.
   d) Facilidade de escrituração em partidas mensais.
   e) Obrigatoriedade.

2. (TTN-SP/92)
   O lançamento:
   Diversos
   a Bancos conta Movimento
   a) É de segunda fórmula e pode corresponder a aviso de débito do banco e a cheques emitidos pela empresa.
   b) É de segunda fórmula e pode corresponder a depósitos bancários realizados e a cheques emitidos pela empresa.

c) É de terceira fórmula e pode corresponder a juros debitados pelo banco e a cheques emitidos pela empresa.

d) É de terceira fórmula e pode corresponder a aviso de crédito do banco e a depósitos efetuados pela empresa.

e) É de terceira fórmula e pode corresponder à emissão de cheques da empresa sacados contra mais de um estabelecimento bancário.

3. (TTN-RJ/92)

   1 – Caixa

   a Despesas Gerais

   2 – Salários

   a Caixa

   3 – Caixa

   a Bancos

   4 – Mercadorias

   a Caixa

   5 – Bancos

   a Caixa

   6 – Salários

   a Salários a Pagar

Os lançamentos acima servem para registrar os seguintes eventos:

a) O de n. 3 se refere a depósito em conta corrente bancária e o de n. 5, a saque em conta bancária.

b) O de n. 1 se refere a pagamento de despesas gerais e o de n. 2, a pagamento de salários.

c) O de n. 4 se refere a aquisição de mercadorias e o de n. 5, a saque em conta corrente bancária.

d) O de n. 6 se refere a pagamento de salários e o de n. 3, a saques em conta corrente bancária.

e) O de n. 5 se refere a depósito em conta corrente bancária e o de n. 4, a aquisição de mercadorias para revenda.

4. (TTN-RJ/92)

   Considerando todos os históricos corretos, observe os lançamentos e assinale aquele que está errado.

   a) *Mercadorias*

   a Duplicatas a Receber

   Vlr. ref. n/compra de 100 unidades

   do Bem "X" ao custo unitário de

   $ 100 com aceite de duplicatas. 10.000

b) Duplicatas a Pagar
   a Caixa
       P/pg. da dupl. 1.345, venc.
       n/ data 10.000

   _____   _____

c) Bancos C/ Movimento
   a Caixa
       Vlr. depósito n/ conta n/data 10.000

   _____   _____

d) Impostos e Taxas
   a Bancos C/ Movimento
       Vlr. ref. ao imp. predial pg.
       n/data. 10.000

   _____   _____

e) Caixa
   a Clientes
       Vlr. recebido de José Bento conf.
       s/cheque 137.945 pra quitação
       de seu débito. 10.000

   _____   _____

5. (TTN-SP/92)
   Certa empresa adquiriu uma máquina por $ 40.000. Pagou em moeda corrente 50% da compra, com 5% de desconto, e aceitou uma duplicata pela dívida dos outros 50%. Com esta operação, pode-se afirmar que o ativo da empresa:
   a) Aumentou em $ 40.000.
   b) Diminuiu em $ 19.000.
   c) Aumentou em $ 19.000.
   d) Diminuiu em $ 21.000.
   e) Aumentou em $ 21.000.

6. (FTE-MG/93)
   O pagamento de uma dívida de $ 50.000, com desconto de 10%, representa um fato administrativo:
   a) Modificativo.
   b) Misto diminutivo.
   c) Misto aumentativo.
   d) Modificativo diminutivo.
   e) Modificativo aumentativo.

7. (AFTN/mar.94)

    Lançamentos (só contas e valores)

    1) Comissões sobre vendas
        a Bancos conta Movimento .... $ 500
    2) Bancos conta Movimento
        a Duplicatas a Receber .... $ 800
    3) Bancos conta Movimento
        a Receitas de Aluguéis de
            Equipamentos .... $ 60
    4) Obrigações Fiscais
        a Bancos conta Movimento .... $ 200
    5) Bancos conta Movimento
        a Fundo de Comércio
            Adquirido .... $ 5.000

    Os lançamentos acima, apresentados de forma simplificada, não se ferem a estornos, retificações, transferências, complementações ou venda de direitos. Assim sendo, está errado, em função da natureza e finalidade das contas envolvidas, o registro contábil de número:

    a) 1   b) 2   c) 3   d) 4   e) 5

8. (FTE-MG/93)

    Um lançamento a débito em conta do Ativo Circulante e a crédito em conta do Patrimônio Líquido indica que a empresa:

    a) Adquiriu um Bem à vista.
    b) Aumentou o capital social.
    c) Contraiu uma dívida futura.
    d) Recebeu um direito com juros.
    e) Pagou uma dívida com desconto.

9. (FTE-MG/93)

    O pagamento de uma obrigação acrescido de juros é uma operação que:

    a) Diminui o Patrimônio Líquido, diminui o Passivo e Aumenta o Ativo.
    b) Diminui o Ativo, diminui o Passivo e diminui o Patrimônio Líquido.
    c) Diminui o Ativo, diminui o Passivo e aumenta o Patrimônio Líquido.
    d) Diminui o Ativo, diminui o Passivo e não altera o Patrimônio Líquido.
    e) Diminui o Passivo, aumenta o Ativo e não altera o Patrimônio Líquido.

CAPÍTULO 5

RAZONETE E BALANCETE

NOTA:
- Esses dois instrumentos contábeis raramente são objeto de questões nas provas dos concursos, contudo, o domínio deles é indispensável para que você possa não só compreender com mais facilidade as noções básicas da Contabilidade como também solucionar cerca de 90% das questões práticas da matéria.

5.1 Razonete

Também denominado gráfico em T ou conta em T, o **Razonete** nada mais é do que uma versão simplificada do Livro Razão.

Entre os quatro principais livros utilizados pela Contabilidade (Diário, Razão, Caixa e Contas Correntes), o Razão é o mais importante sob o ponto de vista contábil, pois por meio dele se controla separadamente o movimento de cada conta.

O controle individualizado das contas é importante para se conhecer os seus saldos, possibilitando a apuração de resultados e a elaboração de Demonstrações Contábeis, como o Balancete de Verificação do Razão, o Balanço Patrimonial e muitas outras.

Esse mesmo gráfico em T, que no Capítulo 4 foi utilizado para representar o Balanço Patrimonial, será agora empregado para o controle individualizado de cada conta.

Veja um modelo de Razonete:

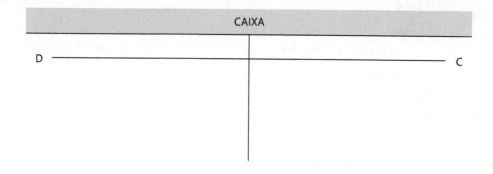

Este é o Razonete da conta Caixa.

No lado esquerdo, lado do débito, devem ser lançadas todas as importâncias que representarem entradas de Caixa; no lado direito, lado do crédito, devem ser lançadas todas as importâncias que representarem saídas de Caixa.

Sendo assim, para controlar o movimento das contas, em substituição ao livro Razão, podemos utilizar, didaticamente, gráficos em T, em número igual ao de contas existentes na escrituração do Livro Diário.

Uma das vantagens do uso do Razonete é a simplificação dos Registros, que facilita a visualização do movimento de débito e de crédito nele lançados.

No dia do concurso, para solucionar questões que envolvam movimentos em várias contas, a adoção do Razonete simplifica e facilita o raciocínio, permitindo obter o resultado desejado em tempo reduzido.

Exemplo prático

Escriturar no Diário e nos Razonetes os seguintes eventos:

1. Investimento inicial, em dinheiro: $ 600.
2. Compra de um automóvel, à vista: $ 400.
3. Depósito efetuado no Banco do Brasil S/A: $ 50.

Solução:

a. **Lançamentos de diário**

(1) Caixa
   a Capital
      Investimento Inicial.................................... 600

(2) Veículos
   a Caixa
      Compra de um Automóvel............................   400

_____   _____

(3) Bancos conta Movimento
   Banco do Brasil S/A
   a Caixa
      Depósito Efetuado nesta data..........................   50

_____   _____

b. Razonetes

CAIXA			
(1)	600	(2)	400
		(3)	50
		(T)	450

CAPITAL	
	(1) 600

VEÍCULOS	
(2) 400	

BANCOS CONTA MOVIMENTO	
(3) 50	

Devem ser utilizados tantos Razonetes em T quantas forem as contas utilizadas na escrituração do Diário.

Observe que lançamos os valores no débito ou no crédito de cada conta em seu respectivo Razonete, conforme esteja debitada ou creditada no Diário.

Para facilitar a identificação da origem dos valores lançados nos Razonetes, colocamos à esquerda de cada um, entre parênteses, o número do lançamento do Diário de onde foi extraído.

Após elaborados os Razonetes, somamos os movimentos de cada conta, a exemplo do que é feito no Livro Razão.

c. **Saldo da conta**

Saldo da conta é a diferença entre o total dos valores lançados a débito e o total dos valores lançados a crédito na referida conta.

Esse saldo será devedor quando o total dos valores lançados a débito for superior ao total dos valores lançados a crédito na mesma conta; por outro lado, o saldo será credor quando o total dos valores lançados a crédito for superior ao total dos valores lançados a débito na mesma conta.

Veja:

CAIXA			
(1)	600	(2)	400
		(3)	50
Total	600	Total	450

Observe que o lado do débito totalizou 600 e o lado do crédito, 450.

Faremos:
- Total do débito... 600
- (-) Total do crédito...(450)   50
- (=) Saldo.. 50

Neste caso, como o débito superou o crédito, o saldo é devedor e deverá ser colocado no Razonete abaixo dos totais, no lado correspondente ao débito.

Veja, então, como ficará o Razonete com o respectivo saldo indicado:

CAIXA			
(1)	600	(2)	400
		(3)	50
Total	600	Total	450
Saldo	150		

5.2 Balancete

Balancete é uma relação de contas extraídas do Livro Razão (ou dos Razonetes), com seus respectivos saldos devedores e credores.

Os Balancetes podem diferir uns dos outros com relação ao número de colunas utilizadas: uns poderão conter apenas duas colunas, sendo uma destinada aos saldos devedores e outra aos saldos credores; outros poderão conter colunas destinadas ao movimento (total do débito e do crédito de cada conta) ou até mesmo para se lançar valores dos lançamentos de ajustes, conforme o interesse do contabilista.

Veja, a seguir, importantes informações sobre a elaboração do Balancete de Verificação do Razão, que constavam da NBC-T-2.7. Embora essa NBC tenha sido revogada pela resolução CFC n. 1.330/ 2011, mantivemos aqui as disciplinas contidas nela, uma vez que tais orientações, para fins didáticos, não perderam a validade.

Eis, então, a disciplina que a NBC-T-2.7 apresentava:

- O Balancete de Verificação do Razão é a relação de contas, com seus respectivos saldos, extraída dos registros contábeis em determinada data.
O grau de detalhamento do Balancete deverá ser consentâneo com sua finalidade.
Os elementos mínimos que devem constar do Balancete são:
a. Identificação da entidade.
b. Data a que se refere.
c. Abrangência.
d. Identificação das contas e respectivos grupos.
e. Saldos das contas, indicando se devedores ou credores.
f. Soma dos saldos devedores e credores.
O Balancete que se destinar a fins externos à entidade deverá conter nome e assinatura do contabilista responsável, sua categoria profissional e número de registro no CRC.
O Balancete deve ser levantado, no mínimo, mensalmente.

Veja, agora, como é fácil elaborar um Balancete de Verificação, partindo dos Razonetes abaixo.

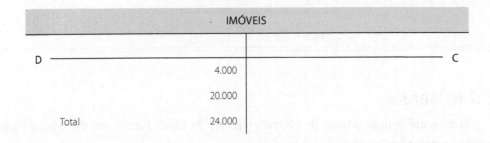

VEÍCULOS

D			C
	2.000		
	3.000		
Total	5.000		

MÓVEIS E UTENSÍLIOS

D			C
	1.000		
	4.000		
Total	5.000		

PROMISSÓRIAS A PAGAR

D			C
D	3.000	4.000	C
	Saldo	1.000	

ESTOQUE DE MERCADORIAS

D			C
	3.500	2.00	
	1.500		
Soma	5.000		
Saldo	3.000		

CAIXA		
D		C
	1.000	1.500
	2.000	
	3.000	
Soma	6.000	
Saldo	4.500	

DUPLICATAS A PAGAR		
D		C
	1.500	7.000
		1.000
	Soma	8.000
	Saldo	6.500

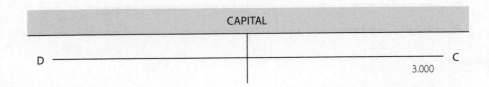

CAPITAL	
D	C
	3.000

FORNECEDORES	
D	C
	4.000

BALANCETE DE VERIFICAÇÃO				
N. DE ORDEM	CONTAS	SALDO	
		DEVEDOR	CREDOR
1	Imóveis	24.000	–
2	Veículos	5.000	–
3	Móveis e Utensílios	5.000	–
4	Promissórias a Pagar	–	1.000
5	Estoque de Mercadorias	3.000	–
6	Caixa	4.500	–
7	Duplicatas a Pagar	–	6.500
8	Capital	–	30.000
9	Fornecedores	–	4.000
	Totais	41.500	41.500

Note que, do Balancete apresentado, fizemos constar todas as contas que figuram nos Razonetes, com seus respectivos saldos transcritos.

A soma da coluna do Saldo Devedor tem de ser igual à soma da coluna do Saldo Credor, porque os fatos contábeis são registrados no Livro Diário pelo método das partidas dobradas, cujo princípio fundamental estabelece que, na escrituração, a cada débito deve corresponder um crédito de igual valor. Assim, ao relacionarmos em um Balancete todas as contas utilizadas pela contabilidade de uma empresa, com seus respectivos saldos devedores e credores, a soma da coluna do débito terá de ser igual à soma da coluna do crédito.

Testes de Fixação

1. Identifique as alternativas corretas:

   1.1 Gráfico em T ou conta em T é o mesmo que:
   a) Balancete.
   b) Razonete.
   c) Balanço.
   d) Lançamentos em partidas de Diário.

   1.2 O livro de escrituração mais importante sob o ponto de vista contábil é:
   a) Razonete.
   b) Diário.
   c) Razão.
   d) Caixa.

1.3 Fatos ocorridos em uma empresa durante o exercício de x2:

1. Saldos iniciais:

   Caixa = 100

   Estoques = 50

   Fornecedores = 70

   Capital = 80

2. Operações realizadas no período:
   - Aumento de capital com realização em dinheiro = 50
   - Pagamento a fornecedores em dinheiro = 40
   - Compra de mercadorias à vista = 20

Após esses eventos, as contas Caixa, Estoques, Fornecedores e Capital, respectivamente, apresentaram os seguintes saldos:

a) 90, 70, 30 e 130.

b) 100, 70, 30 e 30.

c) 200, 30, 30 e 80.

d) 100, 50, 70 e 80.

2. Responda:

   2.1 O que é saldo da conta?

   2.2 Como se denomina a relação de contas, com seus respectivos saldos, extraída dos registros contábeis em determinada data?

Fatos ocorridos em uma empresa, durante o exercício de x1:

Atividade Prática

1. Investimento inicial em dinheiro, no valor de $ 15.000.

2. Compra de móveis, para uso, a prazo, de Comércio de Móveis Ltda., conforme NF n. 230, no valor de $ 3.000. Houve aceite, no ato, de três duplicatas no valor de $ 1.000 cada uma, com vencimentos de 30 em 30 dias.

3. Pagamento efetuado ao escritório Escrita Fiscal Ltda., em dinheiro, referente a despesas com a legalização da empresa, no valor de $ 800.

4. Pagamento efetuado ao Sr. Jaime, em dinheiro, referente ao aluguel do imóvel, no valor de $ 1.100.

5. Serviços prestados e recebidos à vista, conforme nossas notas fiscais n.os 1 a 20, no valor de $ 6.300.

6. Serviços prestados ao Sr. Adilson, para recebimento em 60 dias, conf. nossa Nota Fiscal n. 34, no valor de $ 1.200. Houve aceite, no ato, de três duplicatas no valor de $ 400 cada, com vencimentos de 30 em 30 dias.

7. Pagamento efetuado a Comércio de Móveis Ltda., referente à duplicata de nosso aceite no valor de $ 1.000, com 10% de desconto.

8. Recebido, do sr. Adilson, a duplicata de nossa emissão, no valor de $ 400, com 10% de juros.

Pede-se:

a) Escriture os fatos no Livro Diário.

b) Transcreva os valores do Diário para os Razonetes.

c) Levante o Balancete de Verificação.

Testes de Concursos

1. (NPU/93)

Um lançamento a débito de uma conta provocou aumento de seu saldo. A conta é classificada:
a) No grupo do Passivo ou no grupo do Patrimônio Líquido.
b) Como retificadora do Ativo Não Circulante.
c) Como retificadora do Ativo ou do Passivo.
d) No grupo do Ativo ou como retificadora do Patrimônio Líquido.
e) Como retificadora do Ativo Circulante.

2. (TTN-RJ/92)

Os saldos das contas Caixa e Bancos no dia 01/05/x1 eram, respectivamente, de $ 70.000 e $ 240.000. Sabendo-se que, no período:
- foram feitos depósitos bancários no montante de $ 500.000;
- foram feitos saques em conta corrente bancária no valor de $ 580.000 em dinheiro;
- não foram feitos outros créditos na conta Caixa;
- no dia 31/05/x1, o saldo da conta Caixa era de $ 150.000, pode-se afirmar que os valores **totais de débitos à conta Caixa** e saldo da conta bancos eram, respectivamente, de:

a) $ 70.000 e $ 160.000.
b) $ 150.000 e $ 160.000.
c) $ 500.000 e $ 500.000.
d) $ 580.000 e $ 160.000.
e) $ 580.000 e $ 500.000.

3. (TTN-RJ/92)

Ao final do expediente de um dia de trabalho, um empregado da empresa X furtou todo o dinheiro existente no cofre. Os fatos contábeis ocorridos naquele dia foram os seguintes:
- recolhimento de contribuição à Previdência Social no valor de $ 300.000, acrescido de 10% de multa moratória, feito mediante cheque sacado contra o banco da cidade;
- recebimento de clientes, decorrente de duplicatas conservadas em carteira, no valor de $ 200.000;
- fornecimento de vales a empregados, no valor de $ 100.000;
- pagamento de despesas diversas – $ 50.000.

Sabendo-se que o saldo de Caixa do dia anterior era de $ 320.000, conclui-se que o empregado furtou:

a) $ 40.000.
b) $ 50.000.
c) $ 70.000.
d) $ 200.000.
e) $ 370.000.

4. (TTN-RJ/92)

O registro contábil do evento mencionado na questão anterior (furto) far-se-á mais apropriadamente debitando-se a conta:
a) Despesas com Pessoal.
b) Despesas Gerais.
c) Encargos Sociais.
d) Prejuízos Eventuais.
e) Perdas de Capitais.

5. (TTN-SP/92)

Num Balancete de Verificação, a soma da coluna de débitos ultrapassou em $ 100.000 a soma da coluna de crédito. Não justifica o fato:

a) Omissão de uma conta com saldo credor de $ 100.000.
b) Lançamento de uma conta com saldo credor de $ 200.000 como se fosse de $ 100.000.
c) Lançamento de uma conta com saldo devedor de $ 100.000 como se fosse de $ 200.000.
d) Lançamento de uma retificadora do Ativo com saldo de $ 50.000 na coluna de débitos.
e) Lançamento de uma conta retificadora do Patrimônio Líquido com saldo de $ 100.000 na coluna de débitos.

CAPÍTULO 6

APURAÇÃO DO RESULTADO DO EXERCÍCIO E BALANÇO PATRIMONIAL SIMPLIFICADO

6.1 Introdução

Até aqui você estudou o conceito de Contabilidade, a composição do patrimônio, o registro dos fatos administrativos no livro Diário e no Razonete, bem como a elaboração do Balancete de Verificação do Razão.

Você já sabe que a movimentação do patrimônio da empresa gera um resultado que poderá ser lucro ou prejuízo.

Neste capítulo, você aprenderá os procedimentos necessários para apurar o Resultado do Exercício, mas de forma simplificada, com poucos dados, para que possa dominar bem esta parte da matéria.

Por que apuração simplificada?

Porque a apuração do resultado do exercício das empresas em geral envolve uma série de procedimentos que vão desde a elaboração do Balancete de Verificação do Razão, passando pela elaboração de inventários físicos de bens de uso e de outros materiais (mercadorias, produtos, materiais de expediente etc.) de conciliações e ajustes de saldos de contas, chegando até a apuração do resultado bruto, do resultado líquido, de cálculos e contabilizações dos tributos incidentes sobre o lucro líquido (Contribuição Social e Imposto de Renda), das participações, das reservas e dos dividendos, concluindo com a elaboração das diversas demonstrações contábeis.

Portanto, para atender ao estágio dos estudos em que você se encontra, apresentaremos, neste capítulo, os procedimentos necessários para apuração do resultado do exercício e a elaboração do Balanço Patrimonial de forma simplificada, isto é, com poucos dados, envolvendo as rotinas comuns às empresas prestadoras de serviços. Nos capítulos 12 a 14, você encontrará mais detalhes acerca da apuração do resultado do exercício e da elaboração das demais Demonstrações Contábeis.

Quando apurar o resultado?

Normalmente, o resultado do exercício das empresas é apurado no final de cada ano.

Em 31 de dezembro, as empresas apuram os seus resultados e elaboram as Demonstrações Contábeis.

Na vida prática, isto ocorre da seguinte maneira: as empresas operam de 1º de janeiro até 31 de dezembro do mesmo ano. Em janeiro do ano seguinte, elas apuram os seus resultados com base no movimento ocorrido no ano anterior.

A Lei n. 6.404/1976 estabelece em seu artigo 176 que ao fim de cada *exercício social* as empresas devem apurar os seus resultados e elaborar as Demonstrações Contábeis, dentre elas o Balanço Patrimonial.

É necessário salientar que a citada Lei das Sociedades por Ações estabelece também em seu artigo 175 que o exercício social terá duração de um ano e a data do término será fixada no estatuto.

Esse dispositivo legal faculta, portanto, às empresas a determinação do início e do término do exercício social em datas não coincidentes com as datas de início e término do ano civil.

É importante destacar que a legislação brasileira, para fins tributários e/ou sociais, pode exigir de determinadas categorias de empresas ou facultar a alguns órgãos, como a Comissão de Valores Mobiliários (CVM) e Banco Central do Brasil (BACEN), que exijam de empresas a eles ligadas a apuração de resultados em períodos inferiores a um ano (mês, trimestre ou semestre).

Como apurar o resultado do exercício?

Apurar o resultado do exercício consiste em verificar, por meio das contas de Resultado (despesas e receitas), se a movimentação do patrimônio da empresa apresentou lucro ou prejuízo durante o exercício social.

A apuração simplificada do resultado do exercício de uma empresa de prestação de serviços pode ser resumida em uma simples operação: confronto das receitas com as despesas.

O resultado será *lucro* quando o total das receitas superar o total das despesas, ou *prejuízo* quando o total das despesas superar o total das receitas.

6.2 Apuração Extracontábil do Resultado do Exercício

Exemplo:

Suponhamos que, no exercício de x1, o total das despesas de uma empresa tenha sido igual a $ 1.500 e o total das receitas tenha sido igual a $ 3.500.

Podemos apurar o resultado de duas maneiras: extracontábil ou contabilmente.
Veja como é fácil a apuração extracontábil:

Receitas	3.500
(–) Despesas	(1.500)
(=) Resultado	2.000

Como o total das receitas superou o total das despesas, a diferença de $ 2.000 encontrada corresponde ao lucro.

Se as despesas superassem as receitas, o resultado seria denominado prejuízo.

6.3 Apuração Contábil do Resultado do Exercício

A apuração contábil do resultado do exercício de uma empresa de prestação de serviços também é simples. Contudo, requer a prática de alguns procedimentos técnicos. Para facilitar o seu entendimento, observe o roteiro a seguir:

6.3.1 Roteiro para Apuração do Resultado do Exercício

1. Elaborar um Balancete de Verificação composto por contas e saldos extraídos do livro Razão ou dos Razonetes.
2. Transferir os saldos das contas de despesas para a conta transitória Resultado do Exercício.
3. Transferir os saldos das contas de receitas também para a conta transitória Resultado do Exercício.
4. Apurar no livro Razão ou no Razonete o saldo da conta Resultado do Exercício.

A conta Resultado do Exercício receberá, a seu débito, os saldos das contas de despesas; e, a seu crédito, os saldos das contas de receitas. Logo, se o saldo desta conta for devedor, o resultado do exercício será prejuízo; se o saldo for credor, o resultado do exercício será lucro.

5. Transferir o saldo da conta Resultado do Exercício para uma conta do Patrimônio Líquido.

Se o saldo da conta Resultado do Exercício for credor, ele será transferido para a conta Lucros Acumulados; caso seja devedor, será transferido para a conta Prejuízos Acumulados.

6. Elaborar o Balanço Patrimonial.

- Conforme já dissemos, deixaremos de considerar, nesta apuração simplificada, os cálculos e as contabilizações do lucro bruto, dos tributos incidentes sobre o lucro líquido (Contribuição Social e Imposto de Renda) da distribuição do lucro, além de outros procedimentos que são comuns no momento da apuração do resultado do exercício, pois o nosso propósito, neste momento, é que você domine bem o mecanismo de apuração do resultado do exercício de forma simplificada, para depois partir para o estudo da apuração completa.
- É importante salientar que o resultado do exercício, sendo lucro, poderá ter várias destinações, como: distribuição aos sócios ou ao titular, compensação de prejuízos, constituição de reservas ou mesmo no aumento do capital social; sendo prejuízo, poderá ser compensado com reservas ou absorvido pelos sócios ou pelo titular. Esses detalhes serão tratados no Capítulo 12.
- Todos os lançamentos desta data, a exemplo do que ocorreu durante o exercício social, serão escriturados nos livros Diário e Razão (no nosso caso, no livro Diário e nos Razonetes).

Exemplo prático

Suponhamos que após devidamente encerrados os registros contábeis relativos ao exercício de x1 de uma empresa de prestação de serviços, em 31 de dezembro, no livro Razão constem as seguintes contas com seus respectivos saldos:

Razonetes

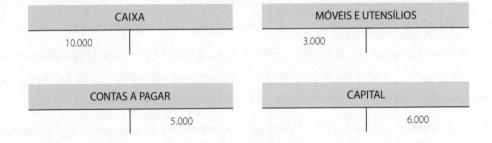

CAPÍTULO 6 • APURAÇÃO DO RESULTADO DO EXERCÍCIO E BALANÇO PATRIMONIAL SIMPLIFICADO

Para apurar o resultado do exercício e levantar o Balanço Patrimonial, basta seguir os passos contidos no roteiro apresentado na Seção 6.3.1 deste capítulo. Acompanhe:

1. Elaborar um Balancete de Verificação composto por contas e saldos extraídos do livro Razão ou dos Razonetes.

   Veja:

N.	CONTAS	SALDO DEVEDOR	SALDO CREDOR
1	Caixa	10.000	–
2	Móveis e Utensílios	3.000	–
3	Contas a Pagar	–	5.000
4	Capital	–	6.000
5	Impostos	1.000	–
6	Aluguéis Passivos	500	–
7	Receitas de Serviços	–	3.500
	TOTAIS	14.500	14.500

2. Transferir os saldos das contas de Despesas para a conta transitória Resultado do Exercício.

   A conta Resultado do Exercício é uma conta transitória que não foi utilizada durante o ano para o registro das operações normais da empresa. É esta conta que possibilita a apuração do Resultado do Exercício. Para que isso ocorra, precisamos transferir para ela os saldos de todas as contas de despesas e também os saldos de todas as contas de receitas. Neste momento, transferiremos os saldos das contas de despesas. Acompanhe:

No livro Razão (Razonetes) da empresa em questão constam apenas duas contas de despesas:

Vamos, inicialmente, transferir o saldo da conta Impostos.

O que significa transferir o saldo de uma conta?

Pois bem, até este estágio dos nossos estudos, o único momento em que mencionamos transferência de valores de uma conta para outra foi na Seção 4.9 – Erros de escrituração e suas correções, do Capítulo 4.

Transferir o saldo de uma conta para outra, ou seja, de um Razonete para outro, significa zerar o saldo da conta de origem (no Razonete de onde se transfere) e lançar o respectivo valor na conta de destino (no Razonete para onde se transfere), sendo que este valor deverá ficar no Razonete da conta de destino, na mesma posição em que se encontrava no Razonete da conta de origem. Assim, se o valor na conta de origem estiver no débito, ele deverá ficar no débito da conta de destino; se estiver no crédito da conta de origem, ficará no crédito da conta de destino.

Veja a conta Impostos. Ela possui no débito um saldo de $ 1.000. Para transferir este saldo para a conta Resultado do Exercício, debitaremos a conta Resultado do Exercício e creditaremos a conta Impostos. Contudo, antes de lançar esses valores nos Razonetes precisamos registrar a transferência em partida de Diário. Veja:

(1) Resultado do Exercício

    a Impostos

        Transferência que se processa do saldo da segunda para a primeira das contas supra, para apuração do resultado do exercício ...   1.000

Agora que o fato já está devidamente registrado no Diário, vamos registrá-lo nos Razonetes:

IMPOSTOS			RESULTADO DO EXERCÍCIO	
1.000	(1)	1.000	(1)	1.000

Observe que, após o lançamento de transferência efetuado devidamente no Diário e nos Razonetes, a conta Impostos que tinha saldo devedor de $ 1.000, creditada no lançamento de transferência, pela mesma importância, ficou com saldo igual a zero, encerrando-se. Observe, ainda, que a conta Resultado do Exercício recebeu por transferência um débito de $ 1.000, o qual, após o lançamento de transferência, ficou no Razonete da conta Resultado do Exercício, no mesmo lado que constava no Razonete de origem.

Vamos agora proceder da mesma maneira com a conta Aluguéis Passivos. Como esta conta tem um débito de $ 500, faremos o seguinte:

Diário:
(2) Resultado do Exercício
    a Aluguéis Passivos
        Transferência que se processa do saldo da segunda para a primeira
        das contas supra, para apuração do resultado do exercício   500

Razonetes:

ALUGUÉIS PASSIVOS			RESULTADO DO EXERCÍCIO	
500	(2)	500	(1)	1.000
			(2)	500

Observe que, também neste caso, a conta Aluguéis Passivos ficou com saldo igual a zero, sendo o seu valor transferido a débito da conta Resultado do Exercício.

Observe também que, após transferirmos todos os saldos das contas de despesas para a conta Resultado do Exercício, todas as contas de despesas ficaram zeradas, sem saldos, e a conta Resultado do Exercício reúne em seu débito os valores das despesas.

> **NOTA:**
> - Note que os dois lançamentos, por meio dos quais transferimos os saldos das duas contas de despesas para a conta Resultado do Exercício, poderiam ser feitos em um só, assim:
>
> Resultado do Exercício
> a Diversos
> > Transferências dos saldos das seguintes contas de despesas,
> > para apuração do Resultado do Exercício:
>
> a Impostos
> > Saldo desta conta 1.000
> a Aluguéis Passivos
> > Idem 500   1.500
>
> Note que, efetuando as transferências por lançamentos individualizados (1ª fórmula) ou por um único lançamento (2ª fórmula), o resultado será o mesmo; ou seja, as contas de despesas serão creditadas, ficando com seus saldos zerados, e a conta Resultado do Exercício terá, no débito, o total de $ 1.500, que corresponde à soma dos saldos das contas de despesas.

3. Transferir os saldos das contas de receitas também para a conta transitória Resultado do Exercício.

   Temos apenas uma conta de receita:

RECEITAS DE SERVIÇOS
3.500

   O critério para transferência dos saldos das contas de receitas é o mesmo adotado para transferência dos saldos das contas de despesas.

   Ocorre que, neste caso, a conta Receita de Serviços tem saldo credor, logo ela será debitada no lançamento de Diário e, consequentemente, a conta Resultado do Exercício, para a qual o saldo será transferido, será creditada. Agindo desta forma, a conta Receitas de Serviços ficará zerada, e a conta Resultado do Exercício receberá o valor de $ 3.500, na mesma posição em que ele figurava na conta de origem, ou seja, no lado do crédito. Acompanhe:

(3) Receitas de Serviços
   a Resultado do Exercício
      Transferência que se processa do saldo da primeira para a segunda
   das contas supra, para apuração do resultado do exercício   3.500

_____ _____

Veja agora como ficarão os Razonetes das contas envolvidas, após o lançamento 3:

RECEITAS DE SERVIÇOS			RESULTADO DO EXERCÍCIO		
(3) 3.500	3.500		(1) 1.000	(3)	3.500
			(2) 500		

4. Apurar no livro Razão ou no Razonete o saldo da conta Resultado do Exercício.

Agora que todas as contas de resultado (despesas e receitas) estão zeradas (sem saldo) e os seus respectivos saldos transferidos para a conta Resultado do Exercício, basta apurar o saldo desta conta no seu respectivo Razonete, para sabermos se a empresa, neste exercício, apresentou lucro ou prejuízo em suas transações. Veja:

RESULTADO DO EXERCÍCIO			
(1)	1.000	(3)	3.500
(2)	500		
Soma	1.500		
		Saldo	2.000

Como o saldo é credor, corresponde a lucro. É lucro, pois o total das receitas (3.500) foi superior ao total das despesas (1.500) em 2000.

5. Transferir o saldo da conta Resultado do Exercício para uma conta do Patrimônio Líquido.

Você aprendeu no Capítulo 2 (embora de forma bem simples) que o Resultado do Exercício, sendo lucro ou prejuízo, interfere no Patrimônio Líquido.

Isto foi explicado quando, no Capítulo 2, estudamos as situações líquidas patrimoniais, e depois, no Capítulo 4, quando estudamos os fatos modificativos, lembra-se?

Pois bem, para que o resultado apurado no final do exercício (no nosso caso, lucro de $ 2.000) possa figurar no Balanço Patrimonial, precisamos transferir o saldo da conta Resultado do Exercício, que é uma conta transitória, para uma conta patrimonial, cuja conta apropriada é Lucros Acumulados, que pertence ao Patrimônio Líquido.

O critério para se proceder a essa transferência é o mesmo já adotado quando procedemos as transferências dos saldos das contas de despesas e de receitas.

Portanto, como a conta Resultado do Exercício possui saldo credor, para zerá-la teremos de debitá-la e, em contrapartida, creditaremos a conta Lucros Acumulados. Veja:

(4) Resultado do Exercício
   a Lucros Acumulados
   Transferência que se processa do saldo da primeira para a segunda das contas supra, referente ao lucro líquido do exercício 2.000

Veja a posição das contas envolvidas nos seus respectivos Razonetes:

RESULTADO DO EXERCÍCIO			
(1)	1.000	(3)	3.500
(2)	500		
Soma	1.500		
(4)	2.000	Saldo	2.000

LUCROS ACUMULADOS	
(4)	2.000

NOTA:
- Caso a conta Resultado do Exercício apresentasse saldo devedor, o respectivo saldo representaria prejuízo do exercício e sua transferência para a conta Prejuízos Acumulados seria feita no Diário, por meio do seguinte lançamento:
  Prejuízos Acumulados
     a Resultado do Exercício
        Transferência que se processa da segunda para a primeira das contas supra, referente ao prejuízo do exercício $

Agora que já apuramos o resultado do exercício, contabilizando-o em partidas de Diário e nos Razonetes, todas as contas de resultado ficaram zeradas, encerradas, permanecendo ainda com saldos, no livro Razão (Razonetes), somente as contas patrimoniais, as quais serão utilizadas para a elaboração do Balanço Patrimonial. Veja:

6. **Elaborar o Balanço Patrimonial.**

Para elaborar o Balanço Patrimonial, você deverá se orientar por meio do Elenco de Contas apresentado no Capítulo 3.

Conforme dissemos, a esta altura dos acontecimentos, no livro Razão (Razonetes) só restam com saldos as contas patrimoniais, as quais representam a atual situação patrimonial da empresa, isto é, os bens, os direitos, as obrigações e o Patrimônio Líquido.

CAPÍTULO 6 • APURAÇÃO DO RESULTADO DO EXERCÍCIO E BALANÇO PATRIMONIAL SIMPLIFICADO

O Balanço Patrimonial é uma Demonstração Contábil que evidencia a situação do patrimônio da empresa em um dado momento.

No Balanço Patrimonial, as contas patrimoniais são apresentadas em dois grupos: Ativo e Passivo. O Ativo é composto por contas que representam os bens e os direitos, devidamente classificadas em Ativo Circulante, e Ativo Não Circulante; o Passivo é composto por contas que representam as obrigações e a situação líquida, devidamente classificadas em Passivo Circulante, Passivo Não Circulante e Patrimônio Líquido.

Veja, finalmente, como ficará o Balanço Patrimonial:

BALANÇO PATRIMONIAL LEVANTADO EM 31 DE DEZEMBRO DE x1	
1. ATIVO	
ATIVO CIRCULANTE	
Caixa	10.000
ATIVO NÃO CIRCULANTE	
Móveis e Utensílios	3.000
TOTAL do ATIVO	13.000
2. PASSIVO	
PASSIVO CIRCULANTE	
Contas a Pagar	5.000
PATRIMÔNIO LÍQUIDO	
Capital	6.000
Lucros Acumulados	2.000
TOTAL DO PATRIMÔNIO LÍQUIDO	8.000
TOTAL DO PASSIVO	13.000

NOTAS:
- O Balanço Patrimonial deve ser transcrito no livro Diário da empresa.
- Nos capítulos 2 e 4, você aprendeu que o Balanço Patrimonial deve ser apresentado na forma horizontal, por meio do gráfico em T; entretanto, ele também pode ser apresentado na forma vertical, como acabamos de fazer.
- Note que figurou, no grupo do Patrimônio Líquido, a conta Lucros Acumulados com valor de $ 2.000. Este valor corresponde ao lucro líquido apurado no exercício, o qual foi transferido para esta conta por meio do lançamento 4. Se, porventura, o resultado do exercício apresentasse prejuízo, conforme já dissemos, seria transferido para a conta Prejuízos Acumulados, que seria classificada no Balanço Patrimonial, no mesmo grupo do Patrimônio Líquido, porém com seu valor entre parênteses e, em vez de somar ao valor do Capital, subtrair-se-ia deste para encontrar o total do grupo Patrimônio Líquido.

Atividades Práticas

PRÁTICA 1

Relação das contas extraídas do livro Razão da empresa Redenção Ltda., em 31/12/x1:

1. Caixa	100.000
2. Clientes	20.000
3. Estoque de Material de Expediente	10.000
4. Imóveis	200.000
5. Móveis e Utensílios	50.000
6. Fornecedores	50.000
7. Promissórias a Pagar	20.000
8. Capital	270.000
9. Água e Esgoto	1.000
10. Aluguéis Passivos	10.000
11. Descontos Concedidos	500
12. Fretes e Carretos	500
13. Receitas de Serviços	54.000
14. Material de Expediente	2.000
TOTAL	788.000

Pede-se:

1. Apurar, contabilmente, o resultado do exercício e elaborar o Balanço Patrimonial, seguindo o roteiro a seguir:

ROTEIRO

a) Transcreva as contas com seus respectivos saldos em Razonetes;
b) Transfira os saldos das contas de Despesas para a conta transitória Resultado do Exercício;
c) Transfira os saldos das contas de Receitas para a conta transitória Resultado do Exercício;
d) Apure o saldo da conta Resultado do Exercício, transferindo-o para a conta Lucros Acumulados (se for lucro), ou para a conta Prejuízos Acumulados (se for prejuízo);
e) Elabore o Balanço Patrimonial.

2. Após apurado o resultado e levantado o Balanço Patrimonial, responda:
a) Qual foi o Resultado do Exercício?
b) Qual é o valor do Ativo Não Circulante?
c) Qual é o valor do Patrimônio Líquido?

PRÁTICA 2

Relação das contas extraídas do livro Razão da empresa São Luiz Ltda., em 31/12/x2:

1. Bancos conta Movimento	500
2. Duplicatas a Pagar	630
3. Veículos	2.000
4. Energia Elétrica e Comunicação	80
5. Fretes e Carretos	20
6. Café e Lanches	50
7. Impostos e Taxas	100
8. Móveis e Utensílios	1.000
9. Receitas de Serviços	120
10. Capital	3.000
TOTAL	7.500

1. Caixa	5.400
2. Bancos conta Movimento	8.000
3. Duplicatas a Receber	12.000
4. Estoque de Material de Expediente	2.000
5. Adiantamentos a Fornecedores	1.500
6. Computadores	6.300
7. Móveis e Utensílios	4.800
8. Duplicatas a Pagar	1.000
9. Adiantamentos de Clientes	3.000
10. Impostos a Recolher	800
11. Capital	30.000
12. Lucros Acumulados	5.200
TOTAL	80.000

Pede-se:

1. Apurar contabilmente o resultado do exercício e elaborar o Balanço Patrimonial.
2. Após apurado o resultado e levantado o Balanço Patrimonial, responda:
   a) Qual foi o resultado do exercício?
   b) Qual é o valor do Ativo Circulante?
   c) Qual é o valor do Patrimônio Líquido?

PRÁTICA 3

Relação das contas com seus respectivos saldos extraídos do livro Razão da empresa de prestação de serviços Santos & Santos Ltda., em 30/11/x2:

Fatos ocorridos durante o mês de dezembro de x2:

1. Pagamento, em dinheiro, ao fornecedor J.B. Ltda., de uma duplicata no valor de $ 500.
2. Recebido, de clientes, a importância de $ 3.200, referente à duplicata de nossa emissão.
3. Recolhido, no banco Paineiras S/A, o valor de $ 800 referente a impostos e taxas incorridos no mês de novembro. Recolhimento efetuado por meio de cheque de nossa emissão.
4. Serviços prestados ao cliente J. B. Ltda., no valor de $ 3.000, cujo valor havia sido recebido antecipadamente em novembro do corrente ano.
5. Recebido o valor de $ 5.000 de clientes, em cheques.

6. Depósito efetuado no banco Urupês S/A, da importância de $ 5.000, em cheques recebidos de clientes.

7. Compra de móveis do fornecedor Manoel Ltda., conforme Nota Fiscal n. 777, no valor de $ 1.500.
   Obs.: essa compra havia sido paga no mês de novembro do corrente ano.

8. Venda, à vista, pelo preço de custo, de um computador, conforme Nota Fiscal n. 120, no valor de $ 2.300.

9. Compra, à vista, de um computador com impressora, conforme Nota Fiscal n. 923, da casa Monção S/A, no valor de $ 1.800. O pagamento foi efetuado em dinheiro.

10. Venda de móveis, pelo preço de custo, ao senhor Flávio Peixoto, conforme Nota Fiscal n. 123, no valor de $ 7.000, nas seguintes condições:
    a) Em dinheiro, $ 5.000.
    b) O restante em 30 dias, com aceite de duplicata.

11. O proprietário da empresa aumentou o capital, com integralização nesta data, como segue:
    a) Em dinheiro, $ 10.000.
    b) Um automóvel conforme laudo de avaliação de $ 8.000.
    c) Diversos móveis conforme laudo de avaliação de $ 2.000.
    Total .... $ 20.000

12. Pagamento, em dinheiro, das seguintes despesas:

Aluguel do imóvel, conforme recibo	1.000
Juros pelo atraso no pagamento do aluguel	200
Energia elétrica, conforme conta	100
Aluguel de veículo, conforme recibo	200
Conta de telefone	120
TOTAL	1.620

13. Compra de um terreno, no valor de $ 100.000, nas seguintes condições:
    a) Em dinheiro, $ 11.000.
    b) Em cheque de nossa emissão, $ 9.000.
    c) O restante será pago em quatro parcelas mensais de $ 20.000 cada, conforme emissão de Notas Promissórias.

14. Recebido a importância de $ 6.500 por serviços prestados, conforme nossas Notas Fiscais n.os 130 a 150.

15. Pagamento de $ 650 ao Posto Mangueira, referente a consumo de combustíveis, conforme Nota Fiscal n. 122.

16. Recebimento de duplicata no valor de $ 200, com 20% de juros.

17. Recebimento de duplicata no valor de $ 1.000, com 5% de desconto.

18. Pagamento de aluguel do imóvel, no valor de $ 800, com 10% de juros. O pagamento foi efetuado com cheque de nossa emissão.

19. Pagamento efetuado ao mecânico Paulo, referente a reparos no veículo, conforme Nota Fiscal n. 231, no valor de $ 300. Pagamento efetuado em dinheiro.

20. Serviços prestados ao senhor Geraldo, no valor de $ 2.000, tendo recebido 50% em dinheiro e 50% mediante aceite de duplicata para 30 dias.

Pede-se:

a) Transcreva, em Razonetes, as contas constantes no enunciado da questão.

b) Escriture os fatos de dezembro de x2 em partidas de Diário.

c) Depois de concluída a escrituração dos fatos de dezembro no Diário, transcreva os respectivos lançamentos nos Razonetes.

d) Elabore o Balancete de Verificação em 31/12/x2.

e) Apure o resultado do exercício:
- Transfira os saldos das contas de despesas para a conta Resultado do Exercício;
- Transfira os saldos das contas de receitas para a conta Resultado do Exercício;
- Apure no Razonete o saldo da conta Resultado do Exercício e transfira-o para a conta Lucros Acumulados ou Prejuízos Acumulados, conforme o caso;

f) Elabore o segundo Balancete de Verificação.

g) Levante o Balanço Patrimonial.

LEITURAS COMPLEMENTARES:
- Informações Complementares sobre contas – Seções 1.1 a 1.7 do Apêndice.
Elenco de Contas Completo – Seções 1.8 do Apêndice.

Atividades Práticas de Revisão

ATIVIDADE PRÁTICA DE REVISÃO 1

Avalie o seu desempenho nos estudos realizados até aqui.

Esta Atividade Prática exigirá que você tenha conhecimentos práticos das noções básicas de Contabilidade, estudadas nos capítulos de 1 a 6 deste livro.

Fatos ocorridos na empresa Dos Irmãos Ltda., que atua no ramo de prestação de serviços de assistência técnica de equipamentos eletrônicos em geral, durante o exercício de x1:

1. Carlos e Gustavo subscreveram o Capital no valor de $ 20.000, em partes iguais.

2. Os sócios realizaram, em dinheiro, 50% do valor das quotas que cada um subscreveu.

3. Depósito efetuado no Banco Urupês S/A, em conta movimento aberta em nome da empresa, da importância de $ 10.000, conforme Recibo n. 104.

4. Reembolso efetuado ao sócio Gustavo em razão de gastos por ele pagos com a legalização da empresa, conforme Nota Fiscal n. 111 emitida pelo Escritório Escrita Fiscal Ltda., no valor de $ 300. O reembolso foi efetuado por meio do cheque n. 1 de emissão da empresa contra o Banco Urupês S/A, mediante recibo fornecido pelo favorecido.

5. Saque efetuado para reforço de caixa, conforme cheque n. 2, contra o Banco Urupês S/A, no valor de $ 2.000.

6. Compra de móveis para uso, conforme Nota Fiscal n. 115, da Casa Tremembé Ltda., no valor de $ 4.000, a prazo, com aceite de quatro duplicatas no valor de $ 1.000 cada, com vencimento de 30 em 30 dias.

7. Serviços prestados, a saber:
   a) À vista, conforme nossas Notas Fiscais n.ºs 1 a 15, no valor de $ 14.000;
   b) A prazo, conforme nossa Nota Fiscal n. 16, no valor de $ 1.000. O cliente Maurício aceitou, no ato, duas duplicatas no valor de $ 500 cada, com vencimentos para 30 e 60 dias.

8. Pagamento, em dinheiro, de despesas com energia elétrica, no valor de $ 900, conforme Nota Fiscal n. 2.007.

9. Pagamento ao Sr. Nelson, referente ao aluguel do imóvel, por meio do cheque n. 3 contra o Banco Urupês S/A, no valor de $ 3.000, com 10% de juros.

10. Os sócios integralizaram o restante de suas quotas por meio dos cheques n.ºs 6 do Banco do Estado (Gustavo) e 341 do Banco do Brasil (Carlos).

11. Os sócios decidiram aumentar o valor do Capital com subscrição e realização imediata, em dinheiro, sendo $ 6.500 pelo sócio Carlos e $ 6.500 pelo sócio Gustavo.

12. Os sócios resolveram reduzir o valor do Capital retirando a importância de $ 3.000, sendo $ 1.500 para cada um, conforme cheques n.ºs 6 e 7.

13. Pagamento de impostos, em dinheiro, no valor de $ 45.

14. O valor correto dos impostos referentes ao fato anterior foi de $ 54. Regularizar.

15. Pagamento de uma duplicata para a Casa Tremembé, referente à compra de móveis para uso, no valor de $ 1.000, com 10% de desconto. Pagamento efetuado em dinheiro.

16. Recebimento de uma duplicata do cliente Maurício, no valor de $ 500, com 10% de desconto.

17. Compra de impressos e materiais para escritório, para estocar, no valor de $ 2.000, pagos em dinheiro, conforme Nota Fiscal n. 989 da Comercial Itambé Ltda.

18. Compra, à vista, de um micro com impressora, conforme Nota Fiscal n. 111 da Importadora LX S/A, no valor de $ 2.500, pagos em dinheiro.

Pede-se:

1. Solucione esta atividade com base no seguinte roteiro:
   a) Escriture os fatos propostos em Partidas de Diário;
   b) Transcreva as contas com seus respectivos valores constantes do Diário, para os Razonetes;
   c) Levante o Balancete de Verificação;
   d) Apure o Resultado do Exercício;
   e) Levante o Balanço Patrimonial classificado conforme a Lei n. 6.404/1976.

ATIVIDADE PRÁTICA DE REVISÃO 2

2. Responda os testes a seguir:

2.1 O total do Ativo Não Circulante é:
a) $ 36.996.
b) $ 2.500.
c) $ 6.800.
d) $ 6.500.

2.2 O total do Passivo Não Circulante é:
a) $ 36.996.
b) $ 3.000.
c) Zero.
d) $ 30.000.

2.3 O total do Passivo Circulante é:
a) $ 3.000.
b) $ 30.000.
c) Zero.
d) $ 4.000.

2.4 O valor do Capital realizado é:
a) $ 20.000.
b) $ 10.000.
c) $ 30.000.
d) $ 33.000.

2.5 O resultado líquido do exercício é:
a) Impossível de ser encontrado.
b) Prejuízo de $ 10.796.
c) Lucro de $ 10.496.
d) Lucro de $ 15.100.

2.6 O total do Patrimônio Líquido é:
a) $ 20.000.
b) $ 40.496.
c) $ 10.796.
d) $ 33.796.

2.7 O total do Ativo é:
a) $ 36.996.
b) $ 6.800.
c) $ 33.096.
d) $ 43.496.

2.8 O total do Ativo Circulante adicionado ao Ativo Realizável a Longo Prazo é:
a) $ 34.996.
b) $ 39.496.
c) $ 43.496.
d) N.D.A.

Testes de Concursos

Para reforçar a sua familiarização com a maneira pela qual os organizadores de concursos costumam exigir as noções de Contabilidade, selecionamos aqui dez questões que já foram objeto de provas de concursos.

1. (TTN/91)
Representa uma obrigação a conta:
a) Prêmio de Seguros.
b) Seguros a Pagar.
c) Seguros a Vencer.
d) Seguros Contratados.
e) Seguros Pagos Antecipadamente.

2. (TTN-SP/92)
A microempresa Rio, no dia 10 de maio, tinha um patrimônio de Caixa de $ 15.000; Fornecedores: $ 12.000; Clientes: $ 4.000; e Mercadorias: $ 6.000. No dia 11 de maio, realizou apenas uma operação e seu patrimônio passou a constar de Caixa: $ 11.000; Fornecedores: $ 9.000; Clientes: $ 4.000; Mercadorias: $ 6.000.
Comparando-se o patrimônio nas duas datas, pode-se afirmar que a operação realizada foi:
a) O pagamento de dívidas no valor de $ 4.000.

b) O recebimento de direitos no valor de $ 4.000, com desconto de $ 1.000.
c) O pagamento de dívidas no valor de $ 3.000, com encargos de $ 1.000.
d) O recebimento de direitos no valor de $ 3.000, com encargos de $ 1.000.
e) O pagamento de dívidas no valor de $ 4.000, com desconto de $ 1.000.

3. (TTN-RJ/92)
Aumentam o Patrimônio Líquido:
a) Pagamentos de salários.
b) Recebimento de duplicatas com descontos.
c) Recebimento de duplicatas com juros.
d) Venda de bens abaixo do custo de aquisição.
e) Venda de bens pelo preço de custo.

4. (MPU/92)
O montante da situação líquida é modificado:
a) Pelas aquisições de mercadorias.
b) Pelos pagamentos de duplicatas.
c) Pelos pagamentos de despesas.
d) Pelos recebimentos de duplicatas.
e) Pela apuração do resultado no encerramento do exercício social.

5. (TTN-RJ/92)
A equação contábil envolve os conceitos de Ativo, Passivo e situação líquida, receitas e despesas expressos de forma matemática, considerando que os elementos devedores são positivos e os elementos credores são negativos. Desse modo, considerando a natureza devedora ou credora dos elementos constantes de um Balancete, pode-se dizer que a equação contábil é a seguinte:
a) Bens + Direitos − Passivo − Patrimônio Líquido + Receitas − Despesas = 0
b) Bens + Direitos − Passivo + Patrimônio Líquido + Receitas − Despesas = 0
c) Bens + Direitos − Passivo + Patrimônio Líquido − Receitas + Despesas = 0
d) Bens + Direitos − Passivo − Patrimônio Líquido − Receitas − Despesas = 0
e) Bens + Direitos − Passivo − Patrimônio Líquido − Receitas + Despesas = 0

6. (TTN/94) (Teste adaptado – Lei n. 11.638/2007)

CONTAS	$
Capital	1.000
Reserva de Capital	4.000
Financiamentos Externos	3.000
Reserva Legal	200
Reserva Estatutária	2.500
Fornecedores Nacionais	5.000
Empréstimos Bancários	300

O Patrimônio Líquido, com base nos elementos relacionados, totaliza ($):
a) 11.000.
b) 16.000.
c) 5.000.
d) 10.700.
e) 7.700.

> **NOTA:**
> - A solução de questões dessa natureza por meio do Razonete, conforme apresentamos, deve ser adotada exclusivamente para fins de concurso, pois embora as contas de despesas, receitas e custos interfiram no resultado do Patrimônio Líquido, tecnicamente não é correto representá-las como integrantes do grupo Patrimônio Líquido.

Para solucionar as questões 7 e 8, observe os Balancetes de Verificação reproduzidos a seguir:

CONTAS	JANEIRO/ x2	FEVEREIRO/ x2
Caixa	100.000	150.000
Bancos conta Movimento	200.000	400.000
Receitas de Serviços	3.000.000	7.500.000
Duplicatas a Receber (até 90 dias)	1.000.000	1.500.000
Capital Social	10.000.000	10.000.000
Despesas com Pessoal	1.500.000	3.500.000
Perdas Estimadas em Créditos de Liquidação Duvidosa	250.000	200.000
Despesas Financeiras	100.000	250.000
Salários a Pagar	2.000.000	450.000
Imóveis	10.000.000	10.000.000
Veículos	2.350.000	2.350.000

7. (TTN-SP/92)

Da relação de contas discriminadas, **não** apareceriam no Balanço Patrimonial:

a) Receitas de Serviços, Despesas com Pessoal e Salários a Pagar.

b) Perdas Estimadas em Créditos de Liquidação Duvidosa, Despesas com Pessoal e Despesas Financeiras.

c) Despesas Financeiras, Duplicatas a Receber e Receitas de Serviços.

d) Receitas de Serviços, Despesas com Pessoal e Despesas Financeiras.

e) Perdas Estimadas em Créditos de Liquidação Duvidosa, Despesas com Pessoal e Salários a Pagar.

8. (TTN-SP/92) (Questão adaptada pelo autor)

Num Balanço Patrimonial elaborado de acordo com a Lei n. 6.404/1976 (Lei das Sociedades por Ações), encontraremos no Ativo, os seguintes grupos principais:

a) Ativo Circulante, Ativo Realizável a Longo Prazo e Ativo Não Circulante.

b) Ativo Circulante, Disponibilidades e Ativo Não Circulante.

c) Ativo Circulante e Ativo Não Circulante.

d) Investimentos, Imobilizado e Intangível.

e) Ativo Circulante, Ativo Não Circulante e Intangível.

9. (TTN/91)

Em relação ao texto abaixo, assinale a alternativa **falsa**.

O princípio basilar do Método das Partidas Dobradas – não há débito sem crédito correspondente – permite que se chegue às seguintes conclusões:

a) A soma dos débitos é sempre igual à soma dos créditos.
b) A soma dos saldos devedores é sempre igual à soma dos saldos credores.
c) A soma das despesas (débito) é sempre igual à soma das receitas (crédito).
d) A um débito ou a mais de um débito numa ou mais contas deve corresponder um crédito equivalente em uma ou mais contas.
e) O total do Ativo será sempre igual à soma do Passivo Exigível com o Patrimônio Líquido.

10. (MPU/93)

Quando, em determinado período, a soma dos créditos lançados a uma conta:

a) É maior que a soma dos débitos, pode-se afirmar que o saldo da conta é de natureza credora.
b) É maior que a soma dos débitos, pode-se afirmar que o saldo da conta se apresentará credor se a conta for retificadora do Patrimônio Líquido.
c) É igual à soma dos débitos, pode-se afirmar que o saldo da conta é nulo.
d) É maior que a soma dos débitos, pode-se afirmar que o saldo da conta diminui, se ele é de natureza credora.
e) É menor que a soma dos débitos, pode-se afirmar que o saldo da conta aumentou se ele é de natureza devedora.

CAPÍTULO 7

OPERAÇÕES COM MERCADORIAS

NOTA:
- O assunto deste capítulo deve ser estudado com muita determinação por todos aqueles que pretendem obter êxito nos concursos, pois, nas provas, certamente encontrarão várias questões envolvendo mercadorias.

7.1 Introdução

Mercadorias são os objetos negociados pelas empresas comerciais.

Suponhamos que no dia do concurso você encontre a seguinte questão:

A empresa Comercial Teixeira Ltda. comprou mercadorias, à vista, por $ 5.000. Assinale a alternativa que contém o lançamento adequado para o registro deste fato no livro Diário:

a. *Mercadorias*
   a Caixa
   _____ _____

b. *Compras de Mercadorias*
   a Caixa
   _____ _____

c. *Estoque de Mercadorias*
   a Caixa
   _____ _____

Resposta: *a, b* e *c*.

É isso mesmo – as três alternativas estão corretas.

Veja, então, especialmente na seção a seguir, o que você precisa saber com relação ao registro das operações que envolvem mercadorias.

7.2 Métodos e sistemas para registro das operações com mercadorias

7.2.1 Conceitos

Existem dois métodos e dois sistemas que podem ser adotados pelas empresas para o registro das operações envolvendo mercadorias:

- **Métodos**

    a. **Método da Conta Mista**

    Consiste na adoção de uma só conta para o registro de todas as operações envolvendo mercadorias. Normalmente, esta conta tem como título "Mercadorias".

    Denomina-se **Método da Conta Mista**, pois a conta Mercadorias tem dupla função: patrimonial e de resultado.

    Exerce função patrimonial porque registra os estoques inicial e final figurando no Balanço Patrimonial juntamente com as demais contas representativas de estoques; ao mesmo tempo, exerce função de resultado porque registra também as compras, as devoluções de compras, os abatimentos sobre compras, as vendas, as devoluções de vendas etc., permitindo assim que por meio dela seja apurado o resultado bruto do exercício.

    b. **Método da Conta Desdobrada**

    Consiste na adoção de várias contas para o registro das operações envolvendo mercadorias.

    Por este método, a conta Mercadorias é desdobrada em tantas contas quantas forem necessárias para a contabilização isolada de cada tipo de fato que envolva as operações com mercadorias.

    Basicamente são três contas: Estoque de Mercadorias, Compras de Mercadorias e Vendas de Mercadorias, podendo ainda existir Compras Anuladas, Abatimentos sobre Compras, Vendas Anuladas, Abatimentos sobre Vendas, Fretes e Seguros sobre Compras, Descontos Incondicionais Obtidos, Descontos Incondicionais Concedidos, ICMS sobre Vendas, PIS sobre Faturamento e COFINS sobre Faturamento.

    Neste caso, a conta Estoque de Mercadorias é patrimonial, sendo utilizada para o registro dos estoques inicial e final, enquanto as demais são todas de resultado e os seus saldos, no final do período, são transferidos para as contas Custo das Mercadorias Vendidas (CVM) ou Resultado da Conta Mercadorias (RCM) para apuração do resultado bruto do exercício (resultado com mercadorias).

- **Sistemas**
  a. **Sistema de Inventário Periódico**

     Denomina-se inventário periódico porque, a partir de sua adoção, as empresas passam a elaborar o inventário físico das mercadorias existentes em estoque somente no final de um período que normalmente corresponde a um ano. Assim, o Resultado da Conta Mercadorias (resultado bruto do exercício), por este sistema, só será conhecido no final desse período.

  b. **Sistema de Inventário Permanente**

     Consiste em controlar permanentemente o estoque de mercadorias efetuando as respectivas anotações a cada compra, venda ou devolução. Dessa forma, como os estoques de mercadorias são mantidos atualizados constantemente, as empresas podem apurar o Resultado da Conta Mercadorias no momento em que desejarem.

     Existem, então, quatro maneiras diferentes de se registrar e controlar as operações com mercadorias?

     Não. Na verdade, a combinação entre os dois métodos e os dois sistemas resulta em três maneiras diferentes que podem ser adotadas para se registrar e controlar as operações com mercadorias:

- Conta Mista com Inventário Periódico;
- Conta Desdobrada com Inventário Periódico; e
- Conta Desdobrada com Inventário Permanente.

Há exigência legal para que as empresas adotem este ou aquele método ou sistema?

Não. As empresas são livres para escolher a maneira mais adequada à sua realidade.

As empresas de menor porte, por não necessitarem de detalhes em seus registros, normalmente utilizam com mais frequência o Método da Conta Mista com Inventário Periódico, ao passo que as empresas de maior porte, que necessitam de detalhes em seus registros, adotam o Método da Conta Desdobrada com Inventário Periódico ou com Inventário Permanente.

Para se preparar adequadamente, visando a obter melhores resultados nos concursos, você precisa conhecer, além dos mecanismos que envolvem a contabilização, a apuração do Resultado da Conta Mercadorias pelas três maneiras citadas, embora os organizadores das provas tenham preferência pela Conta Desdobrada com Inventário Periódico.

Nas provas dos concursos, os organizadores não costumam indicar o método ou o sistema adotado, cabendo a você, pela simples leitura da relação de contas, identificar e solucionar a questão.

Após essas considerações, você certamente concordará que, na questão apresentada na introdução deste capítulo, as três alternativas estão realmente corretas, pois qualquer uma delas poderá ser adotada pelas empresas. Mas tenha muito cuidado: se o organizador dessa questão perguntasse qual o lançamento correto considerando que a empresa adota a Conta Mista com Inventário Periódico, a alternativa correta seria **a**; se perguntasse considerando que a empresa adota a Conta Desdobrada com Inventário Periódico, a alternativa correta seria **b**; e, finalmente, considerando que a empresa adota a Conta Desdobrada com Inventário Permanente, a alternativa correta seria a **c**.

Exemplo prático

Suponhamos os seguintes fatos ocorridos em uma empresa comercial:
1. Compra de mercadorias, à vista, conforme NF n. 730, no valor de $ 1.200.
2. Venda de mercadorias, à vista, conforme nossa NF n. 50, no valor de $ 800.

Sabendo-se que o estoque de mercadorias existente no início do período era de $ 500, a contabilização dos respectivos fatos no livro Diário e nos Razonetes pode ser feita de três maneiras: Conta Mista com Inventário Periódico; Conta Desdobrada com Inventário Periódico e Conta Desdobrada com Inventário Permanente.

a. Conta Mista com Inventário Periódico

Neste caso, adotando uma só conta para o registro das operações com mercadorias, teremos:

Lançamentos em partidas de Diário

(1) Mercadorias
   a Caixa
      NF n. 720.. 1.200

_____   _____

(2) Caixa
   a Mercadorias
      Nossa NF n. 50.. 800

_____   _____

Razonetes

MERCADORIAS	
Estoque Inicial 500	(2) Vendas 800
(1) Compras 1.200	

CAIXA	
(2) 800	(1) 1.200

b. **Conta Desdobrada com Inventário Periódico**

Neste caso, a conta Mercadorias é desdobrada em várias contas: Estoque de Mercadorias, Compras de Mercadorias, Fretes e Seguros sobre Compras, Abatimentos sobre Compras, Compras Anuladas, Descontos Incondicionais Obtidos, Vendas de Mercadorias, Vendas Anuladas, Abatimentos sobre Vendas, Descontos Incondicionais Concedidos, ICMS sobre Vendas, PIS sobre Faturamento e COFINS sobre Faturamento.

Cada fato será contabilizado em uma conta própria, veja:

Lançamentos em partidas de Diário

(1) Compras de Mercadorias
    a Caixa
    NF n. 720.. 1.200

_____   _____

(2) Caixa
    a Vendas de Mercadorias
    Nossa NF n.: 50..   800

_____   _____

Razonetes

ESTOQUE DE MERCADORIAS	
Estoque Inicial 500	

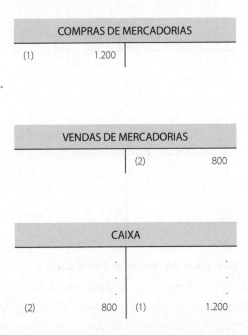

c. Conta Desdobrada com Inventário Permanente

Neste caso, também, a conta Mercadorias é desdobrada em várias outras. Entretanto, como o propósito aqui é controlar permanentemente os estoques, as compras de mercadorias, bem como os fatos que alteram os valores das compras (Compras Anuladas, Abatimentos sobre Compras, Fretes e Seguros sobre Compras e Descontos Incondicionais Obtidos), são contabilizados diretamente na conta representativa do estoque. Assim, o desdobramento da conta Mercadorias abrangerá pelo menos as seguintes contas: Estoque de Mercadorias, Vendas, Vendas Anuladas, Abatimentos sobre Vendas, Descontos Incondicionais Concedidos, ICMS sobre Vendas, PIS sobre Faturamento, COFINS sobre Faturamento e Custo das Mercadorias Vendidas (CMV).

Para que os estoques sejam controlados permanentemente, as compras e os fatos que alteram os seus valores são contabilizados diretamente a débito ou a crédito da conta Estoque de Mercadorias. Sempre que ocorrer vendas de mercadorias, deve ser dada baixa nos estoques, mediante crédito na conta Estoque de Mercadorias, pelo valor do custo das mercadorias vendidas; por isso é necessário conhecer o valor do custo em cada venda efetuada.

Suponhamos, então, que o custo das mercadorias que foram vendidas por $ 800 tenha sido de $ 650. Assim, teremos:

Lançamentos em partidas de Diário

(1) Estoque de Mercadorias
    a Caixa
        NF n. 720... 1.200

(2A) Caixa
    a Vendas de Mercadorias
        Nossa NF n. 50 800

(2B) Custo das Mercadorias Vendidas
    a Estoque de Mercadorias
        Baixa no estoque, conf. venda por meio da NF n. 50   650

Razonetes

ESTOQUE DE MERCADORIAS			
Estoque Inicial	500	(2B)	650
(1)	1.200		

VENDAS DE MERCADORIAS	
	(2A) 800

CUSTO DAS MERCADORIAS VENDIDAS (CMV)	
(2B) 650	

CAIXA			
(2A)	800	(1)	1.200

7.3 Fatos que alteram os valores das compras

7.3.1 Devolução de Compras ou Compras Anuladas

A empresa X devolveu, ao seu fornecedor, mercadorias adquiridas à vista, no valor de $ 5.000. Foi emitida a Nota Fiscal n. 730.

Contabilização em partidas de Diário

a. Empresa que adota a Conta Mista com Inventário Periódico

Caixa
a Mercadorias
   Devolução, conf. nossa NF n. 730 .... 5.000

b. Empresa que adota a Conta Desdobrada com Inventário Periódico

Caixa
a Compras Anuladas
   Devolução, conf. nossa NF n. 730 .... 5.000

> **NOTA:**
> • A conta Compras Anuladas pode receber outras intitulações como: Compras Canceladas ou Devoluções de Compras.

c. Empresa que adota a Conta Desdobrada com Inventário Permanente

Caixa
a Estoque de Mercadorias
   Devolução, conf. nossa NF n. 730 .... 5.000

7.3.2 Abatimentos sobre Compras

Sempre que, ao receber mercadorias adquiridas de fornecedores, for constatado que: as mercadorias sofreram avaria no transporte; as mercadorias não correspondem ao pedido, ou, ainda, não atendem às expectativas da empresa por outro motivo qualquer (fatos esses desconhecidos no momento da compra), a empresa poderá devolver parte ou o total do lote de mercadorias, ou, ainda, ganhar do fornecedor um abatimento sobre o preço de compra.

Contabilmente, o abatimento sobre compras recebe o mesmo tratamento que as devoluções de compras, pois ambos representam reduções no custo da compra. Entretanto, quando ocorrer abatimentos sobre compras, é preciso cuidado: como o abatimento reduz o custo da compra, porém não reduz a quantidade adquirida, será preciso recalcular o custo unitário das mercadorias beneficiadas com o abatimento.

Deixaremos de apresentar exemplos de contabilização dos abatimentos, uma vez que valem nesse caso os mesmos exemplos apresentados para as devoluções. Alertamos, no entanto, que, nesse caso, nas empresas que adotam a Conta Desdobrada com Inventário Periódico, em lugar da conta Compras Anuladas ou Devoluções de Compras, deve-se usar a conta adequada: Abatimentos sobre Compras.

7.3.3 Fretes e Seguros sobre Compras

Compras de mercadorias, à vista, da Comercial Ribeiro Ltda., conforme NF n. 910, no valor de $ 3.000. Foi paga à Transportadora X a importância de $ 100, correspondente ao valor do frete, conforme NF n. 1.030.

Contabilização em partidas de Diário

a. Empresa que adota a Conta Mista com Inventário Periódico

Mercadorias

a Caixa

NF n. 910 da Comercial Ribeiro Ltda.................... 3.000

NF n. 1.030 da Transportadora X.......................... _100_   3.100

Pela característica dessa metodologia, não cabe a contabilização dos gastos com fretes e seguros sobre compras em conta distinta, embora nada impeça esse procedimento.

Havendo interesse na segregação, a contabilização poderá ficar como segue:

Diversos

a Caixa

Mercadorias

NF n. 910 da Comercial Ribeiro Ltda.................... 3.000

Fretes e Seguros sobre Compras

NF n. 1.030 da Transportadora X.......................... _100_   3.100

b. Empresa que adota a Conta Desdobrada com Inventário Periódico
Compras de Mercadorias
a Caixa
NF n. 910 da Comercial Ribeiro Ltda. 3.000

Fretes e Seguros sobre Compras
a Caixa
NF n. 1.030 da Transportadora X. 100

c. Empresa que adota a Conta Desdobrada com Inventário Permanente
Estoque de Mercadorias
a Caixa
NF n. 910 da Comercial Ribeiro............................ 3.000
NF n. 1.030 da Transportadora X .... <u>100</u>   3.100

7.3.4 Descontos incondicionais obtidos

Compra de mercadorias à vista, da Comercial Lisboa Ltda., conforme NF n. 370, no valor de $ 2.000, com desconto incondicional de $ 200, destacado na própria Nota Fiscal.

Contabilização em partidas de Diário

A contabilização do desconto incondicional obtido é desnecessária, mas é importante conhecê-la para fins de concurso, pois os organizadores das provas costumam incluí-la nas operações envolvendo mercadorias.

a. Empresa que adota a Conta Mista com Inventário Periódico
Mercadorias
a Caixa
NF n. 370 da Comercial Lisboa Ltda...................... 1.800

Pela característica dessa metodologia, não cabe a contabilização do desconto incondicional obtido, embora nada impeça que seja contabilizado.

Havendo interesse, a contabilização poderá ficar como segue:

Mercadorias
a Diversos
  NF n. 370 da Comercial Lisboa Ltda.
  a Caixa
    Valor líquido pago 1.800
  a Descontos Incondicionais Obtidos
    Desconto destacado na NF supra............................ <u>200</u> 2.000
  _____   _____

b. Empresa que adota a Conta Desdobrada com Inventário Periódico
Compras de Mercadorias
a Diversos
  NF n. 370 da Comercial Lisboa Ltda.
  a Caixa
    Valor líquido pago 1.800
  a Descontos Incondicionais Obtidos
    Desconto destacado na NF supra............................ <u>200</u> 2.000
  _____   _____

c. Empresa que adota a Conta Desdobrada com Inventário Permanente
Estoque de Mercadorias
a Caixa
  NF n. 370 da Comercial Lisboa Ltda....................... 1.800
  _____   _____

OBSERVAÇÃO:
- Nesse último caso, o desconto não pode ser contabilizado, pois o custo dos estoques precisa estar permanentemente atualizado.

7.4 Fatos que alteram o valor da venda

7.4.1 Vendas Anuladas ou Devoluções de Vendas

Recebidas, em devolução, do cliente X, mercadorias vendidas conforme nossa NF n. 331, à vista, no valor de $ 900. Foi emitida nossa NF n. 1.040.

Contabilização em partidas de Diário

a. Empresa que adota a Conta Mista com Inventário Periódico

Mercadorias
a Caixa
NF n. 1.040.. 900

_____   _____

b. Empresa que adota a Conta Desdobrada com Inventário Periódico

Vendas Anuladas
a Caixa
NF n. 1.040.. 900

_____   _____

> **NOTA:**
> - A conta Vendas Anuladas poderá aparecer com outras intitulações como: Vendas Canceladas ou Devoluções de Vendas.

c. Empresa que adota a Conta Desdobrada com Inventário Permanente

Nesse caso, precisamos saber qual foi o custo da mercadoria que estamos recebendo em devolução. Suponhamos que tenha sido igual a $ 500. Assim, faremos:

Vendas Anuladas
a Caixa
NF n. 1.040... 900

_____   _____

Estoque de Mercadorias
a Custo das Mercadorias Vendidas
Mercadorias recebidas em devolução, conf. NF n. 1.040   500

_____   _____

7.4.2 Abatimentos sobre Vendas

Valem aqui os mesmos comentários apresentados na Seção 7.3.2, considerando, agora, tratar-se de operação inversa àquela.

7.4.3 Descontos Incondicionais Concedidos

Venda de mercadorias, à vista, conforme nossa NF n. 10, no valor de $ 1.000. O desconto foi destacado na própria NF, no valor de $ 50.

Contabilização em partidas de Diário

A contabilização desse desconto também é desnecessária, mas para fins de concurso é importante conhecê-la. Veja:

a. Empresa que adota a Conta Mista com Inventário Periódico
Caixa
a Mercadorias
   NF n. 10... 950
   _____   _____

Pela característica dessa metodologia, não cabe a contabilização do Desconto Incondicional Concedido, embora nada impeça que seja contabilizado.
Havendo interesse, a contabilização poderá ficar como segue:
Diversos
a Mercadorias
   NF n. 10, como segue:
Caixa
   Valor líquido recebido.. 950
Descontos Incondicionais Concedidos
   Desconto Concedido conf. NF supra...................... <u>50</u>   1.000
   _____   _____

b. Empresa que adota a Conta Desdobrada com Inventário Periódico
Diversos
a Vendas de Mercadorias
   NF n. 10, como segue:
Caixa
   Valor líquido recebido.. 950
Descontos Incondicionais Concedidos
   Desconto Concedido conf. NF supra...................... <u>50</u>   1.000
   _____   _____

c. Empresa que adota a Conta Desdobrada com Inventário Permanente
   Suponhamos que o custo das mercadorias vendidas tenha sido de $ 600.

Então, faremos:

Diversos

a Vendas

   NF n. 10, como segue:

Caixa

   Valor líquido recebido.. 950

Descontos Incondicionais Concedidos

   Desconto Concedido conf. NF supra........................ <u>50</u>   1.000

Custo das Mercadorias Vendidas

a Estoque de Mercadorias

   Baixa tendo em vista venda, conf. NF n. 10............... 600

7.4.4 Outras informações importantes

Descontos Comerciais × Descontos Financeiros

a. **Descontos Comerciais**: ocorrem no momento da compra (obtidos) ou da venda (concedidos) e são destacados na própria Nota Fiscal. São também denominados **Descontos Incondicionais**. A intitulação mais adequada para seus registros é Descontos Incondicionais Obtidos (quando a empresa ganha do fornecedor) ou Descontos Incondicionais Concedidos (quando a empresa concede ao cliente).

b. **Descontos Financeiros**: ocorrem no momento da liquidação de uma dívida ou do recebimento de um direito, fato posterior ao da compra ou da venda. A intitulação mais adequada para esses descontos é Descontos Obtidos (quando a empresa ganha do fornecedor no momento da liquidação de uma obrigação) ou Descontos Concedidos (quando a empresa oferece ao cliente no momento da quitação de um direito).

Note que a palavra "incondicional" é utilizada para indicar que nenhuma condição foi imposta ao cliente para que tivesse direito ao referido desconto, que é um ato de espontânea vontade do fornecedor. O desconto financeiro, obtido ou concedido no momento da quitação de uma obrigação ou de um direito, só ocorre mediante condição imposta ao devedor; normalmente, quitação antes da data fixada para o vencimento do título.

No dia do concurso, em uma determinada questão, você poderá deparar-se com as seguintes contas: Descontos Incondicionais Obtidos, Descontos Incondicionais Concedidos, Descontos Obtidos e Descontos Concedidos.

Saiba que:

- A conta Descontos Incondicionais Obtidos é redutora do Custo das Mercadorias Adquiridas, integrando a fórmula do CMV (veja na Seção 7.7.4, p. 195 deste capítulo).
- A conta Descontos Incondicionais Concedidos é redutora da Receita Bruta de Vendas e integra a fórmula do RCM (veja a Seção 7.7.4, p. 196 deste capítulo).
- A conta Descontos Obtidos é conta de Receita Operacional, do grupo das Receitas Financeiras.
- A conta Descontos Concedidos é conta de Despesa Operacional e integra o grupo das Despesas Financeiras.

Atividade Prática 1

Fatos ocorridos em uma empresa comercial durante o mês de junho:

1. Compra de mercadorias, a prazo, conforme NF n. 230 da Comercial Paraíba S/A, no valor de $ 10.000. Houve aceite, no ato, de uma duplicata para 60 dias.

2. Devolvida ao fornecedor Paraíba S/A parte da compra efetuada por meio da NF n. 121, no valor de $ 3.000.

3. Venda de mercadorias, à vista, conforme nossa NF n. 240, $ 5.000 (custo $ 3.500).

4. Recebida em devolução parte da venda, efetuada à vista, por meio da nossa NF n. 240, $ 1.000 (custo $ 700). Foi emitida a nossa NF n. 500.

5. Compra de mercadorias, à vista, da Casa Urupês S/A, conforme NF n. 1.040, no valor de $ 6.000. Foi paga à Transportadora Floresta a importância de $ 150, referente ao frete sobre a compra, conforme NF n. 942.

6. Compra de mercadorias, à vista, do Supermercado Aurora Ltda., conforme NF n. 842, no valor de $ 3.000. Na NF constou desconto incondicional no valor de $ 300, perfazendo o total da NF $ 2.700.

7. Venda de mercadorias, à vista, ao cliente Jorge da Costa, conforme nossa NF n. 741, no valor de $ 600. Na NF constou desconto incondicional de $ 100, perfazendo o total da NF $ 500 (custo $ 400).

Contabilize os fatos acima, em partidas de Diário:

a) Considerando que a empresa adota a Conta Mista de Mercadorias;

b) Considerando que a empresa adota a Conta Desdobrada com Inventário Periódico;

c) Considerando que a empresa adota a Conta Desdobrada com Inventário Permanente.

> **NOTA:**
> - Conforme já dissemos, como a Conta Mista tem por objetivo a simplificação dos registros contábeis, tecnicamente não cabe a contabilização em contas distintas dos valores relativos aos descontos incondicionais concedidos ou obtidos, bem como dos fretes e seguros sobre compras. No entanto, para fins de concurso, é preciso ficar atento, uma vez que a contabilização desses descontos e a segregação dos fretes sobre compras em contas distintas, embora tecnicamente desaconselhável, não são proibidas.

7.5 Tributos e Juros Incidentes sobre Compras e Vendas

Os tributos incidentes sobre compras e vendas que você precisa saber para se submeter às provas dos concursos são: ICMS, IPI, ISS, PIS sobre Faturamento e COFINS sobre Faturamento.

7.5.1 Impostos

ICMS

O que você precisa saber

ICMS: Imposto sobre Operações Relativas à Circulação de Mercadorias e sobre Prestações de Serviços de Transporte Interestadual e Intermunicipal e de Comunicação.

- É um imposto de competência estadual.
- Incide sobre a circulação de mercadorias e sobre a prestação de serviços de transportes interestadual e intermunicipal, comunicações e fornecimento de energia elétrica.
- Nem todas as mercadorias ou operações estão sujeitas ao ICMS: há casos de imunidade (previstos na Constituição) e casos de isenção e de não incidência (previstos na legislação específica – Regulamento do ICMS de cada Estado brasileiro).
- É considerado imposto por dentro, o que significa dizer que seu valor está incluso no valor das mercadorias. Assim, ao adquirir uma determinada mercadoria por $ 1.000, com ICMS incidente pela alíquota de 17%, significa que o custo da mercadoria corresponde a $ 830 e o ICMS, a $ 170. Nesse caso, o total da Nota Fiscal será igual a $ 1.000.
- É um imposto não cumulativo, isto é, o valor incidente em uma operação (compra) será compensado do valor incidente na operação subsequente (venda).
- A alíquota (porcentagem) poderá variar em função do tipo da mercadoria, do destino, da origem etc.
- Existe uma alíquota básica para a maior parte das mercadorias.

Contabilização do ICMS

A contabilização do ICMS torna-se muito simples a partir do momento em que você passa a conhecer o mecanismo que envolve a sua incidência sobre as operações de compras e de vendas de mercadorias. Veja, então:

A atividade principal de uma empresa comercial se concentra em duas operações: compra e venda.

Quando a empresa compra mercadorias, paga ao fornecedor, embutida no custo dessas mercadorias uma parcela correspondente ao ICMS; quando a empresa vende mercadorias, recebe do cliente, embutida no valor da venda, uma parcela correspondente ao ICMS, que terá de ser repassada ao Governo do Estado. Note, no entanto, que antes de repassar ao Governo do Estado a parcela do ICMS recebida do cliente (constante da Nota Fiscal de venda), a empresa poderá compensar, desse total, o valor do ICMS que pagou ao fornecedor (constante da Nota Fiscal de compra) por ocasião da compra dessa mesma mercadoria que está sendo vendida. Exemplo:

Vamos supor que a sua empresa tenha adquirido um determinado lote de mercadorias de um fornecedor, pagando $ 100, com ICMS incluso no valor de $ 18. Seu fornecedor, ao receber os $ 100, deverá repassar $ 18 ao Governo do Estado. Dessa forma, você pagou ao fornecedor $ 82 pelo lote de mercadorias e $ 18 de imposto. Suponhamos, agora, que você tenha vendido o mesmo lote de mercadorias a um cliente por $ 150, com ICMS incluso no valor de $ 27. Dos $ 150 que você recebeu (Receita Bruta de Vendas), $ 123 correspondem à Receita Líquida de Vendas e $ 27, ao ICMS que você *deveria* recolher ao Governo do Estado. Deveria recolher pois, sendo o ICMS um imposto não cumulativo, conforme já dissemos, você poderá compensar (abater), desses $ 27 devidos em função da venda do lote de mercadorias os $ 18 que pagou pelo mesmo lote quando o comprou de seu fornecedor. Assim, você recolherá ao Governo apenas $ 9, ou seja, $ 27 - $ 18.

Diante do exposto, podemos concluir:
- O valor do ICMS que você paga ao fornecedor por ocasião da compra representa **direito** para sua empresa perante o Governo do Estado;
- O valor do ICMS que você recebe do seu cliente por ocasião da venda representa **obrigação** da sua empresa perante o Governo do Estado.

As operações com ICMS envolvendo direitos e obrigações junto ao Governo do Estado podem ser apuradas mensalmente da seguinte maneira:
- no final do mês, somam-se os valores do ICMS incidentes em todas as compras efetuadas durante o referido mês (direitos da empresa);

- da mesma forma, somam-se os valores do ICMS incidentes em todas as vendas efetuadas no mesmo mês (obrigações da empresa), ainda que essas mercadorias vendidas não correspondam àquelas compradas no mesmo mês;
- se o total do ICMS incidente nas compras for superior ao total do ICMS incidente nas vendas, a diferença representará direito da empresa perante o Governo do Estado em relação às operações realizadas naquele mês. Se, por outro lado, o valor do ICMS incidente nas vendas for superior ao valor do ICMS incidente nas compras, a diferença representará obrigação da empresa, devendo ser recolhida ao Estado no mês seguinte.

Agora que você já conhece o mecanismo que envolve o funcionamento do ICMS nas operações de compras e de vendas, conheça as duas opções mais utilizadas para a contabilização desse imposto.

Exemplo prático

Fatos ocorridos em uma empresa comercial durante o mês de outubro:

1. Compras de mercadorias, à vista, do fornecedor Comercial São Carlos S/A, conf. NF n. 501, no valor de $ 10.000, com ICMS incidente de $ 1.700.
2. Vendas de mercadorias efetuadas durante o mês, à vista, conforme nossas Notas Fiscais n.ºs 20 a 80, no valor de $ 30.000, com ICMS incidente no valor de $ 5.100.

Contabilização:

Opção 1: Conta corrente

Consiste em adotar uma só conta para registrar os direitos e as obrigações relativas ao ICMS. Por essa opção, os direitos relativos ao ICMS originados pelas compras e as obrigações geradas pelas vendas são contabilizados em uma única conta – considerada conta corrente do ICMS –, que poderá ter como título Conta Corrente ICMS, ICMS a Recuperar, ICMS a Compensar ou outra semelhante.

```
(1) Diversos
    a Caixa
        Compra de mercadorias, conf. NF n. 501 da Comercial São Carlos S/A:
    Compras de Mercadorias
        Valor do custo das mercadorias adquiridas ............... 8.300
    ICMS a Recuperar
        17% sobre a NF supra ........................... 1.700    10.000
```

(2A) Caixa
 a Vendas de Mercadorias
  Nossas Notas Fiscais n.ᵒˢ 20 a 80 .... 30.000

_____   _____

(2B) ICMS sobre Vendas
 a ICMS a Recuperar
  Imposto incidente sobre as vendas supra 5.100

_____   _____

Considerando que durante o mês de outubro ocorreram somente essas operações envolvendo mercadorias, no último dia do mês, precisamos apurar o saldo da conta ICMS a Recuperar, para ver se nesse mesmo mês a movimentação de mercadorias gerou direito ou obrigação relativa ao ICMS. Veja:

ICMS A RECUPERAR			
(1)	1.700	(2B)	5.100
		Saldo	3.400

O saldo credor apurado indica que as obrigações superaram os direitos no referido mês; logo, essa importância deverá ser recolhida ao Governo do Estado no mês seguinte.

Para regularizar a situação, ainda no último dia de outubro, faremos:

(3) ICMS a Recuperar
 a ICMS a Recolher
  Saldo credor apurado na movimentação do mês............ 3.400

_____   _____

Após este lançamento, a conta ICMS a Recuperar fica com saldo igual a zero e a conta ICMS a Recolher, que é do Passivo Circulante, indica a obrigação que a empresa tem para pagar ao Governo do Estado.

No mês em que a conta ICMS a Recuperar apresentar saldo devedor indicará que, nesse mesmo mês, a movimentação com mercadorias resultou em direito da empresa perante o Governo do Estado. Como a conta ICMS a Recuperar é do Ativo Circulante, nesse mês, não haverá necessidade de lançamento de ajuste, permanecendo o saldo na própria conta para ser compensado no movimento do mês seguinte.

Opção 2: Contas distintas

Por essa opção, os direitos relativos ao ICMS são contabilizados em uma conta do Ativo Circulante (a mesma utilizada na opção 1) e as obrigações, registradas em uma conta do Passivo Circulante, que poderá ser ICMS a Recolher.

Veja os mesmos fatos já contabilizados pela opção 1 e compare:

(1) Diversos
   a Caixa
      Compra de mercadorias, conf. NF n. 501 da Comercial São Carlos S/A:
   Compras de Mercadorias
      Valor do custo das mercadorias adquiridas..................   8.300
   ICMS a Recuperar
      17% incidente sobre NF supra............................   1.700   10.000

(2A) Caixa
   a Vendas de Mercadorias
      Nossas Notas Fiscais n.ᵒˢ 20 a 80......................   30.000

(2B) ICMS sobre Vendas
   a ICMS a Recolher
      Imposto incidente sobre as vendas supra.................   5.100

Observe que na opção 1 utilizamos uma só conta para registrar o ICMS incidente na compra e na venda; na opção 2, usamos contas distintas: uma para registrar o ICMS incidente nas compras (ICMS a Recuperar), e outra para registrar o ICMS incidente nas vendas (ICMS a Recolher). No último dia do mês, para se apurar o saldo do ICMS, efetuaremos obrigatoriamente o seguinte lançamento de ajuste:

(3) ICMS a Recolher
   a ICMS a Recuperar
      Registro que se processa, pelo menor saldo entre as duas contas,
      para apuração do saldo do ICMS...............................   1.700

Veja a posição das contas envolvidas em seus respectivos Razonetes:

ICMS A RECUPERAR			
(1)	1.700	(3)	1.700

ICMS A RECOLHER			
(3)	1.700	(2B)	5.100
		Saldo	3.400

Pela opção 2, no último dia do mês será feito obrigatoriamente o lançamento de ajuste, debitando-se sempre a conta ICMS a Recolher e creditando-se a conta ICMS a Recuperar, utilizando o menor saldo existente entre as contas envolvidas.

Após o lançamento de ajuste, a conta que tinha o menor saldo ficará zerada, e a outra refletirá o resultado do ICMS do mês, direito (saldo devedor na conta ICMS a Recuperar) ou obrigação (saldo credor na conta ICMS a Recolher).

ICMS nas Devoluções de Compras e nas Devoluções de Vendas

Considere os seguintes fatos ocorridos em uma empresa comercial durante o mês de fevereiro:

1. Devolução de parte da compra efetuada junto ao fornecedor JB Ltda., conforme nossa NF n. 130, no valor de $ 1.000, com ICMS incidente de $ 170.
2. Devolução de parte das mercadorias vendidas à vista por $ 5.000, com ICMS incidente no valor de $ 850, conforme nossa Nota Fiscal de entradas n. 150.

Contabilização:

Seja qual for a opção adotada para contabilização do ICMS, é importante salientar que, ocorrendo devoluções de compras e de vendas, a contabilização desses eventos será feita invertendo-se os lançamentos originais – como se fossem estornos. Se a empresa, entretanto, adotar o método da conta Desdobrada com Inventário Periódico, em lugar das contas Compras e Vendas de Mercadorias, o correto será utilizar Compras Anuladas e Vendas Anuladas.

Veja:

(1) Caixa
    a Diversos
        Nossa devolução de parte da compra efetuada
        perante o fornecedor JB Ltda., conf. NF n. 150
    a Compras Anuladas
        Custo das mercadorias devolvidas........................   830
    a ICMS a Recuperar
        Imposto incidente...   <u>170</u>   1.000

(2A) Vendas Anuladas
    a Caixa
        Mercadorias recebidas em devolução, conf. NF n. 150 ....   5.000

(2B) ICMS a Recuperar
    a ICMS sobre Vendas
        ICMS incidente sobre devolução supra.....................   850

OBSERVAÇÕES:
- Os dois lançamentos supra foram efetuados pela Opção 1 apresentada para contabilização do ICMS (uso da conta corrente do ICMS), considerando-se ainda que a empresa adota o método da Conta Desdobrada com Inventário Periódico.
- Se contabilizássemos pela Opção 2, a única alteração seria no lançamento 2B, em que a conta debitada seria ICMS a Recolher.

NOTA:
- As duas opções apresentadas neste item para o registro do ICMS referem-se ao método da Conta Desdobrada com Inventário Periódico, que é o mais exigido nos concursos. As mesmas explicações, contudo, são válidas e podem ser facilmente adaptadas para as empresas que adotam o método da Conta Mista ou da Conta Desdobrada com Inventário Permanente.

Linguagem Contábil × Linguagem Fiscal

- O ICMS incidente nas compras representa direito da empresa. Na linguagem contábil, esse direito representa débito na conta ICMS a Recuperar; na linguagem fiscal, crédito da empresa perante o Governo do Estado.
- O ICMS incidente nas vendas corresponde à obrigação da empresa. Na linguagem contábil, essa obrigação representa crédito na conta ICMS a Recuperar ou na conta ICMS a Recolher; na linguagem fiscal, representa débito da empresa para com o Governo do Estado.
- Portanto, muito cuidado: débito e crédito na linguagem contábil são exatamente o oposto de débito e crédito na linguagem fiscal.
- Fique atento quanto à colocação desses termos nas questões dos concursos pois qualquer descuido poderá levá-lo ao erro.

Outras informações importantes sobre ICMS

A conta ICMS a Recuperar representa direito da empresa, e sua classificação contábil é feita no Ativo Circulante, ainda que seja utilizada como conta corrente do ICMS.

Nas compras de mercadorias com incidência do ICMS, um só lançamento é suficiente para registrar o custo da compra e o valor do imposto, enquanto nas vendas com incidência do ICMS são necessários dois lançamentos: um para registrar a Receita Bruta de Vendas, a crédito da conta Vendas de Mercadorias e outro para registrar o valor do ICMS a débito da conta ICMS sobre Vendas (conta redutora da Receita Bruta de Vendas) e a crédito da conta ICMS a Recuperar ou a Recolher, conforme a opção adotada pela empresa.

IPI

O que você precisa saber

- IPI: Imposto sobre Produtos Industrializados.
- É um imposto de competência federal.
- Por incidir sobre produtos industrializados, é devido pelas empresas industriais e por algumas empresas a elas equiparadas.
- Nem todos os produtos industrializados ou operações estão sujeitos ao IPI.
- O IPI, ao contrário do ICMS, é considerado Imposto por Fora. Isto significa que seu valor é calculado aplicando-se uma alíquota sobre o preço dos produtos; depois, os dois valores são somados. Ao adquirirmos um determinado produto por

$ 600, com IPI incidente de $ 60, pagaremos a importância de $ 660, sendo $ 600 relativos ao custo do produto e $ 60 referente ao IPI. Neste caso, o valor total da Nota Fiscal será de $ 660.

- O IPI também é imposto não cumulativo, isto é, o valor do imposto incidente em uma operação de compra será abatido do valor do imposto incidente na operação de venda subsequente.
- A alíquota do IPI não é a mesma para todos os produtos.

Contabilização do IPI

Agora que você já conhece o mecanismo de contabilização do ICMS, não encontrará dificuldade para contabilizar o IPI.

A atividade principal de uma empresa industrial tradicional concentra-se nas seguintes operações: compra, transformação e venda.

A empresa industrial compra materiais, transforma-os em produtos e os vende. Assim, o IPI incidente na compra de materiais cujos valores foram pagos aos fornecedores será compensado do valor do IPI incidente na venda dos produtos fabricados com esses mesmos materiais.

Como ocorre com o ICMS, o IPI também é apurado periodicamente, sendo mais comum sua apuração mês a mês.

Exemplo prático

Fatos ocorridos em uma empresa industrial, durante o mês de setembro:

1. Compra de matéria-prima, à vista, da empresa Industrial Três Marias S/A, conforme NF n. 250, no valor de $ 2.000, com IPI incidente de $ 200, perfazendo o total de $ 2.200.
2. Vendas de produtos, à vista, durante o mês, conforme nossas Notas Fiscais n.ºs 150 a 290, no valor de $ 7.000, com IPI incidente de $ 700, perfazendo o total de $ 7.700.

Contabilização:

Opção 1: Conta corrente

Consiste em utilizar uma só conta, considerada conta corrente do IPI, para registrar os direitos e as obrigações referentes a esse imposto. Essa conta poderá ser denominada "Conta corrente do IPI", "IPI a Recuperar", "IPI a Compensar" ou outra semelhante.

(1) Diversos
  a Caixa
    NF n. 150 de Três Marias S/A:
    Compras de Matérias-primas
      Custo das matérias-primas................................. 2.000
    IPI a Recuperar
      IPI incidente na compra supra   200   2.200

_____   _____

(2) Caixa
  a Diversos
    Nossas Notas Fiscais n.ᵒˢ 150 a 290:
    a Vendas de Produtos
      Valor da receita bruta de vendas 7.000
    a IPI a Recuperar
      IPI incidente nas vendas supra   700   7.700

_____   _____

Observe que a única diferença existente entre a contabilização do IPI apresentada e a contabilização do ICMS pela opção 1 é o registro da venda. O ICMS, por integrar o valor das mercadorias, é contabilizado por dentro, integrando a Receita Bruta de Vendas; por isso, são necessários dois lançamentos.

Por outro lado, sendo o IPI um imposto por fora, não integra a Receita Bruta de Vendas, podendo ser contabilizado em um lançamento só, registrando-se a Receita Bruta de Vendas na conta Venda de Produtos e o valor do imposto diretamente a crédito da conta IPI a Recuperar.

No último dia do mês, a exemplo do que ocorre com o ICMS, é preciso apurar o saldo da conta IPI a Recuperar para verificar se, no referido mês, as operações realizadas geraram direito ou obrigação relativas ao IPI.

Veja:

IPI A RECUPERAR			
(1)	200	(2)	700
		Saldo	500

O saldo da conta IPI a Recuperar é credor de $ 500. Isto significa que, no referido mês, a movimentação com IPI gerou obrigação para a empresa, que terá de recolher aos cofres do Governo Federal o respectivo valor no mês seguinte. Neste caso, há a necessidade do seguinte lançamento de ajuste:

(3) IPI a Recuperar
    a IPI a Recolher
        Saldo credor apurado, conf. livro Razão *500*

Opção 2: Contas distintas
Veja os mesmos fatos já contabilizados pela opção 1:

(1) Diversos
    a Caixa
        NF n. 150 de Três Marias S/A:
        Compras de Matérias-primas
            Custo das matérias-primas..................................... *2.000*
        IPI a Recuperar
            IPI incidente... *200*   *2.200*

(2) Caixa
    a Diversos
        Nossas Notas Fiscais n.ºˢ 150 a 290:
        a Vendas de Produtos
            Valor da Receita Bruta.. *7.000*
        a IPI a Recolher
            IPI incidente na venda supra................................ *700*   *7.700*

Adotando essa opção, a exemplo do que ocorre com o ICMS, no final do mês, obrigatoriamente, faremos o seguinte lançamento de ajuste:

(3) IPI a Recolher
    a IPI a Recuperar
        Transferência que se processa do menor saldo entre as duas contas
        para apuração do IPI..   *200*

> **OBSERVAÇÕES:**
> - Após este lançamento de ajuste, a conta IPI a Recuperar, que possuía o menor saldo ($ 200), ficou com saldo igual a zero; a conta IPI a Recolher, que tinha o maior saldo ($ 700), sendo debitada por $ 200, ficou com saldo credor de $ 500, refletindo assim a obrigação da empresa para com o Governo Federal.
> - Pela Opção 2, o resultado final é o mesmo obtido pela Opção 1, ou seja, a conta IPI a Recuperar ficou com saldo igual a zero e a conta IPI a Recolher, com saldo credor de $ 500, refletindo, assim, a obrigação da empresa correspondente ao respectivo mês.

Outras informações importantes acerca do ICMS e do IPI

Quando a empresa opta pela contabilização do ICMS e/ou do IPI utilizando contas distintas para o registro de direitos e de obrigações, no final do mês, obrigatoriamente fará o lançamento de ajuste. Observe que esse lançamento terá sempre no débito a conta representativa de obrigação (ICMS ou IPI a Recolher) e no crédito, a representativa de direito (ICMS ou IPI a Recuperar ou a Compensar). O que muda é somente o valor a ser lançado, que deverá ser sempre o menor saldo entre as duas contas envolvidas.

Para que a empresa tenha direito de recuperar o valor do ICMS pago aos fornecedores no momento da compra de mercadorias, é necessário que, ao serem vendidas, essas mercadorias sofram a incidência desse imposto. Caso contrário, o valor do ICMS incidente nas compras integrará o custo de aquisição das referidas mercadorias. Cabe salientar, aqui, que é comum a legislação do ICMS isentar do imposto determinadas operações. Por isso, uma empresa poderá comprar mercadorias com incidência do ICMS e revendê-las com isenção.

A legislação do ICMS permite também o direito a crédito desse imposto incidente no custo dos transportes interestadual e intermunicipal, bem como no consumo de energia elétrica e de telecomunicações. Nesses casos, o procedimento contábil é semelhante ao registro das compras de mercadorias, lançando-se o valor do ICMS em conta representativa de direito e somente o custo real nas contas próprias de despesas ou custos. Aconselhamos sempre a consulta ao Regulamento do ICMS do seu Estado para conhecer os procedimentos permitidos na data do concurso.

Para que a empresa possa recuperar o valor do IPI incidente nas compras de materiais, é necessário que os produtos fabricados com esses materiais sofram a incidência do referido imposto por ocasião das vendas. Caso contrário, a exemplo do ICMS, o valor do IPI incidente nas compras integrará o custo de aquisição dos respectivos materiais.

Como ocorre com o ICMS, também é comum a legislação do IPI excluir determinadas operações da tributação desse imposto; por isso, a empresa poderá adquirir materiais com incidência do IPI e vender produtos com eles fabricados sem a incidência do IPI.

Quando, na compra de uma determinada mercadoria, houver a incidência do ICMS e do IPI, sendo do conhecimento da empresa na ocasião da referida compra que tais mercadorias ao serem vendidas não sofrerão a incidência desses impostos, ambos deverão integrar o custo de aquisição.

Quando, na compra de uma determinada mercadoria, houver a incidência do ICMS e do IPI, sendo do conhecimento da empresa na ocasião da referida compra que tais mercadorias ao serem vendidas sofrerão somente a incidência do ICMS, o valor do IPI deverá integrar o custo das mercadorias adquiridas, sendo o ICMS contabilizado separadamente, como direito da empresa perante o Governo Estadual.

Caso a empresa tenha se creditado do IPI e/ou do ICMS por ocasião da compra de uma determinada mercadoria e – por motivo desconhecido no momento da compra, porém conhecido no momento da venda – essa mesma mercadoria não sofrer a incidência desses impostos, a empresa deverá providenciar o estorno dos créditos relativos a esses tributos lançados por ocasião da compra. Contabilmente, debita-se a conta representativa do custo das mercadorias vendidas e credita-se a conta que representa o direito para com o Governo do Estado.

É importante salientar que nos procedimentos a serem tomados pela empresa em relação a créditos ou não do ICMS e do IPI, bem como em relação a estornos de valores lançados a crédito, o contabilista deverá consultar frequentemente a legislação desses tributos para adotar os procedimentos que estiverem em vigor a cada ano.

Já vimos que o ICMS e o IPI (impostos não cumulativos), dependendo do destino que a empresa der aos bens adquiridos, poderão ser recuperados ou não. Assim, a empresa poderá adquirir bens para comercializar (mercadorias), para aplicar no processo de produção (matérias-primas, materiais secundários e outros materiais), para consumir ou mesmo para integrar o Ativo Não Circulante.

Veja um exemplo envolvendo essas situações e a maneira correta de contabilizar cada uma delas:

Fato ocorrido em uma empresa: compra de mercadorias, à vista, por $ 1.000, com ICMS incluso no valor de $ 170 e IPI adicionado no valor de $ 100, com a Nota Fiscal perfazendo o total de $ 1.100.

a. Aplicação no processo de fabricação

Consideremos que a empresa tenha adquirido essas mercadorias para aplicar no processo de fabricação, sendo que os produtos com elas fabricados sofrerão as incidências desses dois tributos.

Registro no Diário:

Diversos

a Caixa

    Compra de matérias-primas como segue:

Estoque de Matéria-prima (ou Compras)

    Valor das matérias-primas 830

ICMS a Recuperar

    Conforme Nota Fiscal 170

IPI a Recuperar

    Conforme Nota Fiscal .... <u>100</u>   1.100

b. Comercialização

Suponhamos, agora, que a empresa tenha adquirido as mercadorias para revender e que, neste caso, somente o ICMS incidirá na venda da mercadoria.

Registro no Diário:

Diversos

a Caixa

    Compra de mercadorias, como segue:

Estoque de Mercadorias (ou Compras)

    Valor das mercadorias, incluso IPI...................... 930

ICMS a Recuperar

    Conforme Nota Fiscal .... <u>170</u>   1.100

c. Uso ou consumo

Imaginemos, finalmente, que a empresa tenha adquirido as mercadorias para consumo ou para integrar o Ativo Não Circulante. Nestes casos, tanto o ICMS quanto o IPI não serão recuperados; logo, ambos integrarão o custo de aquisição.

Registro no Diário:

Móveis e Utensílios (ou Materiais de Consumo)

a Caixa

    Compra de materiais...................................... *1.100*

NOTA:
- É importante salientar que desde 1º/11/1996, ficou assegurado às pessoas jurídicas contribuintes do ICMS o direito de se creditar do imposto anteriormente cobrado em operações de que tenha resultado a entrada de mercadoria, real ou simbólica, no estabelecimento, inclusive a destinada ao seu uso ou consumo ou ao Ativo Não Circulante, ou o recebimento de serviços de transporte interestadual e intermunicipal ou de comunicação. (*Caput* do art. 20 e inciso III do art. 33 da Lei Complementar n. 87, de 13/09/1996). Portanto, se você estiver se preparando para prestar concurso que envolva a legislação do ICMS ou do IPI ou outra, deverá estudar as respectivas legislações para aplicar as regras que estiverem em vigor na data do concurso.

 ISS

O que você precisa saber
- ISS: Imposto sobre Serviços de Qualquer Natureza.
- É um imposto de competência municipal; por isso, o assunto raramente é exigido nas provas de concursos das áreas estadual e federal.
- Costuma-se calcular o ISS mensalmente, mediante a aplicação de uma alíquota – variável em cada município – sobre o valor dos serviços prestados no referido mês.
- Como o ISS também deve ser recolhido sempre no mês seguinte ao da ocorrência do seu fato gerador, no mês da ocorrência esse fato deve ser contabilizado assim:

ISS
a ISS a Recolher
    x% sobre o faturamento do mês.................................. $
_____   _____

OBSERVAÇÕES:
- A conta ISS é Conta de Resultado. Corresponde ao custo dos serviços prestados, sendo, portanto, redutora da conta Receitas de Serviços (conta que registra a receita bruta auferida na prestação de serviços). Quando na apuração do resultado bruto a empresa considerar as receitas com vendas de mercadorias em conjunto com as receitas auferidas na prestação de serviços, a conta ISS integrará a fórmula do RCM, juntamente com ICMS, PIS, COFINS etc.
- A conta ISS a Recolher pertence ao Passivo Circulante e representa a obrigação que a empresa tem para recolher o referido tributo, à administração municipal, no mês seguinte ao da ocorrência do seu fato gerador.

É importante salientar, ainda, que para determinadas categorias de prestadores de serviços, alguns municípios costumam exigir o ISS por estimativa, calculando-o anualmente e cobrando-o em uma ou várias parcelas mensais, sempre com base em um valor estimado de receita.

7.5.2 Contribuições Incidentes sobre Vendas

A Contribuição para o Programa de Integração Social – PIS, a Contribuição para o Programa de Formação do Patrimônio do Servidor Público (Pasep) e a Contribuição para o Financiamento da Seguridade Social – COFINS, são modalidades de tributo que as entidades em geral devem recolher mensalmente ao Governo Federal, com base no faturamento.

A legislação tributária trata da Contribuição para o PIS, juntamente com a Contribuição para o Pasep (PIS/Pasep) e esclarece o que se deve entender por faturamento para o cálculo desses tributos pelos regimes de incidência cumulativo e não cumulativo.

Regime Cumulativo

- Nesse regime, as entidades calculam mensalmente os valores das contribuições mediante a aplicação de alíquotas fixadas pelo governo sobre bases de cálculos também fixadas pelo governo e recolhem esses valores aos cofres públicos no mês seguinte ao da ocorrência dos respectivos fatos geradores.
- Contribuintes: todas as pessoas jurídicas de direito público e privado que não estejam obrigadas ao recolhimento do Imposto de Renda com base no lucro Real.
- Alíquotas: PIS/Pasep = 0,65%; COFINS = 3,00%.
- Base de cálculo: faturamento. Nesse caso, a legislação tributária define como faturamento somente a receita bruta da pessoa jurídica, diminuída das vendas canceladas, dos descontos incondicionais concedidos etc.

NOTA:
- É importante destacar que a legislação tributária prevê outras bases de cálculo e alíquotas a serem observadas por entidades sem fins lucrativos, públicas ou particulares.

Exemplo prático

Suponhamos que a empresa Comércio de Veículos Lorena Ltda., auferiu no mês de março de x2, receita bruta com a venda de mercadorias no valor de $ 700.000 e com a prestação de serviços no valor de $ 300.000.

Considerando que essa empresa está sujeita ao regime cumulativo de incidência das contribuições para o PIS/Pasep e COFINS, pede-se:

a) Calcular e contabilizar em 31 de março, as contribuições para o PIS/Pasep e CO-FINS (provisionamento), pelas alíquotas de 0,65% e 3,0% respectivamente;

b) Considerando que em 15 de abril a empresa efetuou o recolhimento das contribuições em dinheiro, proceder a respectiva contabilização.

Solução:

Em 31.03.X2
   (1) PIS/Pasep sobre Faturamento
      a PIS/Pasep a Recolher
         0,65% sobre $ 1.000.000............................. 6.500

   (2) COFINS sobre Faturamento
      a COFINS a Recolher
         3% sobre $ 1.000.000 .... 30.000

OBSERVAÇÕES:
- As contas "PIS/Pasep sobre Faturamento" e "COFINS sobre Faturamento", debitadas nos lançamentos 1 e 2, são contas redutoras da receita bruta de vendas e serão transferidas para a conta "Resultado da Conta Mercadorias", por ocasião da apuração do resultado bruto.
- As contas "PIS/Pasep a Recolher" e "COFINS a Recolher", creditadas nos lançamentos 1 e 2, são contas patrimoniais classificadas no Passivo Circulante do Balanço Patrimonial.

Em 15.04.X2
   (3) Diversos
      a Caixa
        Recolhimentos efetuados nesta data, como segue:
      PIS/Pasep a Recolher
        Conforme guia 6.500
      COFINS a Recolher
        Idem... 30.000   36.500

Regime Não Cumulativo

- Nesse regime, os procedimentos são semelhantes aos praticados no regime cumulativo, contudo, além das alíquotas e bases de cálculos serem diferentes, as entidades podem compensar do montante das contribuições devidas, importâncias dos respectivos tributos devidas por outras entidades em decorrência de transações realizadas com elas.
- Contribuintes: todas as pessoas jurídicas que estejam obrigadas ao recolhimento do Imposto de Renda com base no lucro Real.
- Alíquotas: PIS/Pasep = 1,65%; COFINS = 7,6%.
- Base de cálculo: compreende o total das receitas auferidas no mês pela pessoa jurídica, independentemente de sua denominação ou classificação contábil.

Para fins de incidência do PIS/PASEP e da COFINS, o total das receitas compreende a receita bruta de que trata o art. 12 do Decreto-lei n. 1.598/2013, ou seja:

I – o produto da venda de bens nas operações de conta própria;

II – o preço da prestação de serviços em geral;

III – o resultado auferido nas operações de conta alheia; e

IV – as receitas da atividade ou objeto principal da pessoa jurídica, não compreendidas nos itens I a III.

Incluem-se, ainda, na base de cálculo, todas as demais receitas auferidas pela pessoa jurídica com os seus respectivos valores decorrentes do ajuste a valor presente de que trata o inciso VIII do *caput* do art. 183 da Lei nº 6.404, de 15 de dezembro de 1976.

A legislação tributária estabelece, ainda, situações que influenciam na base de cálculo, inclusive valores que devem ser excluídos do total das receitas, como por exemplo: vendas canceladas, descontos incondicionais concedidos etc.

- Conforme dissemos, as pessoas jurídicas sujeitas ao recolhimento das contribuições para o PIS/Pasep e COFINS pelo regime não cumulativo, têm direito de descontar do montante devido, parcelas da contribuição pagas a fornecedores de mercadorias e de outros bens ou serviços.

Esses créditos são apurados pela aplicação da alíquota de 1,65% (PIS/Pasep) ou de 7,6% (COFINS), sobre os direitos arrolados no art. 3º tanto da Lei n. 10.637/2002 quanto da Lei n. 10.833/2003.

Exemplo prático

Suponhamos os seguintes fatos ocorridos em uma empresa comercial, durante o mês de fevereiro de x7, considerando que a empresa está sujeita ao regime não cumulativo de incidência do PIS/Pasep e da COFINS:

1. Compra de mercadorias, a prazo, conforme NF n. 272, de J. C. S/A, no valor de $ 40.000, com ICMS incidente no montante de $ 7.200.

> **OBSERVAÇÃO:**
> - Operação com direito a crédito do PIS/Pasep pela alíquota de 1,65% e da COFINS pela alíquota de 7,6%.

2. Receitas auferidas no mês, recebidas em dinheiro:
   - Vendas de mercadorias: $ 100.000
   - Receitas de aluguéis: $ 20.000.

Pede-se:

a. Contabilizar os fatos em partidas de Diário. Vamos assumir, neste exemplo prático que a receita com vendas sofre a tributação do ICMS (18%), do PIS/Pasep (1,65%) e da COFINS (7,6%) e que a receita de aluguéis sofre a incidência do PIS/Pasep e COFINS pelas mesmas alíquotas citadas.

b. Considerando que no início do período não havia saldo a recuperar nas contas representativas dos tributos, ajustar os saldos das contas de direitos e obrigações do ICMS, PIS/Pasep e COFINS.

Solução:

a. Contabilizar os fatos em partidas de Diário, ...

  (1) Diversos
   a Fornecedores
   a J. C. S/A
   Compra de mercadorias conf. s/ NF n. 272, como segue:
   Estoque de Mercadorias (ou Compras de Mercadorias)
    Custo da compra.. 29.100
   ICMS a Recuperar
    Pela alíquota de 18%...................................... 7.200
   PIS/Pasep a Recuperar
    Pela alíquota de 1,65%.................................... 660
   COFINS a Recuperar
    Pela alíquota de 7,6% 3.040 40.000

  (2) Caixa
   a Diversos
   Receitas auferidas no mês como seguem:
   a Vendas de Mercadorias

           Conf. livro Registro de Saídas etc........................ 100.000
    a Aluguéis Ativos
           Conforme recibos etc. 20.000   120.000
_____   _____

(3) ICMS sobre Faturamento
    a ICMS a Recolher
           18% incidente sobre vendas, etc.......................... 18.000
_____   _____

(4) Diversos
    a PIS/Pasep a Recolher
           Pela apropriação da contribuição ref. total das receitas do mês, como segue:
    PIS/Pasep sobre Faturamento
           1,65% sobre.. 100.000   1.650
    PIS/Pasep Demais Receitas
           1,65% sobre $ 20.000   330   1.980
_____   _____

(5) Diversos
    a COFINS a Recolher
           Pela apropriação da contribuição ref. total das receitas do mês, como segue:
    COFINS sobre Faturamento
           7,6% sobre $ 100.000 ....   7.600
    COFINS Demais Receitas
           7,6% sobre $ 20.000 ....   1.520   9.120
_____   _____

OBSERVAÇÕES:
- As contas ICMS sobre Faturamento, PIS/Pasep sobre Faturamento e COFINS sobre Faturamento, debitadas nos lançamentos 3, 4 e 5, são contas redutoras da receita bruta de vendas. Os saldos dessas contas serão transferidos para a conta Resultado da Conta Mercadorias, por ocasião da apuração do resultado bruto.
- As contas PIS Demais Receitas e COFINS Demais Receitas, debitadas nos lançamentos 4 e 5, são contas classificadas como Despesas Tributárias, do grupo das Despesas Administrativas. Os saldos dessas contas serão transferidos para a conta Resultado do Exercício, por ocasião da apuração do resultado líquido do exercício.
- As demais contas, creditadas nos lançamentos 3 a 5, são todas contas de obrigação, classificadas no Passivo Circulante do Balanço Patrimonial.

b. Considerando que no início do período não havia saldo a recuperar nas contas representativas dos tributos, ajustar os saldos das contas de direitos e obrigações do ICMS, PIS/Pasep e COFINS.

Após os cinco lançamentos efetuados, as contas representativas dos tributos apresentam os seguintes saldos:

- ICMS a Recuperar, saldo devedor de $ 7.200
- ICMS a Recolher, saldo credor de $ 18.000
- PIS/Pasep a Recuperar, saldo devedor de $ 660
- PIS/Pasep a Recolher, saldo credor de $ 1.980
- COFINS a Recuperar, saldo devedor de $ 3.040
- COFINS a Recolher, saldo credor de $ 9.120

Para ajustar os saldos dessas contas, basta debitar a conta que tem saldo credor e creditar a que tem saldo devedor, representativas do mesmo tributo, utilizando o menor dos dois saldos. Veja:

(6) ICMS a Recolher
    a ICMS a Recuperar
        Transferência que se processa do menor saldo entre as contas supra, para ajuste. 7.200

(7) PIS/Pasep a Recolher
    a PIS/Pasep a Recuperar
        Transferência que se processa do menor saldo entre as contas supra, para ajuste. 660

(8) COFINS a Recolher
    a COFINS a Recuperar
        Transferência que se processa do menor saldo entre as contas supra, para ajuste. 3.040

Após os lançamentos de ajuste, as contas representativas de direitos e obrigações relativas aos tributos envolvidos, ficarão como segue:

- As contas ICMS a Recuperar, PIS/Pasep a Recuperar e COFINS a Recuperar, ficaram com saldo igual a zero;

- A conta ICMS a Recolher ficou com saldo credor de $ 10.800 a conta PIS/Pasep a Recolher ficou com saldo credor de $ 1.320 e a conta COFINS a Recolher ficou com saldo credor de $ 6.080.

Regime Misto de Incidência

As legislações do PIS/Pasep e da COFINS estabelecem, ainda, situações em que a pessoa jurídica pode estar sujeita à incidência não cumulativa em relação a uma parte de suas receitas e à incidência cumulativa em relação a outra parte.

Nesse caso, os valores dos créditos a serem compensados dos montantes dos tributos devidos, serão apurados, exclusivamente, em relação aos custos, despesas e encargos vinculados às receitas tributadas pelo regime não cumulativo.

As legislações do PIS/Pasep e da COFINS estabelecem, também os critérios a serem observados pelas empresas em relação ao cálculo proporcional dos créditos, no caso de sujeição ao regime misto de incidência dessas duas contribuições.

Testes de Fixação 1

1. Identifique a alternativa correta:
    1.1 Para contabilizar o ICMS, a empresa deverá:
        a) Adotar uma só conta denominada Conta Corrente do ICMS.
        b) Adotar uma conta para registrar o direito e outra para registrar a obrigação relativa ao ICMS.
        c) Adotar as duas opções das letras "a" e "b" supra, ao mesmo tempo.
        d) As alternativas "a" e "b" estão corretas.
    1.2 Na compra com incidência do ICMS, um só lançamento é suficiente para a contabilização; na venda com incidência do ICMS:
        a) São necessários dois lançamentos.
        b) Sambém haverá um só lançamento.
        c) Haverá um lançamento se for à vista e dois se for a prazo.
        d) Não haverá incidência do ICMS.
    1.3 Os saldos devedores apurados no final do mês nas contas ICMS a Recuperar, PIS/Pasep a Recuperar e COFINS a Recuperar:
        a) Deverão ser transferidos para as contas de obrigação respectivas.
        b) Não poderão ser maiores que o saldo da conta Caixa;
        c) Permanecerão nas próprias contas, pois os direitos da empresa serão considerados no período seguinte;
        d) Deverão ser transferidos para o Caixa.
2. Responda:
    2.1 Adotando-se duas contas para o registro do ICMS incidente nas compras e nas vendas, no final do mês, para regularização, qual procedimento deverá ser tomado?
    2.2 O mecanismo de contabilização do IPI é semelhante ao do ICMS em relação às compras. Em que eles diferem em relação às vendas?

2.3 Em que consiste o regime cumulativo de incidência do PIS/Pasep e da COFINS?

2.4 Em que consiste o regime não cumulativo de incidência do PIS/Pasep e da COFINS?

Atividades Práticas 2

Operações realizadas na empresa Comercial J. Miranda Ltda.:

Mês de Outubro

1. Compra de mercadorias de J. A. & Cia., conforme Nota Fiscal n. 890, no valor de $ 20.000, à vista. ICMS destacado pela alíquota de 18%.
2. Venda de mercadorias à vista, conforme nossa Nota Fiscal n. 545, no valor de $ 10.000. ICMS destacado pela alíquota de 18%.
3. Nossa devolução ao fornecedor J. A. & Cia. de parte da compra efetuada à vista, conforme nossa Nota Fiscal n. 144, no valor de $ 1.000. ICMS destacado pela alíquota de 18%.
4. Recebemos, em devolução, mercadorias vendidas à vista, conforme nossa Nota Fiscal de entrada n. 14, no valor de $ 2.500. ICMS destacado pela alíquota de 18%.
5. Compra de mercadorias à prazo, mediante aceite de duplicatas, da Casa Palmeiras S/A, conforme Nota Fiscal n. 8.870, no valor de $ 100.000. Valor do IPI: $ 10.000; ICMS calculado pela alíquota de 18%.

Mês de Novembro

6. Compra de mercadorias a prazo, com aceite de duas duplicatas, do fornecedor Elias Lopes S/A, conforme Nota Fiscaln. 723. Valor das mercadorias: $ 500.000; valor do IPI: $ 50.000; ICMS destacado pela alíquota de 18%.

7. Venda de mercadorias à vista, efetuada durante o mês, conforme livro Registro de Saídas, no valor de $ 1.000.000. ICMS destacado pela alíquota de 18%.

Considerando que a empresa adota contas distintas para o registro das operações com ICMS, que não é contribuinte do IPI e que está sujeita ao regime cumulativo de incidência do PIS/Pasep e COFINS, pede-se:

a) Contabilize no Diário e nos Razonetes, as operações referentes ao mês de Outubro;
b) Em 31 de Outubro, apure os saldos das contas ICMS a Recuperar e a Recolher, e efetue os ajustes necessários;
c) Calcule e contabilize as contribuições para o PIS/Pasep e para a COFINS (provisionamento), sobre o faturamento de outubro, pelas alíquotas de 0,65% e 3,0% respectivamente;
d) Contabilize no Diário e nos Razonetes os fatos ocorridos em Novembro;
e) Efetue os recolhimentos em dinheiro, referentes às obrigações com o PIS/Pasep e com a COFINS de outubro;
f) Apure, em 30 de novembro, os saldos das contas ICMS a Recuperar e ICMS a Recolher e efetue os ajustes necessários;
g) Calcule e contabilize as contribuições para o PIS/Pasep e para a COFINS sobre o faturamento de novembro, pelas alíquotas de 0,65% e 3,0% respectivamente.

7.5.3 Juros embutidos nas compras e vendas a prazo

Juros embutidos nas compras a prazo

A Lei n. 6.404/1976, ao disciplinar acerca dos critérios de avaliação do Passivo, determinou no inciso III do artigo 184 que as obrigações, encargos e riscos classificados no passivo não circulante serão ajustados ao seu valor presente, sendo os demais ajustados quando houver efeito relevante.

Em decorrência dessa exigência legal, ao se contabilizar uma compra efetuada para pagamento a longo prazo, ou mesmo para pagamento a curto prazo, porém com efeitos relevantes para o patrimônio, deve-se expurgar do custo da referida compra, o montante dos juros cobrados pelo fornecedor.

Para fins de aplicação dessa regra, deve-se considerar as taxas de juros usuais no mercado, ainda que o fornecedor utilize, em benefício do cliente, taxas menores que as usuais.

Suponhamos o seguinte fato ocorrido em uma empresa comercial:

Compra de mercadorias, a prazo, do fornecedor Nelson Ribeiro S/A, conforme NF n. 35, no valor de $ 1.000, para pagamento em 10 parcelas mensais iguais.

Considerar que o ICMS incidente foi igual a $ 200 e que os juros embutidos pelo fornecedor na operação corresponderam a $ 100.

a. Contabilização na data da compra

Diversos
a Fornecedores
a Nelson Ribeiro S/A
   Compra de mercadorias conf. NF n. 35, como segue:
ICMS a Recuperar
   Valor do ICMS incidente na operação 200
Ajuste a Valor Presente
   Juros embutidos na operação 100
Compra de Mercadorias
   Valor líquido da operação... <u>700</u>   1.000

Observe que a conta "Ajuste a Valor Presente", é redutora da conta Fornecedores e figurará no Balanço Patrimonial como segue:

PASSIVO CIRCULANTE
Fornecedores 1.000
(–) Ajuste a Valor Presente .... (100)
Saldo... 900

b. Contabilização na data do pagamento da obrigação

Tendo em vista que o pagamento será parcelado em 10 vezes de $ 100, por ocasião de cada pagamento, será preciso calcular o valor dos juros embutidos em cada parcela.

Conforme estabelece a NBC TG 12, no item 22, fundamentada no CPC 12, a quantificação do ajuste a valor presente deve ser realizada em base exponencial pro rata dia, a partir da origem de cada transação, sendo os seus efeitos apropriados nas contas a que se vinculam.

Assim, como os juros são calculados *pro rata* dia, será preciso, então, aplicar o cálculo exponencial para se conhecer o valor justo dos juros cobrados em cada parcela.

O cálculo exponencial deve ser efetuado com ajuda de calculadora científicas. No Capítulo 12 do livro *Contabilidade Avançada* de nossa autoria, você encontra detalhes desse cálculo.

Apenas para completar o raciocínio contábil, vamos assumir que, no nosso caso, o valor dos juros embutidos na primeira parcela tenha sido de $ 10. Lembramos, no entanto, que aplicando a fórmula do cálculo exponencial, os valores dos juros de cada parcela serão progressivos. Contudo, no final dos 10 pagamentos, corresponderá exatamente ao montante de $ 100, acordado na data da compra.

Faremos:
Fornecedores
   Nelson Ribeiro S/A
a *Caixa*
   Pagamento da primeira parcela etc..................... 100

Agora é preciso dar baixa do valor dos juros registrados na conta redutora "Ajustes a Valor Presente", para integrá-lo no resultado do exercício atual. Faremos:

Despesas Financeiras
a *Ajuste a Valor Presente*
   Conforme cálculos 10

Após o pagamento da primeira parcela, veja como ficarão as contas envolvidas no Balanço Patrimonial:

PASSIVO CIRCULANTE
Fornecedores 900
(–) Ajuste a Valor Presente .... (90)
Saldo... 810

Juros embutidos nas vendas a prazo

A Lei n. 6.404/1976, ao disciplinar acerca dos critérios de avaliação do Ativo, determinou no inciso VII do artigo 183 que os elementos do Ativo decorrentes de operações de longo prazo serão ajustados a valor presente, sendo os demais ajustados quando houver efeito relevante.

Em decorrência dessa exigência legal, ao se contabilizar uma venda efetuada para recebimento a longo prazo, ou mesmo para recebimento a curto prazo, porém com efeitos relevantes para o patrimônio, deve-se expurgar do montante da referida venda o valor dos juros cobrados do cliente.

Para fins de aplicação dessa regra, os procedimentos são semelhantes aos já estudados e que se aplicam às compras a prazo.

Suponhamos o seguinte exemplo:

Venda de mercadorias, a prazo, para a cliente Maria Idalina, no valor de $ 5.000, com ICMS no valor de $ 1.000.

Considerar que a venda foi dividida em 10 parcelas iguais e que os juros embutidos na operação tenham sido iguais a $ 300.

a. Contabilização na data da venda

Clientes
Maria Idalina
    a Diversos
Venda conf. NF n. 251 etc.:
    a Ajuste a Valor Presente
      Juros embutidos na operação etc............................. 300
    a Vendas de Mercadorias
      Valor líquido etc.... 4.700   5.000

ICMS sobre Vendas
    a ICMS a Recolher
    ICMS incidente sobre venda supra etc......................   1.000

_____   _____

A conta "Ajuste a Valor Presente", agora, é redutora da conta Clientes. Veja como ficarão no Balanço:

ATIVO CIRCULANTE
Clientes..   5.000
(–) Ajuste a Valor Presente ....   (300)
Saldo..   4.700

b. Contabilização na data do pagamento

Tendo em vista que o pagamento foi parcelado, no vencimento de cada parcela, deve-se dar baixa no direito e apropriar a receita financeira registrada na conta "Ajustes a Valor Presente".

O valor da receita financeira a ser apropriada, a exemplo do que ocorreu com a apropriação da despesa financeira no caso de compra a prazo, estudada na Seção anterior, deverá ser apurado mediante cálculo exponencial.

Contudo, para simplificar, vamos assumir que na primeira parcela esses juros tenham correspondido a $ 30. Faremos:

Caixa
    a Clientes
    a Maria Idalina
        Valor recebido etc..   500

_____   _____

Ajuste a Valor Presente
    a Receitas Financeiras
        Conforme cálculos etc..   30

_____   _____

7.6 Resultado da Conta Mercadorias

> **NOTA:**
> - O assunto tratado neste item deve ser estudado com muita determinação por todos aqueles que pretendem obter êxito nos concursos, pois, nas provas, certamente encontrarão uma ou mais questões envolvendo a apuração do Resultado da Conta Mercadorias.

7.6.1 Introdução

O **Resultado da Conta Mercadorias** é o resultado bruto do exercício de uma empresa comercial. Esse resultado poderá ser lucro (Lucro sobre Vendas ou Lucro Bruto) ou prejuízo (Prejuízo sobre Vendas.)

Como existem três maneiras para se contabilizar as operações envolvendo mercadorias, é evidente que existam, também, três maneiras diferentes de se apurar o Resultado da Conta Mercadorias. Veja a seguir.

7.6.2 Conta Mista com Inventário Periódico (conta Mista de Mercadorias)

Essa é a maneira mais simples de contabilizar as operações com mercadorias; consequentemente, é muito fácil apurar seu resultado.

No final do exercício social, encontraremos no livro Razão ou no Razonete todas as operações que envolveram mercadorias, ocorridas durante o período, devidamente concentradas numa só conta. Assim, no lado do débito da conta Mercadorias estarão registrados todos os valores negativos que compõem o Custo das Mercadorias Vendidas (entradas: estoque inicial, compras e fretes e seguros sobre compras), bem como os valores negativos que integram o Resultado da Conta Mercadorias (vendas anuladas, abatimentos sobre vendas, ICMS sobre vendas, PIS e COFINS sobre faturamento e descontos incondicionais concedidos); no lado do crédito constarão todos os valores positivos que integram o Custo das Mercadorias Vendidas (compras anuladas, abatimentos sobre compras e descontos incondicionais obtidos), bem como o total da receita bruta de vendas (valor positivo do Resultado da Conta Mercadorias).

> **NOTA:**
> - Quando a empresa decidir contabilizar em contas distintas os Descontos Incondicionais Obtidos e os Fretes e Seguros sobre Compras, os saldos dessas contas deverão ser transferidos para a conta Mercadorias antes de iniciada a apuração do resultado.

Para apurar o Resultado da Conta Mercadorias, precisamos de apenas dois valores:

a. saldo da conta Mercadorias (apurado no próprio livro Razão, poderá ser devedor ou credor); e

b. valor do estoque final (apurado mediante inventário físico de todas as mercadorias que se encontrarem em estoque no último dia do período).

Tendo em mãos esses dois valores, poderemos apurar o Resultado da Conta Mercadorias (RCM) extracontábil e contabilmente.

Apuração Extracontábil

Em primeiro lugar, é importante você entender que: tendo em vista que o estoque inicial é lançado no início do período a débito da conta Mercadorias, obviamente, o estoque final representará crédito da referida conta.

Assim, podemos construir as seguintes regras:

a) se o saldo da conta Mercadorias for credor, bastará adicionar a ele o estoque final e o resultado será lucro;

b) se o saldo da conta Mercadorias for devedor, porém inferior ao estoque final, a diferença corresponderá a lucro;

c) se a conta Mercadorias apresentar saldo devedor, porém superior ao estoque final, a diferença corresponderá a prejuízo;

d) não haverá lucro nem prejuízo quando o saldo da conta Mercadorias for igual a zero e inexistir estoque final, ou quando o saldo da conta Mercadorias for devedor, porém igual ao valor do estoque final.

Apuração Contábil

Procedimentos:

1. Transferir o saldo da conta Mercadorias (encerrando-a), para a conta RCM.

2. Registrar o valor do estoque final a débito da conta Mercadorias (reabrindo-a) e a crédito da conta RCM.

3. Apurar, no Razão ou no Razonete, o saldo da conta RCM: se devedor, corresponderá a prejuízo sobre vendas; se credor, a lucro sobre vendas.

4. Transferir o saldo da conta RCM (encerrando-a) para a conta Lucro sobre Vendas ou Prejuízo sobre Vendas.

Exemplo prático

Suponhamos que, em 31/12/x1, a conta Mercadorias tenha apresentado saldo devedor de $ 80. Sabendo-se que o estoque final foi igual a $ 50, apurar o resultado extracontábil e contabilmente.

Solução:

Apuração extracontábil:

Aplicando a regra da letra **c**, que cabe nesse caso, teremos:

$$SD80 - EF50 = SD30.$$ Logo, prejuízo de $ 30.

Apuração contábil:

Seguiremos os procedimentos na ordem em que foram apresentados:

1. Transferir o saldo da conta Mercadorias (encerrando-a), para a conta RCM.

Vamos recompor o Razonete da conta Mercadorias, para evidenciar o saldo apurado em 31 de dezembro:

MERCADORIAS	
(S) 80	

(1) RCM

    a Mercadorias

        Transferência do saldo devedor da 2ª para a 1ª das contas supra   80

2. Registrar o valor do estoque final a débito da conta Mercadorias (reabrindo-a) e a crédito da conta RCM.

(2) Mercadorias

    a RCM

        Registro do estoque final   50

3. Apurar, no Razão ou no Razonete, o saldo da conta RCM: se devedor, corresponderá a prejuízo sobre vendas; se credor, a lucro sobre vendas.

RCM			
(1)	80	(2)	50
Saldo	30		

4. Transferir o saldo da conta RCM (encerrando-a) para a conta Lucro sobre Vendas ou Prejuízo sobre Vendas.

(4) Prejuízo sobre Vendas
   a RCM
      Prejuízo apurado... 30
_____   _____

Após esses procedimentos, ficaram abertas, no Razão, as seguintes contas, das envolvidas:

MERCADORIAS			
(S)	80	(1)	80
(2)	50		

PREJUÍZO SOBRE VENDAS	
(3)	30

OBSERVAÇÕES:
- A conta Mercadorias, após os três lançamentos realizados, ficou com saldo devedor de $ 50, que é o estoque final. Esta conta, então, figurará com este saldo no Balanço Patrimonial.
- A conta RCM ficou com saldo igual a zero.
- A conta Prejuízo sobre Vendas ficou com saldo devedor de $ 30, refletindo assim o resultado negativo das vendas. Esse saldo será posteriormente transferido para a conta Resultado do Exercício, por ocasião da apuração do resultado líquido do exercício.

7.6.3 Conta Desdobrada com Inventário Periódico

Esta é a maneira preferida dos organizadores dos concursos (contábil ou extracontabilmente).

Para solucionar as questões pertinentes, você deverá dominar o uso das fórmulas do Custo das Mercadorias Vendidas (CMV) e do Resultado da Conta Mercadorias (RCM).

Fórmulas primárias:

$$CMV = EI + CM - EF$$

Onde:
- CMV = Custo das Mercadorias Vendidas
- EI = Estoque Inicial
- CM = Compras de Mercadorias
- EF = Estoque Final

$$RCM = VM - CMV$$

Onde:
- RCM = Resultado da Conta Mercadorias
- VM = Vendas de Mercadorias
- CMV = Custo das Mercadorias Vendidas

Exemplo prático

Suponhamos as seguintes contas e saldos extraídos do livro Razão de uma determinada empresa, em 31 de dezembro de x1:

Estoque de Mercadorias (EI) 1.500
Compras de Mercadorias 5.000
Vendas de Mercadorias 7.000

Sabendo-se que o valor do estoque final, conforme inventário realizado em 31 de dezembro, foi igual a $ 2.000, apure o Resultado da Conta Mercadorias, extracontábil e contabilmente.

Solução:

Apuração extracontábil:
$$CMV = 1.500 + 5.000 - 2.000 = 4.500$$
$$RCM = 7.000 - 4.500 = 2.500$$

O Resultado da Conta Mercadorias, positivo em $ 2.500, corresponde a lucro sobre as vendas ou lucro bruto.

Apuração contábil:

Inicialmente, reconstituiremos os Razonetes das três contas, cujos saldos foram extraídos do livro Razão:

ESTOQUE DE MERCADORIAS	
1.500	

COMPRAS DE MERCADORIAS	
5.000	

VENDAS DE MERCADORIAS	
	7.000

Para apurarmos contabilmente o Resultado da Conta Mercadorias, iniciamos pela apuração do Custo das Mercadorias Vendidas. O procedimento é simples: basta transferir contabilmente, para a conta Custo das Mercadorias Vendidas, todos os valores das contas que compõem a fórmula do CMV. Veja:

Lançamentos em partidas de Diário
(1) CMV
  a Estoque de Mercadorias
    Transferência do estoque inicial para apuração
    do Resultado Bruto... 1.500

(2) CMV
  a Compras de Mercadorias
    Transferência do valor das compras para apuração
    do Resultado Bruto... 5.000

(3) Estoque de Mercadorias
  a CMV
    Registro do estoque final para apuração do
    Resultado Bruto 2.000

Se você analisar a fórmula do CMV, perceberá que todos os elementos que a compõem (EI, C e EF) já foram devidamente transferidos para a conta CMV, não havendo mais valor algum para ser transferido.

Veja a posição das contas envolvidas nos três primeiros lançamentos, em seus respectivos Razonetes:

ESTOQUE DE MERCADORIAS			
	1.500	(1)	1.500
(3)	2.000		

COMPRAS DE MERCADORIAS			
	5.000	(2)	5.000

	CMV		
(1)	1.500	(3)	2.000
(2)	5.000		
Soma	6.500		
Saldo	4.500		

OBSERVAÇÕES:
- A conta Estoque de Mercadorias foi creditada no lançamento (1) por $ 1.500, sendo o valor transferido para a conta CMV, e foi debitada no lançamento (3) por $ 2.000, referente ao valor do estoque final. Esta conta permanecerá com este saldo de $ 2.000 e figurará no Balanço Patrimonial.
- A conta Compras de Mercadorias foi creditada no lançamento (2) por $ 5.000, ficando com saldo igual a zero.
- A conta CMV foi debitada no lançamento (1) por $ 1.500 (estoque inicial) e no lançamento (2) por $ 5.000 (Compras), e creditada no lançamento (3) por $ 2.000, referente ao valor do estoque final. Após esses três lançamentos, o saldo da conta ($ 4.500) corresponde ao valor do custo das mercadorias vendidas.

O próximo passo será apurar contabilmente o valor do Resultado da Conta Mercadorias, o que será feito da mesma maneira como procedemos para a apuração contábil do CMV. Transferiremos para a conta RCM todos os valores constantes da respectiva fórmula:

Lançamentos em partidas de Diário

(4) Vendas
   a RCM
      Transferência do valor das vendas para apuração do Resultado Bruto... 7.000

_____   _____

(5) RCM
   a CMV
      Transferência do saldo da conta CMV para apuração do Resultado Bruto... 4.500

_____   _____

Não havendo mais valores para transferir para a conta RCM, veja a posição das contas envolvidas após os lançamentos 4 e 5:

	VENDAS DE MERCADORIAS		
(4)	7.000		7.000

	CMV		
	4.500	(5)	4.500

	RCM		
(5)	4.500	(4)	7.000
		Saldo	2.500

OBSERVAÇÕES:
- A conta Vendas de Mercadorias ficou com saldo igual a zero, pois esse saldo foi transferido para a conta RCM por meio do lançamento (4).
- A conta Custo das Mercadorias Vendidas também ficou com saldo igual a zero, pois o seu saldo foi transferido para a conta RCM por meio do lançamento (5).
- A conta RCM recebeu a débito o valor do CMV (lançamento 5) e a crédito o valor das vendas (lançamento 4), apresentando saldo credor de $ 2.500, correspondente ao valor do lucro sobre as vendas (lucro bruto).

O saldo da conta RCM pode permanecer na própria conta para ser posteriormente transferido para a conta Resultado do Exercício por ocasião da apuração do resultado líquido do exercício. Ou, para melhor refletir o resultado apurado, ele poderá ser transferido para uma conta apropriada (Lucro sobre Vendas ou Prejuízo sobre Vendas).

No nosso exemplo, faremos:

(6) RCM
    a Lucro sobre Vendas
        Lucro bruto apurado... 2.500

Atividades Práticas 3

PRÁTICA 1

Contas e saldos extraídos do livro Razão da empresa X em 31 de dezembro de x1:

Estoque de Mercadorias (Estoque
Inicial)	=	$ 10.000
Compras de Mercadorias	=	$ 30.000
Vendas de Mercadorias	=	$ 55.000

Sabendo-se que o estoque final, conforme inventário realizado em 31 de dezembro, foi igual a $ 22.000, apurar o Resultado da Conta Mercadorias, extracontábil e contabilmente.

PRÁTICA 2

Contas e saldos extraídos do livro Razão da empresa X, em 31 de dezembro de x2:

Estoque de Mercadorias (Estoque
Inicial)	=	$ 500
Compras de Mercadorias	=	$ 700
Vendas de Mercadorias	=	$ 900

Sabendo-se que o estoque final, conforme inventário realizado em 31 de dezembro, foi igual a $ 100, apure extracontábil e contabilmente o Resultado da Conta Mercadorias.

7.6.4 Fórmulas influenciadas pelos fatos que alteram os valores de compras e vendas

CMV e RCM

$$CMV = EI + (CM + FSC - CA - AC - DIO) - EF$$

Onde:

CMV = Custo das Mercadorias Vendidas

EI = Estoque Inicial

CM = Compras de Mercadorias

FSC = Fretes e Seguros sobre Compras

CA = Compras Anuladas
AC = Abatimentos sobre Compras
DIO = Descontos Incondicionais Obtidos
EF = Estoque Final

$$RCM = (V - VA - AV - DIC - ICMS - PIS - COFINS) - CMV$$

Onde:
RCM = Resultado da Conta Mercadorias
VM = Vendas de Mercadorias
VA = Vendas Anuladas
AV = Abatimentos sobre Vendas
DIC = Descontos Incondicionais Concedidos
ICMS = Imposto Estadual Incidente sobre as Vendas
PIS = Programa de Integração Social
COFINS = Contribuição para o Financiamento da Seguridade Social
CMV = Custo das Mercadorias Vendidas apurado na primeira fórmula

A fórmula do RCM também poderá ser estruturada assim:

$$RCM = VM - (VA + AV + DIC + ICMS + PIS + COFINS + CMV)$$

Rateio dos Fretes e Seguros sobre Compras

Conforme vimos, adotando a Conta Desdobrada com Inventário Periódico, a empresa registrará o valor dos fretes e seguros sobre compras, em conta distinta. Neste caso, havendo estoque no final do exercício, o valor registrado na citada conta deverá ser rateado: uma parte para o CMV e outra parte para o estoque final (Regime de Competência).

O rateio poderá ser feito com base na seguinte fórmula:

$$FSS/E = EF/C - CA \times FS/C$$

Onde:
FSS/E = Fretes e Seguros sobre Estoques
EF = Estoque Final
C = Compras
CA = Compras Anuladas
FS/C = Fretes e Seguros sobre Compras

O valor encontrado pela aplicação desta fórmula corresponde ao valor dos Fretes e Seguros sobre Compras que deverá ser transferido para a conta Estoque de Mercadorias. Portanto, o valor a ser transferido para a conta Custo das Mercadorias Vendidas (CMV) corresponderá à diferença existente entre o saldo dos Fretes e Seguros sobre Compras e o valor encontrado na presente fórmula. Assim, dois lançamentos serão efetuados:

Transferência para o CMV

(1) Custo das Mercadorias Vendidas (CMV)
   a Fretes e Seguros sobre Compras
      Transferência que se processa referente à parte dos Fretes e Seguros sobre Compras que deve integrar o custo das mercadorias vendidas neste período, conforme cálculos................................. $

_____   _____

OBSERVAÇÃO:
- Esta transferência deve ser efetuada juntamente com as transferências do estoque inicial e das compras de mercadorias, já que influi no CMV do período atual.

Transferência para o estoque final

(2) Estoque de Mercadorias
   a Fretes e Seguros sobre Compras
      Transferência que se processa referente à parte dos Fretes e Seguros sobre Compras que deve integrar o valor do Estoque Final, conforme cálculos.

_____   _____

OBSERVAÇÃO:
- Este lançamento, cujo valor foi apurado na fórmula apresentada, deve ser efetuado somente após encerrados os procedimentos extracontábeis e contábeis referente à apuração do Resultado da Conta Mercadorias, pois não interfere no Resultado Bruto do Exercício atual.

Outras informações importantes

Quando a receita bruta de vendas englobar receitas com vendas de mercadorias e também com a prestação de serviços, na fórmula do RCM deverá ser incluído, juntamente com os tributos incidentes sobre vendas, o Imposto Sobre Serviços de qualquer natureza (ISS), imposto de competência municipal, incidente sobre a receita auferida na prestação de serviços.

Quando a empresa tiver receitas com a venda de mercadorias, com a venda de produtos e com a prestação de serviços, o correto será apurar o resultado bruto segregadamente em relação a cada uma delas.

Nas provas dos concursos poderão constar todos os elementos que compõem as duas fórmulas do CMV e do RCM ou apenas alguns deles. Caberá a você adaptar as fórmulas para a quantidade de elementos informados em cada questão.

É comum, também, nas provas dos concursos, os organizadores substituírem as incógnitas das fórmulas do CMV e do RCM, apresentando, por exemplo, em lugar do estoque final, o lucro bruto. Caberá a você, então, recompor as fórmulas.

7.6.5 Conta Desdobrada com Inventário Permanente

Se você domina a apuração do resultado da conta Desdobrada com Inventário Periódico, sabendo manipular as fórmulas do CMV e do RCM, certamente não encontrará dificuldade para apurar o resultado da conta Desdobrada com Inventário Permanente.

Extracontabilmente, bastará aplicar a fórmula do RCM (a mesma utilizada na Conta Desdobrada com Inventário Periódico), pois o CMV, nesse caso, já é conhecido.

Contabilmente, bastará adotar os mesmos procedimentos apresentados na Conta Desdobrada com Inventário Periódico, porém somente relativos ao RCM.

7.6.6 Maneira prática para apuração do Resultado da Conta Mercadorias

Conheça uma maneira prática utilizada para apuração do Resultado da Conta Mercadorias ou de qualquer elemento componente das fórmulas do CMV e do RCM.

Lembramos que os procedimentos contidos neste item devem ser utilizados *exclusivamente* para agilizar os cálculos extracontábeis no dia do concurso.

Utilizando o Razonete, você ganha rapidez na solução das questões. Para utilizá-lo com sucesso, contudo, é necessário que você conheça a natureza dos saldos de cada conta que compõem as fórmulas do CMV e do RCM.

O uso do Razonete para apuração do Resultado da Conta Mercadorias é simples: basta você desenhar o T no próprio caderno de questões e lançar, no lado do débito, todas as contas apresentadas que possuam saldo de natureza devedora; e, no lado do crédito, todas as contas apresentadas que possuam saldo de natureza credora. (Mas, lembre-se: somente as contas que integram as fórmulas do CMV e do RCM.) A partir daí, o saldo que você encontrar no Razonete corresponderá ao resultado da questão.

Exemplo prático

Estoque Inicial	1.000
Compras de Mercadorias	4.000
Descontos Incondicionais Obtidos	400
Estoque Final	2.500
CMV	?

Solução:

CMV			
EI	1.000	EF	2.500
CM	4.000	DIO	400
	5.000		2.900
Saldo	2.100		

Resposta: o CMV é igual a $ 2.100.

Para facilitar o uso do Razonete, memorize a natureza dos saldos de todas as contas possíveis na apuração do Resultado Bruto:

CONTAS ENVOLVIDAS NA APURAÇÃO DO RESULTADO BRUTO	
NATUREZA DEVEDORA	**NATUREZA CREDORA**
• Estoque Inicial	• Vendas de Mercadorias
• Compras de Mercadorias	• Compras Anuladas
• Fretes e Seguros sobre Compra	• Abatimentos sobre Compras
• Vendas Anuladas	• Descontos Incondicionais Obtidos
• Abatimentos sobre Vendas	• Estoque Final
• Descontos Incondicionais Concedidos	• Lucro Bruto
• ICMS sobre Vendas	
• PIS sobre Faturamento	
• COFINS sobre Faturamento	
• CMV	
• Prejuízos sobre Vendas	

É bom ressaltar, também, que nos concursos o Lucro sobre Vendas ou Lucro Bruto poderá ser informado como Resultado da Conta Mercadorias (saldo credor), e o Prejuízo sobre Vendas ou Prejuízo Bruto, como Resultado da Conta Mercadorias (saldo devedor).

Testes de Concursos 1

1. (TTN/94)

O lucro bruto na empresa comercial é contabilizado como RCM – Resultado da Conta Mercadorias. A equação base para encontrar o RCM é a seguinte:

a) RCM = Vendas – Estoque Inicial – Compras + Estoque Final
b) RCM = Vendas – Estoques
c) RCM = Vendas – Estoques + Compras
d) RCM = Estoque Inicial + Compras – Estoque Final
e) RCM = Vendas – Estoque Inicial + Compras – Estoque Final

2. (TTN/1994)

O Razão da conta Mercadorias, contabilizado no Método Conta Mista, apresentava $ 450.000 na coluna débito e $ 325.000 na coluna crédito. Sabendo-se que o valor das mercadorias existentes no final do período é de $ 235.000, é correto afirmar que o lucro obtido nas vendas foi de:

a) $ 110.000.
b) $ 125.000.
c) $ 360.000.
d) $ 235.000.
e) $ 215.000.

As questões envolvendo Resultado da Conta Mercadorias podem ser solucionadas por meio das fórmulas próprias ou simplificadamente, com o uso do Razonete, conforme explicado na Seção 7.7.6.

3. (TTN-RJ/92)

No encerramento do exercício social, a conta Mercadorias – usada para registro de estoques, compras e vendas de mercadorias – apresentava-se com saldo credor de $ 240.000. Sabendo-se que o inventário final foi de $ 195.000, pode-se afirmar que houve, nas vendas do período:

a) Prejuízo de $ 45.000.
b) Lucro de $ 45.000.
c) Prejuízo de $ 240.000.
d) Lucro de $ 435.000.
e) Prejuízo de $ 435.000.

4. (TTN-RJ/92)

No Balancete levantado para apuração de resultados do exercício, registraram-se os seguintes saldos:

Compras..$ 1.200
Mercadorias....................................$ 360
Receitas de Vendas....................$ 2.600

Sabendo-se que o estoque existente no momento alcançava o valor de $ 480, pode-se afirmar que:

a) O lucro bruto de vendas do período foi de $ 1.080.
b) No período registrou-se um prejuízo de $ 1.080.
c) O custo das mercadorias vendidas foi de $ 1.200.

d) O custo das mercadorias vendidas foi de $ 1.400.

e) O saldo da conta Mercadorias, no Balanço de encerramento do exercício social, é de $ 480.

5. (AFTN/85)

A Cia. Comercial P, que se dedica exclusivamente à revenda (varejo) de mercadorias de fabricação nacional e adota o sistema de inventário permanente, adquiriu da Cia. Industrial O. um lote de mercadorias, assim especificado na Nota Fiscal n. 0001:

Compras	$ 1.200
100 bolsas de couro para senhoras, a $ 40 cada uma	$ 4.000
Despesas com transporte da mercadoria até o destino	$ 20
	$ 4.020
IPI = 10%	$ 402
Total da Nota	$ 4.422

ICM = 15% – já incluso no preço $ 603

O registro Contábil desta aquisição de mercadorias feito pela Cia. Comercial P foi:

a) Estoque de Mercadorias
  a Fornecedores 4.422

b) Estoque de Mercadorias 3.397
  Conta Corrente ICM................. 603
  Conta Corrente IPI 402
  Despesas de Frete..................... 20
  a Fornecedores 4.422

c) Compra de Mercadorias 3.819
  Conta Corrente ICM................. 603
  a Fornecedores 4.422

d) Estoque de Mercadorias 3.417
  Conta Corrente ICM................. 603
  Conta Corrente IPI 402
  a Fornecedores 4.422

e) Estoque de Mercadorias 3.819
  Conta Corrente ICM................. 603
  a Fornecedores 4.422

7.7 Critérios de avaliação de estoques

7.7.1 Introdução

Estudaremos agora os principais critérios que podem ser utilizados para avaliação dos estoques de mercadorias adquiridas pelas empresas comerciais.

O custo das mercadorias estocadas é determinado com base no valor de aquisição constante das Notas Fiscais de compras, diminuído dos tributos incidentes sobre as compras e que serão recuperados, e acrescido das despesas acessórias e dos tributos considerados não recuperáveis – aqueles que, embora tenham incidido nas compras de mercadorias destinadas à venda, não incidirão nas vendas dessas mesmas mercadorias.

A empresa poderá adquirir várias unidades de uma mesma mercadoria em datas diferentes, pagando por elas também preços diferentes. Assim, para determinar o custo dessas mercadorias estocadas e das mercadorias que foram vendidas, é preciso adotar algum critério que seja uniformemente utilizado ao longo do exercício social.

Os critérios mais conhecidos para a avaliação dos estoques – e que normalmente são exigidos nas provas dos concursos – são: Custo Específico, PEPS, UEPS, Custo Médio Ponderado Móvel, Custo Médio Ponderado Fixo e Preço de Venda subtraída a Margem de Lucro.

7.7.2 Critério do Custo (ou Preço) Específico

Consiste em atribuir a cada unidade do estoque o preço efetivamente pago por ela.

É um critério que só pode ser utilizado para mercadorias de fácil identificação física, como imóveis para revenda, veículos etc.

7.7.3 PEPS

Por este critério, atribui-se aos estoques os custos mais recentes.

A frase "Primeiro que Entra, Primeiro que Sai" (PEPS) é tradução da frase inglesa "First In, First Out" (FIFO).

Consideremos os seguintes fatos ocorridos na empresa comercial Moura Ribeiro S/A, atacadista de portas de mogno, tamanho 2,20 × 0,80 m:

> **NOTA:**
> - Para facilitar o entendimento, apresentaremos números inteiros e levaremos em conta que os tributos já foram excluídos dos respectivos valores. Na venda, a baixa é feita pelo custo; logo, também sem tributos.

Fatos:

1. Em 05/02, adquiriu do fornecedor Pereira Ltda. 100 portas por $ 100 cada, conforme NF n. 7.002.
2. Em 08/02, vendeu ao cliente Depósito Umaitá Ltda. 20 portas, conforme NF n. 101.
3. Em 10/02, adquiriu do fornecedor Pereira Ltda. 50 portas por $ 113 cada, conforme NF n. 8.592.
4. Em 19/02, adquiriu do fornecedor Pereira Ltda. 50 portas por $ 159 cada, conforme NF n. 9.721.
5. Em 20/02, devolveu ao fornecedor Pereira Ltda. 10 portas conforme NF n. 115. Essas portas constaram do lote de 50 unidades adquiridas por meio da NF n. 9.721 do mesmo fornecedor.
6. Em 27/02, vendeu ao cliente Taboão S/A 140 portas, conforme NF n. 102.
7. Em 28/02, recebeu em devolução, do cliente Taboão S/A, 5 portas, conforme Nota Fiscal de Entrada (NFE) n. 142. Essas portas integraram o lote de 140 portas vendidas ao mesmo cliente por meio da NF n. 102.

Veja esses sete fatos devidamente lançados na Ficha de Controle de Estoques:

Mercadoria: Portas de mogno tamanho 2,20 x 0,80 m
Método de Controle: PEPS

Data	Histórico	Entradas			Saídas			Saldo		
		Quant.	Custo Unit.	Custo Total	Quant.	Custo Unit.	Custo Total	Quant.	Custo Unit.	Custo Total
05/02	NF n. 7.002	100	100	10.000	—	—	—	100	100	10.000
08/02	NF n.101	—	—	—	20	100	2.000	80	100	8.000
10/02	NF n. 8.592	50	113	5.650	—	—	—	80	100	8.000
								50	113	5.650
								130		13.650
19/02	NF n. 9.721	50	159	7.950	—	—	—	80	100	8.000
								50	113	5.650
								50	159	7.950
								180		21.600
20/02	NF n. 115	(10)	159	(1.590)	—	—	—	80	100	8.000
								50	113	5.650
								40	159	6.360
								170		20.010
27/02	NF n. 102	—	—	—	80	100	8.000			
					50	113	5.650			
					10	159	1.590	30	159	4.770
					140		15.240			
28/02	NFE n. 142	—	—	—	(5)	159	(795)	35	159	5.565
	TOTAIS	190		22.010	155		16.445			

OBSERVAÇÕES:

- Na coluna de saldo ficam evidenciadas as quantias estocadas devidamente separadas e identificadas pelos respectivos custos de aquisição. A cada venda, a baixa é feita iniciando-se pelos custos mais antigos; no caso, pelos menores custos. Assim, por meio desta ficha, ficam controladas as quantidades estocadas sempre avaliadas pelos preços mais recentes.
- As devoluções de compras efetuadas aos fornecedores são escrituradas negativamente entre parênteses na coluna das entradas; as devoluções de vendas recebidas de clientes são escrituradas negativamente entre parênteses na coluna das saídas. Assim, no final de cada período (mês ou ano), deve-se encerrar cada uma das fichas de controle de estoques, somando-se o total da coluna de entradas, o total da coluna de saídas e evidenciando o saldo existente. Desta forma, a soma da coluna das entradas corresponderá efetivamente ao valor das compras líquidas, e a soma da coluna das saídas corresponderá efetivamente ao custo das mercadorias vendidas, ou seja, ao valor das saídas líquidas.

- As devoluções de compras deverão ser registradas na ficha de controle de estoques pelo valor pago ao fornecedor por ocasião da respectiva compra.
- As devoluções de vendas deverão ser lançadas pelos mesmos valores das respectivas saídas.
- Os gastos eventuais, tanto na devolução de compras quanto na devolução de vendas (fretes, seguros etc.), devem ser considerados Despesas Operacionais e não Custos. Portanto, não devem figurar nas Fichas de Controle de Estoques.

7.7.4 UEPS

Por este critério, atribui-se aos estoques os custos mais antigos.

A frase "Último que Entra, Primeiro que Sai" (UEPS) é tradução da frase inglesa "Last In, First Out" (LIFO).

Veja, a seguir, os mesmos sete fatos apresentados no item anterior devidamente registrados na Ficha de Controle de Estoques agora pelo critério UEPS:

Mercadoria: Portas de mogno tamanho 2,20 x 0,80 m
Método de Controle: UEPS

Data	Histórico	Entradas			Saídas			Saldo		
		Quant.	Custo Unit.	Custo Total	Quant.	Custo Unit.	Custo Total	Quant.	Custo Unit.	Custo Total
05/02	NF n. 7.002	100	100	10.000	—	—	—	100	100	10.000
08/02	NF n. 101	—	—	—	20	100	2.000	80	100	8.000
10/02	NF n. 8.592	50	113	5.650	—	—	—	80	100	8.000
								50	113	5.650
								130		13.650
19/02	NF n. 9.721	50	159	7.950	—	—	—	80	100	8.000
								50	113	5.650
								50	159	7.950
								180		21.600
20/02	NF n. 115	(10)	159	(1.590)	—	—	—	80	100	8.000
								50	113	5.650
								40	159	6.360
								170		20.010
27/02	NF n. 102	—	—	—	40	159	6.360			
					50	113	5.650			
					50	100	5.000	30	100	3.000
					140		17.010			
28/02	NFE n. 142	—	—	—	(5)	100	(500)	35	100	3.500
	TOTAIS	190		22.010	155		18.510			

> **OBSERVAÇÃO:**
> - Neste caso também, na coluna do saldo controla-se as quantias estocadas, tendo em vista os respectivos custos de aquisição. A baixa sempre é feita pelos custos das últimas aquisições. Assim, as mercadorias que permanecerem em estoque serão avaliadas sempre pelos custos mais antigos.

A adoção do critério UEPS apresenta duas implicações: uma do ponto de vista técnico e outra do ponto de vista fiscal.

a. Implicação do ponto de vista técnico: se a empresa adotar a política de estoque mínimo, não deixando zerar o estoque antes de efetuar novas compras, com inflação galopante e troca de moeda – fatos muito comuns no Brasil nas décadas de 1980 e 1990 –, os valores das moedas antigas se tornarão tão irreais que causarão problemas para valorar as unidades remanescentes em estoque;

b. Implicação do ponto de vista fiscal: a prática de atribuir preços mais recentes para as mercadorias vendidas e preços mais antigos para os estoques remanescentes resulta em lucros menores e consequentemente menores serão os valores dos impostos a serem recolhidos ao Governo. Por este motivo, o Governo brasileiro não aprova a adoção desse critério.

7.7.5 Custo médio ponderado móvel (média ponderada móvel)

Por este critério, as mercadorias estocadas serão sempre avaliadas pela média dos custos de aquisição, atualizados a cada compra efetuada.

Este critério é denominado **custo médio ponderado móvel** pois, toda vez que ocorrer compra por custo unitário diferente dos que constarem do estoque, o custo médio do estoque se modificará.

Veja, os mesmos sete fatos já apresentados anteriormente, agora devidamente registrados na Ficha de Controle de Estoques pelo critério do **custo médio ponderado móvel**:

Mercadoria: Portas de mogno tamanho 2,20 x 0,80 m
Método de Controle: Custo Médio

Data	Histórico	Entradas			Saídas			Saldo		
		Quant.	Custo Unit.	Custo Total	Quant.	Custo Unit.	Custo Total	Quant.	Custo Unit.	Custo Total
05/02	NF n. 7.002	100	100	10.000	—	—	—	100	100	10.000
08/02	NF n. 101	—	—	—	20	100	2.000	80	100	8.000
10/02	NF n. 8.592	50	113	5.650	—	—	—	130	105	13.650
19/02	NF n. 9.721	50	159	7.950	—	—	—	180	120	21.600
20/02	NF n. 115	(10)	159	(1.590)	—	—	—	170	117*	20.010
27/02	NF n. 102	—	—	—	140	117	16.500	30	117	3.510
28/02	NFE n. 142	—	—	—	(5)	117	(585)	35	117	4.095
	TOTAIS	190		22.010	155		17.915			

* Suprimimos as casas decimais somente para fins didáticos. É aconselhável adotar o valor mais próximo possível do real, ajustando as diferenças de centavos na saída seguinte, para que o valor unitário do estoque remanescente após esta saída, multiplicado pela quantidade existente, resulte em valor exato.

OBSERVAÇÕES:
- A coluna destinada ao saldo indicará sempre as quantidades em estoque com seus respectivos valores médios, isto é, atualizados sempre em função das últimas compras.
- Para se obter o custo médio ponderado móvel das unidades estocadas, após efetuada nova compra com custo unitário diferente do custo unitário do estoque, procede-se da seguinte forma: soma-se as quantidades que estavam em estoque com as quantidades da nova compra; soma-se o valor total do estoque com o valor total da nova compra; em seguida, divide-se o total obtido na soma dos valores pelo total obtido na soma das quantidades, obtendo-se, assim, o novo custo médio ponderado móvel unitário das mercadorias em estoque. Analise a ficha que apresentamos e refaça os cálculos.

7.7.6 Custo médio ponderado fixo (média ponderada fixa)

Adotando este critério, as mercadorias estocadas serão avaliadas somente no final do período (normalmente no final do ano) pela média dos custos das mercadorias que estiveram disponíveis para venda durante todo o período.

Esse critério consiste, portanto, no custo médio das mercadorias disponíveis para venda, apurado uma só vez e no final do período.

Enquanto o custo médio ponderado móvel é atualizado durante o exercício, tantas vezes quantas forem as compras efetuadas, o custo médio ponderado fixo é apurado uma só vez, no final do exercício, após a última compra efetuada.

Para obtê-lo, basta dividir o custo total das mercadorias disponíveis para venda, pela quantidade total dessas mesmas mercadorias.

O custo total das mercadorias disponíveis para venda é obtido somando-se o custo do estoque inicial com o custo das compras líquidas realizadas no mesmo período.

O critério do custo médio ponderado fixo somente pode ser adotado por empresas que utilizam a Conta Desdobrada com Inventário Periódico, uma vez que só é possível a sua apuração no final do exercício.

O valor obtido por meio da média ponderada fixa é atribuído a todas as unidades de mercadorias existentes em estoque no último dia do ano, bem como a todas as unidades de mercadorias vendidas, também durante o ano, independentemente das datas em que ocorreram as respectivas vendas.

Aproveitando os mesmos dados utilizados para ilustrar os critérios anteriores, veja como ficarão os cálculos:

a. Cálculo do custo médio ponderado fixo:

Custo total das mercadorias disponíveis para venda, dividido pelas quantidades totais das mesmas mercadorias disponíveis para venda.

Note que no nosso exemplo não havia estoque inicial. Portanto, o custo total bem como as quantidades de mercadorias disponíveis para a venda correspondem ao total das compras líquidas.

22.010/190 = 115,8421

b. Atribuição do custo ao estoque final:

Unidades de mercadorias existentes em estoque no final do período, multiplicadas pelo custo médio ponderado fixo:

35 unidades × 115,8421 = 4.054,47

c. Cálculo do custo das mercadorias vendidas:

Custo total das mercadorias disponíveis para venda diminuído do custo do estoque final.

22.010,00 − 4.054,47 = 17.955,53

7.7.7 Critério do Preço de Venda diminuído da Margem de Lucro

A avaliação de estoques com base no preço de venda diminuído da margem de lucro está prevista no artigo 295 do RIR/99, como opção para ser adotada nos casos em que não seja viável a aplicação dos critérios PEPS, custo médio ou custo específico.

Esse critério de avaliação de estoques, conforme disciplina o fisco, consiste na obtenção do custo de produção ou aquisição, subtraindo-se a margem de lucro do preço de venda.

A expressão **margem de lucro** utilizada pelo fisco, nesse caso, deve ser interpretada como o montante adicionado pela empresa ao custo de fabricação ou de aquisição, para compor o preço de venda. Tecnicamente, esse montante é conhecido por *markup*, palavra inglesa cujo significado pode ser entendido exatamente como a diferença entre o custo total de produção ou de aquisição e o preço de venda de um Bem.

As empresas que trabalham com grande variedade de mercadorias, como ocorre, por exemplo, com os supermercados e com as lojas de departamentos – em decorrência do grande número de Notas Fiscais de entrada, bem como da permanência de itens semelhantes em vários pontos de venda –, preferem, para fins gerenciais, controlar seus estoques com base nos preços de venda.

Exemplo prático

Suponhamos que uma determinada unidade de mercadoria adquirida por $ 120 tenha seu preço de venda fixado em $ 208,80, em decorrência dos seguintes encargos e lucro almejado baseados no próprio preço de venda:

Tributos 22%

Comissões a vendedores 3%

Outras Despesas 8%

Lucro almejado 9,50%

TOTAL 42,50%

O preço de venda pode ser obtido mediante a aplicação de um índice sobre o custo de aquisição. Esse índice ou coeficiente, denominado tecnicamente *markup multiplicador*, será calculado como segue:

a. Soma-se tudo que se pretende cobrar no preço de venda, exceto o próprio custo de fabricação ou de aquisição. Os itens que se pretende incluir no preço de venda devem ser apresentados em percentuais em relação ao próprio preço de venda.

No cálculo já apresentado, obtivemos o montante de 42,50%.

Como o preço de venda que resulta da soma do custo com tudo aquilo que a empresa desejar a ele adicionar será 100,00%, concluímos que o custo de aquisição de $ 120 representará 57,50% do referido preço de venda.

b. Em seguida, basta dividir 100% pela porcentagem do preço de venda correspondente ao custo de aquisição ou produção, para se obter o índice:

100,00% / 57,50% = 1,74.

c. Cálculo do preço de venda

Basta, agora, multiplicar o preço de custo pelo índice encontrado na letra **b**, veja:
$ 120 × 1,74 = $ 208,80

Assim, durante o exercício social, para todas as mercadorias cujos encargos adicionados ao lucro pretendido correspondam a 42,50% do preço de venda, bastará multiplicar o custo pelo coeficiente 1,74 para se obter o preço de venda.

No final do período, portanto – estando diante do estoque final de mercadorias avaliados ao preço de venda –, para conhecer os respectivos custos de aquisição bastará, então, fazer o cálculo inverso, ou seja, dividir o preço de venda pelo mesmo coeficiente que serviu para o cálculo do referido preço.

Considerando que a mesma unidade de mercadoria com preço de venda fixado em $ 208,80 estava em estoque no final do período, para apurar o custo de aquisição, faremos:
$ 208,80 / 1,74 = $ 120

A adoção desse método requer cuidados especiais como o cálculo de índice específico para cada grupo de mercadorias que apresentem despesas a serem recuperadas e margem de lucro desejada iguais; acompanhamento e inclusão das remarcações de preços que podem promover a troca de produtos de um para outro grupo etc.

Portanto, a aplicação desse critério deve se restringir aos casos em que a relação custo-benefício aponte pela inviabilidade de adoção dos critérios tradicionais.

7.7.8 Qual dos critérios deve ser utilizado?

O mais indicado é o do Custo Médio Ponderado Móvel, uma vez que, por atualizar os custos a cada nova compra, espelha maior realidade nos custos das mercadorias vendidas, no lucro e no estoque final.

O fisco brasileiro (legislação do IR) não aprova a adoção dos critérios UEPS e Custo Médio Ponderado Fixo, pois esses dois critérios provocam distorções nos resultados, principalmente quando a economia do país não se encontrar estável.

As empresas poderão adotar o critério que melhor se ajuste aos seus interesses. Entretanto, optando pelo UEPS ou pelo Custo Médio Ponderado Fixo, deverão oferecer para tributação federal a diferença do lucro que deixaram de apurar em decorrência da adoção desses critérios.

Convém salientar, ainda, que no final do exercício social, os estoques a serem apresentados no Balanço Patrimonial deverão ser avaliados observando-se os critérios estabelecidos no artigo 183 da Lei n. 6.404/1976 e na NBC TG 16, conforme estudaremos na seção a seguir.

> **NOTA:**
> - É importante destacar que as empresas de pequeno e de médio portes, por razões de simplificação, ao adotarem o sistema de inventário periódico para controle dos seus estoques, assumem também – para avaliar esses estoques no final de cada período — o critério PEPS, socorrendo-se das últimas Notas Fiscais de entradas para atribuir custos às mercadorias estocadas.

7.7.9 Custo ou valor realizável líquido, dos dois o menor

7.7.9.1 Introdução

O artigo 183 da Lei n. 6.404/1976 apresenta os critérios de avaliação dos elementos do Ativo para efeito de elaboração do Balanço Patrimonial. Um deles é o do custo ou valor de mercado, quando este for inferior.

Esse critério é utilizado para avaliar os estoques de: mercadorias e produtos destinados à venda, produtos em elaboração, materiais de consumo e materiais a serem aplicados no processo de fabricação ou na prestação de serviços.

A avaliação de estoques também foi disciplinada pela NBC TG 16, fundamentada no CPC 16 convergente com as Normas Internacionais de Contabilidade IFRS.

O item 9 dessa NBC TG, estabelece que os estoques devem ser mensurados pelo valor de custo ou pelo valor realizável líquido, dos dois o menor.

Os propósitos da Lei e da norma contábil são convergentes, ou seja: evitar que no Balanço figurem estoques com valores que não sejam recuperáveis, isto é, com valores que não sejam capazes de gerar fluxos de caixa futuros para a empresa, com a venda ou consumo.

Assim, sempre que, na data do levantamento do Balanço, um ou mais itens do estoque apresentar valor de recuperação (valor de mercado, valor justo ou valor realizável líquido) inferior ao seu custo, a empresa deverá reconhecer essa perda.

Contabilmente, a perda é reconhecida mediante débito em uma conta de despesa e crédito em conta redutora do respectivo estoque, conforme veremos adiante.

É importante destacar que o valor a ser comparado com o custo dos estoques é denominado pela Lei n. 6.404/1976 de "valor de mercado" ou "valor justo" e é denominado pela NBC TG 16, de "valor realizável líquido".

A partir daqui adotaremos a denominação dada pela NBC TG 16, ou seja: valor realizável líquido.

Para facilitar a aplicação dessa regra, vamos segregar os estoques em três grupos, conforme consta do inciso II do art. 183 da Lei n. 6.404/1976:

a. matérias-primas e bens em almoxarifado;
b. mercadorias e produtos acabados; e
c. produtos em fabricação.

Para aplicar a regra "custo ou valor realizável líquido, dos dois o menor", na época do levantamento do Balanço, o contabilista estará diante de dois valores: custo e valor realizável líquido.

Vamos, então, ver o que significa estoques, relembrar o que seja custo e entender o que seja valor realizável líquido para cada um dos grupos de estoques mencionados.

7.7.9.2 Estoque

Para a NBC TG 16, os estoques compreendem mercadorias, produtos acabados, produtos em elaboração, materiais de consumo e materiais a serem aplicados no processo de transformação ou na prestação de serviços.

Esses estoques serão apresentados no Balanço pelo valor de custo ou pelo valor realizável líquido, dos dois o menor.

7.7.9.3 Custo

Vejamos, inicialmente, o que significa custo para cada um desses grupos de estoque.

Na realidade, na época do levantamento do Balanço, o contabilista não terá dificuldade para encontrar os custos dos itens dos estoques, pois eles já estão devidamente contabilizados; contudo, o valor realizável líquido precisará ser encontrado. Esse valor depende de fatores externos, pois normalmente é o preço de venda, não o que a empresa define, mas aquele que o mercado estiver disposto a atribuir.

Embora o custo seja facilmente encontrável na escrita contábil, vamos relembrar.

a. matérias-primas e bens em almoxarifado

São os bens adquiridos de terceiros para serem aplicados no processo de fabricação e na prestação de serviços, bem como para serem consumidos em outras áreas da empresa como os materiais de expediente, informática, limpeza, manutenção etc.

Você já sabe que o custo de aquisição de mercadorias, matérias-primas e de outros bens mantidos em almoxarifado, corresponde ao valor pago ao fornecedor. Sabe também que esse valor é influenciado pelos fatos que alteram os valores das compras, conforme vimos na Seção 7.3.

Você sabe também que no final de um período, esses estoques poderão ser compostos por bens de um mesmo tipo, porém adquiridos em datas diferentes, com custos, também diferentes. Essa circunstância nos levou a estudar nas seções 7.7.2 a 7.7.7, seis critérios que podem ser adotados pela empresa para atribuir custos aos seus estoques ao longo do exercício social.

Assim, no final do período, data do levantamento do Balanço, o custo que você deverá considerar para comparar com o valor realizável líquido, é o custo que atribuiu aos estoques utilizando um desses seis critérios.

b. mercadorias e produtos acabados

O custo das mercadorias é determinado da mesma forma do custo das matérias-primas e dos outros materiais adquiridos de terceiros, conforme vimos na letra "a" anterior.

O custo dos produtos acabados é composto pelo custo dos materiais, da mão de obra e dos gastos gerais de fabricação incorridos na fabricação dos produtos. Esse assunto está desenvolvido nos livros Contabilidade de Custos e Contabilidade de Custos – Série em Foco de nossa autoria.

c. produtos em fabricação

O custo a ser atribuído aos produtos em elaboração, poderá ser determinado conforme seja a fase do processo em que o produto se encontre. Quando o processo estiver no início, pode-se adotar o custo das matérias-primas aplicadas; contudo, nas fases mais avançadas, dever-se-á atribuir os custos já incorridos até a respectiva fase.

7.7.9.4 Valor Realizável Líquido

a. matérias-primas e bens em almoxarifado

É o preço pelo qual possam ser repostos, mediante compra no mercado (alínea a do § 1º do art. 183 da Lei n. 6.404/1976 e item 32 da NBC TG 16).

O valor de reposição é obtido mediante consulta efetuada aos fornecedores.

Exemplo prático

Suponhamos que um lote de matérias-primas adquirido por $ 3.000, tenha como valor de reposição (valor de mercado) no final de um período $ 2.500.

Nesse caso, para ajustar o custo de aquisição ao valor de reposição, considerando que o custo de aquisição devidamente contabilizado não pode ser modificado, será preciso, então, reconhecer essa perda mediante débito em conta de despesa e crédito em conta redutora do Ativo. Veja:

Despesas com Perdas Estimadas por Red. ao Val. Real. Líq.
   a Perdas Estimadas por Redução ao Val. Real. Líq.
      Pelo reconhecimento de perda,
         conforme documentos etc. *500*

> **OBSERVAÇÕES:**
> - A conta debitada é conta do grupo das Despesas Operacionais e o seu saldo será transferido para a conta Resultado do Exercício por ocasião da apuração do resultado líquido. Com o débito nessa conta, a empresa estará reconhecendo a perda de $ 500, no momento em que ela foi constatada.
> - A conta creditada é conta patrimonial e figurará no Balanço como redutora da conta Estoque de Matérias-primas, permitindo, assim que o saldo dessa conta reflita o seu valor recuperável.

b. mercadorias e produtos acabados

Segundo o item 6 da NBC TG 16, valor realizável líquido é o preço de venda estimado no curso normal dos negócios deduzido dos custos estimados para sua conclusão[1] e dos gastos estimados necessários para se concretizar a venda.

A Lei n. 6.404/1976, na alínea b do § 1º do art. 183 apresenta definição semelhante, porém inclui a margem de lucro entre as deduções do preço de venda.

A margem de lucro, contestada por alguns tratadistas, deve ser aplicada comedidamente, uma vez que na maioria dos casos fará com que o valor realizável líquido se iguale ao custo.

Segundo o item 30 da mencionada NBC TG 16, as estimativas consideradas para se chegar ao valor realizável líquido (preço de venda, custos para conclusão e gastos para concretizar a venda), devem ser baseadas nas evidências mais confiáveis disponíveis no momento em que essas estimativas são feitas.

Os gastos estimados necessários para se concretizar a venda, referem-se àqueles que irão incorrer quando as mercadorias e produtos forem vendidos. É importante destacar que alguns desses gastos são fixos e não guardam proporcionalidade com o preço de venda, como por exemplo as despesas com embalagens, fretes, pedágio etc., porém, outros são variáveis e guardam proporcionalidade com o preço de venda como é o caso das comissões devidas a vendedores, dos tributos (ICMS, IPI, COFINS e outros) etc.

---
1 A expressão "dos custos estimados para sua conclusão" aplica-se aos estoques de produtos em elaboração.

É importante destacar que entre as despesas necessárias para realização da venda deve-se incluir também as despesas financeiras como por exemplo aquelas decorrentes do desconto de duplicatas.

Exemplo prático

Vamos assumir que em 31.12. x5, um lote de determinada mercadoria integrante do estoque final, esteja contabilizado pelo custo de $ 7.000. Vamos assumir também que o preço de venda estimado dessa mercadoria seja igual a $ 11.000 e que os gastos estimados necessários para se concretizar a venda sejam de $ 2.500.

Considerando as informações apresentadas, veja como encontraremos o valor realizável líquido:

Preço de venda estimado .... $ 11.000
(–) Gastos estimados para se concretizar a venda .... ($ 2.500)
(=) Valor Realizável Líquido .... $ 8.500

Sendo o valor realizável líquido superior ao custo de aquisição, esse lote de mercadorias figurará no Balanço pelo custo de aquisição.

Vamos assumir agora, que os gastos estimados necessários para se concretizar a venda sejam de $ 5.000 com o mesmo preço de venda.

Veja, então como ficará o valor realizável líquido:

Preço de venda estimado .... $ 11.000
(–) Gastos estimados para se concretizar a venda .... ($ 5.000)
(=) Valor Realizável Líquido .... $ 6.000

Com o valor realizável líquido inferior ao custo de aquisição, o lote de mercadorias figurará no Balanço pelo valor realizável líquido.

Para que isto seja possível, será preciso reconhecer contabilmente a perda de $ 1.000.

A contabilização é semelhante ao exemplo apresentado para as matérias-primas.

c. produtos em fabricação

Tendo em vista que os custos a serem atribuídos aos produtos em elaboração podem ser os das matérias-primas ou então os custos realmente incorridos até a fase de fabricação em que os produtos se encontrem, para cotejar com esses custos pode-se utilizar o valor de reposição das matérias-primas ou o preço de venda estimado para os produtos acabados no curso normal dos negócios deduzido dos custos estimados para sua conclusão e dos gastos estimados necessários para se concretizar a venda, conforme já comentamos.

Finalmente, é importante destacar que, segundo o item 33 da NBC TG 16, em cada período subsequente deve ser feita uma nova avaliação do valor realizável líquido. Quando as circunstâncias que anteriormente provocaram a redução dos estoques abaixo do custo deixarem de existir ou quando houver uma clara evidência de um aumento no valor realizável líquido devido à alteração nas circunstâncias econômicas, a quantia da redução deve ser revertida como receita (a reversão é limitada à quantia da redução original), de modo a que o novo montante registrado do estoque seja o menor valor entre o custo e o valor realizável líquido revisto.

Testes de Fixação 2

1. Identifique a alternativa correta:

    1.1 O critério de avaliação dos estoques que deve sempre ser usado para as mercadorias de fácil identificação física é:
    a) PEPS.
    b) Custo Médio Ponderado.
    c) Preço Específico.
    d) UEPS.

    1.2 Ao atribuir às mercadorias estocadas os custos mais recentes, a empresa estará adotando o critério:
    a) UEPS.
    b) Custo Médio Ponderado.
    c) PEPS.
    d) Preço Específico.

    1.3 Atribuindo às mercadorias em estoque os custos mais antigos, a empresa estará adotando o critério:
    a) PEPS.
    b) UEPS.
    c) Custo Médio Ponderado.
    d) Média Ponderada.

2. Responda:

    2.1 Valorar sempre as mercadorias estocadas pela média dos custos de aquisição, atualizando-os a cada compra efetuada, significa adotar qual critério de avaliação de estoques?

    2.2 Valorar as mercadorias estocadas somente no final do período pela média dos custos das mercadorias que estiveram disponíveis para venda durante todo o período consiste em adotar qual critério de avaliação de estoques?

    2.3 Como se denomina o critério de avaliação de estoques que consiste na obtenção do custo de produção ou aquisição, subtraindo-se a margem de lucro do preço de venda?

    2.4 As empresas que trabalham com grande variedade de mercadorias, por razões práticas, podem adotar qual critério para avaliação dos seus estoques?

Atividades Práticas 4

Fatos ocorridos em uma empresa comercial:

1. Em 01/01, compra de 100 peças de mercadorias a $ 10 a unidade, conforme Nota Fiscal n. 234 da Casa Rabelo.
2. Em 02/01, compra de 100 peças de mercadorias a $ 11 a unidade, conforme Nota Fiscal n. 324, da Casa Rabelo.
3. Em 03/01, venda de 50 peças, conforme Nota Fiscal n. 01.
4. Em 04/01, venda de 60 peças, conforme nossa Nota Fiscal n. 02.
5. Em 06/01, compra de 100 peças, por $ 20 a unidade, conforme Nota Fiscal n. 3.244 da Casa Rabelo.
6. Em 10/01, venda de 70 peças, conforme nossa Nota Fiscal n. 03.

Com base nos fatos supra, responda as questões a seguir:

a) Qual será o valor do estoque final e do custo das mercadorias vendidas se adotado o critério PEPS?
b) Qual será o valor do estoque final e do custo das mercadorias vendidas se for adotado o critério UEPS?
c) Qual será o valor do estoque final e do custo das mercadorias vendidas se for adotado o critério do Custo Médio Ponderado Móvel?
d) Qual será o valor do estoque final e do custo das mercadorias vendidas se for adotado o critério do Custo Médio Ponderado Fixo?

7.8 Divergências entre o estoque físico e o contábil

Para se apurar o Resultado da Conta Mercadorias, no final do exercício social ou no final de cada período, quando inferior ao exercício social, as empresas devem elaborar o inventário físico das mercadorias existentes em estoque na referida data.

Quando a empresa adota o sistema de inventário periódico para o registro das operações com mercadorias, o total das mercadorias existentes em estoque apurado por meio do inventário físico será contabilizado na conta Estoque de Mercadorias, para representar o estoque final existente, o qual figurará no balanço de encerramento do período. Por este sistema, não haverá divergência, uma vez que não houve controle contábil dos estoques durante o período.

Quando a empresa adota o sistema de inventário permanente, após efetuar o inventário físico, deverá confrontar o montante nele encontrado com o saldo da conta que, durante todo o período, registrou os estoques na Contabilidade. Neste caso, é comum aparecer divergências entre o saldo escriturado na conta que registra o estoque de mercadorias com o valor inventariado.

Essas divergências podem decorrer de simples erro nos registros contábeis, de perdas ou de quebras conforme explanadas na Seção 7.10 a seguir, ou ainda de furtos, desfalques ou desvios.

Quanto às divergências inexpressivas decorrentes de erros nos registros contábeis, a regularização deverá ser feita entre as contas Estoque de Mercadorias e Custo das Mercadorias Vendidas.

Quando as diferenças forem volumosas, será necessário apurar as causas que certamente serão estranhas à movimentação normal da empresa.

Exemplos práticos

Empresa comercial que adota o sistema de inventário permanente para o registro das operações com mercadorias.

Exemplo 1 – Divergências inexpressivas

a. Estoque físico superior ao estoque contábil:

Suponhamos que em 31 de dezembro de x1, em uma empresa comercial, o inventário físico das mercadorias tenha apresentado o montante de $ 221.200, enquanto a conta Estoque de Mercadorias apresentava nos registros contábeis saldo de $ 221.000.

Regularização:

Estoque de Mercadorias
a Custo das Mercadorias Vendidas
   Pela divergência encontrada no confronto entre o estoque
   físico e o contábil etc.   200

b. Estoque físico menor que o contábil:

Suponhamos, agora, que o estoque físico atinja o montante de $ 50.000, enquanto o estoque contábil apresente saldo igual a $ 50.500.

Regularização:

Custo das Mercadorias Vendidas
a Estoque de Mercadorias
   Divergência a menor entre o estoque físico e o contábil etc.   500

Exemplo 2 – Diferenças expressivas

Suponhamos que, em 31 de dezembro de x1, o inventário físico das mercadorias em estoque em uma empresa comercial tenha sido igual a $ 200.000, enquanto o saldo contábil da conta Estoques tenha sido igual a $ 300.000. Ficando constatada a ocorrência de roubo por terceiros estranhos à empresa, foi feita queixa perante a autoridade policial da localidade.

Regularização:

Perdas por Divergências de Estoques

a Estoque de Mercadorias

Baixa que se processa tendo em vista furto

ocorrido nas dependências da empresa, conforme

Boletim de Ocorrência Policial n. 443......................... 100.000

7.9 Quebras ou perdas de estoque

Os estoques estão sujeitos a perdas ou quebras que podem variar em função da natureza do Bem e da atividade desenvolvida pela empresa. Elas podem ocorrer na fabricação, no transporte, no manuseio ou na armazenagem.

Existem perdas ou quebras que são consideradas normais ou razoáveis, uma vez que decorrem da própria natureza dos bens, como é o caso, por exemplo, de: bens que sofrem perdas com evaporação, seja no processo de fabricação, transporte ou armazenagem (produtos químicos, petróleo e seus derivados); produtos que são armazenados por processo de congelamento ou resfriamento e sofrem perda de peso (aves); produtos que, em decorrência do processo de fabricação, sofrem perdas – como ocorre na indústria de papel e seus derivados (aparas), nas indústrias de confecções etc.

Existem perdas ou quebras de estoques que são consideradas anormais, por serem esporádicas, como aquelas decorrentes de deterioração, obsolescência ou ainda pela ocorrência de riscos não cobertos por seguros.

A legislação tributária reconhece, por meio do artigo 291 do RIR/99, que as perdas e as quebras de estoques, sejam elas normais ou anormais, devem ser contabilizadas como custo de produção ou como custo das mercadorias vendidas, interferindo assim no resultado bruto, desde que devidamente comprovadas.

A contabilização das perdas ou quebras de estoques, portanto, conforme entendimento do fisco, sejam elas normais ou anormais, desde que devidamente justificadas, devem ser contabilizadas como custo de produção ou como custo das mercadorias vendidas, embora, sob o ponto de vista técnico, em relação às perdas anormais, o mais correto seria contabilizá-las diretamente a débito de uma conta representativa de despesa operacional, classificável no subgrupo das Outras Despesas Operacionais.

Testes de Fixação 3

1. Indique se a afirmativa é falsa ou verdadeira:

    1.1 O inventário de mercadorias consiste na contagem física das mercadorias existentes em estoque no final do exercício social, para se conhecer o valor do estoque final.

    1.2 As empresas que adotam o Sistema de Inventário Permanente estão dispensadas da elaboração do inventário de mercadorias.

    1.3 Nas empresas que adotam o Sistema de Inventário Periódico, somente se conhece o valor do estoque final de mercadorias por meio do inventário.

    1.4 Nas empresas que adotam o Sistema de Inventário Permanente, o inventário físico visa ao cotejo entre a existência física e o saldo contábil relativo aos estoques de mercadorias.

    1.5 A atribuição de custos aos estoques, nas empresas que adotam o Sistema de Inventário Permanente, é feita extraindo-se os dados das próprias fichas de controle, seja o critério escolhido pela empresa o PEPS, UEPS ou outro.

    1.6 Quando a empresa adota o Sistema de Inventário Periódico, obrigatoriamente deverá adotar o critério da Média Ponderada Móvel para atribuir custos aos estoques finais.

    1.7 Nas empresas que adotam o Sistema de Inventário Periódico, a atribuição de custos aos estoques finais é feita pelo critério PEPS, sendo que, para isto, bastará consultar as últimas Notas Fiscais de compras.

    1.8 Quando a empresa adota o Sistema de Inventário Permanente, normalmente haverá ajuste a contabilizar, tendo em vista que o valor do estoque físico levantado dificilmente coincidirá com o valor constante dos registros contábeis.

1.9 Além das divergências entre o estoque físico e o contábil, os estoques estão sujeitos, ainda, a perdas ou quebras que podem variar em função da natureza do Bem e da atividade desenvolvida pela empresa.

7.10 Perdas Estimadas em Créditos de Liquidação Duvidosa

7.10.1 Introdução

Perdas Estimadas em Créditos de Liquidação Duvidosa (PECLD) é a nova denominação dada a antiga Provisão para Créditos de Liquidação Duvidosa ou Provisão para Devedores Duvidosos.

Essa nova intitulação foi adotada no processo de adequação da terminologia contábil brasileira aos padrões internacionais de Contabilidade IFRS.

Perdas Estimadas em Créditos de Liquidação Duvidosa (PECLD), portanto, é uma conta redutora do Ativo, que representa valor provisionado no final do exercício social, para cobrir, no exercício seguinte, perdas prováveis decorrentes do não recebimento de parte dos direitos da empresa, existentes na data do levantamento do Balanço.

Contabilmente, quando se provisiona um valor mediante crédito em conta retificadora do Ativo, em contrapartida, debita-se uma conta de despesa, para que a perda estimada ou efetiva seja devidamente reconhecida no resultado do respectivo exercício.

Os direitos sujeitos ao reconhecimento dessa perda são aqueles derivados das vendas a prazo de mercadorias, produtos e serviços, contabilizados nas contas Clientes ou Duplicatas a Receber.

Segundo estabelece a Lei n. 6.404/76, no Balanço, a conta Duplicatas a Receber (ou Clientes), deve ser apresentada no Ativo Circulante ou no Realizável a Longo Prazo, pelo seu valor original, ajustado ao valor provável de realização, quando este for inferior (letra b do inciso I do art. 183).

Segundo a NBC TG 01, fundamentada no CPC 01, toda entidade deve assegurar que seus Ativos estejam registrados contabilmente por valor que não exceda seus valores de recuperação.

Assim, quando um ativo estiver registrado no Balanço por valor excedente ao seu valor de recuperação, esse Ativo é caracterizado como sujeito ao reconhecimento de perdas.

7.10.2 Disciplina da NBC TG 38

Segundo o item 58 da NBC TG 38, fundamentada no CPC 38, a entidade deve avaliar, na data de cada balanço patrimonial, se existe ou não qualquer evidência objetiva de que um ativo financeiro ou um grupo de ativos financeiros esteja sujeito a perda do respectivo valor recuperável.

Conforme se pode observar, para as Normas Internacionais de Contabilidade IFRS, a empresa somente poderá reconhecer perda em ativo financeiro, quando existir evidência objetiva de que esse ativo financeiro está sujeito a essa perda. Assim, as perdas esperadas como resultado de acontecimentos futuros, independentemente do grau de probabilidade, não são reconhecidas.

No item 59 a mencionada NBC TG 38, apresenta exemplos de eventos que evidenciam a existência objetiva de perda no valor recuperável da conta Duplicatas a Receber ou Clientes, e que justificam o reconhecimento da perda e a necessidade de provisionamento, como: significativa dificuldade financeira do cliente; quebra de contrato, tal como o descumprimento ou atraso nos pagamentos de juros ou de capital; falência etc.

É importante destacar que, antes da adoção das Normas Internacionais de Contabilidade IFRS, era prática comum no Brasil o reconhecimento no final de cada exercício social, de perdas com créditos de liquidação duvidosa com base em um valor estimado.

Esse valor era estimado em cada empresa, por meio de estudos fundamentados, principalmente, nas perdas incorridas nos últimos exercícios.

Esses estudos resultavam sempre em um percentual que era aplicado sobre o saldo da conta Duplicatas a Receber ou Clientes existente no final do exercício social. O montante encontrado era reconhecido como perda no exercício em que ocorriam as receitas com vendas e ao mesmo tempo provisionado em conta redutora da conta Duplicatas a Receber ou Clientes.

Conforme vimos, as normas internacionais mudaram radicalmente esse procedimento, uma vez que reconhecem somente perdas quando houver evidência objetiva de que o montante do crédito não mais será recebido, no todo ou em parte.

> **NOTA:**
> - É importante salientar que o fisco brasileiro, desde 1º de janeiro de 1997, não reconhece como dedutível da base de cálculo do Imposto de Renda a despesa estimada com créditos de liquidação duvidosa. Assim, quando a empresa contabiliza essa perda estimada, deve ajustar o resultado do exercício para fins de tributação, no Livro Eletrônico de Escrituração e Apuração do Imposto sobre a Renda e da Contribuição Social sobre o Lucro Líquido da Pessoa Jurídica Tributada pelo Lucro Real (e-Lalur).

7.10.3 Exemplo prático

Suponhamos que no final do exercício de x2 o saldo da conta Duplicatas a Receber de uma empresa comercial seja igual a $ 100.000.

Suponhamos, também que estudos realizados por responsáveis pelos setores de vendas, crédito e cobrança da empresa, com fundamento nas regras contidas na NBC TG38, tenham indicado que o montante das perdas a serem reconhecidas sejam de $ 1.500.

Veja, a seguir, como essa perda será contabilizada.

Lançamento no livro Diário:

(1) Despesas com Perdas Estimadas em Créditos de Liquidação Duvidosa
   a Perdas Estimadas em Créditos de Liquidação Duvidosa
      Pelo reconhecimento da perda etc............................ 1.500

> **OBSERVAÇÕES:**
> - A conta debitada é conta de Despesa Operacional, do grupo das Despesas com Vendas. O saldo dessa conta, juntamente com os saldos das demais contas de despesas do período, será transferido para a conta Resultado do Exercício no momento da apuração do resultado.
> - A conta creditada é conta patrimonial que registra o valor provisionado o qual será utilizado para cobrir possíveis não recebimentos dos créditos durante o exercício seguinte. No Balanço Patrimonial essa conta figurará no Ativo Circulante como redutora da conta Duplicatas a Receber ou Clientes (conta que serviu de base para o seu cálculo).

7.10.4 Baixa de direitos incobráveis

Primeiro Caso: provisionamento suficiente. Suponhamos agora, que em setembro de x3, depois de esgotados todos os recursos disponíveis para a cobrança, considerou-se incobrável uma Duplicata no valor de $ 450.

Para regularizar, basta proceder à baixa do direito incobrável, como segue:

(2) Perdas Estimadas em Créditos de Liquidação Duvidosa
  a Duplicatas a Receber
    Baixa da Duplicata n. X, por ter
    sido considerada incobrável etc..................................... 450

> **NOTA:**
> - Recomenda-se que a baixa de uma Duplicata como incobrável somente seja efetuada depois que a empresa esgotar todos os recursos necessários à sua cobrança. Esses recursos podem ser: telefonemas, envio de telegramas, de cartas além de outros procedimentos, culminando com o protesto do título em cartório.

Segundo Caso: provisionamento insuficiente. Suponhamos que, em outubro de x3, após os procedimentos de praxe, tenha sido considerada incobrável mais uma duplicata no valor de $ 2.000.

Nesse caso, as perdas estimadas, cujo saldo da conta que as registram, é de $ 1.050, torna-se insuficiente. Assim, a diferença será levada a débito de uma conta de Despesa Operacional normal nesta data.

Lançamento no livro Diário:

(3) Diversos
   a Duplicatas a Receber
   a Fulano
      Baixa da Duplicata X, por ter
      sido considerada incobrável, conf.
      documentação anexa:
      Perdas Estimadas em Créditos de Liquidação Duvidosa
      Até o limite provisionado. 1.050
      Perdas com Clientes
      Excesso conf. documentação anexa.......................... 950   2.000

7.10.5 Reconhecimento de novas perdas – Novo Provisionamento

No final do exercício de x3, como ocorre no final de cada exercício social, a empresa deverá proceder aos cálculos e os levantamentos necessários para definir o montante a ser provisionado e consequentemente a ser reconhecido como perda do período.

Para isto, será preciso verificar se existe ou não saldo remanescente na conta PECLD.

Quando não houver saldo remanescente na conta PECLD, o procedimento será como já explicado, isto é, reconhece-se a perda pelo montante levantado, debitando-se a conta de despesa e creditando-se a conta redutora da conta Duplicatas a Receber.

Havendo saldo remanescente na conta PECLD, derivado do exercício anterior, e não utilizado totalmente, para contabilização do novo provisionamento, pode-se adotar uma das seguintes opções:

a. complementar o saldo existente (método da complementação); ou

b. reverter o saldo remanescente e contabilizar o novo provisionamento (método da reversão).

NOTAS:
- Sempre que não houver saldo na conta PECLD, seja porque tenha sido totalmente absorvido por perdas anteriores ou porque a empresa não tenha procedido ao respectivo provisionamento, as perdas decorrentes do não recebimento de direitos serão baixadas em contrapartida de uma conta de Despesa Operacional no momento em que tais perdas forem consumadas.
- Não se deve reconhecer perdas sobre direitos que não ofereçam riscos para a empresa como por exemplo aqueles derivados de vendas com reserva de domínio, com alienação fiduciária em garantia ou de operações com garantia real.

Atividades Práticas 5

PRÁTICA 1

Considerando que no final do exercício de x5, a conta Duplicatas a Receber apresentava saldo igual a $ 450.000 e que, mediante estudos fundamentados na NBC TG 38, a empresa tenha decidido reconhecer uma perda em créditos de liquidação duvidosa no montante de $ 20.000, proceder a contabilização.

PRÁTICA 2

Assumindo que em junho de x7, foram consideradas incobráveis duplicatas no montante de $ 30.000 e sabendo-se que havia saldo de $ 50.000 na conta PECLD, proceder ao registro contábil correspondente.

Testes de Concursos 2

1. (TTN-RJ/92)

Determinada empresa registrou em seu inventário de mercadorias para revenda de 31/12/x0 a existência de 100 unidades do produto A, no valor total de $ 165.000.

Adquiriu, no dia 15/01/x1, 100 unidades do mesmo produto, ao preço total de $ 195.000. Sabendo-se que:
- no dia 10/01/x1 foram vendidas 20 unidades ao preço unitário de $ 2.500;
- não ocorreram outras operações no mês de janeiro de x1;

- a empresa avalia seus estoques pelo método PEPS (Primeiro que Entra, Primeiro que Sai – ou FIFO), pode-se afirmar que o inventário em 31/01/x1 acusava o valor de:

    a) $ 310.000.

    b) $ 321.000.

    c) $ 324.000.

    d) $ 360.000.

    e) $ 327.000.

2. (TTN/94)

    Na movimentação de mercadorias controlada por ficha de estoque, podemos afirmar corretamente que:

    a) O estoque final avaliado a preço médio é maior que o mesmo estoque avaliado a PEPS, num período de preços crescentes (inflacionário).

    b) O estoque final avaliado a PEPS tem o valor das últimas entradas.

    c) O estoque final avaliado a UEPS tem o valor das últimas entradas.

    d) O estoque final tem o valor das compras menos o valor das vendas.

    e) O estoque final avaliado a preço médio é menor que o mesmo estoque avaliado a UEPS, num período de preços crescentes (inflacionário).

3. (TTN-SP/92)

    A firma São Ltda. movimentou seu estoque de batedeiras de bolo como segue:
    - 01/05: Estoque inicial: 200 unidades ao custo unitário de $ 2.000;
    - 20/05: Compras de 200 unidades ao custo unitário de $ 3.000, já sem o ICMS;
    - 22/05: Compras de 300 unidades pelo custo total de $ 1.200.000, já sem o ICMS;
    - No dia 21/05 a empresa vendeu 300 batedeiras de bolo a $ 5.000 cada uma.

    Se a empresa paga ICMS de 10% sobre o preço de venda e avalia seus estoques pelo critério PEPS, nesta operação de venda ela obteve um lucro bruto de:

    a) $ 150.000.

    b) $ 550.000.

    c) $ 650.000.

    d) $ 700.000.

    e) $ 800.000.

4. (AFTN/89)

    No mês de outubro, a firma Omar Telo de Barros realizou a seguinte movimentação de compras e vendas da única mercadoria com que trabalha e que isenta de ICM:

- Estoque em 01/10: 2.200 unidades ao custo unitário de $ 0,50.
- Vendas em 05/10: 1.000 unidades ao preço unitário de $ 0,95.
- Compras em 10/10: 2.000 unidades ao custo unitário de $ 0,90.
- Vendas em 30/10: 1.400 unidades ao preço unitário de $ 0,95.

Com essas operações, a empresa apresentará na contabilidade um estoque final de mercadorias e um lucro operacional bruto (RCM), respectivamente, de:

a) $ 900 e $ 280, se adotar o critério de avaliação UEPS.
b) $ 900 e $ 280, se adotar o critério de avaliação PEPS.
c) $ 1.242 e $ 622, se adotar o critério de avaliação Preço Médio.
d) $ 1.620 e $ 1.000, se adotar o critério de avaliação UEPS.
e) $ 1.620 e $ 1.000, se adotar o critério de avaliação PEPS.

OBSERVAÇÃO:
- Se você não observou atentamente as datas informadas na questão, certamente encontrará um estoque final, pelo critério UEPS, igual a 900. A primeira venda, contudo, ocorreu no dia 05/10, antes que a segunda compra fosse realizada (10/10); assim, o custo da primeira venda, por qualquer critério, terá de ser o correspondente ao do estoque inicial. Por outro lado, como a segunda venda ocorreu no dia 30/10, será calculado com base na compra de 10/10.

CAPÍTULO 8

OPERAÇÕES ENVOLVENDO ATIVO NÃO CIRCULANTE

8.1 Introdução

Já estudamos que o Balanço Patrimonial (Demonstração Contábil utilizada para evidenciar a situação patrimonial e financeira da empresa), é composto por duas partes: Ativo e Passivo.

No **Passivo**, são classificadas as contas representativas das origens dos recursos que estão à disposição da empresa: capitais de terceiros (obrigações) e capitais próprios (Patrimônio Líquido).

No **Ativo**, são classificadas as contas que representam as aplicações dos recursos que estão à disposição da empresa: Bens e Direitos.

Assim, os recursos originados conforme mostra o Passivo estão aplicados na empresa conforme mostra o Ativo.

No Ativo, portanto, há recursos aplicados no Ativo Circulante e no Ativo Não Circulante.

Conforme estabelece o § 1º do artigo 178 da Lei n. 6.404/1976, o Ativo Não Circulante é composto pelos seguintes grupos: Ativo Realizável a Longo Prazo, Investimentos, Imobilizado e Intangível.

Neste capítulo, daremos ênfase aos Investimentos, ao Imobilizado e ao Intangível, onde são classificadas as contas representativas das aplicações de recursos feitas pela empresa em caráter permanente.

Diante da diversidade de operações que envolvem esses três grupos do Ativo Não Circulante, você, que está se preparando para prestar concursos, deve estudar, no mínimo, os assuntos que constarem dos programas apresentados nos editais dos concursos que irá prestar.

8.2 Investimentos

8.2.1 Conceito

De acordo com o estabelecido no inciso III do artigo 179 da Lei n. 6.404/1976, classificam-se como investimentos as contas representativas das participações permanentes em outras sociedades e dos direitos de qualquer natureza, não classificáveis no Ativo Circulante, e que não se destinem à manutenção da atividade da companhia ou da empresa.

Nesse dispositivo legal, quando a Lei se refere a direitos de qualquer natureza, não classificáveis no Ativo Circulante, devemos entender, também, não classificáveis no Ativo Realizável a Longo Prazo, embora tenha havido esse lapso no texto legal.

Assim, segundo o dispositivo legal supracitado, existem duas modalidades de investimentos que devem figurar neste grupo do Ativo Não Circulante:

a) Participações permanentes em outras sociedades; e

b) Direitos de qualquer natureza, não classificáveis no Ativo Circulante ou no Ativo Realizável a Longo Prazo.

8.2.2 Participações permanentes em outras sociedades

Introdução

As participações em outras sociedades são efetuadas mediante a compra de títulos representativos do capital dessas sociedades. Esses títulos normalmente são ações ou quotas.

Quando uma empresa (investidora) adquire títulos representativos do capital de outra sociedade (investida), esses títulos poderão ser classificados no Ativo Circulante ou no Ativo Não Circulante, subgrupos Realizável a Longo Prazo ou Investimentos. Essa segregação dependerá do destino a ser dado a esses títulos.

Quando a aquisição tem caráter meramente especulativo, isto é, a empresa adquire esses títulos para mantê-los no seu patrimônio por pouco tempo, aguardando o melhor momento para renegociá-los, eles deverão ser contabilizados em contas do Ativo Circulante ou do Ativo Realizável a Longo Prazo. Por outro lado, quando a empresa adquire esses títulos desejando fazer deles um complemento de suas atividades econômicas (visando a receber dividendos, bonificações ou por outros motivos de seu interesse), deverá contabilizá-los em contas do grupo Investimentos.

Quando vigorava o regime de correção monetária do balanço, extinto a partir de 1º/01/1996, o fisco entendia (Parecer Normativo CST n. 108/1978) que havia presunção de intenção de permanência do investimento sempre que, embora classificado no Ativo Circulante, não fosse alienado até a data do Balanço levantado no final do exercício seguinte àquele no qual o investimento havia sido adquirido. Assim, estando enquadrada nesse procedimento, para atender determinação do fisco a empresa deveria reclassificar a conta representativa do investimento para o grupo Investimentos do Ativo Não Circulante.

As participações permanentes em outras sociedades poderão ocorrer em sociedades coligadas, em sociedades controladas, em sociedades que façam parte de um mesmo grupo ou que estejam sob controle comum (*joint venture*), ou ainda em outras sociedades que não se enquadram nessas mencionadas.

O controle comum pode ser exercido por uma mesma pessoa jurídica, por uma mesma pessoa física ou por um conjunto de pessoas físicas, independentemente do percentual de participação no capital. O título da conta utilizada para o registro contábil do investimento deverá exprimir com clareza o tipo do investimento a que se refere.

LEITURA OBRIGATÓRIA:
- Veja a composição dos Investimentos na Seção 1.8 do Apêndice.

Coligadas

São coligadas as sociedades nas quais a investidora tenha influência significativa. (§ 1º do artigo 248 da Lei n. 6.404/1976).

Veja, também os §§ 4º e 5º do mesmo artigo citado:

"§ 4º Considera-se que há influência significativa quando a investidora detém ou exerce o poder de participar nas decisões da política financeira ou operacional da investida, sem controlá-la.

§ 5º É presumida influência significativa quando a investidora for titular de vinte por cento ou mais do capital votante da investida, sem controlá-la."

Veja, agora, definições extraídas do item 3 da NBC TG 18:

- Coligada é uma entidade, incluindo aquela não constituída sob a forma de sociedade tal como uma parceria, sobre a qual o investidor tem influência significativa e que não se configura como controlada ou participação em empreendimento sob controle conjunto (*joint venture*).

- Controle é o poder de governar as políticas financeiras e operacionais da entidade de forma a obter benefícios de suas atividades.
- Influência significativa é o poder de participar nas decisões financeiras e operacionais da investida, sem controlar de forma individual ou conjunta essas políticas.

Controladas

Considera-se controlada a sociedade na qual a controladora, diretamente ou por meio de outras controladas, é titular de direitos de sócio que lhe assegurem, de modo permanente, preponderância nas deliberações sociais e o poder de eleger a maioria dos administradores. (§ 2º do artigo 243 da Lei n. 6.404/1976).

Veja, agora, a definição extraída do item 2 da NBC TG 18:

> "Controlada é a entidade, incluindo aquela não constituída sob a forma de sociedade tal como uma parceria, na qual a controladora, diretamente ou por meio de outras controladas, é titular de direitos de sócio que lhe assegurem, de modo permanente, preponderância nas deliberações sociais e o poder de eleger a maioria dos administradores."

A participação é direta quando a investidora é proprietária do total ou da maior parte do capital votante da sua investida.

Exemplo: a investidora A constituiu uma empresa B, sua controlada, sendo a única proprietária das 50.000 ações representativas do seu capital.

Neste caso, além de participar diretamente do capital da investida, a empresa A mantém o controle acionário direto da empresa B.

A participação é indireta quando a investidora (controladora) e uma ou mais de uma das suas controladas são proprietárias no conjunto da maioria do capital votante de uma terceira sociedade.

Exemplo: suponhamos que a Investidora A seja proprietária de 80% do capital votante da sua controlada B. Suponhamos, ainda, que a investidora A seja proprietária de 30% do capital votante da sociedade C, da qual a controlada B seja também proprietária de 35% do capital votante. Nesse caso, como a investidora A com sua controlada B, juntas, são proprietárias de mais de 50% do capital votante de C, dizemos que a investidora A é controladora indireta de C.

> **NOTA:**
> - A Lei n. 6.404/1976 veda a participação recíproca entre a companhia e suas coligadas ou controladas, contudo apresenta exceções a essa regra.

Controladas em conjunto (joint venture)

Veja as definições extraídas do item 3 da NBC TG 19:

"Empreendimento controlado em conjunto (joint venture) é o acordo contratual em que duas ou mais partes se comprometem à realização de atividade econômica que está sujeita ao controle conjunto.

Controle conjunto é o compartilhamento do controle, contratualmente estabelecido, sobre uma atividade econômica e que existe somente quando as decisões estratégicas, financeiras e operacionais relativas à atividade exigirem o consentimento unânime das partes que compartilham o controle (os empreendedores).

Empreendedor é um dos participantes em determinado empreendimento controlado em conjunto que detém o controle compartilhado sobre esse empreendimento."

Investimentos em outras sociedades

Veja, agora, um exemplo de investimento em sociedade que não seja considerada coligada, controlada nem controlada em conjunto.

Vamos assumir que a empresa industrial Ferreira S/A tenha participado do aumento de capital promovido na Companhia São Luiz S/A, subscrevendo 10.000 ações, no valor nominal de $ 1,00 cada uma.

Considerando que o investimento corresponde a 2% do capital da investida e que a investidora, embora tenha dado ao investimento caráter permanente, não deseja controlá-lo nem mesmo exercer qualquer influência em suas atividades, veja os procedimentos contábeis:

1. Pela subscrição das ações:

(1) Participações em Outras Empresas
a Subscrição de Ações
Nossa subscrição de 10.000 ações
ordinárias nominativas, no valor de
$ 1 cada, correspondente ao aumento do
capital da Companhia São Luiz 10.000

2. Pela integralização:

(2) Subscrição de Ações
   a Bancos conta Movimento
   a Banco Urupês S/A
       Nosso pagamento à Companhia São Luiz,
    referente à integralização de 10.000
    ações, por meio do n/cheque n. 815.333................   10.000

> **NOTAS:**
> - No exemplo que acabamos de apresentar, a empresa investidora adquiriu ações participando do processo de aumento de capital por subscrição efetuada na própria empresa investida. Entretanto, a empresa investidora poderá, também, adquirir ações de outras empresas mediante negociação por meio das bolsas de valores ou ainda no mercado de balcão.
> - O exemplo apresentado, guardadas as devidas proporções em relação ao percentual do investimento no capital da investida e interesse de controle ou influência significativa, aplica-se aos casos de outros investimentos como em coligadas e controladas.

Fundos de investimentos com incentivos fiscais

Representam parte do Imposto de Renda devido pelas empresas com base no Lucro Real apurado trimestral ou anualmente, ou ainda com base nas parcelas recolhidas mensalmente, pelo regime de estimativa.

A pessoa jurídica (empresa investidora) escolhe dentre os fundos disponibilizados pelo Governo aquele no qual pretende fazer a aplicação, como: Fundo de Investimentos do Nordeste (Finor); Fundo de Investimentos da Amazônia (Finam) e Fundo de Recuperação Econômica do Espírito Santo (Funres).

A opção pelo investimento pode ser formalizada na Declaração de Informações Econômico-Fiscais da empresa (DIPJ) ou no curso do ano-mensal ou trimestralmente.

Essas participações podem ser classificadas tanto no Realizável a Longo Prazo como no grupo de Investimentos, ambos do Ativo Não Circulante. Contudo, é importante salientar que há uma exigência da legislação tributária para que as contas representativas desses fundos incentivados sejam classificadas no grupo Investimentos (Instrução Normativa SRF n. 11/1996).

A contabilização dos investimentos incentivados pelo Governo deve ser efetuada em duas etapas:

a. No momento em que ocorrer o depósito, mediante débito em uma conta representativa do investimento, que poderá ser "Depósitos para Investimentos com Incentivos Fiscais – nome do fundo escolhido" e crédito em conta representativa de reserva, que poderá ser a conta "Reserva de Incentivos Fiscais – nome do fundo escolhido".

Esse procedimento deriva do fato de que, uma vez que integrando o IR recolhido, o incentivo representa uma devolução para a empresa, de parte do valor que recolheu ao governo.

b. No momento em que a empresa recebe do governo o Certificado de Investimento.

Nesse momento (que pode ocorrer até dois anos da data do depósito), deve-se transferir o saldo da conta que registrou o referido depósito para a conta apropriada que reflita o respectivo investimento. Pode ser a conta "Participações em Fundos de Investimentos com Incentivos Fiscais – nome do fundo escolhido".

Mais detalhes sobre a contabilização desse tipo de investimento você encontra no livro Contabilidade Avançada de nossa autoria.

8.2.3 Outros investimentos

Classificam-se como outros investimentos os direitos de qualquer natureza, não classificáveis no Ativo Circulante ou no Ativo Realizável a Longo Prazo, desde que não se destinem à manutenção da atividade da empresa e não sejam efetuados em títulos representativos do capital de outras sociedades. São investimentos dessa natureza aqueles efetuados em obras de arte, antiguidades, propriedade para investimentos (imóveis de renda) etc.

8.2.4 Avaliação (mensuração) dos investimentos

Introdução

Os Bens e Direitos classificados no grupo de Investimentos do Ativo Não Circulante, para fins de apuração dos resultados e apresentação nas demonstrações contábeis, no final de cada exercício social, podem ser avaliados pelo Método do Custo (MC), pelo Método do Valor Justo (MVJ) ou pelo Método da Equivalência Patrimonial (MEP).

Esse assunto é tratado pela Lei n. 6.404/1976 em seus artigos 183 e 248 a 250 e também por várias Normas Brasileiras de Contabilidade do tipo NBC TG, como nas NBCS TGS 01, 15, 18, 19, 38, 39 e 46.

Os investimentos efetuados em títulos representativos do capital de sociedades coligadas, controladas, controladas em conjunto e em outras sociedades que façam parte de um mesmo grupo serão avaliados pelo Método da Equivalência Patrimonial, enquanto que aqueles representativos do capital de outras sociedades não enquadradas nos casos que acabamos de citar serão avaliados pelo Método do Custo ou pelo Método do Valor Justo.

> **LEITURAS OBRIGATÓRIAS:**
> - artigos 183 e 248 a 250 da Lei n. 6.404/1976 e itens 43 a 70 da NBC TG 38.

Método do Custo

O Método do Custo de aquisição ou do custo histórico ou simplesmente Método do Custo (MC) consiste em avaliar os investimentos tendo como base os valores das transações que lhes deram origem.

Desta forma, quando um investimento ingressa no patrimônio, ele deve ser contabilizado pelo respectivo valor de entrada, isto é, pelo custo de aquisição constante do documento que comprova o ingresso do respectivo investimento, acrescido dos demais encargos com a transação (custos de transação), como corretagens, emolumentos, tributos etc.

No final de cada exercício social ou de cada semestre, conforme a empresa esteja obrigada a apurar resultados semestrais ou anuais, os investimentos classificados no grupo de Investimentos do Ativo Não Circulante serão avaliados nos termos dos incisos III e IV do artigo 183 da Lei n. 6.404/1976, veja:

"Art. 183. No balanço, os elementos do ativo serão avaliados segundo os seguintes critérios:

...

III – os investimentos em participação no capital social de outras sociedades, ressalvado o disposto nos artigos 248 a 250, pelo custo de aquisição, deduzido de provisão para perdas prováveis na realização do seu valor, quando essa perda estiver comprovada como permanente, e que não será modificado em razão do recebimento, sem custo para a companhia, de ações ou quotas bonificadas;

IV – os demais investimentos, pelo custo de aquisição, deduzido de provisão para atender às perdas prováveis na realização do seu valor, ou para redução do custo de aquisição ao valor de mercado, quando este for inferior;"

É importante observar que o inciso III, acima transcrito, refere-se a investimentos em títulos representativos do capital de outras sociedades, enquanto o inciso IV refere-se a outros investimentos como obras de arte, propriedades para investimento etc.

Observe, ainda, que nos dois incisos consta a exigência do reconhecimento de perdas. Contudo, para os investimentos em títulos representativos do capital de outras sociedades (desde que não sejam em coligadas, controladas ou em outras sociedades que façam parte de um mesmo grupo ou estejam sob controle comum) somente será permitido o reconhecimento de perda quando for possível provar que a perda é permanente e que o valor do investimento não será modificado em razão do recebimento, sem custo para a companhia, de ações ou quotas bonificadas; já para os demais investimentos (que não correspondam a títulos representativos do capital de outras sociedades), poderão ser reconhecidas perdas prováveis na realização do seu valor, ou para redução do custo de aquisição ao valor de mercado, quando este for inferior.

Lembramos, ainda, que nos incisos I e II do mesmo artigo 183 da Lei n. 6.404/1976, há outras previsões para avaliação de elementos classificados no Ativo Circulante e no Realizável a Longo Prazo.

Exemplo prático

Suponhamos que a empresa A participe do capital da empresa B com investimento de $ 50.000. Esse investimento corresponde a 5% do capital de B. Suponhamos, também, que a empresa B, tendo em vista a perda de mercado pelo lançamento de novos produtos por concorrentes, tem apresentado prejuízo nos últimos Balanços, não havendo perspectivas de recuperação, pelo menos no próximo exercício. Neste caso, a empresa A deverá reconhecer uma perda contabilizando-a a débito de conta de despesa e a crédito de conta redutora do investimento. O montante da perda deverá ser proporcional à redução do Patrimônio Líquido de B no último exercício.

Supondo ser essa redução de 20%, o valor da perda será:

20% de 50.000 = 10.000.

Lançamento no livro Diário:

(1) Despesas com Perdas Prováveis na Realização de Investimentos
 a Perdas Prováveis na Realização de Investimentos
  Pelo reconhecimento de perdas
prováveis, a razão de 20%sobre o
investimento, tendo em vista situação
permanente de redução do Patrimônio
Líquido da investida... 10.000

> **OBSERVAÇÕES:**
> - A conta "Despesas com Perdas Prováveis na Realização de Investimentos", sendo debitada possibilita o reconhecimento da perda no resultado do exercício atual.
> - A conta creditada, "Perdas Prováveis na Realização de Investimentos", é conta patrimonial e aparecerá no Balanço Patrimonial como redutora da conta que registra o respectivo investimento, possibilitando que este figure no Balanço pelo seu valor de realização.

Método do Valor Justo

O Método do Valor Justo (MVJ) consiste em avaliar o investimento atribuindo-lhe o respectivo valor de mercado.

Valor justo é o preço que seria recebido pela venda de um Ativo ou que seria pago pela transferência de um Passivo em uma transação não forçada entre participantes do mercado na data de mensuração (ver NBC TG 46). (Item 9 da NBC TG 38, alterada pela NBC TG 38 (R1).)

Você já sabe que para avaliar um investimento pelo método do custo, deve-se comparar o valor contábil do investimento com o seu valor provável de realização.

Lembramos que valor contábil é o saldo da conta representativa do investimento constante do livro Razão. Compreende o custo de aquisição com possíveis revisões efetuadas ao longo do tempo.

Quando o valor provável de realização for superior ao valor contábil, nenhuma providência será tomada; contudo, sendo o valor provável de realização inferior ao valor contábil, deve-se reconhecer a perda, porém, o valor da conta representativa do investimento não sofrerá alteração alguma. É criada uma conta redutora que figurará no Balanço para que o valor do investimento reflita o valor de realização.

No Método do Valor Justo, o procedimento é diferente.

Deve-se comparar o valor contábil do investimento com seu valor justo, ou seja, com seu valor de mercado. Neste caso, qualquer que seja o valor justo, ele influirá no saldo da conta representativa do investimento.

Quando o valor justo for superior ao valor contábil do investimento, haverá um ganho para a empresa investidora. Esse ganho será reconhecido mediante débito na conta representativa do investimento e crédito na conta Ajustes de Avaliação Patrimonial que é do Patrimônio Líquido.

Quando o valor justo for inferior ao valor contábil do investimento, haverá perda, a qual será reconhecida mediante débito na conta Ajustes de Avaliação Patrimonial do Patrimônio Líquido e crédito na própria conta representativa do investimento.

O ganho ou a perda devidamente contabilizados a crédito ou a débito da conta Ajustes de Avaliação Patrimonial somente serão transferidos para o resultado no exercício em que o respectivo investimento for alienado.

> **LEITURA OBRIGATÓRIA:**
> - NBC TG 46, aprovada pela Resolução CFC n. 1.428, de 25 de janeiro de 2013, que trata da mensuração do valor justo.

Método da Equivalência Patrimonial

O Método da Equivalência Patrimonial (MEP) consiste na atualização do valor dos investimentos feitos em sociedades coligadas ou em controladas e em outras sociedades que façam parte de um mesmo grupo ou estejam sob controle comum, situadas no Brasil ou no exterior, com base na variação ocorrida no Patrimônio Líquido das citadas sociedades investidas.

A Lei n. 6.404/1976 disciplina esse assunto em seu artigo 248, com o intuito de fazer com que o valor do investimento se mantenha equivalente ao percentual de participação da investidora no valor do Patrimônio Líquido de sua investida, no final de cada exercício social. Veja, então, o que dispõe esse citado dispositivo legal:

"Artigo 248. No balanço patrimonial da companhia, os investimentos em coligadas ou em controladas e em outras sociedades que façam parte de um mesmo grupo ou estejam sob controle comum serão avaliados pelo método da equivalência patrimonial, de acordo com as seguintes normas:

I – o valor do Patrimônio Líquido da coligada ou da controlada será determinado com base em Balanço Patrimonial ou Balancete de verificação levantado, com observância das normas desta Lei, na mesma data, ou até 60 (sessenta) dias, no máximo, antes da data do Balanço da companhia; no valor de Patrimônio Líquido não serão computados os resultados não realizados decorrentes de negócios com a companhia, ou com outras sociedades coligadas à companhia, ou por ela controladas;

II – o valor do investimento será determinado mediante a aplicação, sobre o valor de Patrimônio Líquido referido no número anterior, da porcentagem de participação no capital da coligada ou controlada;

III – a diferença entre o valor do investimento, de acordo com o número II, e o custo de aquisição corrigido monetariamente; somente será registrada como resultado do exercício:

a) se decorrer de lucro ou prejuízo apurado na coligada ou controlada;

b) se corresponder, comprovadamente, a ganhos ou perdas efetivos;

c) no caso de companhia aberta, com observância das normas expedidas pela Comissão de Valores Mobiliários.

§ 1º Para efeito de determinar a relevância do investimento, nos casos deste artigo, serão computados como parte do custo de aquisição os saldos de créditos da companhia contra as coligadas e controladas.

§ 2º A sociedade coligada, sempre que solicitada pela companhia, deverá elaborar e fornecer o Balanço ou Balancete de Verificação previsto no número I.

A princípio, a aplicação do MEP consiste em uma tarefa relativamente simples. Acompanhe:

Exemplo prático

Suponhamos que no Balanço Patrimonial da empresa A, levantado em 31/12/x1, conste no Ativo Não Circulante um investimento no valor de $ 240.000, no capital da companhia B.

Vamos assumir que a participação de A corresponda a 40% do capital de B, sua coligada.

Suponhamos, agora, que em 31/12/x2 a coligada B tenha apurado um lucro líquido de $ 300.000, que teve a seguinte destinação: $ 100.000 na constituição de reservas de lucros e $ 200.000 na distribuição aos acionistas em forma de dividendos.

O Patrimônio Líquido de B, em 31/12/x2, ficou como segue:

Capital *600.000*
Reservas de Lucros *100.000*
Total *700.000*

Portanto, ao apurar os seus resultados em 31/12/x2, a investidora deverá atualizar o valor do seu investimento, em decorrência da variação ocorrida no Patrimônio Líquido de B, para que o valor do investimento constante do Ativo Não Circulante de A continue equivalendo a 40% do Patrimônio Líquido de B.

O cálculo para fins de atualização do investimento é simples: como a participação de A em B corresponde a 40% do capital de B, bastará então aplicar 40% sobre o Patrimônio Líquido de B existente em 31/12/x2.

Entretanto, ao efetuar esse cálculo, é preciso considerar que, no final de cada exercício social, as empresas em geral apuram seus resultados e procedem a sua destinação na constituição de reservas, na distribuição de dividendos, na compensação de prejuízos acumulados apurados em exercícios anteriores ou no aumento do capital social.

No nosso exemplo, observe que o lucro apurado pela coligada B foi igual a $ 300.000, porém figura no Patrimônio Líquido somente $ 100.000 (Reservas de Lucros), uma vez que $ 200.000 foram distribuídos aos acionistas e figuram no Passivo Circulante na conta Dividendos a Pagar.

Nesse caso, para fins de cálculo da equivalência patrimonial, o valor distribuído aos acionistas deve ser adicionado ao valor do Patrimônio Líquido. Veja os cálculos:

Patrimônio Líquido de B em 31/12/x2:
600.000
Reservas de Lucros 100.000
Dividendos distribuídos... 200.000
Patrimônio Líquido ajustado 900.000

Cálculo da equivalência patrimonial:
40% de 900.000 = 360.000

O valor encontrado ($ 360.000) corresponde ao valor atualizado do investimento de A em B, que deverá figurar no Balanço Patrimonial de A.

Para apurar o valor da variação, faremos:

Valor do investimento atualizado (40% do Patrimônio
  Líquido atual de B):.. 360.000
(–) Valor original do investimento .... (240.000)
(=) Valor da variação... 120.000

Tendo em vista que, desse valor encontrado ($ 120.000), $ 80.000 já foram distribuídos pela coligada B em forma de dividendos (40% de $ 200.000), a parcela correspondente aos dividendos será contabilizada em conta representativa de Direito da investidora com a coligada, e a parcela referente ao aumento do PL da coligada será contabilizada a débito da conta que registra o respectivo investimento. Veja:

(1) *Diversos*
    a *Receitas de Participações Societárias*
        Atualização que se processa no valor do investimento,
    conforme variação apurada pelo MEP, como segue:
    Dividendos a Receber
        Ref. a parcela distribuída etc.................................. 80.000

Participação na Coligada B
    Conf. aplicação do MEP etc.................................. <u>40.000</u>   120.000

_____   _____

> **OBSERVAÇÕES:**
> - Observe que a conta Participação na Coligada B, sendo debitada por $ 40.000, fica com seu saldo devidamente atualizado e figurará no Balanço da investidora em 31/12/x2 pelo valor de $ 280.000, que equivale a 40% do Patrimônio Líquido de B, nessa data.
> - Observe, também, que a parcela do lucro líquido pertencente à investidora (40% de $ 200.000) ficou devidamente registrada a débito da conta Dividendos a Receber, do Ativo Circulante, representando direito da investidora para com a investida.
> - Observe, finalmente, que o valor da variação, $ 120.000, representa receita para a investidora. Essa receita – classificada no grupo de Outras Receitas Operacionais – provocará aumento no resultado do exercício da investidora; entretanto, não integrará a base para o cálculo do Imposto de Renda e da Contribuição Social sobre o Lucro, uma vez que representa parte do lucro apurado por B, no final já sofreu essas tributações.

Se a coligada não tivesse distribuído $ 200.000 de dividendos, o registro contábil seria como segue:

(2) Participação na Coligada B
    a Receitas de Participações Societárias
        Atualização que se processa no valor
        do investimento, conforme variação apurada
        pelo MEP, conf. cálculos.. 120.000

_____   _____

Suponhamos agora que, no exercício de x3, a coligada B tenha efetuado o pagamento dos dividendos aos seus acionistas. Nesse momento, a investidora efetuará o seguinte registro contábil, referente à parcela que recebeu em dinheiro:

(3) Bancos conta Movimento
    a Dividendos a Receber
        Valor correspondente aos dividendos etc...................... 80.000

_____   _____

Quando ocorrer redução no valor do Patrimônio Líquido da investida, em decorrência de prejuízos por ela apurado, o registro contábil da atualização do investimento será:

(4) Despesas de Participações Societárias
    a Participação na Coligada B
        Redução do valor do investimento
    que se processa, pela aplicação do
        MEP etc. .... $

NOTA:
- Com o intuito de permitir a você o conhecimento do mecanismo da aplicação do MEP, apresentamos um exemplo bem simples. Alertamos, no entanto, que antes de se calcular o valor da atualização do investimento, alguns ajustes extracontábeis serão necessários, principalmente no valor do Patrimônio Líquido das investidas, em decorrência das regras para aplicação do MEP, contidas na Lei n. 6.404/1976, nas Normas Internacionais de Contabilidade (IFRS) consubstanciadas nas Normas Brasileiras de Contabilidade (NBCSTGS) e também em disciplinas derivadas da CVM. No entanto, julgamos que para atender às exigências contidas na maior parte dos editais de concursos sobre Contabilidade Geral, as noções aqui apresentadas são suficientes; caso você esteja se preparando para prestar prova mais específica, deverá consultar esse assunto no nosso livro de Contabilidade Avançada.

Testes de Fixação 1

1. Escolha a alternativa correta
    1.1 O Ativo Não Circulante é composto pelos seguintes grupos:
    a) Investimentos, Imobilizado e Intangível.
    b) Realizável a Longo Prazo, Investimentos, Imobilizado e Intangível.
    c) Realizável a Longo Prazo, Investimentos e Intangível.
    d) Ativo Imobilizado e Investimentos.
    1.2 O MEP aplica-se aos investimentos em:
    a) Coligadas
    b) Controladas
    c) *Joint venture*
    d) Todas estão corretas.
    1.3 A atualização do investimento em coligada pelo MEP, quando corresponder a aumento do PL da investida, é feita nos livros contábeis da investida, mediante:
    a) Débito na conta que registra o respectivo investimento.

b) Crédito na conta que registra o respectivo investimento.
c) Crédito em conta de receita operacional.
d) N.D.A.

2. Responda:
   2.1 De acordo com o estabelecido no inciso III do artigo 179 da Lei n. 6.404/1976, quais contas classificam-se como Investimentos?
   2.2 O que são coligadas?
   2.3 O que significa influência significativa?
   2.4 O que são controladas?
   2.5 O que é *joint venture*?
   2.6 O que são Fundos de Investimentos com Incentivos Fiscais?
   2.7 Cite três exemplos de outros investimentos classificáveis no grupo de Investimentos do Ativo Não Circulante.
   2.8 Em que consiste o Método do Custo?
   2.9 Em que consiste o Método do Valor Justo, e o que é valor justo?
   2.10 Em que consiste o Método da Equivalência Patrimonial?

3. Indique se a afirmativa é falsa ou verdadeira:
   3.1 ( ) Títulos representativos do capital de outras sociedades são ações ou quotas.
   3.2 ( ) Classificam-se como outros investimentos os direitos de qualquer natureza, não classificáveis no Ativo Circulante ou no Ativo Realizável a Longo Prazo, desde que não se destinem à manutenção da atividade da empresa e não sejam efetuados em títulos representativos do capital de outras sociedades.
   3.3 ( ) Existem apenas dois métodos para mensuração dos investimentos: MC e MEP.
   3.4 ( ) Para fins de aplicação do MEC, o valor do Patrimônio Líquido da coligada ou da controlada será determinado com base em Balanço levantado na mesma data do Balanço da controladora.

Atividades Práticas 1

PRÁTICA 1

Contabilize os seguintes fatos:
1. Em 01.02.x1, a empresa Rio das Flores S/A subscreveu 5% do capital da Companhia Campinas S/A, no valor de $ 20.000.
2. Em 01.03.x1, ocorreu a integralização por meio do cheque n. 001.777 contra o banco Urupês S/A.

PRÁTICA 2

Contabilize o seguinte fato:

Em 10.04. x2, a Comercial Mendes Ltda comprou 15.000 ações correspondendo a 30% do capital votante de Matarazo S/A, pelo valor patrimonial de $ 15.000.

PRÁTICA 3

Reconhecer, contabilmente, perda no montante equivalente a 25% do valor da participação na Comercial Felipe Gaspar S/A, tendo em vista previsão de redução do patrimônio líquido com base nas perdas regulares nos últimos

5 exercícios. O valor do investimento é de $ 500.000.

PRÁTICA 4

Efetue os cálculos e a contabilização para atualização de um investimento, com base no MEP, observando:

- Valor do investimento na controlada A em 31.12.x5: $ 210.000.
- Percentual de participação na controlada A: 70%.
- PL da controlada em 31.12. x6: $ 500.000.
- Considerar que, em fevereiro de x6, a controlada A pagou em dinheiro, para a investidora, dividendos no valor de $ 140.000.

8.3 Ativo Imobilizado

8.3.1 Conceito

O Ativo Imobilizado é um grupo do Ativo Não Circulante, onde devem ser classificadas as contas representativas dos Bens de Uso da empresa.

Bens de Uso são aqueles por meio dos quais a empresa desenvolve as suas atividades para atingir os seus objetivos.

A quantidade e espécie de Bens de Uso variam conforme seja o porte e o ramo das atividades desenvolvidas pela empresa.

As empresas comerciais utilizam Bens tanto na área administrativa quanto na comercial. Esses Bens podem ser: o prédio onde estão instaladas, mesas, cadeiras, escrivaninhas, armários, computadores, balcões, vitrinas, prateleiras, automóveis e muitos outros.

As empresas industriais, além dos Bens que podem ser os mesmos utilizados nas áreas administrativa e comercial das empresas comerciais, utilizam também Bens na área de produção como máquinas, equipamentos, ferramentas, computadores etc.

As empresas prestadoras de serviços, dependendo do tipo de serviço que prestam, poderão também manter em seu Ativo Imobilizado, os mesmos Bens utilizados por uma empresa do ramo industrial.

Portanto, a parcela do capital total que a entidade investe no Ativo Imobilizado, depende das suas necessidades em decorrência das atividades que realizam.

Os Bens do Imobilizado, são tangíveis (corpóreos, materiais) e podem ser móveis (mesas, armários, veículos etc.) ou imóveis (casas, prédios, terrenos etc.).

Segundo o item 6 da NBC TG 27, Ativo Imobilizado é o item Tangível mantido pela entidade por mais de um exercício social, seja para uso na produção, no fornecimento de mercadorias, na prestação de serviços, seja para aluguel a outros, ou, ainda, para fins administrativos.

A Lei n. 6.404/1976 estabelece no inciso IV do artigo 179 que se considera Ativo Imobilizado os direitos que tenham por objeto Bens corpóreos destinados à manutenção das atividades da companhia ou da empresa ou exercidos com essa finalidade, inclusive os decorrentes de operações que transfiram à companhia os benefícios, riscos e controle desses Bens.

Para atender o contido nesse dispositivo legal, devem ser classificados também no Imobilizado, os Bens de propriedade de terceiros, arrendados para uso da empresa por meio de contrato de arrendamento mercantil.

> **LEITURA OBRIGATÓRIA:**
> - Veja a composição do Imobilizado na Seção 1.8 do Apêndice.

8.3.2 Aspectos Contábeis

Segundo a NBC TG 27, os principais pontos a serem considerados na contabilização do Ativo Imobilizado são: o reconhecimento dos Ativos, a determinação dos seus valores contábeis e os valores de Depreciação e perdas por desvalorização a serem reconhecidas em relação aos mesmos.

As contas representativas dos Bens de Uso poderão englobar elementos conforme a natureza e o uso semelhantes nas operações da entidade, como: Terrenos; Terrenos e Edifícios; Máquinas; Navios; Aviões; Veículos a motor; Móveis e Utensílios; Equipamentos de Escritório; e Plantas Portadoras. (Item 37 da NBC TG 27, alterada pela NBC TG 27 (R3).)

Essas contas, por sua vez, no Plano de Contas poderão ser agrupadas como segue:

a. **Operacional Corpóreo (Tangível)**: composto por contas representativas de aplicações de recursos em bens materiais que estão em uso na empresa. Esses Bens são necessários para que a empresa atinja os seus objetivos (comercialização, produção ou prestação de serviços). Os mais comuns são os móveis e utensílios, computadores, veículos etc.

b. **Operacional Recursos Naturais**: composto por contas representativas de aplicações de recursos em Bens materiais objetos de exploração por parte da empresa. Esses recursos podem ser minerais (jazidas de carvão, argila, ferro etc.) ou naturais (florestas).

c. **Imobilizado Objeto de Arrendamento Mercantil**: composto por contas representativas de bens corpóreos arrendados de terceiros.

d. **Imobilizado em Andamento**: composto por contas representativas de investimentos de recursos em Bens que, por estarem incompletos e sem operar, ainda não geram riquezas para a empresa. A partir do momento em que esses Bens estiverem completos ou concluídos, prontos para operar, deverá ser dada baixa na respectiva conta que registrou o Bem em andamento, transferindo seu valor para conta apropriada, do Imobilizado Operacional.

É importante salientar que os bens corpóreos classificados no Ativo Imobilizado estão sujeitos à Depreciação ou à Exaustão. Dessa forma, logo em seguida a cada uma das contas classificadas no Imobilizado, poderá figurar uma conta redutora, representativa de Depreciação ou de Exaustão Acumulada.

8.3.3 Incorporações de Bens no Ativo Imobilizado

A contabilização das incorporações de Bens Tangíveis integrantes do Ativo Imobilizado, decorrentes de aquisições, é relativamente simples. Na maior parte dos casos, debita-se a conta que representa o Bem que está sendo adquirido e credita-se a conta Caixa ou Bancos – quando se tratar de compras à vista – e Fornecedores ou Duplicatas a Pagar – quando se tratar de compras a prazo.

Segundo o item 16 da NBC TG 27, o custo de um item do Ativo Imobilizado compreende:

a. seu preço de aquisição, acrescido de impostos de importação e impostos não recuperáveis sobre a compra, depois de deduzidos os descontos comerciais e abatimentos;

b. quaisquer custos diretamente atribuíveis para colocar o Ativo no local e condição necessárias para o mesmo ser capaz de funcionar da forma pretendida pela administração;

c. a estimativa inicial dos custos de desmontagem e remoção do item e de restauração do local (sítio) no qual este está localizado. Tais custos representam a obrigação em que a entidade incorre quando o item é adquirido ou como consequência de usá-lo durante determinado período para finalidades diferentes da produção de estoque durante esse período.

O item 23 da NBC TG 27 estabelece que o custo de um item de Ativo Imobilizado é equivalente ao preço à vista na data do reconhecimento. Se o prazo de pagamento excede os prazos normais de crédito, a diferença entre o preço equivalente à vista e o total dos pagamentos deve ser reconhecida como despesa com juros durante o período.

Algumas aquisições merecem cuidados especiais, embora também não ofereçam dificuldades para o seu registro, como é o caso da aquisição de imóveis quando há pagamento de sinal e posterior concretização da compra; compra de equipamentos de processamento eletrônico de dados, para segregar a parte que deve ser contabilizada como Bem material (Tangível) daquela que deve ser contabilizada como Bem imaterial (Intangível); aquisição com entrega parcelada como as de Bens importados etc.

Veja alguns exemplos:

Compra de imóveis

Compra de um terreno para uso da empresa, do Sr. Luiz Gonzaga, medindo 700 m², sem benfeitorias, situado à Rua Conselheiro Moreira, no valor de $ 200.000, nas seguintes condições:

- Foi paga (em 01/02) a importância de $ 20.000 como sinal, por meio do cheque n. 701 contra o Banco Urupês S/A;
- Em 05/02 foi lavrada escritura no Cartório do 2º Ofício, no qual ocorreu o pagamento, por meio do cheque n. 893, do saldo do preço do terreno, bem como o pagamento por meio do cheque n. 894, das seguintes despesas:
  - Imposto de transmissão – $ 5.000
  - Despesas com tabelião – $ 600
  - Despesas com registro – $ 300

Contabilização:

- Em 1º de fevereiro:

    (1) Aquisições de Imóveis em Andamento
    a Bancos conta Movimento
    a Banco Urupês S/A
    Valor do sinal pago a Luiz Gonzaga, referente à compra de um terreno, medindo 700 m², localizado nesta cidade, à rua Conselheiro Moreira, conforme recibo de sinal desta data, pago com cheque n. 701 de nossa emissão. 20.000

    _____   _____

- Em 5 de fevereiro:

    (2) Aquisições de Imóveis em Andamento
    a Bancos conta Movimento
    a Banco Urupês S/A
    Nosso cheque n. 893 emitido em favor de Luiz Gonzaga, referente à liquidação do saldo do imóvel, conforme escritura lavrada no Cartório do 2º Ofício 120.000

    _____   _____

    (3) Aquisições de Imóveis em Andamento
    a Bancos conta Movimento
    a Banco Urupês S/A

> Encargos com a aquisição conforme lançamento anterior, pagos com nosso cheque n. 894, a saber:
> Imposto de Transmissão, conforme guia 5.000
> Despesas com tabelião, conforme recibo 600
> Despesas com registro, conforme recibo 300   5.900

Depois de efetuados os pagamentos e lavrada a escritura, fica definitivamente comprovada a aquisição. Faremos, agora, a transferência da conta Aquisições de Imóveis em Andamento para a conta própria, denominada Imóveis.

> (4) Imóveis
>   a Aquisições de Imóveis em Andamento
>   Pelo custo total de um terreno etc........................ 205.900

Aquisição de equipamentos e programas de informatização

Com o computador, a empresa adquire um conjunto de equipamentos necessários à sua operacionalização. Em linguagem de processamento de dados, esses instrumentos são classificados em dois grupos:

a. **Hardware**: compreendendo todo o equipamento, composto de computador, *winchester*, teclado, monitor de vídeo, impressora e outros, inclusive os programas que o acompanham, denominados programas de base. Esses equipamentos devem ser contabilizados na conta Computadores e Periféricos ou Equipamentos de Processamento de Dados, pertencente ao Imobilizado;

b. **Software de aplicação**: corresponde aos programas adquiridos separadamente ou desenvolvidos pela própria empresa. A conta mais adequada para se registrar esses programas é Sistemas Aplicativos – Software, representativa de Bem Intangível.

Exemplo:

Suponhamos que a empresa X Ltda., tenha adquirido, da Importadora Nova Era S/A, conforme NF n. 1951, um microcomputador desktop (de mesa), marca Itautec, no valor de $ 2.500, com a seguinte composição devidamente constante da referida Nota Fiscal: gabinete modelo minitorre, HD, monitor, impressora, teclado, mouse e software operacional Windows.

Contabilização:

(1) Computadores e Periféricos
   a Caixa
      Nossa aquisição de micro desktop e softwares básicos, conforme configuração descrita à NF n. 1.951 da Importadora Nova Era S/A 2.500

8.3.4 Avaliação (mensuração) dos Bens do Imobilizado

Para fins de apuração dos resultados e elaboração das Demonstrações Contábeis, os Bens do Imobilizado podem ser avaliados no final de cada exercício social, pelo método do custo ou, quando permitido por Lei, pelo método da reavaliação.

Veja, inicialmente a disciplina contida na Lei n. 6.404/1976:

"Art. 183. No balanço, os elementos do ativo serão avaliados segundo os seguintes critérios:

...

V – os direitos classificados no imobilizado, pelo custo de aquisição, deduzido do saldo da respectiva conta de depreciação, amortização ou exaustão;"

Veja, agora, as disciplinas contidas na NBC TG 27:

"29. Quando a opção pelo método de reavaliação for permitida por lei, a entidade deve optar pelo método de custo do item 30 ou pelo método de reavaliação do item 31 como sua política contábil e deve aplicar essa política a uma classe inteira de ativos imobilizados.

Método do Custo

30. Após o reconhecimento como ativo, um item do ativo imobilizado deve ser apresentado ao custo menos qualquer depreciação e perda por redução ao valor recuperável acumuladas (NBC TG 01 – Redução ao Valor Recuperável de Ativos).

Método da Reavaliação

31. Após o reconhecimento como um ativo, o item do ativo imobilizado cujo valor justo possa ser mensurado confiavelmente pode ser apresentado, se permitido por lei, pelo seu valor reavaliado, correspondente ao seu valor justo à data da reavaliação menos qualquer depreciação e perda por redução ao valor recuperável acumuladas subsequentes.

A reavaliação deve ser realizada com suficiente regularidade para assegurar que o valor contábil do ativo não apresente divergência relevante em relação ao seu valor justo na data do balanço."

A reavaliação de Bens de Uso, quando permitida por Lei, é efetuada para atualizar o valor contábil do Bem ao valor justo, ou seja, ao valor pelo qual o Bem pode ser negociado no mercado.

Contabilmente, basta debitar a conta representativa do bem a ser reavaliado e creditar uma conta do Patrimônio Líquido. Poderá ser a conta Ajustes de Avaliação Patrimonial ou Reserva de Reavaliação. Contudo, enquanto não houver permissão legal e regulamentação derivada do CFC, a reavaliação de Bens do Imobilizado não pode ser efetuada.

8.3.5 Baixa de Bens do Ativo Imobilizado

Os Bens do Ativo Imobilizado podem ser baixados em decorrência de alienação (venda), desapropriação, perecimento, extinção, desgaste, obsolescência, exaustão, liquidação, ou ainda quando não houver mais expectativa de benefícios econômicos futuros com a sua utilização ou alienação.

Na baixa de Bens do Ativo Imobilizado, que são Tangíveis, certamente o referido Bem tenha sofrido Depreciação ou Exaustão, caso em que se deverá apurar o ganho ou a perda de capital. O resultado positivo (lucro) ou negativo (prejuízo) obtido na baixa de Bens de Uso deve ser registrado em conta classificada no grupo das Outras Receitas ou das Outras Despesas, conforme veremos no item 8.9.

NOTA:
- As benfeitorias realizadas em propriedades de terceiros devem ser classificadas no Imobilizado.

LEITURA OBRIGATÓRIA:
- NBC TG 27 – Ativo Imobilizado, aprovada pela Resolução CFC n. 1177/2009.

Testes de Fixação 2

1. Escolha a alternativa correta.
    1.1 "Considera-se Ativo Imobilizado os direitos que tenham por objeto Bens corpóreos destinados à manutenção das atividades da companhia ou da empresa ou exercidos com essa finalidade."
    O conceito acima está:

    a) Na NBC TG 27.
    b) Na NBC TG 04.
    c) Na Lei n. 6.404/1976.
    d) N.D.A.

    1.2 Para incorporar um Bem no Imobilizado, contabilmente basta:
    a) Creditar a conta representativa do Bem.

b) Debitar a conta Caixa ou Bancos, conforme o caso.
c) Debitar a conta representativa do Bem Intangível.
d) Debitar a conta representativa do Bem Tangível.

1.3 Os Bens do Imobilizado serão apresentados no Balanço:
a) Pelo custo de aquisição, deduzido da depreciação acumulada.
b) Pelo valor reavaliado.
c) Pelo valor reavaliado, quando permitido por Lei.
d) As alternativas "a" e "c" estão corretas.

2. Responda:
2.1 Que tipo de contas devem ser classificadas no Imobilizado?
2.2 Cite cinco Bens de Uso comuns em empresas comerciais.
2.3 Que tipo de contas devem ser classificadas no subgrupo "Imobilizado em Andamento"?
2.4 Contabilmente como é feita a reavaliação de um Bem Tangível?
2.5 Cite três das circunstâncias que justificam a baixa de Bens do Imobilizado.

3. Indique se a afirmativa é falsa ou verdadeira:
3.1 ( ) O montante dos bens de uso não pode ultrapassar a 50% do valor do Patrimônio Líquido da empresa.
3.2 ( ) Classificam-se, também no Imobilizado, os Bens de propriedade de terceiros, arrendados para uso da empresa.
3.3 ( ) Os Bens de uso Adquiridos a prazo serão incorporados no Imobilizado pelo valor da compra deduzido dos juros embutidos na operação.
3.4 ( ) Independentemente do método de mensuração adotado pela empresa, todo Bem do Imobilizado inicialmente será registrado pelo custo.

Atividades Práticas 2

PRÁTICA 1

Em 15 de janeiro de x1, uma determinada empresa industrial, adquiriu uma máquina de produção conforme Nota Fiscal n. 300 da Comercial Paulinas S/A, no valor de $ 60.000, com ICMS embutido no preço, no valor de $ 10.800.

A empresa incorreu, ainda em gastos com a instalação da máquina, tendo pago a empresa especializada, Serviçal LTDA, a importância de $ 2.000, conforme NF n. 231. Os pagamentos foram efetuados por meio dos cheques n.os 01 e 02, respectivamente, contra o Banco Urupês S/A.

PRÁTICA 2

Compra de um apartamento por $ 50.000, sendo pago no dia 07.03.x3, como sinal, a importância de $ 10.000 em dinheiro; e, no dia 25.03.x3, o restante acrescido de despesas com a transmissão, incluindo impostos, taxas e despesas com corretagens, no valor de $ 4.000. O pagamento foi efetuado em dinheiro.

Efetuar os registros necessários.

8.4 Intangível

8.4.1 Conceito

Considera-se **Intangível** os direitos que tenham por objeto Bens incorpóreos destinados à manutenção da companhia ou exercidos com essa finalidade, inclusive o fundo de comércio adquirido. (Inciso VI do artigo 179 da Lei n. 6.404/1976)

A NBC TG 04, em seu item 8, define Ativo Intangível como um Ativo não monetário identificável sem substância física. Para essa norma, Ativo Monetário é aquele representado por dinheiro ou por direitos a serem recebidos em uma quantia fixa ou determinável de dinheiro.

No item 9 da NBC TG 04 consta que as entidades frequentemente despendem recursos ou contraem obrigações com a aquisição, o desenvolvimento, a manutenção ou o aprimoramento de recursos intangíveis como conhecimento científico ou técnico, projeto e implantação de novos processos ou sistemas, licenças, propriedade intelectual, conhecimento mercadológico, nome, reputação, imagem e marcas registradas (incluindo nomes comerciais e títulos de publicações).

> **LEITURA OBRIGATÓRIA:**
> - Veja a composição do Intangível na Seção 1.8 do Apêndice.

É importante destacar que, conforme exigência contida na NBC TG 04, um Ativo somente poderá ser enquadrado na definição de Intangível quando:

a. for separável, ou seja, puder ser separado da entidade e vendido, transferido, licenciado, alugado ou trocado, individualmente ou junto com um contrato, Ativo ou Passivo relacionado, independente da intenção de uso pela entidade; ou

b. resultar de direitos contratuais ou outros direitos legais, independentemente de tais direitos serem transferíveis ou separáveis da entidade ou de outros direitos e obrigações.

Estabelece ainda a NBC TG 04 que, quando um Ativo não atende a definição necessária para que possa ser caracterizado como Ativo Intangível, o gasto incorrido na sua aquisição ou geração interna deve ser reconhecido como despesa no momento em que incorrer.

O Intangível, portanto, é composto exclusivamente por contas representativas de Bens Incorpóreos (imateriais), os quais, embora não possuindo existência corpórea, representam direitos de propriedade industrial ou comercial, legalmente conferidos a seus possuidores.

É importante destacar, também, o contido no item 4 da já mencionada NBC TG 04, onde consta que alguns Ativos Intangíveis podem estar contidos em elementos que possuem substância física, como um disco (no caso de software), documentação jurídica (no caso de licença ou patente) ou em um filme.

Para saber se um Ativo que contém elementos intangíveis e tangíveis deve ser tratado como ativo imobilizado ou como ativo intangível, nos termos da NBC TG 04, a entidade deve avaliar qual elemento é mais significativo. Por exemplo, um software de uma máquina--ferramenta controlada por computador que não funciona sem esse software específico, é parte integrante do referido equipamento, devendo ser tratado como Ativo Imobilizado. O mesmo se aplica ao sistema operacional de um computador. Quando o software não é parte integrante do respectivo hardware, ele deve ser tratado como Ativo Intangível.

LEITURAS OBRIGATÓRIAS:
- NBCS TG 04, 15 e 1.000.

8.4.2 Incorporação de Bens no Intangível

O que incorporar

Segundo o item 21 da NBC TG 04, um Ativo Intangível deve ser reconhecido apenas se:
a. for provável que os benefícios econômicos futuros esperados atribuíveis ao Ativo serão gerados em favor da entidade; e
b. o custo do Ativo possa ser mensurado com confiabilidade.

Fundo de Comércio (Goodwill)

Fundo de comércio é o valor que se paga a maior, isto é, além do valor justo dos Ativos Líquidos por ocasião da compra do total ou de parte de uma empresa.

Esse sobrepreço é pago pelo reconhecimento de vários fatores intangíveis que agregam valor à empresa, e que estão gerando ou são capazes de gerar fluxos de caixa, como nome, clientela, reputação, capital intelectual etc.

Vamos assumir que a empresa A tenha adquirido a empresa B por $ 500.

Considerando que o patrimônio da empresa B na data da transação apresentava um Ativo total de $ 400, um Passivo total de $ 100 e um Ativo Líquido ou Patrimônio Líquido de $ 300, concluímos que a empresa A pagou pela empresa B $ 200 a mais do valor patrimonial da referida empresa.

Nesse caso, essa diferença de $ 200 será contabilizada na empresa A como um Bem imaterial.

A contabilização dessa transação poderá ser como segue:

Diversos
a Bancos conta Movimento
Participação na Controlada B 300
*Fundo de Comércio (**Goodwill**).......................... 200   500*

A conta Fundo de Comércio, que poderia também receber a denominação de Ágio por Expectativa de Rentabilidade Futura, representa um Bem imaterial, a qual, no Balanço individual deve figurar no grupo Investimentos e no balanço consolidado no grupo do Intangível.

Essa conta, somente poderá ser amortizada após aplicação do teste de recuperabilidade no final de cada período. Esse teste, conforme veremos na Seção 8.8, consiste na análise efetuada nos termos do § 3º do artigo 183 da Lei n. 6.404/1976, sobre recuperação dos valores registrados no Intangível.

Se essa análise revelar que o valor de mercado do ágio (fundo de comércio) é superior ao contabilizado, não haverá Amortização; se, por outro lado, ficar constatado que o valor de mercado for inferior ao valor contabilizado, a diferença corresponderá ao valor da quota de Amortização do período.

É importante destacar que, de acordo com as disciplinas contidas na NBC TG 1.000, as pequenas e médias empresas poderão proceder a Amortização sistemática da conta Fundo de Comércio, durante 10 anos, salvo se outro critério mais seguro indicar Amortização por período e montantes diferentes.

Quando a aquisição do total ou de parte do patrimônio de outra empresa for efetuada com deságio, isto é, por valor abaixo do valor justo dos Ativos líquidos (compra vantajosa), embora esse fato seja raro, e a operação tenha ocorrido em uma combinação de negócios, a diferença a menor entre o valor pago e o valor justo que representa um ganho deve ser reconhecida no resultado do período, na data da aquisição. (Item 32 da NBC TG 15).

Combinação de negócios é a união de entidades ou negócios separados em uma única entidade, onde a adquirente obtém o controle de uma ou mais entidades ou negócios. (Item 19.3 da NBC TG 1.000).

LEITURAS OBRIGATÓRIAS:
- NBCS TG 04, 15 e 1.000

Marcas e patentes

Esse título engloba dois Bens imateriais da mesma espécie: as **marcas** e as **patentes**.

Normalmente representam pequenos gastos com o registro de marcas ou patentes de invenções próprias, ou ainda com a aquisição de direitos para o uso de marcas, patentes, processos de fabricação etc, mediante contratos firmados com terceiros.

A conta utilizada para o registro de gastos dessa natureza poderá englobar marcas e patentes em conta única ou, quando os gastos forem expressivos, poder-se-á utilizar contas segregadas. Quando se tratar de aquisição de direito de uso, a conta mais indicada será "Direitos de Uso de Marcas (Patentes)".

No Brasil, esse assunto está disciplinado pela Lei n. 9.279/1996. É importante destacar que o Regulamento do Imposto de Renda (RIR/99) também apresenta regras relacionadas com a Amortização desses Bens para fins fiscais.

Para que o proprietário de uma marca ou de uma patente de invenção possa usufruir com exclusividade de todos os direitos estabelecidos na legislação, é necessário que providencie o registro no Instituto Nacional da Propriedade Industrial (INPI).

a. Marcas

Esse assunto está disciplinado nos artigos 122 e 123 da Lei n. 9.279/1996.

Se no edital do concurso que você irá prestar, constar detalhes acerca das marcas, sugerimos a consulta aos dispositivos legais supramencionados.

Exemplo:

Suponhamos que uma determinada empresa de confecções tenha criado a marca Atol para identificar todos os produtos a serem por ela fabricados. Visando a garantir o uso exclusivo dessa marca, contratou os serviços da empresa Bico de Lacre Ltda. para providenciar o registro no Instituto Nacional de Propriedade Industrial (INPI), tendo pago a importância de $ 3.000, conforme Nota Fiscal de serviços n. 333. O pagamento foi efetuado por meio do cheque de sua emissão n. 555.001, contra o Banco Urupês S/A. O total da Nota Fiscal incluiu os serviços no valor de $ 2.000 e taxas de registro no valor de $ 1.000.

Contabilização:

(1) Marcas e Patentes
    a Bancos conta Movimento
    a Banco Urupês S/A
        Pelos gastos com o registro da marca Atol,
    conforme NF n. 333 de Bico de Lacre Ltda.,
    pago com nosso cheque n. 555.001...................... 3.000

> **NOTAS:**
> - Para fins fiscais, a conta Marcas e Patentes, na parte relativa às marcas, estará sujeita à Amortização somente quando houver prazo limitado para sua utilização. Caso contrário, não poderá ser amortizada (inciso I do artigo 425 do RIR/99).
> - O registro da marca vigorará pelo prazo de dez anos, contados da data da concessão do registro, prorrogável por períodos iguais e sucessivos (artigo 133 da Lei n. 9.279/1996).

b. Patentes

Veja o que dispõe o artigo 6º da Lei n. 9.279/1996:

"Artigo 6º – Ao autor de invenção ou modelo de utilidade será assegurado o direito de obter a patente que lhe garanta a propriedade, nas condições estabelecidas nesta Lei."

A contabilização do custo das patentes é semelhante à contabilização do custo das marcas, já exemplificado no item anterior.

> **NOTA:**
> - Tendo em vista que a Lei n. 9.279/1996 limita a vigência do direito relativo as patentes a um determinado período de tempo, para fins fiscais, a amortização dos respectivos custos deverá ser efetuada durante esse prazo (inciso I do artigo 325 do RIR/99).

Lista de Clientes

Vamos supor que uma determinada empresa de marketing tenha adquirido uma lista de clientes por $ 5.000, conforme Nota Fiscal n. 391 de Listas virtuais Ltda. O pagamento foi efetuado por meio de cheque e a empresa pretende utilizar a lista por 4 anos.

Contabilização:

  Lista de Clientes
  a Bancos conta Movimento
    Aquisição conforme NF n.391 etc 5.000

> **OBSERVAÇÃO:**
> - A conta debitada "Lista de Clientes", será classificada no Ativo Intangível e estará sujeita a Amortização.

8.4.3 Avaliação (Mensuração) de Bens do Intangível

Os Bens do Ativo Intangível, para fins de apuração dos resultados e apresentação nas demonstrações contábeis, no final de cada exercício social podem ser avaliados pelo método de custo ou, quando permitido por Lei, pelo método da reavaliação.

Veja a disciplina contida na Lei n. 6.404/1976:

"Art. 183. No balanço, os elementos do ativo serão avaliados segundo os seguintes critérios:

...

VII – os direitos classificados no intangível, pelo custo incorrido na aquisição deduzido do saldo da respectiva conta de amortização;"

Método de custo: consiste em atribuir aos Bens do Ativo Intangível, o seu valor original, isto é, o custo de aquisição ou o de geração interna, quando permitido.

Assim, os Bens do Intangível serão apresentados no Balanço pelo seu custo original diminuído da eventual Amortização acumulada e qualquer perda acumulada por redução ao valor recuperável.

Método de reavaliação: esse método somente deve ser aplicado após o Bem ter sido inicialmente contabilizado pelo custo.

Segundo o item 75 da NBC TG 04, alterado pela NBC TG 04 (R1), após o seu reconhecimento inicial, se permitido legalmente, um Ativo intangível pode ser apresentado pelo seu valor reavaliado, correspondente ao seu valor justo à data da reavaliação.

Para efeitos de reavaliação nos termos da NBC TG 04, o valor justo deve ser mensurado em relação a um mercado ativo.

A reavaliação tem que ser realizada regularmente para que, na data do balanço, o valor contábil do Ativo não apresente divergências relevantes em relação ao seu valor justo.

Contabilmente a reavaliação é feita debitando-se a conta representativa do bem a ser reavaliado e creditando-se uma conta do Patrimônio Líquido. Pode ser a conta Ajustes de Avaliação Patrimonial ou Reserva de Reavaliação. Contudo, a reavaliação de bens do Intangível só poderá ser efetuada após permissão legal e regulamentação do CFC.

8.4.4 Baixa de Bens do Intangível

Como regra geral, a baixa dos Bens imateriais ocorrerá no momento em que a conta que registra sua Amortização acumulada atingir 100% de seu valor. A baixa será efetuada contabilmente, debitando-se a conta que registrou a Amortização acumulada e creditando-se a conta representativa do Bem, objeto da baixa.

É preciso salientar que poderão ocorrer baixas antes mesmo que o Bem tenha sido totalmente amortizado ou ainda sem que tenha ocorrido Amortização, casos em que o saldo a amortizar ou o valor total do Bem não amortizado serão baixados em contrapartida de conta representativa de despesa.

Testes de Fixação 3

1. Escolha a alternativa correta.
   1.1 Integram o Intangível:
      a) Bens materiais.
      b) Investimentos.
      c) Bens imateriais.
      d) Bens incorpóreos e Bens corpóreos.
   1.2 Segundo o item 21 da NBC TG 04, um Ativo Intangível deve ser reconhecido apenas se:
      a) For provável que os benefícios econômicos futuros esperados atribuíveis ao Ativo serão gerados em favor da entidade.
      b) O custo do Ativo possa ser mensurado com confiabilidade.
      c) For gerado internamente e possa integrar o custo de um Bem de Uso.
      d) As alternativas "a" e "b" estão corretas.
   1.3 A incorporação de Bens no Intangível, contabilmente é feita mediante:
      a) Débito em conta representativa do Bem imaterial.
      b) Débito em conta representativa das disponibilidades.
      c) Débito em conta representativa do Imobilizado.
      d) N.D.A.
2. Responda:
   2.1 O que a Lei n. 6.404/1976 considera Intangível?
   2.2 Como a NBC TG 04 define Ativo Intangível?
   2.3 Em que grupo do Ativo Não Circulante deve ser classificado um software adquirido com a finalidade específica de controlar estoques?
   2.4 O que é fundo de comércio?
   2.5 Para fins de apuração de resultados e elaboração do Balanço Patrimonial, quantos métodos de mensuração podem ser utilizados?
   2.6 Contabilmente, como se processa a baixa de um Bem do Intangível, após estar totalmente amortizado?
3. Indique se a afirmativa é falsa ou verdadeira:
   3.1 (   ) O fundo de comércio gerado internamente, segundo a Lei n. 6.404/1976, deve ser reconhecido no Intangível.
   3.2 (   ) O fundo de comércio é um sobrepreço pago no momento da compra de uma empresa, como reconhecimento da marca, clientela etc.
   3.3 (   ) A conta Marcas e Patentes engloba dois Bens imateriais. Contudo eles podem ser contabilizados segregadamente quando os valores forem expressivos.
   3.4 (   ) Segundo a legislação tributária, as patentes devem ser amortizadas durante um determinado tempo conforme disciplina contida na Lei n. 9.279/1996.
   3.5 (   ) Os Bens do Intangível serão apresentados no Balanço pelo seu custo original diminuído da eventual amortização acumulada e qualquer perda acumulada por redução ao valor recuperável.

Atividade Prática 3

PRÁTICA 1

Suponhamos que uma determinada empresa de Cosméticos tenha criado a marca "Estilo" para identificar todos os produtos a serem por ela fabricados. Visando garantir o uso exclusivo dessa marca, contratou os serviços da empresa Segira Ltda, para providenciar o registro no Serviço Nacional de Propriedade Industrial, tendo pago a importância de $ 4.000, conf. Nota Fiscal de Serviços n. 1289. O pagamento foi efetuado em dinheiro. O total da Nota Fiscal incluiu os serviços no valor de $ 3.000, e taxas de registro no valor de $ 1.000.

8.5 Depreciação

8.5.1 Conceito

Depreciação é a alocação sistemática do valor depreciável de um Ativo ao longo da sua vida útil. (Item 6 da NBC TG 27)

Alocar sistematicamente o valor depreciável de um bem consiste em "transferir" periodicamente uma parcela do valor gasto na aquisição, fabricação ou construção do bem de uso para o resultado do período.

Essa transferência que é feita apenas contabilmente durante o tempo de vida útil econômica do Bem, não implica na redução do valor original do custo do respectivo Bem.

Já vimos que os Bens materiais, corpóreos ou tangíveis, classificados no Ativo Imobilizado, são necessários para que a empresa possa desenvolver as suas atividades e alcançar os seus objetivos. São considerados Bens de consumo durável porque não se desgastam no primeiro uso.

Quando a empresa adquire um Bem de duração não superior a um ano, o valor gasto na compra desse Bem não estará sujeito à Depreciação, devendo ser contabilizado diretamente como despesa operacional, na data em que foi adquirido. Entretanto, cada um dos Bens de consumo durável que será utilizado pela empresa para desenvolver suas atividades normais por vários anos será depreciado ao longo do tempo de vida útil estimado para esse Bem, permitindo que o valor gasto na sua aquisição ou fabricação seja distribuído proporcionalmente, visando a compor o custo ou o valor das despesas dos exercícios durante os quais esse Bem foi utilizado na geração de riquezas.

Com o advento da Lei n. 11.638/2007, cujos efeitos entraram em vigor a partir de 1º de janeiro de 2008, as regras para fixação do prazo, bem como da taxa de Depreciação, que até então eram as definidas pelo Fisco, mudaram.

Agora o que prevalece para determinar as quotas de Depreciação é o prazo de vida útil econômica do Bem e não a vontade do fisco.

Segundo estabelece o § 3º do artigo 183 da Lei n. 6.404/1976, as empresas deverão efetuar, periodicamente, análise sobre a recuperação dos valores registrados no Imobilizado e no Intangível, a fim de que sejam:

> I – registradas as perdas de valor do capital aplicado quando houver decisão de interromper os empreendimentos ou atividades a que se destinavam ou quando comprovado que não poderão produzir resultados suficientes para recuperação desse valor;
>
> II – revisados e ajustados os critérios utilizados para determinação da vida útil econômica estimada e para cálculo da depreciação, exaustão e amortização.

A depreciação, portanto, têm por objeto os bens materiais (tangíveis), integrantes do Ativo Imobilizado, como Computadores e Periféricos, Instalações, Móveis e Utensílios, Veículos, Edifícios e Construções etc.

OUTRAS INFORMAÇÕES IMPORTANTES:
(extraídas do item 6 da NBC TG 27)
- Valor depreciável é o custo de um Ativo ou outro valor que substitua o custo, menos o seu valor residual.
- Valor residual de um Ativo é o valor estimado que a entidade obteria com a venda do Ativo, após deduzir as despesas estimadas de venda, caso o ativo já tivesse a idade e a condição esperadas para o fim de sua vida útil.
- Vida útil é:
    a) o período de tempo durante o qual a entidade espera utilizar o Ativo; ou
    b) o número de unidades de produção ou de unidades semelhantes que a entidade espera obter pela utilização do Ativo.

8.5.2 Causas que justificam a Depreciação

a. **Desgaste pelo uso:** após entrar em operação, com o decorrer do tempo, os Bens adquiridos para uso se desgastam provocando enfraquecimento da capacidade de produção. Por exemplo, um automóvel utilizado diariamente, no final de cinco anos não terá o mesmo rendimento que tinha quando era novo;

b. **Ação do tempo:** quando expostos aos rigores das variações atmosféricas (frio, calor, ventos, chuvas, sol, umidade, maresias), os bens de uso sofrem desgastes e também têm enfraquecida a capacidade de produção. Um automóvel, por exemplo, quando utilizado em região litorânea, em decorrência da maresia e das irregularidades das estradas, em pouco tempo apresenta ferrugens e desgaste de suas peças;

c. **Obsolescência:** em decorrência da evolução tecnológica, os bens tornam-se arcaicos, ultrapassados, antiquados e caem em desuso para dar lugar aos novos inventos. As primeiras calculadoras manuais, por exemplo, lançadas no mercado eram grandes, de difícil manejo e transporte, além de apresentarem recursos limitados. Hoje, com os novos inventos, encontramos calculadoras mais eficientes e em tamanhos incomparavelmente menores.

Veja o que estabelece o item 56 da NBC TG 27, alterado pela NBC TG 27 (R3): "56. Os benefícios econômicos futuros incorporados no ativo são consumidos pela entidade principalmente por meio do seu uso". Porém, outros fatores, tais como obsolescência técnica ou comercial e desgaste normal enquanto o ativo permanece ocioso, muitas vezes dão origem à diminuição dos benefícios econômicos que poderiam ter sido obtidos do ativo. Consequentemente, todos os seguintes fatores são considerados na determinação da vida útil de um ativo:

a) uso esperado do ativo que é avaliado com base na capacidade ou produção física esperadas do ativo;

b) desgaste físico normal esperado, que depende de fatores operacionais tais como o número de turnos durante os quais o ativo será usado, o programa de reparos e manutenção e o cuidado e a manutenção do ativo enquanto estiver ocioso;

c) obsolescência técnica ou comercial proveniente de mudanças ou melhorias na produção, ou de mudança na demanda do mercado para o produto ou serviço derivado do ativo. Reduções futuras esperadas no preço de venda de item que foi produzido usando um ativo podem indicar expectativa de obsolescência técnica ou comercial do bem, que, por sua vez, pode refletir uma redução dos benefícios econômicos futuros incorporados no ativo;

d) limites legais ou semelhantes no uso do ativo, tais como as datas de término dos contratos de arrendamento mercantil relativos ao ativo.

8.5.3 Tempo de vida útil e taxa de Depreciação

Tempo de vida útil de um Bem é o período durante o qual seja possível a sua utilização econômica, na produção de seus rendimentos.

Esse tempo, portanto, é determinado em função do prazo em que o Bem apresenta capacidade de gerar riquezas.

Taxa de Depreciação corresponde a um percentual fixado em função do tempo de vida útil do Bem.

O valor da Depreciação a ser alocado ao resultado que resulta da aplicação da taxa sobre o valor depreciável do Bem denomina-se quota de Depreciação.

Cada empresa deve computar a quota efetivamente adequada às condições de Depreciação de seus Bens.

O tempo de vida útil econômica dos Bens varia tanto em relação ao uso quanto em relação à natureza dos Bens.

Os prazos usualmente admitidos e as respectivas taxas de Depreciação dos Bens de Uso mais comuns são:

BEN	PRAZO	TAXA
Automóveis de Passageiros	5 anos	20% a.a.
Automóveis para transporte de mercadorias	4 anos	25% a.a.
Computadores e Periféricos	5 anos	20% a.a.
Edifícios e Benfeitorias	25 anos	4% a.a.
Instalações	10 anos	10% a.a.
Motocicletas	4 anos	25% a.a.
Móveis e Utensílios	10 anos	10% a.a.

8.5.4 Métodos de Depreciação

O método de Depreciação adotado deve refletir o padrão de consumo pela entidade dos benefícios econômicos futuros. (Item 60 da NBC TG 27)

Existem vários métodos de Depreciação que podem ser aplicados para apropriar de forma sistemática o valor depreciável de um Ativo ao longo da sua vida útil. Vejamos os mais expressivos:

Método linear

Consiste na aplicação de taxas constantes durante o tempo de vida útil estimado para o Bem.

Pela sua praticidade, esse método é um dos mais utilizados, sendo também conhecido como método linear ou como método das quotas constantes.

Exemplo:

Suponhamos que o tempo de vida útil de um determinado Bem tenha sido estimado em dez anos. Neste caso, a taxa anual de Depreciação será de 10%. Veja a fórmula:

$$100\%/\text{tempo de vida útil} = \text{taxa de Depreciação}$$

No exemplo apresentado, teremos:

$$100\%/10 \text{ anos} = 10\% \text{ a.a.}$$

Método da soma dos algarismos dos anos

Consiste em estipular taxas variáveis crescentes ou decrescentes durante o tempo de vida útil do Bem, adotando-se o seguinte critério: somam-se os algarismos dos anos que formam o tempo de vida útil do Bem, obtendo-se, assim, o denominador da fração que determinará a taxa de Depreciação de cada ano.

Exemplo:

Suponhamos que o tempo de vida útil de um Bem tenha sido estimado em quatro anos. Veja como será calculada a taxa de Depreciação:

$$1 + 2 + 3 + 4 = 10$$

O número 10, encontrado conforme dissemos, será o denominador da fração que determinará a taxa de Depreciação de cada ano.

Neste caso, como dissemos, poder-se-á utilizar taxas crescentes ou taxas decrescentes.

Há bens que nos primeiros anos de sua existência apresentam alta produtividade, a qual vai diminuindo com o passar do tempo. Para esses Bens justifica-se a aplicação da taxa decrescente.

Taxas crescentes:

Considerando o tempo de vida útil igual a 4 anos, teremos:

1º ano = 1/10

2º ano = 2/10

3º ano = 3/10

4º ano = 4/10

Taxas decrescentes:

1º ano = 4/10

2º ano = 3/10

3º ano = 2/10

4º ano = 1/10

Exemplo:

Suponhamos que um Bem tenha sido adquirido por $ 30.000 e instalado para começar a produzir no dia 10 de janeiro de x1.

Pede-se: calcular a taxa de Depreciação do segundo ano, considerando o método da soma dos algarismos dos anos pela taxa crescente.

> R: 2/10 de 100% = 20%

Aproveitando o mesmo exemplo supra, calcular a taxa do primeiro ano, considerando o método da soma dos algarismos dos anos pela taxa decrescente:

> 4/10 de 100% = 40%

Método das horas de trabalho

Consiste em estipular a taxa de Depreciação com base no número de horas trabalhadas em cada período.

O cálculo é feito da seguinte maneira: inicialmente estima-se em horas o tempo de vida útil do Bem; a taxa de Depreciação de cada período será calculada proporcionalmente em decorrência do número de horas trabalhadas no respectivo período.

Exemplo:

Suponhamos que o tempo de vida útil de uma máquina de produção industrial tenha sido fixado em 1.920 horas.

Considerando que no primeiro mês a máquina esteve em uso durante 96 horas, veja como calcularemos a taxa de Depreciação do período:

Cálculo:

Como a taxa de Depreciação será proporcional ao número de horas trabalhadas, podemos efetuar o cálculo por meio de regra de três:

> 1.920 horas = 100%
> 96 horas = x
> em que
> 96 × 100/1.920 = 5%

Método das unidades produzidas

Consiste em estipular a taxa de Depreciação com base no número de unidades produzidas pelo Bem no período.

O cálculo é feito da seguinte maneira: inicialmente estima-se a quantidade de unidades que o Bem produzirá durante o tempo de sua vida útil; em seguida, a taxa de Depreciação de cada período é calculada proporcionalmente em função da quantidade de unidades produzidas no respectivo período.

Exemplo:

Suponhamos que uma determinada máquina industrial tenha sua capacidade máxima de produção estimada em 50.000 unidades.

Considerando que no primeiro mês de operação produziu 200 unidades, veja como calcularemos a taxa de Depreciação do respectivo período:

Cálculo:

$$50.000 \text{ unidades} = 100\%$$
$$200 \text{ unidades} = x$$
$$\text{logo:}$$
$$200 \times 100/50.000 = 0,4\%$$

NOTA:
- O método de Depreciação aplicado a um Ativo deve ser revisado pelo menos ao final de cada exercício e, se houver alteração significativa no padrão de consumo previsto, o método de Depreciação deve ser alterado para refletir essa mudança. Tal mudança deve ser registrada como mudança na estimativa contábil, de acordo com a NBC TG 23 (Item 61 da NBC TG 27).

8.5.5 Cálculos da Depreciação

A Depreciação poderá ser calculada por quotas anuais e quotas mensais.

É anual quando calculada e contabilizada uma única vez ao ano. O valor da quota anual é obtido aplicando-se a taxa normal de Depreciação sobre o valor depreciável do Bem.

Lembramos que valor depreciável é o custo de um Ativo menos o seu valor residual.

É mensal quando calculada e contabilizada mensalmente. O valor da quota mensal é obtido dividindo-se o valor da quota anual por 12.

A Depreciação pode ser ainda, normal ou acelerada, diferenciando-se tão somente pela variação na taxa de depreciação aplicável, que poderá variar conforme o número de turnos de utilização do bem a ser Depreciado. Cada turno corresponde a um período de oito horas. Assim, para a Depreciação acelerada poderá ser aplicado um dos seguintes coeficientes sobre a taxa normal utilizável:

a. coeficiente 1,0 para um turno de oito horas de operação;

b. coeficiente 1,5 para dois turnos de oito horas de operação;

c. coeficiente 2,0 para três turnos de oito horas de operação.

Exemplo:

Um Bem cuja taxa normal de Depreciação é de 10% a.a., no ano de x1, operou durante dois turnos de oito horas cada, diariamente.

Nesse caso, sua taxa anual de Depreciação será acelerada, obtida multiplicando-se a taxa normal pelo coeficiente 1,5. Assim:

$$10\% \text{ a.a.} \times 1{,}5 = 15\% \text{ a.a.}$$

Cálculo do valor da quota de depreciação

O cálculo do valor da quota de Depreciação é muito simples. Basta aplicar a taxa sobre o valor do Bem, diminuído do seu valor residual, para encontrar a quota de Depreciação do período. Assim, um Bem adquirido por $ 25.000, com valor residual previsto em $ 5.000 e cujo tempo de vida útil estimado seja de dez anos com taxa anual de Depreciação de 10%, terá como quota anual de Depreciação: 10% de 20.000, que é igual a 2.000.

8.5.6 Outras informações importantes sobre Depreciação

- A Depreciação inicia a partir do mês que o Bem for instalado, isto é, a partir do mês que começar a operar. Se um Bem adquirido em fevereiro for instalado e começar a operar somente no mês de abril, a Depreciação desse bem será iniciada a partir de abril.
- Ainda que o Bem comece a operar no último dia do mês, para fins de Depreciação considera-se o mês integral.
- Quando a Depreciação acumulada atingir 100% do valor depreciável do Bem (custo de aquisição diminuído do valor residual) e estando o referido Bem ainda em uso na empresa, não haverá mais cálculo nem contabilização de Depreciação desse Bem, permanecendo na contabilidade o Bem pelo valor original e a conta Depreciação Acumulada refletindo o valor depreciável, até que o bem seja baixado.

Veja os procedimentos contábeis para baixa de um Bem do Imobilizado na Seção 8.9.

- Valor residual de um Ativo é o valor estimado que a entidade obteria com a venda do Ativo, após deduzir as despesas estimadas de venda, caso o Ativo já tivesse a idade e a condição esperadas para o fim de sua vida útil. (Item 6 da NBC TG 27)
- Não se depreciam:
  a. Terrenos, salvo em relação aos melhoramentos ou construções;
  b. Prédios ou construções não alugados nem utilizados pelo proprietário na produção dos seus rendimentos ou destinados à revenda;
  c. Bens que normalmente aumentam de valor com o tempo, como obras de arte ou antiguidades;
  d. Bens para os quais seja registrada quota de exaustão;
  e. Bens de pequeno valor, caso em que devem ser contabilizados diretamente em contas representativas de despesas ou custos;
  f. Bens cujo tempo de vida útil econômica seja inferior a um ano. Nesse caso, também, o valor gasto será contabilizado diretamente em conta de despesa operacional.
- Em nenhuma hipótese o valor da conta Depreciação Acumulada poderá ultrapassar o custo de aquisição.
- A Legislação Tributária prevê Depreciação incentivada. Os critérios estão previstos no RIR/99.

8.5.7 Exemplos práticos

Exemplo prático 1

Depreciação de Bens constantes do Balanço do exercício anterior.

Depreciar a conta Veículos em 31.12.x2, considerando:

a. Saldo da conta Veículos em 31.12.x1: $ 60.000
b. Valor residual: $ 10.000
c. Taxa anual de Depreciação: 20%

Solução:

a. Apuração do valor depreciável

Saldo da conta Veículos................................. 60.000
(–) Valor residual... (10.000)
(=) Valor depreciável..................................... 50.000

b. Aplicação da taxa anual sobre o valor depreciável

$$20\% \text{ de } \$ 50.000 = \$ 10.000$$

O valor encontrado corresponde à Quota Anual de Depreciação em Reais.

c. **Contabilização:**

(1) Depreciação

 a Depreciação Acumulada de Veículos

  Quota de depreciação de Veículos ref.

 a esse exercício, conforme cálculos. 10.000

OBSERVAÇÕES:
- A conta debitada "Depreciação" corresponde à despesa ou custo do período.
- A conta creditada "Depreciação Acumulada de Veículos" é conta patrimonial que figurará no Balanço Patrimonial, como redutora da conta Veículos que serviu de base para o seu cálculo. Essa conta receberá mensal ou anualmente, a crédito, os valores das quotas de depreciações calculadas mensal ou anualmente, até que o Bem seja baixado ou que a Depreciação atinja 100% do valor depreciável.

Exemplo prático 2

Depreciação de Bem adquirido durante o exercício social.

Depreciar a conta Móveis e Utensílios, sabendo-se que:
- a aquisição foi em 05/02 do exercício atual, sendo colocados em operação no dia 25/05;
- valor dos móveis adquiridos = $ 40.000;
- tempo de vida útil estimado em dez anos.
- Valor residual fixado em $ 4.000

Solução:

a. Apuração do valor depreciável

 $ 40.000 - $ 4.000 = $ 36.000

b. Cálculo da quota anual

 10% de $ 36.000 = $ 3.600

c. Cálculo da quota proporcional

Tendo em vista que o Bem entrou em operação no mês 5, a Depreciação será correspondente a 8 meses.

Faremos:

$ 3.600/12 meses = $ 300 por mês

8 meses × $ 300 = $ 2.400

Logo, a quota de Depreciação proporcional corresponde a $ 2.400.

d. **Contabilização:**

O Lançamento Contábil é semelhante ao do exemplo prático anterior. Aliás, sempre que procedermos à Depreciação, o lançamento contábil será o mesmo, alterando-se apenas o histórico e o valor.

8.6 Amortização

8.6.1 Conceito

Amortização é a alocação sistemática do valor amortizável de Ativo Intangível ao longo da sua vida útil. (Item 8 da NBC TG 04)

Nem todos os Bens do Intangível estão sujeitos à amortização. O fator que determina a aplicação ou não da amortização é a vida útil do Bem imaterial. Conforme veremos adiante, um Ativo Intangível com vida útil definida deve ser amortizado, porém, um Ativo Intangível com vida útil indefinida não deve ser amortizado. Nesse segundo caso, a entidade deverá no final de cada exercício social, submeter o Bem ao teste de recuperabilidade.

Contudo, é importante esclarecer que esse procedimento não se aplica às empresas de pequeno e médio porte. Para essas empresas, conforme disciplina contida na Seção 18.19 da NBC TG 1000 – Contabilidade para Pequenas e Médias Empresas, todos os Ativos Intangíveis devem ser considerados com tendo vida útil finita e por esse motivo, todos devem ser amortizados.

Pequenas e médias empresas (PMEs), segundo a NBC TG 1000, são empresas que, por não terem seus instrumentos de dívida ou patrimoniais negociados em mercado de ações, não têm obrigação pública de prestação de contas; elaboram Demonstrações Contábeis somente para fins gerais, tendo como principais usuários externos, os proprietários que não estão envolvidos na administração do negócio, credores existentes e potenciais, e agências de avaliação de crédito.

Contabilmente, a Amortização é um processo semelhante à Depreciação, porém aplicado aos Bens imateriais.

Enquanto por meio da Depreciação considera-se como despesa ou custo do período uma parte do valor gasto na compra dos Bens de Uso da empresa, por meio da Amortização, considera-se como despesa ou custo do período uma parte do capital aplicado em Bens Imateriais com vida útil definida, integrantes do Intangível.

> **LEITURAS OBRIGATÓRIAS:**
> - § 3º do artigo 183 da Lei n. 6.404/1976.
> - Itens 88 a 117 da NBC TG 04.

8.6.2 Vida Útil

Segundo o item 88 da NBC TG 04, a entidade deve avaliar se a vida útil de Ativo Intangível é definida ou indefinida e, no primeiro caso, a duração ou o volume de produção ou unidades semelhantes que formam essa vida útil.

A entidade deve atribuir vida útil indefinida a um Ativo Intangível quando, com base na análise de todos os fatores relevantes, não existe um limite previsível para o período durante o qual o ativo deverá gerar fluxos de caixa líquidos positivos para a entidade.

Conforme vimos, a contabilização de Ativo intangível baseia-se na sua vida útil. Um Ativo Intangível com vida útil definida deve ser amortizado (ver itens 97 a 106 da NBC TG 04), enquanto a de um Ativo Intangível com vida útil indefinida não deve ser amortizado (ver itens 107 a 110 da NBC TG 04).

É importante destacar, conforme já dissemos que esse procedimento não se aplica às empresas de pequeno e médio porte. Para essas empresas, todos os Ativos Intangíveis devem ser considerados como tendo vida útil finita e por esse motivo, todos devem ser amortizados. Caso a vida útil do Ativo intangível não puder ser estabelecida de forma confiável, deve ser determinada com base na melhor estimativa da administração, mas não deve exceder a dez anos. (item 18.20 da NBC TG 1.000, alterado pela NBC TG 1.000 (R1).)

8.6.3 Métodos de Amortização

Vários métodos de Amortização podem ser utilizados para apropriar de forma sistemática o valor amortizável de um Bem imaterial, com vida útil definida, ao longo da sua vida útil.

Os métodos lineares, da soma dos algarismos dos anos e das unidades produzidas, estudados na Seção 8.5.4, aplicam-se também aos Bens imateriais com vida útil definida.

Os Bens imateriais com vida útil indefinida, não estão sujeitos à amortização; contudo, a eles deve-se aplicar no final de cada exercício social o teste de recuperabilidade para que o valor contábil seja ou não revisado.

É importante destacar, conforme vimos que, segundo estabelece o § 3º do artigo 183 da Lei n. 6.404/1976, as empresas deverão efetuar, periodicamente, análise sobre a recuperação também dos Bens Intangíveis com vida útil definida, para que sejam revisados e ajustados os critérios utilizados para determinação da vida útil econômica estimada e para cálculo da respectiva Amortização.

O valor amortizável de Ativo Intangível com vida útil definida deve ser apropriado de forma sistemática ao longo da sua vida útil estimada.

A Amortização deve ser iniciada a partir do momento em que o Ativo estiver disponível para uso e deve cessar na data em que o Ativo é classificado como mantido para venda ou incluído em um grupo de Ativos classificado como mantido para venda, de acordo com a NBC TG 31, ou, ainda, na data em que ele é baixado, o que ocorrer primeiro.

O método de Amortização utilizado deve refletir o padrão de consumo pela entidade dos benefícios econômicos futuros. Se não for possível determinar esse padrão com confiabilidade, deve ser utilizado o método linear.

Os Bens imateriais com vida útil definida devem ser totalmente amortizados. Contudo, a NBC TG 04 prevê casos excepcionais em que se deve considerar um valor residual para esses Bens.

8.6.2 Taxa Anual de Amortização

A taxa Anual de Amortização dependerá do método de Amortização aplicado ao Bem imaterial com vida útil definida. Quando o método for o de linha reta, a taxa será proporcional ao número de anos de amortização.

8.6.3 Quota de Amortização

A Quota de Amortização será determinada pela aplicação da taxa anual de Amortização sobre o valor amortizável do Bem.

Valor amortizável é o custo de um ativo ou outro valor que substitua o custo, menos o seu valor residual, quando houver.

A Amortização, a exemplo do que ocorre com a Depreciação, também poderá ser apropriada em quotas mensais, considerando-se sempre o mês integral quando se tratar de início ou término do período de Amortização.

8.6.4 Exemplo prático

Calcular e contabilizar a Quota de Amortização anual da conta Marcas, pelo método linear, em 31.12.x1, considerando que a referida conta tinha um saldo igual a $ 20.00 e que o tempo de vida útil foi estimado em 10 anos.

Procedimentos:

a. Cálculo da Quota de Amortização

10% de $ 20.000 = $ 2.000

b. **Contabilização:**

Amortização
a Amortização Acumulada
Amortização anual sobre Marcas e Patentes etc...... 2.000

OBSERVAÇÕES:
- A conta debitada (Amortização) corresponde à despesa ou custo do período.
- A conta creditada (Amortização Acumulada) é conta patrimonial, a qual representará sempre o total acumulado das amortizações no decorrer do tempo de vida útil estimado para o Bem. No Balanço Patrimonial, esta conta figurará no Ativo Não Circulante, subgrupo Intangível, como redutora da conta Marcas e Patentes, que serviu de base para o seu cálculo.
- Contabilmente, a baixa de um Bem imaterial totalmente amortizado é efetuada debitando-se a conta Amortização Acumulada e creditando-se a conta representativa do respectivo Bem.

8.7 Exaustão

8.7.1 Conceito

Exaustão é a alocação sistemática do valor exaurível de um Ativo ao longo da sua vida útil.

A Exaustão é um processo semelhante á Depreciação e a Amortização, contudo, aplicável às contas classificadas no Imobilizado, representativas de direitos cujo objeto seja recursos minerais ou florestais, ou bens aplicados nessa exploração.

Valor exaurível, ou seja, sujeito a Exaustão, corresponde ao valor do bem representativo de recurso mineral ou florestal diminuído do valor residual, quando for o caso.

Para fins de apuração do lucro tributável, o assunto está disciplinado pela Legislação Tributária, por meio dos artigos 330 a 334 do RIR/99.

8.7.2 Exaustão de recursos minerais

Quotas e cálculos

O montante da quota anual de Exaustão de recursos minerais, em cada ano, poderá ser determinado de acordo com os princípios de Depreciação, com base no custo de aquisição ou prospecção, de duas maneiras:

1. Em função do prazo de concessão:

    A concessão consiste na habilitação obtida pela empresa perante o Governo, a fim de poder explorar o minério desejado.

    O cálculo da quota de Exaustão é feito sobre o valor dos gastos realizados para obter a concessão. Esses gastos vão desde análise do solo, levantamento aerofotogramétrico e medição de jazidas, até o pagamento de taxas e outros encargos.

    Suponhamos que o prazo de concessão de uma determinada mina de carvão seja de oito anos. Neste caso, a taxa de exaustão a ser calculada sobre os gastos efetuados pela obtenção do direito de exploração será:

    100% / 8 anos = 12,5% a.a.

2. Na relação entre o volume de produção do período e a possança conhecida da mina:

    Neste caso, a taxa anual de Exaustão será obtida mediante a relação entre o volume de minério extraído e a reserva potencial da mina (possança).

    Reserva é a capacidade estimada da jazida.

    Suponhamos que a capacidade estimada de determinada jazida seja de 1.000 toneladas e que no período tenha ocorrido extração correspondente a 70 toneladas. A taxa de Exaustão será obtida pelo seguinte cálculo:

    Quantidade extraída multiplicada por 100, dividida por possança estimada.
    Assim teremos:
    70 x 100 / 1.000 = 7% a.a.

Exemplo prático

Valor contábil de uma jazida de carvão = $ 200.000.
Possança estimada da jazida = 1.000 toneladas.
Foram extraídas, no período = 150 toneladas.
Prazo de concessão = 20 anos.

Vamos calcular e contabilizar a quota de Exaustão para o período pelas duas maneiras apresentadas.

Procedimentos:

a. Cálculo da quota de Exaustão com base no prazo de concessão:

Taxa:

100% / 20 = 5% a.a.

Assim, basta aplicar 5% sobre $ 200.000 para obter o valor da quota de Exaustão do período.

Contabilização:

 (1) Exaustão
  a Exaustão Acumulada
   Quota de Exaustão calculada com base no prazo de
   concessão sobre jazida de carvão, referente a este ano   10.000

OBSERVAÇÕES:
- A conta debitada (Exaustão) é conta de despesa ou custo do período.
- A conta creditada (Exaustão Acumulada) é conta Patrimonial e receberá anualmente o valor das quotas de Exaustão até atingir 100% do saldo da conta sujeita à exaustão, que corresponde ao montante dos gastos realizados para obter a concessão, conforme comentamos.

b. Relação volume produzido × possança estimada:

Taxa:

150 × 100 / 1.000 = 15%

Quota de Exaustão:

$ 200.000 × 15 / 100 = $ 30.000

Contabilização:

 (1) Exaustão
  a Exaustão Acumulada
   Quota de Exaustão calculada pela relação produção × possança
   sobre jazida de carvão, referente a este ano. 30.000

> **NOTAS:**
> - Não se aplica a Exaustão para a exploração de jazidas minerais inesgotáveis ou de exaustão indeterminável, como as de água mineral.
> - A Legislação Tributária prevê a aplicação de exaustão mineral incentivada. Para aproveitar esse benefício fiscal é sempre conveniente consultar as disciplinas contidas no Regulamento do Imposto de Renda.

8.7.3 Exaustão de recursos florestais

A quota de Exaustão dos recursos florestais destinados a corte pode ter como base de cálculo o **valor das florestas**.

Para o cálculo do valor da quota de exaustão poderá ser observado o seguinte critério:

a. Será apurado, inicialmente, o percentual que o volume dos recursos florestais utilizados ou a quantidade de árvores extraídas durante o período de apuração representa em relação ao volume ou à quantidade de árvores que no início do período de apuração compunham a floresta (relação: extração/volume total da floresta);

b. O percentual encontrado será aplicado sobre o valor contábil da floresta, registrado no Ativo, e o resultado será considerado como custo dos recursos florestais extraídos.

8.7.4 Outras informações importantes

- **Valor contábil de um Bem sujeito a Depreciação** é o valor pelo qual o Bem é reconhecido após a dedução da Depreciação e da perda por redução ao valor recuperável acumulado.
- **Valor contábil de um bem sujeito a amortização** é o valor pelo qual o Bem é reconhecido no balanço patrimonial após a dedução da Amortização acumulada e da perda por desvalorização.
- **Valor residual** é a diferença entre o valor original do Bem e o valor a ser depreciado, amortizado ou exaurido.
- A segregação de parte do valor do custo de um Bem para não ser depreciada é comum nos casos em que o tempo de vida útil do Bem seja superior ao prazo em que ele será utilizado em uma determinada atividade, sendo posteriormente reaproveitado em outra atividade.
- Para fins de concurso, é preciso tomar muito cuidado em relação a expressão "Valor Residual", que tem sido utilizada com dois sentidos:

a. Para expressar o valor que não deverá ser depreciado, amortizado ou exaurido. Quando se tratar de Bem de Uso, segue exemplo:

Móveis e Utensílios:
Custo de aquisição: 500
(–) Valor residual: 50
= Valor a ser depreciado: 450

Na prova, você só deverá considerar a existência de valor residual se ele for informado na questão. Caso contrário, a Depreciação, Amortização ou Exaustão deverão ser calculadas com base no valor original do Bem, ou seja, sem deduzir o valor residual.

b. Como sinônimo de valor contábil, isto é, correspondendo ao valor original do Bem deduzido das quotas de Depreciação, Amortização ou Exaustão acumuladas.

- Para representar o custo, despesa ou encargo do período referente a utilização econômica dos bens do Imobilizado e do Intangível, os termos corretos são:
  - Depreciação: para Bens materiais;
  - Amortização: para Bens imateriais;
  - Exaustão: para recursos minerais;
  - Depleção: para recursos florestais (nesta obra utilizamos, para os recursos florestais, o termo "Exaustão", também usado para os recursos minerais, conforme consta na Legislação Tributária atual – Regulamento do Imposto de Renda – RIR/99).
- Quando os critérios de depreciação, amortização ou exaustão adotados pela empresa resultarem em quotas de depreciação, amortização ou exaustão maiores que as permitidas pelo fisco, a empresa deverá oferecer a diferença para tributação mediante ajustes dos seus resultados no Livro Eletrônico de Escrituração e Apuração do Imposto sobre a Renda e da Contribuição Social sobre o Lucro Líquido da Pessoa Jurídica Tributada pelo Lucro Real – e-Lalur.

Testes de Fixação 4

1. Escolha a alternativa correta.
   1.1 Contabilmente, a Depreciação, Amortização e Exaustão são feitas mediante:
   a) Débito em uma conta de despesa.
   b) Débito em uma conta do Imobilizado ou do Intangível.
   c) Cálculos de quotas e taxas.
   d) N.D.A.

1.2 É correto afirmar que:
   a) A Depreciação abrange os Bens de Uso Tangíveis.
   b) A Amortização abrange os Bens imateriais.
   c) A Exaustão abrange os recursos naturais.
   d) Todas estão corretas.

1.3 Em relação a Amortização, é correto afirmar:
   a) Nem todos os Bens imateriais estão sujeitos à Amortização.
   b) Estão sujeitos a Amortização somente os Bens com vida útil definida.
   c) Os Bens Intangíveis com vida útil indefinida precisam ser submetidos ao teste de recuperabilidade, para serem amortizados.
   d) Todas estão corretas, considerando que as informações nelas contidas não se aplicam às pequenas e médias empresas.

2. Responda:
   2.1 O que é Depreciação?
   2.2 O que é Amortização?
   2.3 O que é Exaustão?
   2.4 Um Bem com tempo de vida útil econômica inferior a um ano, por não estar sujeito a Depreciação, como deve ser contabilizado?
   2.5 Porque os processos de Depreciação, Amortização e Exaustão devem ser revisados periodicamente?
   2.6 Quais são as causas que justificam a Depreciação?
   2.7 O que é tempo de vida útil de um Bem?
   2.8 Em que consiste o método linear de Depreciação?

2. Em que consiste o método da soma dos algarismos dos anos?

3. Indique se a afirmativa é falsa ou verdadeira:
   3.1 ( ) Alocar sistematicamente o valor depreciável, amortizável ou exaurível de um Bem consiste em "transferir" periodicamente uma parcela do valor gasto na aquisição, fabricação ou construção do Bem de Uso para o resultado do período.
   3.2 ( ) Valor depreciável é o custo de um Ativo ou outro valor que substitua o custo, menos o seu valor residual.
   3.3 ( ) O valor residual não está sujeito a Amortização, Depreciação ou Exaustão.
   3.4 ( ) Taxa de Depreciação corresponde a um percentual fixado em função do valor de um Bem.
   3.5 ( ) As taxas de Depreciação, Amortização e Exaustão, bem como os métodos a serem utilizados, são definidos pela legislação tributária.
   3.6 ( ) Cada empresa deve computar a quota efetivamente adequada às condições de Depreciação de seus Bens.
   3.7 ( ) As pequenas e médias empresas devem amortizar todos Bens do Intangível e, quando não for possível definir o tempo de vida útil, presume-se que seja de 10 anos.
   3.8 ( ) O montante da quota anual de exaustão poderá ser determinado com base no custo de aquisição ou prospecção, de duas maneiras: em função do prazo de concessão ou na relação entre o volume de produção do período e a possança conhecida da mina.

Atividades Práticas 4

PRÁTICA 1

Calcular e contabilizar em 31 de dezembro de x1, as quotas de Depreciação, pelo método linear, para os seguintes Bens:

a) Computadores, cujo saldo em 31.12.x0 era de 40.000.

b) Móveis e Utensílios adquiridos em 20 de maio e colocados em operação no dia 31 de maio de x1, no valor de 12.000.

c) Máquinas cujo saldo do Balanço do exercício anterior era de 20.000, considerando seu uso em 2 turnos diários.

PRÁTICA 2

Calcular e contabilizar a quota de amortização em 31 de dezembro de x3, das seguintes contas, extraídas do registro contábil de uma empresa de pequeno porte:

a) Fundo de Comércio, pela taxa de 10%, sabendo que o saldo em 31.12.x2 era de 15.000.

b) Direitos Autorais, cujo saldo em 31.12.x2 era de 60.000. Considerar que a conta Amortização Acumulada do referido Bem tinha saldo de 54.000.

PRÁTICA 3

- Valor contábil de uma jazida de pedra: 60.000.
- Possança estimada da jazida = 20.000 toneladas.
- Foram extraídas, no período, 400 toneladas.
- Prazo de concessão: 10 anos.

Pede-se:

a) Calcular e contabilizar a quota de Exaustão com base no prazo de concessão;

b) Calcular e contabilizar a quota de Exaustão pela Relação volume produzido x possança estimada.

8.8 Teste de Recuperabilidade

8.8.1 Introdução

Segundo a NBC TG 01, a entidade somente deve manter em seu ativo, contas representativas de bens e direitos registradas por valores que não excedam seus valores de recuperação.

Um Ativo está registrado contabilmente por valor que excede seu valor de recuperação se o seu valor contábil exceder o montante a ser recuperado pelo uso ou pela venda do ativo.

Se, por ventura, um elemento do Ativo estiver registrado por valor superior ao valor recuperável, esse Ativo está sujeito ao reconhecimento de perdas. Nesse caso, a entidade deve reconhecer um ajuste para perdas por desvalorização. Por outro lado, se, por ventura, um elemento do Ativo estiver registrado por valor inferior ao valor recuperável, nenhuma providência deverá ser tomada pela entidade.

Contabilmente, o ajuste em decorrência da perda por desvalorização, é feito mediante débito em conta representativa de despesa e crédito em conta redutora do Ativo, que evidencie a respectiva perda.

8.8.2 Conceitos

Teste de recuperabilidade consiste no confronto entre o valor contábil de um Ativo com seu valor recuperável.

Valor contábil é o montante pelo qual o Ativo está reconhecido no balanço depois da dedução de toda respectiva depreciação, amortização ou exaustão acumulada e ajuste para perdas.

Valor recuperável de um Ativo é o maior montante entre o seu valor justo líquido de despesa de venda e o seu valor em uso.

Valor justo líquido de despesa de venda é o montante a ser obtido pela venda de um Ativo em transações em bases comutativas, entre partes conhecedoras e interessadas, menos as despesas estimadas de venda.

8.8.3 Outras informações importantes

A entidade deve avaliar ao fim de cada período, se há alguma indicação de que um ativo possa ter sofrido desvalorização. Se houver alguma indicação, a entidade deve estimar o valor recuperável do ativo e reconhecer essa desvalorização no respectivo exercício.

Se houver indicação de que um bem do Ativo Imobilizado ou do Ativo Intangível possa ter sofrido desvalorização, será necessário rever e ajustar a vida útil remanescente, o método de depreciação, amortização e exaustão ou o valor residual, se houver.

> **NOTA:**
> - Leitura Obrigatória: É importante ler a NBC TG 01 para conhecer toda disciplina acerca da redução ao valor recuperável de Ativos.

8.8.4 Exemplo prático

Considere as seguintes informações:

- Saldos em 31.12.x2

    Veículos 80.000

    (–) Depreciação Acumulada........................ (32.000)

- A conta Veículos refere-se a um único automóvel de uso.
- A vida útil do veículo foi estimada em 5 anos e a taxa de depreciação em 20% a.a.
- O Veículo já tinha sido depreciado por dois anos de uso, ou seja, 20% em 31.12.x1 e 20% nesta data de 31.12.x2.
- Nesta data, ou seja, em 31.12.x2, a empresa aplicou o teste de recuperabilidade, utilizando as normas contidas na NBC TG 01 e constatou que o valor justo de recuperação do veículo, correspondia a $ 30.000, ou seja, $ 18.000 menos que seu valor contábil que nesta data era $ 48.000 (80.00 – 32.000).

Diante das informações acima, para atender às disciplinas contidas na NBC TG 01, a empresa deverá reconhecer neste final de exercício de x2, a perda de $ 18.000.

Veja como a perda será reconhecida contabilmente:

Despesas com Perdas Estimadas
a Perdas por Redução ao Valor Recuperável de Veículos
   Pelo reconhecimento da perda, conforme procedimentos exigidos pela
   NBC TG 01 etc. 18.000

OBSERVAÇÕES:
- A conta "Despesas com Perdas Estimadas" representa Despesa do período.
- A conta Perdas por Redução ao Valor Recuperável de Veículos figurará no Balanço como conta redutora da conta Veículos.

Veja como as contas envolvidas figurarão no Balanço de 31.12.x2:

ATIVO IMOBILIZADO

Veículos 80.000

(–) Depreciação Acumulada..................................... (32.000)

(–) Perdas por Redução ao Val. Recup. de Veículos ...... (18.000)

Saldo 30.000

Diante disso, ainda em 31.12.x2, conforme disciplina contida na NBC TG 01, a empresa deverá rever o tempo de vida útil e o método de depreciação.

Considerando que a desvalorização decorreu de perda na capacidade produtiva do bem, o tempo de vida útil remanescente que era de 3 anos, agora foi novamente reestimado em 2 anos.

Assim, a depreciação dos dois próximos exercícios será de 50% a.a., do saldo remanescente de $ 30.000.

Suponhamos, agora que em 31.12.x3, após ter sido computada a depreciação do referido ano no valor de $ 15.000, no Balanço conste:

ATIVO IMOBILIZADO
Veículos 80.000
(–) Depreciação Acumulada .... (47.000)
(–) Perdas por Redução ao Val. Recup. de Veículos ...... (18.000)
Saldo 15.000

Novamente (agora em 31.12.x3), a empresa submete o bem ao teste de recuperabilidade e constata que, em decorrência de uma valorização espetacular ocorrida no mercado, o veículo alcance nesta data um valor justo de recuperação para venda no mercado, igual a $ 60.000

A valorização decorreu da troca gratuita de peças realizada pela indústria montadora do veículo, tendo em vista falhas no processo de fabricação que foram constatadas somente no final de x3. Veja os procedimentos.

Como o valor contábil do bem corresponde a $ 15.000 e o seu valor justo de recuperação é igual a $ 60.000, ele está valorizado em $ 45.000, acima do seu valor contábil.

Nesse caso, o procedimento será fazer a reversão da perda anteriormente estimada, como segue:

Perdas por Redução ao Valor Recuperável de Veículos
A Receitas com Perdas Recuperadas
  Pela reversão que se processa,
  tendo em vista valorização, conf laudo etc. *18.000*

OBSERVAÇÕES:
- a conta Perdas por Redução ao Valor Recuperável de Veículos, sendo debitada, ficará com saldo igual a zero.
- a conta Receitas com Perdas Recuperadas, integrará as receitas do período e será apresentada na Demonstração do Resultado do Período.

No Balanço de 31.12.x3, portanto, as contas figurarão como segue:

ATIVO IMOBILIZADO
Veículos 80.000
(–) Depreciação Acumulada .... (47.000)
Saldo 33.000

Observe que, embora o valor justo de recuperação seja igual a $ 60.000, a empresa reconheceu e reverteu toda a perda anteriormente estimada no valor de $ 18.000, ficando o bem com valor contábil de $ 33.000 e não de $ 60.000, pois em hipótese alguma a reversão de uma perda estimada poderá ultrapassar o valor anteriormente estimado.

Contudo, é importante destacar que, como houve uma valorização do bem, se a legislação permitir, a empresa poderá proceder a reavaliação desse bem, debitando a conta Veículos e creditando a conta Ajustes de Avaliação Patrimonial ou uma conta de Reserva de Reavaliação, conforme seja a orientação do CFC caso a reavaliação de bens seja novamente permitida no Brasil. No exemplo em questão, o valor desse lançamento seria o equivalente a diferença entre 60.000 e 33.000.

Creditando o valor da reavaliação em conta do Patrimônio Líquido, quando essa receita for realizada, por depreciação ou baixa do bem, o seu reconhecimento será demonstrado somente na Demonstração do Resultado Abrangente (débito na conta Ajustes de Avaliação Patrimonial ou de Reserva de Reavaliação e crédito na conta Lucros Acumulados).

Ainda, nesta data (31.12.x3), a empresa deverá novamente rever o tempo de vida útil bem como o método de depreciação para os períodos futuros.

Para ilustrar, vamos assumir que em decorrência da valorização, o bem que tinha um tempo de vida útil remanescente em função da perda em 31.12.x2, de 1 ano agora tenha condições de gerar fluxos de caixa futuros por mais 3 anos. Nesse caso, a depreciação do saldo remanescente que agora é de $ 33.000, será feita nos três anos seguintes, a razão de 1/3 por ano.

Para concluir, é importante destacar que, quando a empresa deprecia um bem reavaliado, é preciso segregar parte da depreciação relativa ao custo original para integrar o Resultado do Período e parte relativa ao valor reavaliado para integrar o Resultado Abrangente do Período.

Caso tivesse sido atribuído um valor residual inicial, cuja prática é bastante incentivada pelas normas internacionais, esse valor também deveria ser revisto tanto por ocasião do reconhecimento da perda em 31.12.x2 como por ocasião da reversão da Perda por Desvalorização em 31.12.x3, uma vez que sendo o bem reavaliado, ainda que não reconhecida a reavaliação, o seu valor residual certamente será também modificado.

> **NOTA:**
> - No exemplo em questão, supomos que a valorização do bem ocorrida em 31.12.x3 superou o valor da perda estimada e devidamente contabilizada na conta redutora do Ativo, por isso ela foi totalmente revertida para receita. Caso a valorização fosse inferior ao valor da perda estimada, a baixa seria parcial e a conta Perdas por Redução ao Valor Recuperável de Veículos permaneceria no Balanço com o saldo remanescente.

8.9 Ganhos ou perdas de capital

8.9.1 Conceito

Ganhos ou perdas de capital são os resultados obtidos em decorrência de baixas de Bens ou Direitos do Ativo Não Circulante.

Para fins fiscais, esse assunto está disciplinado no artigo 418 do RIR/99.

Os ganhos ou perdas de capital, portanto, serão determinados no confronto entre o valor contábil do Bem e o resultado obtido na alienação, na desapropriação, na baixa por perecimento, extinção, desgaste, obsolescência ou exaustão, ou na liquidação de Bens do Ativo Não Circulante.

Valor contábil, para efeito de determinação dos ganhos ou perdas de capital, compreende o saldo pelo qual o bem esteja registrado na escrituração comercial e diminuído, se for o caso, dos encargos de depreciação, amortização ou exaustão acumuladas e de Perdas Estimadas.

A Legislação Tributária disciplina esse assunto nos artigos 418 a 433 do RIR/99.

8.9.2 Exemplo prático

Venda, à vista, em janeiro do exercício atual, de um computador (constante do Ativo Imobilizado), por $ 1.750, conforme Nota Fiscal n. 2.831.

Saldos constantes do Balanço anterior:

Conta Computadores: 3.400

Conta Depreciação Acumulada de Computadores: 2.040

Cálculos:

1. Apuração do valor contábil do bem:

$ 3.400 - $ 2.040 = $ 1.360

2. Apuração do ganho ou da perda de capital:

Valor da alienação: $ 1.750

(–) Valor contábil ($ 1.360)

(=) Ganho $ 390

Ocorreu **lucro** na alienação, ou seja, ganho de capital, no valor de $ 390.

> **NOTAS:**
> - Valor da alienação maior que valor contábil = lucro (ganho de capital).
> - Valor contábil maior que valor da alienação = prejuízo (perda de capital).

Contabilização:

Veja duas opções que podem ser utilizadas para contabilização.

Opção 1 – com adoção da conta transitória

Lançamentos no livro Diário

1. Registro do valor da venda:

(1) Caixa

   a *Ganhos ou Perdas de Capital*

   Pela venda de um computador marca X etc.,

   conf. nossa NF n. 2.831............................... 1.750

_____   _____

2. Transferência da depreciação acumulada:

(2) Depreciação Acumulada

   a *Computadores*

   Valor que se transfere da 1ª para a 2ª das contas supra, tendo em vista alienação

   de um computador etc............................... 2.040

_____   _____

3. Baixa do valor contábil do bem:

   (3) Ganhos ou Perdas de Capital
   a Computadores
   *Baixa que se processa, tendo em vista
   alienação de um computador etc*............................ 1.360

   _____   _____

4. Transferência do ganho de capital para a conta apropriada:

   (4) Ganhos ou Perdas de Capital
   a Ganhos na Baixa de Bens do Ativo Imobilizado
   Lucro apurado na venda de um computador etc....... 390

   _____   _____

Conforme você pôde observar, neste caso obtivemos lucro, pois vendemos por $ 1.750 o bem cujo valor contábil era de $ 1.360. Entretanto, se o valor da venda fosse inferior ao valor contábil (por exemplo, $ 1.200), teríamos prejuízo. Dessa forma, o 4º lançamento seria assim:

(4) Perdas na Baixa de Bens do Ativo Imobilizado
a Ganhos ou Perdas de Capital
Prejuízo apurado etc... 160

_____   _____

Opção 2 – sem adoção da conta transitória

1. Apuração do valor contábil do bem:

   (1) Depreciação Acumulada
   a Computadores
   Valor que se transfere etc 2.040

   _____   _____

Após este lançamento, a conta Depreciação Acumulada ficou com saldo zerado e a conta Computadores que tinha saldo devedor de $ 3.400, sendo creditada por $ 2.040, ficou com saldo igual a $ 1.360, cujo saldo representa o valor contábil do Bem.

2. Registro do valor da venda e consequente lucro:

   (2) Caixa
   a Diversos

Pela venda de um computador marca X, conforme nossa NF n. 2.831 como segue:

a Computadores		
Baixa que se processa pelo valor contábil.............	1.360	
a Ganhos na Baixa de Bens do Ativo Imobilizado		
Lucro apurado na venda supra........................	<u>390</u>	1.750

Testes de Fixação 5

1. Escolha a alternativa correta.
   1.1 Os resultados obtidos em decorrência de baixas de Bens ou Direitos do Ativo Não Circulante, são:
      a) Valores recuperáveis.
      b) Ganhos ou Perdas de Capital.
      c) Valores justos.
      d) Valores contábeis.
   1.2 É correto afirmar:
      a) Quando o valor contábil do Bem supera o valor da baixa, ocorre lucro.
      b) Valor residual é o mesmo que valor depreciável.
      c) Ganhos ou perdas de capital ocorrem somente na baixa de Bens de Uso.
      d) N.D.A.
2. Responda:
   2.1 Em que consiste o teste de recuperabilidade?
   2.2 Por que as empresas devem submeter seus Ativos ao teste de recuperabilidade regularmente?
   2.3 O que deverá fazer uma empresa quando um elemento ativo estiver registrado por valor superior ao valor recuperável?
   2.4 O que é valor recuperável de um elemento ativo?
   2.5 Como se apuram os ganhos ou perdas de capital?
3. Indique se a afirmativa é falsa ou verdadeira:
   3.1 ( ) Quando um elemento ativo estiver registrado por valor inferior ao valor recuperável, nenhuma providência deverá ser tomada pela entidade.
   3.2 ( ) Valor contábil é o montante pelo qual o Ativo está reconhecido no balanço depois da dedução de toda respectiva Depreciação, Amortização ou Exaustão Acumulada e ajuste para perdas.

Atividade Prática 5

Venda de um microcomputador, marca Tecnol, a prazo, para a empresa Comercial Ferreira S/A, conforme nossa Nota Fiscal n. 011, por $ 3.000. A conta correspondente apresentava a seguinte posição na Contabilidade:

a) Valor registrado na conta Computadores: $ 5.000.
b) Valor referente a Depreciação Acumulada: $ 1.500.

Testes de Concursos

1. (FTE–MG/93)

    A Empresa ABC adquiriu, à vista, um lote vago no centro da cidade para explorá-lo como estacionamento pago.

    O lançamento contábil do registro do fato administrativo referente à compra do lote foi o seguinte:

    a) Imóveis
       a Caixa/Bancos
    b) Terrenos
       a Caixa/Bancos
    c) Estoques
       a Caixa/Bancos
    d) Bens de Renda
       a Caixa/Bancos
    e) Patrimônio Líquido
       a Caixa/Bancos

2. (FTE–MG/93)

    (questão adaptada pelo autor deste livro)

    A depreciação é um procedimento que afeta:

    a) Todo o Ativo Não Circulante.
    b) Todo o Intangível.
    c) Todo o Ativo Imobilizado.
    d) Parte do Ativo Imobilizado.
    e) Parte do Intangível.

3. (AFTN/96)

    (Questão adaptada pelo autor deste livro)

    Quando adquiridos com caráter de permanente, são classificados no grupo de Investimentos do Ativo Não Circulante:

    a) Participações Societárias e os Bens de Uso Intangíveis.
    b) Bens de Uso Intangíveis e os direitos de longo prazo.
    c) Bens Tangíveis não utilizados nas atividades da empresa.
    d) Bens Tangíveis utilizados nas atividades da empresa.
    e) Bens de Uso Tangíveis e os direitos de longo prazo.

CAPÍTULO 9

OPERAÇÕES ENVOLVENDO CONTAS DE RESULTADO

9.1 Introdução

Contas de resultado são aquelas utilizadas para o registro das transações responsáveis pelas mutações patrimoniais, isto é, das transações que provocam variações na situação líquida do patrimônio. Dividem-se em **despesas** e **receitas**.

9.1.1 Despesas

As despesas caracterizam-se pelo consumo de bens ou pela utilização de serviços, objetivando a obtenção de receitas. São reduções do Ativo (saídas de dinheiro, extinções ou reduções de direitos) ou aumentos do Passivo (gerações de obrigações) sem que haja, em contrapartida, aumentos patrimoniais.

As despesas podem ser classificadas em três grupos:

a. Despesas pré-operacionais: são Despesas registradas (pagas ou incorridas durante o período que antecede o início das atividades operacionais necessárias a sua organização e implantação ou mesmo aquelas incorridas para a ampliação de seus empreendimentos. Variam de acordo com o tipo de empresa. Geralmente, referem-se a gastos com registro de documentos, pagamentos de taxas, aquisições de livros, impressos, pinturas e reformas do imóvel, treinamento de pessoal, pagamentos a empregados, sócios ou diretores etc.

Antes do advento da Medida Provisória n. 449/08 convertida na Lei n. 11.941/09, que promoveu alterações na Lei das Sociedades por Ações, essas despesas eram ativadas como bens imateriais, para serem posteriormente incluídas no resultado de vários exercícios sociais, por meio da amortização. A partir de 1º de janeiro de 2009, esse procedimento mudou. Agora, as contas representativas dos gastos pré-operacionais, de organização e mesmos os de reorganização quando for possível deverão ser classificadas no Imobilizado, integrando o valor de bens de uso, no Intangível ou diretamente no resultado.

Integrarão o custo de Bens do Imobilizado, por exemplo, aqueles gastos vinculados ao processo de preparação e colocação em operação de máquinas e equipamentos. Tais gastos incluem todos os custos vinculados à sua aquisição ou construção e todos os demais necessários a colocá-los em condições de funcionamento – transporte, seguro, tributos não recuperáveis, montagem, testes etc. Serão classificados no Intangível aqueles gastos que se enquadrem nas permissões contidas no item 22 da NBC TG 13, como por exemplo, os Custos com Projetos Novos, comuns nas empresas industriais. Aqueles que não possam ser enquadrados no Imobilizado ou no Intangível, como ocorre, por exemplo com os gastos de organização, com treinamento de pessoal administrativo ou de pessoal de vendas, deverão ser contabilizados diretamente em contas de resultado.

b. Despesas operacionais: decorrem das atividades normais (principais ou acessórias) da empresa;
c. Outras despesas: resultam de transações não inclusas nas atividades principais ou acessórias da empresa, como perdas obtidas em função de alienação, desapropriação, baixa por perecimento, extinção, desgaste, obsolescência ou exaustão ou, ainda, por liquidação de bens ou direitos do Ativo Não Circulante.

Veja exemplos de contas de despesas no plano de contas, item 1.8 do Apêndice.

9.1.2 Receitas

As receitas decorrem da venda de bens ou da prestação de serviços.

São aumentos do Ativo (entradas de dinheiro ou gerações de direitos) ou diminuições do Passivo (reduções ou extinções de obrigações) sem que, em contrapartida, haja diminuição de valores patrimoniais ou aumentos do Passivo.

As receitas podem ser classificadas em dois grupos:

a. Receitas operacionais: resultam das atividades normais (principais ou acessórias) da empresa;
b. Outras receitas: provêm de transações não inclusas nas atividades principais ou acessórias que constituem o objeto da empresa, como ganhos de capital obtidos na alienação de bens ou direitos do Ativo Não Circulante.

Veja exemplos de contas de receitas no plano de contas, item 1.8 do Apêndice.

9.1.3 Resultado Bruto e Resultado Líquido

As despesas e as receitas são contabilizadas durante o exercício social em contas de resultado. No final desse exercício (ou do mês, bimestre, trimestre etc., conforme seja a necessidade ou o interesse da empresa), o confronto entre as contas de despesas e as de receitas possibilita o conhecimento do resultado do respectivo período, que poderá ser lucro ou prejuízo.

Resultado bruto é o resultado da atividade principal da empresa. Assim, o resultado bruto apurado por uma empresa que comercializa automóveis, por exemplo, é aquele obtido no confronto entre as receitas de vendas de veículos e o custo de aquisição deles, levando em conta os fatos que podem provocar alterações tanto nos valores das compras como nos das vendas (devoluções, tributos etc.).

Resultado líquido é o resultado final, ou seja, o resultado bruto modificado pela soma algébrica das despesas e das receitas que não foram computadas na apuração do resultado bruto.

Se o resultado bruto for igual a lucro, a ele somam-se as demais receitas e subtraem-se as demais despesas; caso seja prejuízo, a ele somam-se as demais despesas e subtraem-se as demais receitas.

Portanto, para conhecer o resultado líquido, partimos do resultado bruto (lucro ou prejuízo nas vendas de mercadorias e produtos ou na prestação de serviços) e a ele adicionamos ou dele subtraímos as demais despesas e receitas.

A Legislação Tributária interfere sobremaneira nos procedimentos contábeis para ajustar o resultado do exercício aos interesses do fisco. Com isso, surgem vários títulos na terminologia contábil, derivados da área tributária, como resultado da exploração, resultado não operacional, lucro real, lucro inflacionário e outros.

Assim, se você estiver se preparando para prestar concursos na área fiscal, deve estudar esses conceitos e os critérios necessários à apuração de resultados por meio da legislação tributária, partindo do regulamento do imposto de renda e de outros dispositivos legais em vigor na data do concurso.

A contabilização dos eventos que envolvem as variações patrimoniais (despesas e receitas) deve observar o regime de competência de exercícios, o que veremos a seguir.

9.2 Regime de competência

9.2.1 Introdução

Veja inicialmente o que dispõe o *caput* do artigo 177 da Lei n. 6.404/1976:

> "A escrituração da companhia será mantida em registros permanentes, com obediência aos preceitos da legislação comercial e desta Lei e aos princípios de contabilidade geralmente aceitos, devendo observar métodos ou critérios contábeis uniformes no tempo e registrar as mutações patrimoniais segundo o regime de competência."

Conforme você pôde observar, o dispositivo legal supracitado estabelece que as mutações patrimoniais (despesas e receitas) devem ser registradas segundo o regime de competência.

O **regime de competência** estabelece que as receitas e as despesas devem ser incluídas na apuração do resultado do período em que ocorrerem, sempre quando se correlacionarem, independentemente de recebimento ou pagamento.

Assim, as despesas serão consideradas no exercício a que pertencerem, tenham ou não sido pagas; e as receitas serão consideradas no exercício em que forem realizadas, tenham ou não sido recebidas.

Em outras palavras, para o regime de competência o que determina a inclusão da despesa e da receita na apuração do resultado do exercício é a ocorrência do respectivo fato gerador.

O **fato gerador da despesa** é o acontecimento que dá origem à respectiva despesa. Em geral, o fato gerador da despesa é o consumo de bens e a utilização de serviços.

A despesa cujo fato gerador já tenha ocorrido é denominada despesa incorrida (gerada).

O **fato gerador da receita**, em geral, é a venda de bens ou a prestação de serviços. A receita cujo fato gerador já ocorreu é denominada receita realizada (gerada).

Para que o resultado do exercício apurado pela empresa esteja de acordo com o que estabelece o Regime de Competência, é preciso proceder a apropriações e ajustes em contas de Despesas e de Receitas, como veremos adiante.

9.2.2 Ajustes em Contas de Despesas

Os ajustes nas contas de despesas devem ser feitos para apropriar tanto as despesas pertencentes ao exercício social atual (incorridas) que ainda não foram pagas, como também para apropriar as despesas que foram pagas em exercícios anteriores e cujos fatos geradores ocorreram somente no exercício atual.

a. Despesas incorridas e não pagas

Exemplo prático

Suponhamos que o aluguel do prédio onde está instalada a empresa, referente ao mês de dezembro, no valor de $ 5.000, deva ser pago no dia 10 de janeiro do exercício seguinte, de acordo com o contrato de locação.

No dia 31 de dezembro, será feita a apropriação da referida despesa, por meio do seguinte lançamento:

Aluguéis Passivos
a Aluguéis a Pagar

*Pela apropriação do aluguel deste mês a ser
pago em 10 de janeiro p.f. 5.000*

Por intermédio desse lançamento, fica apropriada a despesa do aluguel no mês de dezembro, isto é, dentro do mês de sua ocorrência. Como o pagamento somente será efetuado no dia 10 do mês seguinte, foi creditada a conta Aluguéis a Pagar para registrar a referida obrigação.

b. Despesas pagas antecipadamente

As despesas incorridas no exercício atual, isto é, cujos fatos geradores ocorreram no exercício atual e que foram pagas antecipadamente em exercícios anteriores, estão registradas em contas do grupo Despesas do Exercício Seguinte, do Ativo Circulante.

A apropriação no último dia do período de sua ocorrência é feita debitando-se uma conta que represente a referida despesa e creditando-se a conta do Ativo Circulante que registrou a despesa paga antecipadamente.

A mais comum dessas despesas é a despesa com seguros, a qual normalmente é paga no dia da assinatura do contrato ou da proposta, sendo registrada a débito da conta Prêmios de Seguro a Vencer; mensalmente, ou no último dia do ano, deve ser apropriada a importância correspondente à despesa do mês ou do ano.

Exemplo prático

Suponhamos que no dia 3 de agosto de x1 a empresa tenha assinado um contrato de seguro contra incêndio, com a Companhia X, tendo pago no mesmo dia a importância de $ 36.500. O contrato vigorará de 4/08/x1 a 3/08/x2. Geralmente, os contratos de seguro contra incêndio são feitos pelo período de um ano, isto é, uma vez assinado o contrato, o patrimônio segurado fica coberto contra o risco durante 365 dias.

Assim, no dia 3 de agosto, a empresa efetuou o seguinte registro no livro Diário:

*Prêmios de Seguro a Vencer
a Caixa (ou Bancos ou outra conta)
Paga à Companhia Seguradora X, referente
à apólice de seguro n. X, cobertura contra incêndio
pelo período de 1 ano... 36.500*

A conta debitada (Prêmios de Seguro a Vencer) é conta do Ativo Circulante que registra a despesa paga antecipadamente.

No final de cada mês ou ano, a empresa deverá apropriar o valor da despesa de seguro do referido período (mês ou ano), debitando uma conta que represente a despesa de seguro e creditando a conta do Ativo Circulante que registrou a despesa paga antecipadamente.

Para se conhecer o valor da despesa de seguro relativa a cada mês, é feito o seguinte cálculo: divide-se o valor da despesa paga por 365 dias, obtendo-se, assim, o valor da despesa de seguro correspondente a um dia. A partir daí, basta multiplicar o número de dias do mês pelo valor da despesa diária para se conhecer o valor a ser apropriado naquele mês.

Se a apropriação for feita somente no final do ano, basta multiplicar o número de dias contados a partir do dia seguinte ao da assinatura do contrato (4 de agosto) até o último dia do ano (31 de dezembro) pelo valor diário do seguro. Veja:

$$\frac{\$ \ 36.500}{365 \text{ dias}} = \$ \ 100 \text{ por dia}$$

$$150 \text{ dias} \times \$ \ 100 = \$ \ 15.000$$

Esses $ 15.000 serão considerados como despesa desse exercício. Assim, a contabilização é como segue:

Prêmios de Seguro
a Prêmios de Seguro a Vencer
  Pela apropriação da despesa de seguro referente
  ao período de 4 de agosto a 31 de dezembro. 15.000

OBSERVAÇÕES:
- A conta debitada (Prêmios de Seguro) é conta de despesa Operacional deste exercício, cujo saldo será transferido para a conta Resultado do Exercício, no momento da apuração do resultado líquido.
- A conta creditada (Prêmios de Seguro a Vencer) registra o valor da despesa paga antecipadamente, cujo saldo corresponderá exatamente à despesa diferida (antecipada) que passará para o exercício seguinte, referente aos 215 dias que restam para o vencimento do seguro (de 1º de janeiro a 3 de agosto).

NOTAS:
- Para fins de concurso, é recomendável iniciar o cálculo do seguro na base mensal (dividindo-se o total da despesa por 12 meses), deixando o cálculo na base diária (dividindo-se o total das despesas por 365 dias) para ser efetuado quando o cálculo na base mensal não for exato.
- Note também que, no enunciado do Exemplo prático, dissemos que: "no dia 3 de agosto de x1 a empresa tenha assinado um contrato de seguro contra incêncio, com a companhia X, tendo pago, no mesmo dia, a importância de (...)". É importante lembrar que as despesas com seguros passam a vigorar a partir do dia seguinte ao dia em que o contrato de seguro ou a proposta for assinada. É comum as empresas contratarem seguros para pagamento a prazo, em uma ou mais parcelas. Nesse caso, o raciocínio é o mesmo do exemplo em que o pagamento foi efetuado à vista, a única diferença é o registro contábil no dia da assinatura da proposta ou do contrato, quando se deve debitar a conta Prêmios de Seguro a Vencer e creditar a conta Seguros a Pagar.

Veja outro exemplo, porém, envolvendo materiais de consumo:

Os materiais de consumo são aqueles adquiridos pela empresa para uso próprio. Compreendem materiais de escritório (lápis, canetas, papéis, clips etc.), materiais de higiene e limpeza (sabões, desinfetantes, vassouras etc.), materiais de informática (cartuchos de tintas, papéis etc.) e outros.

Quando a empresa adquire esses materiais em pequenas quantidades, para consumo imediato, o correto é contabilizar tais compras a débito da conta própria de despesa. Quando a empresa adquire esses materiais em grandes quantidades, para consumos futuros, o correto é registrar as compras a débito de contas de estoques. Nesse caso, existem dois sistemas para controle dos estoques:

a. **Inventário Permanente:** consiste em controlar os estoques desses materiais permanentemente, isto é, a cada compra e a cada requisição para consumo, o saldo da conta representativa do estoque é atualizado. Nesse caso, a empresa contabiliza todas as compras a débito da conta representativa do estoque do material respectivo e toda vez que forem retirados materiais do estoque para consumo, mediante uma requisição, é debitada uma conta de despesa para caracterizar o consumo e creditada a conta representativa do estoque, para dar baixa do respectivo consumo.

Quando a empresa adota esse Sistema de Inventário Permanente, não caberá, no final do período, ajuste no estoque ou na conta de despesa, uma vez que o consumo já está devidamente caracterizado pelos lançamentos efetuados ao longo do período a débito na conta de despesa.

b. **Inventário Periódico:** consiste em contabilizar todas as compras de materiais a débito da conta de estoque respectiva, sem se preocupar com o consumo. No final do exercício, para conhecer o consumo, a empresa realiza inventário físico dos materiais existentes em estoque, avalia-os com base nas últimas notas fiscais de compras e apura o consumo, confrontando o saldo contábil do estoque com o saldo do inventário físico realizado.

Exemplo prático

Suponhamos que a conta Estoque de Material de Expediente da empresa Moura Ribeiro S/A, que adota o Sistema de Inventário Periódico, em 31 de dezembro, tenha saldo de $ 45.000 e que o estoque final de material de expediente existente na mesma data, apurado por meio de levantamento físico, tenha sido de $ 20.000.

Para ajustar o saldo da conta representativa do estoque e apurar o consumo, faremos:

- Saldo da conta em 31 de dezembro = $ 45.000
- (–) Saldo conforme Inventário realizado ($ 20.000)
- Consumo do período = $ 25.000

O lançamento para ajustar a conta de estoque e ao mesmo tempo apropriar o consumo como despesa do período é o seguinte:

Material de Expediente
a Estoque de Material de Expediente
    Pelo valor consumido no exercício 25.000

Veja a posição das contas envolvidas nos respectivos Razonetes, antes do lançamento de ajuste:

ESTOQUE DE MATERIAL DE EXPEDIENTE	MATERIAL DE EXPEDIENTE
(b) 45.000	

A posição após o lançamento de ajuste é:

ESTOQUE DE MATERIAL DE EXPEDIENTE			MATERIAL DE EXPEDIENTE
(b)	45.000	25.000	25.000
(s)	20.000		

OBSERVAÇÕES:
- A conta Estoque de Material de Expediente foi creditada no lançamento de ajuste por $ 25.000, que corresponde ao consumo do período, ficando com saldo de $ 20.000, conforme inventário realizado.
- A conta Material de Expediente foi debitada em $ 25.000, cujo saldo corresponde à despesa do período. O saldo dessa conta será transferido para a conta Resultado do Exercício, no momento da apuração do resultado líquido.

9.2.3 Ajustes em Contas de Receitas

Os ajustes nas contas de receitas também devem ser feitos para apropriar tanto as receitas realizadas (geradas) e não recebidas, como as recebidas e ainda não realizadas.

a. Receitas realizadas (ganhas) e não recebidas

Para apropriação das receitas ganhas e ainda não recebidas, debita-se uma conta do Ativo que represente o referido direito (Duplicatas a Receber, Aluguéis a Receber etc.) e credita-se uma conta que represente a receita respectiva (Vendas de Mercadorias, Aluguéis Ativos etc.).

Exemplo prático

A empresa tem um imóvel alugado para o Sr. Rafael que, conforme consta do contrato de locação, paga o aluguel do mês sempre no dia 10 do mês seguinte. Assim, o aluguel do mês de dezembro, que é de $ 8.000 e deve ser recebido no dia 10 de janeiro do ano seguinte, será contabilizado no dia 31 de dezembro por meio do seguinte lançamento:

Aluguéis a Receber
a Aluguéis Ativos
    Pela apropriação do aluguel ref. ao mês de
dezembro, a ser recebido em 10 de janeiro p.f. *8.000*

Com esse lançamento, registramos a receita no valor de $ 8.000 no mês de sua realização (dezembro). Como a respectiva receita será recebida somente no dia 10 do mês seguinte, foi debitada a conta Aluguéis a Receber, que representa direito da empresa.

Portanto, este lançamento de ajuste permite que a receita de aluguel ganha em dezembro integre o total das receitas realizadas nesse mesmo mês.

b. Receitas recebidas antecipadamente

Exemplo prático

No dia 19 de dezembro, a empresa recebeu a importância de $ 15.000 de aluguéis referentes ao mês de janeiro do ano seguinte. Nesse caso, no dia 19 de dezembro, data do recebimento da receita antecipada, fazemos o seguinte registro no livro Diário:

Caixa
a Aluguéis Ativos a Vencer
  Recebido nesta data, ref. ao aluguel de
  janeiro do ano seguinte... 15.000

Com esse lançamento, a importância recebida de $ 15.000 fica devidamente registrada na conta Caixa. A receita, sendo creditada na conta Aluguéis Ativos a Vencer, que representa a receita antecipada, não será considerada na apuração do resultado do ano.

Testes de Fixação 1

1. Identifique a alternativa correta:
   1.1 As contas de resultado são utilizadas para se registrar os fatos que:
   a) Influem somente no Ativo do Patrimônio.
   b) Influem somente no Passivo do Patrimônio.
   c) Influem no Ativo e no Passivo ao mesmo tempo.
   d) Provocam variações no Patrimônio Líquido.

   1.2 Assinale a alternativa incorreta:
   a) O resultado bruto é apurado por meio dos fatos que se referem à atividade principal da empresa.
   b) O resultado líquido é o Resultado Bruto diminuído das demais despesas da empresa.
   c) resultado líquido é o resultado bruto acrescido das demais receitas e diminuído das demais despesas.

d) O resultado bruto poderá apresentar lucro ou prejuízo.

1.3 Despesa incorrida no mês é o mesmo que:

a) Despesa paga no mês cujo fato gerador ocorrerá no mês seguinte.

b) Despesa cujo fato gerador ocorreu no respectivo mês.

c) Despesa paga no mês cujo fato gerador ocorreu no mês anterior.

d) O mesmo que despesa não realizada.

2. Responda:

2.1 Em observância ao Regime de Competência, qual o tratamento contábil a ser dado às despesas incorridas e não pagas no mês?

2.2 O que é receita ganha?

2.3 Receita ganha e receita recebida é a mesma coisa? Explique.

2.4 Cite duas contas representativas de receitas já recebidas e ainda não ganhas.

2.5 Cite dois exemplos de contas que indiquem a existência de despesas incorridas e ainda não pagas.

2.6 A conta Estoque de Material de Limpeza apresentava, no final do exercício de x1, saldo de $ 500. Sabendo-se que o estoque final, conforme inventário realizado, foi de $ 100, como ficará o lançamento de ajuste?

2.7 As despesas pagas antecipadamente, bem como as receitas recebidas antecipadamente, devem ser registradas em que contas?

9.2.4 Gastos com pessoal

Introdução

Gastos com pessoal são aqueles incorridos com os trabalhadores da empresa. Compreendem, além dos gastos com salários e encargos sociais, também os gastos com alimentação, seguro, transporte etc. Alguns desses gastos integram a folha de pagamento, sendo que outros não fazem parte dela.

Nos editais dos concursos não costuma figurar o título Gastos com Pessoal, salvo naqueles específicos para contabilistas ou para auditores que atuarão nas áreas trabalhista e previdenciária. O domínio do mecanismo contábil dos gastos com pessoal é importante, pois sua exigência está implícita em todos os editais de concursos que contenham o tema "escrituração". Esse tema é muito abrangente e pode englobar, dependendo do nível do concurso, todo e qualquer tipo de registro contábil.

Veja no Plano de Contas, na Seção 1.8, Apêndice, as principais contas que envolvem os gastos com pessoal.

Gastos com Pessoal constantes das folhas de pagamento

Folha de pagamento é um documento que deve ser elaborado por todas as empresas no final de cada mês, no qual devem constar os nomes dos empregados, os valores das remunerações, os descontos e o valor líquido a ser pago a cada empregado.

É importante saber que os valores constantes de uma folha de pagamento podem ser agrupados em quatro categorias:

1. **Remunerações:** compreendem os valores que os empregados têm para receber da empresa como contraprestação dos serviços por eles prestados durante o mês. Podem ser salário mensal, horas extras, comissões etc. O montante das remunerações também pode ser denominado **salário bruto** ou **valor bruto da folha de pagamento**.

2. **Descontos:** englobam os valores que as empresas devem abater do total das remunerações devidas aos empregados. Há dois tipos de descontos:

    a. **Retenções:** valores descontados da remuneração dos empregados que deverão ser repassados para outras entidades. As principais são:

    - **Contribuições de Previdência:** obrigação dos empregados para com a Previdência Social, variando conforme a faixa salarial e podendo corresponder a 8%, 9% ou 11% sobre o salário bruto, observado o teto fixado pela Legislação Previdenciária;

    - **Imposto de Renda retido na fonte:** obrigatório apenas para os empregados cuja remuneração supera um determinado limite fixado anualmente pela Secretaria da Receita Federal;

    - **Contribuição sindical:** há pelo menos três modalidades de contribuições devidas pelos empregados aos sindicatos. Todas elas são retidas (descontadas) dos salários dos empregados e posteriormente recolhidas pela empresa às respectivas entidades sindicais;

    - **Clube social:** os trabalhadores associados a clubes recreativos agregados à empresa para a qual trabalham autorizarão a retenção de mensalidades para serem repassadas a esses órgãos.

    b. **Compensações:** valores que as empresas têm direito de descontar do total das remunerações dos empregados, como ocorre com os adiantamentos de salários. Nesse caso, não se trata de retenção, uma vez que a empresa não precisará repassar o referido valor para terceiros, pois será utilizado para dar baixa no direito que tinha com os empregados.

3. **Salário-família:** importância (quota), fixada periodicamente pela Previdência Social, que o Governo, por força de Lei, se obriga a pagar a todo trabalhador de baixa renda que tiver filhos de até 14 anos de idade ou inválidos.

    O trabalhador terá direito de receber tantas quotas de salário-família quantos forem os filhos enquadrados no que estabelece a Legislação Trabalhista e Previdenciária.

    Apesar de ser uma obrigação do Governo, por razões práticas, a própria empresa paga o salário-família a seus empregados junto dos salários mensais. No momento em que a empresa for recolher os encargos devidos à Previdência Social (parte patronal e retidos dos empregados), poderá compensar desse montante o valor que pagou aos empregados a título de salário-família.

    Assim, as importâncias referentes ao salário-família, depois de pagas pelas empresas aos seus empregados, representam direitos da empresa para com o Governo Federal.

4. **Valor líquido da folha:** compreende o valor que será pago aos empregados (valor da remuneração diminuído dos descontos e acrescido das quotas do salário-família).

    Além das despesas com salários, que compõem o valor bruto da folha de pagamento, as empresas têm outros encargos com pessoal, calculados com base no valor bruto da folha. Veja:

    - **Contribuição de Previdência parte patronal:** importância devida com base nos salários brutos dos empregados. O percentual dessa obrigação pode variar de acordo com o ramo de atividade da empresa. As empresas comerciais, por exemplo, em geral recolhem 26,8% sobre o valor bruto da folha.
    - **Fundo de Garantia do Tempo de Serviço – FGTS:** corresponde a 8% do valor bruto da folha, a ser recolhido por meio da rede bancária. Os depósitos são efetuados em conta vinculada em nome de cada empregado.
    - **Férias:** corresponde a 1/12 do valor bruto da folha acrescido de 1/3 desse mesmo valor. Essa despesa deve ser apropriada mensalmente em decorrência do Regime de Competência, conforme veremos mais adiante.
    - **13º Salário:** mensalmente as empresas devem apropriar o equivalente a 1/12 do valor bruto da folha de pagamento, acrescido dos encargos com a previdência – parte patronal – e com o FGTS, conforme veremos mais adiante.

Contabilização da folha de pagamento

Para contabilizar os gastos constantes da folha de pagamento, duas situações precisam ser consideradas: etapas da contabilização e quantidade de lançamentos envolvidos.

1. **Etapas da contabilização:**

    A contabilização é feita em duas etapas:
    a. no último dia de cada mês, para apropriar as despesas, compensar direitos da empresa junto aos empregados e registrar as respectivas obrigações;
    b. nos primeiros dias do mês seguinte, para registrar a liquidação da folha (pagamento de todas as obrigações).

2. Quantidade de lançamentos:

    Normalmente, uma folha de pagamento poderá ser contabilizada por meio de cinco lançamentos que, mês a mês, se repetem no livro Diário da empresa (não havendo pagamento do salário-família, quatro lançamentos serão suficientes).

    a. No último dia de cada mês:
    1. **Registro do valor bruto da folha:** debita-se a conta Salários (despesa) e credita-se a conta Salários a Pagar (obrigação).
    2. **Registro dos descontos do salário bruto dos empregados (retenções e/ou compensações):** debita-se a conta Salários a Pagar e credita-se as contas que representam as retenções ou compensações, como Contribuições de Previdência a Recolher, IRR, Fonte a Recolher, Adiantamentos de salários etc.
    3. **Registro das quotas do salário-família:** debita-se a conta Contribuições de Previdência a Recolher e credita-se a conta Salários a Pagar.
    4. **Registro dos demais encargos sobre a folha:** debita-se a conta "Encargos Sociais" e credita-se as contas que representam as respectivas obrigações: "Contribuições de Previdência a Recolher" (parte patronal) e "FGTS a Recolher". Havendo interesse, em lugar da conta "Encargos Sociais", que engloba em si, mais de uma despesa (ou encargo), pode-se debitar uma conta para representar cada tipo de despesa.

    b. No mês seguinte ao da ocorrência do fato gerador:
    5. **Registro da liquidação da folha:** debita-se todas as contas de obrigações que foram creditadas nos quatro lançamentos anteriores e credita-se a conta Caixa ou Bancos.

Exemplo prático

Suponhamos os seguintes dados extraídos de uma folha de pagamento:

• Valor Bruto da Folha	1.000
• INSS Retido dos Empregados..	80
• Salário-família	10
• Contribuição de Previdência Parte Patronal	268
• FGTS	80

Contabilização:

a. No último dia do mês:

(1) Salários
   a Salários a Pagar
      Conf. folha 1.000

(2) Salários a Pagar
   a Contribuições de Previdência a Recolher
      8% retido dos empregados, conf. folha.................... 80

(3) Contribuições de Previdência a Recolher
   a Salários a Pagar
      Quotas de Salário-Família, conf. folha 10

(4) Encargos Sociais
   a Diversos
   a Contribuições de Previdência a Recolher
      26,8% ref. parte patronal.................................... 268
   a FGTS a Recolher
      8% conf. folha .... <u>80</u>   348

Após esses quatro lançamentos efetuados em partidas de Diário, os gastos com pessoal, que correm por conta da empresa sobre a folha, estão devidamente contabilizados a débito de duas contas de despesas: Salários e Encargos Sociais. Com relação às obrigações da empresa sobre a folha, estão devidamente contabilizadas a crédito das contas de obrigações Salários a Pagar, Contribuições de Previdência a Recolher e FGTS a Recolher.

b. Contabilização nos primeiros dias do mês seguinte:

(5) Diversos

 a Caixa

  Pela liquidação da folha a saber:

 Salários a Pagar

  Líquido pago aos empregados   930

 Contribuições de Previdência a Recolher

  Conf. guia   338

 FGTS a Recolher

  Conf. guia ....   <u>80</u>   1.348

Você acabou de vivenciar uma das várias maneiras que existem para se contabilizar uma folha de pagamento.

Para fins de concurso, deve ficar bem claro a você que, sobre a folha de pagamento, a entidade tem dois tipos de despesas:

- **Salários:** valor bruto da folha.
- **Encargos sociais:** Previdência Social – parte patronal, FGTS, férias e 13º salário.

Veja, agora, como contabilizar o 13º salário e as férias.

13º Salário

Segundo o inciso VIII do art. 7º da Constituição Federal de 1988, é assegurado a todo trabalhador que esteve à disposição do empregador durante o ano o direito de receber o 13º salário.

O 13º salário deve ser pago em duas parcelas: a primeira poderá ser paga junto com as férias do empregado, nos meses de fevereiro a novembro ou no máximo até o dia 30 de novembro e a segunda, no mês de dezembro, até o dia 20, no máximo.

Tendo em vista que a cada mês trabalhado o trabalhador faz jus a 1/12 do seu salário a título de 13º salário, em decorrência do Regime de Competência, mensalmente a empresa deve proceder a apropriação dessa despesa e demais encargos dela decorrentes.

Suponhamos que o total bruto da folha de pagamento de uma determinada empresa, no mês de janeiro tenha sido igual a $ 120.000. Veja os cálculos dos encargos com o 13º salário:

a. Cálculo da parcela devida aos empregados:

 1/12 de $ 120.000 = $ 10.000

b. Cálculo da contribuição previdenciária devida pela empresa:
26,8% de $ 10.000 = $ 2.680

c. Cálculo do FGTS devido pela empresa:
8% de $ 10.000 = $ 800

Contabilização:

a. Em 31 de janeiro – Apropriação (provisionamento):

(1) 13º Salário
a 13º salário a Pagar
Pela apropriação Conforme folha etc............................ 10.000

(2) Contribuições de Previdência
a Contribuições de Previdência sobre 13º salário a Recolher
26,8% sobre valor apropriado
Conforme folha etc. 2.680

(3) FGTS
a FGTS sobre 13º salário a Recolher
8% etc.. 800

OBSERVAÇÕES:
- As contas debitadas nos três lançamentos correspondem a despesas operacionais e integrarão o resultado do mês de janeiro.
- As contas creditadas nos três lançamentos são contas patrimoniais, do Passivo Circulante, representando os encargos devidos pela empresa sobre a folha de janeiro.

Com a apropriação mensal do 13º salário, mês a mês a empresa considerará despesa a parcela devida aos empregados adicionada dos encargos e acumulará (provisionamento) esses valores no Passivo Circulante, nas contas que registram as respectivas obrigações.

Quando a empresa efetuar o pagamento aos empregados e recolher os encargos, deverá dar baixa nas contas que registram as respectivas obrigações. Quando os saldos dessas contas forem insuficientes, as diferenças serão contabilizadas normalmente em contas de despesas operacionais; caso contrário, os excessos serão revertidos como receitas.

Considerando que o 13º salário é pago ao trabalhador com base no salário vigente no mês do respectivo pagamento, se houver aumento de salário será preciso corrigir os saldos das contas representativas das obrigações.

Contabilmente, basta debitar uma conta de despesa e creditar as contas das obrigações respectivas, pelo valor da correção.

Férias

Segundo o inciso XVII do art. 7º da Constituição Federal de 1988, é assegurado a todo trabalhador o direito ao gozo de férias anuais remuneradas com, pelo menos, um terço a mais do que o salário normal.

A legislação trabalhista brasileira, por sua vez, estabelece que todo empregado, após cada período de 12 meses de trabalho, terá direito a um mês de férias regulamentares, observando-se o limite de faltas estabelecido na Consolidação das Leis do Trabalho (CLT).

No mês em que estiver em férias, o empregado receberá o salário como se estivesse trabalhando.

Sendo assim, a cada mês trabalhado, ou fração superior a 14 dias, o empregado tem direito a 1/12 de 30 dias de férias.

Em cumprimento ao Regime de Competência, no dia 31 de dezembro de cada ano, as férias transcorridas e ainda não gozadas devem ser apropriadas (provisionadas), de modo a se incluir o referido valor como custo ou despesa do exercício e a evidenciação no Balanço da respectiva obrigação.

Contudo, as empresas que adotam o procedimento de apropriar os gastos com as folhas de pagamento de salários dentro do mês de sua competência devem também provisionar mensalmente a parcela referente às férias ganhas pelos empregados em cada mês e aos respectivos encargos.

Desta forma, a apropriação das férias pode ser feita tanto no final do ano, por ocasião do levantamento do balanço anual, quanto mensalmente, por ocasião da apropriação dos demais encargos com a folha de pagamento.

A exemplo do que ocorre com o 13º salário, as empresas poderão apropriar mensalmente o valor das férias e respectivos encargos.

Nesse caso, para fins didáticos, o valor das férias a ser apropriado como despesa de cada mês poderá corresponder a 1/12 do valor bruto da folha de pagamento, acrescido de 1/3 desse mesmo valor.

Na vida prática, para que a apropriação seja efetuada por valores mais exatos possíveis, o setor de RH deverá elaborar mapas com os cálculos das férias a que cada empregado teve direito no respectivo mês.

Considerando que o valor bruto da folha de pagamento de uma determinada empresa, referente ao mês de janeiro, tenha sido igual a $ 180.000, veja os cálculos para a apropriação das férias e encargos no próprio mês de janeiro:

a. Cálculo das férias a serem apropriadas:
- 1/12 de $ 180.000 = $ 15.000
- 1/3 de $ 15.000 = $ 5.000

Logo, o valor das férias a ser apropriado no mês de janeiro é igual a $ 20.000 ($ 15.000 + $ 5.000).

b. Cálculo da contribuição de previdência a ser apropriada
- 26,8% de $ 20.000 = $ 5.360

c. Cálculo do FGTS sobre Férias:
8% sobre $ 20.000 = $ 1.600.

Contabilização:

Em 31 de janeiro:

(1) Férias
a Férias a Pagar
Apropriação que se processa das
férias e adicional constitucional de 1/3
devidos conforme folha etc. 20.000

_____   _____

(2) Contribuições de Previdência
a Contribuições de Previdência sobre Férias a Recolher
Apropriação que se processa etc. 5.360

_____   _____

(3) FGTS
a FGTS sobre Férias a Recolher
Apropriação que se processa etc. 1.600

_____   _____

Tendo em vista que o valor das férias a ser pago aos empregados no momento em que eles entrarem em gozo do período a que tiverem direito é pago com base no salário do referido mês, havendo reajuste de salários ou outros motivos que impliquem alterações no valor dos salários dos empregados, será preciso atualizar os montantes acumulados nas contas Férias a Pagar, Contribuição de Previdência sobre Férias a Recolher e FGTS sobre Férias a Recolher.

Contabilmente essa correção é feita mediante débito em conta de despesa e crédito nas respectivas contas de obrigações.

Outros gastos com pessoal

Você já percebeu que as despesas com pessoal não são somente as constantes das folhas de pagamento. Além delas, as empresas efetuam outros gastos com pessoal, como cesta básica, seguros, vale-transporte etc.

A contabilização desses gastos deve ser efetuada a débito de contas de despesas que expressem adequadamente o tipo do gasto, obedecendo-se ao Regime de Competência, procedimento que deve ser adotado para todos os demais tipos de despesas da empresa.

Informações complementares

As contribuições devidas pelos empregados às entidades sindicais são:

a. **Contribuição assistencial ou taxa assistencial:** normalmente prevista em documento coletivo de trabalho e acordada ou convencionada nas datas-base entre sindicatos da categoria profissional (empregados) e econômica (patronais/empregadores) (artigo 513, alínea e, da CLT);

b. **Contribuição associativa:** de caráter meramente associativo daqueles que tenham optado pela filiação e devida às associações sindicais, na forma estabelecida nos estatutos ou nas assembleias gerais (artigo 548 da CLT); e

c. **Contribuição confederativa:** tem por finalidade o custeio do sistema confederativo da respectiva representação sindical (inciso IV do artigo 8º da Constituição Federal de 1988).

Testes de Fixação 2

1. Identifique a alternativa correta:
   1.1 Salário bruto é:
      a) O total das remunerações recebidas pelos empregados no mês.
      b) O total das remunerações ganhas pelos empregados no mês.
      c) O total das remunerações ganhas, deduzida a Contribuição Previdenciária.
      d) N.D.A.
   1.2 Salário líquido é:
      a) O total das remunerações recebidas pelos empregados no mês.
      b) O total das remunerações ganhas pelos empregados no mês.
      c) O total das remunerações ganhas pelos empregados, diminuído do salário-família.
      d) N.D.A.
   1.3 Com base nas folhas de pagamento, as empresas devem recolher à Previdência Social:
      a) Somente as importâncias retidas dos salários dos empregados.
      b) Somente a contribuição patronal, que é igual ao valor dos salários dos empregados.
      c) As importâncias retidas dos salários dos empregados, acrescidas da contribuição da empresa.
      d) As importâncias retidas dos salários dos empregados, acrescidas da Contribuição da empresa e diminuídas do valor do salário-família pago aos empregados.

2. Responda:
   2.1 O que representa para a empresa a quota do salário-família paga aos empregados?
   2.2 Tendo em vista que os salários dos empregados são pagos sempre no mês seguinte ao trabalhado, em cumprimento ao Regime de Competência, qual o procedimento das empresas no final de cada mês?
   2.3 Com base em uma folha de pagamento, além das despesas com salários, quais são os demais encargos da empresa?
   2.4 Qual o lançamento contábil que a empresa que observa o Regime de Competência e apropria mensalmente os gastos com pessoal deverá escriturar ao efetuar o recolhimento do valor líquido aos empregados, em dinheiro?

Atividade Prática

Contabilize os eventos envolvendo a folha de pagamento do mês de outubro de x1, apropriando os encargos em 31 de outubro e efetuando a liquidação de todas as obrigações possíveis no dia 5 de novembro:

- Valor bruto da folha = $ 100.000
- Contribuição de Previdência retida dos empregados = $ 9.000
- Imposto de Renda retido dos empregados = $ 5.000
- Salário-família = $ 1.000
- Contribuição de Previdência parte patronal = $ 26.800
- FGTS = $ 8.000
- Férias = $ 14.979
- 13º salário = $ 11.234

9.3 Regimes contábeis

Você já sabe que para conhecer o resultado de um exercício social é preciso confrontar o total das despesas com o total das receitas correspondentes ao respectivo exercício social.

Durante o exercício social, a empresa pode pagar despesas incorridas no exercício anterior, pagar despesas incorridas no próprio exercício ou, ainda, pagá-las antecipadamente, isto é, aquelas cujos fatos geradores ocorrerão somente no exercício seguinte.

Isso também ocorre com as receitas: durante o exercício social, a empresa pode receber receitas que foram realizadas no exercício anterior, receber receitas que foram realizadas no próprio exercício e, ainda, pode receber receitas antecipadamente, isto é, aquelas cujos fatos geradores ocorrerão somente no exercício seguinte.

Então, quais contas de despesas e de receitas deverão ser utilizadas na apuração do resultado?

É o regime contábil adotado pela empresa que determina quais despesas e quais receitas integrarão ou não o resultado de um exercício social.

São dois os regimes contábeis conhecidos: **regime de caixa** e **regime de competência**.

> **NOTAS:**
> - Despesa incorrida, despesa gerada, despesa devida e despesa ocorrida significam a mesma coisa. No entanto, não significam que foram pagas.
> - Receita realizada, receita gerada, receita ganha e receita ocorrida significam a mesma coisa. No entanto, não significam que foram recebidas.

9.3.1 Regime de Caixa

Na apuração do Resultado do Exercício devem ser consideradas todas as despesas pagas e todas as receitas recebidas no respectivo exercício, independentemente da data da ocorrência de seus fatos geradores.

Em outras palavras, por esse regime somente entrarão na apuração do resultado as despesas e as receitas que passaram pelo caixa.

9.3.2 Regime de Competência

Conforme já dissemos na Seção 9.2 deste capítulo, por esse regime serão consideradas, na apuração do resultado do exercício, todas as despesas incorridas e todas as receitas realizadas no respectivo exercício, tenham ou não sido pagas ou recebidas.

Não importa se as despesas ou receitas passaram pelo caixa (pagas ou recebidas); o que vale é a data da ocorrência dos respectivos fatos geradores.

9.3.3 Comparação entre regime de Caixa e Regime de Competência

Vamos assumir que, no exercício de x2, tenham ocorrido os seguintes eventos na movimentação do patrimônio de uma determinada empresa:

1. Pagamentos em dinheiro, de despesas de salários e encargos, no valor de $ 2.000, referentes ao mês de dezembro de x1.
2. Pagamentos efetuados durante o exercício de x2, em cheques, no valor de $ 30.000, referentes a salários e encargos incorridos nos meses de janeiro a novembro de x2.
3. Salários e encargos de dezembro de x2 a serem pagos em janeiro de x3, no valor de $ 5.000.
4. Recebida em janeiro de x2 a importância de $ 500, referente a aluguéis do mês de dezembro de x1.
5. Recebida em dinheiro, durante o exercício de x2, a importância de $ 5.500, referente a aluguéis correspondentes aos meses de janeiro a novembro de x2.
6. Aluguel de dezembro de x2, a ser recebido em janeiro de x3, no valor de $ 800.
7. Recebimento de $ 250 do cliente João para quitação de uma duplicata de seu aceite, referente à venda de um bem de uso pelo preço de custo.
8. Recolhimento em janeiro de x2, por meio de cheque, da importância de $ 1.000, correspondente a impostos e contribuições incorridos em dezembro de x1.
9. Pagamentos efetuados em dinheiro, durante o exercício de x2, referentes a impostos e contribuições, incorridos nos meses de janeiro a novembro de x2, no valor de $ 12.000.
10. Impostos e contribuições incorridos em dezembro de x2, a serem recolhidos em janeiro de x3, no valor de $ 1.900.
11. Serviços prestados durante o exercício de x2, recebidos à vista, no valor de $ 54.000.
12. Serviços prestados em dezembro de x2, a prazo, para recebimento no exercício de x3, no valor de $ 15.000.

13. Seguro contra incêndio firmado com a Cia. Seguradora Brasil, em 1º de setembro de x2, para cobertura contra riscos pelo período de um ano. Valor do prêmio pago em 1º de setembro de x2, por meio do cheque n. 200.001 do Banco Urupês: $ 3.600.

14. Pagamento de $ 800 em dinheiro ao fornecedor J.A. Ltda., para quitação de uma duplicata de nosso aceite, decorrente da compra de móveis para uso da empresa.

15. Em 10 de julho de x2, a empresa efetuou empréstimo junto ao Banco Urupês S/A no valor de $ 50.000, para quitação em 90 dias. O banco cobrou $ 2.000 de juros e creditou na conta corrente da empresa a importância de $ 48.000.

Vamos, agora, apurar o resultado do exercício dessa empresa pelos dois regimes, para que você possa comparar e tirar as suas conclusões.

Lembre-se de que as importâncias pagas ou recebidas por meio de cheques, bem como os débitos ou créditos na conta corrente bancária, são considerados normalmente como entradas ou saídas do caixa.

a. Regime de Caixa

RESULTADO DO EXERCÍCIO

DESPESAS		RECEITAS	
(1) Salários e Encargos	2.000	(4) Aluguel	500
(2) Salários e Encargos	30.000	(5) Aluguéis	5.500
(8) Impostos e Contribuições	1.000	(11) Serviços Prestados	54.000
(9) Impostos e Contribuições	12.000		
(13) Seguros	3.600		
TOTAL	48.600	TOTAL	60.000
		SALDO	11.400

Resultado do Exercício = lucro de $ 11.400.

OBSERVAÇÕES:
- O fato n. 7, embora represente entrada de dinheiro no caixa, não foi considerado na apuração do resultado, pois não corresponde à receita.
- O fato n. 14, embora represente saída de dinheiro do caixa, não foi considerado na apuração do resultado, pois não corresponde à despesa.
- Em relação ao fato n.15, foi lançada apenas a despesa referente aos juros, no valor de $ 2.000. O montante de $ 48.000 creditado na conta corrente não corresponde à receita.

b. Regime de Competência

RESULTADO DO EXERCÍCIO

DESPESAS		RECEITAS	
(2) Salários e Encargos	30.000	(5) Aluguéis	5.500
(3) Salários e Encargos	5.000	(6) Aluguéis	800
(9) Impostos e Contribuições	12.000	(11) Serviços Prestados	54.000
(10) Impostos e Contribuições	1.900	(12) Serviços Prestados	15.000
(13) Seguros	1.200		
(15) Juros	2.000		
TOTAL	52.100	TOTAL	75.300
		SALDO	23.200

Resultado do exercício = lucro de $ 23.200.

Você pôde observar no exemplo como o Regime Contábil influencia no resultado do exercício. Nesse caso, o resultado apurado pelo regime de competência apresentou lucro maior que o apurado pelo regime de caixa. É evidente que isso não é regra geral: dependendo das operações, o resultado poderá ser maior ou menor, independentemente do regime utilizado.

No Brasil, as entidades com fins econômicos devem apurar seus resultados pelo Regime de Competência, enquanto a adoção do Regime de Caixa é mais comum nas entidades sem fins lucrativos.

Testes de Fixação 3

1. Identifique a alternativa correta:

    1.1 Adotando o regime de caixa, a empresa deverá considerar, na apuração do resultado do exercício:

    a) Todas as despesas incorridas e as receitas realizadas no respectivo período.

    b) Somente as despesas incorridas e as receitas realizadas no respectivo período.

    c) Somente as despesas pagas e as receitas realizadas no respectivo período.

    d) Somente as despesas pagas e as receitas recebidas no respectivo período, independentemente das datas de ocorrência dos respectivos fatos geradores.

    1.2 Adotando o Regime de Competência, a empresa deverá considerar, na apuração do resultado do exercício:

    a) Todas as despesas incorridas e as receitas realizadas (isto é, as que tiveram seus fatos geradores ocorridos no respectivo exercício).

b) Somente as despesas pagas e as receitas recebidas no respectivo exercício.

c) Todas as despesas pagas e as receitas ainda não realizadas.

d) Somente as despesas incorridas e as receitas recebidas.

1.3 As intitulações Despesas Diferidas e Receitas Diferidas representam, respectivamente:

a) Despesas e receitas ainda não pagas.

b) Receitas e despesas ainda não pagas.

c) Despesas pagas antecipadamente e receitas recebidas antecipadamente.

d) Contas de despesas e de receitas, respectivamente.

2. Responda:

2.1 A apuração do resultado do exercício é obtida pelo confronto entre que tipos de receitas e de despesas?

2.2 Como podem ser definidas as receitas realizadas em um período?

3. Indique se a afirmativa é falsa ou verdadeira:

a) Despesa incorrida é o mesmo que despesa: gerada, devida, ocorrida.

b) Despesa incorrida é o mesmo que despesa: gerada, devida, ocorrida, realizada, ganha.

c) Receita realizada é o mesmo que receita: gerada, ganha, ocorrida, incorrida, devida.

d) Receita realizada é o mesmo que receita: ganha, ocorrida, gerada.

Testes de Concursos

1. (TTN-RJ/92)

    Observe as contas abaixo.
    - Receitas Financeiras
    - Outras Receitas
    - Receitas Recebidas Antecipadamente
    - Receitas de Exercícios Futuros
    - Variações Monetárias Passivas

    No Elenco de Contas listadas existem:

    a) Duas contas de resultado indicadoras de receita, uma indicadora de despesa e duas contas patrimoniais.

    b) Quatro contas de resultado indicadoras de receita e uma indicadora de despesa.

    c) Três contas de resultado indicadoras de receita e duas contas patrimoniais.

    d) Cnco contas de resultado indicadoras de receita.

    e) Duas contas de resultado indicadoras de receita e três contas patrimoniais.

2. (TTN-RJ/92)

A empresa Comércio e Indústria contratou o aluguel de sua loja pelo período de 18 meses, a partir de 1º/05/x2. Pagou ao locador, no mesmo dia, o valor total de $ 1.260 para manter o aluguel mensal sem reajuste. O contador, de posse da documentação e sabendo que a empresa adota o regime de competência, deve registrar o pagamento, em relação ao ano de x2:

a) $ 1.260 (18 meses) como despesa.
b) $ 840 (1 ano) como despesa e $ 420 (6 meses) como Ativo Circulante.
c) $ 840 (1 ano) como despesa e $ 420 (6 meses) como Ativo Realizável em Longo Prazo.
d) $ 560 (8 meses) como despesa e $ 700 (10 meses) como Ativo Circulante.
e) $ 560 (8 meses) como despesa, $ 280 (4 meses) como Ativo Circulante e $ 420 (6 meses) como Ativo Realizável a Longo Prazo.

3. (TTN/91)

Em relação às contas de resultado pode-se afirmar que:

a) Uma despesa, quando paga à vista, representa uma redução de Ativo e um aumento de Passivo.
b) Uma despesa, paga antecipadamente, provoca uma redução no Ativo e na situação líquida.
c) Uma receita, recebida à vista, provoca um aumento de Ativo e uma redução de Passivo.
d) Uma receita, realizada para recebimento futuro, representa uma redução de Passivo e um aumento de situação líquida.
e) Uma despesa, quando realizada para pagamento futuro, representa um aumento de Passivo, sem qualquer redução ou acréscimo em valores do Ativo.

4. (FTE-MG/93 - Adaptada)

A Empresa Léo Moreira adota a técnica de provisionar os salários dos empregados sempre no último dia de cada mês, e efetuar o pagamento somente no dia 5 do mês seguinte.

Ao adotar essa técnica, a empresa está atendendo ao regime contábil da:

a) Prudência.
b) Consistência.
c) Materialidade.
d) Legislação do trabalho.
e) Competência de exercícios.

5. (AFTN/85)

No exercício financeiro de x4, a Cia. Comercial Cantarely, cujo período base estendeu-se de 1º/07/x2 a 30/06/x3, contratou um seguro de suas instalações nas seguintes condições:

- risco coberto: $ 100.000;
- valor do prêmio: $ 1.200;
- data do pagamento: 02/01/x3;
- período de cobertura: 1º/03/x3 a 31/12/x3;
- conta debitada pelo pagamento: Seguros a Vencer.

No Balanço Patrimonial daquele exercício, a conta em questão, tendo em vista que as apropriações das parcelas incorridas foram feitas de forma correta, apresentou um saldo de:

a) $ 720.
b) $ 480.
c) $ 600.
d) $ 400.
e) Zero.

CAPÍTULO 10

OPERAÇÕES COM INSTRUMENTOS FINANCEIROS

10.1 Introdução

As operações envolvendo instrumentos financeiros são realizadas pelas empresas com o objetivo de gerar recursos financeiros (dinheiro).

Grande parte dessas operações é realizada entre as empresas e os estabelecimentos bancários.

Segundo o item 11 da NBC TG 39, instrumento financeiro é qualquer contrato que dê origem a um ativo financeiro para a entidade e a um passivo financeiro ou instrumento patrimonial para outra entidade.

10.2 Ativos Financeiros

10.2.1 Conceito

Segundo o item 11 da NBC TG 39, Ativo financeiro é qualquer ativo que seja:

a. caixa;
b. instrumento patrimonial de outra entidade;
c. direito contratual:
   i. de receber caixa ou outro Ativo Financeiro de outra entidade; ou
   ii. de troca de Ativos Financeiros ou Passivos Financeiros com outra entidade sob condições potencialmente favoráveis para a entidade;
d. um contrato que seja ou possa vir a ser liquidado por instrumentos patrimoniais da própria entidade, e que:
   i. não é um derivativo no qual a entidade é ou pode ser obrigada a receber um número variável de instrumentos patrimoniais da própria entidade; ou

ii. um derivativo que será ou poderá ser liquidado de outra forma que não pela troca de um montante fixo de caixa ou outro Ativo Financeiro, por número fixo de instrumentos patrimoniais da própria entidade.

Derivativo é um contrato realizado com a finalidade de gerenciar incertezas existentes em outro contrato.

Suponhamos, para exemplificar, que um produtor de café, tenha firmado contrato (*commodity*) para venda de toda sua produção para um industrial que lhe pagará por saca, o valor que estiver sendo praticado no mercado, na data da colheita.

Essa *commodity*, garante ao plantador de café que na data da colheita terá para quem vender toda sua produção e garante, por outro lado, ao industrial que na data da colheita, terá de quem comprar matéria-prima para sua fabrica; contudo não garante a parte alguma o preço, uma vez que este flutuará conforme o mercado.

Vamos assumir hipoteticamente que o preço da saca de café possa flutuar na data da colheita, entre $ 20 e $ 30, sendo que o preço médio de $ 25 seja bom para ambas as partes.

Assim, surge um contrato derivativo que garante às partes o preço de compra e venda fixado em $ 25 a saca, seja qual for o preço de mercado na data da entrega.

Os contratos derivativos podem envolver tanto os mesmos contratantes da *commodity* como também surgir terceiros que estejam dispostos a assumir os riscos.

No mercado de derivativos, quatro modalidades de contratos são negociadas: termo, futuro, opções e *swaps*.

Veja outras informações fundamentadas em textos das NBCs TG 38 e TG 39:

- Moeda (caixa): é um Ativo Financeiro porque representa um meio de troca e, portanto, constitui a base sobre a qual todas as transações são mensuradas e reconhecidas nas Demonstrações Contábeis.
- Depósito de caixa em banco ou instituição financeira similar: é um Ativo Financeiro porque representa o direito contratual do depositante de obter caixa da instituição ou de descontar cheque, ou instrumento similar, reduzindo o saldo em favor de credor, em pagamento de Passivo Financeiro.
- Derivativo: é um instrumento financeiro ou outro contrato dentro do alcance da NBC TG38, com todas as três características citadas no item 9 dessa NBC.

Veja, agora, exemplos comuns de Ativos Financeiros que representam direito de receber caixa no futuro e os correspondentes Passivos Financeiros que representam obrigação contratual de entregar caixa no futuro, extraídos do item AG4 da NBC TG 39:

a. contas a receber e a pagar;

b. notas a receber e a pagar;

c. empréstimos a receber e a pagar; e

d. títulos de dívida a receber e a pagar.

Em cada caso, o direito contratual de uma parte de receber (ou obrigação de pagar) é compensado pela correspondente obrigação de pagar da outra parte (ou direito de receber).

10.2.2 Investimentos

Os excessos de recursos financeiros que temporariamente permanecem compondo o saldo da conta Caixa ou Bancos conta Movimento, enquanto não forem utilizados para atender a compromissos já assumidos ou para adquirir outros Ativos, conforme o interesse da empresa, podem ser investidos (aplicados) em outros instrumentos financeiros, visando a obtenção de rendimentos, independentemente daqueles auferidos no desenvolvimento das suas atividades operacionais normais.

Dependendo do tempo e do volume de recursos que a empresa tiver a disposição, ela poderá aplicá-los na compra de títulos de crédito ou de valores mobiliários no mercado financeiro ou no mercado de capitais.

Esses investimentos podem variar quanto ao prazo de vencimento desde curtíssimo até longo, podendo, inclusive assumir caráter permanente.

Há uma diversidade de aplicações de recursos financeiros que podem ser efetuadas tanto no mercado financeiro quanto no mercado de capitais, na compra de Títulos de Crédito e Valores Mobiliários públicos ou particulares.

Os investimentos no mercado financeiro podem ser realizados em títulos de renda fixa (rendimentos pré-fixados) ou de renda variável (rendimentos pós-fixados) como: Fundos de Liquidez Imediata; Certificados de Depósitos Bancários (CDBs); Depósitos a Prazo Fixo; Títulos e Letras do Tesouro Nacional ou dos Estados; Letras de Câmbio; aplicações em Ouro; Depósitos em Cadernetas de Poupança etc.

No mercado de capitais, os principais títulos são aqueles representativos do capital de outras sociedades como ações e quotas.

Há investimentos cuja rentabilidade é garantida pela mesma instituição financeira onde são efetuados e em alguns casos, pelo governo, como as Cadernetas de Poupança, as aplicações com rendimentos pré-fixados etc. Por outro lado, há investimentos com rentabilidade não garantida, que oferecem riscos ao investidor, isto é, na data do resgate ou alienação, o investidor poderá alcançar pelo investimento valor menor do que aquele que investiu, como ocorre por exemplo nos investimentos em ações, em ouro etc.

A classificação dos investimentos no Balanço, depende do prazo fixado para vencimento ou da intenção da empresa, conforme veremos mais adiante.

Os investimentos em títulos não representativos de capital de outras sociedades, poderão figurar tanto no Ativo Circulante como no Ativo Não Circulante. Essa classificação, conforme dissemos, depende do prazo fixado para vencimento. Quando o prazo é curtíssimo, ou seja, o investimento tiver liquidez imediata, deve ser classificado no Ativo Circulante, subgrupo Disponibilidades; quando o prazo fixado para vencimento ocorrer no curso do exercício social seguinte, deve ser classificado no Ativo Circulante, subgrupo Investimentos Temporários a Curto Prazo; e, quando o vencimento ocorrer após o término do exercício social subsequente ao do Balanço, será classificado no Ativo Não Circulante, subgrupo Ativo Realizável a Longo Prazo.

O que conta, também para fins de classificação desses investimentos no Ativo Circulante ou no Ativo Não Circulante, é a intenção da empresa em mantê-los a curto, ou a longo prazo, principalmente aqueles que não contiverem prazos definidos para resgate.

Os investimentos em títulos representativos de capital de outras sociedades, normalmente representados por ações ou quotas, também dependendo da intenção da empresa em mantê-los com fins especulativos, procurando melhor momento para revertê-los em dinheiro ou pretendendo fazer deles um complemento de sua atividade econômica, para obter rendimentos ou outras vantagens, poderão figurar no Ativo Circulante, subgrupo Investimentos Temporários a Curto Prazo ou no Ativo Não Circulante, subgrupos Ativo Realizável a Longo Prazo ou Investimentos.

Os investimentos de caráter permanente, ou seja, aqueles que devem ser classificados no subgrupo Investimentos do Ativo Não Circulante, foram tratados no Capítulo 8.

10.2.2.1 Investimentos com rendimentos pós-fixados (Renda Variável)

Neste tipo de operação financeira, a empresa investidora somente fica sabendo quanto ganhou com a aplicação no dia do resgate.

10.2.2.1.1 Aplicações de liquidez imediata

Para evitar que os excessos de caixa permaneçam parados em suas contas bancárias sem a obtenção de rendimentos, as empresas podem efetuar aplicações a curtíssimo prazo nos próprios bancos onde mantém suas contas-correntes, comprando títulos de liquidez imediata.

As Aplicações de Liquidez Imediata, compreendem as aplicações de recursos financeiros feitas por poucos dias as quais, devido a possibilidade de serem transformadas em dinheiro a qualquer momento, figuram no Balanço Patrimonial, no Ativo Circulante, subgrupo das Disponibilidades.

Essas aplicações, normalmente, são feitas em títulos públicos, garantidos pelo governo e seus rendimentos geram encargos financeiros para a empresa. Os encargos podem variar conforme a legislação tributária, sendo mais comuns, o Imposto sobre a Renda, o Imposto sobre Operações Financeiras (IOF), taxas e outros.

Exemplo prático

Em 2 de setembro, a empresa VLPR & Cia. Ltda. aplicou a importância de $ 10.000, a curto prazo, no Banco Urupês S/A, onde mantém sua conta corrente. No dia seguinte, resgatou a importância de $ 10.200, sendo $ 10.000 correspondente ao capital investido e $ 200 aos rendimentos. O banco reteve a importância de $ 30 referente a Imposto de Renda.

Contabilização:

Dia da aplicação

(1) Aplicações Financeiras de Liquidez Imediata
    a Bancos conta Movimento
    a Banco Urupês S/A
        Pela aplicação a curto prazo, conf. extrato 10.000

Dia do resgate

(2) Bancos conta Movimento
    Banco Urupês S/A
    a Diversos
        Pelo resgate de aplicação efetuada a curto prazo, como segue:
    a Aplicações Financeiras de Liquidez Imediata
    Resgate do capital aplicado 10.000
    a Rendimentos sobre Aplicações Financeiras
        Rendimentos creditados, conf. extrato........................ <u>200</u>   10.200

(3) IRR Fonte a Recuperar
    a Bancos conta Movimento
    Banco Urupês S/A
        Valor do imposto de renda retido na fonte
    sobre a aplicação a curto prazo, conf. extrato..................... 40

OBSERVAÇÕES:

- A conta Bancos Conta Movimento (Ativo Circulante-Disponibilidades), foi creditada no lançamento 1, por $ 10.000, pela aplicação; No lançamento (2) a conta foi debitada por $ 10.200, correspondendo ao valor resgatado (valor aplicado, mais rendimentos). No lançamento (3) foi creditada por $ 30, referente ao Imposto de Renda retido pelo banco.
- A conta Aplicações Financeiras de Liquidez Imediata, (Ativo Circulante-Disponibilidades), foi debitada por $ 10.000 no lançamento (1), tendo em vista a aplicação efetuada. Foi creditada no lançamento (2) por $ 10.000 pelo resgate efetuado. Ficando com saldo igual a zero.
- A conta Rendimentos sobre Aplicações Financeiras, foi creditada no lançamento (2) por $ 200, pelo valor bruto da receita auferida.
- A conta IRRF a Recuperar (Ativo Circulante), representa Direito da empresa para com o Governo Federal, cujo direito a empresa poderá compensar quando for efetuar o pagamento do Imposto de Renda calculado sobre o lucro líquido no final do período, ou em outra ocasião conforme determinar a legislação. (Art. 55, inciso I da Instrução Normativa RFB n. 1.022/2010).

10.2.2.1.2 Aplicações em Fundos de Investimento

A empresa comercial Marcelo Coelho S/A, em 10 de janeiro de x1, aplicou junto ao Banco Urupês S/A, em um fundo de investimento em ações, com renda variável, a importância de $ 100.000, tencionando resgatá-lo dentro do próprio ano.

Contabilização:

    (1) Aplicações Financeiras em Fundos de Investimento de Renda Variável
        a Bancos conta Movimento
        a Banco Urupês S/A
            Investimento realizado etc....................................... 100.000

Vamos supor que em 20 de setembro do mesmo ano, a empresa tenha resgatado a aplicação, obtendo uma receita de $ 6.000 com Imposto de Renda retido no valor de $ 900.

Contabilização:

    (2) Bancos conta Movimento
        Banco Urupês S/A
        a Diversos

Resgate de investimento etc., como segue:
a Aplicações Financeiras em Fundos de Investimento de Renda Variável
  Pelo valor investido etc. 100.000
a Rendimentos sobre Aplicações Financeiras
  Rendimento bruto etc. .... <u>6.000</u>   106.000

(3) IRRF a Recuperar
  a Bancos conta Movimento
  a Banco Urupês S/A
    IR retido sobre rendimentos de aplicações
    financeiras, pela alíquota de 15% etc. 900

OBSERVAÇÕES:
- A conta Aplicações Financeiras em Fundos de Investimento de Renda Variável, foi debitada no lançamento 1 e creditada no lançamento 2 pelo valor original do investimento. Nessa operação, essa conta é do Ativo Circulante, subgrupo Investimentos Temporários a Curto Prazo. Caso a empresa tencionasse mantê-lo a longo prazo, na data do levantamento do Balanço, seria classificada no Ativo Não Circulante, subgrupo Ativo Realizável a Longo Prazo. Nesse caso, no final de cada exercício social a empresa deverá apropriar os rendimentos debitando a conta do investimento e creditando uma conta de receita antecipada.
- A conta Bancos conta Movimento, foi creditada no lançamento 1 pelo valor do investimento; debitada no lançamento 2 pelo valor do investimento acrescido dos rendimentos e creditada no lançamento 3 pelo valor do Imposto de Renda retido.
- A conta Rendimentos sobre Aplicações Financeiras, creditada no lançamento 2, é conta de receita operacional, subgrupo Receitas Financeiras.
- A conta IRRF a Recuperar, debitada no lançamento 3, representa o valor retido que o banco repassará ao governo federal. Essa conta é do Ativo Circulante, subgrupo Impostos a Recuperar e representa direito que a empresa poderá compensar do Imposto de Renda devido sobre o lucro líquido apurado no final de cada período de apuração no caso de pessoa jurídica tributada com base no lucro real, presumido ou arbitrado (Art. 55, inciso I da Instrução Normativa RFB n. 1.022/2010).

Vamos assumir, agora que o resgate em 20 de setembro tenha ocorrido com perda de $ 5.000.

O registro contábil ficaria assim:

Diversos
a Aplicações Financeiras em Fundos de Investimento de Renda Variável
    Pelo resgate etc. como segue:
Bancos conta Movimento
Banco Urupês S/A
    Valor do resgate.. 95.000
        Perda em Aplicações Financeiras
        Perda tendo em vista etc.. 5.000   100.000

Finalmente, é importante destacar que a empresa investidora, poderá estar sujeita ao pagamento de despesas ou taxas aos estabelecimentos onde efetuar o investimento e até mesmo a outros tributos como o Imposto sobre Operações Financeiras. Esses encargos, quando houver, serão contabilizados debitando-se a conta representativa do encargo (despesa) e creditando-se a conta Bancos conta Movimento.

10.2.2.1.3 Aplicações em Ouro

A empresa Comercial Verusca S/A, aplicou junto ao Banco Urupês, a importância de $ 10.000, na compra de ouro, conforme certificado n. 888.

Contabilização na data da aplicação

Aplicações Temporárias em Ouro
a Bancos conta Movimento
    Pela aplicação n/ data conforme
certificado 888 etc... 10.000

NOTAS:
- Os rendimentos decorrentes desse tipo de investimento, somente serão realizados no momento em que a empresa decidir vender o metal no mercado. Na época do levantamento do Balanço, os investimentos em ouro poderão ser classificados tanto no Ativo Circulante, subgrupo Investimentos Temporários a Curto Prazo, como no Ativo Não Circulante, subgrupos Ativo Realizável a Longo Prazo ou Investimentos.
- Devem ser avaliados conforme disciplinas contidas nos incisos I e IV do artigo 183 da Lei n. 6.404/1976.

Suponhamos, agora que, três meses após a data da realização do investimento, a empresa tenha vendido o ouro, alcançando a importância de $ 12.000. Houve incidência de Imposto de renda a ser recuperado pela empresa, no valor de $ 200.

Contabilização:

Bancos conta Movimento
Banco Urupês S/A
a Diversos
 Pela negociação do metal, como segue:
a Investimentos Temporários em Ouro
 Baixa do valor original, pela venda
 efetuada nesta data 10.000
a Rendimentos sobre Aplicações Financeiras
 Receita auferida na transação etc............................... <u>2.000</u> 12.000

IRR Fonte a Recuperar
a Bancos conta Movimento
a Banco Urupês S/A
 IR retido sobre transação supra................................... 200

Nesse tipo de transação, também é comum ocorrerem outros encargos com comissões, corretagens, inclusive poderá haver a incidência de outros tributos como por exemplo o Imposto sobre Operações Financeiras (IOF). Nesse caso, esses encargos serão contabilizados a débito de contas representativas das despesas respectivas e a crédito da conta Bancos conta Movimento.

10.2.2.1.4 Aplicações em Ações

As aplicações em títulos representativos do capital de outras sociedades (ações ou quotas), também poderão figurar no Ativo Circulante, subgrupo Investimentos Temporários a Curto Prazo ou no Ativo Não Circulante, subgrupos Ativo Realizável a Longo Prazo ou Investimentos, conforme seja a intenção da empresa.

Quando a empresa adquire esses títulos com intenção especulativa, ou seja, aguardando o melhor momento para renegociá-los, a classificação será feita no subgrupo dos Investimentos Temporários a Curto Prazo ou no Ativo Realizável a Longo Prazo; quando a empresa adquire esses títulos com intenção de obter rendimentos ou outras vantagens, isto é, pretendendo fazer da aplicação uma extensão da sua atividade econômica, quer no mesmo ramo em que atua, quer com o objetivo de diversificar suas atividades, tais aplicações devem ser classificadas no Ativo Não Circulante, subgrupo Investimentos.

Vamos tratar aqui, das aplicações de caráter especulativo, que deverão figurar no Ativo Circulante ou no Ativo Realizável a Longo Prazo.

Quando a empresa aplica o excedente de caixa em ações, o comum é que essas aplicações sejam efetuadas no mercado de capitais (negociação por meio das Bolsas de Valores) ou no mercado de balcão (negociação na própria empresa emissora dos títulos), entretanto, com ações que sejam cotadas no mercado.

Ações não cotadas no mercado são adquiridas normalmente quando a empresa tem intenção de manter o investimento em caráter permanente, caso em que, normalmente a compra ocorre no mercado de balcão, ou quando a investidora participa da constituição do capital de outra empresa, subscrevendo ações diretamente na própria empresa investida.

Exemplo prático – ações cotadas na Bolsa

Suponhamos que a Companhia A tenha adquirido no mercado de capitais, ações da companhia X, tendo pago a importância de $ 5.100, incluso despesas de corretagem.

Contabilização:

Ações de Outras Empresas
a Bancos conta Movimento
a Banco Urupês S/A
    Pela aplicação efetuada etc..   5.100

Os rendimentos decorrentes desse tipo de investimento, também serão realizados somente por ocasião de alienação dos referidos títulos, os quais poderão ser negociados com lucro ou com prejuízo.

Na época do levantamento do Balanço, para fins de avaliação, deve-se aplicar as disciplinas contidas no inciso I do artigo 183 da Lei n. 6.404/1976.

Suponhamos, agora, que dois meses após a compra, a empresa decida por vender os referidos títulos, alcançando a importância de $ 6.000, obtendo, assim, na transação, um lucro bruto igual a $ 900.

Considerando que a empresa pagou a importância de $ 30 a título de corretagem e que não ocorreram outros encargos, veja como o fato será contabilizado:

Bancos conta Movimento
Banco Urupês S/A
a Diversos
   Pela alienação de X ações etc, como segue:
a Ações de Outras Empresas
   Valor contábil de X ações etc...................................... 5.100
a Receitas Financeiras
a Rendimentos de Investimentos Temporários
   Lucro auferido na transação supra 900   6.000
_____   _____

Despesas Financeiras
Comissões Passivas
a Bancos conta Movimento
a Banco Urupês S/A
   Despesas com corretagem etc.. 30
_____   _____

Pode ocorrer de a empresa investidora, enquanto mantiver o investimento em ações, receber dividendos por conta das respectivas ações. Neste caso, os dividendos seriam contabilizados debitando-se a conta Caixa ou Bancos conta Movimento e creditando-se a conta que represente a receita que poderá ser "Dividendos Recebidos", classificada no grupo das Outras Receitas Operacionais. Poderão ocorrer, ainda, outros encargos como taxas, e Imposto de Renda, cujas contabilizações já foram comentadas.

10.2.2.2 Investimentos com Rendimentos Pré-fixados (Renda Fixa)

Neste tipo de operação financeira, a empresa fica sabendo, antecipadamente, no dia da aplicação, quanto vai ganhar. Os rendimentos correspondem, normalmente, à correção monetária pré-fixada mais juros.

São exemplo de investimentos com rendimentos pré-fixados, os Fundos de Investimentos de Renda Fixa, os Certificados de Depósito Bancário (CDB) etc.

10.2.2.2.1 Investimento em CDBs com Rendimentos Pré-fixados

A Livraria Cosmos aplicou, no Banco Urupês S/A, a importância de $ 4.000 em Certificado de Depósito Bancário (CDB), com rendimentos pré-fixados, no valor de $ 1.800, sendo $ 1.710 de correção monetária e $ 90 de juros.

Data da aplicação: 01/11/x1.
Data do resgate: 30/01/x2.

Contabilização:

Data da aplicação

(1) Aplicações Financeiras de Renda Fixa
   a Diversos
      Pela aplicação nesta data, em CDB, com rendimentos pré-fixados, pelo prazo de 90 dias:
   a Bancos conta Movimento
   a Banco Urupês S/A
      Valor aplicado n/ data conf. aviso bancário.................   4.000
   a Variações Monetárias Ativas a Vencer
      Correção monetária pré-fixada sobre aplicação supra......   1.710
   a Juros Ativos a Vencer
      Juros sobre aplicação supra 90 ....   5.800

OBSERVAÇÕES:
- A conta Aplicações Financeiras de Renda Fixa (Ativo Circulante, subgrupo Investimentos Temporários a Curto Prazo), foi debitada por que representa o Direito da empresa referente ao valor aplicado, acrescido dos rendimentos pré-fixados.
- A conta Bancos Conta Movimento, (Ativo Circulante, subgrupo Disponibilidades), foi creditada pela importância de $ 4.000 referente ao valor aplicado.
- A conta Variações Monetárias Ativas a Vencer, (Passivo Não Circulante, subgrupo Receitas Diferidas), representa os rendimentos com a correção monetária pré-fixada. Esta conta, embora represente receita antecipada, deverá figurar no Balanço, como conta redutora da conta que registra o respectivo investimento no Ativo Circulante, para que a conta representativa do investimento figure no Balanço pelo seu valor presente.
- A conta Juros Ativos a Vencer (Passivo Não Circulante, subgrupo Receitas Diferidas), representa os rendimentos com juros pré-fixados.
Também deverá figurar no Ativo Circulante como conta redutora da conta que representa o respectivo investimento, permitindo que esta conta figure no Balanço pelo seu valor presente.

Em decorrência da aplicação do Regime de Competência, devemos, mensalmente ou no último dia do ano, apropriar o valor da receita ganha no mês ou no período, debitando as contas que registraram as receitas antecipadas e creditando as contas de receitas respectivas.

Apropriação das receitas em 31 de dezembro:

Para conhecermos os valores das receitas ganhas no período, será preciso, inicialmente, conhecer os valores das receitas ganhas diariamente.

Se a aplicação foi feita por 90 dias e a Variação Monetária foi pré-fixada em $ 1.710, basta efetuar o seguinte cálculo:

$$\frac{\$\ 1.710}{90} = 19 \text{ por dia}$$

Neste caso, a receita pré-fixada corresponde a $ 19 por dia.

Como a aplicação foi feita em 1º de novembro, desta data até 31 de dezembro temos 60 dias (a contagem começa a partir do dia seguinte da aplicação).

Sendo assim, temos:

$$60 \text{ dias} \times \$\ 19 = \$\ 1.140$$

Para calcularmos o valor dos juros diários, agiremos da mesma forma. Veja:

$$\frac{\$\ 90}{90 \text{ dias}} = \$\ 1 \text{ por dia}$$

Logo:

$$60 \text{ dias} \times \$\ 1 = \$\ 60$$

Contabilização:

Variações Monetárias Ativas a Vencer
a Variações Monetárias Ativas
    Pela apropriação da receita ganha no
período, ref. a aplicação em CDB por 60 dias 1.140

Juros Ativos a Vencer
a Juros Ativos
    Pela apropriação dos juros ganhos no
período, ref. a aplicação em CDB por 60 dias 60

> **OBSERVAÇÕES:**
> - Debitando a conta Variações Monetárias Ativas a Vencer, esta ficou com saldo de $ 570, que corresponde à receita do exercício seguinte (1º a 30 de janeiro).
> - Creditando a conta Variações Monetárias Ativas, que é Conta de Receita Operacional deste exercício, estamos apropriando a referida receita para fazer parte dos resultados deste ano. Havendo obrigatoriedade legal ou interesse da empresa em apurar resultados mensais, este procedimento deverá ser efetuado no final de cada mês.
> - As mesmas observações supra valem para as contas Juros Ativos a Vencer e Juros Ativos, respectivamente.

Na data do resgate da aplicação, em 30 de janeiro do exercício seguinte, faremos:

Bancos conta Movimento
Banco Urupês S/A
a Aplicações Financeiras
  Resgate da aplicação efetuada em CDB
  com receita pré-fixada... 5.800

_____   _____

Variações Monetárias Ativas a Vencer
a Variações Monetárias Ativas
  Apropriação da receita ganha no
  período de 1º a 30 de janeiro..................................... 570

_____   _____

Juros Ativos a Vencer
a Juros Ativos
  Apropriação da receita ganha no
  período de 1º a 30 de janeiro 30

_____   _____

Sobre as aplicações financeiras poderão incidir Imposto de Renda, Imposto sobre Operações Financeiras (IOF) etc.

O Imposto de Renda, conforme a legislação em vigor da data da ocorrência do fato, poderá incidir na data da aplicação ou somente no vencimento. Se for devido antecipadamente, no dia da aplicação sua contabilização será:

IRRF a Recuperar
a Bancos conta Movimento
a Banco Urupês S/A
   Pela retenção do IRRF calculado sobre operação etc........... $

_____ _____

> **OBSERVAÇÕES:**
> - A conta debitada (IRRF a Recuperar ou a Compensar) é Conta do Ativo Circulante e representa Direito que a empresa poderá compensar do Imposto de Renda devido sobre o lucro líquido apurado no final do período de apuração, conforme já comentamos.
> - Se, porventura, o Imposto de Renda for devido somente no vencimento da aplicação, o registro contábil será feito nessa data, debitando-se a conta IRRF a Recuperar e creditando-se a conta Bancos Conta Movimento.
> Nesse caso, também, a empresa poderá compensar o valor do IR retido conforme já explicamos.

Atividades Práticas 1

PRÁTICA 1

A empresa Gilberto Decorações, em 8 de março, aplicou junto ao Banco Urupês S/A a importância de $ 20.000, a curto prazo.

Cinco dias depois, resgatou $ 25.000, sendo que o banco descontou $ 500 a título de Imposto de Renda.

Pede-se: contabilizar os fatos no dia da aplicação e no dia do resgate.

PRÁTICA 2

A empresa comercial Mil Coisas S/A, em 10 de julho de x2, aplicou junto ao Banco Urupês S/A, em um fundo de investimento em ações, com renda variável, a importância de $ 500.000, tencionando resgatá-lo 3 meses após.

Vamos supor que em 10 de outubro do mesmo ano, a empresa tenha resgatado a aplicação, obtendo uma receita de $ 30.000 com Imposto de Renda retido no valor de $ 4.500.

O banco cobrou na data do resgate, $ 500 de comissões.

Pede-se: proceder a contabilização na data do investimento e na data do resgate.

PRÁTICA 3

A empresa Comercial Urbana Ltda, aplicou junto ao Banco Urupês, a importância de $ 50.000, na compra de ouro, conforme certificado n. 444.

Cinco meses após a data da realização do investimento, a empresa tenha vendido o ouro, alcançando a importância de $ 60.000. Houve incidência de Imposto de renda a ser recuperado pela empresa, no valor de $ 3.000.

O banco cobrou $ 1.000 a título de taxas na data em que a empresa vendeu o meta.

Pede-se: contabilizar os fatos na data em que a empresa comprou e que vendeu o metal.

PRÁTICA 4

A Companhia Mirasol adquiriu no mercado de , capitais, ações da companhia B, tendo pago a importância de $ 11.000, incluso despesas de corretagem.

Considerar que após 5 meses a companhia vendeu as ações no mercado, tendo recebido pela venda a importância de $ 15.000.

Considerando ainda que pagou corretagens no valor de $ 300, proceder as contabilizações na data da aplicação e da venda.

PRÁTICA 5

Pedro Empreendimentos S/A, aplicou, no Banco Urupês S/A, a importância de $ 10.000 em Certificado de Depósito Bancário (CDB), com rendimentos pré-fixados, no valor de $ 4.000, sendo $ 3.010 de correção monetária e $ 1.000 de juros.

Data da aplicação: 01/03/x1.

Data do resgate: 30/06/x1.

Pede-se: proceder a contabilização dos fatos na data da aplicação e na data do resgate.

10.3 Passivos Financeiros

10.3.1 Conceito

Segundo o item 11 da NBC TG 39, Passivo financeiro é qualquer Passivo que seja:

a. uma obrigação contratual de:
   i. entregar caixa ou outro ativo financeiro a outra entidade; ou
   ii. trocar ativos financeiros ou passivos financeiros com outra entidade sob condições que são potencialmente desfavoráveis para a entidade; ou

b. contrato que será ou poderá ser liquidado por instrumentos patrimoniais da própria entidade, e seja:
   i. um não derivativo no qual a entidade é ou pode ser obrigada a entregar um número variável de instrumentos patrimoniais da entidade; ou
   ii. um derivativo que será ou poderá ser liquidado de outra forma que não pela troca de um montante fixo em caixa, ou outro ativo financeiro, por um número fixo de instrumentos patrimoniais da própria entidade.

10.3.2 Empréstimo

Empréstimo é o ato de confiar a alguém, durante um tempo determinado, certa quantia em dinheiro, que será restituída posteriormente ao dono, com ou sem acréscimo de juros e correção monetária.

Existem vários tipos de empréstimos, diferindo uns dos outros quanto à forma e ao prazo de pagamento, quanto aos cálculos dos acréscimos como juros, correção monetária etc., que podem ser fixos (pré-fixados) ou variáveis (pós-fixados).

Normalmente, os empréstimos são efetuados mediante a emissão de uma Nota Promissória. O devedor, emitente da Nota Promissória, cria para si uma Obrigação de pagamento, comprometendo-se a devolver o capital emprestado acrescido de juros, correção monetária e de outros acréscimos acordados na data da transação, de uma só vez, na data estipulada, ou em parcelas mensais, as quais poderão conter somente o valor dos juros e da correção monetária, sendo que ao final dos pagamentos o valor do capital emprestado deverá ser liquidado, ou, ainda, nos casos de empréstimos com correção pré-fixada, as parcelas poderão, conter juros, correção, taxas e parte do capital.

O pagamento gradativo de um empréstimo é conhecido como amortização da dívida.

10.3.2.1 Empréstimos com correção monetária pré-fixada

A empresa Comercial J. T. Ltda. efetuou empréstimo no valor de $ 6.000 junto ao Banco Urupês S/A em 25 de maio, para vencimento dia 23 de junho. O banco cobrou $ 940 de correção monetária e $ 60 de juros, liberando para a empresa a importância de $ 5000. A empresa emitiu uma Nota Promissória no valor total da dívida.

1. Contabilização no dia do empréstimo:

    (1) Diversos
    a Bancos conta Empréstimo (ou Promissórias a Pagar)
    a Banco Urupês S/A
        Empréstimo efetuado com emissão de NP,
    com vencimento para 23/06, a saber:
    Bancos Conta Movimento
    Banco urupês S/A
        Líquido creditado 5.000
    Variações Monetárias Passivas a Vencer
    Correção cobrada antecipadamente......................... 940
    Juros Passivos a Vencer
        Juros referente ao empréstimo supra...................... <u>60</u>   6.000

2. Contabilização no dia do pagamento:

    (2) Bancos conta Empréstimos
        Banco urupês S/A
        a Bancos conta Movimento
        a Banco urupês S/A
            Pela liquidação do empréstimo efetuado
            por meio de NP, conf. aviso bancário 6.000

    (3) Variações Monetárias Passivas
        a Variações Monetárias Passivas a Vencer
            Pela apropriação da correção monetária
            pré-fixada.. 940

    (4) Juros Passivos
        a Juros Passivos a Vencer
            Pela apropriação dos juros. 60

NOTAS:
- Toda vez que a despesa é proporcional ao prazo, ela tem de ser rateada, pelo menos no último dia do ano, pelo prazo proporcional decorrido no referido ano, ou seja, da data do empréstimo até o último dia do ano. O mesmo procedimento deve ser observado para com as contas de Receitas, no caso de investimentos.
- As contas Variações Monetárias Passivas a Vencer e Juros Passivos a Vencer (ou a Apropriar), embora sejam do Ativo Circulante, deverão ser classificadas no Balanço como redutoras da conta principal Bancos Conta Empréstimos (ou Promissórias a Pagar) do Passivo Circulante, permitindo que essa conta figure no Balanço pelo seu valor presente. O mesmo procedimento deve ser adotado para as contas Variações Monetárias Ativas a Vencer e Juros Ativos a Vencer (ou a Apropriar), que são contas do subgrupo Receitas Diferidas do Passivo Não Circulante, as quais deverão ser classificadas, no Balanço, como redutoras da conta principal, Aplicações Financeiras, do Ativo Circulante, para que esta figure no Balanço pelo seu valor presente.

10.3.2.2 Empréstimo com reforma de título

A empresa Comercial Paineiras S/A efetuou no banco Urupês S/A uma operação de empréstimo mediante nota promissória, para pagamento em 90 dias, com correção monetária pré-fixada, como segue:

Valor solicitado pela empresa	50.000
Correção monetária pré-fixada	20.000
Juros	3.500
Taxa	1.500
Valor do contrato	75.000

Suponhamos que na época do vencimento do título a empresa Comercial Paineiras S/A tenha apenas $ 45.000, não dispondo de recursos financeiros suficientes para liquidá-lo.

Assim, cinco dias antes do vencimento do título (NP n. 1), a empresa propõe ao banco o refinanciamento (reforma) da dívida, com pagamento de $ 45.000 em dinheiro e uma Nota Promissória (NP n. 2) no valor de $ 40.000, incluindo $ 8.500 de correção monetária, $ 500 de juros e $ 1.000 de taxa, para liberação da importância líquida de $ 30.000 no dia do vencimento da nota promissória n. 1. Desta forma, no dia do vencimento da nota promissória n. 1, a empresa entrega ao banco $ 45.000 em dinheiro, junto com os $ 30.000 liberados, referentes à nota promissória n. 2, quitando a nota promissória n. 1. O novo título (NP n. 2) será para 60 dias.

> **NOTA:**
> - Uma das peculiaridades desse tipo de empréstimo é a possibilidade de reformar o título na data do seu vencimento. A reforma consiste na substituição do título inicial por outro título de valor inferior. É como se o banco emprestasse novo dinheiro para a empresa quitar o empréstimo inicial.

Contabilização:

1. Data do empréstimo:

    (1) Diversos
    a Promissórias a Pagar (ou Bancos conta Empréstimos)
    a Banco Urupês S/A
    Nosso empréstimo efetuado nesta data,
    com correção pré-fixada, conforme NP n. 1,
    como segue:

Bancos conta Movimento
Banco Urupês S/A
    Valor líquido creditado em nossa conta-corrente. 50.000
Variações Monetárias Passivas a Vencer
    Valor da correção pré-fixada............................. 20.000
Juros Passivos a Vencer
    Valor dos juros pré-fixados............................. 3.500
Despesas Bancárias
    Taxa cobrada .... <u>1.500</u>   75.000

2. Dia do vencimento da NP n. 1:
Pela quitação da dívida
(2) Promissórias a Pagar
  Banco Urupês S/A
  a Diversos
    Pela liquidação da NP n. 1 como segue:
  a Caixa
    Valor pago em dinheiro................................... 45.000
  a Promissórias a Pagar
  a Banco Urupês S/A
    Pela emissão da NP n. 2 para 60 dias................. <u>30.000</u>   75.000

Pelo registro da despesa pré-fixada:
(3) Diversos
  a Promissórias a Pagar
  a Banco Urupês S/A
    Pelos juros, correção pré-fixada e taxa sobre NP n. 2, a saber:
  Variações Monetárias Passivas a Vencer
    Valor da correção pré-fixada............................. 8.500
  Juros Passivos a Vencer
    Valor dos juros pré-fixados.............................. 500
  Despesas Bancárias
    Taxas cobradas... 1.000   10.000

Pela apropriação das despesas pré-fixadas referentes à NP n. 1, vencida nesta data:

(4) Variações Monetárias Passivas
    a Variações Monetárias Passivas a Vencer
        Pela apropriação da correção pré-fixada
    referente à NP n. 1, liquidada n/ data........................ 20.000

(5) Juros Passivos
    a Juros Passivos a Vencer
        Pela apropriação dos juros pré-fixados
    referente à NP n. 1, liquidada n/ data........................ 3.500

10.3.2.3 Empréstimo com correção monetária pós-fixada

A empresa Miranda & Cia. Ltda. efetuou empréstimo junto ao Banco Urupês S/A no valor de $ 50.000 em 1º de setembro, para pagamento no dia 30 de novembro, com correção monetária pós-fixada mais juros de 12% a.a., também calculados no vencimento sobre o valor do empréstimo, atualizado pela taxa do dia.

Contabilização na data do empréstimo:

(1) Bancos Conta Movimento
    Banco Urupês S/A
    a Bancos Conta Empréstimos (ou Promissórias a Pagar)
    a Banco Urupês S/A
        Empréstimo efetuado com correção monetária
    e juros pós-fixados, conf. contrato e aviso desta data............... 50.000

Contabilização na data do vencimento:

Em 30 de novembro, data do vencimento do empréstimo, o banco cobrou $ 10.000 referentes à correção monetária do período mais $ 1.800 de juros. Assim, a empresa liquida a dívida no valor de $ 61.800.

(2) Diversos
    a Bancos conta Empréstimo
    a Banco Urupês S/A
        Pela atualização do valor do empréstimo como segue:

Variações Monetárias Passivas
　　Correção monetária do período 10.000
Juros Passivos
　　Juros cobrados à taxa de 12% a.a. sobre o
　　valor atualizado. .... 1.800　　11.800

_____　　_____

(3) Bancos conta Empréstimo
　　Banco urupês S/A
　　a Bancos conta Movimento
　　a Banco Urupês S/A
　　　　Pela liquidação da dívida, conf. aviso 61.800

_____　　_____

Atividades Práticas 2

PRÁTICA 1

A Indústria de Tecidos Litoral S/A, efetuou empréstimo no valor de $ 100.000 junto ao Banco Urupês S/A em 01 de março, para vencimento dia 30 de abril. O banco cobrou $ 6.000 de correção monetária e $ 1.000 de juros, liberando para a empresa a importância de $ 93.000.

A empresa emitiu uma Nota Promissória no valor total da dívida.

Pede-se: proceder as contabilizações na data do empréstimo e na data do pagamento.

PRÁTICA 2

Arte Cimento LTDA, efetuou no banco Urupês S/A uma operação de empréstimo mediante nota promissória, para pagamento em 90 dias, com correção monetária pré-fixada, como segue:

Valor solicitado pela empresa　　200.000

Correção monetária pré-fixada	20.000
Juros	3.000
Taxa	2.000
Valor do contrato	225.000

Considerar que cinco dias antes do vencimento, a empresa refinanciou com o banco a importância de $ 50.000 e no dia do vencimento efetuou o pagamento de $ 175.000. O banco cobrou pelo refinanciamento de parte da dívida conforme NP n. 2, a importância de $ 2.000 de correção monetária e $ 1.000 de juros por 30 dias.

Pede-se: providenciar as contabilizações necessárias na data do empréstimo e na data do refinanciamento.

PRÁTICA 3

A Prestadora de Serviços Elói Russo S/A, efetuou empréstimo junto ao Banco Urupês S/A no valor de $ 100.000 em 1º de fevereiro, para pagamento no dia 30 de abril, com correção monetária pós-fixada mais juros de 12% a.a.

Considerando que na data do vencimento o banco cobrou $ 20.000 referentes à correção monetária do período mais $ 3.600 de juros, contabilizar os fatos na data do empréstimo e na data da quitação.

10.4 Instrumentos patrimoniais

Instrumento patrimonial é qualquer contrato que evidencie uma participação nos ativos de uma entidade após a dedução de todos os seus passivos. (Item 11 da NBC TG39)

A NBC TG 39, em seu item AG13, apresenta como exemplos de instrumentos patrimoniais: ações ordinárias não resgatáveis, alguns instrumentos resgatáveis, alguns instrumentos que impõem à entidade obrigação de entregar, para outra contraparte, parte de seus ativos (*pro-rata*) líquidos de uma entidade somente na liquidação, alguns tipos de ações preferenciais, warrants e opções de compra lançadas (bônus de subscrição) que permitem ao detentor subscrever ou adquirir um número fixo de ações ordinárias não resgatáveis da entidade emissora em troca de um montante fixo de caixa ou outro Ativo financeiro.

10.5 Operações com duplicatas

10.5.1 Introdução

As empresas comerciais, industriais e prestadoras de serviços, ao venderem mercadorias, produtos ou prestarem serviços a prazo, para comprovar essas operações, além da Fatura, emitem, também a Duplicata.

A Duplicata, cópia da Fatura, é um título de crédito que após receber a assinatura (aceite) do cliente, garante ao vendedor (fornecedor), o direito de receber do cliente o valor das respectivas vendas realizadas a prazo.

Com esses títulos, e, antes das datas dos seus vencimentos, as empresas efetuam transações com os estabelecimentos bancários, sendo as mais comuns: cobrança simples de Duplicatas, descontos de Duplicatas e empréstimos mediante caução de Duplicatas.

10.5.2 Cobrança simples de duplicatas

A cobrança simples consiste na remessa de títulos aos estabelecimentos bancários, os quais prestam serviços à empresa, cobrando-os dos respectivos devedores.

Nesse tipo de operação, a empresa transfere a posse dos títulos ao banco, porém a propriedade continua sendo da empresa.

Para remeter os títulos ao banco, a empresa relaciona-os em um documento conhecido por "borderô", ao qual anexa os respectivos títulos.

A operação de cobrança se resume nas seguintes fases:

1ª) Pela remessa dos títulos ao Banco:

a. Registro da operação, por meio das Contas de Compensação;

b. Registro das despesas (comissões) cobradas pelo banco para a cobrança dos títulos.

2ª) Pelo recebimento das importâncias referentes aos títulos.

O banco comunica que os títulos foram quitados.

3ª) Baixa da responsabilidade.

O registro da baixa da responsabilidade é feita por meio das Contas de Compensação.

4ª) Baixa dos Direitos.

A baixa dos direitos é feita por meio de débito na conta Bancos. Conta Movimento e crédito na conta Duplicatas a Receber.

Exemplo prático

Nossa remessa de Duplicatas ao Banco Urupês S/A para cobrança simples, conforme borderô, no valor total de $ 1.000. O banco cobrou $ 50 de comissões e taxas.

Contabilização:

Pela remessa dos títulos ao banco

1. Lançamento de compensação

   (1) Títulos em cobrança
   a Endossos para cobrança
   Nossa remessa de Duplicatas ao Banco Urupês S/A
   para cobrança simples, conforme Borderô......................   1.000

   _____   _____

2. Registro da despesa

   (2) Despesas Bancárias
   a Bancos conta Movimento
   a Banco Urupês S/A
   Conforme aviso, sobre cobrança de títulos.   50

   _____   _____

Após os vencimentos dos títulos, quando o banco comunicar que eles foram quitados, faremos:

3. Baixa nas Contas de Compensação:

(3) Endossos para cobrança
   a Títulos em Cobrança
   Baixa pela liquidação dos títulos, conforme
   aviso desta data... 1.000

_____   _____

4. Pelo recebimento das Duplicatas

(4) Bancos conta Movimento
   Banco Urupês S/A
   a Duplicatas a Receber
   Pelo recebimento das Duplicatas n.^{os} ___, conforme
   aviso bancário desta data 1.000

_____   _____

10.5.3 Desconto de duplicatas

Existem duas modalidades de descontos de duplicatas diferindo em relação a transferência substancial ou não para o banco dos riscos e benefícios da propriedade das duplicatas.

10.5.3.1 Desconto sem transferência substancial dos riscos e benefícios

Esse assunto está disciplinado na letra "b" do item 20 da NBC TG38.

Essa modalidade de desconto de Duplicatas consiste na transferência dos instrumentos financeiros (duplicatas) ao banco, mediante endosso ao portador.

A empresa endossante fica responsável, coobrigada pela liquidação dos títulos descontados. Essa responsabilidade só desaparece após o pagamento efetuado pelo devedor do título (cliente da empresa).

A operação é semelhante à cobrança simples, no que diz respeito à remessa dos títulos ao banco.

A empresa endossante desconta títulos e recebe do banco o valor nominal (constante dos títulos) diminuído dos juros, comissões, taxas etc., cobradas em função do prazo que falta decorrer para o vencimento dos títulos negociados.

Nesta operação, conforme dissemos, a empresa transfere a posse (encaminhando os títulos ao banco) e a propriedade (por meio de endosso) dos títulos ao banco, contudo, permanece suportando os riscos, caso os devedores deixem de quitar seus compromissos.

Exemplo prático 1 – Com quitação normal

Suponhamos que uma determinada empresa desconte, no Banco Urupês S/A, dez Duplicatas de sua emissão, conforme relação (borderô), no valor nominal total de $ 1.000.

O banco cobra juros no valor de $ 150, comissões e taxas no valor de $ 30.
Neste caso, teremos:
- Valor nominal dos títulos 1.000
- (–) juros .... (150)
- (–) Comissões e taxas .... (30)
- Valor atual dos títulos (líquido a receber) 820

Contabilização:

1. Pela remessa dos títulos e respectiva operação de desconto:

    (1) Diversos
        a Duplicatas Descontadas
        a Banco Urupês S/A
            Nosso desconto de Duplicatas conf. borderô desta data, como segue:
        Bancos conta Movimento
        Banco Urupês S/A
            Líquido creditado 820
        Juros Passivos a Vencer
            Juros cobrados, proporcionais ao prazo de
            vencimento dos títulos 150
        Despesas Bancárias
            Comissões e taxas 30   1.000

2. Pela quitação das Duplicatas:

    Suponhamos, agora, que, na data do vencimento, o banco receba as importâncias correspondentes a todas as Duplicatas e comunique este fato à empresa por meio de aviso bancário.

    Neste caso, faremos os seguintes registros contábeis:

    (2) Duplicatas Descontadas
        Banco Urupês S/A
        a Duplicatas a Receber
            Baixa pela liquidação dos títulos, conf.
            aviso bancário, desta data. 1.000

    (3) Juros Passivos
        a Juros Passivos a Vencer
            Pela apropriação dos juros correspondentes
            às duplicatas supra. 50

10.5.3.2 Desconto com transferência substancial dos riscos e benefícios

Esse assunto está disciplinado na letra "a" do item 20 da NBC TG38.

Neste caso, a empresa "vende" as duplicatas ao estabelecimento bancário, transferindo a ele, substancialmente todos os riscos e benefícios da propriedade do Ativo financeiro.

Não sendo mais os títulos de propriedade da empresa, uma vez que ela já recebeu adiantadamente o valor nominal diminuído dos juros e outras despesas estipuladas pelo banco em comum acordo com ela, no momento da transação a empresa deverá dar baixa no valor nominal das duplicatas, creditando a conta Duplicatas a Receber e, em contrapartida debitando as contas Bancos conta Movimento pelo valor recebido bem como as contas representativas das despesas incorridas.

Suponhamos que uma determinada empresa tenha negociado com o banco Urupês S/A, mediante contrato, duplicatas de sua emissão, no valor nominal total de $ 30.000. Suponhamos, também que, nessa transação onde houve a transferência substancial de todos os riscos e benefícios da propriedade do ativo financeiro ao banco, ele tenha cobrado $ 8.000 de juros e $ 2.000 de comissões e taxas.

Contabilização:

(1) Diversos
　　a Duplicatas a Receber
　　　　Pelo desconto de duplicatas, com transferência total dos riscos etc., como segue:
　　Bancos conta Movimento
　　Banco Urupês S/A
　　　　Líquido creditado.. 20.000
　　Juros Passivos
　　　　Juros cobrados etc. 8.000
　　Comissões e Taxas
　　　　Comissões e taxas cobradas etc............................ 2.000　　30.000

OBSERVAÇÕES:

- Observe que nesse tipo de transação, como a empresa "vende" ao banco os instrumentos financeiros de sua emissão, o valor desses instrumentos, diminuído dos encargos com juros, comissões e taxas é transferido para a conta Bancos conta Movimento.
- Observe, também que, sendo a operação realizada sem que a empresa fique obrigada de quitar os títulos caso os devedores não o façam, as despesas com juros, embora cobradas em função do tempo, são lançadas diretamente em conta de despesa e não em conta de despesa antecipada.

10.5.4 Empréstimo mediante caução de duplicatas

Neste tipo de operação financeira, a empresa empresta dinheiro do estabelecimento bancário e entrega em garantia do pagamento da dívida, Duplicatas de sua emissão.

Existem várias modalidades de empréstimos com caução de Duplicatas, podendo variar quanto ao critério de liberação do montante desejado pela empresa (de uma só vez ou por etapas, conforme o recebimento dos títulos caucionados); quanto a forma de pagamento (a medida que as duplicatas forem sendo quitadas, o empréstimo será liquidado, ou com pagamento total somente no vencimento); quanto a cobrança de juros e encargos (pré-fixados ou pós-fixados) etc.

O banco poderá exigir, além dos títulos caucionados, a emissão de uma Nota Promissória no valor total do empréstimo.

Assim, a forma de liberação do empréstimo, os critérios para pagamento bem como a cobrança dos encargos, constarão do contrato lavrado entre banco e empresa interessada.

Exemplo prático

Vejamos um caso em que o banco libera uma importância para a empresa, cobrando os encargos previamente, em decorrência das datas dos vencimentos das Duplicatas caucionadas, exigindo que a medida que as duplicatas sejam quitadas, a empresa recomponha o montante devido com outras duplicatas, sempre de sua emissão.

A empresa comercial J. M. R. S/A contrata, junto ao Banco Urupês S/A, a abertura de um crédito por contrato de caução de Duplicatas, pelo prazo de seis meses, no valor de $ 5.000. A empresa compromete-se a manter em cobrança caucionada o valor de $ 6.000 de Duplicatas de sua emissão. O banco cobrou juros antecipadamente, no valor de $ 400, cobrados em decorrência da data de vencimento de cada título caucionado; $ 20 de taxa pela abertura do contrato e $ 200 de comissão para cobrança dos títulos.

Registros contábeis:

1. Pela remessa de Duplicatas para caução:

    (1) Duplicatas em Caução Bancária
       a Endossos para Caução de Duplicatas
          Pela remessa de Duplicatas para cauçãocom títulos de nossa emissão, conf. contrato firmado com Vencimento em 6 meses com liberação de crédito de $ 5.000............................ 6.000

2. Pela liberação do crédito em consequência da remessa do borderô de Duplicatas:

    (2) Bancos conta Movimento
       Banco Urupês S/A
       a Bancos conta Caução (ou Bancos conta Empréstimos)
       a Banco urupês S/A

*Liberação do crédito pelo contrato de
caução de Duplicatas conf. aviso desta data*............... 5.000

3. Pelos encargos sobre a operação financeira:
   (3) Diversos
       a Bancos conta Movimento
       a Banco Urupês S/A
           Pelos encargos sobre a operação de caução como segue:
       Juros Passivos a Vencer
           Juros cobrados "pro rata tempore"................... 400
       Despesas Bancárias
           Comissões e taxas 100   500

Suponhamos que 20 dias após, o banco tenha recebido dos clientes, em quitação de Duplicatas, a importância de $ 2.000. Considerando que o valor dos juros cobrados antecipadamente sobre tais duplicatas tenham sido de $ 50, faremos:

4. Baixa pelo recebimento de Duplicatas:
   (4) Bancos conta Caução
       Banco Urupês S/A
       a Duplicatas a Receber
           *Baixa pelo recebimento das Duplicatas n.ºs ___
           constantes do borderô de __/__/__,
           conf. aviso bancário desta data*...................... 2.000

5. Baixa no Sistema de Compensação pelo recebimento das Duplicatas:
   (5) Endossos para Caução de Duplicatas
       a Duplicatas em Caução Bancária
           Baixa pelo recebimento 2.000

6. Apropriação dos juros cobrados antecipadamente:
   (6) Juros Passivos
       a Juros Passivos a Vencer
           *Apropriação que se processa, em
           decorrência do recebimento das dupls. etc*..................... 50

Conforme cláusulas contratuais, a empresa se obriga a manter caucionados no mínimo $ 6.000 em títulos; como ocorreu baixa, a empresa deve imediatamente remeter novas Duplicatas para cobrir o valor referido.

7. Pela remessa do novo borderô complementar para refazer o saldo:
   (7) Duplicatas em Caução Bancária
      a Endossos para Caução de Duplicatas
         Nossa remessa de novo borderô de
         Duplicatas em complementação, conf. cláusula contratual.   2.000

8. Pela liberação de crédito pelo recebimento das Duplicatas:
   (8) Bancos conta Movimento
      Banco urupês S/A
      a Bancos conta Caução
      a Banco Urupês S/A
         Liberação de crédito pelo contrato de
         caução de Duplicatas, conf. aviso de __/__/__   2.000

9. O banco cobra nova comissão sobre as novas Duplicatas caucionadas, no valor de $ 50. Não houve cobrança de juros.
   (9) Despesas Bancárias
      a Bancos conta Movimento
      a banco urupês S/A
         Comissão cobrada s/ borderô desta data, conf. aviso..   50

Suponhamos, agora, que na data do vencimento (seis meses após) tenha ocorrido a liquidação do contrato.

10. Baixa pelo recebimento das Duplicatas mediante aviso bancário:
    (10) Bancos conta Caução (ou Bancos conta Empréstimo)
       Banco urupês S/A
       a Duplicatas a Receber
          Baixa das Duplicatas constantes dos borderôs de __/__/__ e __/__/__,
          pelo recebimento conf. aviso bancário....................   6.000

11. Consequente baixa nas Contas de Compensação:
    (11) Endossos para Caução de Duplicatas
       a Duplicatas em Caução Bancária
          Baixa das Duplicatas constantes dos borderôs de __/__/__ e __/__/__,
          pela liquidação, conf. aviso bancário 6.000

Note que a conta Bancos Conta Caução possui saldo devedor de $ 1.000, referente aos valores dos títulos que excederam o empréstimo efetuado.

Vejamos:
- Títulos Caucionados 6.000 + 2.000 = 8.000
- Empréstimo liberado 5.000 + 2.000 = 7.000
- Saldo a favor da empresa 1.000

12. Resta transferir este saldo para a Conta Movimento:
    (12) Bancos conta Movimento
    Banco Urupês S/A
    a Bancos conta Caução
    Nosso crédito ref. a 20% dos títulos caucionados, conf. nossos borderôs de __/__/__ e __/__/__ 1.000

13. Apropriação do saldo dos juros cobrados na abertura do crédito.
    (13) Juros Passivos
    a Juros Passivos a Vencer
    Apropriação dos juros, tendo em vista o recebimento das dupls. etc.. 350

NOTAS:
- Ocorrendo vencimento do contrato, as Duplicatas que estiverem em caução deverão ser baixadas na compensação e transferidas para cobrança simples.
- Se houver saldo credor na conta Bancos Conta Caução (ou Bancos conta Empréstimo), a empresa o cobrirá.

Atividades Práticas 3

PRÁTICA 1

A Indústria de Produtos Químicos Abaeté S/A, encaminhou para o banco Urupês S/A, um borderô com duplicatas de sua emissão, para cobrança simples, no montante de $ 40.000.

O Banco cobrou $ 1.000 de comissões e taxas. Considerando que sessenta dias após, o banco comunicou o recebimento dos títulos, proceder as contabilizações necessárias na data da remessa dos títulos e na data do recebimento.

PRÁTICA 2

A Comercial Vieira Ltda, descontou no Banco Urupês S/A, 20 Duplicatas de sua emissão, conforme relação (borderô), no valor nominal total de $ 100.0000. O banco cobrou juros no valor de $ 9.000 e comissões e taxas no valor de $ 1.000.

Na data do vencimento dos títulos, o banco comunicou à empresa que todos foram quitados.

Pede-se: contabilizar os fatos na data do desconto e na data do recebimento das duplicatas.

Testes de Fixação

1 Escolha a alternativa correta:
   1.1 Qualquer contrato que evidencie uma participação nos ativos de uma entidade após a dedução de todos os seus passivos, é:
   a) Ativo financeiro
   b) Passivo Financeiro
   c) Instrumento patrimonial
   d) N.D.A.
   1.2 Classificam-se no grupo das Disponibilidades:
   a) Aplicações em Ouro, Cadernetas de Poupança e CDBS – 120 dias.
   b) Aplicações de Liquidez Imediata.
   c) Aplicações em Ações de empresas de médio porte.
   d) Aplicações em Ouro e em Ações.
   1.3 A empresa de Prestação de Serviços Embaré Ltda, fez duas aplicações financeiras no banco Urupês S/A, ambas no dia 4 de outubro de x1, com vencimento para 31 de março de x2, sendo o investimento A, com rendimentos pré-fixados e o investimento B, com rendimentos pós-fixados. Em atendimento ao Regime de Competência, em 31 de dezembro, data em que apurará seus resultado e levantará o Balanço, a empresa deverá:
   a) Apropriar os rendimentos somente do investimento A.
   b) Apropriar os rendimentos somente do investimento B.
   c) Deixar de apropriar os rendimentos, pois ainda não os resgatou.
   d) Apropriar os rendimentos de ambas as aplicações.
   1.4 Quando o empréstimo é garantido por uma Nota Promissória, esse título será emitido:
   a) Pelo devedor, que toma o dinheiro emprestado.
   b) Pelo credor, que empresta o dinheiro.
   c) Pelo Banco onde estiver depositado o dinheiro.
   d) Pelo avalista.
   1.5 As Duplicatas:
   a) São emitidas pelo credor com aceite também do credor.
   b) São emitidas pelo devedor com aceite do credor.
   c) São emitidas pelo credor (vendedor) com aceite do devedor (comprador).
   d) São emitidas pelo empregado do setor de vendas com aceite do credor.

2 Responda:
   2.1 O que é instrumento financeiro?

R: Instrumento financeiro é qualquer contrato que dê origem a um ativo financeiro para a entidade e a um passivo financeiro ou instrumento patrimonial para outra entidade.

2.2 Cite dois exemplos de ativo financeiro.

R: Caixa e instrumento patrimonial de outra entidade.

2.3 Cite três exemplos de passivos financeiros que representam obrigação contratual de entregar caixa no futuro:

R: Contas a pagar, empréstimos a pagar e títulos de dívidas a pagar.

2.4 O Contador da empresa de ônibus Pássaro Marrom S/A, recusou receber da Industrial Itaipú S/A, dividendos no valor de $ 12.000, alegando que a receita decorre de investimento efetuado apenas em caráter especulativo, pretendendo renegociá-los em breve.

A atitude do Contador está correta? Caso contrário, como você contabilizaria os dividendos?

R: Atitude incorreta.

Caixa

a Dividendos Recebidos

2.5 Quais são as operações mais comuns que as empresas realizam com os bancos, envolvendo Duplicatas?

R: Cobrança Simples, Desconto de Duplicatas e Empréstimo mediante caução de Duplicata.

3 Classifique as afirmativas em falsas (F) ou verdadeiras (V):

3.1 (V) O direito contratual de receber caixa ou outro Ativo financeiro de outra entidade classifica-se como ativo financeiro.

3.2 (V) Um depósito de caixa em banco ou instituição financeira similar é um Ativo financeiro porque representa o direito contratual do depositante de obter caixa da instituição ou de descontar cheque.

3.3 (F) Investimentos são operações financeiras passivas.

3.4 (V) Empréstimos são operações financeiras passivas.

3.5 (F) Os investimentos de caráter permanente ocorrem somente em títulos representativos do capital de outras sociedades.

3.6 (V) A classificação dos investimentos no Balanço, depende do prazo fixado para vencimento ou da intenção da empresa em fazer deles uma extensão do seu negócio.

3.7 (V) Os investimentos em ouro, poderão figurar no Ativo Circulante, subgrupo Investimentos Temporários a Curto Prazo ou no Ativo Não Circulante subgrupos: Ativo Realizável a Longo Prazo ou Investimentos.

3.8 (V) São considerados pré-fixados, os investimentos, quando o investidor fica conhecendo os rendimentos somente na data do resgate.

3.9 (F) São pré-fixados os investimentos quando o investidor fica conhecendo os rendimentos somente na data do resgate.

3.10 (F) Nas aplicações com rendimentos pós-fixados, aparece na Contabilidade a figura da receita antecipada.

3.11 (V) Nas aplicações com rendimentos pré-fixados, aparece na Contabilidade a figura da receita antecipada.

3.12 (V) Quando ocorrer investimentos em ações, com caráter especulativo, a conta a ser debitada poderá ser: "Ações de Outras Empresas", a ser classificada no Ativo Circulante.

3.13 (V) A Cobrança Simples é uma operação, na qual a empresa transfere a posse da Duplicatas ao banco, porém continua sendo proprietária delas.

3.14 (F) O Desconto de Duplicatas é uma operação financeira através da qual a empresa transfere ao banco a propriedade das Duplicatas, porém continua com a posse delas.

Testes de Exame de Suficência*

Contador, ano 2002, prova 1 – Área de Conhecimentos Contábeis

1. Uma empresa obteve um empréstimo no valor de $ 25.000,00, para capital de giro, com vencimento dentro do próprio mês. Pagou no ato $ 1.500,00 a título de encargos financeiros. Este fato implica:
    a) Aumento do Ativo e Patrimônio Líquido no valor de $ 25.000,00 e diminuição do Passivo no valor de $ 1.500,00.
    b) Aumento do Ativo no valor de $ 25.000,00 e redução do Passivo em $ 1.500,00 e aumento do Patrimônio Líquido em $ 23.500,00.
    c) Aumento do Patrimônio Líquido e Ativo em $ 23.500,00 e aumento do Passivo em $ 25.000,00.
    d) Aumento de Passivo em $ 25.000,00, aumento do Ativo em $ 23.500,00 e redução do Patrimônio Líquido em $ 1.500,00.
    e) Aumento do Patrimônio Líquido em $ 1.500,00.

Contador, ano 2002, prova 2 – Área de Conhecimentos Contábeis

2. A empresa recebeu a importância líquida de $ 20.000,00 referente a quitação de um título, tendo concedido um desconto de 20% ao cliente, gerando o seguinte lançamento:
    a) Caixa
        a Descontos Concedidos $ 20.000,00
    b) Caixa
        a Títulos a Receber $ 20.000,00
    c) Caixa $ 25.000,00
        a Descontos Concedidos $ 5.000,00
        a Títulos a Receber $ 20.000,00

---

* Exame de suficiência: requisito para obtenção de registro profissional em Conselhos Regionais de Contabilidade (CRC).

d) Caixa $ 20.000,00
   Descontos Concedidos $ 5.000,00
   a Títulos a Receber $ 25.000,00

Testes de Concursos

Técnico da Receita Federal – TRF-nov/2000 – Contabilidade Geral

1. Se uma empresa mantém todas as duplicatas de sua emissão em determinado banco, em operação de desconto, os seus clientes serão creditados quando a(o):
   a) banco acusar o recebimento do borderô com duplicatas.
   b) duplicata for enviada ao banco para desconto;
   c) banco emitir o aviso de crédito;
   d) duplicata for descontada no banco;
   e) banco comunicar que o cliente quitou a duplicata.

CAPÍTULO 11

PROVISÕES, RESERVAS, ATIVOS E PASSIVOS CONTINGENTES

11.1 Provisões

11.1.1 Introdução

A NBC TG 25 (Provisões, Passivos Contingentes e Ativos Contingentes), fundamentada no CPC 25 convergente com as normas internacionais de contabilidade IFRS, define o termo "provisão" como passivo de prazo ou valor incertos.

No Brasil, esse termo foi amplamente empregado na intitulação de várias contas redutoras do Ativo (Provisões Ativas) e de contas representativas de algumas obrigações tidas como líquidas e certas e também com valores e prazo incertos (Provisões Passivas).

Essas provisões, tanto ativas quanto passivas, contabilmente eram constituídas mediante débitos em contas representativas de despesas ou custos estimados ou não e créditos em contas que evidenciavam o tipo da provisão que estava sendo constituída (redutora do Ativo ou representativa de obrigação).

Desta forma, as contas de despesas ou custos, influenciavam no resultado do exercício em que as provisões eram constituídas, possibilitando assim o reconhecimento da perda provável ou não e mesmo dos encargos já assumidos pela empresa.

Por outro lado, as contrapartidas, ou seja, as contas representativas das provisões, tinham as seguintes finalidades:

a. Provisões ativas ou redutoras do Ativo: possibilitavam que elementos do Ativo figurassem no Balanço com seus respectivos valores recuperáveis, isto é, com seus valores capazes de gerar fluxos de caixa futuros para a empresa com o recebimento de direitos, venda ou uso de bens. As principais contas redutoras do Ativo eram assim denominadas: Provisão para Créditos de Liquidação Duvidosa, Provisão para Redução ao Valor de Mercado, Provisão para Perdas Prováveis na Realização de Investimentos etc.;

b. Provisões passivas ou representativas de obrigações: possibilitavam que no Passivo figurassem obrigações já assumidas pela empresa com valores líquidos e certos ou não. As principais contas representativas de provisões passivas recebiam as seguintes intitulações: Provisão para Férias, Provisão para 13º salário, Provisão para Gratificações a Empregados, Provisão para Imposto de Renda, Provisão para Contribuição Social sobre o Lucro Líquido etc.

Na verdade, esses procedimentos não mudaram. As empresas continuam reconhecendo perdas e apropriando despesas ou custos tendo como contrapartidas contas redutoras do Ativo ou representativas de obrigações, conforme as técnicas contábeis recomendam.

Contudo, com a adoção da NBC TG 25, o termo "provisão", na terminologia contábil ficou restrito para intitular somente algumas contas do Passivo derivadas desses ajustes, ou seja, aquelas representativas de passivos com prazo e valor incertos.

O item 14 da NBC TG 25 apresenta três condições que precisam ser satisfeitas para que uma provisão seja reconhecida:

a. que a entidade tenha uma obrigação presente (legal ou não formalizada) como resultado de evento passado;
b. seja provável (mais provável que sim do que não) que será necessária uma saída de recursos que incorporam benefícios econômicos para liquidar a obrigação; e
c. possa ser feita uma estimativa confiável do valor da obrigação.

O item 11 da mencionada NBC, estabelece que as provisões podem ser distintas de outros Passivos tais como contas a pagar e Passivos derivados de apropriações por competência (accruals) porque há incerteza sobre o prazo ou o valor do desembolso futuro necessário para a sua liquidação.

Estabelece também que as contas a pagar são passivos a pagar por conta de bens ou serviços fornecidos ou recebidos e que tenham sido faturados ou formalmente acordados com o fornecedor e que os passivos derivados de apropriações por competência (accruals) são passivos a pagar por bens ou serviços fornecidos ou recebidos, mas que não tenham sido pagos, faturados ou formalmente acordados com o fornecedor, incluindo valores devidos a empregados (por exemplo, valores relacionados com pagamento de férias). Embora algumas vezes seja necessário estimar o valor ou prazo desses Passivos, a incerteza é geralmente muito menor do que nas provisões.

No item 19, a NBC TG em estudo, estabelece que são reconhecidas como provisão apenas as obrigações que surgem de eventos passados que existam independentemente de ações futuras da entidade (isto é, a conduta futura dos seus negócios).

São exemplos de tais obrigações as penalidades ou os custos de limpeza de danos ambientais ilegais, que em ambos os casos dariam origem na liquidação a uma saída de recursos que incorporam benefícios econômicos independentemente das ações futuras da entidade.

De forma similar, a entidade reconhece uma provisão para os custos de descontinuidade de poço de petróleo ou de central elétrica nuclear na medida em que a entidade é obrigada a retificar danos já causados.

Veja, agora, exemplos de contas de provisões que podem figurar no Passivo Circulante ou Não Circulante do Balanço Patrimonial:

- Provisão para Desmontagem de Equipamentos.
- Provisão para Garantias de Produtos.
- Provisão por Danos Ambientais.

É importante destacar que as legislações comercial, societária e tributária brasileiras, consubstanciadas principalmente na Lei n. 6.404/76 e no RIR/99, continuam utilizando normalmente o termo "provisão", com as mesmas finalidades de antes.

É importante destacar, também, que a própria NBC TG 25, em seu item 7, reconhece que Em alguns países o termo "provisão" é também usado no contexto de itens tais como depreciação, redução ao valor recuperável de ativos e créditos de liquidação duvidosa, que representam ajustes de valores contábeis ativos.

Finalmente, deve-se considerar, conforme já dissemos que as contas redutoras do Ativo bem como as representativas de obrigações que continham em suas intitulações o termo "Provisão", continuam existindo com as mesmas finalidades anteriores. As mudanças ocorreram apenas nas suas intitulações, nas quais não deve figurar mais o termo "provisão", pois ele somente será empregado nos casos previstos na NBC TG 25.

11.1.2 Exemplo prático

Constituição

Vamos assumir que uma indústria montadora de veículos, costumada a fornecer garantias aos seus clientes, no momento das vendas de seus produtos, comprometendo-se a reparar ou a substituir peças em decorrência de defeitos que surgirem dentro de 3 anos a partir da data da venda, em decorrência da experiência passada, conclui que é provável (ou seja, mais provável que sim do que não) que haverá algumas reclamações dentro das garantias.

Assim, para atender a esses prováveis gastos com as garantias, em 31 de dezembro de x1, essa empresa constituirá uma provisão para garantia de produtos, no valor de $ 500.000, como segue:

Contabilização:

(1) Despesas com Provisão para Garantias de Produtos
 a Provisão para Garantias de Produtos
   Provisão que se constitui, tendo em vista garantias oferecidas por
vendas realizadas durante o exercício etc............................. 500.000

> **OBSERVAÇÕES:**
> - A conta debitada, representativa de despesa operacional, terá seu saldo transferido para a conta Resultado do Exercício por ocasião da apuração do resultado.
> - A conta creditada figurará no Passivo Não Circulante do Balanço, uma vez que representa provisão efetuada pelo período de 3 anos.

Utilização

Vamos assumir que no mês de março de x2, alguns clientes tenham procurado o serviço autorizado de uma das concessionárias da montadora, para troca de peças e realização de reparos devidamente abrangidos pela garantia oferecida. Os serviços e peças repostas importaram em $ 200.000, conforme documentação recebida da concessionária A.

É comum existir créditos da montadora com suas concessionárias e vice-versa. Assim, os gastos realizados pelas concessionárias com garantias dadas pela montadora aos clientes, podem ser contabilmente compensados com créditos da montadora junto às concessionárias. No caso do nosso exemplo, vamos supor que a montadora tenha reembolsado a concessionária A, por meio do cheque n. 10 emitido contra o Banco Urupês S/A.

Contabilização:

(2) Provisão para Garantias de Produtos
 a Bancos conta Movimento
 a Banco Urupês S/A
   N/ Cheque n. 10 conf. documentação etc....................... 200.000

OBSERVAÇÃO:
- Observe que neste momento, os gastos com troca de peças e reparos não representam despesas para a empresa, uma vez que essa despesa já foi reconhecida por ocasião das vendas, onde houve a constituição da Provisão para Garantia de Produtos. Por esse motivo, a conta debitada foi a representativa da respectiva provisão. Com esse débito, estamos dando baixa em parte do montante provisionado e a conta representativa da provisão ficou com seu saldo diminuído do respectivo valor.

Reversão

Vamos assumir agora que em 31 de dezembro de x4, data em que tenha expirado o prazo dado como garantia, a conta Provisão para Garantias de Produtos apresente saldo não utilizado de $ 300.000.

Nesse caso, o montante provisionado e não utilizado deverá ser revertido como receita do exercício de x4.

Contabilização:

(3) Provisão para Garantias de Produtos
a Receitas com Reversão de Provisão para Garantias de Produtos
   Reversão que se processa do saldo
   não utilizado etc.. 300.000

Testes de Fixação 1

1. Escolha a alternativa correta:
   1.1 Após a doção da NBC TG 25, uma provisão é constituída mediante:
      a) Crédito em conta de despesa ou custo.
      b) Crédito em conta redutora do Ativo.
      c) Crédito em conta redutora do Passivo.
      d) Crédito em conta representativa de obrigação.
   1.2 Com a constituição de provisão para garantia de produtos:
      a) A despesa com a garantia é reconhecida no exercício em que ocorreu a receita com a venda.
      b) A despesa é reconhecida no ano em que ocorrer a indenização ao cliente.
      c) Não há despesa uma vez que a provisão cobre a indenização.
      d) A despesa é compensada com a provisão.
   1.3 O lançamento de constituição de uma

provisão tem como contrapartida no débito:
a) Uma conta de obrigação.
b) Uma conta de despesa ou custo.
c) Uma conta redutora do Passivo.
d) Uma conta redutora do Ativo.

1.4 O saldo que remanescer em conta de provisão depois de expirado o prazo de sua validade deverá:
a) Permanecer no Passivo.
b) Ser baixado como despesa.
c) Ser revertido como receita.
d) Ser compensado com o saldo de outra provisão.

2. Responda
2.1 Como a NBC TG 25 define o termo provisão?
2.2 Contabilmente como se procede a constituição de uma provisão?
2.3 Cite duas contas representativas de provisões.

Atividade Prática

Em 31 de dezembro de x5, uma empresa que atua no ramo de petróleo, após estudos realizados concluiu que deverá gastar no exercício seguinte com a limpeza do terreno, cerca de $ 100.000.

Considerando que em agosto do exercício de x6 essa empresa incorreu em gastos no montante de $ 80.000 com a limpeza do terreno, pede-se:

a) Constituir a provisão em 31.12. x5;
b) Contabilizar o pagamento das despesas em 20 de agosto de x6, por meio de cheque; e
c) Em 31.12. x6, reverter o saldo da provisão que não foi utilizado.

11.2 Reservas

11.2.1 Conceito

Reservas são recursos acumulados no Patrimônio Líquido. Visam a manter a integridade do Capital Social, garantir a realização de investimentos com recursos próprios, além de serem utilizadas na compensação de prejuízos e no aumento do capital.

Existem dois tipos de reservas: **Reservas de Lucros** e **Reservas de Capital**.

11.2.2 Reservas de Lucros

As Reservas de Lucros são aquelas extraídas do lucro líquido do exercício. Quando essas reservas são constituídas, a parcela do lucro líquido correspondente a elas permanece no Patrimônio, evitando que seja distribuída aos sócios em forma de dividendos.

Constituir uma Reserva de Lucros não significa bloquear o respectivo valor num cofre. Ele continua sendo movimentado normalmente pela empresa em seu capital de giro (Ativo Circulante).

Suponhamos que uma determinada companhia tenha apurado, no final de um exercício social, lucro líquido igual a $ 100.000. Se a Assembleia Geral decidir distribuir todo esse lucro entre seus acionistas, o valor que está no giro normal terá de sair em forma de pagamento, diminuindo a conta Caixa ou Bancos. Os $ 100.000 de lucro apurado deixaram de fazer parte do Ativo dessa empresa.

Suponhamos, agora, que desses $ 100.000 tenha sido constituída uma reserva para investimentos no valor de $ 30.000. Nesse caso, somente $ 70.000 serão distribuídos aos acionistas; e os $ 30.000 da reserva permanecerão no Ativo Circulante, integrando o capital de giro da empresa.

Reserva legal

Essa reserva está disciplinada no artigo 193 da Lei n. 6.404/1976. Veja:

"Artigo 193. Do lucro líquido do exercício, 5% (cinco por cento) serão aplicados, antes de qualquer outra destinação, na constituição da reserva legal, que não excederá de 20% (vinte por cento) do capital social.

§ 1º A companhia poderá deixar de constituir a reserva legal no exercício em que o saldo dessa reserva, acrescido do montante das reservas de capital de que trata o § 1º do artigo 182, exceder de 30% (trinta por cento) do capital social.

§ 2º A reserva legal tem por fim assegurar a integridade do capital social e somente poderá ser utilizada para compensar prejuízos ou aumentar o capital."

Informações complementares

A constituição da Reserva Legal é obrigatória somente para as sociedades por ações, e, em cada exercício social, corresponderá a 5% do lucro líquido do exercício antes de qualquer outra destinação.

Há duas situações em que a constituição dessa Reserva deixa de ser obrigatória:

a. quando o montante da Reserva Legal atingir 20% do Capital Social;
b. quando o montante da Reserva Legal acrescido do montante das Reservas de Capital atingir 30% do Capital Social.

Existe, portanto, dois limites que devem ser observados: um limite obrigatório (item **a**, acima) e um limite facultativo (item **b** acima).

É importante observar que, após atingir 20% do valor do capital social, fica proibida a constituição dessa Reserva. Veja o *caput* do artigo supratranscrito: "(...) que não *excederá* de 20% (vinte por cento) do capital social" (grifo nosso).

Exemplo prático 1

Calcular e contabilizar a parcela da Reserva Legal a ser constituída em 31 de dezembro de x1, considerando as seguintes informações:

- Lucro Líquido do Exercício = 100.000;
- Saldo da conta Reserva Legal em 31/12/x1, antes do cálculo da parcela do exercício findo = 45.000;
- Valor do Capital Social = 400.000;
- No Patrimônio Líquido não há Reserva de Capital.

Solução:

Cálculo da parcela da reserva legal do exercício:
5% de 100.000 = 5.000
Cálculo do limite da reserva legal

a. Limite obrigatório:
- 20% do capital social (20% de 400.000)..80.000
- (-) saldo anterior da reserva legal...(45.000)
- (=) limite para constituição 35.000

Tendo em vista que o limite para o presente exercício é de 35.000, e sendo o valor da reserva calculado no exercício igual a 5.000, em 31/12/x1 ela será constituída por esse valor.

b. Limite facultativo:

Como vimos, quando o montante da Reserva Legal acrescido do montante das Reservas de Capital atingir 30% do Capital Social, a empresa poderá deixar de constituir a reserva legal.

Cálculos:
1. Saldo da Reserva Legal 45.000
   - (+) Reservas de Capital..ZERO
   - Total..45.000

2. 30% de $ 400.000 = $ 120.000
   - (-) Reserva Legal + Reseva de Capital...(45.000)
   - (=) Limite..75.000

Neste caso a empresa não poderá aproveitar a faculdade oferecida pela Lei, estando, portanto, obrigada a constituir a reserva legal no valor de 5.000.

Contabilização em 31/12/x1:

Lucros Acumulados

a Reserva Legal

Pela constituição nos termos do artigo 193 da Lei

n. 6.404/1976, à razão de 5% sobre o lucro líquido
conf. cálculos... 5.000

_____   _____

Exemplo prático 2

Calcular e contabilizar a parcela da Reserva Legal a ser constituída em 31 de dezembro de x5, considerando as seguintes informações:

- Lucro Líquido do Exercício = 200.000
- Capital Social = 400.000
- Saldo da Reserva Legal, em 31/12/x5, antes do cálculo da parcela do exercício findo = 60.000
- Saldo das Reservas de Capital = 57.000

Solução:

Cálculo da parcela do exercício:
5% de 200.000 = 10.000

Cálculo dos limites da Reserva Legal

a. Limite obrigatório:
- 20% de 400.000..80.000
- (-) Saldo do exercício anterior ....(60.000)
- Limite para o exercício 20.000

Observe que o valor da parcela do exercício é 10.000, logo, poderemos constituir a reserva legal nesse valor.

b. Limite opcional:
- Saldo anterior da reserva legal..60.000
- (+) Saldo das reservas de capital..57.00
- Total..117.000
- 30% de 400.000..120.000
- (-) Reserva legal + Reservas de capital................................(117.000)
- (=) Limite opcional para o exercício 3.000

Portanto, embora o limite obrigatório indique a parcela da reserva legal no valor de 10.000, nesse exercício a empresa poderá cosntituí-la apenas por 3.000.

Contabilização:

Lucros Acumulados
a Reserva Legal
   Pela constituição da reserva legal, nos termos do § 1º
   do artigo 193 da Lei n. 6.404/1976, conf. cálculos............ 3.000

Reservas Estatutárias

São as reservas criadas em virtude de disposições contidas nos estatutos da companhia, os quais fixarão seus limites.

Veja o que dispõe o artigo 194 da Lei n. 6.404/1976:

"Artigo 194. O estatuto poderá criar reservas desde que, para cada uma:

I – indique, de modo preciso e completo, a sua finalidade;

II – fixe os critérios para determinar a parcela anual dos lucros líquidos que serão destinados à sua constituição; e

III – estabeleça o limite máximo da reserva."

Exemplo prático

Calcular e contabilizar a parcela do lucro líquido destinada à constituição de reserva para investimento, conforme cláusula estatutária, à razão de 10% sobre o lucro líquido, observando-se:

- Lucro Líquido do Exercício = $ 20.000
- Reserva Legal constituída à razão de 5%

Solução:

Cálculos
- Lucro líquido do exercício 20.000
- (-) Reserva legal (5%) .... (1.000)
- (=) Base de cálculo para reservas estatutárias 19.000
- Reserva para investimentos (10%) 1.900

Contabilização:

Lucros Acumulados
a Diversos
   Pela constituição das seguintes reservas:

a Reserva Legal
   conf. cálculos etc. 1.000
a Reserva para Investimentos
   conf. cláusula etc. .... <u>1.900</u>   2.900

Observe que, nesse exemplo, estamos contabilizando a reserva legal e a reserva para investimentos. Poderia haver mais reservas ou inexistir a legal.

É importante salientar, ainda, que, tratando-se de sociedades por ações, o saldo da conta Lucros Acumulados – que não for utilizado na compensação de prejuízos ou na constituição de reservas – deverá ser totalmente distribuído aos acionistas em forma de dividendos. Essa obrigatoriedade não se aplica aos demais tipos de sociedades, as quais poderão manter, no Patrimônio Líquido, a conta Lucros Acumulados com saldo credor. Estudaremos esse assunto no Capítulo 12.

Reservas Livres

São as reservas criadas livremente pela Assembleia Geral (no caso das Sociedades por Ações), por proposta dos órgãos da administração, com fins específicos, como a Reserva para Contingência, a Reserva para Incentivos Fiscais, a Reserva de Lucros a Realizar etc.

- **Reserva para Contingências**

    Em contabilidade, *contingência* representa uma situação de risco já existente, que poderá ou não se caracterizar como perda ou ganho para a empresa em decorrência de eventos futuros.

    A reserva para contingências, portanto, consiste em uma parcela do lucro líquido que fica retida no Patrimônio para garantir aos acionistas o recebimento de dividendos nos exercícios em que os lucros forem reduzidos devido a perdas decorrentes de fatos possíveis, porém incertos.

    A Lei n. 6.404/1976, em seu artigo 195, prevê que a Assembleia Geral poderá, por proposta dos órgãos da administração, destinar parte do lucro líquido à formação de reserva com a finalidade de compensar, em exercício futuro, a diminuição do lucro decorrente de perda julgada provável, cujo valor possa ser estimado.

    Entretanto, para que a Assembleia Geral possa aprovar a constituição dessa reserva, o mesmo dispositivo acima estabelece a necessidade de que a proposta dos órgãos da administração indique a causa da perda prevista e justifique, com as razões de prudência, que a recomendem.

    Assim, no exercício em que o lucro líquido for satisfatório, parte dele fica retido no Patrimônio para ser, proporcionalmente, distribuído aos acionistas, nos períodos de lucros baixos ou de ausência de lucros.

As razões que justificam a constituição dessa reserva são normalmente cíclicas, podendo depender de fenômenos naturais que ocorrem periodicamente em algumas regiões e conforme as estações do ano (geadas, secas, inundações, cheias etc.).

Dessa forma, as empresas que estão mais sujeitas a essas intempéries são aquelas que exercem atividades ligadas à agricultura e à pecuária.

Convém salientar que outros fenômenos extraordinários, independentes dos naturais citados, também poderão justificar a constituição dessa reserva; por exemplo: a paralisação extraordinária das atividades de uma empresa, em virtude da substituição de equipamentos, poderá provocar redução temporária em sua capacidade produtiva, reduzindo seus lucros.

Exemplo prático

Suponhamos que a empresa Agoelândia S/A, em decorrência de estudos efetuados ao longo de dez anos, tenha constatado que, bienalmente, as geadas provocam queda no seu processo produtivo equivalente a 50%, reduzindo os lucros nessa proporção.

Considerando que os dividendos distribuídos aos acionistas conforme cláusula estatutária correspondem a 60% do lucro líquido apurado no final de cada exercício e que, no exercício de x1, o lucro líquido tenha sido igual a $ 30.000, com perspectiva de redução do referido lucro no exercício de x2 em 50%, calcular e contabilizar a reserva para contingência em 31/12/x1.

Solução:

Cálculo do valor da reserva:

a. Cálculo dos dividendos propostos:

60% de 30.000 = 18.000

b. Cálculo do valor da reserva:

Como há previsão de que o lucro no exercício seguinte seja 50% menor que no atual, e tendo em vista que a reserva em questão visa à uniformização do pagamento de dividendos ao longo dos anos, no presente exercício, dever-se-á constituir a reserva no valor de $ 4.500.

Contabilização:

Lucros Acumulados
a Reservas para Contingências
Reserva que se constitui, à razão de 25% do valor dos dividendos deste exercício, devidamente aprovada pela ag nos termos do § 1º do artigo 185 da Lei n. 6.404/1976 .... 4.500

No exercício em que deixarem de existir as razões que justificaram a constituição ou em que ocorrer a perda, o montante da reserva deverá ser revertido para que a ele possam ser dadas outras destinações.

A contabilização da reversão, portanto, será feita debitando-se a conta que registrou a respectiva reserva e creditando-se a conta Lucros Acumulados. Em seguida, debita-se a conta Lucros Acumulados e credita-se a conta Dividendos a Pagar.

- **Reserva de Incentivos Fiscais**

    Essa reserva foi uma das inovações trazidas pela Lei n. 11.638/2007, que promoveu alterações na Lei das Sociedades por Ações. Antes do advento da citada lei, os recursos derivados de doações ou subvenções governamentais para investimentos geravam reserva de capital e não transitavam por contas de resultado. Agora, com a inclusão do artigo 195-A na Lei n. 6.404/1976, a companhia poderá optar em constituir a reserva para incentivos fiscais com os ingressos dessa natureza. Veja o que dispõe esse artigo:

    "Artigo 195-A. A Assembleia geral poderá, por proposta dos órgãos de administração, destinar para a reserva de incentivos fiscais a parcela do lucro líquido decorrente de doações ou subvenções governamentais para investimentos, que poderá ser excluída da base de cálculo do dividendo obrigatório (inciso I do caput do artigo 202 desta Lei)."

Exemplo prático

Suponhamos que a Companhia X tenha recebido do Governo a importância de $ 500.000 em doação para investimentos na agricultura, uma extensão de suas atividades operacionais.

Por ocasião do recebimento dos recursos financeiros, houve débito em conta representativa de disponibilidades e crédito em conta de receita. No final do exercício, após apurado o resultado, a reserva será constituída como segue:

Lucros Acumulados
a Reserva para Incentivos Fiscais
    Pela constituição etc. *500.000*

- **Reserva de lucros a realizar**

Veja inicialmente o que dispõe o *caput* do artigo 197 da Lei n. 6.404/1976:

"Artigo 197. No exercício em que o montante do dividendo obrigatório, calculado nos termos do estatuto ou do artigo 202, ultrapassar a parcela realizada do lucro líquido do exercício, a Assembleia geral poderá, por proposta dos órgãos de administração, destinar o excesso à constituição de reserva de lucros a realizar."

A **Reserva de Lucros a Realizar**, a exemplo de todas as reservas livres, é facultativa e pode ser constituída sempre que o montante realizado do lucro líquido do exercício for inferior ao valor dos dividendos obrigatórios a pagar, devidos no respectivo exercício.

O objetivo dessa reserva é evitar que a empresa desembolse recursos financeiros no pagamento de dividendos obrigatórios aos seus acionistas, calculados com base na parcela do lucro líquido ainda não realizada financeiramente.

É fácil compreender que, na apuração do lucro líquido do exercício, entram no cálculo todas as receitas operacionais e não operacionais que ocorreram durante o exercício findo, e que, entre essas receitas totalmente realizadas contábil e economicamente, parte delas podem ainda não ter sido recebidas pela empresa.

Conforme estabelece o § 1º do artigo 197 da Lei n. 6.404/1976, para se conhecer a parcela do lucro líquido realizada, basta subtrair do total do lucro líquido apurado no exercício o somatório das receitas ainda não recebidas como aquelas decorrentes da aplicação do Método da Equivalência Patrimonial, das vendas a prazo e outras.

Sendo a finalidade dessa reserva possibilitar à empresa o adiamento do pagamento do dividendo, no momento em que ocorrer a realização financeira das receitas utilizadas no cálculo dessa reserva, a referida parcela da reserva deverá ser paga aos acionistas imediatamente no primeiro pagamento de dividendos que ocorrer após a realização, conforme determina o inciso III do artigo 202 da Lei n. 6.404/1976.

Exemplo prático

Suponhamos que, após os cálculos efetuados com observância do disposto no artigo 197 da Lei n. 6.404/1976, constatou-se que a parcela de $ 7.800 do lucro líquido ainda não tinha sido realizada.

Veja como será constituída a reserva:

Lucros Acumulados
a Reserva de Lucros a Realizar
   Pela Constituição da Reserva de
Lucros a Realizar, nos termos do artigo
197 da Lei n. 6.404/1976, conf. cálculos 7.800

Observe que, com a constituição da reserva, a parcela dos dividendos igual a $ 7.800, que corresponde à parte do lucro líquido não realizada financeiramente, ficará em suspenso, no Patrimônio, aguardando, nos exercícios seguintes, a realização financeira do lucro para que seja paga aos acionistas.

As Reservas de Lucros a Realizar deverão ser revertidas assim que houver a realização financeira das receitas que geraram a sua constituição.

Suponhamos agora que, em maio do exercício seguinte, a companhia tenha recebido em dinheiro, em forma de dividendos, de sua controlada, a importância de $ 25.000, correspondente à receita de participação societária devidamente reconhecida no final do exercício anterior pela aplicação do MEP na avaliação do respectivo investimento. Com esse recebimento, parte dos lucros não realizados do exercício anterior agora se realiza e, além dos registros do recebimento (debitando-se a conta Caixa ou Bancos e creditando-se a conta que registra o investimento), dever-se-á fazer a reversão da reserva de lucros a realizar.

Como a parcela da reserva é inferior ao lucro realizado, a reversão será integral. Veja como faremos:

Reserva de Lucros a Realizar
a Lucros Acumulados
   Reversão que se processa etc. 7.800

A companhia deverá pagar esses dividendos aos acionistas, acrescendo-os ao primeiro dividendo declarado após essa realização.

Informações complementares

- Nos termos do artigo 198 da Lei n. 6.404/76, a constituição de reservas de lucros não poderá prejudicar a distribuição do dividendo obrigatório.
- O saldo das reservas de lucros, exceto as para contingências e de lucros a realizar, não poderá ultrapassar o capital social; atingindo esse limite, a Assembleia deliberará sobre a aplicação do excesso na integralização ou no aumento do capital social ou na distribuição de dividendos (artigo 199 da Lei n. 6.404/1976).
- No exercício em que não houver mais razões que justifiquem suas constituições, as reservas de lucro deverão ser revertidas para integrar novamente a base de cálculo dos dividendos.
- As reversões das reservas de lucros serão feitas debitando-se as contas das reservas respectivas e creditando-se a conta Lucros Acumulados.
- A reserva legal não está sujeita à reversão, pois, conforme estabelece o § 2º do artigo 193 da Lei n. 6.404/1976, ela tem por fim assegurar a integridade do capital social e só pode ser utilizada para compensar prejuízos ou aumentar o capital.

11.2.3 Reservas de Capital

As **Reservas de Capital** originam-se de receitas auferidas em transações não incluídas entre as atividades operacionais normais da empresa. Derivam, portanto de receitas que por não transitarem entre as contas de receitas operacionais, também não figuram na Demonstração do Resultado.

Nos termos do § 1º do artigo 182 da Lei n. 6.404/1976, serão classificadas como Reservas de Capital as contas que registrarem:

a. a contribuição do subscritor de ações que ultrapassar o valor nominal e a parte do preço de emissão das ações sem valor nominal que ultrapassar a importância destinada à formação do Capital Social, inclusive nos casos de conversão em ações de debêntures ou partes beneficiárias;

b. o produto da alienação de partes beneficiárias e bônus de subscrição.

Conforme você pôde observar, as Reservas de Capital originam-se de ágios recebidos dos subscritores de ações da própria companhia ou da conversão de debêntures em ações, bem como do produto auferido na venda de partes beneficiárias ou de bônus de subscrição.

Exemplo prático

Suponhamos que uma determinada empresa tenha vendido Partes Beneficiárias (títulos emitidos sem valor nominal), apurando uma receita de $ 50.000. A contabilização desse evento será:

Caixa
a Reserva de Alienação de Partes Beneficiárias
   Reserva que se constitui pelo produto de alienação
   de Partes Beneficiárias etc. 50.000

As Reservas de Capital não estão sujeitas à reversão, sendo utilizadas somente para:

a. absorção de prejuízos que ultrapassem as Reservas de Lucros;

b. resgate, reembolso ou compras de ações;

c. resgate de Partes Beneficiárias;

d. incorporação ao capital social;

e. pagamento de dividendos a ações preferenciais, quando essa vantagem lhes for assegurada.

A reserva constituída com o produto da venda de Partes Beneficiárias pode ser destinada ao resgate desses mesmos títulos.

> **NOTA:**
> - A característica comum a todas as reservas é servir de reforço para o Capital Social, ainda que tenham origens e destinações diversas. Contabilmente, para se aumentar o valor do Capital com incorporação de reservas, basta debitar a conta de reserva que estiver sendo utilizada para aumento do capital e creditar a conta Capital.

11.2.4 Reservas × Provisões

Não se devem confundir Reservas com Provisões pelas seguintes razões:

1. As Reservas são contabilizadas em contas do grupo do Patrimônio Líquido, enquanto as Provisões são contabilizadas em contas do Passivo Circulante ou Não Circulante.
2. As Reservas, exceto as de capital, quando constituídas, têm como contrapartida no débito, uma conta patrimonial. As Provisões, quando constituídas, têm como contrapartida, no débito, uma conta de despesa ou custo.
3. As Reservas, em geral, visam a manter a integridade do capital da sociedade, enquanto as Provisões têm por objetivo o cumprimento de exigibilidades.

Testes de Fixação 2

1. Identifique a alternativa que melhor corresponda ao que se pede:

    1.1 Assinale a alternativa incorreta:
    a) As Reservas visam manter a integridade do Capital Social.
    b) As Reservas visam à realização de investimentos com recursos próprios.
    c) Todas as Reservas são extraídas do Lucro Líquido do Exercício.
    d) As Reservas de Capital não têm origem no Lucro Líquido do Exercício.

    1.2 As Reservas de Lucros são extraídas do Lucro Líquido do Exercício, sendo a mais comum delas, nas Sociedades Anônimas, a:
    a) Reserva Legal.
    b) Reserva para Investimentos.
    c) Reserva de Lucros a Realizar.
    d) Reserva de Ágio na alienação de partes beneficiárias.

    1.3 Assinale a alternativa incorreta:
    a) O montante da Reserva Legal não poderá exceder 20% do valor do Capital Social.
    b) A Reserva Legal poderá deixar de ser constituída quando o seu saldo, adicionado ao montante das Reservas de Capital, exceder 30% do Capital Social.

c) A Reserva Legal visa manter a integridade do Capital Social e está sujeita a reversão.

d) A Reserva Legal não está sujeita a reversão.

2. Responda:

2.1 Como se denominam as Reservas que, para serem constituídas, dependem de disposições contidas nos estatutos?

2.2 Quantos tipos de Reservas existem?

2.3 Contabilmente, como são constituídas as Reservas de Lucros?

2.4 No exercício em que deixarem de existir as razões que justificaram as suas constituições, qual destino será dado às Reservas de Lucros, com exceção da Reserva Legal?

2.5 Como é contabilizado o aumento de capital com incorporação de Reservas?

3. Indique se a afirmativa é falsa ou verdadeira:

3.1 (   ) Reservas e Provisões significam a mesma coisa.

3.2 (   ) São reservas de lucros: Reserva Legal e Reservas Estatutárias.

3.3 (   ) A Reserva Estatutária é uma modalidade de Reserva de Lucros; na sua constituição, credita-se a conta representativa da respectiva Reserva.

3.4 (   ) As Reservas Livres são de constituição facultativa, embora previstas na Lei n. 6.404/1976.

3.5 (   ) A Reserva para Contingências, portanto, consiste em uma parcela do Lucro Líquido que fica retida no Patrimônio para garantir aos acionistas o recebimento de dividendos nos exercícios em que os lucros forem reduzidos devido a perdas decorrentes de fatos possíveis, porém incertos.

3.6 (   ) A Reserva criada com doações recebidas do Governo, denomina-se Reserva de Incentivos Fiscais.

3.7 (   ) A constituição da Reserva de Lucros a Realizar, justifica-se pela existência, no Lucro Líquido apurado no exercício, de parcelas ainda não realizadas financeiramente.

11.3 Ativos e Passivos Contingentes

Ativo Contingente é um Ativo possível que resulta de eventos passados e cuja existência será confirmada apenas pela ocorrência ou não de um ou mais eventos futuros incertos não totalmente sob controle da entidade. (Item 10 da NBC TG 25)

Os eventos classificados como Ativos Contingentes não são objeto de contabilização. Representam possibilidade de ingresso de benefícios econômicos para entidade de eventos não esperados ou não planejados. Quando puder ser provado que haverá entrada de benefícios econômicos futuros, o Ativo Contingente deverá ser informado em notas explicativas.

Passivo Contingente é uma obrigação possível que resulta de eventos passados e cuja existência será confirmada apenas pela ocorrência ou não de um ou mais eventos futuros incertos não totalmente sob controle da entidade, ou uma obrigação presente que resulta de eventos passados, mas que não é reconhecida porque:

a. não é provável que uma saída de recursos que incorporam benefícios econômicos seja exigida para liquidar a obrigação; ou

b. o valor da obrigação não pode ser mensurado com suficiente confiabilidade. (Item 10 da NBC TG 25)

Para a NBC TG 25, Provisões Passivas e Passivos Contingentes são coisas diferentes.

As Provisões Passivas são obrigações que podem ser estimadas, havendo presunção confiável de suas existências, e, por esse motivo, devem ser contabilizadas. Por outro lado, os eventos classificados como Passivos Contingentes, por não reunirem condições que caracterizem a existência da obrigação presente, não são objetos de contabilização e devem ser informados em notas explicativas. Contudo, quando a possibilidade de saída de recursos for remota, não haverá necessidade de divulgação.

LEITURA OBRIGATÓRIA:
- NBC TG 25 que apresenta vários apêndices com exemplos de eventos que devem ser classificados como Provisões, Ativos e Passivos Contingentes.

Testes de Concursos

1. (AFTN/1991) (Questão adaptada)
   Assinale a opção que contém uma Reserva que independe da apuração do resultado para sua constituição.
   a) Reserva Legal.
   b) Reserva para Investimentos.
   c) Reserva Estatutária.
   d) Reserva de Alienação de Bônus de Subscrição.
   e) Reserva de Contingência.

2. (AFR-SP/1985)
   A Cia. Y apresenta, no início do exercício de x4, um saldo na conta Perdas Estimadas em Créditos de Liquidação de $ 2.000. Durante o exercício, ocorreram os seguintes fatos:

   1) O cliente H, que devia $ 150, encerrou as suas atividades, pagando apenas $ 130 de sua dívida. O restante é considerado incobrável.

   2) O cliente Z faliu, devendo $ 150 para a empresa. Não haverá condições de receber qualquer parcela da dívida.

   3) Um cliente, que havia sido considerado incobrável no exercício anterior, pagou sua dívida no montante de $ 200.

4) Diversas dívidas de clientes foram consideradas incobráveis durante o exercício, no montante de $ 400.

Sendo o saldo da conta Duplicatas a Receber, no final do exercício de x4, de $ 80.000 e as perdas calculada à base de 3% sobre esse montante, o valor a ser ajustado na conta Perdas Estimadas em Créditos em Liquidação Duvidosa pelo Método da Complementação seria de:

a) $ 2.400.
b) $ 770.
c) $ 2.000.
d) $ 970.

3. (AFR-SP/85)

Com base na questão anterior, se o método utilizado para atualização fosse o da reversão, o valor a ser creditado na conta representativa da reversão seria de:

a) $ 1.430.
b) $ 1.630.
c) $ 2.000.
d) $ 2.400.

CAPÍTULO 12

O RESULTADO DO EXERCÍCIO E SUA DESTINAÇÃO

12.1 Introdução

Você já sabe que, para se apurar o resultado do exercício, basta confrontar o total das despesas incorridas com o total das receitas realizadas em um determinado exercício social.

Você já sabe também que, para efetuar esse cálculo, é necessário realizar alguns procedimentos que vão desde a elaboração do Balancete de Verificação do Razão, Inventários, Conciliações de Saldos de Contas etc., passando ainda pela apuração do resultado bruto, do resultado líquido, de cálculos e contabilizações de deduções (Imposto de Renda e Contribuição Social), participações, reservas e dividendos, concluindo com a elaboração das diversas Demonstrações Financeiras (contábeis).

A maior parte desses procedimentos foi estudada nos capítulos anteriores, restando agora a apresentação, de forma objetiva, de um roteiro que englobe os principais procedimentos que devem ser realizados no final de um exercício social, visando à apuração do resultado e à elaboração das Demonstrações Financeiras.

Inicialmente, apresentaremos um roteiro com instruções para a apuração do resultado do exercício; em seguida, um exemplo prático envolvendo uma empresa comercial que servirá de modelo para a perfeita compreensão da rotina da apuração dos resultados.

12.2 Roteiro

ROTEIRO
1) Elaborar o primeiro Balancete de Verificação.
2) Apurar o Resultado Operacional Bruto.
3) Apurar o Resultado Operacional.
4) Apurar o Resultado Líquido do Exercício antes das deduções.
5) Calcular e contabilizar as deduções do resultado do exercício.
6) Calcular e contabilizar as participações no resultado do exercício.
7) Apurar o Lucro (ou Prejuízo) Líquido do Exercício.
8) Calcular e contabilizar as destinações do resultado do exercício.
9) Elaborar o segundo Balancete de Verificação.
10) Elaborar as Demonstrações Financeiras (contábeis).

12.3 Orientações para apuração do resultado do exercício e sua destinação

12.3.1 Primeiro Balancete de Verificação

Um dos primeiros procedimentos a ser adotado pelo contabilista na apuração do resultado do exercício é a elaboração do Balancete de Verificação com contas e saldos extraídos do livro Razão.

Esse Balancete que servirá de suporte para os procedimentos contábeis seguintes deve abranger todas as contas patrimoniais e de resultado que foram movimentadas durante o exercício social, bem como aquelas que constaram do Balanço Patrimonial levantado em 31 de dezembro do exercício anterior e que não sofreram mutação durante o exercício atual.

Para fins de concurso, observe:

a. se você estiver desenvolvendo uma atividade prática, tendo escriturado todos os fatos em partidas de Diário e nos Razonetes, deverá levantar o primeiro Balancete de Verificação para conferir se os procedimentos contábeis, principalmente no que diz respeito aos valores lançados a débito e a crédito nas contas, estão corretos;

b. se a atividade prática que você vai desenvolver iniciar com uma relação de contas com saldos, o Balancete também deverá ser elaborado.

No desenvolvimento de atividades práticas ou até mesmo na solução de questões durante a prova do concurso, normalmente é apresentada, no início, uma relação de contas com saldos. Nesse momento, será mais útil, em substituição ao Balancete, reconstituir os Razonetes, um para cada conta. Neles devem ser transcritos os valores constantes da relação, para que, a partir daí, sejam efetuados os demais ajustes. Nesse caso, para transcrever as contas com seus respectivos saldos para os Razonetes, você precisa conhecer a natureza dos saldos de cada conta (devedor e credor). Para facilitar, é sempre conveniente separar os Razonetes das contas patrimoniais dos Razonetes das contas de resultado.

12.3.2 Resultado operacional bruto

O resultado operacional bruto é o resultado da atividade principal da empresa.

Para fins de concurso, estudaremos, neste capítulo, a apuração do resultado bruto de uma empresa comercial, tendo em vista o grande número de situações e ajustes que envolvem esse tipo de empresa. Esses exemplos servem de modelo e podem ser aplicados em qualquer tipo de empresa.

Em uma empresa comercial, o resultado operacional bruto é obtido por meio das contas que registraram as operações com mercadorias. Já estudamos, no Capítulo 7 deste livro, as três maneiras de se registrar as operações envolvendo mercadorias: Conta Mista de Mercadorias, Inventário Periódico e Inventário Permanente. Apresentaremos agora a apuração do Resultado Bruto pelo Sistema de Inventário Periódico, o mais exigido nas provas dos concursos.

Veja, então, os procedimentos:

a. Apurar, extracontabilmente, o custo das mercadorias vendidas, utilizando a fórmula do CMV.

Entre os elementos constantes da fórmula do Custo das Mercadorias Vendidas (CMV), apenas o estoque final poderá ser excluído da relação de contas apresentada, pois o referido valor é apurado conforme inventário realizado na data da apuração do resultado, não estando ainda contabilizado.

O valor do estoque final é informado juntamente com as instruções ou dados apresentados para a resolução da questão.

b. Contabilizar o Custo das Mercadorias Vendidas em partidas de Diário e nos Razonetes, apurando o saldo da respectiva conta.

c. Calcular, extracontabilmente, o valor do Resultado da Conta Mercadorias, utilizando a fórmula do RCM.

d. Contabilizar o Resultado da Conta Mercadorias em partidas de Diário e nos Razonetes, apurando o saldo da respectiva conta.

e. Transferir o saldo da conta RCM para a conta Lucros sobre Vendas ou para a conta Prejuízos sobre Vendas.

12.3.3 Resultado operacional

O resultado operacional é obtido adicionando-se ou subtraindo-se, do resultado operacional bruto (lucro [ou prejuízo] sobre vendas), os valores de todas as despesas operacionais e das receitas operacionais.

Nesse momento, quase sempre haverá necessidade de se efetuar alguns ajustes nas contas de despesas ou de receitas, ou até mesmo de proceder cálculos para a contabilização de despesas ou encargos ainda não contabilizados, como depreciação, amortização etc., tudo em decorrência da aplicação do Regime de Competência.

Para fins de concurso, você deverá efetuar somente os ajustes solicitados na respectiva questão.

Veja os ajustes, cálculos e contabilizações normalmente solicitados:

- **Depreciação**: as taxas a serem aplicadas e as contas sujeitas já foram estudadas no Capítulo 8. Para fins de concurso, você deverá proceder os cálculos e contabilizações solicitados na questão.

- **Amortização**: também já foi estudada no Capítulo 8. Para fins de concurso, proceda apenas os cálculos e contabilizações solicitados na questão.

- **Perdas Estimadas em Créditos de Liquidação Duvidosa**: esse assunto foi estudado no Capítulo 7. Para fins de concurso, você deverá realizar somente os cálculos indicados na questão.

- **Outros ajustes em contas de despesas**: tendo em vista o Regime de Competência, vários ajustes poderão ser feitos em relação às despesas incorridas e ainda não pagas e às pagas antecipadamente, e que deverão ser apropriadas. Os ajustes mais comuns em contas de despesas referem-se a aluguéis incorridos a serem pagos no exercício seguinte, salários e encargos do mês de dezembro a serem pagos no exercício seguinte, despesas de seguros pagas antecipadamente, ajustes com contas de estoques de materiais de consumo etc. Você deverá realizar apenas os ajustes propostos na questão.

- **Outros ajustes em contas de receitas**: as contas de receitas também estão sujeitas a ajustes em decorrência de receitas realizadas e não recebidas e de receitas recebidas antecipadamente. As mais comuns referem-se a aluguéis ganhos e ainda não recebidos, aluguéis e juros recebidos antecipadamente etc. Também nesse caso você deverá elaborar somente os itens propostos na questão.

- **Apuração do resultado operacional**: após os ajustes necessários que influenciaram nos saldos das contas de despesas e de receitas operacionais, o resultado operacional será conhecido:

a. transferindo-se os saldos das contas de despesas operacionais, inclusive o prejuízo sobre vendas (se houver), para a conta Resultado do Exercício;
b. transferindo-se os saldos das contas de receitas operacionais, inclusive do lucro sobre vendas, se houver, também para a conta Resultado do Exercício;
c. apurando-se o saldo da conta Resultado do Exercício, que corresponderá ao resultado operacional.

12.3.4 Resultado líquido antes das deduções

O resultado líquido do exercício antes das deduções (Contribuição Social e Imposto de Renda) é o resultado operacional adicionado ou subtraído das outras receitas e das outras despesas.

Outras Receitas e Outras Despesas

As Outras Receitas e as Outras Despesas estão previstas no inciso IV do artigo 187 da Lei n. 6.404/1976, devidamente modificada pela Medida Provisória n. 449/2008 convertida na Lei n. 11.941/2009.

Compreendem os ganhos e as perdas decorrentes das baixas de bens ou de direitos classificados nos grupos Investimentos, Imobilizado e Intangível, todos do Ativo Não Circulante.

Essas Receitas e Despesas são raras, extraordinárias, incomuns e alheias à vida normal da empresa.

As baixas de bens e direitos classificados como Investimentos, Imobilizado ou Intangível, podem ocorrer por alienação, desapropriação, perecimento, extinção, desgaste, obsolescência ou exaustão, ou ainda por liquidação.

A legislação tributária, por meio do artigo 418 do RIR/1999, considera essas despesas e receitas como resultado não operacional para ser computado na determinação do lucro real.

Apuração do resultado líquido

Para se apurar esse resultado, transfere-se os saldos das contas representativas das outras despesas e das outras receitas para a conta Resultado do Exercício. Em seguida, apura-se no livro Razão o saldo da conta Resultado do Exercício.

Juros sobre o capital próprio

Depois de apurado e contabilizado o resultado líquido do exercício, o próximo passo, na sequência da apuração e destinação do resultado, será calcular e contabilizar as deduções do resultado.

Entretanto, antes de estudar as deduções, é importante que você saiba o que significa juros sobre o capital próprio, pois, embora esse encargo da empresa não se enquadre entre as deduções do resultado, a sua contabilização implica na base de cálculo da Contribuição Social e do Imposto de Renda, além de seu cálculo e contabilização ocorrerem nesta fase da apuração do resultado.

Juros sobre o Capital Próprio (JCP), correspondem a uma importância que a empresa paga ao seu titular, sócio ou acionista, como remuneração pelos valores por eles investidos na composição do Capital da própria empresa.

Embora não seja obrigatório, grande parte das empresas e, principalmente, das Sociedades Anônimas de Capital aberto, tem remunerado seus acionistas pagando-lhes Juros sobre o Capital Próprio.

O cálculo é feito no final do ano ou do trimestre, conforme seja o regime de apuração do Resultado do Exercício da empresa (trimestral ou anual), mediante a aplicação da Taxa de Juros de Longo Prazo (TJLP) sobre o total do Patrimônio Líquido antes de apurado o Resultado do Exercício.

Portanto, o lucro líquido do exercício apurado no final do ano ou do trimestre, conforme o caso, não integra o Patrimônio Líquido para fins de cálculo dos JCP.

- Segundo consta do § 8º do art. 9º da Lei n. 9.249/1995, para fins de cálculo dos juros sobre o capital próprio serão consideradas exclusivamente as seguintes contas do Patrimônio Líquido: Capital Social; Reservas de Capital; Reservas de Lucros; Ações em Tesouraria; Prejuízos Acumulados.

Tratam desse assunto a Lei n. 9.249/1995 (art. 9º), o RIR/1999 (art. 347), a Interpretação Técnica ICPC 08 – R1 – (itens 10 e 11) do Comitê de Pronunciamentos Contábeis (CPC), devidamente aprovada pela Comissão de Valores Mobiliários por meio da Deliberação CVM n. 683/2012, além de outros dispositivos da legislação tributária.

Para que o valor dos JCP possa ser subtraído da base de cálculo da Contribuição Social e do Imposto de Renda sobre o lucro líquido, é necessário que não ultrapasse o maior dos seguintes valores:

a. 50% do lucro líquido do período-base, computado antes da dedução dos juros e depois de deduzida a Contribuição Social (considerado valor provisório dessa contribuição); ou

b. 50% do somatório dos lucros acumulados[1] e reserva de lucros.

Tendo em vista que sobre os JCP a empresa deve reter e recolher Imposto de Renda pela alíquota de 15%, a sua contabilização é feita mediante débito em conta de Despesa Financeira (pode ser a conta "Juros sobre o Capital Próprio") e crédito nas contas: Juros sobre o Capital Próprio a Pagar e IRR Fonte a Recolher, ambas do Passivo Circulante.

Exemplo prático

Suponhamos que o Patrimônio Líquido da Comercial Urbana Ltda., em 31 de dezembro de x3, antes de sofrer a influência do Resultado do próprio Exercício, esteja assim constituído:

Capital	*50.000*
Reserva Legal	*5.000*
Reserva para Investimentos	*20.000*
TOTAL	*75.000*

Considerando que a Taxa de Juros de Longo Prazo (TJLP) do período seja igual a 10%, veja como serão calculados e contabilizados os JCP:

Cálculo do JCP: :
10% de 75.000 = $ 7.500
Cálculo do Imposto de Renda a ser Retido na Fonte:
15% de 7.500 = $ 1.125

Contabilização:

Juros sobre o Capital Próprio (Despesa Financeira)
a Diversos
    Crédito que se processa aos sócios, referente ao Exercício de x3,
  calculado pela TJLP de 10%, como segue:
a Juros sobre o Capital Próprio a Pagar
    Valor Líquido de Impostos.. 6.375
a IRR Fonte a Recolher
    15%.. <u>1.125</u>   7500

---

[1] A Lei n. 11.638/07 excluiu a conta Lucros Acumulados do grupo Patrimônio Líquido dos balanços das sociedades por ações. Contudo, as demais entidades que não sejam constituídas sob a forma jurídica de sociedade por ações poderão manter essa conta no Patrimônio Líquido representando lucros retidos para futuras destinações.

> **NOTA:**
> - É importante destacar que, no caso de sociedades por ações, a Lei faculta a imputação dos JCP ao dividendo obrigatório.

Havendo essa opção, as sociedades anônimas devem contabilizar o valor líquido dos JCP como distribuição de lucros, mediante débito na conta Lucros Acumulados e a parcela do Imposto de Renda, como Despesa Financeira.

12.3.5 Deduções do Resultado do Exercício

As deduções são duas: Contribuição Social sobre o lucro líquido e Imposto de Renda sobre o lucro líquido.

Esses dois valores, que serão deduzidos da conta Resultado do Exercício, correspondem a obrigações devidas pela empresa ao Governo Federal, que precisam ser calculadas e contabilizadas neste momento em que se apura o resultado do exercício.

Contribuição Social sobre o Lucro Líquido

A Contribuição Social sobre o Lucro Líquido (CSLL), destina-se ao financiamento da Seguridade Social e é calculada sobre o resultado do exercício, ajustado de acordo com o que estabelece a Legislação Tributária.

Assim, após apurado o resultado do exercício e sendo ele igual a lucro, para chegar na base de cálculo da contribuição social deve-se subtrair desse lucro todas as receitas que foram consideradas na apuração do resultado e que, por força da legislação tributária, não devam integrar a base de cálculo da contribuição. Da mesma forma, será necessário adicionar a esse lucro todas as despesas que foram consideradas na apuração do resultado e que, por força da Legislação Tributária, devam integrar a base de cálculo da contribuição.

Esses cálculos necessários para se ajustar o resultado do exercício visando à obtenção da base de cálculo da Contribuição Social sobre o Lucro Líquido são efetuados extra contabilmente, e depois arquivados para futuras comprovações ao fisco, caso haja necessidade.

Quando o resultado do exercício corresponder a prejuízo, não será devida essa contribuição, salvo se após efetuadas as adições e exclusões necessárias o resultado ajustado passe de negativo para positivo.

É importante destacar que a partir do ano-calendário 2011, a escrituração dos ajustes para fins de apuração da base de cálculo da CSLL e do Imposto de Renda (IR) passaram a ser efetuadas no Livro Eletrônico de Escrituração e Apuração do Imposto sobre a Renda e da Contribuição Social sobre o Lucro Líquido da Pessoa Jurídica Tributada pelo Lucro Real "e-Lalur" (§ 1º do art. 4º da Instrução Normativa RFB 989/2009).

Tendo em vista que a CSLL é paga pela empresa sempre no mês seguinte ao da apuração do resultado, no momento do seu cálculo deverá ser contabilizada a obrigação mediante débito na conta Resultado do Exercício e crédito na conta CSLL a Recolher.

A conta CSLL a Recolher será classificada no Passivo Circulante do Balanço Patrimonial.

Portanto, para se obter o valor da CSLL, basta aplicar uma alíquota (taxa que é fixada pelo Governo) sobre o resultado do exercício ajustado.

Tanto a alíquota quanto a base de cálculo desta contribuição podem ser alteradas frequentemente pelo Governo Federal. Em razão disso, para fins de concursos, é aconselhável que, na época em que for prestar as provas, você consulte a Legislação Tributária para se inteirar da alíquota, bem como da base de cálculo que esteja em vigor nessa data.

Exemplo prático

Cálculo:

Considerando que o resultado do exercício antes das deduções tenha sido lucro de $ 220.000 e que entre as contas de resultado utilizadas na apuração desse resultado conste apenas uma receita não tributável por essa contribuição, decorrente de participação societária avaliada pelo MEP, no valor de $ 80.000, veja como ficará o resultado ajustado:

Resultado do exercício (lucro contábil)	220.000
(–) Receita não tributável	(80.000)
= Base de cálculo para Contribuição Social	140.000

Cálculo da CSLL:
Supondo que a alíquota aplicável seja de 10%, faremos:
10% de $ 140.000 = 14.000

Contabilização:

Resultado do Exercício
a CSLL a Recolher
    Referente CSLL, conf. cálculos...................................   14.000

> **OBSERVAÇÕES:**
> - A conta Resultado do Exercício, sendo debitada, ficou diminuída do valor da contribuição.
> - a conta CSLL a Recolher, que é conta do Passivo Circulante, sendo creditada, indica a obrigação da empresa junto ao Governo Federal.

Imposto de Renda

Depois que calculamos e contabilizamos a CSLL, o próximo passo será calcular e contabilizar o Imposto de Renda sobre o lucro líquido, o qual também representa uma obrigação que as empresas têm para com o Governo Federal.

O Imposto de Renda sobre o lucro líquido tem como base de cálculo o lucro real.

Lucro real, segundo estabelece o artigo 247 do RIR/99, é o lucro líquido do exercício ajustado pelas adições, exclusões ou compensações prescritas ou autorizadas pela Legislação Tributária.

Assim, quando o resultado do exercício apurado pelas empresas corresponder a lucro, para se obter a base de cálculo do Imposto de Renda não basta aplicar a alíquota sobre esse lucro, é preciso ajustá-lo de maneira semelhante ao ajuste efetuado para se obter a base de cálculo da CSLL. Entretanto, o resultado do exercício ajustado nos termos da legislação tributária para fins de cálculo do Imposto de Renda denomina-se lucro real e é apurado extra contabilmente no e-Lalur.

Esses ajustes também correspondem em excluir do lucro apurado pela Contabilidade da empresa aquelas receitas que foram consideradas na apuração do resultado e que, por força da Legislação Tributária, não devam integrar o lucro real, bem como em adicionar ao lucro as despesas que foram consideradas na apuração do resultado e que, por força da Legislação Tributária, não sejam dedutíveis no cálculo do Imposto de Renda. Esse assunto está disciplinado nos artigos 249 e 250 do RIR/99.

Algumas despesas e receitas que devem ser incluídas ou excluídas do resultado para cálculo do lucro real são as mesmas que integram os ajustes para cálculo da contribuição social sobre o lucro, porém, neste caso, os ajustes são mais numerosos, podendo incluir, inclusive, valores que, em virtude de serem dotados de natureza exclusivamente fiscal, não foram objeto de contabilização, não integrando, portanto, o resultado contábil.

Tendo em vista que essas adições, exclusões e compensações – e também a alíquota – podem ser modificadas frequentemente pelo Governo Federal, aconselhamos que na época das provas você consulte o Regulamento do Imposto de Renda para se inteirar dos procedimentos que estiverem em vigor na respectiva data.

Como ocorre com a Contribuição Social, sendo o Imposto de Renda também pago pela empresa sempre no mês seguinte ao da apuração do resultado, no momento do seu cálculo, deverá ser contabilizado mediante débito na conta Resultado do Exercício e crédito na conta Imposto de Renda a Recolher.

A conta Imposto de Renda a Recolher será classificada no Passivo Circulante do Balanço Patrimonial.

Portanto, para se obter o valor do Imposto de Renda, basta aplicar uma alíquota (taxa que também é fixada pelo Governo) sobre o lucro real.

Exemplo prático

Vamos pressupor que o resultado do exercício antes das deduções tenha sido um lucro de $ 50.000.

Vamos pressupor também que na apuração do resultado do exercício constem uma receita não tributável e despesas indedutíveis:

Receita de Participação Societária (MEP) $ 20.000.
Despesas com perdas estimadas (indedutíveis) $ 10.000
Veja, então, o cálculo do lucro real:

Resultado do Exercício (Lucro Contábil)	*50.000*
(+) Despesas Indedutíveis.....................................	*10.000*
(–) Receitas não Tributáveis...................................	*(20.000)*
= Lucro Real..	*40.000*

Vamos pressupor que a alíquota do IR para o período seja de 15%.
Faremos:
40.000 x 15/100 = 6.000

Contabilização:

Resultado do Exercício
a Imposto de Renda a Recolher
    Valor do IR conforme cálculos................................   *6.000*

Regime Tributário de Transição: Legislação Tributária versus Normas Internacionais de Contabilidade

Com o intuito de preservar os interesses do fisco face à adoção das normas internacionais de contabilidade IFRS que entraram em vigor no Brasil a partir de 1º de janeiro de 2008 por meio da Lei n. 11.638/2007, o governo brasileiro criou o Regime Tributário de Transição (RTT).

O RTT, instituído pela Lei n. 11.941/2009, vigorou de 1º de janeiro de 2010 a 31 de dezembro de 2014. Esse regime tributário tratou dos ajustes que deviam ser efetuados no e-Lalur, para fins de apuração das bases de cálculo do Imposto de Renda (lucro real) e da Contribuição Social incidentes sobre o lucro líquido, em decorrência da aplicação dos novos métodos e critérios contábeis introduzidos pela Lei n. 11.638/2007 e pelos arts. 37 e 38 da própria Lei n. 11.941/2009, convergentes com as Normas Internacionais de Contabilidade IFRS.

Conforme previsão contida no § 1º do artigo 15 da mencionada Lei n. 11.941/2009, os critérios contidos no RTT prevaleceriam até a entrada em vigor de Lei que disciplinasse os efeitos tributários dos novos métodos e critérios contábeis, buscando a neutralidade tributária.

Assim, na vigência do RTT, todos os lançamentos de despesas, custos e receitas que influenciaram no resultado do exercício, efetuados na escrituração contábil em decorrência da aplicação das normas internacionais de contabilidade IFRS consubstanciadas nas Normas Brasileiras de Contabilidade do tipo NBC TG, e que estavam em desacordo com a legislação tributária brasileira, foram revertidos no e-Lalur, como adições ou exclusões do lucro contábil, para fins de apuração do lucro real e da base de cálculo da CSLL.

Para o fisco, prevaleceriam os métodos e critérios contábeis vigentes em 31 de dezembro de 2007, até que a legislação tributária fosse modificada.

Em 13 de maio de 2014, por meio da Lei n. 12.973, o governo revogou o RTT ao mesmo tempo em que disciplinou os procedimentos a serem obrigatoriamente adotados por todas as entidades a partir de 1º de janeiro de 2015 (ou a partir de 1º de janeiro de 2014 para as entidades que fizeram essa opção) visando expurgar do resultado as despesas e as receitas derivadas da aplicação das Normas Internacionais que estiverem em desacordo com os interesses do fisco.

Pelo RTT as entidades deviam ajustar os seus resultados no e-Lalur mediante o expurgo de todas as despesas e receitas derivadas da aplicação das Normas Internacionais de Contabilidade IFRS. Com as novas disciplinas introduzidas pela Lei n. 12.973/2014, os expurgos de receitas e despesas no e-Lalur decorrentes da aplicação das normas internacionais de contabilidade continuam. Contudo, agora as entidades somente podem expurgar as despesas e as receitas devidamente especificadas pelo fisco e que tenham sido contabilizadas na escrituração contábil em subcontas distintas a serem informadas no e-Lalur. Além disso, a partir de 2015, as entidades ficaram obrigadas a escriturar o e-Lalur e entregá-lo, anualmente, em meio digital ao Sistema Público de Escrituração Digital (Sped).

Finalmente, é importante destacar que o contabilista deve consultar sempre a legislação tributária para verificar qual o procedimento a ser adotado para fins tributários, em relação às despesas, custos e receitas derivadas da aplicação das Normas Internacionais de Contabilidade IFRS que forem lançadas na escrituração contábil. Ocorre que o fisco adotou grande parte dessas despesas, custos e receitas, exigindo que sejam contabilizadas em subcontas distintas na escrituração comercial, porém, parte delas deve ser expurgada para fins de apuração do lucro real e da base de cálculo da CSLL, pois serão acatadas pelo fisco somente no futuro.

Diante do exposto, e considerando que parte das despesas, custos e receitas reconhecidas pela contabilidade em decorrência da aplicação das Normas Internacionais de Contabilidade IFRS serão reconhecidas pelo fisco somente no futuro, e, como essas despesas, custos e receitas já influenciaram o resultado contábil, seus efeitos gerarão direitos ou obrigações futuras para com o fisco. Nesse caso, conforme estabelece a NBC TG 32, os tributos incidentes sobre essas despesas, custos e receitas, gerarão ativos e passivos fiscais diferidos.

Assim, no e-Lalur devem ser lançadas, além das adições, exclusões e compensações já estudadas no presente capítulo, também os ajustes estabelecidos pela Lei n. 12.973/2014.

Ativos e passivos fiscais diferidos

O reconhecimento de ativos e passivos fiscais diferidos nos Balanços das entidades é exigido pela NBC TG 32, fundamentada no CPC 32, convergente com as Normas Internacionais de Contabilidade IFRS.

Essa norma que estabelece tratamento contábil para os tributos sobre o lucro exige que a entidade contabilize os efeitos fiscais das transações e de outros eventos da mesma maneira que ela contabiliza as próprias transações e os outros eventos.

Ativo fiscal diferido

Conforme consta do item 5 da NBC TG 32, Ativo fiscal diferido é o valor do tributo sobre o lucro recuperável em período futuro relacionado a: compensação futura de prejuízos fiscais não utilizados; compensação futura de créditos fiscais não utilizados; e diferenças temporárias dedutíveis.

Diferença temporária é a diferença entre o valor contábil de Ativo ou Passivo no balanço e sua base fiscal.

Base fiscal de ativo ou passivo é o valor atribuído àquele Ativo ou Passivo para fins fiscais.

As diferenças temporárias podem ser tributáveis (geram Passivos Fiscais Diferidos) ou dedutíveis (geram Ativos Fiscais Diferidos).

Assim, o Ativo Fiscal Diferido derivado das diferenças temporárias dedutíveis, compreende todo direito que a empresa tem com o governo federal, decorrente da parcela dos tributos (CSLL e IR) devidos sobre despesas incluídas pela empresa na apuração do resultado do período atual, cujas despesas somente serão reconhecidas como dedutíveis pelo fisco em exercícios futuros.

Essas despesas que fizeram parte do resultado do exercício atual, reduzindo o lucro, não geram efeitos fiscais no presente exercício, mas futuramente a empresa será beneficiada. Portanto, no presente exercício, como essas despesas são indedutíveis, serão lançadas como adições no e-Lalur para serem tributadas; porém, no exercício em que o fisco as reconhecer como dedutíveis, serão lançadas no e-Lalur como exclusões.

Em outras palavras, no exercício em que a empresa incluir entre suas despesas algumas que o fisco somente as reconhecerá como dedutíveis no futuro, a parcela dos tributos que recuperará no futuro em decorrência do montante dessas despesas, deverá ser contabilizada a débito de conta própria classificável no Ativo Circulante ou Realizável a Longo Prazo, conforme seja o prazo definido pelo fisco para o reconhecimento dessas despesas.

Exemplo prático

Vamos assumir que uma determinada empresa tenha apurado no final do exercício de x1, lucro contábil no montante de $ 5.000.

Vamos assumir também que esse lucro seja tributado pela CSLL a razão de 9% e pelo Imposto de Renda a razão de 15%.

Vamos assumir finalmente que na apuração do resultado a empresa tenha reconhecido uma despesa de $ 2.000, que será reconhecida como dedutível pelo fisco somente em exercícios futuros.

Veja bem: a empresa apresentou lucro contábil de $ 5.000, quando para o fisco esse lucro seria de $ 7.000.

O fisco exigirá a CSLL e o IR sobre $ 7.000. Por esse motivo, a empresa contabilizará um direito correspondente a tributação dos $ 2.000 para recuperar dos tributos devidos quando o fisco assim o permitir.

Veja como esses fatos serão contabilizados em 31.12.x1:

(1) Diversos
a CSLL a Recolher
    Apropriação que se processa, como segue:
    Resultado do Exercício
        9% sobre $ 5.000..   *450*

CSLL Diferida a Recuperar
9% sobre $ 2.000 .... 180 630

_____   _____

(2) Diversos
a Imposto de Renda a Recolher
 Apropriação que se processa, como segue:
 Resultado do Exercício
  15% sobre $ 5.000... 750
 Imposto de Renda Diferido a Recuperar
  15% sobre $ 2.000... 300 1.050

_____   _____

Passivo Fiscal Diferido

Segundo o item 5 da NBC TG 32, Passivo Fiscal Diferido é o valor do tributo sobre o lucro devido em período futuro relacionado às diferenças temporárias tributáveis.

Passivo Fiscal Diferido, portanto, é toda obrigação da empresa para com o governo federal, originada de tributos (CSLL e IR) devidos sobre a parcela do lucro apurado pela inclusão de algumas receitas que integraram o lucro do exercício atual mas que a legislação tributária somente as reconhecerá como tributáveis em exercícios futuros.

Essas receitas que fizeram parte do resultado do exercício atual, aumentando o lucro, não geram efeitos fiscais no presente exercício, más futuramente a empresa será obrigada a recolher os respectivos tributos sobre tais receitas.

Em outras palavras, no exercício em que a empresa incluir entre suas receitas algumas que somente serão tributadas no futuro, a parcela dos tributos (CSLL e IR) incidentes sobre essas receitas que não será recolhida ao governo no mês seguinte, deverá ser diferida, isto é, contabilizada a crédito de contas de obrigações classificáveis no subgrupo Tributos Diferidos a Recolher do Passivo Circulante ou Não Circulante, conforme seja o prazo que decorrerá para serem reconhecidas pelo fisco.

Exemplo prático

Vamos assumir que uma determinada empresa tenha apurado no final do exercício de x2, lucro contábil no montante de $ 11.000.

Vamos assumir também que esse lucro sofra tributação de CSLL pela alíquota de 9% e do IR pela alíquota de 15%.

Considerando que entre o lucro apurado conste uma receita no valor de $ 1.000, cuja tributação somente será efetuada no futuro, veja como ficará a contabilização em 31.12.x2:

Resultado do Exercício
a Diversos
   Apropriação que se processa, como segue:
a CSLL a Recolher
     9% sobre $ 10.000...   900
a CSLL Diferida a Recolher
     9% sobre $ 1.000...   90   990
a Imposto de Renda a Recolher
     15% sobre $ 10.000..   1.500
a Imposto de Renda Diferido a Recolher
     15% sobre $ 1.000...................................... 150   1650   2.640

12.3.6 Participações no Resultado do Exercício

As participações correspondem a parcelas do Resultado do Exercício destinadas aos proprietários de debêntures, a empregados, a administradores, aos proprietários de partes beneficiárias e a instituições ou fundos de assistência ou previdência de empregados.

> **NOTAS:**
> - Debêntures são títulos de crédito emitidos por Sociedades Anônimas, que conferem a seus titulares direitos de créditos junto a elas, nas condições constantes das escrituras de emissão ou dos certificados. Normalmente rendem juros, correção monetária e participação nos lucros. São garantidas pelo Ativo da empresa emissora e asseguram preferência no resgate sobre os demais títulos da empresa. Quando a empresa vende esses títulos, cria para si uma obrigação geralmente a longo prazo, podendo registrar tal obrigação por meio da Conta Debêntures a Pagar.
> - Partes beneficiárias são títulos negociáveis sem valor nominal e estranhos ao capital social que podem ser criados pela Sociedade por Ações em qualquer tempo. Esses títulos podem ser negociados pela empresa ou cedidos gratuitamente a empregados, clientes etc., de acordo com a vontade da empresa. O único direito que o detentor desses títulos tem é a participação nos lucros, que não poderá ser superior a um décimo do lucro apurado.

A empresa poderá distribuir, como prêmio, parte dos lucros a seus empregados e administradores, podendo destinar, também, uma parte para instituições ou fundos de assistência ou previdência de empregados.

A base de cálculo das participações é o Resultado do Exercício após as deduções, diminuído dos prejuízos acumulados e acrescido dos Juros sobre Capital Próprio.

Veja o que dispõe o artigo 190 da Lei n. 6.404/1976:

> "Artigo 190. As participações estatutárias de empregados, administradores e partes beneficiárias serão determinadas, sucessivamente e nessa ordem, com base nos lucros que remanescerem depois de deduzida a participação anteriormente calculada."

Exemplo prático

Suponhamos que o Resultado do Exercício após o Imposto de Renda tenha sido de $ 414.205. Com base nesse resultado, calcular e contabilizar as seguintes participações: Debêntures, 10%; Empregados, 10%; Administradores, 10%; Partes Beneficiárias, 10%; e Contribuições para Fundos de Assistência e Previdência a Empregados, 10%.

Cálculos extracontábeis:

Resultado do exercício após IR	414.205
(–) Prejuízos Acumulados (contábil)	—
(=) Base de cálculo das participações de Debêntures	414.205
(–) Participação de Debêntures (10%)	(41.420)
(=) Base de cálculo das Participações de Empregados	372.785
(–) Participações de Empregados (10%)	(37.278)
(=) Base de cálculo das Participações de Administradores	335.507
(–) Participações de Administradores (10%)	(33.550)
(=) Base de cálculo das Participações de Partes Benef.	301.957
(–) Participações de Partes Beneficiárias (10%)	(30.195)
(=) Base de cálculo das Participações de Fundos	271.762
(–) Participações de Fundos (10%)	(27.176)
(=) Lucro líquido do exercício	244.586

Embora todas as participações correspondam à taxa de 10%, o valor de cada uma delas é diferente, pois a base de cálculo é sempre o resultado remanescente após diminuída a participação anterior, na ordem em que apresentamos.

É importante salientar que o percentual para cálculo de cada participação pode ser diferente entre elas, porém em nenhum caso pode ser superior a 10% do resultado do exercício.

Contabilização:

Resultado do Exercício
a Diversos
    Pelo registro das participações no resultado do exercício, nos termos do artigo 190 da Lei n. 6.404/1976, como segue:
a Participações de Debêntures a Pagar
    10% conf. cálculos... 41.420
a Participações de Empregados a Pagar
    10% conf. cálculos... 37.278
a Participações de Administradores a Pagar
    10% conf. cálculos... 33.550
a Participações de Partes Beneficiárias a Pagar
    10% conf. cálculos... 30.195
a Participações de Fundos a Pagar
    10% conf. cálculos... <u>27.176</u>   169.619

OBSERVAÇÕES:
- A conta Resultado do Exercício, sendo debitada pelos valores das participações, ficou reduzida dos respectivos valores.
- As contas representativas das participações são contas do Passivo Circulante e registram as obrigações correspondentes que a empresa deverá pagar para cada beneficiário.

12.3.7 Lucro Líquido do Exercício

O Resultado do Exercício, depois de deduzidas as participações, quando positivo, denomina-se Lucro Líquido do Exercício e, quando negativo, denomina-se Prejuízo do Exercício.

No Capítulo 6, você aprendeu que, após apurar o Resultado do Exercício, o saldo encontrado na conta Resultado do Exercício (no livro Razão ou no Razonete), deve ser transferido para uma conta do Patrimônio Líquido.

Pois bem, no presente capítulo, você aprendeu que o saldo encontrado na conta Resultado do Exercício, após o confronto entre as Despesas e as Receitas, sendo credor, ainda não deve ser transferido para uma conta do Patrimônio Líquido.

Ocorre que, desse saldo, devem ser deduzidas as parcelas referentes à CSLL e ao IR, além de algumas participações.

Assim, o saldo que remanescer na conta Resultado do Exercício depois de deduzidas as parcelas da CSLL, do IR e das participações, denominado de "Lucro Líquido do Exercício" será transferido para uma conta do Patrimônio Líquido.

Veja o que dispõem o artigo 191 da Lei n. 6.404/1976:

"Artigo 191. Lucro Líquido do exercício é o resultado do exercício que remanescer depois de deduzidas as participações de que trata o artigo 190."

Então, nesse momento, para se conhecer o Lucro Líquido do Exercício ou o Prejuízo do Exercício, basta apurar o saldo da conta Resultado do Exercício depois de deduzidas as participações.

Pois bem, agora, chegamos no mesmo momento de transferir o saldo da conta Resultado do Exercício para uma conta do Patrimônio Líquido, conforme fizemos no Capítulo 6.

Podemos então transferir para a conta Lucros Acumulados (quando o saldo for credor) ou para a conta Prejuízos Acumulados (quando o saldo for devedor).

Esse procedimento está correto e você já aprendeu.

Contudo, a empresa poderá optar em transferir o saldo da conta Resultado do Exercício, seja devedor ou credor, para a conta "Lucros ou Prejuízos Acumulados" em lugar de transferir para aquelas duas que você já conhece.

Essa conta, que também é do Patrimônio Líquido, funciona como conta bilateral, servindo ao mesmo tempo para o registro do lucro e do prejuízo.

No Elenco de contas da Seção 1.8 do Apêndice, essa conta figura como conta sintética, tendo como subcontas as contas Lucros Acumulados e Prejuízos Acumulados.

Quando a conta Lucros ou Prejuízos Acumulados representar prejuízo, no Balanço ela será apresentada com sinal negativo à esquerda e seu valor entre parênteses.

NOTA:
- Você, que está se preparando para prestar concursos, deve ficar atento em relação ao uso da conta sintética "Lucros ou Prejuízos Acumulados", ou das contas analíticas. Saiba que ambos os procedimentos estão corretos.

Veja, agora, os procedimentos quando se adota a conta sintética Lucros ou Prejuízos Acumulados.

Adotando-se a conta sintética, deve-se, então, abandonar as contas analíticas, veja:

a. Prejuízo

Se o Resultado do Exercício corresponder a prejuízo, bastará debitar a conta Lucros ou Prejuízos Acumulados e creditar a conta Resultado do Exercício.

Com esse procedimento, a conta Resultado do Exercício ficará com saldo igual a zero e o prejuízo apurado ficará devidamente registrado na conta própria do grupo do Patrimônio Líquido. Essa conta figurará no Balanço com sinal negativo, como conta redutora do grupo do Patrimônio Líquido. É evidente que esse prejuízo poderá ser assumido pelos sócios, compensado com saldo de reservas etc. Entretanto, como regra geral, o prejuízo inicialmente será transferido para a conta citada.

b. Lucro

Se o Resultado do Exercício corresponder a lucro, e a empresa for uma sociedade por ações, este deverá ser totalmente destinado a cobrir prejuízos apurados em exercícios anteriores, à constituição de reservas e à distribuição aos acionistas em forma de dividendos. Entretanto, se a entidade for constituída sob outra forma jurídica que não a de sociedade por ações, além dessas destinações, havendo interesse, parte do lucro poderá ficar retido na própria conta, para futuras destinações.

Contabilmente, antes de dar ao lucro líquido do exercício a sua destinação, deve-se transferir o saldo credor da conta Resultado do Exercício para a conta Lucros ou Prejuízos Acumulados.

Não se esqueça: a conta Lucros ou Prejuízos Acumulados é utilizada para receber a crédito ou a débito o lucro ou o prejuízo do exercício e dar a esse lucro ou prejuízo a sua destinação.

Essa conta servirá também como contrapartida das reversões de reservas de lucros, bem como dos ajustes de exercícios anteriores e nas sociedades por ações, no último dia do exercício, somente figurará no Balanço se o seu saldo for negativo.

Vamos supor que a conta Resultado do Exercício tenha apresentado saldo credor de $ 70.000, correspondendo ao lucro líquido do exercício.

Faremos:

Resultado do Exercício
a Lucros ou Prejuízos Acumulados
  Lucro líquido apurado.................................... 70.000

NOTAS:
- É importante salientar, conforme orientação derivada do Conselho Federal de Contabilidade, que as entidades constituídas sob qualquer forma jurídica, desde que não seja a de sociedade por ações, poderão manter saldo credor na conta Lucros Acumulados para futuras destinações e apresentá-la no Patrimônio Líquido de seus Balanços no final do exercício social. (Itens 46 a 50 do Comunicado Técnico CTG n. 2000, aprovado pela Resolução CFC n. 1.159/2009.)

12.3.8 Destinações do resultado do exercício

São duas as destinações do Resultado do Exercício: **Reservas** e **Dividendos**.

É importante salientar que, havendo prejuízos acumulados no Patrimônio Líquido apurados em exercícios anteriores, esses prejuízos deverão ser compensados pelo lucro líquido antes de se calcular e contabilizar as destinações para reservas e dividendos.

Reservas

Você estudou, no Capítulo 11, que existem dois tipos de reservas: de lucros e de capital. As reservas que correspondem às destinações do resultado do exercício são as reservas de lucros.

Para fins de concurso, você deve constituir somente as reservas cujos limites e bases para cálculos estejam devidamente informados na questão. Depois de calculadas as reservas, a contabilização será feita debitando-se a conta Lucros ou Prejuízos Acumulados e creditando-se as contas representativas das respectivas reservas.

Nesse momento da apuração do Resultado do Exercício devem ser efetuadas as reversões de reservas (se houver), debitando-se as contas representativas das respectivas reservas em reversão e creditando-se a conta Lucros ou Prejuízos Acumulados.

Dividendos

Correspondem à parte do lucro líquido do exercício que é distribuída aos acionistas.

As Sociedades por Ações são obrigadas a distribuir anualmente dividendos aos seus acionistas, conforme determina o artigo 202 da Lei n. 6.404/1976.

> **LEITURA OBRIGATÓRIA:**
> - Artigo 202 da Lei n. 6.404/1976.

Os critérios para distribuição dos dividendos devem constar do estatuto da companhia, conforme determina a lei. Assim, a porcentagem e a base sobre a qual serão calculados os dividendos poderão ser diferentes em cada empresa. Quando, porém, nos estatutos não constarem critérios para distribuição, os acionistas terão direito de receber 50% do lucro líquido, conforme consta do artigo 202.

Nos casos das demais sociedades, a porcentagem do lucro líquido que deverá ser distribuída aos sócios, se não constar do contrato social, será decidida pelos próprios sócios.

Exemplo prático

Suponhamos que nos estatutos de uma determinada companhia conste que o lucro líquido apurado em cada exercício social tenha a seguinte destinação: 5% para reserva legal; 10% para reserva para investimentos e o restante para os acionistas.

Considerando que em 31/12/x9 o lucro líquido do exercício tenha sido de $ 70.000, veja como ficarão os cálculos e a contabilização:

Cálculos:

Lucro líquido do exercício...	70.000
(–) 5% para reserva legal..	(3.500)
(=) Base de cálculo da reserva para investimentos	66.500
(–) 10% para reserva para investimentos	(6.650)
(=) Saldo para dividendos...	59.850

Contabilização das destinações do lucro líquido:

Lucros ou Prejuízos Acumulados
a Diversos
    Pela destinação do lucro líquido etc., como segue:
a Reserva Legal
    Conforme disposição legal etc. 3.500
a Reserva para Investimentos
    Conforme disposição estatutária etc. 6.650
a Dividendos a Pagar
    Conforme disposição estatutária etc. .... <u>59.850</u>   70.000

Após este lançamento que encerra os procedimentos contábeis relativos à escrituração da apuração e destinação do resultado, todas as contas de resultado ficaram com saldo igual a zero, estando devidamente encerradas no livro Razão da empresa, permanecendo abertas e com saldos apenas as contas patrimoniais.

12.3.9 Segundo Balancete de Verificação

Após devidamente contabilizadas as destinações do resultado do exercício, estarão encerrados todos os procedimentos necessários à apuração do resutado do exercício, restando agora a elaboração das Demonstrações Financeiras.

Para facilitar a elaboração do Balanço Patrimonial, costuma-se elaborar o segundo Balancete de Verificação do Razão. Como as contas de resultado ficaram zeradas, esse Balancete será composto apenas por contas patrimoniais.

12.4 Exemplo prático

Relação das contas extraídas do livro Razão da empresa comercial Fagundes e Filhos S/A, em 31 de dezembro de x1:

1 –	Caixa	95.000
2 –	Clientes	150.000
3 –	Estoque de Mercadorias	50.000
4 –	Estoque de Materiais de Consumo	10.000
5 –	Computadores	30.000
6 –	Depreciação Acumulada de Computadores	12.000
7 –	Móveis e Utensílios	20.000
8 –	Depreciação Acumulada de Móveis e Utensílios	10.000
9 –	Fornecedores	100.000
10 –	ICMS a Recolher	60.000
11 –	Contas a Pagar	21.500
12 –	Capital	170.000
13 –	Reserva Legal	10.000
14 –	Reserva para Investimentos	40.000
15 –	Compras de Mercadorias	420.000
16 –	Compras Anuladas	20.000
17 –	Vendas de Mercadorias	505.000
18 –	Vendas Anuladas	5.000
19 –	ICMS sobre Vendas	90.000
20 –	PIS sobre Faturamento	10.000
21 –	COFINS sobre Faturamento	30.000
22 –	Salários e Encargos	30.000
23 –	Aluguéis Passivos	16.500
24 –	Juros Passivos	5.000
25 –	Juros Ativos	9.000
26 –	Ganhos em Transações do Ativo Imobilizado	4.000
	TOTAL	1.923.000

Roteiro e instruções para apuração e destinação do resultado:

1. Elaborar o primeiro Balancete de Verificação.
2. Apurar o resultado operacional bruto.

   Apurar, extracontabilmente, o Resultado da Conta Mercadorias considerando:

   a. A empresa adota o Sistema de Inventário Periódico;

b. Estoque final conforme inventário: $ 200.000.
3. Apurar o resultado operacional.
   3.1 Depreciar:
      a. Computadores, pela taxa de 20% a.a.;
      b. Móveis e Utensílios, pela taxa de 10% a.a.
   3.2 Calcular e contabilizar perdas estimadas em créditos de liquidação duvidosa, à razão de 4% sobre o saldo de Clientes.
   3.3 O inventário físico dos materiais de consumo importou em $ 3.000. Ajustar o saldo da conta respectiva.
   3.4 Aluguel de dezembro a ser pago em janeiro de x2 no valor de $ 1.500. Apropriar.
   3.5 Salários e encargos do pessoal de dezembro a ser pago em janeiro de x2, no montante de $ 10.000. Apropriar.
4. Apurar o resultado líquido do exercício antes das deduções. Calcular e contabilizar os juros sobre o capital próprio, considerando:
   a. TJLP = 7%;
   b. IRRF = 15%.

OBSERVAÇÃO:
- A empresa tem por praxe imputar os JCP aos dividendos obrigatórios.

5. Calcular e contabilizar as deduções do resultado do exercício.
   a. Contribuição Social pela alíquota de 10%;
   b. Imposto de Renda pela alíquota de 15%.

OBSERVAÇÃO:
- Considerar que não há ajustes para apuração das bases de cálculos desses tributos.

6. Calcular e contabilizar as participações no resultado do exercício. Empregados, administradores e Fundo de Assistência e Previdência de Empregados, à razão de 10% para cada participação.
7. Apurar o resultado líquido do exercício, transferindo-o para a conta Lucros ou Prejuízos Acumulados.
8. Calcular e contabilizar as destinações do lucro líquido do exercício.
   a. 5% para reserva legal;
   b. 20% para reserva para investimentos;
   c. Distribuir aos acionistas o saldo do lucro líquido após deduzidas as reservas acima.
9. Elaborar o segundo Balancete de Verificação.

Solução:

Para solucionar práticas dessa natureza, aconselhamos que você comece elaborando os Razonetes. Transcreva os saldos das contas apresentadas na relação inicial nos Razonentes e depois transcreva, também, todos lançamentos que efetuar em partidas de Diário.

1.

Companhia: Fagundes e Filhos S/A
BALANCETE DE VERIFICAÇÃO (primeiro)
Levantado em 31 de dezembro de x1

N.	CONTAS	SALDO DEVEDOR	SALDO CREDOR
1	Caixa	95.000	–
2	Clientes	150.000	–
3	Estoque de Mercadorias	50.000	–
4	Estoque de Materiais de Consumo	10.000	–
5	Computadores	30.000	–
6	Móveis e Utensílios	20.000	–
7	Depreciação Acumulada de Computadores	–	12.000
8	Depreciação Acumulada de Móveis e Utensílios	–	10.000
9	Fornecedores	–	100.000
10	Tributos a Recolher	–	60.000
11	Contas a Pagar	–	21.500
12	Capital	–	170.000
13	Reserva Legal	–	10.000
14	Reserva para Investimentos	–	40.000
15	Compras de Mercadorias	420.000	–
16	Compras Anuladas	–	20.000
17	Vendas de Mercadorias	–	505.000
18	Vendas Anuladas	5.000	–
19	ICMS sobre Vendas	90.000	–
20	PIS sobre Faturamento	10.000	–
21	COFINS sobre Faturamento	30.000	–
22	Salários e Encargos	30.000	–
23	Aluguéis Passivos	16.500	–
24	Juros Passivos	5.000	–
25	Juros Ativos	–	9.000
26	Ganhos em Transações do Imobilizado	–	4.000
	TOTAIS	961.500	961.500

2. Cálculos extracontábeis

CMV: 50.000 + (420.000 − 20.000) − 200.000 = 250.000

RCM: (505.000 − 5.000 − 90.000 − 10.000 − 30.000) − 250 = 120.000

Partidas de Diário:

(Para sua conferência, somente contas e valores)

(1) CMV
   a Diversos
      a Estoque de Mercadorias 50.000
      a Compras de Mercadorias .... <u>420.000</u>
      470.000

(2) Diversos
   a CMV
      Compras Anuladas 20.000
      Estoque de Mercadorias .... <u>200.000</u>
      220.000

(3) Vendas de Mercadorias
   a RCM 505.000

(4) RCM
   a Diversos
      a Vendas Anuladas 5.000
      a ICMS sobre Vendas 90.000
      a PIS s/ Faturamento 10.000
      a COFINS s/ Faturamento 30.000
      a CMV .... <u>250.000</u>
      385.000

(5) RCM
   a Lucro sobre Vendas 120.000

3. 3.1 (6) Depreciação
     a Diversos
        a Depreciação Acumulada de Computadores 6.000
        a Depreciação Acumulada de MUT .... <u>2.000</u>
        8.000

3.2 *(7) Despesas com Perdas Estimadas em Créd. Liq. Duv.*
      a Perdas Estimadas em Créditos de Liq. Duv..........   *6.000*

3.3 *(8) Materiais de Consumo*
      a Estoque de Materiais de Consumo *7.000*

3.4 *(9) Aluguéis Passivos*
      a Aluguéis a Pagar...   *1.500*

3.5 *(10) Salários e Encargos*
      a Salários e Encargos a Pagar *10.000*

4. Cálculos dos JCP
JCP: 7% de $ 220.000 = 15.400
IRRF: 15% de 15.400 = 2.310

  (11) Diversos
    a Diversos
    Lucros Acumulados
    Valor líquido do IR..   *13.090*
    Juros sobre o Capital Próprio (Despesa Financeira)
    IR retido pela alíquota de 15% *2.310*   *15.400*
    a Juros sobre o Capital Próprio a Pagar
    Líquido creditado. *13.090*
    a IRR Fonte a Recolher
    IR retido conf. cálculos.......................................   *2.310*   *15.400*

Contabilização da apuração do resultado
(12) Resultado do Exercício
    a Diversos
    a Salários e Encargos *40.000*
    a Aluguéis Passivos...   *18.000*
    a Juros Passivos *5.000*
    a Depreciação...   *8.000*
    a Despesas com Perdas Estimadas em Créd. Liq. Duv..   *6.000*
    a Materiais de Consumo.....................................   *7.000*
    a Juros sobre o Capital Próprio............................   *2.310*   *86.310*

(13) Diversos
   a Resultado do Exercício
      a Lucro sobre Vendas 120.000
      a Juros Ativos 9.000
      a Ganhos em Transações do Imobilizado .... <u>4.000</u>   133.000

5. Cálculos

   Apuração do resultado antes das deduções:
   - Crédito da conta Resultado do Exercício   133.000
   - (–) Débito da conta Resultado do Exercício   (86.310)
   - (=) Resultado antes das deduções   46.690
   - (–) JCP líquido dos tributos   (13.090)
   - (=) resultado ajustado (base de cálculo dos tributos)   33.600

   Observar que os JCP imputados aos dividendos, por força da ICPC 8, são considerados como distribuição de lucros, não transitando pelo resultado, contudo, são dedutíveis para fins de cálculo da CSLL e do IR.

   Lembrar, também que a parcela do IR de 15% incidente sobre os JCP, já foram deduzidos do resultado juntamente com as Despesas Financeiras.

   Lembramos que, para fins de concurso é sempre importante consultar a legislação tributária que estiver em vigor na data do concurso.

   Teremos:
      10% de $ 33.600 = $ 3.360
      15% de $ 33.600 = $ 5.040

(14) Resultado do Exercício
   a Diversos
      a CSLL a Recolher 3.360
      a Imposto de Renda a Recolher .... <u>5.040</u>   8.400

6. Cálculos
   - Resultado antes das deduções   46.690
   - (–) CSLL   (3.360)
   - (–) Imposto de Renda   (5.040)
   - (=) Base de cálculo das participações de empregados   38.290
   - (–) Participações de Empregados (10%)   (3.829)
   - (=) Base de cálculo das part. adm.   34.461
   - (–) Participações de Administradores (10%)   (3.446)

- (=) Base de cálculo part. Fundos   31.015
- (–) Participações de Inst. ou Fundos de Assist. (10%)   (3.101)
- (=) Lucro Líquido do Exercício   27.914

(15) Resultado do Exercício
   a Diversos
   a Participações de Empregados a Pagar......................   *3.829*
   a Participações de Administradores a Pagar................   *3.446*
   a Participações de Inst. ou Fundos a Pagar................   *3.101*   *10.376*

7.

RESULTADO DO EXERCÍCIO				
(14)	8.400	Saldo		46.690
(15)	10.376	Saldo		38.290
		Saldo		27.914

O lucro líquido do exercício, nos termos do artigo 191 da Lei n. 6.404/1976, é o resultado do exercício que remanescer depois de deduzidas as participações.

Encontramos, então: $ 27.914.

Esse lucro será transferido para a conta Lucros ou Prejuízos.

Acumulados, veja:

(16) Resultado do Exercício
    a Lucros ou Prejuízos Acumulados
      Lucro líquido apurado etc.................................   *27.914*

8. Cálculos

A base de cálculo para as destinações do resultado é o lucro líquido do exercício, que no exemplo em questão correspondeu a $ 27.914.

Faremos:
- Lucro Líquido do Exercício   27.914
- (–) Reserva Legal (5%)   (1.395)
- (=) base de cálculo para Reservas para Invest.   26.519
- (–) Reserva para Investimentos (20%)   (5.303)=
- (=) Saldo a distribuir   21.216
- (–) JCP creditados no período   (13.090)
- (=) Saldo de dividendos a distribuir   8.126

(17) Lucros ou Prejuízos Acumulados

a Diversos

a Reserva Legal .... 1395+

a Reserva para Investimentos .... 5303+

a Dividendos a Pagar .... <u>8126</u>   14.824

9.

Companhia: Fagundes e Filhos S/A
BALANCETE DE VERIFICAÇÃO (segundo)
Levantado em 31 de dezembro de x1

N.	CONTAS	DÉBITO	CRÉDITO
1	Caixa	95.000	—
2	Clientes	150.000	—
3	Perdas Estimadas em Créd. Liq. Duv.	—	6.000
4	Estoque de Mercadorias	200.000	—
5	Estoque de Materiais de Consumo	3.000	—
6	Computadores	30.000	—
7	Depreciação Acumulada de Computadores	—	18.000
8	Móveis e Utensílios	20.000	—
9	Depreciação Acumulada de Móveis e Utensílios	—	12.000
10	Fornecedores	—	100.000
11	ICMS a Recolher	—	60.000
12	IRR Fonte a Recolher	—	2.310
13	CSLL a Recolher	—	3.360
14	IR a Recolher	—	5.040
15	Salários e Encargos a Pagar	—	10.000
16	Aluguéis a Pagar	—	1.500
17	Contas a Pagar	—	21.500
18	Juros sobre o Capital Próprio a Pagar	—	13.090
19	Dividendos a Pagar	—	8.126
20	Participações de Empregados a Pagar	—	3.829
21	Participações de Administradores a Pagar	—	3.446
22	Participações de Inst. ou Fundos a Pagar	—	3.101
23	Capital	—	170.000
24	Reserva Legal	—	11.395
25	Reserva para Investimentos	—	45.303
	TOTAIS	498.000	498.000

Atividade Prática

Relação das contas extraídas do livro Razão da empresa comercial Fagundes e Filhos S/A, em 31 de dezembro de x2:

Caixa	36.000
Aplicações Financeiras de Liquidez Imediata	300.000
Clientes	600.000
Perdas Estimadas em Créditos de Liquidação Duvidosa	1.000
Estoque de Mercadorias	200.000
Estoque de Materiais de Consumo	20.000
Prêmios de Seguro a Vencer	6.000
Computadores	30.000
Depreciação Acumulada de Computadores	18.000
Móveis e Utensílios	20.000
Depreciação Acumulada de Móveis e Utensílios	12.000
Veículos	60.000
Fornecedores	200.000
Financiamentos a Pagar (CP)	12.000
Financiamentos a Pagar (LP)	48.000
Tributos a Recolher	101.898
Salários e Encargos a Pagar	40.000
Contas a Pagar	10.000
Capital	200.000
Reserva Legal	11.479
Reserva para Investimentos	45.623
Compras de Mercadorias	500.000
Vendas de Mercadorias	1.500.000
ICMS sobre Vendas	255.000
PIS s/ Faturamento de Mercadorias	20.000
COFINS s/ Faturamento de Mercadorias	50.000
PIS s/ Receitas Financeiras	2.000
COFINS s/ Receitas Financeiras	7.000
Receitas Financeiras	100.000
Salários e Encargos	135.000
Aluguéis Passivos	16.500
Multas de Trânsito	2.500
Combustíveis	10.000
Serviços de Terceiros	30.000
TOTAL	**4.600.000**

Roteiro e instruções para apuração e destinação do resultado:

1. Elaborar o primeiro Balancete de Verificação.
2. Apurar o resultado operacional bruto. Apurar o Resultado da Conta Mercadorias Extracontábil considerando que o estoque final conforme inventário importou em $ 300.000.
3. Apurar o resultado operacional.
    3.1 Depreciar:
    a) Computadores, pela taxa de 20% a.a.;
    b) Móveis e Utensílios, pela taxa de 10% a.a.;
    c) Veículos, pela taxa de 20% a.a., considerando que foram adquiridos no dia 4 de abril e colocados em uso a partir do dia 30 de abril de x2.
    3.2 Calcular e contabilizar perdas estimadas em créditos de liquidação duvidosa, à razão de 4% sobre o saldo de Clientes, considerando que há saldo remanescente.

Adotar o método da complementação.

3.3 O inventário físico dos materiais de consumo importou em $ 5.000.

3.4 Aluguel de dezembro a ser pago em janeiro de x3 no valor de $ 1.500. Apropriar.

3.5 O prêmio de seguro foi pago em 1º/07/x2, com cobertura para um ano.

3.6 Considerar que vários lotes de uma mesma mercadoria, com custo de aquisição de $ 100.000, tiveram como valor de mercado, em 31/12/x2, $ 70.000. Contabilizar o ajuste necessário.

4. Apurar o resultado líquido do exercício antes das deduções:

Calcular e contabilizar os juros sobre o Capital Próprio, considerando:
a) TJLP = 10%;
b) IRRF = 15%.

5. Calcular e contabilizar as deduções do resultado do exercício.
a) Contribuição Social pela alíquota de 10%;
b) Imposto de Renda pela alíquota de 15%.
- Perdas Estimadas em Créditos de Liquidação Duvidosa: $ 23.000.
- Despesas com Perdas Estimadas por Redução ao Valor Realizável Líquido $ 30.000
- Multas de Trânsito: $ 2.500.

6. Calcular e contabilizar as participações no resultado do exercício.

Empregados e Administradores, à razão de 10%.

7. Apurar o resultado líquido do exercício: se for lucro, transferir para a conta Lucros Acumulados; se prejuízo, para a conta Prejuízos Acumulados.

8. Calcular e contabilizar as destinações do lucro líquido do exercício.
a) 5% para reserva legal;
b) 10% para reserva para investimentos;
c) Distribuir aos acionistas o saldo do lucro líquido após deduzidas as reservas supra.

9. Elaborar o segundo Balancete de Verificação.

OBSERVAÇÃO:
- Para cálculo do lucro real, considerar como indedutíveis as seguintes despesas integrantes do resultado do exercício:

Testes de Concursos

1. (AFTN mar/1994)

Dados constantes dos registros contábeis da Comercial Ômega Ltda., relativos ao exercício social em 31/12/x3.

Mercadorias para Revenda $

- Estoque Inicial: 190
- Compras: 300
- Despesas com Compras (Fretes, Seguros etc.): 280
- Estoque Final: 230
- Receita Líquida: 1500

Outras Receitas Operacionais
- Financeira: 90
- Aluguéis de Imóveis: 10

Determine, considerando apenas os itens necessários a sua composição, o valor do lucro bruto em 31/12/x3 e marque a opção que o indica.

a) $ 1.240.
b) $ 1.060.
c) $ 1.050.
d) $ 970.
e) $ 960.

2. (AFTN set/1994)

No primeiro ano de funcionamento da empresa Alfa ocorreram os seguintes fatos:

Vendas Totais $ 60
Compras $ 46
Devoluções de Compras $ 5
Custo das Mercadorias Vendidas $ 24

Sabe-se que:
- das vendas totais foram devolvidas mercadorias que haviam sido vendidas por $ 10;
- o saldo inicial da conta de Mercadorias para Revenda era nulo;
- incidiram impostos de 20% sobre as compras e sobre as vendas;
- as despesas comerciais, financeiras, administrativas e gerais somaram $ 12;
- venda de bens do Ativo Imobilizado produziu um lucro de $ 2.

Considerando as informações acima, indique a opção que contém o valor do saldo final da conta Mercadorias para revenda e do Resultado do Exercício antes da Contribuição Social sobre o lucro e do Imposto de Renda, respectivamente.

a) $ 8,80 e $ 6.
b) $17 e $ 6.
c) $ 12,80 e $ 10.
d) $ 36,80 e $ 2,80.
e) $ 21 e $ 26.

CAPÍTULO 13

DEMONSTRAÇÕES CONTÁBEIS (FINANCEIRAS)

13.1 Introdução

As Demonstrações Contábeis, denominadas pela Lei n. 6.404/1976 por Demonstrações Financeiras, são relatórios elaborados com base na escrituração mercantil mantida pela entidade.

Conforme consta do item 9 da NBCTG 26, aprovada pela Resolução CFC n. 1.185/2009, as Demonstrações Contábeis são uma representação estruturada da posição patrimonial e financeira e do desempenho da entidade.

O objetivo das Demonstrações Contábeis é proporcionar informação acerca da posição patrimonial e financeira, do desempenho e dos fluxos de caixa da entidade que seja útil a um grande número de usuários em suas avaliações e tomada de decisões econômicas.

As Demonstrações Contábeis também objetivam apresentar os resultados da atuação da administração na gestão da entidade e sua capacitação na prestação de contas quanto aos recursos que lhe foram confiados.

A Lei n. 6.404/1976 disciplina esse assunto em seus artigos 176 a 188.

No artigo 176, a mencionada lei determina que, ao fim de cada exercício social, a diretoria elabore, com base na escrituração mercantil da companhia, as seguintes Demonstrações Financeiras, que deverão exprimir com clareza a situação do patrimônio da companhia e as mutações ocorridas no exercício:

- Balanço Patrimonial (BP);
- Demonstração dos Lucros ou Prejuízos Acumulados (DLPA);
- Demonstração do Resultado do Exercício (DRE);
- Demonstração dos Fluxos de Caixa (DFC); e
- Demonstração do Valor Adicionado (DVA).

No § 2º do artigo 186, essa mesma lei dispensa as companhias da obrigatoriedade de elaborar a Demonstração dos Lucros ou Prejuízos Acumulados, desde que elaborem a Demonstração das Mutações do Patrimônio Líquido.

É importante salientar que a Demonstração do Valor Adicionado só é obrigatória para as sociedades anônimas de capital aberto e que a companhia fechada com Patrimônio Líquido, na data do Balanço, inferior a $ 2.000.000,00 (dois milhões de Reais), está dispensada da elaboração da demonstração dos fluxos de caixa.

A Lei n. 6.404/1976, nos §§ 1º a 4º do artigo 176, estabelece também que:

a. as demonstrações de cada exercício serão publicadas com a indicação dos valores correspondentes das demonstrações do exercício anterior;

b. nas demonstrações, as contas semelhantes poderão ser agrupadas; os pequenos saldos poderão ser agregados, desde que indicada a sua natureza e não ultrapassem 0,1 (um décimo) do valor do respectivo grupo de contas; mas é vedada a utilização de designações genéricas, como "diversas contas" ou "contas correntes";

c. as Demonstrações Financeiras registrarão a destinação dos lucros segundo a proposta dos órgãos da administração, no pressuposto de sua aprovação pela Assembleia Geral; e

d. as demonstrações serão complementadas por notas explicativas e outros quadros analíticos ou Demonstrações Contábeis, necessários para esclarecimento da situação patrimonial e dos resultados do exercício.

A Lei n. 6.404/1976 exige que as Demonstrações Financeiras das companhias abertas sejam auditadas por auditores independentes registrados na Comissão de Valores Mobiliários (CVM) e que observem, ainda, as normas expedidas por essa comissão, as quais serão elaboradas em consonância com os padrões internacionais de contabilidade adotados nos principais mercados de valores mobiliários.

As Demonstrações Contábeis, que serão elaboradas com observância das Normas Brasileiras de Contabilidade do tipo NBC TG, aprovadas pelo Conselho Federal de Contabilidade, deverão especificar sua natureza, a data e/ou o período e a empresa a que se referem.

As Demonstrações Financeiras deverão ser transcritas no livro Diário ou em livro próprio reservado para esse fim.

A Lei n. 6.404 em seu art. 289, determina, ainda que:

- As Sociedades Anônimas de Capital Aberto (aquelas que têm autorização para negociar suas ações no mercado de capitais) são obrigadas a publicar suas demonstrações financeiras, anualmente, nos sítios eletrônicos da Comissão de Valores

Mobiliários e da entidade administradora do mercado em que os valores mobiliários da companhia estiverem admitidas à negociação;
- As publicações ordenadas pela Lei n. 6.404/1976, contarão com a certificação digital da autenticidade dos documentos mantidos em sítio eletrônico por meio de autoridade certificadora credenciada pela Infraestrutura de Chaves Públicas Brasileira (ICP-Brasil);
- As sociedades anônimas de capital aberto, disponibilizarão, também, as publicações ordenadas pela Lei n. 6.404/1976, em seu sítio eletrônico; e
- As publicações das demonstrações financeiras nos sítios eletrônicos da Comissão de Valores Mobiliários e da entidade administradora do mercado em que os valores mobiliários da companhia estiverem admitidas à negociação, são gratuitas.

13.2 Balanço Patrimonial

NOTA:
- Neste item vamos utilizar vários conceitos envolvendo os componentes do Balanço Patrimonial, estudados superficialmente em capítulos anteriores, para que você possa consolidar melhor esses conhecimentos.

13.2.1 Conceito

Balanço Patrimonial é a Demonstração Financeira (contábil) destinada a evidenciar, quantitativa e qualitativamente, numa determinada data, a posição patrimonial e financeira da empresa.

O Balanço Patrimonial deve compreender todos os Bens e Direitos (Ativo), as obrigações (Passivo) e o Patrimônio Líquido da entidade em uma determinada data.

13.2.2 Estrutura do Balanço Patrimonial

O Balanço Patrimonial deve ser estruturado observando-se a disciplina contida nos artigos 178 a 184 da Lei n, 6.404/1976.

O *caput* do artigo 178 da Lei n. 6.404/1976 estabelece que, no Balanço, as contas serão classificadas segundo os elementos do patrimônio que registrem, e agrupadas de modo a facilitar o conhecimento e a análise da situação financeira da companhia.

O Balanço Patrimonial é composto por duas partes: **Ativo** e **Passivo**.

Tradicionalmente, o Balanço Patrimonial é apresentado em um gráfico em forma de T.

Como o T tem dois lados, ficou convencionado que o lado esquerdo é o lado do Ativo e que o lado direito é o lado do Passivo.

Portanto, ao olhar para um Balanço Patrimonial representado no gráfico em forma de T, o lado direito (lado do Passivo, composto por obrigações e Patrimônio Líquido) revela a origem dos recursos (capitais) totais que a empresa tem à sua disposição e que estão aplicados no patrimônio. As obrigações (Passivo Exigível) representam os recursos derivados de terceiros (capitais de terceiros), enquanto o Patrimônio Líquido (Passivo Não Exigível) mostra a origem dos recursos derivados dos proprietários (capitais próprios).

O Ativo revela a aplicação desses recursos (capitais) totais, isto é, mostra onde a empresa investiu todo o capital (próprio e de terceiros) que tem à sua disposição.

Ativo

No Ativo, as contas representativas dos bens e dos direitos serão dispostas em ordem decrescente de grau de liquidez dos elementos nelas registrados, em dois grandes grupos: Ativo Circulante e Ativo Não Circulante.

Grau de liquidez é o maior ou menor prazo no qual bens e direitos podem ser transformados em dinheiro.

- **Ativo Circulante**

    O Ativo Circulante é composto pelos bens e pelos direitos que estão em frequente circulação no Patrimônio. É o capital de giro da empresa.

    Basicamente, são valores já realizados (transformados em dinheiro) ou cuja realização em dinheiro deva ocorrer até o término do exercício social subsequente.

    São, portanto, valores numerários (Caixa e Equivalentes de Caixa, isto é, dinheiro em caixa e em bancos, seja na conta corrente ou em aplicações de liquidez imediata), Bens destinados à venda ou a consumo próprio, despesas pagas antecipadamente com vencimentos fixados em até 12 meses da data do Balanço em que as contas estão sendo classificadas, bem como direitos cujos vencimentos também ocorram dentro deste período.

    Convém ressaltar que entre os valores realizáveis do Ativo Circulante, alguns não serão convertidos diretamente em dinheiro, como ocorre com os tributos que a empresa recolhe antecipadamente e cuja realização se dá pela compensação com obrigações fiscais que a empresa tem para pagar aos Governos Municipal, Estadual e Federal; com os materiais cuja realização se dá pelo consumo que caracteriza a ocorrência de despesas, bem como com as despesas, pagas antecipadamente, cuja realização também se dá pela caracterização das respectivas despesas, conforme forem transcorrendo os prazos de competência.

A Lei n. 6.404/1976 estabelece que no Ativo Circulante devem constar as Disponibilidades, os Direitos Realizáveis no curso do exercício social seguinte e as aplicações de recursos em Despesas do exercício seguinte.

Na vida prática, o grupo dos Direitos Realizáveis, no curso do exercício social seguinte, normalmente é subdividido em: Créditos com Clientes, Outros Créditos, Tributos a Recuperar, Investimentos Temporários a Curto Prazo e Estoques.

Os bens e os direitos que representam os recursos aplicados nas disponibilidades são as importâncias em dinheiro que estão no caixa ou que estão depositadas em nome da empresa, em estabelecimentos bancários, seja em contas correntes, seja em contas de aplicações que possam ser convertidas em dinheiro a qualquer momento. As contas classificadas neste subgrupo são as que possuem o maior grau de liquidez entre as demais contas do Ativo.

Créditos com Clientes compreendem os direitos a receber de terceiros, decorrentes de vendas de mercadorias ou de prestação de serviços realizados a prazo. Incluem-se, também, neste subgrupo os direitos a receber das administradoras de cartões de crédito, que correspondem aos valores também decorrentes das vendas de mercadorias ou da prestação de serviços efetuados à vista ou a prazo, nos casos em que os clientes pagam suas compras por meio de cartões de crédito.

Outros créditos compreendem os demais direitos que a empresa tem para receber de terceiros e que não correspondam a direitos decorrentes de vendas a prazo de mercadorias ou de serviços.

Tributos a recuperar compreendem os direitos que a empresa tem com os Governos Municipal, Estadual e Federal. Esses direitos decorrem de impostos, taxas ou contribuições recolhidos antecipada ou indevidamente ou que, por força da Legislação, gerem para a empresa direitos de compensação em até 12 meses.

Investimentos temporários a curto prazo compreendem as aplicações de dinheiro em instrumentos financeiros (títulos e valores mobiliários), representativos ou não do capital de outras empresas. Trata-se de investimentos efetuados com caráter especulativo e que serão convertidos em dinheiro mediante venda ou resgate, em até 12 meses.

Os **estoques** compreendem os bens destinados à produção (matéria-prima; materiais secundários etc.), à prestação de serviços (materiais diversos), à venda (mercadorias ou produtos) ou ao consumo (materiais de limpeza, expediente, embalagem etc.). Os estoques de mercadorias e de produtos acabados serão transformados em dinheiro quando vendidos à vista; os estoques de materiais destinados ao processo produtivo serão transformados em custos quando incorporados aos produtos em fabricação; os estoques de materiais destinados à prestação de serviços serão convertidos em custos por ocasião de suas aplicações na prestação dos serviços; e os estoques de materiais de consumo serão transformados em despesas quando consumidos.

As **despesas pagas antecipadamente** compreendem as despesas do exercício seguinte, pagas no exercício atual.

- **Ativo Não Circulante**

    O Ativo Não Circulante, segundo estabelece a Lei n. 6.404/1976, é dividido em Ativo Realizável a Longo Prazo, Investimentos, Imobilizado e Intangível.

- **Ativo Realizável a Longo Prazo**

    Este grupo é o oposto do Ativo Circulante. Enquanto no Ativo Circulante são classificadas as contas representativas dos recursos aplicados em bens e direitos que estão em frequente circulação no patrimônio da empresa, isto é, que giram em prazo inferior a 12 meses, no Ativo Realizável a Longo Prazo são classificadas as contas representativas dos recursos aplicados em bens e direitos que circularão somente após o término do exercício social seguinte.

    É importante salientar que neste grupo do Ativo, com exceção das Disponibilidades, poderão figurar todas as demais contas representativas das aplicações de recursos em bens e direitos, inclusive das despesas pagas antecipadamente que constarem do Ativo Circulante, desde que tenham o prazo de realização superior a 12 meses.

    É importante salientar também que a Lei n. 6.404/1976, por meio do inciso II do artigo 179, estabelece que no Ativo Realizável a Longo Prazo devem ser classificados também os direitos derivados de vendas, adiantamentos ou empréstimos a sociedades coligadas ou controladas, diretores, acionistas ou participantes no lucro da companhia, independentemente do prazo de vencimento, desde que esses direitos decorram de operações que não constituam negócios usuais na exploração do objeto da companhia.

- **Investimentos:** este subgrupo compreende as contas representativas das participações no capital de outras sociedades, participações essas que geram rendimentos para a empresa, normalmente, em forma de dividendos, bem como aquelas contas representativas dos direitos de qualquer natureza, não classificáveis no Ativo Circulante ou no Realizável a Longo Prazo e que não se destinem à manutenção da atividade principal da empresa, como os investimentos em obras de arte, antiguidades, ouro, ou ainda em propriedades para investimentos, ou seja, em Bens que geram receitas para a empresa, independentemente de suas atividades operacionais).

    Segundo o CPC 28, propriedade para investimento é a propriedade (terreno ou edifício – ou parte de edifício – ou ambos) mantida (pelo proprietário ou pelo arrendatário em arrendamento financeiro) para auferir aluguel ou para valorização do capital ou para ambas.

- **Imobilizado:** neste subgrupo são classificadas as contas representativas dos recursos aplicados em bens corpóreos, destinados à manutenção das atividades da companhia ou da empresa ou exercidos com essa finalidade, inclusive os decorrentes de operações que transfiram à companhia os benefícios, riscos e controle desses bens. Pode ser subdividido como segue:

- **Operacional Corpóreo (Tangível)**: composto pelas contas representativas dos recursos aplicados nos bens de uso da empresa. São bens materiais que a empresa usa no desenvolvimento das suas atividades operacionais normais, como os móveis e utensílios, os computadores, os veículos etc.
- **Operacional Recursos Naturais**: composto por contas representativas dos capitais aplicados em recursos naturais (minerais ou florestais) de exploração da empresa.
- **Objeto de Arrendamento Mercantil**: composto pelas contas representativas dos bens que estão sendo utilizados pela empresa, mas que não são de sua propriedade. São bens arrendados de terceiros, podendo ser adquiridos pela empresa no final do prazo de arrendamento.
- **Imobilizado em Andamento (Bens para Futura Operação)**: composto por contas representativas dos recursos aplicados em construções ou aquisições em andamento. Representam bens que, a partir do momento em que se encontrarem concluídos ou em condições de operar, serão utilizados pela empresa no desenvolvimento de suas atividades operacionais normais.
- **Intangível:** abrange as contas representativas dos recursos aplicados em bens imateriais. São direitos que tenham por objeto bens incorpóreos destinados à manutenção das atividades da empresa ou exercidos com essa finalidade, inclusive aqueles representativos de fundo de comércio adquirido a título oneroso.

Passivo

O Passivo, conforme já dissemos, é a parte do Balanço Patrimonial que evidencia as obrigações (Passivo Exigível ou capitais de terceiros) e o Patrimônio Líquido (Passivo Não Exigível ou capitais próprios).

Passivo Exigível

Segundo estabelece a Lei n. 6.404/1976, no Passivo, as contas representativas das obrigações (Passivo Exigível ou capitais de terceiros) são classificadas em dois grupos principais: Passivo Circulante e Passivo Não Circulante. Nesses dois grupos, as contas devem ser classificadas observando-se a ordem decrescente do grau de exigibilidade dos elementos nelas registrados.

Grau de exigibilidade representa o maior ou menor prazo em que a obrigação deve ser paga.

- **Passivo Circulante**

    No Passivo Circulante são classificadas as contas representativas das obrigações cujos vencimentos ocorram durante o exercício seguinte.

Esse grupo poderá conter subdivisões, de acordo com a natureza de cada obrigação, por exemplo:

- Obrigações a Fornecedores: compromissos decorrentes da compra de mercadorias ou da utilização de serviços a prazo;
- Empréstimos e Financiamentos: compromissos assumidos pela empresa na captação de recursos financeiros, visando, normalmente, a financiar o seu capital de giro;
- Obrigações Tributárias: compromissos assumidos pela empresa com os Governos Federal, Estadual ou Municipal. São tributos (impostos, taxas ou contribuições) que a empresa deve recolher aos cofres públicos, em decorrência do desenvolvimento das suas atividades normais;
- Obrigações Trabalhistas e Previdenciárias: encargos que a empresa deve pagar aos seus empregados ou recolher aos órgãos públicos. Esses compromissos decorrem dos serviços a ela prestados por seus empregados;
- Outras Obrigações: demais obrigações de curto prazo assumidas pela empresa e que não se enquadram nos outros subgrupos do Passivo Circulante;
- Participações e Destinações do Lucro Líquido: compromissos da empresa derivados dos lucros por ela apurados. São obrigações que devem ser pagas a pessoas que de alguma forma tenham direito de participar dos lucros (debenturistas, empregados etc.), bem como obrigações devidas aos proprietários em forma de juros e dividendos.

Passivo Não Circulante

Nesse grupo podem figurar as mesmas contas representativas de obrigações classificadas no Passivo Circulante, com seus respectivos subgrupos, porém vencíveis após o término do exercício social seguinte.

Inclui-se, também no Passivo Não Circulante, um subgrupo próprio para as Receitas Diferidas, onde figurarão também, como redutoras, as contas representativas das despesas ou custos correspondentes às respectivas receitas recebidas antecipadamente.

> **NOTA:**
> - Na companhia em que o ciclo operacional da empresa tiver duração maior que o exercício social, a classificação no Circulante ou Longo Prazo terá por base o prazo desse ciclo. (Parágrafo único, artigo 179, Lei n. 6.404/1976.)

- **Patrimônio Líquido**

    O Patrimônio Líquido é a parte do Balanço Patrimonial que corresponde aos capitais próprios.

São recursos derivados dos proprietários (titular, sócios ou acionistas) ou da movimento normal do patrimônio (lucros apurados).

No Patrimônio Líquido, portanto, as contas representativas dos capitais próprios são classificadas da seguinte maneira:

a. **Capital Social:** composto pela conta Capital que representa os valores investidos na empresa pelos titulares e pela conta Capital a Realizar (ou Titular conta Capital a Realizar; Quotistas conta Capital a Realizar; Acionistas conta Capital a Realizar etc.), que representa a parcela do capital já subscrita pelos sócios, porém ainda não realizada. Poderão figurar, ainda, nesse subgrupo, as contas que representam o montante do capital autorizado, bem como da parcela desse capital ainda não subscrita;

b. **Reservas de Capital:** contas representativas de algumas receitas que, por força do § 1º do artigo 182 da Lei n. 6.404/1976, não devem transitar pelo resultado do exercício, como é o caso das receitas decorrentes de ágio na emissão de ações e na alienação de partes beneficiárias ou de bônus de subscrição;

c. **Ajustes de Avaliação Patrimonial:** serão classificadas como ajustes de avaliação patrimonial, enquanto não computadas no resultado do exercício em obediência ao regime de competência, as contrapartidas de aumentos ou diminuições de valor atribuídas a elementos do Ativo e do Passivo, em decorrência da sua avaliação a valor justo, nos casos previstos nesta Lei ou em normas expedidas pela Comissão de Valores Mobiliários, com base na competência conferida pelo § 3º do art. 177. (§ 3º do art. 182 da Lei n. 6.404/1976).

d. **Reservas de Lucros:** contas representativas das Reservas constituídas com parte dos lucros apurados pela empresa em decorrência de lei ou da vontade do proprietário, dos sócios ou dos administradores;

e. **Ações em Tesouraria:** ações da própria empresa adquiridas por ela mesma;

f. **Prejuízos Acumulados:** prejuízos apurados pela empresa no exercício atual, ou em exercícios anteriores, até que sejam compensados com lucros, saldos de reservas ou assumidos pelos sócios.

NOTA:
- É importante salientar mais uma vez que, conforme orientação derivada do Conselho Federal de Contabilidade, as entidades constituídas sob qualquer forma jurídica, desde que não seja a de sociedade por ações, poderão manter no grupo do Patrimônio Líquido saldo credor na conta Lucros Acumulados para futuras destinações. (Itens 46 a 50 do Comunicado Técnico CTG n. 2000, aprovado pela Resolução CFC n. 1.159/2009.)

13.2.3 Contas Redutoras do Balanço

Você poderá observar no Modelo de Balanço Patrimonial (item 13.2.5) que, tanto no Ativo quanto no Passivo, algumas contas são precedidas de sinal negativo (–). Elas são denominadas contas Redutoras ou retificadoras do Balanço.

Os valores das contas redutoras figuram entre parênteses, os quais indicam que esses valores são negativos no respectivo grupo.

Contas Redutoras do Ativo

São contas de natureza credora que, por força da Lei n. 6.404/1976, devem figurar no Balanço Patrimonial, do lado do Ativo, como redutoras das contas com base nas quais elas foram originadas.

Para exemplificar, veja que o inciso V, artigo 183, da Lei n. 6.404/1976 estabelece que as contas representativas dos bens de uso da empresa deverão figurar no grupo do Imobilizado do Balanço, deduzidas dos respectivos valores de depreciação, amortização ou exaustão.

Vejamos algumas contas retificadoras do Ativo, constantes do Modelo de Balanço apresentado no item 13.2.5:

a. **Perdas Estimadas em Créditos de Liquidação Duvidosa**: essa é a nova denominação da antiga Provisão para Créditos de Liquidação Duvidosa ou Provisão para Devedores Duvidosos. Figura no Ativo Circulante, subgrupo Clientes como redutora da conta Duplicatas a Receber.

Representa previsão de perda que provavelmente ocorrerá no exercício seguinte, com base em perdas já ocorridas em exercícios anteriores ou em qualquer evidência objetiva de que um ativo financeiro ou um grupo de ativos financeiros esteja sujeito a perda do respectivo valor.

Trata-se de perda estimada com fundamento no artigo 183 da Lei n. 6.404/1976 e na NBC TG ,01, estudada na Seção 7.10 do Capítulo 7.

b. **Perdas por Redução ao Valor Realizável Líquido Conta redutora do grupo de estoques**: representa perdas reconhecidas quando o valor recuperável (valor de mercado, valor justo ou valor realizável líquido) de itens de estoques for inferior ao custo de aquisição ou transformação. (Inciso II do artigo 183 da Lei n. 6.404/1976 e item 9 da NBC TG 16).

Veja mais detalhes na Seção 7.7.9 do Capítulo 7.

c. **Ajuste a Valor Presente**: em decorrência de exigência contida no inciso VIII do artigo 183 da Lei n. 6.404/1976, poderão figurar no Ativo, várias contas redutoras de direitos a receber derivados de vendas de mercadorias a prazo ou de operações financeiras realizadas, como estudamos na Seção 7.5.3 do Capítulo 7. Essas contas poderão figurar com o título de "Ajustes a Valor Presente", Juros Ativos a Apropriar" etc.

d. **Depreciação Acumulada**: figura no Imobilizado, como redutora das contas representativas dos bens de uso. O processo da depreciação foi tratado no Capítulo 8.

Desta forma, os bens de uso são apresentados no Balanço pelos seus valores originais diminuídos das depreciações, permitindo assim que esses bens integrem o montante do patrimônio pelos seus valores reais, isto é, pelos valores que possam gerar fluxos de caixa futuros com a venda ou uso.

e. **Amortização e Exaustão Acumuladas**: de forma semelhante a Depreciação Acumulada, poderão figurar, ainda no Ativo Não Circulante as contas Amortização Acumulada e Exaustão Acumulada, como redutoras de contas representativas de bens intangíveis e de recursos naturais, classificadas no Ativo Intangível e no Ativo Imobilizado respectivamente, conforme estudamos no Capítulo 8.

Contas Redutoras do Passivo

São contas de natureza devedora que, pelas mesmas razões já explicitadas em relação às redutoras do Ativo, devem figurar do lado do Passivo.

Embora possam aparecer em todo o Passivo, são mais comuns as redutoras do Patrimônio Líquido.

Vejamos alguns exemplos:

a. (–) **Custos/Despesas ou Encargos Vinculados às Receitas**: essa intitulação representa um conjunto de contas retificadoras que poderão figurar no subgrupo Receitas Diferidas do Passivo Não Circulante.

São encargos que decorrem das receitas recebidas antecipadamente, podendo ser de natureza tributária ou de outra natureza, e podem representar custos, perdas ou despesas, desde que necessárias para a realização da respectiva receita. O título da conta também poderá ser mais adequado ao tipo da despesa a que corresponda.

Veja o seguinte exemplo: suponhamos que uma empresa comercial que atua no ramo de comércio de veículos usados, visando a aumentar suas receitas, tenha decidido locar parte do imóvel de sua propriedade, onde está instalada, pelo período de um ano, a contar de 1º de janeiro de x2 a 31 de dezembro de x2. Na data de assinatura do contrato de locação (10 de dezembro de x1), exigiu que o locatário pagasse a importância de $ 3.000, correspondente a um mês de aluguel antecipado. Entretanto, para que a locação se realizasse, foi gasta em dezembro de x1 a importância de $ 1.000

com pequenos reparos na rede elétrica e na rede de água. Assim, como no mês de dezembro de x1 a empresa recebeu antecipadamente a importância de $ 3.000 e, para realizar essa receita, teve gastos de $ 1.000, no Balanço que será levantado em 31 de dezembro de x1, no Passivo Não Circulante, subgrupo Receitas Diferidas, constará:

Aluguéis Ativos a Vencer...	3.000
(–) Despesas com Reformas...	(1.000)
TOTAL..	2.000

b. (–) Capital a Realizar: figura no Patrimônio Líquido como redutora da conta que registra o capital social. Refere-se à parcela do capital ainda não integralizada pelos proprietários, permitindo, no entanto, que o valor do capital, somado ao patrimônio, reflita adequadamente somente o montante que ingressou na empresa.

c. (–) Prejuízos Acumulados: figura no Patrimônio Líquido, como redutora de todo o grupo do Patrimônio Líquido. Trata-se de prejuízos apurados e ainda não compensados.

d. (–) Ações em Tesouraria: figura no grupo do Patrimônio Líquido. Corresponde a ações representativas do capital da própria empresa, adquiridas por ela mesma, nas circunstâncias permitidas pela Lei. Segundo estabelece o § 5º do artigo 182 da Lei n. 6.404/1976, as ações em tesouraria deverão ser destacadas no Balanço como dedução da conta do Patrimônio Líquido que registrar a origem dos recursos aplicados na sua aquisição. Na vida prática, havendo dificuldade de identificação da origem do recurso, conforme estabelece o preceito legal citado, o contabilista deve escolher o melhor posicionamento conforme cada caso em particular.

13.2.4 Elaboração do Balanço Patrimonial

Para elaborar o Balanço Patrimonial é preciso que o resultado do exercício tenha sido apurado e que todos os lançamentos necessários a essa apuração estejam devidamente registrados nos livros Diário e Razão, bem como em outros livros ou documentos, conforme cada caso.

Sabemos que, no momento da apuração do resultado do exercício, vários procedimentos precisam ser realizados, principalmente para que os saldos de todas as contas existentes na escrituração da empresa estejam devidamente ajustados e corretos, refletindo adequadamente a real situação econômica e financeira da empresa.

Dentre esses procedimentos está a análise cuidadosa dos saldos de todas as contas patrimoniais que irão compor o Balanço Patrimonial da empresa, objetivando a correta avaliação desses saldos conforme disciplina contida nos artigos 183 e 184 da Lei n. 6.404/1976.

Essa avaliação integra os procedimentos necessários à apuração do resultado do exercício, uma vez que, em decorrência de ajustes a serem efetuados nas contas patrimoniais, o resultado do exercício será afetado.

Os critérios para avaliação das contas do Ativo e do Passivo, conforme já dissemos, são encontrados nos artigos 183 e 184 da Lei n. 6.404/1976.

Portanto, depois que todos os procedimentos visando ao ajuste dos saldos das contas Patrimoniais e de Resultado estiverem concluídos, o resultado do exercício apurado, as deduções, as participações, bem como as destinações do resultado do exercício devidamente calculadas e contabilizadas, somente as contas Patrimoniais e Extrapatrimoniais permanecerão com saldos no livro Razão.

Desse modo, antes de elaborar o Balanço Patrimonial, é conveniente que se faça o segundo Balancete de Verificação do Razão, o qual dará ao contabilista a certeza de que os procedimentos necessários à apuração e destinação do resultado no que tange à movimentação do débito e do crédito das contas foram efetuados corretamente.

O segundo Balancete deverá ser elaborado observando-se a ordem em que as contas encontram-se no elenco de contas da empresa, para facilitar a elaboração do Balanço Patrimonial.

13.2.5 Modelo de Balanço Patrimonial

Companhia:
BALANÇO PATRIMONIAL
Exercício findo em:

CONTAS	EXERCÍCIO ATUAL $	EXERCÍCIO ANTERIOR $
ATIVO		
ATIVO CIRCULANTE		
DISPONIBILIDADES		
• Caixa e Equivalentes de Caixa		
CLIENTES		
• Duplicatas a Receber		
• (–) Perdas Estimadas em Créditos de Liquidação Duvidosa		
OUTROS CRÉDITOS		
• Adiantamentos a Empregados		
TRIBUTOS A RECUPERAR		
• ICMS a Recuperar		
INVESTIMENTOS TEMPORÁRIOS A CURTO PRAZO		
• Ações de Outras Empresas		
• (–) Perdas Estimadas		
ESTOQUES		
• Estoque de Mercadorias		
• (–) Participação no Capital de Outras Sociedades		
DESPESAS DO EXERCÍCIO SEGUINTE		
• Prêmios de Seguros a Vencer		

CONTINUA

CONTINUAÇÃO

CONTAS	EXERCÍCIO ATUAL $	EXERCÍCIO ANTERIOR $
TOTAL DO ATIVO CIRCULANTE		
ATIVO NÃO CIRCULANTE		
ATIVO REALIZÁVEL A LONGO PRAZO		
CLIENTES		
• Duplicatas a Receber		
• (–) Perdas Estimadas em Créditos de Liquidação Duvidosa		
CRÉDITOS COM PESSOAS LIGADAS		
TRANSAÇÕES NÃO USUAIS		
• Empréstimos a Diretores		
INVESTIMENTOS		
• Participação na Controlada A — Valor Patrimonial		
• Participação na Coligada X		
• (–) Perdas Prováveis na Realização de Investimentos		
OUTROS INVESTIMENTOS		
• Propriedades para Investimentos		
IMOBILIZADO		
• Computadores e Periféricos		
• (–) Depreciação Acumulada		
• Importações em Andamento		
INTANGÍVEL		
• Fundo de Comércio		
• (–) Amortização Acumulada		
TOTAL DO ATIVO NÃO CIRCULANTE		
TOTAL DO ATIVO		
PASSIVO		
PASSIVO CIRCULANTE		
OBRIGAÇÕES A FORNECEDORES		
• Duplicatas a Pagar		
EMPRÉSTIMOS E FINANCIAMENTOS		
• Bancos conta Empréstimo		
OBRIGAÇÕES TRIBUTÁRIAS		
• Impostos e Taxas a Recolher		
• Imposto de Renda a Recolher		
OBRIGAÇÕES TRABALHISTAS E PREVIDENCIÁRIAS		
• Salários a Pagar		
• Contribuições de Previdência a Recolher		
• Férias a Pagar		
OUTRAS OBRIGAÇÕES		

CONTINUA

CONTINUAÇÃO

CONTAS	EXERCÍCIO ATUAL $	EXERCÍCIO ANTERIOR $
ADIANTAMENTOS RECEBIDOS DE CLIENTES		
• Contas a Pagar		
PARTICIPAÇÕES E DESTINAÇÕES DO LUCRO LÍQUIDO		
• Participações de Empregados a Pagar		
• Dividendos a Pagar		
TOTAL DO PASSIVO CIRCULANTE		
PASSIVO NÃO CIRCULANTE		
OBRIGAÇÕES A FORNECEDORES		
• Duplicatas a Pagar		
OBRIGAÇÕES A PESSOAS LIGADAS		
• Empréstimos a Pagar à Controlada A		
EMPRÉSTIMOS E FINANCIAMENTOS		
• Promissórias a Pagar		
RECEITAS DIFERIDAS		
• Aluguéis Ativos a Vencer		
• (–) Custos/despesas ou Encargos Vinculados às Receitas		
TOTAL DO PASSIVO NÃO CIRCULANTE		
PATRIMÔNIO LÍQUIDO		
CAPITAL SOCIAL		
• Capital Subscrito		
• (–) Capital a Realizar		
RESERVAS		
RESERVAS DE CAPITAL		
• Reserva de Ágio na Emissão de Ações/Quotas		
• (–) Ações em Tesouraria		
RESERVAS DE LUCROS		
• Reserva Legal		
• Reservas Estatutárias		
• (–) Ações em Tesouraria		
• (+ ou –) Ajustes de Avaliação Patrimonial		
• (–) Prejuízos Acumulados		
TOTAL DO PATRIMÔNIO LÍQUIDO		
TOTAL DO PASSIVO		

Testes de Fixação 1

1. Identifique a alternativa correta:

    1.1 As Demonstrações Financeiras exigidas pela Lei n. 6.404/1976 são:

    a) BP, DRE, DLPA, DMPL e DOAR.

    b) BP, DRE, DMPL, DFC e DVA.

    c) BP, DRE, DMPL e DFC.

    d) BP, DRE, DLPA, DMPL, DFC e DVA.

    1.2 É correto afirmar:

    a) As demonstrações de cada exercício serão publicadas com a indicação dos valores correspondentes das demonstrações do exercício anterior;

    b) Nas demonstrações, as contas semelhantes poderão ser agrupadas; os pequenos saldos poderão ser agregados, desde que indicada a sua natureza e não ultrapassem 1% do respectivo grupo de contas.

    c) É vedada a utilização de designações genéricas, como "diversas contas" ou "contas correntes".

    d) Somente a alternativa **b** está errada.

    1.3 As Demonstrações Contábeis deverão especificar:

    a) Sua natureza.

    b) A data e/ou o período a que se referem.

    c) A Entidade a que se referem.

    d) Todas estão corretas.

2. Responda:

    2.1 Quantos e quais são os grupos em que se divide o Ativo?

    2.2 Quantos e quais são os grupos em que se divide o Passivo?

3. Indique se a afirmativa é falsa ou verdadeira:

    3.1 (   ) Demonstrações Financeiras e Demonstrações Contábeis significam a mesma coisa.

    3.2 (   ) As Demonstrações Financeiras são elaboradas com base nos livros, registros e documentos que compõem o sistema contábil de qualquer tipo de Entidade.

    3.3 (   ) No Ativo Circulante, bem como no Passivo Circulante, sob alegação alguma poderão constar direitos e obrigações com vencimentos superiores a 12 meses.

    3.4 (   ) As companhias que elaborarem a DMPL estão dispensadas da elaboração da DLPA e da DVA.

    3.5 (   ) A DVA é obrigatória somente para as sociedades anônimas de capital aberto.

    3.6 (   ) As companhias que divulgarem suas demonstrações financeiras na Internet estarão dispensadas de publicá-las nos jornais de maior circulação da localidade.

    3.7 (   ) As contas representativas de elementos imateriais devem ser classificadas exclusivamente no Imobilizado.

3.8 ( ) No Balanço Patrimonial, as contas do Ativo serão agrupadas de modo a facilitar o conhecimento e a análise da situação financeira da companhia, observando-se a ordem decrescente do grau de liquidez dos elementos nelas registrados.

3.9 ( ) Segundo estabelece a Lei n. 6.404/1976, o grupo dos direitos realizáveis no curso do exercício social seguinte é subdividido em: clientes, outros créditos, tributos a recuperar, investimentos temporários a curto prazo e estoques.

3.10 ( ) No Ativo Realizável a Longo Prazo devem ser classificados os direitos derivados de vendas, adiantamentos ou empréstimos a sociedades coligadas ou controladas diretores, acionistas ou participantes no lucro da companhia, independentemente do prazo de vencimento, desde que esses direitos decorram de operações que não constituam negócios usuais na exploração do objeto da companhia.

3.11 ( ) Classificam-se no Intangível: Marcas e Patentes, Fundo de Comércio e Luvas.

3.12 ( ) No Ativo Circulante são classificadas as contas representativas de despesas pagas antecipadamente.

3.13 ( ) No Imobilizado, classificam-se as contas representativas de aquisições em andamento de bens destinados a uso.

3.14 ( ) As contas representativas de receitas recebidas, porém não ganhas (realizadas), serão classificadas como Receitas Diferidas, no Passivo Não Circulante.

3.15 ( ) São contas redutoras do Ativo: Perdas Estimadas e Ações em Tesouraria.

3.16 ( ) São contas redutoras do Passivo: CSLL a Recolher e Imposto de Renda a Recolher.

13.3 Demonstração do Resultado do Exercício

13.3.1 Conceito

A Demonstração do Resultado do Exercício (DRE) é um relatório contábil destinado a evidenciar a composição do resultado formado num determinado período de operações da empresa.

Essa demonstração, observado o Regime de Competência, evidenciará a formação do resultado, mediante confronto entre as receitas e os correspondentes custos e despesas.

A DRE, portanto, é uma demonstração contábil que evidencia o resultado econômico, isto é, o lucro ou o prejuízo apurado pela empresa no desenvolvimento das suas atividades durante um determinado período que geralmente é igual a um ano.

13.3.2 Elaboração da DRE

A DRE é composta por contas de resultado e também por contas patrimoniais.

As contas de resultado que integram a DRE são todas aquelas que representam as despesas e os custos incorridos, bem como as receitas realizadas em um determinado período.

As contas patrimoniais que integram a DRE são aquelas representativas das deduções e das participações no resultado.

No momento de elaboração da DRE, todas as contas de resultado já estão com seus saldos devidamente zerados (encerrados).

Portanto, para elaborar a DRE, o contabilista deve coletar dados diretamente do livro Razão. Caso o livro Razão seja processado manualmente ou por meio do computador e não estejam previstas contas sintéticas para os agrupamentos das contas de resultado, torna-se imprescindível fazer o agrupamento, para facilitar a elaboração da demonstração em estudo.

Esse agrupamento pode ser efetuado com a ajuda do elenco de contas que estiver sendo utilizado pela empresa.

> **NOTA:**
> - Uma boa dica para a elaboração da DRE é que as informações nela apresentadas podem ser extraídas dos lançamentos de Diário relativos à contabilização do resultado bruto, do resultado líquido, das deduções, participações e destinações do resultado.

13.3.3 Estrutura da DRE

A DRE deve ser estruturada observando-se as disciplinas contidas no artigo 187 da Lei n. 6.404/1976.

O citado dispositivo legal não fixa um modelo a ser observado por todas empresas; porém, estabelece as informações mínimas que devem conter na DRE, ficando, portanto, cada empresa livre para elaborar – observando essas informações mínimas – o modelo que melhor espelhe o resultado de suas atividades.

> **LEITURA OBRIGATÓRIA:**
> - Artigo 187 da Lei n. 6.404/1976.

13.3.4 Modelo de DRE

Companhia:
DEMONSTRAÇÃO DO RESULTADO DO EXERCÍCIO
Exercício findo em:

DESCRIÇÃO	EXERCÍCIO ATUAL $	EXERCÍCIO ANTERIOR $
1. RECEITA OPERACIONAL BRUTA		
• Vendas de Mercadorias, Produtos e Serviços		
2. DEDUÇÕES E ABATIMENTOS		
• Vendas Anuladas		
• Descontos Incondicionais Concedidos		
• ICMS sobre Vendas		
• PIS sobre Faturamento		
• COFINS sobre Faturamento		
3. RECEITA OPERACIONAL LÍQUIDA (1 – 2)		
4. CUSTOS OPERACIONAIS		
• Custo das Merc., Produtos e Serviços Vendidos		
5. LUCRO OPERACIONAL BRUTO (3 – 4)		
6. DESPESAS OPERACIONAIS		
• Despesas com Vendas		
• Despesas Financeiras		
• (–) Receitas Financeiras		
• Despesas Gerais e Administrativas		
• Outras Despesas Operacionais		
7. OUTRAS RECEITAS OPERACIONAIS		
8. LUCRO (PREJUÍZO) OPERACIONAL (5 – 6 + 7)		
9. OUTRAS RECEITAS		
10. OUTRAS DESPESAS		
11. RESULTADO DO EXERCÍCIO ANTES DAS DEDUÇÕES (8 + 9 – 10)		
12. CONTRIBUIÇÃO SOCIAL SOBRE O LUCRO LÍQUIDO		
13. IMPOSTO DE RENDA SOBRE O LUCRO LÍQUIDO		
14. RESULTADO DO EXERCÍCIO APÓS AS DEDUÇÕES (11 – 12 – 13)		
15. PARTICIPAÇÕES		
• Debêntures		
• Empregados		
• Administradores		
• Partes Beneficiárias		
INSTITUIÇÕES OU FUNDOS ASSIST. PREV. EMPREG.		
16. LUCRO LÍQUIDO DO EXERCÍCIO (14 – 15)		
17. LUCRO LÍQUIDO OU PREJUÍZO POR AÇÃO DO CAPITAL		

13.3.5 Comentários acerca de alguns componentes da DRE

a. Prêmio na emissão de debêntures

A receita derivada de ágio na alienação de debêntures, que antes do advento da Lei n. 11.638/2007 era contabilizada como reserva de capital, não transitando pelas contas de resultado, agora representa receita operacional e deve ser contabilizada como receita financeira. Na DRE, opcionalmente pode-se apresentar o saldo dessa conta em destaque, deixando de integrar o grupo das receitas financeiras. Esse procedimento tem efeito positivo no resultado da análise desse demonstrativo.

b. Juros sobre o capital próprio

Segundo interpretação da Legislação Tributária, os juros remuneratórios do capital próprio, pagos aos acionistas, devem figurar entre as despesas financeiras.

Entretanto, quando se tratar de sociedades por ações sujeitas às normas da Comissão de Valores Mobiliários, o tratamento contábil dos JCP deve seguir as orientações contidas nos itens 10 e 11 da Interpretação Técnica ICPC 08 (R1) do CPC, aprovada pela Deliberação CVM n. 683/2012.

Segundo essa ICPC, quando a sociedade optar pela imputação dos JCP aos dividendos obrigatórios (art. 202 da Lei n. 6.404/1976), deverá contabilizar como despesa financeira somente a parcela do IR incidente nos JCP e o valor líquido deverá ser tratado como dividendo, isto é, contabilizado diretamente a débito da conta Lucros ou Prejuízos Acumulados, não transitando, assim, pelas contas de resultado.

c. Ajuste a valor presente

A Lei n. 6.404/1976, ao fixar os critérios para avaliação do Ativo e do Passivo (artigos 183, inciso VII, e 184, inciso III), depois das alterações introduzidas pela Lei n. 11.638/2007, permite que os direitos, bem como as obrigações de longo prazo sejam avaliados a valor presente. Esse procedimento corrigiu uma prática habitual entre as empresas que davam às operações a prazo o mesmo tratamento às operações à vista, desconsiderando os valores que normalmente são adicionados ao preço à vista, para compensar o credor (fornecedor, vendedor) pelo tempo de espera no recebimento do respectivo direito.

Ajustar o saldo da conta a valor presente significa excluir desse saldo os acréscimos decorrentes de expectativas de inflação, normalmente relativos às taxas referentes a indexação legal ou contratual, à paridade cambial, aos juros e demais encargos proporcionais cabíveis nas operações a prazo.

Esse ajuste também deverá ser efetuado em direitos e obrigações de curto prazo, quando houver efeitos relevantes.

Veja a NBC TG 12 - Ajuste a Valor Presente, aprovada pela Resolução CFC n. 1151/2009.

d. Doações e subvenções para investimentos

Os valores recebidos por doações e subvenções para investimentos, normalmente de origem do Poder Público, que antes da promulgação da Lei n. 11.638/2007 geravam reserva de capital, agora devem ser contabilizados como outras receitas, transitando pela DRE.

Observar, no entanto, que somente deverão ser considerados como receitas os valores recebidos por doações ou subvenções que tiverem sido realizados. A Lei n. 6.404/1976 estabelece no artigo 195-A que a Assembleia Geral poderá, por proposta dos órgãos de administração, destinar para constituição da reserva de incentivos fiscais a parcela do lucro líquido decorrente de doações ou subvenções governamentais para investimentos, caso em que poderá ser excluída da base de cálculo do dividendo obrigatório.

13.3.6 Demonstração do Resultado e do Resultado Abrangente

Estudamos até aqui a estrutura da Demonstração do Resultado conforme disciplina contida na Lei n. 6.404/1976. Contudo, é importante destacar que as Normas Internacionais de Contabilidade IFRS apresentam duas estruturas diferentes para a evidenciação do desempenho da entidade:

Demonstração do Resultado do Período e Demonstração do Resultado Abrangente do Período.

Na Demonstração do Resultado do Período, as despesas e as receitas são agrupadas de forma diferente da demonstrada na DRE segundo o artigo 187 da Lei n. 6.404/1976, porém, o resultado final é o mesmo.

Tendo em vista que o Conselho Federal de Contabilidade aprovou essas novas estruturas por meio da NBC TG 26, entendemos que o padrão apresentado na Lei n. 6.404/1976, embora em vigor, caia em desuso.

Nesse momento, certamente você estará se questionando: se estou me preparando para prestar concursos, qual estrutura devo estudar?

Nossa orientação é que você aprenda a demonstrar o resultado do exercício pelas duas estruturas existentes. Isto porque um organizador de concurso mais conservador poderá incluir o formato do artigo 187 da Lei n. 6.404/1976, enquanto outro poderá apresentar conforme as normas internacionais IFRS reproduzidas na NBC TG 26.

A NBC TG 26, em seu item 81A, estabelece que a entidade deva apresentar todos os itens de receita e despesa reconhecidos no período em duas demonstrações: Demonstração do Resultado do Período e Demonstração do Resultado Abrangente do Período.

Você já sabe que o fluxo de receitas e de despesas que ocorre na empresa em determinado período provoca variações ou mutações no Patrimônio Líquido. Sabe, ainda, que as mutações do Patrimônio Líquido podem derivar também de outras operações como de ações dos proprietários, como é o caso de integralizações por aumento de capital.

Assim, com exceção das variações ocorridas por ação dos proprietários, as demais devem ser evidenciadas ou na Demonstração do Resultado do Período ou na Demonstração do Resultado Abrangente do Período.

Diante disso, estabelece a NBC TG 26 que as variações derivadas de receitas realizadas e de despesas incorridas (regime de competência) no período devem ser evidenciadas na Demonstração do Resultado do Período, enquanto as variações do Patrimônio Líquido derivadas de fatos que não transitam pela DRE e que também não correspondam a ações diretas entre os proprietários e a empresa devem ser apresentadas na Demonstração do Resultado Abrangente do Período.

Portanto, são considerados outros resultados abrangentes as ocorrências que poderão afetar futuramente o resultado do exercício.

Segundo estabelece a citada NBC TG 26, Resultado Abrangente é a mutação que ocorre no patrimônio líquido durante um período e que resulta de transações e outros eventos não derivados de transações com os sócios na sua qualidade de proprietários.

A Demonstração do Resultado Abrangente pode ser apresentada em quadro demonstrativo próprio ou dentro da Demonstração das Mutações do Patrimônio Líquido.

Veja, agora, as informações que devem ser apresentadas na Demonstração do Resultado do Período, segundo o item 82 da NBC TG 26:

> 82. Além dos itens requeridos em outras normas, a demonstração do resultado do período deve, no mínimo, incluir as seguintes rubricas, obedecidas também às determinações legais:
> a) receitas;
>   ab) receitas, apresentando separadamente receita de juros calculada utilizando o método de juros efetivos; (Alterada pela NBC TG 26 (R5))
>   ac) ganhos e perdas decorrentes de baixa de ativos financeiros mensurados pelo custo amortizado;
>   ad) ganhos e perdas decorrentes do desreconhecimento de ativos financeiros mensurados pelo custo amortizado; (Alterada pela NBC TG 26 (R5))
> b) custos de financiamento;
>   ba) perda por redução ao valor recuperável (incluindo reversões de perdas por redução ao valor recuperável ou ganhos na redução ao valor recuperável), determinado de acordo com a Seção 5.5 da NBC TG 48; (Incluída pela NBC TG 26 (R5))
> c) parcela dos resultados de empresas investidas reconhecida por meio do método da equivalência patrimonial;
>   ca) se o ativo financeiro for reclassificado da categoria de mensuração ao custo amortizado de modo que seja mensurado ao valor justo por meio do resultado, qualquer ganho ou perda decorrente da diferença entre o custo amortizado anterior do ativo financeiro e seu valor justo na data da reclassificação (conforme definido na NBC TG 48); (Incluída pela NBC TG 26 (R5))
>   cb) se o ativo financeiro for reclassificado da categoria de mensuração ao valor justo por meio de outros resultados abrangentes de modo que seja mensurado ao valor justo por meio do resultado, qualquer ganho ou perda acumulado reconhecido anteriormente em outros resultados abrangentes que sejam reclassificados para o resultado; (Incluída pela NBC TG 26 (R5))

d) tributos sobre o lucro;
e) (eliminada);
   ea) um único valor para o total de operações descontinuadas (ver a NBC TG 31);
f) em atendimento à legislação societária brasileira vigente na data da emissão desta Norma, a demonstração do resultado deve incluir ainda as seguintes rubricas:
   i) custo dos produtos, das mercadorias e dos serviços vendidos;
   ii) lucro bruto;
   iii) despesas com vendas, gerais, administrativas e outras despesas e receitas operacionais;
   iv) resultado antes das receitas e despesas financeiras;
   v) resultado antes dos tributos sobre o lucro;
   vi) resultado líquido do período. (Alterado pela NBC TG 26 (R2))

A Demonstração do Resultado Abrangente do Período começa com o resultado líquido e inclui os outros resultados abrangentes.

Segundo estabelece a citada NBC TG 26, Resultado Abrangente é a mutação que ocorre no patrimônio líquido durante um período e que resulta de transações e outros eventos não derivados de transações com os sócios na sua qualidade de proprietários.

A Demonstração do Resultado Abrangente pode ser apresentada em quadro demonstrativo próprio ou dentro da Demonstração das Mutações do Patrimônio Líquido.

Veja, agora, a disciplina contida no item 92A da NBC TG 26:

82A. Outros resultados abrangentes devem apresentar rubricas para valores de:
a) outros resultados abrangentes (excluindo valores previstos na alínea (b)), classificados por natureza e agrupados naquelas que, de acordo com outras normas:
   i) não serão reclassificados subsequentemente para o resultado do período; e
   ii) serão reclassificados subsequentemente para o resultado do período, quando condições específicas forem atendidas;
b) participação em outros resultados abrangentes de coligadas e empreendimentos controlados em conjunto contabilizados pelo método da equivalência patrimonial, separadas pela participação nas contas que, de acordo com outras normas:
   i) não serão reclassificadas subsequentemente para o resultado do período; e
   ii) serão reclassificadas subsequentemente para o resultado do período, quando condições específicas forem atendidas. (Alterado pela NBC TG 26 (R3))

A NBC TG 26 estabelece, ainda, no seu item 7, que outros resultados abrangentes compreendem itens de receita e despesa (incluindo ajustes de reclassificação) que não são reconhecidos na Demonstração do Resultado como requerido ou permitido pelas normas, interpretações e comunicados técnicos emitidos pelo CFC.

Finalmente, é bom destacar que nos itens 83 a 105 da mencionada NBC TG 26 constam outras disciplinas importantes acerca da Demonstração do Resultado e da Demonstração do Resultado Abrangente.

Veja o modelo de Demonstração do Resultado do Período segundo a NBC TG 26:

Companhia:
DEMONSTRAÇÃO DO RESULTADO DO PERÍODO
Exercício findo em:

DESCRIÇÃO	EXERCÍCIO ATUAL $	EXERCÍCIO ANTERIOR $
1. RECEITA OPERACIONAL LÍQUIDA		
2. (–) CUSTOS DAS MERC., PROD. E SERV. VENDIDOS		
3. (=) LUCRO BRUTO		
4. (–) DESPESAS OPERACIONAIS		
• Despesas com Vendas		
• Despesas Gerais e Administrativas		
• Outras Despesas Operacionais		
5. (+) OUTRAS RECEITAS OPERACIONAIS		
6. (+ ou –) RESULTADO DA EQUIVALÊNCIA PATRIMONIAL		
7. (=) RESULTADO ANTES DAS DESP. E REC. FINANCEIRAS		
8. (–) DESPESAS FINANCEIRAS		
9. (+) RECEITAS FINANCEIRAS		
10. (=) RESULTADO ANTES DOS TRIBUTOS SOBRE O LUCRO		
11. (-) TRIBUTOS SOBRE O LUCRO:		
• (-) Contribuição Social sobre o Lucro Líquido		
• (-) Imposto de Renda sobre o Lucro Líquido		
12. (=) RESULTADO LÍQUIDO DAS OPERAÇÕES CONTINUADAS		
13. (+ou-) RESULTADO LÍQUIDO DAS OPER. DESCONT.*		
14. (+ ou –) (=) RESULTADO LÍQUIDO DO EXER. ANTES PART.		
15. (-) PARTICIPAÇÕES:		
• Debêntures		
• Empregados		
• Administradores		
• Partes Beneficiárias		
• Instituições ou Fundos Assist. Prev. Empreg.		
16. (=) RESULTADO LÍQUIDO DO EXERCÍCIO		
17. RESULTADO LÍQUIDO DO EXERCÍCIO ATRIBUÍVEL AOS:		
• Acionistas Não Controladores		
• Acionistas Controladores		
18. LUCRO LÍQUIDO OU PREJUÍZO POR AÇÃO DO CAPITAL		

* valor líquido dos seguintes itens:
  i) resultado líquido após tributos das operações descontinuadas;
  ii) resultado após os tributos decorrente da mensuração ao valor justo menos despesas de venda ou na baixa dos Ativos ou do grupo de ativos à disposição para venda que constituem a unidade operacional descontinuada.

NOTAS:
- Note que a DRP inicia com a Receita Operacional Líquida. Havendo interesse, a Receita Operacional Bruta, suas deduções e abatimentos poderão ser informados em Notas Explicativas.
- A NBC TG 26 em seu item 82 estabelece as informações mínimas que devem figurar na DRP, evidenciando também, que devem ser obedecidas as determinações legais. Diante disso, incluímos no final as participações no resultado, exigências contidas no artigo 187 da Lei n. 6.404/1976.
- Tendo em vista que as Normas Internacionais de Contabilidade IFRS segregam o resultado em resultado das operações continuadas e resultado das operações descontinuadas, para fins de elaboração da DRP, devemos adicionar as outras despesas e as outras receitas (inciso IV do art. 187 da Lei n. 6.404/1976) entre as Outras Despesas Operacionais e as Outras Receitas Operacionais respectivamente.
- Para encontrar o resultado líquido do exercício atribuível aos acionistas controladores e não controladores, basta aplicar ao resultado líquido do exercício o percentual de participação que cada um desses grupos têm no capital da empresa.

Veja, agora, um modelo de DRA:

Companhia:
DEMONSTRAÇÃO DO RESULTADO DO PERÍODO
Exercício findo em:

DESCRIÇÃO	EXERCÍCIO ATUAL $	EXERCÍCIO ANTERIOR $
1. Resultado do Exercício		
2. Outros Resultados Abrangentes:		
2.1 Variações na reserva de reavaliação (quando permitida legalmente)		
2.2 Ganhos e perdas atuariais em planos de pensão com benefício definido		
2.3 Ganhos e perdas derivados de conversão de Demonstrações Contábeis de operações exterior		
2.4 Ajuste de avaliação patrimonial relativo aos ganhos e perdas na remensuração de Ativos financeiros disponíveis para venda		
2.5 Ajuste de avaliação patrimonial relativo à efetiva parcela de ganhos ou perdas de instrumentos de hedge em hedge de fluxo de caixa		
2.6 Parcela dos outros resultados abrangentes de empresas investidas reconhecida por meio do método de equivalência patrimonial		
3. Reclassificações dos outros resultados abrangentes para o resultado do exercício		
4. Total do Resultado Abrangente do Exercício		
5. Total do resultado Abrangente do Exercício atribuível aos:		
• Acionistas Não Controladores		
• Acionistas Controladores		

13.4 Demonstração de Lucros ou Prejuízos Acumulados (DLPA)

13.4.1 Conceito

A **Demonstração de Lucros ou Prejuízos Acumulados (DLPA)** é um relatório contábil que tem por finalidade evidenciar: o lucro líquido do exercício e sua destinação; os ajustes contábeis relativos a resultados de exercícios anteriores; as reversões de reservas, bem como os saldos da conta Lucros ou Prejuízos Acumulados no início e no final do período.

A elaboração dessa demonstração é exigida pela Lei n. 6.404/1976, que faculta às companhias inclui-la na Demonstração das Mutações do Patrimônio Líquido; contudo, essa demonstração não é contemplada pelas normas internacionais.

É importante esclarecer que a Lei n. 11.638/07 excluiu do grupo do Patrimônio Líquido a conta Lucros ou Prejuízos Acumulados, mantendo apenas a conta Prejuízos Acumulados. A partir dessa nova determinação, as entidades devem dar destino a todo o lucro líquido apurado no final do exercício social, utilizando-o na compensação de prejuízos acumulados, na constituição de reservas, no aumento do capital ou na distribuição aos acionistas.

Com isso, ficou vedada a apresentação de saldo credor na conta Lucros ou Prejuízos Acumulados ou Lucros Acumulados nos Balanços.

Por orientação do Conselho Federal de Contabilidade, essa proibição ficou restrita às sociedades por ações. Assim, as demais entidades constituídas sob outra forma jurídica que não a de sociedade por ações, podem manter nos seus Balanços, a conta Lucros Acumulados ou a conta Lucros ou Prejuízos Acumulados com saldo credor para futuras destinações.

13.4.2 Estrutura da DLPA

A DLPA deve ser estruturada observando-se a disciplina contida no artigo 186 da Lei n. 6.404/1976. Veja:

> "Artigo 186. A demonstração de lucros ou prejuízos acumulados discriminará:
>
> I – o saldo do início do período, os ajustes de exercícios anteriores e a correção monetária do saldo inicial;
>
> II – as reversões de reservas e o lucro líquido do exercício;
>
> III – as transferências para reservas, os dividendos, a parcela dos lucros incorporada ao capital e o saldo ao fim do período."

NOTA:
- Note que o inciso I do artigo 186 supratranscrito ainda conserva sua redação original, incluindo entre as informações que devem constar da DLPA a correção monetária do saldo inicial. Lembramos, no entanto, que o regime de correção monetária das demonstrações financeiras foi revogado, inclusive para fins societários, a partir de 1º/01/1996, pelo artigo 4º da Lei n. 9.249/1995.

O § 1º do artigo 186 estabelece que, como ajustes de exercícios anteriores, serão considerados apenas os decorrentes de efeitos da mudança de critério contábil ou da retificação de erro imputável a determinado exercício anterior – e que não possam ser atribuídos a fatos subsequentes.

Desse modo, como ajustes de exercícios anteriores, a Lei considera apenas dois casos:

a. **Mudança de critério contábil**: embora desaconselhada por contrariar a convenção contábil da consistência, toda vez que a mudança trouxer benefícios visando a refletir melhor a situação patrimonial e financeira da empresa, ela deve ser efetuada.

Como exemplos podemos citar: mudança do critério de avaliação de estoques PEPS para Preço Médio Ponderado Móvel; mudança do método de avaliação do valor de investimentos, custo para equivalência patrimonial, em decorrência de mudança no percentual de participação na investida.

Fatos dessa natureza, conforme determina a própria Lei das Sociedades por Ações (alínea h, § 5º, do artigo 176), deverão ser informados também em notas explicativas.

b. **Retificação de erro**: conforme estabelece a Lei, refere-se apenas a erros atribuíveis a exercícios anteriores, os quais não possam ser incluídos no exercício presente.

Os erros de escrituração que normalmente ocorrem, sujeitando-se a ajustes dessa natureza, referem-se a erros de cálculo, omissão de lançamentos, erros na avaliação de estoques etc.

Todo erro identificado, após devidamente concluídos os procedimentos necessários à apuração do resultado do exercício e estando as Demonstrações Contábeis devidamente elaboradas e publicadas, deverá ser ajustado no exercício em que for constatado. Sempre que o erro implicar falta de recolhimento de qualquer tributo, a empresa deverá proceder o recolhimento espontaneamente, com os acréscimos devidos.

Conforme determina a Lei, esses ajustes correspondentes a erros na escrituração também deverão ser informados em notas explicativas.

O artigo 186, § 2º, estabelece ainda que a Demonstração de Lucros ou Prejuízos Acumulados deverá indicar o montante do dividendo por ação do capital social e poderá ser incluída na Demonstração das Mutações do Patrimônio Líquido, se elaborada e publicada pela companhia.

13.4.3 Elaboração da DLPA

Para se elaborar a DLPA, basta coletar dados diretamente das Fichas de Razão das contas envolvidas, conforme consta da própria DLPA.

13.4.4 Modelo de DLPA

A DLPA também é apresentada no formato vertical. Veja:

Companhia:
DEMONSTRAÇÃO DE LUCROS OU PREJUÍZOS ACUMULADOS
Exercício findo em:

DESCRIÇÃO	EXERCÍCIO ATUAL $	EXERCÍCIO ANTERIOR $
1. Saldo no Início do Período		
2. Ajustes de Exercícios Anteriores		
3. Saldo Ajustado		
4. Lucro ou Prejuízo do Exercício		
5. Reversão de Reservas		
6. Saldo a Disposição		
7. Destinação do Exercício		
· Reserva Legal		
· Reserva Estatutária		
· Reserva para Contingência		
· Outras Reservas		
· Dividendos Obrigatórios ($ por ação)		
· Juros sobre Capital Próprio		
8. Saldo no Fim do Exercício		

13.5 Demonstração das Mutações do Patrimônio Líquido (DMPL)

13.5.1 Conceito

A **Demonstração das Mutações do Patrimônio Líquido** (DMPL) é um relatório contábil que visa a evidenciar as variações ocorridas em todas as contas que compõem o Patrimônio Líquido em um determinado período.

13.5.2 Estrutura da DMPL

A Lei n. 6.404/1976 não fixa um modelo de DMPL que deva ser utilizado pelas empresas; entretanto, menciona essa demonstração § 2º do artigo 186, quando permite que a DLPA seja incluída nela, se elaborada e publicada pela companhia. Assim, as mesmas informações que a Lei determina para a DLPA devem constar na DMPL, considerando que, nesta, as informações serão relativas à movimentação de todas as contas do Patrimônio Líquido.

Convencionalmente, as empresas têm elaborado a DMPL em um gráfico com colunas, sendo destinada uma coluna para cada conta integrante do Patrimônio Líquido, observando-se que a primeira coluna é reservada para a descrição da natureza das transações que provocaram as mutações, e a última coluna é utilizada para os totais.

A DMPL conterá, ainda, tantas linhas quantas forem as transações ocorridas e que mereçam ser evidenciadas em relação à movimentação de cada conta, sendo que na primeira linha serão transcritos os saldos iniciais de cada conta e, na última linha, os respectivos saldos finais.

Portanto, a soma algébrica da última linha do demonstrativo, que será indicada na última coluna reservada aos totais, coincidirá com o total dessa mesma coluna e corresponderá ao total do grupo do Patrimônio Líquido constante do Balanço Patrimonial.

Para evitar um número excessivo de colunas na DMPL, as informações relativas ao capital social, as reservas de lucros e de capital poderão ser apresentadas englobadamente em seus respectivos grupos. Nesse caso, os fluxos de recursos de uma conta para outra, que revelam a origem de cada mutação, deverão ser informados em notas explicativas.

13.5.3 Elaboração da DMPL

Os dados para elaboração dessa demonstração são extraídos do livro Razão, bastando, portanto, consultar a movimentação ocorrida, durante o exercício, em cada uma das contas do Patrimônio Líquido.

13.5.4 Modelo de DMPL

Conforme dissemos, a Lei n. 6.404/1976 não fixou um modelo para a DMPL, ficando as empresas livres para elaborá-lo.

O § 1º do artigo 176 da Lei n. 6.404/1976 estabelece, para efeito de comparação, que as Demonstrações Financeiras de cada exercício devem ser divulgadas com a indicação dos valores correspondentes das demonstrações do exercício anterior.

Nas Demonstrações Financeiras que contêm apenas uma coluna de valores, como ocorre, por exemplo, com o Balanço Patrimonial, para atender a essa determinação legal basta inserir uma coluna adicional para as informações do exercício anterior. Essa possibilidade, portanto, não existe na DMPL, uma vez que ela é composta por várias colunas de valores. A solução encontrada é apresentar um demonstrativo duplo, sendo informados inicialmente os dados relativos ao exercício anterior e, na sequência, continuando o demonstrativo, os dados relativos ao exercício atual.

CAPÍTULO 13 • DEMONSTRAÇÕES CONTÁBEIS (FINANCEIRAS) | 429

Veja, portanto, um modelo de DMPL que poderá ser utilizado.

Companhia:
DEMONSTRAÇÃO DAS MUTAÇÕES DO PATRIMÔNIO LÍQUIDO
Exercício findo em:

DESCRIÇÃO	CAPITAL SOCIAL	RESERVAS DE CAPITAL	RESERVAS DE LUCROS	AJUSTES DE AVALIAÇÃO PATRIMONIAL	AÇÕES EM TESOURARIA	PREJUÍZOS ACUMULADOS	LUCROS A DESTINAR	TOTAIS
Saldo em 31/12/x1								
Aumentos de Capital: • com Reservas de Capital								
Lucro ou Prejuízo do Exercício								
Reversão de Reservas								
Destinação do Exercício: • Reserva Legal • Reserva para Investimentos • Dividendos • Juros sobre o Capital Próprio								
Saldo em 31/12/x2								
Aumentos de Capital: • com Reservas de Capital								
Lucro ou Prejuízo do Exercício								
Reversão de Reservas								
Destinação do Exercício: • Reserva Legal • Reserva para Investimentos • Dividendos • Juros sobre o Capital Próprio								
Saldo em 31/12/x3								

OBSERVAÇÕES:
- O título LUCROS A DESTINAR, da penúltima coluna, não corresponde a título de conta integrante do grupo do Patrimônio Líquido. Essa coluna figura na DMPL apenas para permitir a demonstração da destinação do Lucro Líquido do Exercício. O total dessa coluna será sempre igual a zero, não interferindo, portanto, no somatório do grupo do Patrimônio Líquido.
- Nesse exemplo, estamos simulando aumento de capital com incorporação de reservas de capital. Lembramos, no entanto, que nessa linha poderão constar RESERVAS DE LUCROS, AJUSTES DE AVALIAÇÃO PATRIMONIAL, ou ainda Integralizações em Dinheiro ou em Bens, conforme o caso. Quando ocorrer aumento de capital com recursos oriundos de várias fontes, haverá na DMPL uma linha para indicar cada uma dessas origens.
- Observe ainda que, se além dos eventos previstos no modelo de DMPL apresentado tivessem ocorrido outros que também provocassem variações nos saldos das contas do Patrimônio Líquido, no exercício findo ou no anterior, esses eventos também deveriam ser indicados na demonstração. Exemplos desses eventos são: compensação do prejuízo do exercício com reservas; compensação de prejuízos acumulados com lucros, aumentos de capital com reservas de lucros, com o saldo de ajustes de avaliação patrimonial, diminuições de capital, ajustes de exercícios anteriores etc.

Testes de Fixação 2

1. Identifique a alternativa correta:
    1.1 Evidencia a posição patrimonial e financeira da empresa:
    a) Balanço Patrimonial.
    b) DRE.
    c) DLPA.
    d) DMPL.
    1.2 Evidencia a composição do resultado formado num determinado período de operações da empresa:
    a) Balanço Patrimonial.
    b) DRE.
    c) DLPA.
    d) DMPL.
    1.3 Evidencia a destinação do lucro líquido:
    a) Balanço Patrimonial.
    b) DRE.

c) DLPA.
d) DMPL.

2. Responda:

   2.1 Em que Demonstração Contábil são evidenciadas as variações ocorridas em todas as contas que compõem o Patrimônio Líquido?

   2.2 Em que Demonstração Contábil figuram: Resultado Operacional Bruto, Resultado Operacional Líquido e Lucro Líquido do Exercício?

   2.3 O lucro líquido por ação do capital é evidenciado em que Demonstração Contábil?

   2.4 Contabilmente, como devem ser tratadas as doações recebidas do governo em dinheiro, destinadas a investimentos?

   2.5 O que é lucro líquido do exercício?

3. Indique se a afirmativa é falsa ou verdadeira:

   3.1 ( ) A DRE é um relatório contábil que evidencia o resultado econômico da empresa.

   3.2 ( ) Na DRE devem figurar somente contas de resultado.

   3.3 ( ) O lucro operacional líquido é o resultado apurado no desenvolvimento das atividades principais da empresa.

   3.4 ( ) Os Juros sobre o Capital Próprio pagos pela empresa aos seus acionistas devem ser classificados como Despesas Financeiras segundo interpretação do fisco.

   3.5 ( ) São deduções do resultado do exercício as participações e as Despesas Financeiras.

   3.6 ( ) As participações no resultado do exercício são o Imposto de Renda e a Contribuição Social sobre o Lucro Líquido.

   3.7 ( ) A companhia que elaborar e publicar a DMPL estará dispensada da elaboração da DLPA.

13.6 Demonstração dos Fluxos de Caixa (DFC)

13.6.1 Conceito

A **Demonstração dos Fluxos de Caixa** (DFC) é um relatório contábil que tem por fim evidenciar as transações ocorridas em um determinado período e que provocaram modificações no saldo de caixa e equivalentes de caixa.

Trata-se de uma demonstração sintetizada dos fatos administrativos que envolvem os fluxos de dinheiro ocorridos durante um determinado período, devidamente registrados a débito (entradas) e a crédito (saídas) da conta Caixa, da conta Bancos conta Movimento e das contas representativas dos equivalentes de caixa.

13.6.2 Conceito de caixa e equivalentes de caixa

Segundo o item 6 da NBC TG 03, aprovada pela Resolução CFC n. 1296/2010, Caixa compreende numerário em espécie e depósitos bancários disponíveis.

Equivalentes de caixa são aplicações financeiras de curto prazo, de alta liquidez, que são prontamente conversíveis em montante conhecido de caixa e que estão sujeitas a um insignificante risco de mudança de valor.

Fluxos de caixa são as entradas e saídas de caixa e equivalentes de caixa.

Portanto, para fins da DFC, o conceito de caixa engloba todas as disponibilidades da empresa existentes nas contas: Caixa (dinheiro em poder da própria empresa); Bancos conta Movimento (dinheiro da empresa em poder de estabelecimentos bancários, depositado em contas correntes) e Aplicações Financeiras de Liquidez Imediata (dinheiro da empresa investido em aplicações de altíssima liquidez com vencimento de no máximo 3 meses a contar da data em que a empresa efetuou a aplicação.

Essas três contas integram o grupo das Disponibilidades no Ativo Circulante do Balanço Patrimonial.

Exemplos de investimentos financeiros que podem ser considerados como equivalentes de caixa: caderneta de poupança, CDB e RDB prefixados etc.

A DFC, quando elaborada, requer que as aplicações financeiras consideradas pela empresa como equivalentes de caixa sejam relacionadas em notas explicativas.

13.6.3 Estrutura da DFC

A Lei n. 6.404/76 não fixou um modelo de DFC a ser observado por todas as empresas. Ela limitou-se a estabelecer no inciso I do artigo 188 que a DFC deverá indicar no mínimo as alterações ocorridas, durante o exercício, no saldo de caixa e equivalentes de caixa, segregando-se essas alterações em três fluxos: das operações, dos financiamentos e dos investimentos.

13.6.4 Classificação das entradas e saídas de caixa por atividades

Conforme estabelece o inciso I do artigo 188 da Lei n. 6.404/76 e, ainda, de conformidade com as orientações contidas na NBC TG03, o ideal é que as transações relativas às entradas e saídas de caixa sejam selecionadas em três grupos de atividades:

a. **Atividades operacionais**: são as principais atividades geradoras de receita da entidade. Podem ser exemplificadas pelo recebimento de uma venda, pagamento de fornecedores por compra de materiais, pagamento dos funcionários etc. Devem ser classificadas como operacionais, todas as demais atividades que não se enquadrem como de investimento ou de financiamento.

b. **Atividades de investimento**: são as referentes à aquisição e à venda de Ativos de longo prazo e de outros investimentos não incluídos nos equivalentes de caixa.

São exemplos, as aquisições ou vendas de participações em outras empresas e de Ativos utilizados na produção de bens ou na prestação de serviços ligados ao objeto social da empresa. É importante citar que as atividades de investimento não compreendem a aquisição de Ativos com o objetivo de revenda.

c. **Atividades de financiamento**: são aquelas que resultam em mudanças no tamanho e na composição do capital próprio e no capital de terceiros da entidade. Compreendem a captação de recursos dos acionistas ou cotistas e seu retorno em forma de lucros ou dividendos, a captação de empréstimos ou outros recursos, sua amortização e remuneração.

É importante salientar que cuidados especiais precisam ser tomados no momento da classificação das transações em seus respectivos grupos de atividades.

Ocorre que determinados recebimentos ou pagamentos de caixa podem ter características que se enquadrem tanto no fluxo de caixa das atividades operacionais, como nas atividades de financiamento, ou nas atividades de investimento. Assim, os desembolsos efetuados para pagamento a fornecedores decorrentes de financiamentos para aquisição de bens destinados à produção ou à venda devem ser classificados como atividades operacionais; os desembolsos efetuados para pagamentos a fornecedores decorrentes de financiamentos obtidos para aquisição de bens do Ativo Não Circulante devem ser classificados como atividades de investimento; enquanto os desembolsos efetuados para pagamento a credores referentes a empréstimos efetuados para aplicação na expansão do empreendimento devem ser classificados como atividades de financiamento.

Para as normas internacionais derivadas do IASB, os juros pagos que serão capitalizados juntamente ao valor de um Ativo, devem ser classificados juntamente com o Ativo ao qual estes pagamentos foram efetuados. Assim, quando os juros pagos forem capitalizados como parte do custo do imobilizado ou do intangível, deverá integrar o grupo das Atividades de investimentos; quando Capitalizados como parte do custo dos Estoques, deverá ser classificado entre as Atividades Operacionais.

13.6.5 Transações que devem integrar a DFcx

13.6.5.1 Atividades operacionais

A NBC TG 03, em seu item 14, apresenta os seguintes exemplos de fluxos de caixa que decorrem das atividades operacionais:

a. recebimentos de caixa pela venda de mercadorias e pela prestação de serviços;
b. recebimentos de caixa decorrentes de royalties, honorários, comissões e outras receitas;

c. pagamentos de caixa a fornecedores de mercadorias e serviços;

d. pagamentos de caixa a empregados ou por conta de empregados;

e. recebimentos e pagamentos de caixa por seguradora de prêmios e sinistros, anuidades e outros benefícios da apólice;

f. pagamentos ou restituição de caixa de impostos sobre a renda, a menos que possam ser especificamente identificados com as atividades de financiamento ou de investimento; e

g. recebimentos e pagamentos de caixa de contratos mantidos para negociação imediata ou disponíveis para venda futura.

Algumas transações, como a venda de item do imobilizado, podem resultar em ganho ou perda, que é incluído na apuração do lucro líquido ou prejuízo. Os fluxos de caixa relativos a tais transações são fluxos de caixa provenientes de atividades de investimento. Entretanto, pagamentos em caixa para a produção ou a aquisição de ativos mantidos para aluguel a terceiros que, em sequência, são vendidos, conforme descrito no item 68A da NBC TG 27 – Ativo Imobilizado são fluxos de caixa advindos das atividades operacionais. Os recebimentos de aluguéis e das vendas subsequentes de tais ativos são também fluxos de caixa das atividades operacionais.

13.6.5.2 Atividades de investimento

A NBC TG 03, em seu item 14, apresenta os seguintes exemplos de fluxos de caixa advindos das atividades de investimento:

a. pagamentos em caixa para aquisição de ativo imobilizado, intangíveis e outros ativos de longo prazo. Esses pagamentos incluem aqueles relacionados aos custos de desenvolvimento ativados e aos ativos imobilizados de construção própria;

b. recebimentos de caixa resultantes da venda de ativo imobilizado, intangíveis e outros ativos de longo prazo;

c. pagamentos em caixa para aquisição de instrumentos patrimoniais ou instrumentos de dívida de outras entidades e participações societárias em *joint ventures* (exceto aqueles pagamentos referentes a títulos considerados como equivalentes de caixa ou aqueles mantidos para negociação imediata ou futura);

d. recebimentos de caixa provenientes da venda de instrumentos patrimoniais ou instrumentos de dívida de outras entidades e participações societárias em *joint ventures* (exceto aqueles recebimentos referentes aos títulos considerados como equivalentes de caixa e aqueles mantidos para negociação imediata ou futura);

e. adiantamentos em caixa e empréstimos feitos a terceiros (exceto aqueles adiantamentos e empréstimos feitos por instituição financeira);

f. recebimentos de caixa pela liquidação de adiantamentos ou amortização de empréstimos concedidos a terceiros (exceto aqueles adiantamentos e empréstimos de instituição financeira);

g. pagamentos em caixa por contratos futuros, a termo, de opção e *swap*, exceto quando tais contratos forem mantidos para negociação imediata ou futura, ou os pagamentos forem classificados como atividades de financiamento; e

h. recebimentos de caixa por contratos futuros, a termo, de opção e *swap*, exceto quando tais contratos forem mantidos para negociação imediata ou venda futura, ou os recebimentos forem classificados como atividades de financiamento.

Quando um contrato for contabilizado como proteção (*hedge*) de posição identificável, os fluxos de caixa do contrato devem ser classificados do mesmo modo como foram classificados os fluxos de caixa da posição que estiver sendo protegida.

13.6.5.3 Atividades de financiamento

A NBC TG 03, em seu item 17, apresenta os seguintes exemplos de fluxos de caixa advindos das atividades de financiamento:

a. caixa recebido pela emissão de ações ou outros instrumentos patrimoniais;

b. pagamentos em caixa a investidores para adquirir ou resgatar ações da entidade;

c. caixa recebido pela emissão de debêntures, empréstimos, notas promissórias, outros títulos de dívida, hipotecas e outros empréstimos de curto e longo prazos;

d. amortização de empréstimos e financiamentos; e

e. pagamentos em caixa pelo arrendatário para redução do Passivo relativo a arrendamento mercantil financeiro.

13.6.6 Transações que não devem integrar a DFC

Sendo o objetivo de a DFC apresentar as transações que correspondem a entradas e saídas de recursos financeiros na empresa, obviamente, aquelas transações que não movimentam dinheiro não devem integrá-la.

Segundo o item 44 da NBC TG 03, muitas atividades de investimento e de financiamento não têm impacto direto sobre os fluxos de caixa correntes, muito embora afetem a estrutura de capital e de ativos da entidade.

A exclusão de transações que não envolvem caixa ou equivalentes de caixa da demonstração dos fluxos de caixa é consistente com o objetivo da referida demonstração, visto que tais itens não envolvem fluxos de caixa no período corrente.

Exemplos de transações que não envolvem caixa ou equivalente de caixa são:

a. a aquisição de ativos quer seja pela assunção direta do passivo respectivo, quer seja por meio de arrendamento financeiro;
b. a aquisição de entidade por meio de emissão de instrumentos patrimoniais; e
c. a conversão de dívida em instrumentos patrimoniais.

Veja outros exemplos:
- Aumentos de capital com o aproveitamento de reservas.
- Aumentos de capital com conversão de obrigações de curto ou de longo prazo.
- Aumentos de capital com integralização em bens do Ativo Imobilizado.
- Recebimento de doações, exceto em dinheiro.
- Transferências de valores do exigível a longo prazo para o Passivo Circulante e do Realizável a Longo Prazo para o Ativo Circulante.
- Distribuição de dividendos, enquanto não forem pagos. Essa transação reduz o Patrimônio Líquido e aumenta o Passivo Circulante, porém não movimenta o caixa. É bom ressaltar que, no momento do pagamento dos dividendos, por ocorrer saída de numerário do disponível, o caixa ficará afetado e, consequentemente, o fato será informado na DFC.
- Compensações de valores Passivos com valores Ativos, desde que não envolvam dinheiro etc.

13.6.7 Métodos de Estruturação da DFC

Existem dois métodos que podem ser utilizados para a estruturação da DFC: direto e indireto.

Esses métodos diferem somente em relação a forma de apresentação dos fluxos de caixa derivados das atividades operacionais, uma vez que as formas de apresentação dos fluxos de caixa das atividades de investimento e de financiamento são as mesmas nos dois métodos.

13.6.7.1 Método indireto

13.6.7.1.1 Introdução

Por esse método, também denominado Método da Reconciliação, os recursos derivados das atividades operacionais são demonstrados a partir do resultado do exercício (lucro ou prejuízo) antes da tributação pela CSLL e pelo IR, e ajustado pela adição das despesas e exclusão das receitas consideradas na apuração do resultado e que não afetaram o caixa da empresa, isto é, que não representaram saídas ou entradas de dinheiro, bem como pela exclusão das receitas realizadas no exercício e recebidas no exercício anterior; pela adição das receitas recebidas antecipadamente que não foram consideradas na apuração do resultado, pela exclusão das despesas incorridas no período porém pagas no exercício anterior e pela inclusão das despesas do exercício seguinte pagas antecipadamente que representam saídas de caixa e não integram o resultado do período. Exclui-se, também do Resultado, os Resultados obtidos nas transações de bens classificados nos subgrupos de Investimentos, Imobilizado e Intangível, todos do Ativo Não Circulante, uma vez que as baixas referentes a esses bens devem ser indicadas pelos valores brutos entre as atividades de investimento.

Finalmente deve-se incluir entre os ajustes, as variações positivas ou negativas ocorridas no período nos estoques e nas contas operacionais a receber e a pagar, uma vez que essas variações, por não representarem despesas nem receitas, não foram incluídas na apuração do resultado do exercício e, também, pela natureza não integrarão os fluxos de caixa das atividades de investimento e de financiamento.

Veja o que estabelece o item 20 da NBC TG 03:

> "De acordo com o método indireto, o fluxo de caixa líquido advindo das atividades operacionais é determinado ajustando o lucro líquido ou prejuízo quanto aos efeitos de:
>
> a. variações ocorridas no período nos estoques e nas contas operacionais a receber e a pagar;
>
> b. itens que não afetam o caixa, tais como depreciação, provisões, tributos diferidos, ganhos e perdas cambiais não realizados e resultado de equivalência patrimonial quando aplicável; e
>
> c. todos os outros itens tratados como fluxos de caixa advindos das atividades de investimento e de financiamento."

13.6.7.1.2 Modelo

Companhia:
DEMONSTRAÇÃO DOS FLUXOS DE CAIXA
Exercício findo em:

DESCRIÇÃO	EXERCÍCIO ATUAL $	EXERCÍCIO ANTERIOR $
1. FLUXOS DE CAIXA DAS ATIVIDADES OPERACIONAIS		
Resultado do Exercício antes do IR e da CSLL		
• Ajustes por:		
(+) Depreciação, amortização etc.		
(+/−) Resultado na venda de Ativos Não Circulantes		
(+/−) Equivalência patrimonial		
• Variações nos Ativos e Passivos		
• (Aumento) Redução em contas a receber		
• (Aumento) Redução dos estoques		
• Aumento (Redução) em Fornecedores		
• Aumento (Redução) em Contas a Pagar		
• Aumento (Redução) no IR e na CSL		
• (=) Disponibilidades líquidas geradas pelas (aplicadas nas) atividades operacionais		
2. FLUXOS DE CAIXA DAS ATIVIDADES DE INVESTIMENTO		
(−) Compras de Investimentos		
(−) Compras do Imobilizado		
(−) Compras do Intangível		
(+) Recebimentos por vendas de Investimentos		
(+) Recebimentos por vendas do Imobilizado		
(+) Recebimento por vendas do Intangível		
(+) Recebimento de dividendos		
• (=) Disponibilidades líquidas geradas pelas (aplicadas nas) atividades de investimento		
3. FLUXOS DE CAIXA DAS ATIVIDADES DE FINANCIAMENTO		
(+) Integralização de capital		
(+) Empréstimos tomados		
(−) Pagamento de dividendos		
(−) Pagamento de Empréstimos		
• (=) Disponibilidades líquidas geradas pelas (aplicadas nas) atividades de financiamento		
4. AUMENTO (REDUÇÃO) NAS DISPONIBILIDADES (1+/−2+/−3)		
5. DISPONIBILIDADES NO INÍCIO DO PERÍODO		
6. DISPONIBILIDADES NO FINAL DO PERÍODO (4+/−5)		

13.6.7.2 Método direto

A DFC pelo método direto é semelhante à DFC pelo método indireto. O que diverge esses dois métodos, conforme já dissemos, é a forma de apresentação das atividades operacionais. No método indireto, os recursos derivados das atividades operacionais, são indicados a partir do resultado do exercício antes da tributação pela CSLL e IR (lucro líquido ou prejuízo), ajustado, conforme já vimos. No método direto, os recursos derivados das operações são indicados a partir dos recebimentos e pagamentos decorrentes das operações normais, efetuados durante o período.

Segundo a alínea "a" do item 18 da NBC TG 03, pelo método direto, as atividades operacionais são apresentadas pelas principais classes de recebimentos brutos e pagamentos brutos.

Quando a empresa optar pela elaboração da DFC pelo método direto, deverá divulgar, adicionalmente, uma conciliação entre o lucro líquido e o fluxo de caixa líquido das atividades operacionais. A conciliação deve apresentar, separadamente, por categoria, os principais itens a serem conciliados, à semelhança do que deve fazer a entidade que usa o método indireto em relação aos ajustes ao lucro líquido ou prejuízo para apurar o fluxo de caixa líquido das atividades operacionais. (Item 20A da NBC TG 03)

13.6.8 Como elaborar a DFC

Para a elaboração da DFC, seja pelo método direto ou indireto, os dados são coletados dos Balanços do exercício (atual e anterior) e da DRE do exercício atual, além de consultas em fichas de Razão de algumas contas.

13.6.9 Exemplo prático

Vamos apresentar a seguir, oito operações realizadas em uma empresa comercial durante dois períodos e os reflexos dessas operações na DFC.

Veja como é fácil:

Período x1

Fato 1: Em 10 de novembro, Ronaldo constituiu uma empresa para explorar o ramo de comércio de calçados, com capital de $ 30.000 integralizado em dinheiro.

Fato 2: Em 25 de novembro tomou emprestado do banco Urupês S/A, a importância de $ 20.000.

Fato 3: Em 30 de novembro, comprou móveis para uso, no valor de $ 10.000, tendo pago em dinheiro.

Veja como ficará a DFC da empresa de Ronaldo, considerando somente esses três fatos:

DEMONSTRAÇÃO DOS FLUXOS DE CAIXA
Período x1

1. FLUXOS DE CAIXA DAS ATIVIDADES OPERACIONAIS	
2. FLUXOS DE CAIXA DAS ATIVIDADES DE INVESTIMENTO	
(–) Compras do Imobilizado	(10.000)
(=) Disponibilidades líquidas aplicadas nas atividades de investimento	(10.000)
3. FLUXOS DE CAIXA DAS ATIVIDADES DE FINANCIAMENTO	
(+) Integralização de capital	30.000
(+) Empréstimos tomados	20.000
(=) Disponibilidades líquidas geradas pelas atividades de financiamento	50.000
4. AUMENTO (REDUÇÃO) NAS DISPONIBILIDADES (2 – 3)	40.000
5. DISPONIBILIDADES NO INÍCIO DO PERÍODO	ZERO
6. DISPONIBILIDADES NO FINAL DO PERÍODO (4 + 5)	40.000

Período x2

Fato 4: em 01 de dezembro, comprou, à vista, um lote de mercadorias no valor de $ 30.000.

Fato 5: em 10 de dezembro, pagou despesas de aluguel, em dinheiro, no valor de $ 2.000.

Fato 6: Em 12 de dezembro, vendeu todo o lote de mercadorias, à vista, por $ 39.000.

Fato 7: em 15 de dezembro, pagou uma parcela do financiamento no valor de $ 2.000, com juros de $ 50.

Fato 8: em 20 de dezembro, vendeu parte dos Móveis e Utensílios por $ 5.000, cujo custo de aquisição foi igual a 4.000.

Veja, agora como ficará a DFC da empresa de Ronaldo, no final de x2:

Antes, porém, é preciso elaborar a Demonstração do Resultado do Exercício do período, veja:

DEMONSTRAÇÃO DOS FLUXOS DE CAIXA
Período x2

Receita Bruta de Vendas de Mercadorias	39.000
(–) Custo das mercadorias vendidas	(30.000)
= Lucro Bruto	9.000
(–) Despesas de aluguel	(2.000)
(–) Despesas de Juros	(50)
(= Lucro Operacional)	6.950
(+) Outras receitas	1.000
(=) Resultado antes dos Tributos sobre o Lucro	6.950

Examine a DFC a seguir e você compreenderá os reflexos provocados pelos fatos de x2.

DEMONSTRAÇÃO DOS FLUXOS DE CAIXA PELO MÉTODO INDIRETO
Período x2

1. FLUXOS DE CAIXA DAS ATIVIDADES OPERACIONAIS	7.950
Resultado do exercício do período	
Ajustes para conciliar o resultado às disponibilidades geradas pelas atividades operacionais	
(–) Resultado na venda de Ativos Não Circulantes	(1.000)
(=) Disponibilidades líquidas geradas pelas atividades operacionais	6.950
2. FLUXOS DE CAIXA DAS ATIVIDADES DE INVESTIMENTO	
(+) Recebimentos por vendas do Imobilizado	5.000
(=) Disponibilidades líquidas geradas pelas atividades de investimento	5.000
3. FLUXOS DE CAIXA DAS ATIVIDADES DE FINANCIAMENTO	(2.000)
(–) Pagamento de Empréstimos	
(=) Disponibilidades líquidas aplicadas nas atividades de financiamento	(2.000)
4. AUMENTO NAS DISPONIBILIDADES (1 + 2 – 3)	9.950
5. DISPONIBILIDADES NO INÍCIO DO PERÍODO	40.000
6. DISPONIBILIDADES NO FINAL DO PERÍODO (4+5)	49.950

13.7 Demonstração do Valor Adicionado (DVA)

13.7.1 Conceito

A **Demonstração do Valor Adicionado** (DVA) é um relatório contábil que evidencia o quanto de riqueza uma empresa produziu, isto é, o quanto ela adicionou de valor aos seus fatores de produção, e o quanto e de que forma essa riqueza foi distribuída (entre empregados, Governo, acionistas, financiadores de capital), bem como a parcela da riqueza não distribuída.

Desse modo, a DVA tem por finalidade demonstrar a origem da riqueza gerada pela empresa, e como essa riqueza foi distribuída entre os diversos setores que contribuíram, direta ou indiretamente, para a sua geração.

O valor adicionado que é demonstrado na DVA corresponde à diferença entre o valor da receita de vendas e os custos dos recursos adquiridos de terceiros.

Para exemplificar, consideremos que uma determinada unidade de mercadoria, adquirida do fornecedor por $ 20, tenha sido vendida pela empresa comercial por $ 30. Nesse caso, o valor adicionado pela empresa comercial corresponde a $ 10 ($ 30 – $ 20).

Note bem: embora a receita bruta de vendas dessa empresa comercial tenha sido de $ 30, ela agregou à economia do país apenas $ 10, uma vez que os outros $ 20 representam riquezas já geradas por empresas integrantes da cadeia produtiva, porém em outras etapas (agricultura, indústria, comércio atacadista e serviços).

O valor adicionado de $ 10, portanto, corresponde à remuneração dos esforços que a empresa despendeu no desenvolvimento de suas atividades. Entre esses esforços, incluem-se os empregados (fonte de mão de obra), os investidores (fonte de capital próprio), os financiadores (fonte de capitais de terceiros) e o Governo, que será remunerado por meio dos impostos como contrapartida dos benefícios sociais que oferece a toda a sociedade, inclusive às empresas.

Assim, o valor adicionado gerado em cada empresa em um determinado período representa o quanto essa empresa contribuiu para a formação do Produto Interno Bruto (PIB) do país no referido período.

O PIB é um indicador próprio para mensurar a atividade econômica de uma região. Consiste na soma (em valores monetários) de todos os bens e serviços finais produzidos em uma região (país, Estado etc.) durante um determinado período (ano, mês etc.).

13.7.2 Riqueza de informações

A DVA é uma demonstração financeira (contábil) com informações de natureza social, diferente, portanto, da natureza das demais demonstrações financeiras (contábeis) exigidas pela Lei das Sociedades por Ações.

Não restam dúvidas de que a DVA representa um grande avanço para a própria ciência contábil, especialmente porque os indicadores e informações de natureza social que ela oferece atingem um universo maior de usuários ao evidenciar a riqueza gerada pela empresa e a forma como essa riqueza foi distribuída entre os empregados (salários e benefícios), acionistas (remuneração do capital investido em forma de juros e dividendos), financiadores (pagamentos de juros e do custo dos insumos adquiridos de fornecedores) e a sociedade (por meio do recolhimento dos tributos ao governo).

Entretanto, precisamos tomar cuidado para evitar supervalorizar esse demonstrativo em detrimento dos demais, que continuam perfeitamente válidos e bastante úteis pelas informações técnicas que oferecem acerca da situação patrimonial, bem como da gestão econômica e financeira do patrimônio empresarial.

Um modo bem simples de aquilatar a riqueza de informações que se pode extrair da DVA consiste em comparar o percentual de cada item que a compõe em relação ao valor adicionado nela explicitado.

Assim, pode-se conhecer o quanto a empresa gerou de riqueza e como essa riqueza foi distribuída em benefício da coletividade, bem como qual foi a parcela de contribuição de cada setor da coletividade na formação dessa mesma riqueza.

13.7.3 Elaboração da DVA

As informações contidas na DVA derivam das contas de resultado e também de algumas contas patrimoniais.

As contas de resultado que serão consultadas para a elaboração da DVA são todas aquelas que representam as despesas, os custos e as receitas, observado o Regime de Competência.

As contas patrimoniais das quais serão extraídas informações para a elaboração da DVA são aquelas representativas das participações de terceiros (tributos sobre o lucro líquido, debenturistas, empregados, administradores etc.), bem como aquelas representativas da remuneração dos acionistas pelo capital investido (juros e dividendos).

Portanto, para elaborar a DVA, o contabilista deve coletar dados diretamente do livro Razão. Caso o livro Razão seja processado manualmente ou por meio do computador e não estejam previstas contas sintéticas que agrupem valores conforme deverão figurar na DVA, torna-se imprescindível fazer esses agrupamentos para facilitar a elaboração desse demonstrativo.

NOTA:
- Uma boa dica para a elaboração da DVA é que as informações nela apresentadas podem ser extraídas dos lançamentos de Diário relativos à contabilização do resultado bruto, do resultado líquido, das deduções, participações e destinações do resultado.

13.7.4 Estrutura da DVA

Também em relação a esse demonstrativo contábil, a Lei não oferece detalhes acerca dos itens que o integrarão, deixando a normatização dessa matéria a cargo dos órgãos reguladores.

No entanto, no inciso II do artigo 188, a Lei apresenta as informações mínimas que devem ser indicadas na DVA, como: o valor da riqueza gerada pela companhia; a sua distribuição entre os elementos que contribuíram para a geração dessa riqueza, tais como empregados, financiadores, acionistas, Governo e outros; e a parcela da riqueza não distribuída.

13.7.5 Modelo de DVA

Veja o modelo de Demonstração do Valor Adicionado, apropriado para as empresas em geral (comerciais, industriais e prestadoras de serviços), constante da NBC TG 09.

Companhia:
DEMONSTRAÇÃO DO VALOR ADICIONADO
Exercício findo em:

DESCRIÇÃO	EXERCÍCIO ATUAL $	EXERCÍCIO ANTERIOR $
1. RECEITAS (soma dos itens 1.1 a 1.4)		
1.1 Vendas de mercadorias, produtos e serviços		
1.2 Outras receitas		
1.3 Receitas relativas à construção de ativos próprios		

CONTINUA

CONTINUAÇÃO

DESCRIÇÃO	EXERCÍCIO ATUAL $	EXERCÍCIO ANTERIOR $
1.4 Provisão para créditos de liquidação duvidosa — Reversão / (Constituição)		
2. INSUMOS ADQUIRIDOS DE TERCEIROS (inclui os valores dos impostos ICMS, IPI, PIS e COFINS)		
2.1 Custos dos produtos, das mercadorias e dos serviços vendidos		
2.2 Materiais, energia, serviços de terceiros e outros		
2.3 Perda / Recuperação de valores ativos		
2.4 Outras (especificar)		
3. VALOR ADICIONADO BRUTO (1 – 2)		
4. DEPRECIAÇÃO, AMORTIZAÇÃO E EXAUSTÃO		
5. VALOR ADICIONADO LÍQUIDO PRODUZIDO PELA ENTIDADE (3 – 4)		
6. VALOR ADICIONADO RECEBIDO EM TRANSFERÊNCIA		
6.1 Resultado de equivalência patrimonial		
6.2 Receitas financeiras		
6.3 Outras		
7. VALOR ADICIONADO TOTAL A DISTRIBUIR (5 + 6)		
8. DISTRIBUIÇÃO DO VALOR ADICIONADO*		
8.1 Pessoal		
8.1.1 Remuneração direta		
8.1.2 Benefícios		
8.1.3 FGTS		
8.2 Impostos, taxas e contribuições		
8.2.1 Federais		
8.2.2 Estaduais		
8.2.3 Municipais		
8.3 Remuneração de capitais de terceiros		
8.3.1 Juros		
8.3.2 Aluguéis		
8.3.3 Outras		
8.4 Remuneração de capitais próprios		
8.4.1 Juros sobre o capital próprio		
8.4.2 Dividendos		
8.5 Lucros retidos / prejuízo do exercício		
8.6 Participação dos não controladores nos lucros retidos (Só para consolidação)		

(*) O total do item 8 deve ser exatamente igual ao item 7.

13.7.6 Instruções para o preenchimento da DVA[1]

As informações apresentadas na DVA estão divididas em duas partes: na primeira parte, itens 1 a 7, é apresentada a riqueza criada pela entidade e na segunda parte (item 8), é apresentado como essa riqueza foi distribuída.

1. RECEITAS (soma algébrica dos itens 1.1 a 1.4)

    1.1 Vendas de mercadorias, produtos e serviços: representa os valores reconhecidos na Contabilidade a esse título pelo Regime de Competência e incluídos na Demonstração do Resultado do Período. Inclui os valores dos tributos incidentes sobre essas receitas (por exemplo, ICMS, IPI, PIS e COFINS), ou seja, corresponde ao ingresso bruto ou faturamento bruto, mesmo quando na Demonstração do Resultado tais tributos estejam fora do cômputo dessas receitas.

    1.2 Outras receitas: representam os valores que sejam oriundos, principalmente, de baixas por alienação de ativos não circulantes, tais como resultados na venda de imobilizado, de investimentos, e outras transações incluídas na Demonstração do Resultado do Exercício que não configuram reconhecimento de transferência à entidade de riqueza criada por outras entidades.

    Diferentemente dos critérios contábeis, também incluem valores que não transitam pela Demonstração do Resultado, como aqueles relativos à construção de Ativos para uso próprio da entidade (veja Seção 13.7.7) e aos juros pagos ou creditados que tenham sido incorporados aos valores dos Ativos de longo prazo (normalmente, imobilizados).

    No caso de estoques de longa maturação, os juros a eles incorporados deverão ser destacados como distribuição da riqueza no momento em que os respectivos estoques forem baixados; dessa forma, não há que se considerar esse valor como outras receitas. Inclui, também, os tributos incidentes sobre essas receitas.

    1.3 Receitas relativas à construção de Ativos próprios: (ver Seção 10.8.7).

    1.4 Provisão para créditos de liquidação duvidosa – Reversão/(Constituição): inclui os valores relativos à constituição e reversão dessa provisão.

2. INSUMOS ADQUIRIDOS DE TERCEIROS (soma dos itens 2.1 a 2.4)

    2.1 Custos dos produtos, das mercadorias e dos serviços vendidos: inclui os valores das matérias-primas adquiridas junto a terceiros e contidas no custo

---

[1] O texto desta seção foi extraído da NBC TG 09.

do produto vendido, das mercadorias e dos serviços vendidos adquiridos de terceiros; não inclui gastos com pessoal próprio.

2.2 Materiais, energia, serviços de terceiros e outros: inclui valores relativos às despesas originadas da utilização desses bens, utilidades e serviços adquiridos junto a terceiros.

Nos valores dos custos dos produtos e mercadorias vendidos, materiais, serviços, energia etc. consumidos, devem ser considerados os tributos incluídos no momento das compras (por exemplo, ICMS, IPI, PIS e COFINS), recuperáveis ou não. Esse procedimento é diferente das práticas utilizadas na Demonstração do Resultado.

2.3 Perda e Recuperação de valores ativos: inclui valores relativos a ajustes por avaliação a valor de mercado de estoques, imobilizados, investimentos etc. Também devem ser incluídos os valores das perdas por desvalorização de Ativos (tanto a despesa – momento do reconhecimento da perda – como as receitas – momento das reversões), conforme disciplinas contidas na NBC TG 01 – Redução ao Valor Recuperável de Ativos (se no período o valor líquido for positivo, deve ser somado)

2.4 Outras (especificar)

3. **VALOR ADICIONADO BRUTO** (diferença entre os itens 1 e 2).

4. **DEPRECIAÇÃO, AMORTIZAÇÃO E EXAUSTÃO**: representam os valores reconhecidos no período e normalmente utilizados para conciliação entre o fluxo de caixa das atividades operacionais e o resultado líquido do exercício. Inclui a despesa ou o custo contabilizados no período.

5. **VALOR ADICIONADO LÍQUIDO PRODUZIDO PELA ENTIDADE** (diferença entre os itens 3 e 4).

6. **VALOR ADICIONADO RECEBIDO EM TRANSFERÊNCIA** (soma dos itens 6.1 a 6.3)

    6.1 Resultado de equivalência patrimonial: pode representar receita ou despesa; se despesa, deve ser considerado como redução ou valor negativo.

    6.2 Receitas financeiras: Inclui todas as receitas financeiras, inclusive as variações cambiais ativas, independentemente de sua origem.

    6.3 Outras receitas: Inclui os dividendos relativos a investimentos avaliados ao custo, aluguéis, direitos de franquia etc.

7. **VALOR ADICIONADO TOTAL A DISTRIBUIR** (soma dos itens 5 e 6)

8. **DISTRIBUIÇÃO DO VALOR ADICIONADO (★):** soma dos itens 8.1 a 8.5).
   - 8.1 Pessoal: valores apropriados ao custo e ao resultado do exercício na forma de:
     - 8.1.1 Remuneração direta: representada pelos valores relativos a salários, 13º salário, honorários da administração (inclusive os pagamentos baseados em ações), férias, comissões, horas extras, participação de empregados nos resultados etc.
     - 8.1.2 Benefícios: representados pelos valores relativos a assistência médica, alimentação, transporte, planos de aposentadoria etc.
     - 8.1.3 FGTS: representado pelos valores depositados em conta vinculada dos empregados.
   - 8.2 Impostos, taxas e contribuições: valores relativos ao imposto de renda, contribuição social sobre o lucro, contribuições ao INSS (incluídos aqui os valores do Seguro de Acidentes do Trabalho) que sejam ônus do empregador, bem como os demais impostos e contribuições a que a empresa esteja sujeita. Para os impostos compensáveis, tais como ICMS, IPI, PIS e COFINS, devem ser considerados apenas os valores devidos ou já recolhidos, e representam a diferença entre os impostos e contribuições incidentes sobre as receitas e os respectivos valores incidentes sobre os itens considerados como "insumos adquiridos de terceiros".
     - 8.2.1 Federais: inclui os tributos devidos à União, inclusive aqueles que são repassados no todo ou em parte aos Estados, Municípios, Autarquias etc., tais como: IRPJ, CSSL, IPI, CIDE, PIS, COFINS. Inclui também a contribuição sindical patronal.
     - 8.2.2 Estaduais: inclui os tributos devidos aos Estados, inclusive aqueles que são repassados no todo ou em parte aos Municípios, Autarquias etc., tais como o ICMS e o IPVA.
     - 8.2.3 Municipais: inclui os tributos devidos aos Municípios, inclusive aqueles que são repassados no todo ou em parte às Autarquias, ou quaisquer outras entidades, tais como o ISS e o IPTU.
   - 8.3 Remuneração de capitais de terceiros: valores pagos ou creditados aos financiadores externos de capital.
     - 8.3.1 Juros: inclui as despesas financeiras, inclusive as variações cambiais passivas, relativas a quaisquer tipos de empréstimos e financiamentos junto a instituições financeiras, empresas do grupo ou outras formas de obtenção de recursos. Inclui os valores que tenham sido capitalizados no período.
     - 8.3.2 Aluguéis: inclui os aluguéis (inclusive as despesas com arrendamento operacional) pagos ou creditados a terceiros, inclusive os acrescidos aos Ativos.

8.3.3 Outras: inclui outras remunerações que configurem transferência de riqueza a terceiros, mesmo que originadas em capital intelectual, tais como *royalties*, franquia, direitos autorais etc.

8.4 Remuneração de capitais próprios: valores relativos à remuneração atribuída aos sócios e acionistas.

8.4.1 Juros sobre o capital próprio (JCP): inclui os valores pagos ou creditados aos sócios e acionistas por conta do resultado do período, ressalvando-se os valores dos JCP transferidos para conta de reserva de lucros.

8.4.2 Dividendos: devem ser incluídos apenas os valores distribuídos com base no resultado do próprio exercício, desconsiderando-se os dividendos distribuídos com base em lucros acumulados de exercícios anteriores, uma vez que já foram tratados como "lucros retidos" no exercício em que foram gerados.

8.5 Lucros retidos/Prejuízo do exercício: inclui os valores relativos ao lucro do exercício destinados às reservas, inclusive os JCP quando tiverem esse tratamento; nos casos de prejuízo, esse valor deve ser incluído com sinal negativo. As quantias destinadas aos sócios e acionistas na forma de JCP, independentemente de serem registradas como passivo (JCP a pagar) ou como reserva de lucros, devem ter o mesmo tratamento dado aos dividendos no que diz respeito ao exercício a que devem ser imputados.

8.6 Participação dos não controladores nos lucros retidos: este item será informado somente nos casos de consolidação.

13.7.7 Ativos construídos pela empresa para uso próprio[2]

A construção de Ativos dentro da própria empresa para seu próprio uso é procedimento comum. Nessa construção diversos fatores de produção são utilizados, inclusive a contratação de recursos externos (por exemplo, materiais e mão de obra terceirizada) e a utilização de fatores internos como mão de obra, com os consequentes custos que essa contratação e utilização provocam. Para elaboração da DVA, essa construção equivale à produção vendida para a própria empresa, e por isso seu valor contábil integral precisa ser considerado como receita. A mão de obra própria alocada é considerada como distribuição dessa riqueza criada, e eventuais juros ativados e tributos também recebem esse mesmo tratamento. Os gastos com serviços de terceiros e materiais são apropriados como insumos.

---

[2] O texto desta seção foi extraído dos itens 19 a 22 da NBC TG 09.

À medida que tais ativos entrem em operação, a geração de resultados desses Ativos recebe tratamento idêntico aos resultados gerados por qualquer outro ativo adquirido de terceiros; portanto, sua depreciação também deve receber igual tratamento.

Para evitar o desmembramento das despesas de depreciação, na elaboração da DVA, entre os componentes que serviram de base para o respectivo registro do Ativo construído internamente (materiais diversos, mão de obra, impostos, aluguéis e juros), os valores gastos nessa construção devem, no período da construção, ser tratados como Receitas relativas à construção de ativos próprios. Da mesma forma, os componentes de seu custo devem ser alocados na DVA seguindo-se suas respectivas naturezas.

Referido procedimento de reconhecimento dos valores gastos no período como outras receitas, além de aproximar do conceito econômico de valor adicionado, evita controles complexos adicionais, que podem ser custosos, durante toda a vida útil econômica do ativo.

13.8 Notas explicativas

13.8.1 Conceito

As **notas explicativas** são esclarecimentos que visam a complementar as Demonstrações Contábeis e informar os critérios utilizados pela empresa, a composição dos saldos de determinadas contas, os métodos de depreciação, os principais critérios de avaliação dos elementos patrimoniais etc. Enfim, elas facilitam a interpretação dos dados contidos nas Demonstrações Financeiras.

Devem figurar logo em seguida às Demonstrações Financeiras, quando essas forem publicadas pela empresa.

As notas explicativas representam parte integrante das Demonstrações Financeiras.

13.8.2 Notas explicativas segundo a NBC TG 26

Veja, na íntegra, os itens 112 a 116 da NBC TG 26, aprovada pela Resolução CFC n. 1185/2009:

NOTAS EXPLICATIVAS

Estrutura

112. As notas explicativas devem:

a) apresentar informação acerca da base para a elaboração das demonstrações contábeis e das políticas contábeis específicas utilizadas de acordo com os itens 117 a 124;

b) divulgar a informação requerida pelas normas, interpretações e comunicados técnicos que não tenha sido apresentada nas demonstrações contábeis; e

c) prover informação adicional que não tenha sido apresentada nas demonstrações contábeis, mas que seja relevante para sua compreensão.

113. As notas explicativas devem ser apresentadas, tanto quanto seja praticável, de forma sistemática. Na determinação de forma sistemática, a entidade deve considerar os efeitos sobre a compreensibilidade e comparabilidade das suas demonstrações contábeis.

Cada item das demonstrações contábeis deve ter referência cruzada com a respectiva informação apresentada nas notas explicativas.

(Alterado pela NBC TG 26 (R3).)

114. Exemplos de ordenação ou agrupamento sistemático das notas explicativas incluem:

a) dar destaque para as áreas de atividades que a entidade considera mais relevantes para a compreensão do seu desempenho financeiro e da posição financeira, como agrupar informações sobre determinadas atividades operacionais;

b) agrupar informações sobre contas mensuradas de forma semelhante, como os ativos mensurados ao valor justo; ou

c) seguir a ordem das contas das demonstrações do resultado e de outros resultados abrangentes e do balanço patrimonial, tais como:

i) declaração de conformidade com as normas, interpretações e comunicados (ver item 16);

ii) políticas contábeis significativas aplicadas (ver item 117);

iii) informação de suporte de itens apresentados nas demonstrações contábeis pela ordem em que cada demonstração e cada rubrica sejam apresentadas; e

iv) outras divulgações, incluindo:

1) passivos contingentes (ver NBC TG 25) e compromissos contratuais não reconhecidos; e

2) divulgações não financeiras, por exemplo, os objetivos e as políticas de gestão do risco financeiro da entidade (ver NBC TG 40). (Alterado pela NBC TG 26 (R3).)

115. (Eliminado pela NBC TG 26 (R3).)

CONTINUA

CONTINUAÇÃO

> 116. As notas explicativas que proporcionam informação acerca da base para a elaboração das demonstrações contábeis e as políticas contábeis específicas podem ser apresentadas como seção separada das demonstrações contábeis.

13.9 Relatório da diretoria e opinião do auditor independente

13.9.1 Relatório da diretoria

Segundo a legislação atual, para fins de publicação, as companhias estão obrigadas a iniciar a apresentação de suas demonstrações financeiras, com o relatório da diretoria ou do conselho de administração. (Este segundo, nos casos em que a companhia esteja sujeita a manter esse conselho.

O relatório da diretoria nada mais é que uma apresentação do Balanço Patrimonial, bem como das demais demonstrações financeiras aos acionistas. Veja:

RELATÓRIO DA DIRETORIA

Prezados Acionistas,

Em cumprimento às disposições legais e estatutárias, submetemos à apreciação de Vossas Senhorias o Balanço Patrimonial e as demais demonstrações financeiras encerradas em 31 de dezembro de x1. Estaremos à disposição de Vossas Senhorias em nossa sede social para quaisquer outros esclarecimentos.

São Paulo, ... de .... de x1

A Diretoria

Quando a sociedade estiver sujeita a manter o conselho de administração, as demonstrações financeiras serão publicadas precedidas do relatório da administração, o qual apresenta maiores detalhes que o relatório da diretoria. Enquanto o relatório da diretoria se limita em apresentar as demonstrações financeiras aos acionistas, o relatório da administração procura detalhar os dados informados nos diversos demonstrativos, comentando o desempenho da empresa no período, analisando a situação econômica e financeira em comparação com outras empresas do ramo, estudos de projeções para o crescimento a curto e a longo prazos, concluindo, normalmente, com agradecimentos a fornecedores, clientes e funcionários.

13.9.2 Opinião do auditor independente

Segundo estabelecem os §§ 3º e 4º do art. 177 da Lei n. 6.404/1976, as demonstrações financeiras serão assinadas pelos administradores e por contabilistas legalmente habilitados, sendo que as demonstrações financeiras das companhias abertas observarão, ainda, as normas expedidas pela Comissão de Valores Mobiliários, e serão, obrigatoriamente, submetidas a auditoria por auditores independentes registrados na citada comissão.

A companhia contrata auditores independentes, os quais examinam todas as suas demonstrações contábeis (financeiras) bem como a escrita contábil e fiscal (incluindo confrontações entre registros, documentos e bens), aplicando as normas de auditoria com o intuito de comprovar a veracidade dos dados informados nas demonstrações contábeis.

O resultado da auditoria é consubstanciado em um Relatório de Auditoria, no qual o auditor independente expressa, claramente, por escrito, sua opinião sobre as demonstrações contábeis, com base na avaliação das conclusões alcançadas após a realização do seu trabalho. Nele, é descrita, também, a base que o auditor utilizou para emitir sua opinião.

O relatório do auditor independente, que pode ser emitido de forma impressa em papel ou em meio eletrônico, é composto pelos seguintes elementos:

1. Título;
2. Destinatário;
3. Opinião;
4. Base para opinião;
5. Principais assuntos de auditoria;
6. Responsabilidade da administração e da governança;
7. Responsabilidades do auditor independente;
8. Outras responsabilidades relativas à emissão do relatório;
9. Local e data;
10. Nome do auditor independente (pessoa física ou jurídica);
11. Nome do profissional (sócio ou responsável técnico, no caso de o auditor ser pessoa jurídica);
12. Números de registro no CRC da firma de auditoria e do profissional que assina o relatório; e
13. Assinatura do auditor independente.

NOTA:
- É importante destacar que a NBC TA 700 que trata da formação da opinião e emissão do relatório do auditor independente sobre as demonstrações contábeis, apresenta em seu apêndice, exemplos de relatórios do auditor sobre demonstrações contábeis, contudo não estabelece exigências para ordenamento dos elementos que o compõem.

Em decorrência das evidências de auditoria encontradas no desenrolar do seu trabalho, o auditor poderá expressar uma opinião limpa ou uma opinião modificada.

A opinião limpa é também denominada de opinião sem modificação ou ainda de opinião sem ressalva.

A opinião modificada, por sua vez, poderá ser de três tipos, Conforme consta do item 2 da NBC TA 705, a saber: "Opinião com ressalva", "Opinião adversa" e "Abstenção de opinião".

NOTA:
- O relatório do auditor independente pode ser denominado de acordo com a opinião nele expressa. Assim, há o Relatório sem Ressalva; o Relatório com Ressalva, o Relatório Adverso e o Relatório com Abstenção de Opinião.

Veja, a seguir, um exemplo de opinião do auditor independente, extraído do exemplo de Relatório limpo, com opinião não modificada, constante do exemplo 1 do apêndice da NBC TA 700.

Esclarecemos que o mencionado exemplo 1 do apêndice da NBC TA 700, é próprio para entidade listada.

Entidade listada é aquela que tem ações, cotas ou dívidas cotadas ou registradas em bolsas de valores ou negociadas de acordo com os regulamentos de bolsa de valores reconhecida ou outro órgão equivalente.

**RELATÓRIO DO AUDITOR INDEPENDENTE
SOBRE AS DEMONSTRAÇÕES CONTÁBEIS**

Aos acionistas da Companhia ABC [ou outro destinatário apropriado]

Opinião

Examinamos as demonstrações contábeis da Companhia ABC, que compreendem o balanço patrimonial em 31 de dezembro de 20X1 e as respectivas demonstrações do resultado, do resultado abrangente, das mutações do patrimônio líquido e dos fluxos de caixa para o exercício findo nessa data, bem como as correspondentes notas explicativas, incluindo o resumo das principais políticas contábeis.

Em nossa opinião, as demonstrações contábeis acima referidas apresentam adequadamente, em todos os aspectos relevantes, a posição patrimonial e financeira da Companhia ABC em 31 de dezembro de 20X1, o desempenho de suas operações e os seus fluxos de caixa para o exercício findo nessa data, de acordo com as práticas contábeis adotadas no Brasil.

Testes de Fixação 3

1. Identifique a alternativa correta:
    1.1 Para fins da DFC, as transações que envolvem a consecução do objeto social da empresa consideram-se:
    a) Atividades operacionais.
    b) Atividades de investimentos.
    c) Atividades de financiamentos.
    d) N.D.A.
    1.2 Para fins da DFC, as transações com os Ativos Financeiros, bem como as aquisições ou vendas de participações em outras empresas, classificam-se como:
    a) Atividades operacionais.
    b) Atividades de investimentos.
    c) Atividades de financiamentos.
    d) N.D.A.
    1.3 Para fins da DFC, a captação de recursos dos acionistas ou cotistas e seu retorno em forma de lucros ou dividendos classificam-se como:
    a) Atividades operacionais.
    b) Atividades de investimento.
    c) Atividades de financiamentos.
    d) N.D.A.

2. Responda:
    2.1 Analise a relação a seguir e responda a quantidade de atividades operacionais, de investimentos e de financiamentos existentes:
    Recebimentos em dinheiro decorrentes de vendas à vista de mercadorias; recebimento em dinheiro decorrente de indenizações por sinistros; recebimento de fornecedores relativos a devolução de compras para o Ativo Imobilizado; recebimentos em dinheiro decorrentes de integralização de capital.
    2.2 Qual é a Demonstração Contábil que apresenta informações de caráter social?
    2.3 Qual é a finalidade das notas explicativas?

3. Indique se a afirmativa é falsa ou verdadeira:
    3.1 (   ) A DFC é uma demonstração sintetizada dos fatos administrativos que envolvem os fluxos de entradas e saídas de dinheiro na empresa.
    3.2 (   ) Na DFC, as operações que provocaram variações no saldo de caixa e equivalentes de caixa devem ser segregadas no mínimo em três fluxos: das operações, dos financiamentos e dos investimentos.

3.3 (   ) Para fins de elaboração da DFC, considera-se equivalentes de caixa as disponibilidades e os direitos realizáveis a curto prazo.

3.4 (   ) Equivalentes de caixa – compreendem as contas representativas de aplicações financeiras que possuem as mesmas características de liquidez e de disponibilidade imediata.

3.5 (   ) A DFC, quando elaborada, requer que as aplicações financeiras consideradas pela empresa como equivalentes de caixa, sejam relacionadas em notas explicativas.

3.6 (   ) Aumentos de capital com o aproveitamento de reservas não devem integrar a DFC.

3.7 (   ) Na DFC, devem figurar as transações que correspondam a ingressos "virtuais" no Caixa.

3.8 (   ) O método direto utilizado para elaboração da DFC é também denominado método da reconciliação.

3.9 (   ) Pelo método indireto, os recursos derivados das atividades operacionais são demonstrados a partir do lucro líquido do exercício.

3.10 (   ) Pelo método direto, os recursos derivados das operações são indicados na DFC, a partir dos recebimentos e pagamentos.

3.11 (   ) A DVA tem por fim demonstrar a origem da riqueza gerada pela empresa, e como essa riqueza foi distribuída entre os diversos setores que contribuíram, direta ou indiretamente, para a sua geração.

3.12 (   ) O valor adicionado gerado em cada empresa em um determinado período representa o quanto essa empresa contribuiu para a formação do Produto Interno Bruto (PIB) do país no referido período.

3.13 (   ) A DVA revela a riqueza gerada pela empresa e a forma como essa riqueza foi distribuída.

3.14 (   ) As notas explicativas que proporcionam informação acerca da base para a elaboração das Demonstrações Contábeis e as políticas contábeis específicas podem ser apresentadas como seção separada das Demonstrações Contábeis.

3.15 (   ) As companhias estão obrigadas a iniciar a apresentação dos seus Balanços com o relatório do Conselho de Administração.

3.16 (   ) Segundo a Lei n. 6.404/1976, as Demonstrações Financeiras das companhias abertas serão, obrigatoriamente, submetidas à auditoria por auditores independentes registrados na CVM.

Testes de Concursos

1. (Perito Criminal 2002/Policia Federal – CESPE/UNB – Área 1 Ciências Contábeis)

    Artigo 175. O exercício social terá duração de um ano e a data do término será fixada no estatuto.

    Parágrafo único. Na constituição da companhia e nos casos de alteração estatutária o exercício social poderá ter duração diversa.

    Julgue os seguintes itens, considerando o texto acima, extraído da Lei das S.A. Indique C para os itens certos e E para os errados.

    (   ) 1. Apesar de o exercício social normalmente ter a duração de um ano, a companhia pode preparar Balanços semestrais, os quais podem servir de base para a distribuição de dividendos intermediários.

    (   ) 2. A companhia não pode ter um exercício social com período diferente do anual (12 meses).

    (   ) 3. O término do exercício social, quando não estiver previsto no estatuto social da companhia, deve coincidir com o ano civil.

    (   ) 4. Após o encerramento do exercício social, é indispensável a reparação e publicação do Balanço Patrimonial da data final do período contábil.

    (   ) 5. A demonstração do resultado deve ser publicada com a indicação dos valores correspondentes da demonstração do exercício anterior.

2. (Auditor-Fiscal da Previdência Social – AFPS/2002)

    Na Demonstração do Resultado do Exercício são classificados como Outras Despesas ou Outras Receitas:

    a) Ganhos e Perdas de Capital no Ativo Intangível e Resultado de Equivalência Patrimonial.
    b) Perdas Prováveis na Realização de Investimentos e Lucros ou Prejuízos Acumulados.
    c) Resultado de Equivalência Patrimonial e Ganhos e Perdas na Alienação de Investimentos.
    d) Ganhos e Perdas na Alienação de Investimentos e Ganhos e Perdas de Capital no Ativo Intangível.
    e) Variações Monetárias de Obrigações e Créditos e Amortização de Ágio em Investimentos.

3. (Auditor-Fiscal da Previdência Social – AFPS/2002)

    Os fluxos dos caixas podem ser elaborados pelos métodos:

    a) Descontado e direto.
    b) De geração líquida e descontado.

c) Indireto e descontado.
d) Corrente e de geração líquida.
e) Direto e indireto.

4. (TTN-RJ/1992)

ATIVO		PASSIVO	
Caixa	27.000	Fornecedores	100.000
Bancos	63.000	Salários a Pagar	
Mercadorias		Patrimônio Líquido	
Móveis e Utensílios	150.000	Capital	250.000
Duplicatas a Receber	100.000	Reservas	50.000

Considerando os dados acima e sabendo-se que o Passivo é igual ao Ativo Imobilizado, indique a opção que contém os saldos das conta Mercadorias e Salários a Pagar, respectivamente.

a) $ 150.000 e $ 110.000.
b) $ 110.000 e $ 50.000.
c) $ 60.000 e $ 110.000.
d) $ 60.000 e $ 50.000.
e) $ 50.000 e $ 110.000.

CAPÍTULO 14

PRÁTICAS DE REVISÃO - SOLUCIONADAS

14.1 Prática 1

Com base na solução do Exemplo prático apresentado na Seção 12.4 do Capítulo 12 deste livro, elaborar as seguintes Demonstrações Contábeis da companhia Fagundes e Filhos S/A, evidenciando somente a posição em 31.12.x1:

a. Balanço Patrimonial;
b. Demonstração do Resultado do Exercício;
c. Demonstração do Resultado do Período;
d. Demonstração de Lucros ou Prejuízos Acumulados; e
e. Demonstração das Mutações do Patrimônio Líquido.

Solução:

a) Balanço Patrimonial

Companhia: Fagundes e Filhos S/A
Balanço Patrimonial
Exercício findo em 31.12.x1

CONTAS	x1
ATIVO	
ATIVO CIRCULANTE	
DISPONIBILIDADES	
Caixa	95.000
CLIENTES	
Clientes	150.000
(–) Perdas Estimadas em Créditos de Liquidação Duvidosa	(6.000)
	CONTINUA

CONTINUAÇÃO

CONTAS	x1
ESTOQUES	
Estoque de Mercadorias	200.000
Estoque de Materiais de Consumo	3.000
TOTAL DO ATIVO CIRCULANTE	**442.000**
ATIVO NÃO CIRCULANTE	
INVESTIMENTOS	
IMOBILIZADO	
Computadores	30.000
(–) Depreciação Acumulada de Computadores	(18.000)
Móveis e Utensílios	20.000
(–) Depreciação Acumulada de Móveis e Utensílios	(12.000)
TOTAL DO ATIVO NÃO CIRCULANTE	**20.000**
TOTAL DO ATIVO	**462.000**
PASSIVO	
PASSIVO CIRCULANTE	
OBRIGAÇÕES A FORNECEDORES	
Fornecedores	100.000
OBRIGAÇÕES TRIBUTÁRIAS	
ICMS a Recolher	60.000
IRR Fonte a Recolher	2.310
CSLL a Recolher	3.360
Imposto de Renda a Recolher	5.040
OBRIGAÇÕES TRABALHISTAS E PREVIDENCIÁRIAS	
Salários e Encargos a Pagar	10.000
OUTRAS OBRIGAÇÕES	
Aluguéis a Pagar	1.500
Contas a Pagar	21.500
Juros sobre o Capital Próprio a Pagar	13.090
PARTICIPAÇÕES E DESTINAÇÕES DO RESULTADO	
Dividendos a Pagar	8.126
Participações de Empregados a Pagar	3.829
Participações de Administradores a Pagar	3.446
Participações a Instituições ou Fundos a Pagar	3.101
TOTAL DO PASSIVO CIRCULANTE	**235.302**
PATRIMÔNIO LÍQUIDO	
Capital	170000+
Reserva Legal	11395+
Reserva para Investimentos	45303=
TOTAL DO PATRIMÔNIO LÍQUIDO	**226.698+**
TOTAL DO PASSIVO	**462.000**

b. Demonstração do Resultado do Exercício

Companhia: Fagundes e Filhos S/A
Demonstração do Resultado do Exercício
Exercício findo em 31.12.x1

DESCRIÇÃO	x1
1. RECEITA OPERACIONAL BRUTA	
Vendas de Mercadorias e/ou Prestação de Serviços	505.000
2. DEDUÇÕES E ABATIMENTOS	
Vendas Anuladas	(5.000)
Descontos Incondicionais Concedidos	
ICMS sobre Vendas	(90.000)
PIS sobre Faturamento	(10.000)
COFINS	(30.000)
3. RECEITA OPERACIONAL LÍQUIDA (1 – 2)	370.000
4. CUSTOS OPERACIONAIS	
Custo das Merc. Vendidas e dos Serv. Prestados	250.000
5. LUCRO OPERACIONAL BRUTO (3 – 4)	120.000
6. DESPESAS OPERACIONAIS	
Despesas com Vendas	(6.000)
Despesas Financeiras	(7.310)
(–) Receitas Financeiras	9.000
Despesas Gerais e Administrativas	73.000
Outras Despesas Operacionais	
7. OUTRAS RECEITAS OPERACIONAIS	
8. LUCRO (PREJUÍZO) OPERACIONAL (5 – 6 + 7)	42.690
9. OUTRAS RECEITAS	4.000
10. OUTRAS DESPESAS	
11. RESULTADO DO EXERCÍCIO ANTES DAS DEDUÇÕES (8 + 9 – 10)	46.690
12. CONTRIBUIÇÃO SOCIAL SOBRE O LUCRO LÍQUIDO	(3.360)
13. IMPOSTO DE RENDA SOBRE O LUCRO LÍQUIDO	(5.040)
14. RESULTADO DO EXERCÍCIO APÓS As DEDUÇÕES (11 – 12 – 13)	38.290
15. PARTICIPAÇÕES	
Debêntures	
Empregados	(3829)
Administradores	(3.446)
Partes beneficiárias	
INSTITUIÇÕES OU FUNDOS ASSIST. PREV. EMPREG.	(3.101)
16. LUCRO LÍQUIDO DO EXERCÍCIO (14 – 15)	27.914
17. LUCRO LÍQUIDO ou PREJUÍZO POR AÇÃO DO CAPITAL	

c. Demonstração do Resultado do Período

Companhia: Fagundes e Filhos S/A
Demonstração do Resultado do Período
Exercício findo em 31.12.x1

DESCRIÇÃO	$
1. RECEITA OPERACIONAL LÍQUIDA	370.000
2. (–) CUSTOS DAS MERC., PROD. E SERV. VENDIDOS	(250.000)
3. (=) LUCRO BRUTO	120.000
4. (–) DESPESAS OPERACIONAIS	
• Despesas com Vendas	(6.000)
• Despesas Gerais e Administrativas	(73.000)
• Outras Despesas Operacionais	
5. (+) OUTRAS RECEITAS OPERACIONAIS	4.000
6. (+ ou –) RESULTADO DA EQUIVALÊNCIA PATRIMONIAL	
7. (=) RESULTADO ANTES DAS DESP. E REC. FINANCEIRAS	45.000
8. (–) DESPESAS FINANCEIRAS	(7.310uc)
9 (+) RECEITAS FINANCEIRAS	9.000
10 (=) RESULTADO ANTES DOS TRIBUTOS SOBRE O LUCRO	46.690
11 (–) CONTRIBUIÇÃO SOCIAL SOBRE O LUCRO LÍQUIDO	(3.360)
12 (–) IMPOSTO DE RENDA SOBRE O LUCRO LÍQUIDO	(5.040)
13 (=) RESULTADO LÍQUIDO DAS OPERAÇÕES CONTINUADAS	38.290
14 (+ ou –) RESULTADO LÍQUIDO DAS OPERAÇÕES DESCONT.	
15 (=) RESULTADO DO PERÍODO ANTES DAS PARTICIPAÇÕES	38.290
16 (–) PARTICIPAÇÕES	
Debêntures	
Empregados	(3829)
Administradores	(3.446)
Partes beneficiárias	
INSTITUIÇÕES OU FUNDOS ASSIST. PREV. EMPREG.	(3.101)
17 (=) LUCRO LÍQUIDO DO PERÍODO	27.914
18. LUCRO LÍQUIDO ou PREJUÍZO POR AÇÃO DO CAPITAL	

d. Demonstração de Lucros ou Prejuízos Acumulados

Companhia: Fagundes e Filhos S/A
Demonstração de Lucros ou Prejuízos Acumulados
Exercício findo em 31.12.x1

DESCRIÇÃO	x1
1. SALDO NO INÍCIO DO PERÍODO	
2. AJUSTES DE EXERCÍCIOS ANTERIORES	
3. SALDO AJUSTADO	
4. LUCRO OU PREJUÍZO DO EXERCÍCIO	27.914
5. REVERSÃO DE RESERVAS	

CONTINUA

CONTINUAÇÃO

Companhia: Fagundes e Filhos S/A
Demonstração de Lucros ou Prejuízos Acumulados
Exercício findo em 31.12.x1

DESCRIÇÃO	x1
6. SALDO A DISPOSIÇÃO	27.914
7. DESTINAÇÃO DO EXERCÍCIO	
• Reserva Legal	(1.395)
• Outras Reservas	(5.303)
• Dividendos Obrigatórios ($ por ação)	(8.126)
• Juros sobre Capital Próprio	(13.090)
8. SALDO NO FIM DO EXERCÍCIO	

e. Demonstração das Mutações do Patrimônio Líquido

Companhia: Fagundes e Filhos S/A
Demonstração das Mutações do Patrimônio Líquido
Exercício findo em 31.12.x1

DESCRIÇÃO	CS	RL	LD	TOTAIS
Saldo em 31/12/x0	170.000	50.000	—	220.000
Destinações do Lucro Líquido:	—	—	27.914	27.914
Reserva Legal	—	1.395	(1.395)	—
Reservas para Investimento	—	5.303	(5.303)	—
Dividendos	—	—	(8.126)	(8.126)
Juros sobre o Capital Próprio	—	—	(13.090)	(13.090)
Saldo em 31/12/x1	170.000	11.479	45.623	227.102

Observação: Nas colunas de valores:

CS = Capital Social

RL = Reservas de Lucros

LD = Lucros a Destinar

14.2 Prática 2

Companhia: Padoan Ribeiro S/A
Balanço Patrimonial
Exercício findo em 31.12.x2

CONTAS	$
ATIVO	
ATIVO CIRCULANTE	
DISPONIBILIDADES	
Caixa	23.470
	CONTINUA

CONTINUAÇÃO

Companhia: Padoan Ribeiro S/A
Balanço Patrimonial
Exercício findo em 31.12.x2

CONTAS	$
Bancos conta Movimento	65.310
Aplicações Financeiras de Liquidez Imediata	210.000
CRÉDITOS COM CLIENTES	
Duplicatas a Receber	300.000
Perdas Estimadas em Créditos de Liq. Duv.	(6.000)
ESTOQUES	
Estoque de Mercadorias	50.000
DESPESAS PAGAS ANTECIPADAMENTE	
Propaganda e Publicidade a Vencer	6.000
Total do Ativo Circulante	648.780
ATIVO NÃO CIRCULANTE	
INVESTIMENTOS	
Participação na Controlada A	60.000
IMOBILIZADO	
Computadores	6.000
Depreciação Acumulada de Computadores	(2.000)
Móveis e Utensílios	10.000
Depreciação Acumulada de Móveis e Utensílios	(1.000)
Imóveis	100.000
Depreciação Acumulada de Imóveis	(4.000)
Veículos	60.000
Depreciação Acumulada de Veículos	(4.000)
INTANGÍVEL	
Marcas e Patentes	22.000
Amortização Acumulada de Marcas e Patentes	(2.200)
TOTAL DO ATIVO NÃO CIRCULANTE	244.800
TOTAL DO ATIVO	893.580
PASSIVO	
PASSIVO CIRCULANTE	
OBRIGAÇÕES A FORNECEDORES	
Duplicatas a Pagar	200.000
OBRIGAÇÕES TRIBUTÁRIAS	
ICMS a Recolher	36.000
COFINS a Recolher	11.500
PIS a Recolher	4.200
CSLL a Recolher	15.393
Imposto de Renda a Recolher	27.458
OBRIGAÇÕES TRABALHISTAS E PREVIDENCIÁRIAS	
Salários a Pagar	9.000
Contribuições de Previdência a Recolher	8.520
	CONTINUA

CONTINUAÇÃO

Companhia: Padoan Ribeiro S/A
Balanço Patrimonial
Exercício findo em 31.12.x2

CONTAS	$
FGTS a Recolher	2.230
Férias a Pagar	17.200
OUTRAS OBRIGAÇÕES	
Aluguéis a Pagar	1.000
PARTICIPAÇÕES E DESTINAÇÕES DO LUCRO LÍQUIDO	
Participações de Empregados a Pagar	11.107
Dividendos a Pagar	94.974
Total do Passivo Circulante	438.582
PATRIMÔNIO LÍQUIDO	
CAPITAL SOCIAL	
Capital	450.000
RESERVAS DE LUCROS	
Reserva Legal	4.998
Total do Patrimônio Líquido	454.998
TOTAL DO PASSIVO	893.580

Fatos ocorridos durante o exercício de x3:

1. Do saldo da conta Duplicatas a Receber existente no Balanço de 31.12.x2, a importância de $ 4.000 foi considerada incobrável e o restante recebido em dinheiro, com juros de $ 30.000.

2. Apropriar a importância de $ 6.000 correspondente a despesas com propaganda e publicidade pagas no exercício anterior.

3. Pagamentos por meio de cheques emitidos contra o banco Urupês S/A, de todas as obrigações constantes do Passivo Circulante do Balanço Patrimonial de 31.12.x2, no valor total de $ 438.582.

4. Compras de mercadorias, a prazo, no valor de $ 4.000.000.
    Considerar as seguintes ocorrências em relação a essa compra:
    - ICMS incidente no valor de..$ 800.000;
    - PIS sobre Faturamento incidente no valor de .... $ 40.000;
    - COFINS sobre Faturamento incidente no valor de 280.000;
    - Juros embutidos nas compras, no valor de ....$ 40.000; e
    - Considerar que a empresa está sujeita ao regime não cumulativo de incidência do PIS e da COFINS sobre o faturamento.

5. Pagamento, por meio de cheque emitido contra o Banco Urupês S/A, de uma parte da compra efetuada a prazo (fato 4), no valor de $ 2.500. Os juros embutidos sobre essa parcela corresponde a $ 25.000.

6. Vendas de mercadorias, a prazo, no total de $ 5.000.000.

    Considerar as seguintes ocorrências em relação a essas vendas:
    - ICMS incidente no valor de..$ 1.000.000;
    - PIS sobre Faturamento incidente no valor de .... $ 50.000;
    - COFINS sobre Faturamento incidente no valor de ....$ 300.000;
    - Juros embutidos nas vendas no valor de ....$ 60.000; e
    - Considerar que a empresa está sujeita ao regime não cumulativo de incidência do PIS e da COFINS sobre o faturamento.

7. Recebido de clientes, em dinheiro, a importância de $ 4.000.000, referente às vendas efetuadas a prazo durante o exercício. Considerar que os juros embutidos nessas operações correspondem a $ 40.000.

8. Em 30 de setembro, a empresa vendeu, à vista, os computadores que estavam em uso por $ 5.000.

    OBS: para apurar os ganhos ou perdas de capital, proceder a depreciação até o mês de setembro.

9. Compra, à vista, em dinheiro, de computadores, no valor de $ 30.000. A compra foi efetuada no dia 5 de outubro de x3, data em que o equipamento entrou em operação.

10. Aluguéis pagos durante o ano, referentes aos meses de janeiro a novembro, no valor de $ 11.000. Os pagamentos foram efetuados por meio de cheques emitidos contra o banco Urupês S/A.

11. Pagamento em cheques emitidos contra o banco Urupês S/A, das seguintes despesas:
    - Telefone...20.000
    - Energia Elétrica 40.000
    - Água e Esgoto...8.000
    - Impostos e Taxas 10.000
    - Combustíveis 15.000
    Total 93.000

12. Apropriar as despesas de salários e encargos referentes às folhas de pagamentos de salários de janeiro a novembro, como segue:
    - Valor bruto das folhas... $ 220.000

- Férias apropriadas .... $ 150.000
- 13º Salário apropriado .... $ 100.000
- Previdência social retida dos empregados 20.000
- Contribuições de Previdência patronal .... $ 150.000
- FGTS .... $ 30.000

13. Pagamentos e recolhimentos por meio de cheques emitidos contra o banco Urupês S/A, das despesas com salários e de todos os encargos relativos ao fato 13.

14. Multas de trânsito pagas em dinheiro, no valor de 5.000.

15. Recolhimento por meio de cheque emitido contra o Banco Urupês S/A, referente a ICMS, no valor de $ 100.000.

16. Aplicações financeiras de liquidez imediata, feitas no banco Urupês S/A, durante o ano, no valor de $ 400.000.

17. Resgate de aplicações financeiras efetuados durante o ano, no montante de $ 550.000, sendo $ 450.000 referente ao principal e $ 100.000 referente a rendimentos. Houve retenção na fonte de IR no valor de $ 10.000 (recuperável) e pagamento de IOF no valor de $ 1.000.

18. Pagas despesas com propaganda e publicidade no valor de $ 30.000, em dinheiro, para veiculação nos meses de dezembro de x3 e janeiro de x4.

19. Compra de ações, da Companhia De Luca S/A, no valor de $ 30.000. O pagamento foi efetuado por meio de cheque. Considerar participação não relevante e sem influência administrativa.

20. Seguro de veículos firmado no dia 01 de julho com a companhia X, pelo período de 1 ano. O valor do prêmio, pago em cheque emitido contra o banco Urupês S/A, foi igual a $ 2.400, para segurar o caminhão de propriedade da empresa, avaliado em $ 60.000.

21. Os acionistas decidiram aumentar o capital da companhia, tendo emitido 120.000 ações preferenciais, no valor de $ 1,00 cada. Essas ações foram negociadas com ágio de 20% e recebidas em dinheiro.

22. Considerando que o Patrimônio Líquido da sociedade controlada Maria do Carmo Reis, em 31.12.x3 era de $ 300.000. Proceder a avaliação pelo método da equivalência patrimonial, considerando que a participação corresponde a 60% do capital da controlada.

23. Apropriar as despesas com COFINS sobre demais receitas, no valor de $ 30.000.

24. Apropriar as despesas com PIS sobre demais receitas, no valor de $ 5.000.

> **OBSERVAÇÃO:**
>
> - Considerar que sobre as demais receitas, a empresa está sujeita ao regime cumulativo de incidência do PIS e da COFINS.

25. Depósitos efetuados na conta corrente bancária, no total de $ 4.000.000. Considerando que no exercício de x3, ocorreram somente os fatos acima, pede-se:

   1. Contabilizar os fatos supra, em partidas de Diário e em Razonetes.
   2. Levantar o primeiro Balancete de Verificação do Razão.
   3. Apurar o resultado operacional bruto, considerando que o estoque final de mercadorias importou em $ 1.000.000.
   4. Ajustes propostos para apuração do resultado líquido do exercício:

      4.1 Depreciar:
      - Móveis e Utensílios pela taxa de 10% a.a.;
      - Computadores, pela taxa de 20% a.a. (Considerar que foram adquiridos e colocados em operação em 5 de outubro de x3;
      - Veículos, pela taxa de 20% a.a., e
      - Imóveis, pela taxa de 4% a.a.

      4.2 Amortizar Marcas e Patentes pela taxa de 10% a.a.

      4.3 As perdas em créditos de liquidação duvidosa foram estimadas em 2%. Calcular e contabilizar, adotando o método da complementação.

      4.4 O prêmio de seguro no valor de $ 2.400, foi pago em 01.06, com vencimento de um ano. Ajustar.

      4.5 Apropriar o aluguel de dezembro a ser pago em janeiro do exercício seguinte, no valor de $ 1.000.

      4.6 Apropriar salários e encargos de dezembro a serem pagos em janeiro de x4, como segue:
      - Valor bruto da folha de pagamento .... $ 40.000
      - Previdência social retida dos empregados .... $ 5.000
      - Férias a apropriar .... $ 10.000
      - Contribuições de Previdência da empresa .... $ 15.000
      - FGTS .... $ 5.000

      4.7 Ajustar os saldos das seguintes contas:
      - ICMS a Recuperar e ICMS a Recolher;
      - PIS sobre Faturamento a Recuperar e PIS sobre Faturamento a Recolher; e

- COFINS sobre Faturamento a Recuperar e COFINS sobre Faturamento a Recolher.

5. Apurar o resultado do exercício antes das deduções.

6. Calcular e contabilizar Juros sobre o Capital Próprio, pela TJLP de 10%, com IR a ser retido na fonte pela alíquota de 15%.

Observar os limites fixados pela legislação tributária, para fins de dedutibilidade das bases de cálculos da CSLL e do IR.

7. Calcular e contabilizar:

   a. Contribuição Social sobre o Lucro, pela alíquota de 9%.

   Considerar que deve ser excluída da base de cálculo a Receita de Participação Societária calculada pelo MEP e os JCP.

   b. Imposto de Renda pela alíquota de 15%.
   Ajustes para cálculo do Lucro Real:
   Adições:
   - Perdas Estimadas em Créditos de Liquidação Duvidosa – parcela calculada e contabilizada no período;
   - Multas de Trânsito.
   Exclusões:
   - Receitas de Participações Societárias (MEP);
   - JCP

8. Calcular e contabilizar participações para empregados e administradores, pela taxa de 10%.

9. Apurar o resultado líquido do exercício e transferir o saldo da conta Resultado do Exercício para a conta Lucros ou Prejuízos Acumulados.

10. Destinações do lucro líquido do exercício, se houver:
    - 5% para Reserva Legal; e
    - o restante distribuir aos acionistas.

11. Elaborar o segundo Balancete de Verificação do Razão.

12. Elaborar as seguintes demonstrações Contábeis: Balanço Patrimonial, Demonstração do Resultado do Exercício, Demonstração do Resultado do Período, Demonstração das Mutações do Patrimônio Líquido, Demonstração dos Fluxos de Caixa pelo método indireto e Demonstração do Valor Adicionado.

Para cálculo do lucro líquido e do dividendo por ação do capital, considerar a existência de 450.000 ações ordinárias e 120.000 ações preferenciais, sendo que essas últimas recebem 25% a mais que as ordinárias.

NOTA:
- Para sua conferência, os lançamentos em partidas de Diário serão apresentados somente com contas e valores.

Fatos ocorridos durante o exercício de x3:

(1) Perdas Estimadas em Créditos de Liq. Duv.
   a Duplicatas a Receber 4.000

_____ _____

(2) Caixa
   a Diversos
   a Duplicatas a Receber 296.000
   a Juros Ativos 30.000   326.000

_____ _____

(3) Propaganda e Publicidade
   a Propaganda e Publicidade a Vencer 6.000

_____ _____

(4) Diversos
   a Bancos conta Movimento
      Duplicatas a Pagar 200.000
      ICMS a Recolher 36.000
      COFINS a Recolher 11.500
      PIS a Recolher 4.200
      CSLL a Recolher 15.393
      Imposto de Renda a Recolher 27.458
      Salários a Pagar 9.000
      Contribuições de Previdência a Recolher 8.520
      FGTS a Recolher 2.230
      Férias a Pagar 17.200
      Aluguéis a Pagar 1.000
      Participações de Empregados a Pagar 11.107
      Dividendos a Pagar 94.974   438.582

_____ _____

(5) Diversos
   a Duplicatas a Pagar
     Compras de Mercadorias .... 2.840.000+
     ICMS a Recuperar 800.000
     PIS sobre Faturamento a Recuperar 40.000
     COFINS sobre Faturamento a Recuperar 280.000
     Juros Passivos a Vencer (AVP) 40.000   4.000.000

(6) Duplicatas a Pagar
   a Bancos conta Movimento 2.500.000

(7) Juros Passivos (AVP)
   a Juros Passivos a Vencer (AVP) 25.000

(8) Duplicatas a Receber
   a Diversos
     a Vendas de Mercadorias 4.940.000
     a Juros Ativos a Vencer (AVP) 60.000   5.000.000

(9) ICMS sobre Vendas
   a ICMS a Recolher 1.000.000

(10) PIS sobre Faturamento
   a PIS sobre Faturamento a Recolher 50.000

(11) COFINS
   a COFINS a Recolher 300.000

(12) Caixa
   a Duplicatas a Receber 4.000.000

(13) Juros Ativos a Vencer (AVP)
   a Juros Ativos (AVP) 40.000

(14) Depreciação
    a Depreciação Acumulada de Computadores 900

(15) Depreciação Acumulada de Computadores
    a Computadores 2.900

(16) Caixa
    a Diversos
        a Computadores 3.100
        a Ganhos na Baixa de Bens do Imobilizado 1.900   5.000

(17) Computadores
    a Caixa 30.000

(18) Aluguéis Passivos
    a Bancos conta Movimento 11.000

(19) Diversos
    a Bancos conta Movimento
    Telefone 20.000
    Energia Elétrica 40.000
    Água e Esgoto 8.000
    Impostos e Taxas 10.000
    Combustíveis 15.000   93.000

(20) Salários
    a Salários a Pagar 220.000

(21) Salários a Pagar
    a Contribuições de Previdência a Recolher 20.000

(22) Férias
    a Férias a Pagar 150.000

(23) Décimo Terceiro Salário
    a Décimo Terceiro Salário a Pagar 100.000

(24) Contribuições de Previdência
    a Contribuições de Previdência a Recolher 150.000

(25) FGTS
    a FGTS a Recolher... 30.000

(26) Diversos
    a Bancos conta Movimento
    Salários a Pagar .... 200,000+
    Férias a Pagar... 150,000+
    Décimo Terceiro Salário a Pagar............................ 100,000+
    Contribuições de Previdência a Recolher................... 170,000+
    FGTS a Recolher................................. 30,000 = 650.000

(27) Multas de Trânsito
    a Caixa...5.000

(28) ICMS a Recolher
    a Bancos conta Movimento 100.000

(29) Aplicações Financeiras de Liquidez Imediata
    a Bancos conta Movimento 400.000

(30) Bancos conta Movimento
    a Diversos
    a Aplicações Financeiras de Liquidez Imediata............. 450.000
    a Receitas de Aplicações Financeiras............. 100.000   550.000

(31) Diversos
    a Bancos conta Movimento
    IRR Fonte a Recuperar... 10.000
    IOF 5.000   15.000

(32) Diversos
    a Caixa
    Propaganda e Publicidade a Vencer 15.000
    Propaganda e Publicidade.. 15.000   30.000

(33) Ações de Outras Empresas
   a Bancos conta Movimento 30.000

(34) Prêmios de Seguro a Vencer
   a Bancos conta Movimento 2.400

(35) Seguros Contratados
   a Contratos de Seguros 60.000

(36) Caixa
   a Diversos
   a Capital Social 120.000
   a Reserva de ágio na Emissão de Ações 24.000   144.000

(37) Participação na Controlada A
   a Receita de Participação Societária 120.000

(38) COFINS Demais Receitas
   a COFINS a Recolher 30.000

(39) PIS Demais Receitas
   a PIS a Recolher 5.000

(40) Bancos conta Movimento
   a Caixa 4.000.000

1. Levantar o primeiro Balancete de Verificação do Razão.

Companhia: Padoan Ribeiro S/A
Balancete de Verificação – Primeiro
Levantado em 31.12.x3

CONTAS	DÉBITO	CRÉDITO
Caixa	433.470	—
Bancos conta Movimento	375.328	—
Aplicações Financeiras de Liquidez Imediata	160.000	—
Duplicatas a Receber	1.000.000	—
Perdas Estimadas em Créditos de Liq. Duv.	—	2.000

CONTINUA

CONTINUAÇÃO

Companhia: Padoan Ribeiro S/A
Balancete de Verificação – Primeiro
Levantado em 31.12.x3

CONTAS	DÉBITO	CRÉDITO
Estoque de Mercadorias	50.000	—
ICMS a Recuperar	800.000	—
PIS sobre Faturamento a Recuperar	40.000	—
COFINS sobre Faturamento a Recuperar	280.000	—
IRR Fonte a Recuperar	10.000	—
Juros Passivos a Vencer (AVP)	15.000	—
Prêmios de Seguro a Vencer	2.400	—
Propaganda e Publicidade a Vencer	15.000	—
Participação na Controlada A	180.000	—
Ações de Outras Empresas	30.000	—
Computadores	30.000	—
Móveis e Utensílios	10.000	—
Depreciação Acumulada de Móveis e Utensílios	—	1.000
Imóveis	100.000	—
Depreciação Acumulada de Imóveis	—	4.000
Veículos	60.000	—
Depreciação Acumulada de Veículos	—	4.000
Marcas e Patentes	22.000	—
Amortização Acumulada de Marcas e Patentes	—	2.200
Duplicatas a Pagar	—	1.500.000
ICMS a Recolher	—	900.000
PIS sobre Faturamento a Recolher	—	55.000
COFINS a Recolher	—	330.000
Juros Ativos a Vencer (AVP)	—	20.000
Capital	—	570.000
Reserva Legal	—	4.998
Reserva de ágio na Emissão de Ações	—	24.000
Seguros Contratados	60.000	—
Contratos de Seguros	—	60.000
Ganhos na Baixa de Bens do Imobilizado	—	1.900
Juros Ativos	—	70.000
Receita de Participação Societária (MEP)	—	120.000
Receitas de Aplicações Financeiras	—	100.000
Vendas de Mercadorias	—	4.940.000
Compras de Mercadorias	2.840.000	—
Água e Esgoto	8.000	—
Aluguéis Passivos	11.000	—
COFINS	300.000	—
COFINS Demais Receitas	30.000	—
Combustíveis	15.000	—
Depreciação	900	—
Energia Elétrica	40.000	—

CONTINUA

CONTINUAÇÃO

Companhia: Padoan Ribeiro S/A
Balancete de Verificação – Primeiro
Levantado em 31.12.x3

CONTAS	DÉBITO	CRÉDITO
ICMS sobre Vendas	1.000.000	—
Impostos e Taxas	10.000	—
IOF	5.000	—
Juros Passivos (AVP)	25.000	—
Multas de Trânsito	5.000	—
PIS Demais Receitas	5.000	—
PIS sobre Faturamento	50.000	—
Propaganda e Publicidade	21.000	—
Salários	—	200.000
Férias a Pagar	—	150.000
Décimo Terceiro Salário a Pagar	—	100.000
Contribuições de Previdência a Recolher	—	170.000
FGTS a Recolher	—	30.000
Telefone	20.000=	—
TOTAIS	8.709.098	8.709.098

2. Apurar o resultado operacional bruto, considerando ...

    (41) CMV
        a Estoque de Mercadorias 50.000

    (42) CMV
        a Compras de Mercadorias 2.840.000

    (43) Estoque de Mercadorias
        a CMV 1.000.000

    (44) Vendas de Mercadorias
        a RCM 4.940.000

    (45) RCM
       a Diversos
       a CMV 1.890.000
       a ICMS sobre Vendas 1.000.000
       a PIS sobre Faturamento 50.000
       a COFINS 300.000   1.350.000

(46) RCM
   a Lucro sobre Vendas 1.700.000

3. Ajustes propostos para apuração do resultado líquido

   (47) Depreciação
   a Diversos
   a Depreciação Acumulada de Computadores 1.500
   a Depreciação Acumulada de Móveis e Utensílios.............. 1.000
   a Depreciação Acumulada de Imóveis 4.000
   a Depreciação Acumulada de Veículos 12.000   18.500

   (48) Amortização
   a Amortização Acumulada de Marcas e Patentes 2.200

   (49) Despesas com Perdas Est. em Créd. Liq. Duv.
   a Perdas Estimadas em Créditos de Liq. Duv.
   ($ 20.000 – 2.000) 18.000

   (50) Prêmios de Seguro
   a Prêmios de Seguro a Vencer..1.400

   (51) Aluguéis Passivos
   a Aluguéis a Pagar 1.000

   (52) Salários
   a Salários a Pagar 40.000

   (53) Salários a Pagar
   a Contribuições de Previdência a Recolher 5.000

   (54) Férias
   a Férias a Pagar 10.000

(55) Contribuições de Previdência
   a Contribuições de Previdência a Recolher 15.000

_____   _____

(56) FGTS
   a FGTS a Recolher..5.000

_____   _____

(57) ICMS a Recolher
   a ICMS a Recuperar 800.000

_____   _____

(58) PIS sobre Faturamento a Recolher
   a PIS sobre Faturamento a Recuperar......................... 40.000

_____   _____

(59) COFINS a Recolher
   a COFINS a Recuperar....................................... 280.000

_____   _____

4. Apurar o resultado do exercício antes das deduções.
   (60) Resultado do Exercício
      a Diversos
      a Água e Esgoto 8.000
      a Aluguéis Passivos.. 12.000
      a COFINS Demais Receitas 30.000
      a Combustíveis... 15.000
      a Energia Elétrica 40.000
      a Impostos e Taxas 10.000
      a IOF 5.000
      a Juros Passivos (AVP).. 25.000
      a Multas de Trânsito 5.000
      a PIS Demais Receitas...5.000
      a Propaganda e Publicidade.................................. 21.000
      a Salários 260.000
      a Férias 160.000
      a Décimo Terceiro Salário 100.000
      a Contribuições de Previdência 165.000
      a FGTS 35.000
      a Telefone 20.000

a Depreciação..	19.400	
a Amortização...	2.200	
a Despesas com Perdas Est. Créd. Liq. Duv.	18.000	
a Prêmios de Seguro	1.400	957.000

(61) Diversos

    a Resultado do Exercício

Lucro sobre Vendas	1.700.000	
Ganhos na Baixa de Bens do Imobilizado	1.900	
Juros Ativos...	70.000	
Receita de Participação Societária (MEP)	120.000	
Receitas de Aplicações Financeiras	100.000	1.991.900

Resultado do Exercício

Receitas (lançamento 55)....................................	1.991.900
(–) Despesas (lançamento 54)..............................	957.000
(=) Lucro Antes da Tributação.............................	1.034.900

5. Calcular e contabilizar Juros sobre o Capital Próprio, pela TJLP de 10%, com IR a ser retido na fonte pela alíquota de 15%.

   Observar os limites fixados pela legislação tributária, para fins de dedutibilidade das bases de cálculos da CSLL e do IR.

   Cálculos

   10% sobre o PL existente em 31.12.x2:

   10% de $ 454.998 = $ 45.499

   15% de $ 45.499 = $ 6.824

    (62) Diversos

        a Diversos

Lucros Acumulados..	38.675	
Resultado do Exercício (JCP/DF).................................	6.824	45.499
a JCP a Pagar	38.675	
a IRR Fonte a Recolher	6.824	45.499

> **OBSERVAÇÃO:**
> * Não esquecer de incluir o débito supra na conta "Resultado do Exercício (JCP/DF)" no valor de 6.824, entre as despesas financeiras para fins de informação na DRE e na DRP.

6. Calcular e contabilizar:
   a. Contribuição Social sobre o Lucro, pela alíquota de 9%.
      Considerar que deve ser excluída da base de cálculo a Receita de Participação Societária calculada pelo MEP e os JCP.
   b. Imposto de Renda pela alíquota de 15%.
      Ajustes para cálculo do Lucro Real:
      Adições:
      * Perdas Estimadas em Créditos de Liquidação Duvidosa – parcela calculada e contabilizada no período;
      * Multas de Trânsito.

      Exclusões:
      * Receitas de Participações Societárias (MEP);
      * JCP

      Cálculos da CSLL

      Resultado do Exercício antes da Tributação 1.034.900
      (–) JCP (bruto) .... (45.499)
      (–) Receita de Participação Societária (Equiv.Pat.) .... (180.000)
      (=) Base de Cálculo para CSLL 809.401

      9% de $ 809.401 = $ 72.846

      Cálculo do Imposto de Renda
      Cálculo do Lucro Real:

      Resultado do Exercício antes da Tributação 1.034.900
      (+) Despesas com Perdas Estimadas em Créd. Liq. Duv. 18.000
      (+) Multas de Trânsito 15.000
      (–) JCP (bruto) .... (45.499)
      (–) Receita de Participação Societária (Equiv.Pat.) .... (180.000)
      (=) Lucro Real 842.401

      15% de $ 842.401 = $ 126.360

(63) Resultado do Exercício
a Diversos
a CSLL a Recolher 72.846
a IR sobre o Lucro Líquido a Recolher 126.360   199.206

7. Calcular e contabilizar participações para empregados e administradores, pela taxa de 10%.

Cálculos:

Resultado do Exercício antes da Tributação 1.034.900
(–) JCP Despesa Financeira (IR) .... (6.824)
(–) CSLL a Recolher .... (72.846)
(–) IR sobre o Lucro Líquido a Recolher .... (126.360)
(=) Base de cálculo para Part. Empregados 828.870
(–) 10% participações empregados .... (82.887)
(=) Base de cálculo part. administradores 745.983
(–) 10% participações administradores .... (74.598)
(=) Lucro Líquido do Exercício 671.385

(64) Resultado do Exercício
a Diversos
a Participações de Empregados a Pagar 82.887
a Participações de Administradores a Pagar 74.598   157.485

8. Apurar o resultado líquido do exercício e transferir o saldo da conta Resultado do Exercício para a conta Lucros ou Prejuízos Acumulados.

(65) Resultado do Exercício
a Lucros Acumulados 671.385

9. Destinações do lucro líquido do exercício, se houver:
- 5% para Reserva Legal; e
- o restante distribuir aos acionistas.

Cálculos:

Reserva Legal:

5% de $ 671.385 = $ 33.569

Cálculo do saldo para Dividendos:

Lucro Líquido do Exercício 671.385
(–) Parcela da Reserva Legal .... (33.569)
(–) JCP líquido (lançamento 56) .... (38.675)
(=) Saldo para dividendo 599.141

38675 milhas por hora equivalem a 62239.68 quilômetros por hora

(66) Lucros Acumulados
   a Reserva Legal 33.569
   a Dividendos a Pagar 599.141   632.710

10. Elaborar o segundo Balancete de Verificação do Razão.

Atenção: deixaremos de apresentar, uma vez que as contas são as mesmas que integrarão o Balanço Patrimonial em 31.12.x3.

11. Elaborar as seguintes demonstrações Contábeis:

a. Balanço Patrimonial

Companhia: Padoan Ribeiro S/A
Balanço Patrimonial
Levantado em 31.12.x3

CONTAS	SALDOS
ATIVO	
ATIVO CIRCULANTE	
DISPONIBILIDADES	
Caixa	433.470
Bancos conta Movimento	375.328
Aplicações Financeiras de Liquidez Imediata	160.000
TOTAL DAS DISPONIBILIDADES	968.798
CLIENTES	
Duplicatas a Receber	1.000.000
Perdas Estimadas em Créditos de Liq. Duv.	(20.000)
Juros Ativos a Vencer (AVP)	(20.000)
TOTAL DE CLIENTES	960.000
TRIBUTOS A RECUPERAR	

CONTINUA

CONTINUAÇÃO

Companhia: Padoan Ribeiro S/A
Balanço Patrimonial
Levantado em 31.12.x3

CONTAS	SALDOS
IRR Fonte a Recuperar	10.000
ESTOQUES	
Estoque de Mercadorias	1.000.000
DESPESAS DO EXERCÍCIO SEGUINTE	
Prêmios de Seguro a Vencer	1.000
Propaganda e Publicidade a Vencer	15.000
TOTAL DE DESPESAS DO EXERCÍCIO SEGUINTE	16.000
TOTAL DO ATIVO CIRCULANTE	2.954.798
ATIVO NÃO CIRCULANTE	
INVESTIMENTOS	
Participação na Controlada A	180.000
Ações de Outras Empresas	30.000
TOTAL DE INVESTIMENTOS	210.000
IMOBILIZADO	
Computadores	30.000
Depreciação Acumulada de Computadores	(1.500)
Móveis e Utensílios	10.000
Depreciação Acumulada de Móveis e Utensílios	(2.000)
Imóveis	100.000
Depreciação Acumulada de Imóveis	(8.000)
Veículos	60.000
Depreciação Acumulada de Veículos	(16.000)
TOTAL DO IMOBILIZADO	172.500
INTANGÍVEL	
Marcas e Patentes	22.000
Amortização Acumulada de Marcas e Patentes	(4.400)
TOTAL DO INTANGÍVEL	17.600
TOTAL DO ATIVO NÃO CIRCULANTE	400.100
TOTAL DO ATIVO	3.354.898
PASSIVO	
PASSIVO CIRCULANTE	
OBRIGAÇÕES A FORNECEDORES	
Duplicatas a Pagar	1.500.000
Juros Passivos a Vencer (AVP)	(15.000)
TOTAL DAS OBRIGAÇÕES A FORNECEDORES	1.485.000
OBRIGAÇÕES TRIBUTÁRIAS	
ICMS a Recolher	100.000

CONTINUA

CONTINUAÇÃO

Companhia: Padoan Ribeiro S/A
Balanço Patrimonial
Levantado em 31.12.x3

CONTAS	SALDOS
PIS sobre Faturamento a Recolher	15.000
COFINS a Recolher	50.000
IRR Fonte a Recolher	6.824
CSLL a Recolher	72.846
IR sobre o Lucro Líquido a Recolher	126.360
TOTAL DAS OBRIGAÇÕES TRIBUTÁRIAS	371.030
OBRIGAÇÕES TRABALHISTAS E PREVIDENCIÁRIAS	
Salários a Pagar	35.000
Férias a Pagar	10.000
Contribuições de Previdência a Recolher	20.000
FGTS a Recolher	5.000
TOTAL DAS OBRIGAÇÕES TRABALHISTAS E PREVIDENCIÁRIAS	70.000
OUTRAS OBRIGAÇÕES	
Aluguéis a Pagar	1.000
PARTICIPAÇÕES E DESTINAÇÕES DO LUCRO LÍQUIDO	
Dividendos a Pagar	599.141
Juros sobre o Capital Próprio a Pagar	38.675
Participações de Empregados a Pagar	82.887
Participações de Administradores a Pagar	74.598
TOTAL DAS PARTICIPAÇÕES E DESTINAÇÕES DO LUCRO LÍQUIDO	795.301
TOTAL DO PASSIVO CIRCULANTE	2.722.331
PATRIMÔNIO LÍQUIDO	
CAPITAL SOCIAL	
Capital	570.000
RESERVAS DE LUCROS	
Reserva Legal	38.567
RESERVAS DE CAPITAL	
Reserva de ágio na Emissão de Ações	24.000
TOTAL DO PATRIMÔNIO LÍQUIDO	632.567
TOTAL DO PASSIVO	3.354.898
CONTAS DE COMPENSAÇÃO	
COMPENSAÇÃO DO ATIVO	
Seguros Contratados	60.000
COMPENSAÇÃO DO PASSIVO	
Contratos de Seguros	60.000

b. Demonstração do Resultado do Exercício

Companhia: Padoan Ribeiro S/A
Demonstração do Resultado do Exercício
Exercício Findo em 31.12.x3

DESCRIÇÃO	$
1. RECEITA OPERACIONAL BRUTA	
• Vendas de Mercadorias e/ou Prestação de Serviços	4.940.000
2. DEDUÇÕES E ABATIMENTOS	
• Abatimentos sobre Vendas	
• Vendas Anuladas	
• Descontos Incondicionais Concedidos	
• COFINS sobre Faturamento	(300.000)
• ICMS sobre Faturamento	(1.000.000)
• PIS sobre Faturamento	(50.000)
3. RECEITA OPERACIONAL LÍQUIDA (1 – 2)	
4. CUSTOS OPERACIONAIS	
• Custo das Merc. Vend. e dos Serv. Prest.	(1.890.000)
5. LUCRO OPERACIONAL BRUTO (3 – 4)	1.700.000
6. DESPESAS OPERACIONAIS	
• Despesas com Vendas	(39.000)
• Despesas Financeiras	(36.824)
• Receitas Financeiras	170.000
• Despesas Gerais e Administrativas	(883.000)
• Outras Despesas Operacionais	(5.000)
7. OUTRAS RECEITAS OPERACIONAIS	120.000
8. LUCRO (PREJUÍZO) OPERACIONAL (5 – 6 + 7)	1.026.176
9. OUTRAS RECEITAS	1.900
10. OUTRAS DESPESAS	
11. RESULT. DO EXERC. ANTES DAS DEDUÇÕES (8 + 9 – 10)	1.028.076
12. CONTRIBUIÇÃO SOCIAL SOBRE O LUCRO LÍQUIDO	(72.846)
13. IMPOSTO DE RENDA SOBRE O LUCRO LÍQUIDO	(126.360)
14. RESULTADO DO EXERC. APÓS AS DEDUÇÕES (11 – 12 – 13)	828.870
15. PARTICIPAÇÕES	
• Debêntures	
• Empregados	(82.887)
• Administradores	(74.598)
• Partes Beneficiárias	
• Instituições ou Fundos Assist. Prev. Empreg.	
16. LUCRO LÍQUIDO DO EXERCÍCIO (14 – 15)	671.385
17. LUCRO LÍQUIDO ou PREJUÍZO POR AÇÃO DO CAPITAL*	

★ Lucro líquido por ação ordinária: $ 1,118975
Lucro líquido por ação preferencial: $ 1,398725

Veja os cálculos que desenvolvemos para obter o lucro líquido por ação.

No enunciado do problema, consta que para cálculo do lucro líquido e do dividendo por ação do capital, deve-se considerar a existência de 450.000 ações ordinárias e 120.000 ações preferenciais, sendo que essas últimas recebem 25% a mais que as ordinárias.

Apresentaremos uma forma de cálculo, acompanhe:

Como o valor da ação preferencial é diferente do valor da ação ordinária, em primeiro lugar calcularemos o montante das ações preferenciais equivalente às ações ordinárias.

$$120.000 \times 1,25 = 150.000$$

Agora, vamos calcular o montante de ações ordinárias que compõem o capital social:

Ações ordinárias = ... 450.000
(+) Ações preferenciais equivalentes = ... 150.000
Total 600.000

Então, faremos:

$ 671.385/600.000 ações = $ 1,118975 por ação ordinária.

450.000 ações ordinárias × $ 1,118975 = $ 503.538

Cálculo do Lucro Líquido por ação preferencial

$ 671.385 – 503.538 = $ 167.847

$ 167.847/120000 = 1,398725

Lembramos que existem outras maneiras que podem ser utilizadas para obter esses resultados.

c. Demonstração do Resultado do Período

Companhia: Padoan Ribeiro S/A
Demonstração do Resultado do Período
Exercício Findo em 31.12.x3

DESCRIÇÃO	$
1 RECEITA OPERACIONAL LÍQUIDA	3.590000
2 (–) CUSTOS DAS MERC., PROD. E SERV. VENDIDOS	(1.890.000)
3 (=) LUCRO BRUTO	1.700.000
4 (–) DESPESAS OPERACIONAIS	
• Despesas com Vendas	(39.000)
• Despesas Gerais e Administrativas	(883.000)
• Outras Despesas Operacionais	(5.000)
5 (+) OUTRAS RECEITAS OPERACIONAIS	1.900
6 (+ ou –) RESULTADO DA EQUIVALÊNCIA PATRIMONIAL	120.000
7 (=) RESULTADO ANTES DAS DESP. E REC. FINANCEIRAS	

CONTINUA

CONTINUAÇÃO

Companhia: Padoan Ribeiro S/A
Demonstração do Resultado do Período
Exercício Findo em 31.12.x3

DESCRIÇÃO	$
8 (–) DESPESAS FINANCEIRAS	(36.824)
9 (+) RECEITAS FINANCEIRAS	170.000
10 (=) RESULTADO ANTES DOS TRIBUTOS SOBRE O LUCRO	1.028.076
11 (–) CONTRIBUIÇÃO SOCIAL SOBRE O LUCRO LÍQUIDO	(72.846)
12 (–) IMPOSTO DE RENDA SOBRE O LUCRO LÍQUIDO	(126.360)
13 (=) RESULTADO LÍQUIDO DAS OPERAÇÕES CONTINUADAS	828.870
14 (+ou –) RESULTADO LÍQUIDO DAS OPERAÇÕES DESCONT.*	
15 (=) RESULTADO DO PERÍODO ANTES DAS PARTICIPAÇÕES	828.870
16 (–) PARTICIPAÇÕES	
• Debêntures	
• Empregados	(82.887)
• Administradores	(74.598)
• Partes Beneficiárias	
• Instituições ou Fundos Assist. Prev. Empreg.	
17 (=) RESULTADO LÍQUIDO DO PERÍODO	671.385
18 LUCRO LÍQUIDO OU PREJUÍZO POR AÇÃO DO CAPITAL *	

* Lucro líquido por ação ordinária: $ 1,118975
Lucro líquido por ação preferencial: $ 1,398725

d. Demonstração das Mutações do Patrimônio Líquido

Companhia: Padoan Ribeiro S/A
Demonstração das Mutações do Patrimônio Líquido
Exercício Findo em 31.12.x3

DESCRIÇÃO	CS	RC	RL	LD	TOTAIS
Saldo em 31/12/x2	450.000	—	4.998	—	454.998
Aumento de Capital:					
Novas subscrições	120.000	—	—	—	120.000
Ágio na colocação de ações	—	24.000	—	—	24.000
Destinações do Lucro Líquido:	—	—	—	671.385	671.385
Reserva Legal	—	—	33.569	(33.569)	—
Dividendos	—	—	—	(599.141)	(599.141)
Juros sobre o Capital Próprio	—	—	—	(38.675)	(38.675)
Saldo em 31/12/x3	570.000	24.000	38.567	—	632.567

Cálculo dos Dividendos por ação.

Os cálculos são semelhantes aos cálculos do lucro líquido por ação. O que difere é somente o valor dos dividendos.

Veja:

Cálculo do Dividendo por ação:

$ 599.141/600.000 ações = $ 0,985235 por ação ordinária.

450.000 ações ordinárias × $ 0,985235 = $ 443.355

Cálculo do Lucro Líquido por ação preferencial

$ 599.141 − 443.355 = $ 155.786

$ 155.786/120.000 ações = 1,298216667

e. Demonstração dos Fluxos de Caixa

Companhia: Padoan Ribeiro S/A
Demonstração dos Fluxos de Caixa Pelo Método Indireto
Exercício Findo em 31.12.x3

DESCRIÇÃO	$
1. FLUXOS DE CAIXA DAS ATIVIDADES OPERACIONAIS	
Resultado do Exercício antes do IR e da CSLL	1.028.076
Ajustes por:	
(+) Depreciação, amortização etc.	39.600
(+/—) Resultado na venda de Ativos Não Circulantes	(1.900)
(+/—) Equivalência patrimonial	(120.000)
Variações nos Ativos e Passivos:	
(Aumento) Redução em Clientes	(704.000)
(Aumento) Redução em contas a receber	(10.000)
(Aumento) Redução dos estoques	(950.000)
(Aumento) Redução das Despesas do Exercício Seguinte	(25.000)
Aumento (Redução) em Fornecedores	1.300.000
Aumento (Redução) em Contas a Pagar	47.093
Aumento (Redução) no IR e na CSL	(42,851)
Aumento (Redução) em Receitas Diferidas	20.000
(=) Disponibilidades líquidas geradas pelas atividades operacionais	581.018
2. FLUXOS DE CAIXA DAS ATIVIDADES DE INVESTIMENTO	
(−) Compras de Investimentos	(30.000)
(−) Compras de Imobilizados	(30.000)
(+) Recebimentos por vendas de Imobilizados	5.000
(=) Disponibilidades líquidas aplicadas nas atividades de investimento	(55.000)
3. FLUXOS DE CAIXA DAS ATIVIDADES DE FINANCIAMENTO	
(+) Vendas de ações	144.000
(=) Disponibilidades líquidas geradas pelas atividades de financiamento	144.000

CONTINUA

CONTINUAÇÃO
Companhia: Padoan Ribeiro S/A
Demonstração dos Fluxos de Caixa Pelo Método Indireto
Exercício Findo em 31.12.x3

DESCRIÇÃO	$
4. AUMENTO (REDUÇÃO) NAS DISPONIBILIDADES (1+/–2+/–3)	670.018
5. DISPONIBILIDADES NO INÍCIO DO PERÍODO	298.780
6. DISPONIBILIDADES NO FINAL DO PERÍODO (4+/–5)	968.798

OBSERVAÇÕES:

- Revertemos no item 1 (atividades operacionais), o resultado na venda de imobilizações e lançamos a receita bruta como acréscimo (Recebimentos por vendas de Imobilizados), no item 2 (atividades de investimentos).

- No cálculo das variações em clientes e fornecedores, utilizamos os valores brutos, sem diminuir os valores das contas redutoras.

- O valor de $ 704.000 referente a aumento em Clientes foi apurado subtraindo-se do saldo de x3 ($ 1.000.000) o saldo de x2 diminuído da baixa de duplicatas incobráveis no valor de $ 4.000, ou seja: $ 300.000 – $ 4.000 = $ 296.000. As duplicatas baixadas com saldo da conta redutora "Perdas Estimadas em Créditos de Liquidação Duvidosa", não geram ingressos de caixa.

- Nessa Prática, optamos em informar segregadamente os saldos das contas redutoras de Clientes (Juros Ativos a Vencer) e de Fornecedores (Juros Passivos a Vencer) nos grupos Receitas Diferidas e Despesas do Exercício Seguinte respectivamente.

- Nesse exemplo, consideramos como Contas a Pagar, todas as obrigações exceto relativas a Fornecedores, CSLL e IR por serem informadas segregadamente.

- Quanto às variações na CSLL e no IR, quando a empresa apura resultados anuais, como foi o caso do nosso exemplo, aparecerá na DFC no item 1 (atividades operacionais) somente redução referente ao pagamento dos saldos do Balanço anterior.

- Observar finalmente que, sendo o resultado do exercício informado para ajuste no item 1 (atividades operacionais), extraído da DRE antes das deduções, todos os valores referentes ás deduções (CSLL e IR), às participações (debêntures, empregados etc) e destinações (dividendos) correspondentes ao exercício findo, não devem integrar o Passivo circulante para fins de cálculo das variações. Esses valores somente serão informados na DFC caso ocorram pagamentos durante o exercício, por conta do resultado final.

f. Demonstração do Valor Adicionado

Companhia: Padoan Ribeiro S/A
Demonstração do Valor Adicionado
Exercício Findo em 31.12.x3

DESCRIÇÃO	$
1. RECEITAS (1.1 a 1.4)	4.923.900
1.1 Vendas de mercadorias, produtos e serviços	4.940.000
1.2 Outras receitas	1.900
1.3 Receitas relativas à construção de ativos próprios	
1.4 Provisão para créditos de liquidação duvidosa — Reversão /(Constituição)	(18.000)
2. INSUMOS ADQUIRIDOS DE TERCEIROS (2.1 a 2.4)	2.418.900
2.1 Custos dos produtos, das merc. e serv. vend.	2.418.900
2.2 Materiais, energia, serviços de terceiros e outros	
2.3 Perda / Recuperação de valores ativos	
2.4 Outras (especificar)	
3. VALOR ADICIONADO BRUTO (1 – 2)	2.505.000
4. DEPRECIAÇÃO, AMORTIZAÇÃO E EXAUSTÃO	21.600
5. VALOR ADICIONADO LÍQUIDO PRODUZIDO PELA ENTIDADE (3 – 4)	2.483.400
6. VALOR ADICIONADO RECEBIDO EM TRANSFERÊNCIA (6.1 a 6.3)	290.000
6.1 Resultado de equivalência patrimonial	120.000
6.2 Receitas financeiras	170.000
6.3 Outras	
7. VALOR ADICIONADO TOTAL A DISTRIBUIR (5 + 6)	2.773.400
8. DISTRIBUIÇÃO DO VALOR ADICIONADO	2.773.400
8.1 Pessoal (8.1 a 8.3)	712.485
8.1.1 Remuneração direta	677.485
8.1.2 Benefícios	
8.1.3 FGTS	35.000
8.2 Impostos, taxas e contribuições (8.2.1 a 8.2.3)	1.235.306
8.2.1 Federais	613.306
8.2.2 Estaduais	622.000
8.2.3 Municipais	
8.3 Remuneração de capitais de terceiros (8.3.1 a 8.3.3)	154.224
8.3.1 Juros	31.824
8.3.2 Aluguéis	12.000
8.3.3 Outras	110.400
8.4 Remuneração de capitais próprios (8.4.1 a 8.4.2)	671.385
8.4.1 Juros sobre o capital próprio	38.675
8.4.2 Dividendos	599.141
8.5 Lucros retidos / Prejuízo do exercício	33.569
8.6 Participação dos não controladores nos lucros retidos	

RESPOSTAS

CAPÍTULO 1

Testes de Fixação (p. 6)
1. 1.1 c 1.2 a 1.3 c
2. 2.1 O fluxo de despesas e de receitas.
   2.2 Os fluxos de caixa e do capital de giro.
   2.3 Escrituração, Análise de Balanços, Consolidação de Balanços.
   2.4 São organizações que reúnem pessoas, patrimônio, titular, capital ação administrativa e fim determinado.
   2.5 Entidades com fins econômicos.

Testes de Concursos (p. 6)
1. b 2. a 3. e 4. a 5. b

CAPÍTULO 2

Testes de Fixação 1 (p. 10)
1. 1.1 d 1.2 b

Atividade Prática 1 (p. 10)
1.

N. elementos		A	B	C
1	Computador	Bem	Positivo	Ativo
2	Estante	Bem	Positivo	Ativo
3	Duplicatas a Receber	Direito	Positivo	Ativo
4	Impostos a Recolher	Obrigação	Negativo	Passivo
5	Aluguéis a Receber	Direito	Positivo	Ativo
6	Dinheiro em Caixa	Bem	Positivo	Ativo
7	Fornecedores	Obrigação	Negativo	Passivo
8	Clientes	Direito	Positivo	Ativo
9	Fundo de Comércio Bem Positivo Ativo	Bem	Positivo	Ativo
10	Promissórias a Receber	Direito	Positivo	Ativo
11	Duplicatas a Pagar	Obrigação	Negativo	Passivo
12	Carnês a Receber	Direito	Positivo	Ativo
13	Impostos a Pagar	Obrigação	Negativo	Passivo
14	Vitrina	Bem	Positivo	Ativo
15	Salários a Pagar	Obrigação	Negativo	Passivo

Testes de Fixação 2 (p. 17)
1. 1.1 d 1.2 b 1.3 c
2. 2.1 O mesmo que Situação Líquida Negativa.
   2.2 Situação Líquida Negativa.
   2.3 Situação Líquida Nula.

Atividades Práticas 2 (p. 18)
PRÁTICA 2

BALANÇO PATRIMONIAL	
Ativo	Passivo
Veículos..4.000	Promissórias a Pagar..2.000
Móveis e Utensílios............................2.000	Impostos a Pagar...5.000
Máquinas...1.000	Duplicatas a Pagar...7.000
Caixa...1.000	Soma..14.000
Títulos a Receber..................................500	(–) Situação Líquida ....(5.000)
Aluguéis a Receber...............................500	
TOTAL..9.000	TOTAL...9.000

A Situação Líquida é negativa: $ 5.000.

PRÁTICA 3

BALANÇO PATRIMONIAL	
Ativo	Passivo
Imóveis..6.000	Títulos a Pagar..5.000
Veículos...1.500	Aluguéis a Pagar...1.000
Títulos a Receber................................3.000	Impostos a Pagar..4.500
TOTAL..10.500	TOTAL...10.500

A Situação Líquida é nula.

Testes de Concursos 1 (p. 19)
1. e
2. e

3. d

Testes de Fixação 3 (p. 22)
1.   1.1 a   1.2 d   1.3 c   1.4 c

Testes de Concursos 2 (p. 23)
1. a
   Veja:

CAPITAL PRÓPRIO	
Capital Social..$ 95.000	
CAPITAL ALHEIO	
Impostos a Recolher..$ 15.000	
Títulos a Pagar...$ 55.000	
Dívidas com Fornecedores...$ 35.000	
TOTAL...$ 105.000	

2. b
   Valor da compra: $ 350.000, divididos em 5 parcelas iguais, de $ 70.000 cada. Como foi paga uma parcela no ato, a obrigação importou em $ 280.000 ($350.000 - $ 70.000).
   No Ativo ocorreu: entrada do bem no valor de $ 350.000 e saída de dinheiro no valor de $ 70.000; logo, ficou aumentado em $ 280.000.

Atividades Práticas 3 (p. 27)
PRÁTICA 1

1. BALANÇO PATRIMONIAL

Ativo		Passivo	
Caixa	200	Capital	300
Móveis	100		
Total do Ativo	**300**	**Total do Passivo**	**300**

2. BALANÇO PATRIMONIAL

Ativo		Passivo	
Caixa	150	Duplicatas a Pagar	130
Estoque de Merc.	50	Capital	300
Móveis	100		
Veículos	130		
Total do Ativo	**430**	**Total do Passivo**	**430**

3. BALANÇO PATRIMONIAL

Ativo		Passivo	
Caixa	170	Duplicatas a Pagar	130
Estoque de Merc.	30	Capital	300
Móveis	100		
Veículos	130		
Total do Ativo	**430**	**Total do Passivo**	**430**

4. BALANÇO PATRIMONIAL

Ativo		Passivo	
Caixa	170	Duplicatas a Pagar	130
Duplicatas a Receber	20	Capital	300
Estoque de Merc.	10		
Móveis	100		
Veículos	130		
Total do Ativo	**430**	**Total do Passivo**	**430**

5. BALANÇO PATRIMONIAL

Ativo		Passivo	
Caixa	250	Duplicatas a Pagar	130
Dupl. a Receber	20	Promissórias a Pagar	80
Estoque de Merc.	10	Capital	300
Móveis	100		
Veículos	130		
Total do Ativo	**510**	**Total do Passivo**	**510**

6. BALANÇO PATRIMONIAL

Ativo		Passivo	
Caixa	220	Duplicatas a Pagar	100
Duplicatas a Rec.	20	Promissórias a Pagar	80
Estoque de Merc.	10	Capital	300
Móveis	100		
Veículos	130		
Total do Ativo	**480**	**Total do Passivo**	**480**

7.

Ativo		Passivo	
Caixa	230	Duplicatas a Pagar	100
Duplicatas a Rec.	10	Promissórias a Pagar	80
Estoque de Merc.	10	Capital	300
Móveis	100		
Veículos	130		
Total do Ativo	**480**	**Total do Passivo**	**480**

BALANÇO PATRIMONIAL

PRÁTICA 2
1. Investimento inicial em dinheiro: $ 24.000.
2. Compra de Móveis, a prazo, mediante aceite de Duplicata por $ 6.000.
3. Compra de um automóvel, à vista, por $ 14.000.
4. Pagamento de uma Duplicata no valor de $ 6.000, em dinheiro.

Testes de Concursos 3 (p. 28)
1. d

CAPÍTULO 3
Testes de Fixação (p. 46)
1. 1.1 c 1.2 a 1.3 c 1.4 d
2. 2.1 Aquelas que representam as Variações Patrimoniais e dividem-se em contas de receitas e contas de despesas.
2.2 Possibilitar o controle da movimentação de todos os Componentes Patrimoniais, Extrapatrimoniais e de Resutado.
2.3 Devedora.
2.4 Credora.
2.5 Por meio de débitos e de créditos nelas lançados.
2.6 Os prazos de vencimento, sendo que os direitos e as obrigações cujos vencimentos ocorram até o término do exercício social seguinte ao do Balanço serão classificados no Ativo Circulante e no Passivo Circulante, respectivamente.
2.7 Ativo Circulante e Ativo Não Circulante sendo este último dividido em Ativo REalizável a Longo prazo, Investimentos, Imobilizado eIntangível.
2.8 Passivo Circulante, Passivo Não Circulante e Patrimônio Líquido, sendo este último dividido em Capital Social, Reservas de Capital, Reservas de Lucros, Ajustes de Avaliação Patrimonial, Ações em Tesouraria e Prejuízos Acumulados.
2.9 A ordem decrescente do grau de exigibilidade.
2.10 É um conjunto decontas, diretrizes e normas que disciplina as tarefas do setor de contabilidade, objetivando a uniformização dos registros contábeis.
2.11 Uma das parte em que se divide o Plano de Contas, composta por uma relação de contas contendo intitulação e código de cada conta.
2.12 Parte do Plano de Contas, que contém orientações acerca do uso das contas.
2.13 Um conjunto de algarismos que identifica a conta.
2.14 Consiste em possibilitar o controle da movimentação dos Componentes Patrimoniais, Extrapatrimoniais e das Variações do Patrimônio Líquido.
2.15 À situação em que ela será debitada ou creditada.
2.16 Consiste em registrar uma importância no lado esquerdo do gráfico em "T" representativo da respectiva conta.

Atividade Prática (p. 47)

N.	Contas	a	b	c	d
01	Caixa	P	A	D	AC
02	Fornecedores	P	P	C	PC
03	Clientes	P	A	D	AC
04	Água e Esgoto	R	D	D	DO
05	Aluguéis Ativos	R	R	C	RO
06	Bancos conta Movimento	P	A	D	AC
07	Participações em Outras Empresas	P	A	D	ANC
08	Duplicatas a Pagar	P	P	C	PC
09	Promissórias a Pagar	P	P	C	PC
10	Capital	P	P	C	PL
11	Reserva Legal	P	P	C	PL
12	Aluguéis Passivos	R	D	D	DO
13	Café e Lanches	R	D	D	DO

CONTINUA

CONTINUAÇÃO

14	Descontos Obtidos	R	R	C	RO
15	Juros Ativos	R	R	C	RO
16	Combustíveis	R	D	D	DO
17	Contribuições Previdenciárias	R	D	D	DO
18	Descontos Concedidos	R	D	D	DO
19	Prejuízos Acumulados	P	P	D	PL
20	Contribuições de Previdência a Recolher	P	P	C	PC
21	FGTS a Recolher	P	P	C	PC
22	Salários a Pagar	P	P	C	PC
23	Despesas de Organização	R	D	D	DO
24	Veículos	P	A	D	ANC
25	Estoque de Mercadorias	P	A	D	AC
26	Receitas de Serviços	R	R	C	RO
27	Ações de Outras Empresas	P	A	D	AC
28	Despesas Bancárias	R	D	D	DO
29	Impostos e Taxas a Recolher	P	P	C	PC
30	Móveis e Utensílios	P	A	D	ANC

Testes de Concursos (p. 48)
1. b   2. d
3. c
   a) Capital Próprio = $ 9.500, pois corresponde ao Patrimônio Líquido.
   b) Capital de Terceiros = $ 3.500 (Passivo Circulante = $ 2.000 mais Passivo Exigível a Longo Prazo = $ 1.500).
   c) Esta é a alternativa correta, pois refere-se ao Ativo Circulante.
   d) Capital nominal corresponde ao valor da conta Capital — que nesta questão é impossível saber, pois foi informado o valor do Patrimônio Líquido que poderá conter saldos de várias contas, como Capital, Reservas, Lucros Acumulados etc.
   e) Capital à disposição da empresa, corresponde ao total do Ativo ou do Passivo, sendo, nesta questão, igual a $ 13.000.
4. e   5. c

CAPÍTULO 4
Testes de Fixação 1 (p. 54)
1. a   2. d   3. c   4. b   5. c   6. d   7. d

Testes de Fixação 2 (p. 61)
1. a   2. c   3. c   4. d   5. d   6. b   7. c   8. d
9. a) (V),   b) (F),   c) (F),   d) (V)
10. a) (F),   b) (V),   c) (V),   d) (V)

Atividades Práticas 1 (p. 71)
(Para sua conferência, somente contas e valores)
(1) Estoque de Mercadorias
    a Caixa 8.000

(2) Móveis e Utensílios
    a Caixa 3.000

(3) Caixa
    a Estoque de Mercadorias 8.000

(4) Caixa
    a Móveis e Utensílios 3.000

(5) Estoque de Mercadorias
    a Duplicatas a Pagar 5.000

(6) Duplicatas a Receber
    a Estoque de Mercadorias 1.500

(7) Bancos conta Movimento
    a Caixa 10.000

(8) Caixa
    a Bancos conta Movimento 2.000

(9) Imóveis
    a Diversos
    a Bancos conta Movimento 10.000
    a Promissórias a Pagar 90.000   100.000

(10) Diversos
     a Estoque de Mercadorias
     Duplicatas a Receber 6.000
     Caixa 500   6.500

(11) Caixa
     a Estoque de Mercadorias 500

Testes de Fixação 3 (p. 79)
1. a   2. a   3. d   4. b   5. b   6. c   7. c   8. d
9. d   10. d

Testes de Fixação 4 (p. 87)

1. c   2. b

Atividades Práticas 2 (p. 88)
(Para sua conferência, somente contas e valores)
(1) Diversos
    a Caixa
        Contribuições de Previdência a
        Recolher..200
        Juros Passivos 20   220

(2) Duplicatas a Pagar
    a Diversos
        a Caixa..285
        a Descontos Obtidos.............................. 15   300

(3) Diversos
    a Estoque de Mercadorias
        Caixa 300
        Descontos Incondicionais
        concedidos 50   350

(4) Diversos
    a Aluguéis Ativos a Receber
        Caixa 1.080
        Descontos Concedidos......................... 120   1.200

(5) Estoque de Mercadorias
    a Diversos
        a Caixa... 8.000
        a Descontos incondicionais
        obtidos.. 1.000   9.000

(6) Caixa
    a Diversos
        a Duplicatas a Receber..........................100
        a Juros Ativos... 30   130

Testes de Fixação 5 (p. 90)
1. a   2. b

Testes de Fixação 6 (p. 96)
1. b   2. a   3. d   4. d   5. b   6. b   7. a   8. a   9. c

Atividades Práticas 3 (p. 102)
PRÁTICA 1
Fato 1
a) Comercial Veneza Ltda. – Cliente
    Estoque de Mercadorias
    a Duplicatas a Pagar
    a Industrial São José S/A
        n/ aceite de duas dupls. com vencimentos
        para 30 e 60 dias conf. NF n. 5000........................ 50.000

b) Industrial São José S/A – fornecedor
    Duplicatas a Receber
    Comercial Veneza Ltda.
    a Estoque de Mercadorias
        S/ aceite de duas dupls. para 30 e
        60 dias, ref. nossa NF n. 5.000 .... 50.000

Fato 2
a) Club de Regatas Flamengo –credor
    Promissórias a Receber
    Sport Club Corinthians Paulista
    a Caixa
        Empréstimo efetuado n/ data fonf.
        NP emitida pelo devedor, para 120 dias............ 100.000

b) Sport Club Corinthians Paulista – devedor
    Caixa
    a Promissórias a Pagar
    a Club de Regatas Flamengo
        Empréstimo com n/ emissão de
        NP para 120 dias.. 100.000

Fato 3
a) Constantino Bakaukas Ltda. – fornecedor de serviços
    Caixa
    a Adiantamentos de Clientes
    a Comercial Henrique Grizante S/A
        Adiantamento recebido conf.
        contrato firmado entre as partes 20.000

b) Comercial Henrique Grizante S/A – cliente
    Adiantamentos a Fornecedores
    Constantino Bakaukas Ltda.
    a Caixa
        Adiantamento para prestação de serviços
        conf. contrato firmado entre as partes. 20.000

Fato 4
    Adiantamentos de Salários
    a Caixa
        Adiantamento de salários concedido
        aos empregados, conf. folha desta data 8.000

PRÁTICA 2
(Para sua conferência, somente contas e valores)
(1) Móveis e Utensílios
    a Caixa... 4.000

(2) Estoque de Mercadorias
    a Caixa... 5.000

(3) Imóveis
    a Caixa...30.000

(4) Bancos conta Movimento
   a Caixa *12.000*

(5) Material de Expediente
   a Caixa *100*

(6) Caixa
   a Veículos *15.000*

(7) Caixa
   a Estoque de Mercadorias *1.900*

(8) Caixa
   a Imóveis *50.000*

(9) Caixa
   a Bancos conta Movimento *3.500*

10) Caixa
   a Computadores *3.000*

(11) Aluguéis Passivos
   a Caixa *700*

(12) Energia Elétrica e Comunicação
   a Caixa *110*

(13) Café e Lanches
   a Caixa *600*

(14) Caixa
   a Receitas de Serviços *6.000*

(15) Caixa
   a Aluguéis Ativos *500*

(16) Caixa
   a Aluguéis Ativos *3.000*

(17) Juros Passivos
   a Bancos conta Movimento *70.000*

(18) Fretes e Carretos
   a Caixa *250*

(19) Impostos e Taxas
   a Caixa *300*

(20) Caixa
   a Juros Ativos *280*

(21) Estoque de Mercadorias
   a Fornecedores *20.000*

NOTA:
Nas compras de mercadorias a prazo em que não houver aceite de Duplicatas, o mais correto é registrar a obrigação a crédito da conta Fornecedores. A empresa poderá ter por praxe, porém, utilizar a conta Duplicatas a Pagar nos casos em que haja ou não aceite de Duplicatas. Fica a critério de cada empresa o uso da conta Fornecedores ou Duplicatas a Pagar. Contudo, deve-se adotar apenas um procedimento.

(22) Estoque de Mercadorias
   a Duplicatas a Pagar *6.000*

(23) Caixa
   a Estoque de Mercadorias *600*

(24) Clientes
   a Estoque de Mercadorias *5.000*

NOTA:
Nos casos de vendas de mercadorias a prazo, valem as mesmas explicações dadas para os casos de compras a prazo. Agora, a empresa pode optar por debitar o direito na conta Clientes (quando não houver aceite de Duplicatas) ou Duplicatas a Receber (quando houver aceite de Duplicatas). Nada impede, porém, que use uma ou outra, haja ou não aceite de Duplicatas. Contudo, deve-se adotar apenas um procedimento.

(25) Duplicatas a Receber
   a Estoque de Mercadorias *8.000*

NOTA:
Você deve ter notado que, até aqui, toda vez que ocorreram compras ou vendas de mercadorias, debitamos ou creditamos a conta Estoque de Mercadorias. Convém ressaltar que existem dois métodos e dois sistemas que podem ser adotados para o registro das operações com mercadorias, conforme veremos no Capítulo 7.

(26) Caixa
   a Capital *40.000*

(27) Despesas de Organização*/
   a Caixa *7.500*

(28) Quotistas conta Capital a Realizar
   a Capital *60.000*

(29) Caixa
   a Quotistas conta Capital a Realizar *60.000*

(30) Caixa
   a Capital *15.000*

(31) Capital
   a Caixa... 8.000

(32) Diversos
   a Capital
   Caixa..20.000
   Imóveis...25.000
   Móveis e Utensílios.................................. 4.000
   Promissórias a Receber.......................... *1.000*   50.000

(33) Diversos
   a Promissórias a Pagar
   Bancos conta Movimento...................... 9.400
   Despesas Bancárias.................................. *600*   10.000

(34) Imóveis
   a Diversos
   a Caixa... 5.000
   a Bancos conta Movimento.................. 7.000
   a Promissórias a Pagar.......................*60.000*   72.000

(35) Imóveis de Renda
   a Bancos conta Movimento............................   35.000

36) Estoque de Mercadorias
   a Diversos
   a Caixa... 1.000
   a Duplicatas a Pagar.............................*2.000*   3.000

(37) Diversos
   a Veículos
   Caixa.. 6.000
   Promissórias a Receber.......................*10.000*   16.000

(38) Diversos
   a Estoque de Mercadorias
   Caixa... 5.000
   Duplicatas a Receber.............................*3.000*   8.000

(39) Diversos
   a Diversos
   Material de Consumo................................500
   Móveis e Utensílios................................. 1.200
   Veículos...*5.000*   6.700
   a Bancos conta Movimento.................. 3.000
   a Duplicatas a Pagar.............................*3.700*   6.700

(40) Diversos
   a Caixa
   Energia Elétrica e Comunicação..............230
   Impostos e Taxas..200
   Aluguéis Passivos......................................230
   Água e Esgoto.. *30*   690

(41) Caixa
   a Diversos
   a Duplicatas a Receber..............................900
   a Aluguéis Ativos...500
   a Juros Ativos... *80*   1.480

(42) Estoque de Material de Expediente
   a Caixa..   9.000

(43) Material
   a Estoque de Material de Expediente...........   300

(44) Despesas Eventuais
   a Caixa..   500

(45) Ações de Outras Empresas
   a Bancos conta Movimento............................   4.500

(46) Diversos
   a Caixa
   Imóveis...20.000
   Fundo de Comércio *10.000*   30.000

(47) Duplicatas a Pagar
   a Diversos
   a Caixa... 9.000
   a Descontos Obtidos............................ *1.000*   10.000

(48) Diversos
   a Caixa
   Aluguéis Passivos.......................................900
   Juros Passivos *45*   945

(49) Diversos
   a Duplicatas a Receber
   Caixa.. 1.400
   Descontos Concedidos............................ *600*   2.000

(50) Caixa
   a Diversos
   a Duplicatas a Receber 1.000
   a Juros Ativos... *60*   1.060

(51) Impostos e Taxas
   a Caixa..   90

(52) Caixa
   a Duplicatas a Pagar...   100

(53) Bancos conta Movimento
   a Computadores 3.000

(54) Diversos
   a Receitas de Serviços
   Caixa... 3.000
   Duplicatas a Receber.............................*2.000*   5.000

(55) Diversos
   a Diversos
   Caixa... 4.000
   Duplicatas a Receber.............................*6.000*   10.000
   a Receitas de Serviços 3.000
   a Estoque de Mercadorias....................*7.000*   10.000

Testes de Concursos (p. 106)
1. a
Note que a alternativa "a" afirma que um dos atributos do livro Diário é o registro de todos os atos. Sabemos que são objeto decontabilização somente os atos administrativos relevantes, assim entendidos aqueles cujos efeitos possam se traduzir em modificações no patrimônio, enão todos os atos administrativos.

2. c
Note, inicialmente, que a questão apresenta um lançamento de terceira fórmula (mais de uma conta no débito e uma só no crédito), fato este que elimina as alternativas "a" e "b". A expressão "aviso de crédito do banco", constante da alternativa "d", representa aumento desaldo da conta Bancos; logo, essa conta deveria ser debitada e não creditada, como consta. Restam as alternativas "c" e "e". A situação apresentada na alternativa "e", caracteriza lançamento de primeira fórmula (Caixa a Bancos), caso em que, no histórico, poderão ser identificados os diversos estabelecimentos bancários contra os quais os cheques foram emitidos. Portanto, a alternativa correta é a "c".

3. e
4. a
Trata-se de compra a prazo; logo, a conta a ser creditada seria Duplicatas a Pagar e não Duplicatas a Receber, como consta.
Observação: muito cuidado com questões dessa natureza. Normalmente, quando o organizador da prova pede a alternativa incorreta, automaticamente assinalamos a primeira correta que aparece.

5. e
Para solucionar esta questão, elabore o seguinte esquema:

ELEMENTOS	CONTAS	VALOR	D/C	OBS.
Máquina	Máquinas	40.000	D	+ Ativo
Dinheiro	Caixa	19.000	C	– Ativo
Desconto	Descontos obtidos	1.000	C	+ SL
Duplicatas	Duplicatas a pagar	20.000	C	+ Passivo

Como a questão refere-se ao Ativo, note que ele foi aumentado em $ 40.000 (compra da máquina) e diminuído em $ 19.000 (saída de dinheiro do Caixa). Assim:
Aumento......................... $ 40.000
Diminuição..................... $ 19.000
Diferença positiva........... $ 21.000

6. c
7. e
A alternativa que deve ser assinalada é "e", pois o Fundo de Comércio, quando adquirido, deve ser debitado (aumento do Ativo Não Circulante Intangível) e não creditado.

8. b
A questão afirma a existência de um débito em conta do Ativo Circulante e um crédito em conta do Patrimônio Líquido. Estando envolvidas apenas duas contas, a alternativa correta é "b".

9. b

CAPÍTULO 5
Testes de Fixação (p. 117)
1.1 b   **1.2** c   **1.3** a
2. **2.1** Diferença entre o total dos valores lançados a débito e o total dos valores lançados a crédito do Razonete de uma conta.
2.2 Balancete.

Atividade Prática (p. 118)
Diário
(Para sua conferência, somente contas e valores)
(1) Caixa
  a Capital... 15.000

(2) Móveis e Utensílios
  a Duplicatas a Pagar............................... 3.000

(3) Despesas de Organização
  a Caixa... 800

(4) Aluguéis Passivos
  a Caixa... 1.100

(5) Caixa
  a Receitas de Serviços............................ 6.300

(6) Duplicatas a Receber
  a Receitas de Serviços............................ 1.200

(7) Duplicatas a Pagar
  a Diversos
  a Caixa... 900
  a Descontos Obtidos............................... 100   1.000

(8) Caixa
  a Diversos
  a Duplicatas a Receber........................... 400
  a Juros Ativos.. 400   440

Razonetes

CAIXA			
(1)	15.000	(3)	800
(5)	6.300	(4)	1.100
(8)	440	(7)	900
Soma	21.740	Soma	2.800
Saldo	18.940		

CAPITAL	
	(1) 15.000

DUPLICATAS A RECEBER			
(6)	1.200	(8)	400
Saldo	800		

DESCONTOS OBTIDOS	
	(7) 100

DUPLICATAS A PAGAR			
(7)	1.000	(2)	3.000
		Saldo	2.000

JUROS ATIVOS	
	(8) 400

DESPESAS DE ORGANIZAÇÃO	
(3) 800	

ALUGUÉIS PASSIVOS	
(4) 1.100	

RECEITAS DE SERVIÇOS	
	(5) 6.300
	(6) 1.200
	Soma 7.500

MÓVEIS E UTENSÍLIOS	
(2) 3.000	

Balancete

BALANCETE DE VERIFICAÇÃO			
N.	CONTAS	SALDO DEVEDOR	SALDO CREDOR
1	Caixa	18.940	–
2	Capital	–	15.000
3	Móveis e Utensílios	3.000	–
4	Duplicatas a Pagar	–	2.000
5	Despesas de Organização	800	–
6	Aluguéis Passivos	1.100	–
7	Receitas de Serviços	–	7.500
8	Duplicatas a Receber	800	–
9	Descontos Obtidos	–	100
10	Juros Ativos	–	40
	TOTAIS	24.640	24.640

Testes de Concursos (p. 119)

1. d

A questão se refere a uma conta que, sendo debitada, terá seu saldo aumentado. Sabemos que isso só é possível com contas de natureza devedora (Ativo e Despesas). Assim, as alternativas "a", "b" e "c", por se referirem a contas de natureza credora, podem ser eliminadas. O mesmo ocorre com a alternativa "e", que se refere à conta retificadora do Ativo Circulante. Desta forma, a única alternativa que se refere à conta de natureza devedora é a constante da alternativa "d".

2. d

O uso de Razonetes facilita sua análise:

CAIXA			
01/05 Saldo	70.000	Depósito	500.000
Saque	580.000		
Soma	650.000		
Saldo	150.000		

BANCOS CONTA MOVIMENTO			
01/05 Saldo	240.000	Saque	580.000
Depósito	500.000		
Soma	740.000		
Saldo	160.000		

Atente para o seguinte trecho da pergunta: "os valores total de débito à conta Caixa ..."
Grifamos "total de débitos lançados à conta Caixa" porque não se deve considerar o total do débito da conta, mas somente o total dos débitos lançados no período; logo, exclui-se o saldo inicial.
Total de débitos à conta Caixa = $ 580.000.
Saldo da conta Bancos = $ 160.000.
Você poderá nõ concordar com a interpretação apresentada no gabarito oficial. É bom saber que existem questões em provas deconcursos cujas respostas merecem contestação. A maior parte dos concursos idôneos aceita recursos para as questões que causarem estranheza ao candidato.

3. e

CAIXA			
Rec. de Dupl.	200.000	Fornec. de Valres	100.000
Saldo do dia ant.	320.000	Pag. Despesas	50.000
Soma	520.000	Soma	150.000
Saldo	370.000		

O furto importou em: $ 370.000.

4. d

5. e

Para resolver essa questão, deve ser procurada a afirmativa errada, ou seja, o fato que não justifique a diferença de $ 100.000 a mais na coluna do débito. A única alternativa que não justifica isso é a que se refere a lançamento de conta retificadora (redutora) do Passivo na coluna de débito, pois essas contas possuem saldos de natureza devedora e portanto, a situação é correta. Todas as demais alternativas justificam a diferença.

CAPÍTULO 6

Atividades Práticas (p. 132)
PRÁTICA 1

1. Para solucionar questões desse tipo, é imprescindível que você conheça a natureza do saldo de cada conta. As contas do Ativo e as conta de Despesas são de natureza devedora; as contas do Passivo e as contas de Receitas são de natureza credora. Lembra-se?

Razonetes
(Os Razonetes estão completos: com saldos da relação e valores dos três lançamentos de Diário)

CAIXA	
100.000	

CLIENTES	
20.000	

ESTOQUE DE MATERIAL DE EXPEDIENTE	
10.000	

IMÓVEIS	
200.000	

MÓVEIS E UTENSÍLIOS	
50.000	

FORNECEDORES	
	50.000

PROMISSÓRIAS A PAGAR	
	20.000

CAPITAL	
	270.000

ÁGUA E ESGOTO	
1.000	(1) 1.000

ALUGUÉIS PASSIVOS	
10.000	(1) 10.000

DESCONTOS CONCEDIDOS	
500	(1) 500

FRETES E CARRETOS	
500	(1) 500

RECEITAS DE SERVIÇOS	
(2) 54.000	54.000

MATERIAL DE EXPEDIENTE	
2.000	(1) 2.000

RESULTADO DO EXERCÍCIO	
(1) 14.000	(2) 54.000
(3) 40.000	Saldo 40.000

LUCROS ACUMULADOS	
	(3) 40.000

Diário
(Para sua conferência, somente contas e valores)
(1) Resultado do Exercício
  a Diversos
  a Água e Esgoto............................ 1.000
  a Aluguéis Passivos.................. 10.000
  a Descontos Concedidos............................500
  a Fretes e Carretos............................500
  a Material de Expediente.................. 2.000   14.000

(2) Receitas de Serviços
  a Resultado do Exercício............................ 54.000

(3) Resultado do Exercício
  a Lucros Acumulados.................................. 40.000

Empresa: Redenção Ltda.
Balanço Patrimonial
Levantado em 31/12/x1.

ATIVO		PASSIVO	
ATIVO CIRCULANTE		**PASSIVO CIRCULANTE**	
Caixa	100.000	Fornecedores	50.000
Clientes	20.000	Promissórias a Pagar	20.000
Estoque de Mat. de Exp.	10.000		
Total	130.000	Total	70.000
ATIVO NÃO CIRCULANTE		**PATRIMÔNIO LÍQUIDO**	
Imóveis	200.000	Capital	270.000
Móveis e Utensílios	50.000	Lucros Acumulados	40.000
Total	250.000	Total	310.000
Total do Ativo	380.000	Total do Passivo	380.000

2. Veja as respostas das questões propostas:
   a) Resultado do Exercício: $ 40.000;
   b) Ativo Não Circulante: $ 250.000;
   c) Patrimônio Líquido: $ 310.000.

PRÁTICA 2
1. Apurar contabilmente o resultado do exercício e elaborar o Balanço Patrimonial.
   (para sua conferência, somente o Razonete da conta Resultado do Exercício)

RESULTADO DO EXERCÍCIO			
(1)	250.000	(2)	120.000
Saldo	130.000		

DIÁRIO (Para sua conferência, somente contas e valores)
(1) Resultado do Exercício
  a Diversos
  a Energia Elétrica e Comunicação..................... 80
  a Fretes e Carretos............................ 20
  a Café e Lanches.................................... 50
  a Impostos e Taxas............................ 100   250

(2) Receitas de Serviços
  a Resultado do Exercício.................................... 120

(3) Prejuízos Acumulados
   a Resultado do Exercício 130

_____   _____

BALANÇO PATRIMONIAL

ATIVO
ATIVO CIRCULANTE
Bancos conta Movimento... 500
ATIVO NÃO CIRCULANTE
Veículos... 2.000
Móveis e Utensílios 1.000
Total do Ativo Não Circulante 3.000
Total do Ativo.. 3.500

PASSIVO
PASSIVO CIRCULANTE
Duplicatas a Pagar... 630
PATRIMÔNIO LÍQUIDO
Capital.. 3.000
(–) Prejuízos Acumulados ....(130)
Total do Patrimônio Líquido 2.870
Total do Passivo... 3.500

2. Veja as respostas das questões propostas:
   a) Resultado do Exercício: Prejuízo de $ 130.
   b) Ativo Circulante: $ 500.
   c) Patrimônio Líquido: $ 2.870.

PRÁTICA 3
Razonetes
(Para sua conferência, somente os Razonetes das contas Caixa e Resultado do Exercício)

CAIXA			
(B)	5.400	(1)	500
(2)	3.200	(6)	5.000
(5)	5.000	(9)	1.800
(8)	2.300	(12)	1.620
(10)	5.000	(13)	11.000
(11)	10.000	(15)	650
(14)	6.500	(19)	300
(16)	240		
(17)	950		
(20)	1.000		
Soma	39.590	Soma	20.870
Saldo	18.720		

RESULTADO DO EXERCÍCIO			
(21)	3.500	(22)	11.540
(23)	8.040	Saldo	8.040

DIÁRIO (Para sua conferência, somente contas e valores)
(1) Duplicatas a Pagar
   a Caixa 500

(2) Caixa
   a Duplicatas a Receber... 3.200

(3) Impostos a Recolher
   a Bancos conta Movimento 800

(4) Adiantamentos de Clientes
   a Receitas de Serviços 3.000

(5) Caixa
   a Duplicatas a Receber... 5.000

(6) Bancos conta Movimento
   a Caixa 5.000

(7) Móveis e Utensílios
   a Adiantamentos a Fornecedores............................. 1.500

(8) Caixa
   a Computadores 2.300

(9) Computadores
   a Caixa 1.800

(10) Diversos
   a Móveis e Utensílios
   Caixa..5.000
   Duplicatas a Receber..............................2.000   7.000

(11) Diversos
   a Capital
   Caixa..10.000
   Veículos...8.000
   Móveis e Utensílios..................................2.000   20.000

(12) Diversos
   a Caixa
   Aluguéis Passivos 1.200
   Energia Elétrica e Comunicação............... 220
   Juros Passivos... 200   1.620

(13) Imóveis
   a Diversos
   a Caixa 11.000
   a Bancos conta Movimento..................9.000
   a Promissórias a Pagar......................80.000   100.000

(14) Caixa
   a Receitas de Serviços.. 6.500

(15) Combustíveis
   a Caixa 650

(16) Caixa
   a Diversos
   a Duplicatas a Receber................................ 200
   a Juros Ativos... 40   240

(17) Diversos
   a Duplicatas a Receber
      Caixa... 950
      Descontos Concedidos................... 50   1.000
_____

(18) Diversos
   a Bancos conta Movimento
      Aluguéis Passivos 800
      Juros Passivos................................. 80   880
_____

(19) Despesas Eventuais
   a Caixa 300
_____

(20) Diversos
   a Receitas de Serviços
      Caixa.. 1.000
      Duplicatas a Receber................ 1.000   2.000
_____

Balancete de Verificação (primeiro)
Levantado em: 31/12/x2

N.	CONTAS	SALDO DEVEDOR	SALDO CREDOR
1	Caixa	18.720	–
2	Bancos conta Movimento	2.320	–
3	Duplicatas a Receber	5.600	–
4	Computadores	5.800	–
5	Estoque de Material de Expediente	2.000	–
6	Móveis e Utensílios	1.300	–
7	Duplicatas a Pagar	–	500
8	Capital	–	50.000
9	Veículos	8.000	–
10	Imóveis	100.000	–
11	Promissórias a Pagar	–	80.000
12	Lucros Acumulados	–	5.200
13	Receitas de Serviços	–	11.500
14	Aluguéis Passivos	2.000	–
15	Juros Passivos	280	–
16	Energia Elétrica e Comunicação	220	–
17	Combustíveis	650	–
18	Juros Ativos	–	40
19	Descontos Concedidos	50	–
20	Despesas Eventuais	300	–
	Totais	147.240	147.240

Diário
(Continuação dos lançamentos em partidas de Diário, elaborados após o levantamento do Balancete supra)
(21) Resultado do Exercício
   a Diversos
      a Aluguéis Passivos.........................2.000
      a Juros Passivos 280
      a Energia Elétrica e Comunicação............220
      a Combustíveis..................................650

      a Descontos Concedidos 50
      a Despesas Eventuais..................... 300   3.500
_____

(22) Diversos
   a Resultado do Exercício
      Receitas de Serviços.................. 11.500
      Juros Ativos... 40   11.540
_____

(23) Resultado do Exercício
   a Lucros Acumulados 8.040
_____

Balanço Patrimonial
Levantado em: 31/12/x2

ATIVO		PASSIVO	
ATIVO CIRCULANTE		**PASSIVO CIRCULANTE**	
Caixa	18.720	Duplicatas a Pagar	500
Bancos conta Movimento	2.320	Promissórias a Pagar	80.000
Duplicatas a Receber	5.600	Total do Passivo Circulante	80.500
Estoque de Material de Expediente	2.000		
Total do Ativo Circulante	28.640		
ATIVO NÃO CIRCULANTE		**PATRIMÔNIO LÍQUIDO**	
Computadores	5.800	Capital	50.000
Imóveis	100.000	Lucros Acumulados	13.240
Móveis e Utensílios	1.300		
Veículos	8.000	Total do Patrimônio Líquido	63.240
Total do Ativo Não Circulante	115.100		
Total do Ativo	143.740	Total do Passivo	143.740

Atividade Prática de Revisão 1 (p. 135)

1. Solucione esta Atividade com base no seguinte Roteiro:
   a) Escriture os fatos propostos em partidas de Diário;
   Diário
   (Para sua conferência, apenas contas e valores)
   (1) Quotistas conta Capital a Realizar
      a Capital
         Carlos conta Capital a Realizar 10.000
         Gustavo conta Capital a Realizar 10.000   20.000
_____

(2) Caixa
   a Quotistas conta Capital a Realizar
      a Carlos conta Capital a Realizar..........5.000
      a Gustavo conta Capital a Realizar......5.000   10.000
_____

(3) Bancos conta Movimento
      Banco Urupês S/A
   a Caixa.. 10.000
_____

(4) Despesas de Organização
    a Bancos conta Movimento
    a Banco Urupês S/A... 300

(5) Caixa
    a Bancos conta Movimento
    a Banco Urupês S/A... 2.000

(6) Móveis e Utensílios
    a Duplicatas a Pagar
    a Casa Tremembé Ltda.................................. 4.000

(7) Diversos
    a Receitas de Serviços
    Caixa... 14.000
    Duplicatas a Receber
    Maurício... 1.000   15.000

(8) Energia Elétrica e Comunicação
    a Caixa... 900

(9) Diversos
    a Bancos conta Movimento
    a Banco Urupês S/A
    Aluguéis Passivos...................................... 3.000
    Juros Passivos.. 300   3.300

(10) Caixa
    a Quotistas conta Capital a Realizar
    a Gustavo conta Capital a Realizar 5.000
    a Carlos conta Capital a Realizar 5.000   10.000

11) Caixa
    a Capital.. 13.000

(12) Capital
    a Bancos conta Movimento......................... 3.000

(13) Impostos e Taxas
    a Caixa... 45

(14) Impostos e Taxas
    a Caixa... 9

(15) Duplicatas a Pagar
    Casa Tremembé
    a Diversos
    a Caixa... 900
    a Descontos Obtidos................................. 100   1.000

(16) Diversos
    a Duplicatas a Receber
    a Maurício
    Caixa... 450
    Descontos Concedidos............................ 50   500

(17) Estoque de Material de Expediente
    a Caixa... 2.000

(18) Computadores
    a Caixa... 2.500

b) Transcreva as contas com seus respectivos valores constantes do Diário para os Razonetes;
Razonetes
(Para sua conferência, somente os Razonetes das contas Caixa e Resultado do Exercício)

CAIXA			
(2)	10.000	(3)	10.000
(5)	2.000	(8)	900
(7)	14.000	(13)	45
(10)	10.000	(14)	9
(11)	13.000	(15)	900
(16)	450	(17)	2.000
		(18)	2.500
Total	49.450	Total	13.354
Saldo	33.096		

RESULTADO DO EXERCÍCIO			
(19)	4.604	(20)	15.100
(21)	10.496	Saldo	10.496

c) Levante o Balancete de Verificação;
Empresa: Dos Irmãos Ltda
Balancete de verificação
Levantado em: 31/12/x1:

N.	CONTAS	SALDO DEVEDOR	SALDO CREDOR
1	Caixa	33.096	–
2	Bancos conta Movimento	1.400	–
3	Duplicatas a Receber	500	–
4	Estoque de Material de Expediente	2.000	–
5	Computadores	2.500	–
6	Móveis e Utensílios	4.000	–
7	Despesas de Organização	300	–
8	Duplicatas a Pagar	–	3.000
9	Capital	–	30.000
10	Quotistas conta Capital a Realizar	–	–
11	Energia Elétrica e Comunicação	900	–
12	Aluguéis Passivos	3.000	–
13	Juros Passivos	300	–
14	Impostos e Taxas	54	–
15	Descontos Concedidos	50	–
16	Receitas de Serviços	–	15.000
17	Descontos Obtidos	–	100
	Totais	48.100	48.100

d) Apure o Resultado do Exercício;
(19) Resultado do Exercício
    a Diversos
    a Energia Elétrica e Comunicação............... 900
    a Aluguéis Passivos..................................... 3.000
    a Juros Passivos... 300

a Impostos e Taxas 54
a Descontos Concedidos 50
a Despesas de Organização 300   4.604

(20) Diversos
a Resultado do Exercício
Receitas de Serviços................................15.000
Descontos Obtidos.. 100 15.100

(21) Resultado do Exercício
a Lucros Acumulados... 10.496

e) Levante o Balanço Patrimonial classificado conforme a Lei n. 6.404/76.
Companhia: Dos Irmãos Ltda
Balanço patrimonial
Levantado em: 31.12.x1

ATIVO		PASSIVO	
ATIVO CIRCULANTE		PASSIVO CIRCULANTE	
Caixa	33.096	Duplicatas a Pagar	3.000
Bancos conta Movimento	1.400		
Duplicatas a Receber	500		
Estoque de Material de Expediente	2.000		
Total do Ativo Circulante	36.996	Total do Passivo Circulante	3.000
ATIVO NÃO CIRCULANTE		PATRIMÔNIO LÍQUIDO	
Computadores	2.500	Capital	30.000
Móveis e Utensílios	4.000	Lucros Acumulados	10.4496
Total do Ativo Não Circulante	6.500	Total do Patrimônio Líquido	40.079
Total do Ativo	43.496	Total do Passivo	43.496

Atividade Prática de Revisão 2 (p. 136)
2. 2.1 d   2.2 c   2.3 a   2.4 c
    2.5 c   2.6 b   2.7 d   2.8 d

Testes de Concursos (p. 137)
1. b
2. c
   Comparando os saldos das contas nas duas data, concluímos que o saldo da conta Caixa diminuiu em $ 4.000 e o da conta Fornecedores, em $ 3.000. Como não foram observadas alterações nos saldos das demais contas, concluímos que houve pagamento de dívida no valor de $ 3.000 com encargo (juros) de $ 1.000.
4. c
   Como regra, podemos ter que o montante da Situação Líquida só é modificado quando ocorrem despesas ou receitas na empresa. Exceções a esta regra ocorrem quando há aumentos ou reduções do capital. A alternativa correta, portanto, é a que se refere a pagamento de despesas.
5. e
   A essência dessa questão refere-se à natureza dos saldos das contas. No Balancete, na coluna do débito, somamos as contas do Ativo juntamente com as despesas; na coluna do crédito, somamos as contas do Passivo e do Patrimônio Líquido com as receitas.
6. e

PATRIMÔNIO LÍQUIDO	
Capital	1.000
Reserva C.M.Capital	4.000
Reserva Legal	200
Reserva Estatutária	500
Lucros Acumulados	2.000
Soma	7.700

7. d
8. c
9. a
9. c
   A alternativa "c" afirma que a soma das despesas (débito) é sempre igual à soma das receitas (crédito). Esse fato somente ocorrerá em caso de muita coincidência. Por outro lado, a diferença entre receitas e despesas representa o resultado do exercício. Logo, essa é a única afirmativa que não se justifica pelo princípio basilar do método das partidas dobradas.
10 e
   Essa é uma questão que, por exigir muito raciocínio, deve ser deixada para o final da prova. A resolução requer o domínio das noções de débito, crédito e saldo da conta.
   a) Não podemos afirmar que valores lançados a crédito maiores que valores lançados a débito indiquem que a conta seja de natureza credora, porque a conta poderá ser de natureza devedora e possuir saldo inicial que permita haver, no período, crédito maior que o movimento do débito.
   b) Não podemos afirmar que as contas retificadoras (redutoras) do Patrimônio Líquido serão apresentadas com saldo credor, pois elas são de natureza devedora.
   c) A exemplo do que ocorre com a alternativa "a", não podemos afirmar que, sendo a soma dos créditos igual à soma dos débitos lançados em uma conta, o seu saldo seja nulo, pois a conta poderá possuir saldo inicial, tanto no débito quanto no crédito.
   d) Essa alternativa também está incorreta, pois quando o total dos créditos for superior ao total dos débitos lançados em uma conta, diminuirá o saldo da conta se esta for de natureza credora.
   e) A afirmativa é verdadeira, pois quando a soma dos créditos for inferior à soma dos débitos lançados a uma conta em determinado período, aumentará o saldo da conta se ela for de natureza devedora.

CAPÍTULO 7
Atividade Prática 1 (p. 155)
(Para sua conferência, somente contas e valores)
a) Conta mista de mercadorias
(1) Mercadorias
  a Duplicatas a Pagar 10.000
  _____ _____

(2) Duplicatas a Pagar
  a Mercadorias 3.000
  _____ _____

(3) Caixa
  a Mercadorias 5.000
  _____ _____

(4) Mercadorias
  a Caixa 1.000
  _____ _____

(5) Mercadorias
  a Caixa
    NF nº 1.040 da Casa Urupês S/A 6.000
    NF nº 942 da Transportadora Jardins *150*   6.150
  _____ _____

(6) Mercadorias
  a Caixa 2.700
  _____ _____

(7) Caixa
  a Mercadorias 500
  _____ _____

b) Conta desdobrada com inventário periódico
(1) Compras de Mercadorias
  a Duplicatas a Pagar 10.000
  _____ _____

(2) Duplicatas a Pagar
  a Compras Anuladas 3.000
  _____ _____

(3) Caixa
  a Vendas de Mercadorias 5.000
  _____ _____

(4) Vendas Anuladas
  a Caixa 1.000
  _____ _____

(5) Diversos
  a Caixa
    Compras de Mercadorias 6.000
    Fretes sobre Compras *150*   6.150
  _____ _____

(6) Compras de Mercadorias
  a Diversos
    a Caixa 2.700
    a Descontos Incondicionais Obtidos *300*   3.000
  _____ _____

(7) Diversos
  a Vendas de Mercadorias
    Caixa 500
    Descontos incondicionais Concedidos ... *100*   600

c) Conta desdobrada com inventário permanente
(1) Estoque de Mercadorias
  a Duplicatas a Pagar 10.000
  _____ _____

(2) Duplicatas a Pagar
  a Estoque de Mercadorias 3.000
  _____ _____

(3A) Caixa
  a Vendas 5.000
  _____ _____

(3B) Custo das Mercadorias Vendidas
  a Estoque de Mercadorias 3.500
  _____ _____

(4A) Vendas Anuladas
  a Caixa 1.000
  _____ _____

(4B) Estoque de Mercadorias
  a Custo das Mercadorias Vendidas 700
  _____ _____

(5) Estoque de Mercadorias
  Caixa 6.150
  _____ _____

(6) Estoque de Mercadorias
  a Caixa 2.700
  _____ _____

(7A) Caixa
  a Vendas 500
  _____ _____

(7B) Custo das Mercadorias Vendidas
  a Estoque de Mercadorias 400
  _____ _____

Testes de Fixação 1 (p. 177)
1. 1.1 d   1.2 a   1.3 c
2.1 Compensar ambos os saldos, debitando a conta que representa a obrigação e creditando a que representa Direito, considerando o menor dentre os dois saldos.
2.2 Nas vendas com incidência do IPI, um só lançamento será necessário, uma vez que a receita bruta de Vendas será contabilizada deduzida do valor do IPI.
2.3 Programa de Integração Social – PIS, Programa de Formação do Patrimônio do Servidor Público (Pasep) e Contribuição para o Financiamento da Seguridade Social – COFINS.
2.4 As entidades calculam mensalmente os valores das contribuições e recolhem aos cofres públicos no mês seguinte.

Atividades Práticas 2 (p. 178)
(para sua conferência, somente Contas e Valores)
a) Contabilização das operações relativas ao mês de Outubro
(1) Diversos
  a Caixa
    Compras de Mercadorias 16.400
    ICMS a Recuperar *3.600*   20.000
  _____ _____

(2A) Caixa
  a Vendas de Mercadorias 10.000
  _____ _____

(2B) ICMS sobre Vendas
  a ICMS a Recolher 1.800
  _____ _____

(3) Caixa
a Diversos
a Compras Anuladas.................................820
a ICMS a Recolher.....................................180   1.000

(4A) Vendas Anuladas
a Caixa..   2.500

(4B) ICMS a Receber
a ICMS sobre Vendas..................................   450

(5) Diversos
a Duplicatas a Pagar
Compras de Mercadorias.....................92.000
ICMS a Recuperar.................................18.000   110.000

b) Em 31 de outubro
(6) ICMS a Recolher
a ICMS a Recuperar.................................1.980

c) Calcule e contabilize as contribuições para o PIS/PA-SEP e determinação da base de cálculo:
Faturamento...10.000
(–) Vendas Anuladas..........................(2.500)
(=) Base de Cálculo..............................7.500

(7) PIS/Pasep sobre Faturamento
a PIS/Pasep a Recolher...........................48,75

(8) COFINS
a COFINS a Recolher..................................225

d) Contabilização dos fatos de novembro
(9) Diversos
a Duplicatas a Pagar
a Compras de
Mercadorias...............................460.000
a ICMS a Recuperar............................90.000   550.000

(10A) Caixa
a Vendas de Mercadorias............1.000.000

(10B) ICMS sobre Vendas
a ICMS a Recolher...........................180.000

e) Recolhimentos em dinheiro:
(11) Diversos
a Caixa
a PIS/Pasep a Recolher...........................48,75
COFINS a Recolher................................225,00   273,75

f) Ajuste das contas ICMS a Recuperar e ICMS a Recolher
(12) ICMS a Recolher
a ICMS a Recuperar...............................110.070

g) Contabilização das contribuições para o PIS/PASEP e COFINS
(13) PIS/Pasep sobre Faturamento
a PIS/Pasep a Recolher.............................6.500

(14) COFINS
a COFINS a Recolher................................30.000

Atividades Práticas 3 (p. 191)
PRÁTICA 1
CMV = 10.000 + 30.000 – 22.000 = 18.000
RCM = 55.000 – 18.000 = lucro de 37.000
(1) CMV
a Estoque de Mercadorias........................10.000

(2) CMV
a Compras de Mercadorias.......................30.000

(3) Estoque de Mercadorias
a CMV 22.000

(4) Vendas de Mercadorias
a RCM 55.000

(5) RCM
a CMV 18.000

(6) RCM
a Lucro sobre Vendas...............................37.000

PRÁTICA 2
CMV = 500 + 700 – 100 = 1.100
RCM = 900 – 1.100 = Prejuízo de 200
(1) CMV
a Estoque de Mercadorias............................500

(2) CMV
a Compras de Mercadorias...........................700

(3) Estoque de Mercadorias
a CMV..100

(4) Vendas de Mercadorias
a RCM..900

(5) RCM
a CMV...1.100

(6) Prejuízos sobre Vendas
a RCM..200

Testes de Concursos 1 (p. 196)
1. a
2. a

Esta questão pode facilmente ser solucionada por meio do Razonete:

RESULTADO DA CONTA MERCADORIAS	
450.000	325.000
	EF 235.000
	Soma 560.000
	Saldo 110.000

Resposta: lucro bruto de $ 110.000.

3. d

RESULTADO DA CONTA MERCADORIAS – RCM	
	Saldo 240.000
	Estoque Final 195.000
	Soma 435.000

4. e

Antes de iniciar a resolução de qualquer questão, você deve lê-la por inteiro, incluindo as alternativas. No caso da presente questão, as alternativas "a" e "b" referem-se a RCM; as alternativas "c" e "d", a CMV; e a alternativa "e", a saldo da conta Mercadorias (estoque final).

O candidato atento, ao ler as alternativas, perceberá que a resposta está explícita na própria questão. Partindo-se do princípio de que cada questão só pode conter uma alternativa correta, a alternativa "e" refere-se ao valor do estoque final que coincide com o valor informado no enunciado da questão, dispensando-se, assim, os cálculos do RCM e do CMV.

Nas questões teóricas, mesmo depois de encontrada a alternativa correta, convém ler as demais, porque poderá haver uma alternativa mais completa.

5. e

Como a companhia Comercial P dedica-se exclusivamente às vendas a varejo, não é contribuinte do IPI. Assim, o respectivo valor integra o custo de aquisição, sendo somente o ICMS contabilizado em conta apropriada.

A informação de que a empresa adota o sistema de inventário permanente indica que o valor do frete sobre compras será obrigatoriamente contabilizado diretamente na conta Estoque de Mercadorias.

Testes de Fixação 2 (p. 211)
1. 1.1 c 1.2 c 1.3 b
2.1 Custo médio ponderado móvel.
2.2 Do custo médio ponderado fixo.
2.3 Critério do preço de venda diminuído da margem de lucro.
2.4 Critério do preço de venda diminuído da margem de lucro.

Atividades Práticas 4 (p. 212)
a) Esta questão poderá ser solucionada com o uso do Razonete:

Estoque de Mercadorias – PEPS			
01/01: 10 x 10 =	1.000	03/01: 50 x 10 =	500
02/01: 100 x 11 =	1.100	04/01: 50 x 10 =	500
04/01: Saldo 90 x 11= 990		10 x 11 =	110
06/01: 100 x 20 =	2.000	10/01: 70 x 11 =	770
10/01: Saldo: 20 x 11	220	Total =	1.880
100 x 20 =	2.000		
Total =	2.220		

Resposta: $ 2.220 e $ 1.880
b) Adotando o Razonete semelhante ao apresentado na solução anterior, você deverá encontrar as importância de $ 1.500 e $ 2.600.
c) Efetuando os cálculos, você deverá encontrar os valores $ 1.860 e $ 2.240.
d) Efetuando os cálculos você deverá encontrar os valores $ 1.640,40 e $ 2.459,60.

Testes de Fixação 3 (p. 215)
1.1 (V) 1.2 (F) 1.3 (V) 1.4 (V) 1.5 (V)
1.6 (F) 1.7 (V) 1.8 (V) 1.9 (V)

Atividades Práticas 5 (p. 221)
PRÁTICA 1
Despesas com Perdas Estimadas em Créd. Liq. Duv.
  a Perdas Estimadas em Créd. Liq. Duv.
    Conforme cálculos 20.000

PRÁTICA 2
Perdas Estimadas em Créd. Liq. Duv.
  a Duplicatas a Receber
    Baixa de duplicatas incobráveis etc. 30.000

Testes de Concursos 2 (p. 221)
1. e

Estoque de Mercadorias			
31/12/x0: 100 x 1.650 =	165.000	10/01/x1: 20 x 1.650 =	33.000
15/01/x1: 100 x 1.950 =	195.000		
Soma	360.000		
Saldo	327.000		

No tocante à movimentação de mercadorias com preço unitário de compra e de venda, podem ser feitas perguntas em relação ao valor do estoque remanescente, lucro bruto, custo das mercadorias vendidas, estoque final por unidade etc. As respostas poderão ser extraídas do Razonete, combinando com os dados da questão. Nesse caso, o valor unitário da venda não entra no cálculo, pois a resposta se refere ao saldo do estoque final. Como a empresa adota o critério PEPS, creditamos as 20 unidades vendidas pelo valor das unidades que estavam em estoque no início do período. Ainda que na questão não fosse informada a utilização do critério PEPS, o procedimento teria de ser o mesmo, pois as vendas ocorreram antes, no dia 10; e a compra, no dia 15.

2. b
Para solucionar esta questão é necessário dominar os critérios de avaliação de estoques — PEPS, UEPS e Custo Médio –, conhecer os efeitos de cada um em relação aos estoques remanescentes e em relação ao custo das mercadorias vendidas. Assim teremos:
a) Errada: num período de preços crescentes (inflação), o estoque final avaliado a PEPS será semrpe maior que o avaliado pelo custo médio.
b) Correta: o estoque final avaliado a PEPS trá sempre o valor das últimas entradas (superavaliado).
c) Errada: o estoque final avaliado a UEPS terá semrpe o valor das primeiras entradas (subavaliado).
d) Errada: o estoque final não é avaliado pelo valor das compras menos as vendas, mas sim pelo valor das compras ou pelo custo médio.
e) Errada: a avaliação dos estoques pelo critério UEPS manterá os respectivos estoques semrpe a preço das compras mais antigas, ao passo que a avaliação pelo custo médio manterá os estoques a preços maiores.

3. c
Nesta questão, precisamos inicialmente conhecer o CMV pelo critério PEPS, para depois apurarmos o resultado das vendas.

ESTOQUE DE MERCADORIAS	
01/05: 200 x 2.000 =	400.000
20/05: 200 x 3.000 =	600.000
22.05: 300 x 4.000 =	1.200.000
20/05: 200 x 2.000 =	400.000
100 x 3.000 =	300.000

RESULTADO DA CONTA MERCADORIAS		
CMV	700.000	Vendas 300 x 5.000 = 1.500.000
ICMS	150.000	
Soma	850.000	
	Saldo	650.000

Resposta: lucro bruto de $ 650.000.

4. e
Existem várias maneiras de se elaborar questões e de se formular perguntas a cerca dos critérios de avaliação de estoques. Nessa questão, as alternativas referem-se aos critérios PEPS, UEPS e Custo Médio, solicitando o valor do estoque final e o RCM. Como são apenas 4 os itens apresentados (Estoque inicial, uma compra e duas vendas), o caminho será escolher um dos três critérios e efetuar os cálculos.
Caso as respostas encontradas não coincidam com as alternativas, parte-se para a resolução por outro critério.
Aleatoriamente faremos a primeira tentativa pelo critério PEPS, acompanhe:

ESTOQUE DE MERCADORIAS – PEPS			
01/10: 2.200 x 0,50	1.100	05/10: 1.000 x 0,50	500
Saldo 1.200 x 0,50	600	30/10: 1.200 x 0,50	600
10/10: 2.000.x.0,90	1.800	200 x 0,90	180
Soma	2.400	Soma	780
Saldo	1.620		

RESULTADO DA CONTA MERCADORIAS – PEPS			
CMV	1.280	05/10: 1.000 x 0,95	950
		30/10: 1.400 x 0,95	1.330
		Soma	2.280
		Saldo	1.000

Resposta:
Estoque Final = $ 1.620
Lucro bruto = $ 1.000.

CAPÍTULO 8

Testes de Fixação 1 (p. 238)
1. 1.1 b   1.2 d   1.3 d
2.1 As contas representativas das participações permanentes em outras sociedades e dos direitos de qualquer natureza, não classificáveis no Ativo Circulante, e que não se destinem à manutenção da atividade da companhia ou da empresa.
2.2 As sociedades nas quais a investidora tenha influência significativa.
2.3 Considera-se que há influência significativa quando a investidora detem ou exerce o poder de participar nas decisões das políticas financeiras ou operacionais da investida, sem controlá-la.
2.4 A sociedade na qual a controladora, diretamente ou por meio de outras controladas, é titular de direitos de sócio que lhe asseguram, de modo permanente, preponderância nas deliberações sociais e o poder de eleger a maioria dos administradores.
2.5 É o acordo contratual em que duas ou mais partes de comprometem à realização de atividade econômica que está sujeita ao controle conjunto.
2.6 Representam parte do imposto de renda devido pelas empresas com base no lucro real.
2.7 Obras de arte, antiguidades e propriedade para investimentos.
2.8 Em avaliar investimentos atribuindo-lhes os respectivos custos deaquisição.
2.9 Em avaliar o investimento atribuindo-lhe o respectivo valor justo. Valor justo é aquantia pela qual um Ativo poderia ser trocado, ou um Passivo liquidado entre partes conhecedoras e dispostas a isso em transação sem favorecimento.
2.10 Na atualização do valor dos investimentos feitos em sociedades coligadas ou em controladas e em outras sociedades que façam parte de um mesmo grupo ou estejam sob controle comu, com base na avaliação ocorrida no patrimônio líquido das citadas sociedades investidas.
3.1 (V)   3.2 (V)   3.3 (F)   3.4 (F)

Atividades Práticas 1 (p. 239)
PRÁTICA 1

(Para sua conferência, somente contas e valores)
1. Pela Subscrição das Ações
(1) Participações em Outras Empresas
   a Subscrição de Ações...20.000

2. Pela integralização:
(2) Subscrição de Ações
   a Bancos conta Movimento 20.000

PRÁTICA 2
Participação na Coligada Matarazo S/A
   a Bancos conta Movimento 15.000

PRÁTICA 3
*Despesas com Perdas Prováveis
na Realização de Investimentos
   a Perdas Prováveis na Realização
   de Investimentos..* 125.000

PRÁTICA 4
*Em: 31.12.x5
Participação na Controlada A
   a Receita de Participação Societária...................* 140.000

*Em fevereiro de x6
Caixa
   a Participação na Controlada A ....* 140.000

Testes de Fixação 2 (p. 246)
1. 1.1 c   1.2 d   1.3   d
2. 2.1 Representativas de bens de uso.
2.2 Mesas, cadeiras, veículos, computadores, armários.
2.3 Aquelas representativas de investimentos de recursos em bens que, por estarem incompletos e sem operar, ainda não geram riquezas para a empresa.
2.4 Debitando-se a conta representativa do bem e creditando-se uma conta de reserva de reavaliação.
2.5 Alienação (venda), desapropriação, obsolescência.
3. 3.1 (F)   3.2 (V)   3.3 (V)   3.4 (V)

Atividades Práticas 2 (p. 247)
(Para sua conferência, somente contas e valores)
PRÁTICA 1
*Máquinas e Equipamentos Industriais
   a Bancos conta Movimento
   a Banco Urupês S/A
      N/ch 01 ref. compra de uma máquina deprodução
      conf NF n. 300 de Paulinas S/A...60.000
      N/ cheque n. 02 ref. serviços conforme
      NF 231 de Serviçal LTDA. ....* __2.000__   62.000

PRÁTICA 2
Em 07.03.03
(1) Aquisições de Imóveis em Andamento
   a Caixa...10.000

Em 25.03
(2) Aquisições de Imóveis em Andamento
   a Caixa...44.000

(3) Imóveis
   a Aquisições de Imóveis em
      Andamento...54.000

Testes de Fixação 3 (p. 254)
1. 1.1 c   1.2 d   1.3 a
2. 2.1 Os direitos que tenham por objetivo Bens Incorpóreos destinados à manutenção da companhia ou exercidos com essa finalidade inclusive o fundo de comércio adquirido.
2.2 Como ativo não monetário identificável sem substância física.
2.3 No intangível.
2.4 É o valor que se paga além do valor justo dos Ativos líquidos por ocasião da compra do total ou de parte de uma empresa.
2.5 O método do custo e, quando a legislação permitir, o método da reavaliação.
2.6 Mediante débito na conta Amortização Acumulada e crédito na conta representativa do bem.
3.1 (F)   3.2 (V)   3.3 (V)   3.4 (V)   3.5 (V)

Atividade Prática 3 (p. 255)
PRÁTICA 1
   Marcas e Patentes
      a Caixa..4.000

Testes de Fixação 4 (p. 272)
1. 1.1 a   1.2 d   1.3 d
2. 2.1 É a alocação sistemática do valor depreciável de um Ativo ao longo de sua vida útil.
2.2 É a alocação sistemática do valor amortizável de Ativo Intangível ao longo da sua vida útil.
2.3 É a alocação sistemática do valor exaurível de um Ativo ao longo da sua vida útil.
2.4 Como despesa operacional.
2.5 Para que possam ser ajustados os critérios utilizados para determinação da vida útil econômica estimada e para cálculo da depreciação, exaustão e amortização.
2.6 Uso, ação da natureza e obsolescência.
2.7 É o período durante o qual seja possível a sua utilização econômica, na produção de seus rendimentos.
2.8 Consiste na aplicação de taxas constantes durante o tempo de vida útil estimado para o bem.

2.9 Em estipular taxas variáveis crescentes ou decrescentes durante o tempo de vida útil do bem.
3.1 (V)   3.2 (V)   3.3 (V)   3.4 (F)
3.5 (F)   3.6 (V)   3.7 (V)   3.8 (V)

Atividades Práticas 4 (p. 274)
PRÁTICA 1
   Cálculos:
a) Computadores
   20% de 40.000 = 8.000
b) Móveis e Utensílios
   10% de 12.000 = 1.200
   1.200/12x8 = 800
c) Máquinas
   15% de 20.000 = 3.000

   Contabilização:
Depreciação
   a Diversos
   a Depreciação Acumulada de
      Computadores.....................8.000
   a Depreciação Acumulada de Móveis e
      Utensílios............................. 800
   a Depreciação Acumulada de
      Máquinas..........................3.000   11.800

PRÁTICA 2
   Cálculos:
a) Fundo de Comércio
   10% de 15.000 = 1.5000
b) Direitos Autorais
   10% de 60.000 = 6.000
   Contabilização
Amortização
   a Diversos
   a Amortização Acumulada
      de Fundo de Comércio....................1.500
   a Amortização Acumulada
      de Direitos Autorais.....................6.000   7.500

Amortização Acumulada de Direitos Autorais
   a Direitos Autorais.........................60.000

PRÁTICA 3
a) Com base no prazo de concessão
   Cálculos
   100%/10 = 10% a.a.
   10% de 60.000 = 6.000

   Contabilização
Exaustão
   a Exaustão Acumulada............................6.000

b. Relação volume produzido x possança estimada
   Cálculos
   400 x 100/20.000 = 2%
   2% de 60.000 = 1.200
   Contabilização
Exaustão
   a Exaustão Acumulada............................1.200

Testes de Fixação 5 (p. 282)
1. 1.1 b   1.2 d
2. 2.1 No confronto entre o valor contábil de um Ativo com seu valor recuperável.
2.2 Porque, segundo a NBC TG 01, a entidade somente deve manter em seu Ativo contas representativas de bens e direitos registradas por valores que não excedam seus valores de recuperação.
2.3 Deverá reconhecer a perda, contabilizando-a a débito de conta de despesa e a crédito de conta redutora do Ativo.
2.4 É o maior montante entre o seu valor justo líquido de despesa de venda e o seu valor em uso.
2.5 Pelo confronto entre o valor contábil do bem e o resutado obtido na sua baixa (alienação, desapropriação etc).
3. 3.1 (V)   3.2 (V)

Atividade Prática 5 (p. 282)
   Cálculos
   Valor da conta Computadores 5.000
   (–) Depreciação Acumulada ....(1.500)
   (=) Valor contábil..3.500

   Venda..3.000
   (–) Valor contábil...(3.500)
   (=) Prejuízo...(500)

   Contabilização
(1) *Duplicatas a Receber*
   a Computadores...3.600

(2) *Depreciação Acumulada de Computadores*
   a Computadores......................................1.500

(3) *Prejuízos na Alienação de Bens do Ativo Imobilizado*
   a Computadores... 500

Testes de Concursos (p. 283)
1. d
   A questão aparenta ser de fácil solução, más é preciso muito cuidado. Se o terreno fosse adquirido para uso, estaria correto sua contabilização na conta Imóveis ou, mais especificamente, na conta Terrenos; como o referido terreno destina-se a estacioamento pago, a contabilização correta é débito na conta Bens de Renda ou Propriedade para Investimento.

2. d
Sabemos que a depreciação alcança os bens de uso da empresa (bens materiais, tangíveis, corpóreos) classificados no Ativo Imobilizado. Como no Ativo Imobilizado constam bens que representam recursos naturais sujeitos à exaustão, podemos afirmar que a depreciação alcança parte dos bens tangíveis classificados no Ativo Imobilizado.
3. c

CAPÍTULO 9
Testes de Fixação 1 (p. 293)
1. 1.1 d 1.2 b 1.3 b
2. 2.1 Devem ser apropriadas no mês da sua ocorrência.
2.2 É aquela cujo fato gerador já ocorreu; já foi realizada.
2.3 Não, pois a primeira indica que o fato gerador já ocorreu, e a segunda independe de sua ocorrência.
2.4 Juros Ativos a Vencer e Aluguéis Ativos a Vencer.
2.5 Salários a Pagar e Contribuições de Previdência a Recolher.
2.6 Despesa com Material de Limpeza e Estoque de Material de Limpeza.
2.7 Do Ativo Circulante e do Passivo Não Circulante – receitas diferidas, respectivamente.

Testes de Fixação 2 (p. 304)
1. 1.1 b 1.2 a 1.3 d
2. 2.1 Direito da empresa.
2.2 Devem apropriar a despesa incorrida.
2.3 FGTS, Contribuição Patronal para a Previdência, Férias e Décimo Terceiro Salário proporcionais.
2.4 D - Salários a Pagar; C – Caixa.

Atividade Prática (p. 304)
(Para sua conferência, somente contas e valores)
Apropriação em 31 de outubro:
(1) Salários
   a Salários a Pagar 100.000

(2) Salários a Pagar
   a Diversos
   a Contribuições de Previdência a
      Recolher.................................9.000
   a IRRF a Recolher.........................5.000   14.000

(3) Contribuições de Previdência a Recolher
   a Salários a Pagar........................1.000

(4) Encargos Sociais
   a Diversos
   a Contribuições de Previdência a
      Recolher.................................26.800
   a FGTS a Recolhr..........................8.000
   a Férias a Pagar 14.979
   a Décimo Terceiro a Pagar 11.234   61.013

Liquidação em 5 de novembro:
(5) Diversos
   a Caixa
   Salários a Pagar 87.000
   Contribuições de Previdência a
      Recolher............................. 34.800
   IRRF a Recolher......................... 5.000
   FGTS a Recolher........................8.000   134.800

Testes de Fixação 3 (p. 308)
1. 1.1 d 1.2 a 1.3 c
2. 2.1 Despesas incorridas e receitas ganhas no respectivo período.
2.2 Receitas ganhas ou geradas no respectvo perído.
3. a) (V) b) (F) c) (F) d) (V)

Testes de Concursos (p. 309)
1. a
- Contas de resultado indicadoreas de receitas: Receitas Financeiras e Outras Receitas.
- Contas de resultado indicadoras dedespesas: Variações Monetárias Passivas.
- Contas Patrimoniais: Receitas Recebidas Antecipadamente e REceitas de Exercícios Futuros.

2. d
Trata-se de pagamento de luvas no valor de $ 1.260 para assinatura de um contrato de locação por 18 meses. Note que, tecnicamente, o valor pago a título de luvas deve ser rateado proporcionalmente ao tempo com base no qual ele foi cobrado:
- 1.260/18 meses = 70 por mês
Sendo o contrato assinado em 1º/05/x2, concluímos que o total da despesa referente a esse período é:
- 8 meses × 70 = 560.
Assim, no exercício de x2, deverão ser contabilizados:
- $ 560 como despesa (8 meses);
- $ 700 como despesa antecipada (em conta do Ativo Circulante), referente a 10 meses.

3. e
a) Errada: uma despesa paga à vista, representa redução do Ativo e redução da Situação Líquida.
b) Errada: uma despesa paga antecipadamente não provoca redução no Ativo e muito menos na Situação Líquida. (O pagamento de despesas de seguros antecipadamente reduz o Caixa e aumenta o próprio grupo do Ativo Circulante pelo mesmo valor, mediante débito na conta Prêmios de Seguro a Vencer).
c) Errada: uma receita recebida à vista, provoca aumento no Ativo e aumento na Situação Líquida.
d) Errada: uma receita realizada para recebimento futuro representa aumento do Ativo (Direito) e aumento no Passivo (no grupo de Receitas Diferidas), não interferindo na Situação Líquida.
e) Correta: a despesa, quando realizada para pagamento futuro, aumenta o Passivo (Obrigação) e reduz a Situação Líquida, não interferindo no Ativo. Exemplo:

Salários
  a Salários a Pagar
  Apropriação da Despesa conf. folha de pagamento $
  _____   _____

4. e
5. a
   O seguro foi pago no mês de 01/x3, com vigência do mês 3 até o mês 12 do mesmo ano; logo, refere-se a 10 meses. Assim, faremos:
   1.200/10 = 120 por mês; de março a junho = 4 meses; logo, 4 × 120 = 480.
   Estando a despesa contabilizada na conta Prêmios de Seguros a Vencer, faremos:

PRÊMIOS DE SEGURO A VENCER	
1.200	480
Saldo 720	

CAPÍTULO 10
Atividades Práticas 1 (p. 326)

PRÁTICA 1
Data da aplicação
(1) Aplicações Financeiras de Liquidez Imediata
   a Bancos conta Movimento 20.000

Data do resgate
(2) Bancos conta Movimento
   a Diversos
   a Aplicações Financeiras de Liquidez
      Imediata 20.000
   a Rendimentos sobre
      Aplicações Financeiras 5.000   25.000

(3) IRR Fonte a Recuperar
   a Bancos conta Movimento 500

PRÁTICA 2
Data da aplicação
(1) Aplicações Financeiras em Fundos de Investimento de Renda Variável
   a Bancos conta Movimento 500.000

Data do resgate:
(2) Bancos conta Movimento
   a Diversos
   a Aplicações Financeiras em Fundos de Investimento
      de Renda Variável 500.000
   a Rendimentos sobre Aplicações
      Financeiras 30.000   530.000

(3) Diversos
   a Bancos conta Movimento
   IRRF a Recuperar 44.500
   Despesas Bancárias 500   5.000

PRÁTICA 3
Data da aplicação
(1) Aplicações Temporárias em Ouro
   a Bancos conta Movimento 50.000

Data da Venda
(2) Bancos conta Movimento
   Banco Urupês S/A
   a Diversos
   a Investimentos Temporários
      em Ouro 50.000
   a Rendimentos sobre Aplicações
      Financeiras 10.000   60.000

(3) Diversos
   a Bancos conta Movimento
   IRR Fonte a Recuperar 3.000
   Despesas Bancárias 1.000   4.000

PRÁTICA 4
Data da compra
(1) Ações de Outras Empresas
   a Bancos conta Movimento 11.000
Data da venda:

(2) Bancos conta Movimento
   a Diversos
   a Ações de Outras Empresas 11.000
   a Receitas Financeiras 4.000   15.000

(3) Despesas Financeiras
   a Bancos conta Movimento 300

PRÁTICA 5
Data da aplicação
(1) APlicações Financeiras de Renda Fixa
   a Diversos
   a Bancos conta Movimento 10.000
   a Variações Monetárias Ativas
      a Vencer 3.000
   a Juros Ativos a Vencer 1.000   14.000

Data do resgate
(2) Bancos conta Movimento
   a APlicações Financeiras de
      Renda Fixa 14.000

(3) Variações Monetárias Ativas a Vencer
   a Variações Monetárias Ativas 3.000

(4) Juros Ativos a Vencer
   a Juros Ativos 1.000

Atividades Práticas 2 (p. 333)
PRÁTICA 1
Data do empréstimo:
(1) Diversos
   a Bancos conta Empréstimo
   Bancos Conta Movimento..................... 93.000
   Variações Monetárias Passivas
      a Vencer... 6.000
   Juros Passivos a Vencer 1.000   100.000

Data do pagamento:
(2) Bancos conta Empréstimos
   a Bancos conta Movimento 100.000

(3) Variações Monetárias Passivas
   a Variações Monetárias Passivas
      a Vencer... 6.000

(4) Juros Passivos
   a Juros Passivos a Vencer 1.000

PRÁTICA 2
Data do primeiro empréstimo:
(1) Diversos
   a Promissórias a Pagar
   Bancos conta Movimento.................... 200.000
   Variações Monetárias Passivas
      a Vencer... 20.000
   Juros Passivos a Vencer 3.000
   Despesas Bancárias.................................. 2.000   225.000

Data do vencimento
(2) Promissórias a Pagar
   a Diversos
   a Bancos conta Movimento 175.000
   a Promissórias a Pagar 50.000   225.000

(3) Diversos
   a Promissórias a Pagar
   Variações Monetárias Passivas
      a Vencer... 2.000
   Juros Passivos a Vencer 1.000   3.000

(4) Variações Monetárias Passivas
   a Variações Monetárias Passivas
      a Vencer... 20.000

(5) Juros Passivos
   a Juros Passivos a Vencer 3.000

PRÁTICA 3
Data do empréstimo:
(1) Bancos Conta Movimento
   a Bancos Conta Empréstimos............. 100.000

Data da quitação
(2) Diversos
   a Bancos conta Empréstimo
   Variações Monetárias Passivas 20.000
   Juros Passivos 3.600   23.600

(3) Bancos conta Empréstimo
   a Bancos conta Movimento................ 123.600

Atividades Práticas 3 (p. 342)
PRÁTICA 1
Data da remessa do borderô:
(1) Duplicatas em Cobrança
   a Endossos para Cobrança 40.000

(2) Despesas Bancárias
   a Bancos conta Movimento 1.000

Data do recebimento
(3) Bancos conta Movimento
   a Duplicatas a Receber........................... 40.000

(4) Endossos para Cobrança
   a Títulos em Cobrança............................. 40.000

PRÁTICA 2
Data do desconto:
(1) Diversos
   a Duplicatas Descontadas
   Bancos conta Movimento...................... 90.000
   Juros Passivos a Vencer 9.000
   Despesas Bancárias.................................... 1.000   100.000

Data da quitação dos títulos:
(2) Duplicatas Descontadas
   a Duplicatas a Receber......................... 100.000

(3) Juros Passivos
   a Juros Passivos a Vencer 9.000

Testes de Fixação (p. 343)
1. 1.1 c 1.2 b 1.3 d 1.4 a 1.5 c
2. 2.1 Instrumento financeiro é qualquer contrato que dê origem a um Ativo Financeiro para a entidade e a um Passivo Financeiro ou instrumento patrimonial para outra entidade.
2.2 Caixa e instrumento patrimonial de outra entidade.
2.3 Contas a pagar, empréstimos a pagar e títulos de dívidas a pagar.
2.4 Atitude incorreta.
2.5 Cobrança Simples, Desconto de Duplicatas e Empréstimo mediante caução de Duplicata.
3. 3.1 (V) 3.2 (V) 3.3 (F) 3.4 (V) 3.5 (F)
   3.6 (V) 3.7 (V) 3.8 (V) 3.9 (F) 3.10 (F)
   3.11 (V) 3.12 (V) 3.13 (V) 3.14 (F).

Testes de Exame de Suficiência (p. 345)
1. d   2. d.

Teste de Concursos (p. 346)
1. e

CAPÍTULO 11

Testes de Fixação 1 (p. 351)
1. 1.1 d   1.2 a   1.3 b   1.4 c
2. 2.1 Como passivo de prazo ou valor incertos.
   2.2 Mediante débito em conta representativa de despesa ou custo e crédito em conta representativa da respectiva provisão.
   2.3 Provisão para Desmontagem de Equipamentos e Provisão para Garantias de Produtos.

Atividade Prática (p. 352)
(Para sua conferência, somente contas e valores)
Em 31.12.x5
(1) Despesas com Provisão por Danos Ambientais
a Provisão por Danos Ambientais 100.000
_____   _____

Em 20.08.x6
(2) Provisão por Danos Ambientais
a Bancos conta Movimento 80.000
_____   _____

Em 31.12.x6
(3) Provisão por Danos Ambientais
a Receita com Reversão de Provisão
         por Danos Ambientais 20.000
_____   _____

Testes de Fixação 2 (p. 363)
1. 1.1 c   1.2 a   1.3 c
2. 2.1 Reservas Estatutárias.
   2.2 De lucros e de capital.
   2.3 Debitando-se a conta Lucros Acumulados e creditando-se a conta representativa da Reserva Respectiva.
   2.4 Serão revertidas.
   2.5 Debitando-se a conta representativa da reserva e creditando-se a conta representativa do Capital.
3. 3.1 (F)   3.2 (V)   3.3 (V)   3.4 (V)
   3.5 (V)   3.6 (V)   3.7 (V).

Testes de Concursos (p. 365)
1. d
2. d
   Inicialmente, precisamos apurar o saldo da conta Perdas Estimadas em Créditos de Liquidação Duvidosa, veja:
   Saldo do exercício anterior 2.000
   (–) 1. Cliente H .... (20)
   (–) 2. Cliente Z .... (150)
   (–) Diversos .... (400)
   (=) Saldo 1.430

   Agora, calcularemos o valor da nova perda estimada: 3% sobre 80.00 = 2.400
   Como há saldo de 1.430 na conta PECLD, pelo método da complementação faremos:

Valor do Período 2.400
(–) Saldo existente .... (1.430)
(=) Valor da complementação 970
3. a

CAPÍTULO 12

Atividade Prática (p. 397)
Para sua conferência, veja como ficará o segundo Balancete de Verificação:

Companhia: Fagundes e Filhos S/A
BALANCETE DE VERIFICAÇÃO (segundo)
Levantado em 31 de dezembro de x2

N.	CONTAS	DÉBITO	CRÉDITO
	Caixa	36.000	
	Aplicações Financeiras de Liquidez Imediata	300.000	
	Clientes	600.000	
	Perdas Estimadas em Créditos de Liquidação Duvidosa		24.000
	Estoque de Mercadorias	300.000	
	Perdas Estimadas por Redução do Valor Real Líquido		30.000
	Estoque de Materiais de Consumo	5.000	
	Prêmios de Seguro a Vencer	3.000	
	Computadores	30.000	
	Depreciação Acumulada de Computadores		24.000
	Móveis e Utensílios	20.000	
	Depreciação Acumulada de Móveis e Utensílios		14.000
	Veículos	60.000	
	Depreciação Acumulada de Veículos		9.000
	Fornecedores		200.000
	Financiamentos a Pagar (CP)		12.000
	Financiamentos a Pagar (LP)		48.000
	Tributos a Recolher		101.898
	IRRF a Recolher		3.856
	CSLL a Recolher		55.679
	IR sobre o Lucro Líquido a Recolher		75.193
	Aluguéis a Pagar		1.500
	Salários e Encargos a Pagar		40.000
	Contas a Pagar		10.000
	Juros sobre o Capital Próprio a Pagar		21.854
	Participações de Empregados a Pagar		45.162

CONTINUA

CONTINUAÇÃO

Companhia: Fagundes e Filhos S/A
BALANCETE DE VERIFICAÇÃO (segundo)
Levantado em 31 de dezembro de x2

N.	CONTAS	DÉBITO	CRÉDITO
	Participações de Administradores a Pagar		40.646
	Dividendos a Pagar		287.067
	Capital		200.000
	Reserva Legal		29.770
	Reserva para Investimentos		80.375
	Totais	1.354.000	1.354.000

Testes de Concursos (p. 398)
1. e

RESULTADO BRUTO			
Estoque Inicial	1910	Estoque Final	230
Compras	300	Receita Líquida	1.300
Despesas com Compras	280	Total	1.730
Total	770		
		Saldo	960

2. a

ESTOQUE DE MERCADORIAS			
Compras	46	Devolução de Compras	5
Imposto sobre Dev. Compras	1	Custo Merc. Vendidas	24
Total	47	Impostos s/ Compras	9,20
		Total	38,20
Saldo	8,80		

RESULTADO DO EXERCÍCIO			
Imposto s/Vendas	12	Vendas	60
Custo Merc. Vend.	24	Lucro	2
Vendas Anuladas	10	Impotos/ Vendas	
Despesas	12	Anuladas	2
Total	58	Total	64
		Saldo	6

CAPÍTULO 13

Testes de Fixação 1 (p. 415)
1. 1.1 d 1.2 d 1.3 d
2. 2.1 Dois: Ativo Circulante e Ativo Não Circulante, subdividido em Ativo Realizável a Longo Prazo, Investimentos, Imobilizado e Intangível.
2.2 Três: Passivo Circulante, Passivo Não Circulante e patrimônio Líquido, dividido em Capital Social, Reservas de Capital, Ajustes de Avaliação Patrimonial, Reservas de Lucros, Ações em Tesouraria e Prejuízos Acumulados.
3. 3.1 (V) 3.2 (V) 3.3 (F) 3.4 (F) 3.5 (V) 3.6 (F)
   3.7 (F) 3.8 (V) 3.9 (F) 3.10 (V) 3.11 (V) 3.12 (V)
   3.13 (V) 3.14 (V) 3.15 (F) 3.16 (V)

Testes de Fixação 2 (p. 430)
1. 1.1 a 1.2 b 1.3 c
2. 2.1 Demonstração das Mutações do Patrimônio Líquido.
2.2 Na DRE.
2.3 Na DRE.
2.4 Como Outras Receitas.
2.5 O resultado do exercício depois de deduzidas as participações.
3. 3.1 (V) 3.2 (F) 3.3 (F) 3.4 (V) 3.5 (F) 3.6 (F) 3.7 (V)

Testes de Fixação 3 (p. 454)
1. 1.1 a 1.2 b 1.3 c
2. 2.1 Duas atividades operacionais, uma de investimento e uma de financiamento.
2.2 DVA.
2.3 Visam a complementar as informações contidas nas demonstrações.
3. 3.1 (V) 3.2 (V) 3.3 (F) 3.4 (V) 3.5 (V) 3.6 (V)
   3.7 (F) 3.8 (F) 3.9 (V) 3.10 (V) 3.11 (V)
   3.12 (V) 3.13 (V) 3.14 (V) 3.15 (F) 3.16 (V)

Testes de Concursos (p. 456)
1 1. C 2. E 3. E 4. C 5. C
2. d
3. e
4. b
Como o Passivo é igual ao Ativo Imobilizado, faremos:
Ativo Imobilizado
  Móveis e Utensílios 150.000
  (–) Passivo como está no problema .... (100.000)
  Diferença 50.000

Logo, concluímos que 50.000 que faltam no Passivo, para igualá-lo ao Ativo Imobilizado, representam exatamente o valor da incógnita Salários a Pagar.

Considerando, então, que a conta Salários a Pagar possui saldo de 50.000, podemos apurar o total do lado do Passivo, que é de 450.000. Sendo o total do Ativo (sem o valor da incógnita Mercadorias) igual a 340.000, faremos:

Total do Passivo 450.000
(–) Total do Ativo (sem Mercadorias) .... (340.000)
Diferença 110.000

APÊNDICE

1. Informações complementares sobre as contas

1.1 Teorias das contas

As contas podem ser classificadas de várias maneiras, conforme a linha de pensamento defendida por seus doutrinadores.

Na Itália, por volta do século XV, várias escolas ou correntes deram origem a diferentes teorias, entre as quais destacamos aquelas que são mais exigidas nos concursos.

1. **Teoria (escola) Personalística**

    Tratadistas – Francesco Marchi e Giuseppe Cerboni

    Essa escola, que considera objeto da Contabilidade a relação jurídica entre pessoas, personaliza as contas, classificando-as em:

    a. contas dos agentes consignatários: representam os Bens;

    b. contas dos agentes correspondentes: representam os Direitos e as Obrigações;

    c. contas do proprietário: representam o Patrimônio Líquido, as Despesas e as Receitas.

2. **Teoria (escola) Materialista**

    Tratadista – Fábio Besta

    Para essa escola, também conhecida como "escola econômica", as contas representam valores materiais, sendo classificadas em:

    a. contas integrais: representam os Bens, os Direitos e as Obrigações;

    b. contas diferenciais: representam o Patrimônio Líquido, as Despesas e as Receitas.

3. **Teoria (escola) Patrimonialista**

    Tratadista –Vincenzo Masi

    Essa escola, que considera o Patrimônio objeto da Contabilidade, classifica as contas em:

    a. contas patrimoniais: representam os Bens, os Direitos, as Obrigações e o Patrimônio Líquido;

    b. contas de resultado: representam as Despesas e as Receitas.

No Brasil, a Contabilidade fundamenta-se na escola Patrimonialista. No entanto, para efeito de concurso é muito importante memorizar a classificação das contas pelas três teorias aqui apresentadas.

1.2 Classificação das contas segundo a Lei n. 6.404/1976

A Lei n. 6.404/1976 estabelece, em seus artigos 178 a 184, os critérios para classificação e avaliação das contas.

É muito importante que você leia esses artigos da Lei das Sociedades por Ações (Lei n. 6.404/1976).

1.3 Sistemas de contas

Compreendem o conjunto de todas as contas utilizadas nos registros contábeis de uma entidade.

As contas de um sistema poderão estar harmonicamente agrupadas, de acordo com a natureza de cada uma.

Na Contabilidade Pública, por exemplo, as contas são classificadas em quatro sistemas:

a. **Sistema Orçamentário**: conjunto de contas utilizadas para o registro das dotações orçamentárias da entidade.

b. **Sistema Financeiro:** conjunto de contas utilizadas para o registro de operações financeiras (fluxo de Caixa) da entidade.

c. **Sistema Patrimonial**: conjunto de contas utilizadas para o registro dos Bens de uso da entidade.

d. **Sistema de Compensação**: conjunto de contas utilizadas para o registro de atos administrativos relevantes, assim entendidos aqueles cujos efeitos possam se traduzir em modificações no Patrimônio da entidade.

1.4 Contas de Compensação

As Contas de Compensação, também denominadas Contas Extrapatrimoniais, compreendem um sistema de contas próprias para o registro de atos administrativos relevantes.

São considerados relevantes os atos administrativos cujos efeitos possam se materializar no futuro, traduzindo em modificações no patrimônio.

São exemplos de atos administrativos relevantes: o aval de títulos e as fianças realizadas em favor de terceiros, a hipoteca, o penhor, as assinaturas de contratos de compra e vendas de mercadorias, as assinaturas de contratos de seguros, as remessas de títulos ao banco para cobrança etc.

A Lei n. 6.404/1976 não contempla a adoção das Contas de Compensação. Contudo, na letra d, do inciso IV do § 5º do artigo 179, estabelece que os ônus reais constituídos sobre elementos do ativo, as garantias prestadas a terceiros e outras responsabilidades eventuais ou contingentes, devem ser indicadas nas notas explicativas que complementam as Demonstrações Financeiras.

O Conselho Federal de Contabilidade (CFC) trata das Contas de Compensação, nos itens 29 e 30 da Interpretação Técnica ITG 2000 – Escrituração Contábil, aprovada pela Resolução CFC n. 1330/2011.

Estabelece a mencionada ITG 2000 que a escrituração das Contas de Compensação somente será obrigatória quando algum órgão regulador,[1] ao qual a empresa estiver subordinada, assim o determinar. Entretanto, nos casos em que as Contas de Compensação não forem utilizadas, a entidade deve manter outros mecanismos que possibilitem controlar os atos administrativos relevantes.

A contabilização dos eventos por meio das Contas de Compensação é feita no momento da ocorrência dos respectivos atos, debitando-se uma conta própria de Compensação do Ativo e creditando-se sua contrapartida do grupo de Compensação do Passivo.

Por ocasião do vencimento do contrato ou da extinção do compromisso, será dada baixa no sistema de compensação, invertendo-se o lançamento inicial.

Exemplo:

A empresa Comercial Leonardo S/A, em garantia de empréstimo realizado junto ao Banco Urupês S/A, hipotecou um imóvel de sua propriedade, conforme contrato no valor de $ 200.000. No vencimento do contrato, foi efetuado o levantamento da hipoteca.

---

[1] Comissão de Valores Mobiliários (CVM), Banco Central do Brasil (BCB) Superintendência de Seguros Privados (SUSEP) etc.

1. Contabilização na data da assinatura do contrato de hipoteca:

Imóveis Hipotecados
a Hipotecas de Imóveis
   Valor do nosso imóvel hipotecado junto ao
   Banco Urupês S/A................................ *200.000*

2. Contabilização da baixa da hipoteca, no vencimento do contrato:

Hipoteca de Imóveis
a Imóveis Hipotecados
   Pelo levantamento da hipoteca efetuada junto
   ao Banco Urupês S/A............................ *200.000*

Veja exemplos de Contas de Compensação na Seção 1.8 deste Apêndice.

1.5 Capital Autorizado

Denomina-se Capital Autorizado ao limite fixado no estatuto, até o qual, o Capital Social pode ser aumentado, sem a necessidade de se proceder alterações estatutárias que são obrigatórias a cada aumento de capital.

Conforme estabelece o artigo 168 da Lei n. 6.404/1976, o estatuto pode conter autorização para aumento de capital social independentemente de reforma estatutária.

A fixação no estatuto do limite de aumento, que poderá ser em valor do capital ou em número de ações, e as espécies e classes das ações que poderão ser emitidas agilizam o processo de aumento de capital, desvinculando-o da necessidade de reforma estatutária, que será feita somente para fixar novo limite quando o existente estiver totalmente subscrito.

O estatuto determinará, também, o órgão competente para deliberar sobre as emissões das novas ações, que poderá ser a Assembleia Geral ou o Conselho de Administração.

O Capital Autorizado deve ser divulgado pela empresa juntamente com as Demonstrações Contábeis. Poderá figurar no início das demonstrações (logo abaixo da identificação da companhia), em Notas Explicativas, ou no grupo Patrimônio Líquido do Balanço Patrimonial.

Decidindo mantê-lo nos registros contábeis, o controle poderá ser feito diretamente no Patrimônio Líquido ou por meio de Contas de Compensação.

Exemplo prático

Suponhamos que uma determinada companhia tenha no seu estatuto previsto um Capital Autorizado de $ 100.000, do qual $ 60.000 foi subscrito pelos acionistas. Considerando que, do total subscrito, $ 50.000 foi realizado, veja como poderá ser demonstrado em Notas Explicativas:

CAPITAL SOCIAL

= Capital autorizado 100.000
− Capital a subscrever .... (40.000)
= Capital Subscrito 60.000
− Capital a Realizar .... (10.000)
= Capital Realizado 50.000

1.6 Superveniências e Insubsistências Ativas e Passivas

Podem constar nas provas dos concursos as seguintes contas:

- Superveniências Ativas
- Superveniências Passivas
- Insubsistências Ativas
- Insubsistências Passivas

São Contas de Resultado, utilizadas para ajustar saldos de algumas contas do Ativo e do Passivo, quando houver divergências na conciliação dos valores escriturados pela Contabilidade com aqueles apurados mediante Inventário Físico.

Como saber, dentre essas contas, as que representam despesas e as que representam receitas?

É comum, no final do exercício social, haver divergências entre o saldo escriturado pela Contabilidade e o saldo apurado mediante o Inventário Físico realizado em Estoques, em Direitos (Duplicatas a Receber), em Obrigações (Duplicatas a Pagar) etc.

É importante observar que as Superveniências representam sempre Inventário maior que o saldo contábil, e que as Insubsistências representam sempre Inventário menor que o saldo contábil.

Portanto, o que determina a existência de Insubsistência ou de Superveniência é o Inventário Físico: quando ele for maior que o saldo contábil, representará Superveniência; e, quando for menor, Insubsistência.

Assim, se o Inventário for do Ativo, a Superveniência representará débito na Ficha de Razão da conta do Ativo e crédito na conta Superveniências Ativas (receita); por outro lado, quando a Superveniência for no Inventário Físico do Passivo, gerará crédito na conta de obrigação respectiva e débito na conta Superveniências Passivas (despesa).

Nessa linha de raciocínio, teremos:

a. No Ativo:
- Inventário maior que saldo contábil: Superveniências Ativas = receita;
- Inventário menor que saldo contábil: Insubsistências Ativas = despesa.

b. No Passivo:
- Inventário maior que o saldo contábil: Superveniências Passivas = despesa;
- Inventário menor que o saldo contábil: Insubsistências Passivas = receita.

Exemplo prático

Suponhamos que, em 31 de dezembro de x1, o inventário realizado nas Duplicatas a Receber, mantidas em carteira na empresa, tenha resultado em saldo de $ 120.000, enquanto o saldo da ficha Razão da conta Duplicatas a Receber tenha sido de $ 123.000.

Nesse caso, como o Inventário Físico é menor que o contábil, ocorre uma insubsistência, que será registrada por meio do seguinte lançamento:

Insubsistências Ativas
a Duplicatas a Receber
   Ajuste que se processa tendo em vista Saldo
   do Inventário Físico menor que o Saldo Contábil,
   conforme documentação anexa......................................   *3.000*

OBSERVAÇÕES:
- Com o crédito em Duplicatas a Receber, o saldo dessa conta ficou devidamente ajustado ao montante real que a empresa tem para receber de seus clientes.
- Com o débito na conta Insubsistências Ativas, que é conta de despesa operacional, o resultado do exercício ficará reduzido desse valor que indevidamente fora contabilizado a maior. Tinha gerado um ganho para a empresa, certamente integrando as receitas de vendas, que agora ficou regularizado.

> **NOTA:**
> - É importante salientar que as contas representativas das Insubsistências e das Superveniências Ativas e Passivas não devem ser utilizadas desregradamente para ajustar saldos de contas que apresentarem divergências entre o saldo escritural e o físico. Não basta lançar a diferença a débito e/ou a crédito e pronto. É preciso encontrar as causas que geraram tais divergências, principalmente quando elas forem expressivas, uma vez que podem decorrer de omissões de registros ou mesmo de registros em Duplicata, caso em que o ajuste merece ser feito por meio de lançamentos retificativos, com outras implicações nos Registros Contábeis. Portanto, os ajustes de saldos de contas por meio das contas de Insubsistências ou de Superveniências devem ser devidamente documentados.

1.7 Outras informações importantes sobre as contas

- Conta simples: utilizada para registrar um só elemento.
  Exemplos: Aluguéis Passivos, Caixa, Capital etc.
- Conta coletiva: usada para registrar vários elementos.
  Exemplos: Mercadorias (em um supermercado poderá representar mais de cinco mil itens), Veículos (engloba: automóveis, caminhões, motos, ônibus etc.), Imóveis (engloba: casas, terrenos, apartamentos, sítios, fazendas etc.), Móveis e Utensílios (engloba: mesas, armários, cadeiras, refrigeradores, ventiladores etc.).
- Conta unilateral: aquela cujo saldo assume apenas uma natureza, que poderá ser devedora ou credora.
  Exemplo: Caixa = saldo devedor (o saldo do Caixa só será credor em caso de erro na escrituração), Fornecedores = saldo credor (o saldo desta conta só será devedor se houver erro na escrituração) etc.
- Conta bilateral: nela, o saldo poderá assumir natureza devedora ou credora.
  Exemplo: Resultado da conta Mercadorias (RCM) (quando o saldo for devedor, representará Prejuízo sobre Vendas; quando credor, representará Lucro sobre Vendas), Resultado do Exercício (quando o saldo for devedor, representará Prejuízo líquido; quando credor, representará lucro líquido). Na contabilização de Tributos Recuperáveis, pode-se adotar a denominada "conta corrente". Nesses casos, as contas utilizadas para registrar débitos e créditos com ICMS, IPI, IR etc. poderão apresentar saldo devedor (direito da empresa perante o Governo) ou credor (obrigação da empresa perante o Governo).
- Conta sintética: é a Conta Principal.
  Exemplos: Caixa, Bancos conta Movimento, Duplicatas a Receber etc.
- Conta analítica: representa o desdobramento da Conta Principal.

Exemplo:
>BANCOS CONTA MOVIMENTO
>Banco Urupês S/A
>Banco do Brasil S/A
>BANCOS CONTA EMPRÉSTIMO
>Banco Sul S/A
>Banco Nordeste S/A
>Na relação citada, as contas Banco Urupês S/A e Banco do Brasil S/A são contas analíticas, ou seja, representam Desdobramentos da Conta Principal Bancos conta Movimento. O mesmo ocorre com as contas Banco Sul S/A e Banco Nordeste S/A, que são desdobramentos da conta Bancos conta Empréstimos.

- Contas representativas das variações patrimoniais: (Despesas e Receitas) são contas utilizadas para o registro de operações que causam aumentos e diminuições no Patrimônio Líquido.
- Contas auxiliares ou transitórias: abertas normalmente no final do exercício social, para permitir apurações de resultados. Assim que os resultados: são conhecidos, essas contas são encerradas. Exemplo: Resultado da conta Mercadorias; Resultado do Exercício etc.
- Ingressos: representam entradas no Patrimônio. Tecnicamente é empregada para indicar Receitas.
- Contas responsáveis pelas Variações Patrimoniais: são as contas de Despesas e de Receitas que provocam aumentos e diminuições no Patrimônio Líquido.
- Conta em T: o mesmo que gráfico em T, Razonete ou Razão simplificado.

1.8 Modelo de Elenco de Contas

Na Seção 3.5.2.1 (Capítulo 3), apresentamos um Elenco de Contas simplificado para atender ao estágio dos estudos em que estávamos.

Agora, com o domínio do mecanismo do débito e do crédito, reunimos as condições necessárias para analisar e compreender um Elenco de Contas mais completo.

Conforme dissemos no Capítulo 3, o Elenco de Contas é composto pelo código e pela intitulação da conta.

No Elenco de Contas a seguir, os dígitos têm as seguintes funções:

1º dígito: reservado para o grupo a que pertence a conta, no sistema patrimonial, de Resultado e de Compensação, observando-se a seguinte regra:

- **a.** O algarismo 1 indica que a conta é do Ativo.
- **b.** O algarismo 2 indica que a conta é do Passivo.

c. O algarismo 3 indica que a conta é de Despesa ou de Custo.
d. O algarismo 4 indica que a conta é de Receita.
e. O algarismo 5 indica que a conta é de Apuração de Resultados.
f. O algarismo 6 indica que a conta é do Sistema de Compensação (Extrapatrimonial).

2º dígito: reservado para o grupo ao qual a conta pertence.

3º dígito: reservado para o subgrupo ao qual a conta pertence.

4º e 5º dígitos: reservados para a conta principal. O 4º dígito também poderá ser utilizado para representar divisão de subgrupo, quando houver. Nos casos em que não houver divisão de subgrupo e que também não houver mais de nove contas principais no respectivo subgrupo, o 4º dígito será preenchido com o algarismo 0 (zero).

6º dígito: reservado para a subconta que representa cada um dos estabelecimentos que compõem a entidade. Quando a entidade possuir mais de nove estabelecimentos, deverá reservar dois, três ou mais algarismos para esse fim, aumentando assim a quantidade de dígitos dos códigos das contas. Quando a entidade for representada por um só estabelecimento, o algarismo 1 poderá ser utilizado para representar o estabelecimento único, ou simplesmente excluí-lo, ficando as contas com oito dígitos.

7º a 9º dígitos: reservados para o desdobramento da subconta ou da conta principal.

O algarismo zero indicará sempre a inexistência de grupo, subgrupo, divisão de subgrupo ou detalhamento de conta principal ou secundária.

Observe que utilizamos um só dígito para os grupos e subgrupos e reservamos dois dígitos para as contas principais; em seguida, um dígito para a subconta e, finalmente, três dígitos para as contas que representam desdobramento da conta principal ou da subconta. Essa quantidade de dígitos poderá ser aumentada, conforme a necessidade de cada empresa.

Por questão de uniformização dos registros contábeis, somente deverão receber lançamentos a débito ou a crédito as contas que contiverem o maior número de dígitos previstos no Elenco de Contas.

Desta forma, quando a conta principal ou a subconta não contiver subdivisão, será preciso completar a quantidade de dígitos com o algarismo "9", como ocorre, por exemplo, com a seguinte conta: 1.1.2.03.1.999 (–) Perdas Estimadas em Créditos de Liquidação Duvidosa.

ELENCO DE CONTAS

QUADRO I – CONTAS PATRIMONIAIS

1 ATIVO
- 1.1 ATIVO CIRCULANTE[2]
  - 1.1.1 DISPONIBILIDADES
    - 1.1.1.01 Caixa Geral
      - 1.1.1.01.1 Matriz
        - 1.1.1.01.1.001 Caixa
        - 1.1.1.01.1.002 Fundo Fixo de Caixa[3]
      - 1.1.1.01.2 Fábrica
        - 1.1.1.01.2.001 Caixa
        - 1.1.1.01.2.002 Fundo Fixo de Caixa
      - 1.1.1.01.3 Loja 1 Serviços
        - 1.1.1.01.3.001 Caixa
        - 1.1.1.01.3.002 Fundo Fixo de Caixa
      - 1.1.1.01.4 Loja 2 Varejo
        - 1.1.1.01.4.001 Caixa
        - 1.1.1.01.4.002 Fundo Fixo de Caixa
    - 1.1.1.02 Bancos conta Movimento
      - 1.1.1.02.1 Matriz
        - 1.1.1.02.1.001 Banco Urupês S.A.
      - 1.1.1.02.2 Fábrica
        - 1.1.1.02.2.001 Banco Urupês S.A.
      - 1.1.1.02.3 Loja 1 Serviços
        - 1.1.1.02.3.001 Banco Urupês S.A.
      - 1.1.1.02.4 Loja 2 Varejo
        - 1.1.1.02.4.001 Banco Urupês S.A.
    - 1.1.1.03 Numerário em Trânsito[4]

CONTINUA

---

[2] O Ativo Circulante é composto por contas representativas dos bens e dos direitos que estão em frequente circulação no patrimônio. Representam valores já realizados (transformados em dinheiro) ou que serão realizados até o término do exercício social seguinte ao do Balanço em que as contas estiverem sendo apresentadas.

[3] Corresponde a determinada quantia de dinheiro, entregue a um empregado da empresa que se incumbirá de realizar pequenos gastos. Essa conta, permanecerá sempre com seu saldo original, salvo quando ocorrer aumento ou diminuição do limite do fundo. Os comprovantes dos gastos efetuados pelo responsável pelo Fundo Fixo de Caixa são periodicamente apresentados ao Caixa Geral, no qual são contabilizados e o saldo original é reconstituído mediante cheque nominal a favor do responsável pelo fundo.

[4] Compreendem as disponibilidades que, embora de propriedade da empresa, até a data do Balanço não integraram o saldo de caixa ou de bancos. Trata-se de casos esporádicos que normalmente representam valores transferidos de filiais para a matriz e vice-versa, por meio de ordens de pagamento ou cheques. Não confundir com cheques emitidos e contabilizados pela empresa, porém não compensados pelo beneficiário, casos que merecem destaque nas conciliações bancárias. Conciliações bancárias são procedimentos comuns adotados para equalizar o saldo contábil constante na conta do livro Razão com o constante do extrato da conta movimento fornecido pelo banco.

CONTINUAÇÃO

    1.1.1.03.1.999 Matriz
    1.1.1.03.2.999 Fábrica
    1.1.1.03.3.999 Loja 1 Serviços
    1.1.1.03.4.999 Loja 2 Varejo
  1.1.1.04 Aplicações Financeiras de Liquidez Imediata
    1.1.1.04.1 Matriz
      1.1.1.04.1.001 Banco Urupês S.A.
    1.1.1.04.2 Fábrica
      1.1.1.04.2.001 Banco Urupês S.A.
    1.1.1.04.3 Loja 1 Serviços
      1.1.1.04.3.001 Banco Urupês S.A.
    1.1.1.04.4 Loja 2 Varejo
      1.1.1.04.4.001 Banco Urupês S.A.[5]

 1.1.2 CLIENTES
  1.1.2.01 Duplicatas a Receber de Terceiros
    1.1.2.01.1.001 Cliente A
  1.1.2.02 Duplicatas a Receber de Pessoas Ligadas
    1.1.2.02.1.001 Controlada A
    1.1.2.03.1.999 (–) Perdas Estimadas em Créditos de Liquidação Duvidosa
  1.1.2.04 (–) Faturamento para Entrega Futura[6]
    1.1.2.04.1.001 (–) ....
  1.1.2.05 Cartões de Crédito a Receber
    1.1.2.05.1.001 Administradora X
  1.1.2.06 (–) Ajuste a Valor Presente (Juros Ativos a Vencer)[7]
    1.1.2.06.1.001 (–) ...
  1.1.2.07 (–) Perdas Estimadas
    1.1.2.07.1.001 (–) ...

 1.1.3 OUTROS CRÉDITOS
  1.1.3.01 Adiantamentos a Empregados
    1.1.3.01.1.001 Adiantamento de Décimo Terceiro Salário
  1.1.3.02 Adiantamentos a Fornecedores
    1.1.3.02.1.001 Fornecedor A

CONTINUA

---

[5] Para evitar informações em demasia, a partir daqui deixaremos de apresentar as linhas com as subcontas representativas dos estabelecimentos da entidade (Matriz, Fábrica, Loja 1 e Loja 2). Portanto, logo em seguida à linha que contém a conta principal com 5 dígitos, apresentaremos as contas com 9 dígitos, ficando subentendida a existência da subconta correspondente. Pelas mesmas razões, atribuiremos a classificação de todas as contas com 9 dígitos para o estabelecimento Matriz. Na vida prática, você fará os ajustes necessários para que os registros contábeis em cada conta seja atribuído ao estabelecimento correspondente.

[6] Destina-se a ajustar o saldo da conta Duplicatas a Receber em decorrência de vendas faturadas cujas mercadorias ainda não foram entregues aos clientes.

[7] Os elementos do Ativo e do Passivo decorrentes de operações de longo prazo serão ajustados a valor presente, sendo os demais ajustados quando houver efeito relevante. (Incisos VIII do artigo 183 e III do artigo 184 da Lei n. 6.404/1976).

CONTINUAÇÃO
    1.1.3.03 Aluguéis Ativos a Receber
              1.1.3.03.1.001 Locatário A
    1.1.3.04 Arrendamentos Ativos a Receber
              1.1.3.04.1.001 Arrendatário A
    1.1.3.06 Bancos conta Especial[8]
              1.1.3.06.1.001 Banco do Brasil S.A.
    1.1.3.07 Bancos conta Vinculada[9]
              1.1.3.07.1.001 Banco Urupês S.A.
    1.1.3.08 Cheques em Cobrança
              1.1.3.08.1.001 Banco Urupês S.A.
    1.1.3.09 Dividendos a Receber
              1.1.3.09.1.001 Sociedade A
    1.1.3.10 Juros sobre o Capital Próprio a Receber
              1.1.3.10.1.001 Sociedade A
    1.1.3.11 (–) Ajuste a Valor Presente (Juros Ativos a Vencer)
              1.1.3.11.1.001 (–) ...
    1.1.3.12 (–) Perdas Estimadas
              1.1.3.12.1.001 (–) ...
1.1.4 TRIBUTOS A RECUPERAR (OU A COMPENSAR)
    1.1.4.01 Impostos a Recuperar
              1.1.4.01.1.001 IPI a Recuperar
    1.1.4.02 Contribuições a Recuperar
              1.1.4.02.1.001 COFINS a Recuperar
1.1.5 INVESTIMENTOS TEMPORÁRIOS A CURTO PRAZO
    1.1.5.01 Aplicações Financeiras em Fundos de Investimento de Renda Variável (Pós-fixada)
              1.1.5.01.1.001 Banco Urupês S.A.
    1.1.5.02 Ações de Outras Empresas
              1.1.5.02.1.001 Sociedade A
    1.1.5.03 Outros Títulos e Valores Mobiliários
              1.1.5.03.1.001 Entidade A
    1.1.5.04 (–) Perdas Estimadas
              1.1.5.04.1.001 (–) ...
1.1.6 ESTOQUES
    1.1.6.01 Estoques de Mercadorias, Produtos e Insumos
              1.1.6.01.1.001 Estoque de Mercadorias

CONTINUA

---

[8] Conta para uso exclusivo na constituição de sociedades anônimas.

[9] Correspondem a valores da empresa, bloqueados em estabelecimentos bancários, com liberação condicionada ao cumprimento de obrigações ou à obtenção de créditos. São comuns os depósitos vinculados para pagamento de importações, liquidação de empréstimos etc. Nos casos de vinculação para pagamento de obrigações, pode-se classificar a respectiva conta como redutora da conta que registra a respectiva obrigação, no Passivo Circulante ou no Passivo Exigível a Longo Prazo. Decidindo-se em manter no Ativo a parte referente ao cumprimento de obrigações a longo prazo, ela deve figurar no Ativo Realizável a Longo Prazo.

CONTINUAÇÃO

    1.1.6.02 Estoques de Materiais de Consumo
        1.1.6.02.1.001 Estoque de Materiais de Escritório (Expediente)
        1.1.6.02.1.002 Estoque de Materiais de Informática
    1.1.6.03 (–) Perdas Estimadas em Estoques
        1.1.6.03.1.001 (–) Perdas Estimadas por Redução ao Valor Realizável Líquido[10]
   1.1.7 DESPESAS DO EXERCÍCIO SEGUINTE[11]
    1.1.7.01 Despesas Pagas Antecipadamente
        1.1.7.01.1.001 Aluguéis Passivos a Vencer (ou a Apropriar)
        1.1.7.01.1.002 Propagandas e Publicidades a Vencer (ou a Apropriar)
 1.2 ATIVO NÃO CIRCULANTE[12]
   1.2.1 ATIVO REALIZÁVEL A LONGO PRAZO[13]
    1.2.1.10 Clientes
    1.2.1.11 Duplicatas a Receber de Terceiros
        1.2.1.11.1.001 Cliente A
    1.2.1.12 Duplicatas a Receber de Pessoas Ligadas
        1.2.1.12.1.001 Controlada A
        1.2.1.13.1.999 (–) Perdas Estimadas em Créditos de Liquidação Duvidosa
    1.2.1.14 (–) Faturamento para Entrega Futura[14]
        1.2.1.14.1.001 (–) ...
    1.2.1.15 (–) Ajuste a Valor Presente (Juros Ativos a Vencer)[15]
        1.2.1.15.1.001 (–) ...

CONTINUA

---

[10] Conta redutora do grupo de estoques. Representa perdas reconhecidas quando o valor recuperável (valor de mercado, valor justo ou valor realizável líquido) de itens de estoques for inferior ao custo de aquisição ou transformação. (Inciso II do artigo 183 da Lei n. 6.404/1976 e item 9 da NBC TG 16 fundamentada no CPC 16).

[11] Despesas pagas no presente exercício e que serão apropriadas ao resultado do exercício seguinte. Segundo o Regime de Competência, as despesas somente integrarão o resultado no período da ocorrência dos seus respectivos fatos geradores.

[12] O Ativo Não Circulante é o oposto do Ativo Circulante. Enquanto no Ativo Circulante são classificadas contas que representam bens e direitos que estão em circulação constante na empresa, isto é, que giram em prazo inferior a um ano, no Ativo Não Circulante, são classificadas contas representativas de bens e direitos com pequena ou nenhuma circulação.

[13] Classificam-se no Ativo Realizável a Longo Prazo as contas que representam bens e direitos que se realizam após o término do exercício social seguinte ao exercício do Balanço em que as contas estiverem sendo apresentadas. Na entidade cujo ciclo operacional tiver duração maior que o exercício social, a classificação no circulante ou longo prazo terá por base o prazo desse ciclo (parágrafo único do artigo 179 da Lei n. 6.404/1976). Com exceção das Disponibilidades, poderão figurar neste grupo, todas as demais contas representativas das aplicações de recursos em Bens e Direitos, inclusive das despesas pagas antecipadamente que constarem do Ativo Circulante, desde que tenham o prazo de realização superior a 12 meses.

[14] Ver nota 6.

[15] Ver nota 7.

CONTINUAÇÃO

    1.2.1.20 Outros Créditos
    1.2.1.21 Arrendamentos Ativos a Receber
            1.2.1.21.1.001 Arrendatário A
            1.2.1.21.1.002 (–) Receitas sobre Arrendamentos a Apropriar
    1.2.1.22 Bancos conta Vinculada
            1.2.1.22.1.001 Banco Urupês S.A.
    1.2.1.23 (–) Perdas Estimadas
            1.2.1.23.1.001 (–) ...
    1.2.1.24 (–) Ajuste a Valor Presente (Juros Ativos a Vencer)
            1.2.1.24.1.001 (–) ...
    1.2.1.30 Tributos a Recuperar (ou a Compensar)
    1.2.1.31 Impostos a Recuperar
            1.2.1.31.1.001 IPI a Recuperar
    1.2.1.32 Contribuições a Recuperar
            1.2.1.32.1.001 COFINS a Recuperar
    1.2.1.33 Tributos Diferidos a Recuperar[16]
            1.2.1.33.1.001 IR Diferido a Recuperar
            1.2.1.33.1.002 CSLL Diferida a Recuperar
    1.2.1.34 (–) Ajuste a Valor Presente
            1.2.1.34.1.001 (–) ...
    1.2.1.40 Investimentos Temporários a Longo Prazo
    1.2.1.41 Aplicações Financeiras em Fundos de Investimento de Renda Variável (Pós-fixada)
            1.2.1.41.1.001 Banco Urupês S.A.
    1.2.1.42 Ações de Outras Empresas
            1.2.1.42.1.001 Sociedade A
    1.2.1.43 Depósitos por Incentivos Fiscais Compulsórios e Valores Restituíveis
            1.2.1.43.1.100 Depósitos por Incentivos Fiscais
            1.2.1.43.1.101 FINOR
    1.2.1.44 (–) Ajuste a Valor Presente
            1.2.1.44.1.001 (–) ...
    1.2.1.45 (–) Perdas Estimadas
            1.2.1.45.1.001 (–) ...
    1.2.1.50 Estoques
    1.2.1.51 Estoques de Longa Maturação
            1.2.1.51.1.001 ...
    1.2.1.52 (–) Perdas Estimadas em Estoques
            1.2.1.52.1.001 (–) Perdas Estimadas por Redução ao Valor Realizável Líquido
    1.2.1.60 Despesas de Exercícios Futuros

CONTINUA

---

[16] Subgrupo de contas apropriado para o registro do IR e da CSLL recolhidos sobre o lucro líquido em decorrência de adições lançadas no ELALUR por exigência fiscal. Esse subgrupo pode figurar também no Ativo Circulante, quando o prazo previsto para a reversão da adição for inferior a 12 meses da data do Balanço. Trata-se de Ativo fiscal diferido (valor do tributo sobre o lucro recuperável em períodos futuros) (Assunto disciplinado pela NBC TG 32, fundamentada no CPC 32).

CONTINUAÇÃO

- 1.2.1.61 Despesas Pagas Antecipadamente
    - 1.2.1.61.1.001 Prêmios de Seguro a Vencer (ou a Apropriar)
- 1.2.1.70 Créditos com Pessoas Ligadas
- 1.2.1.71 Transações Não Usuais
    - 1.2.1.71.1.001 Controlada A

1.2.2 INVESTIMENTOS[17]
- 1.2.2.10 Avaliados pelo Método da Equivalência Patrimonial
- 1.2.2.11 Participações em Controladas
    - 1.2.2.11.1.100 Controlada A
    - 1.2.2.11.1.101 Valor de Patrimônio Líquido
    - 1.2.2.11.1.102 Mais Valia
    - 1.2.2.11.1.103 Ágio por Expectativa de Rentabilidade Futura - *goodwill*
    - 1.2.2.11.1.104 (–) Perdas Estimadas
- 1.2.2.12 Participações em Controladas em Conjunto (*Joint Venture*)
    - 1.2.2.12.1.100 Sociedade A
- 1.2.2.13 Participações em Coligadas
    - 1.2.2.13.1.100 Coligada A
- 1.2.2.14 Participações em sociedades do grupo
    - 1.2.2.14.1.100 Sociedade A
- 1.2.2.20 Avaliados pelo Método do Valor Justo
- 1.2.2.21 Participações no Capital de Outras Sociedades
    - 1.2.2.21.1.001 Participação na Companhia A
    - 1.2.2.21.1.002 (–) Perdas Prováveis na Realização de Investimentos[18]
- 1.2.2.22 Participações em Fundos de Investimentos Incentivados
    - 1.2.2.22.1.001 FINOR
    - 1.2.2.22.1.002 (–) Perdas Prováveis na Realização de Investimentos
- 1.2.2.30 Avaliados pelo Método do Custo de Aquisição
- 1.2.2.31 Participações no Capital de Outras Sociedades
    - 1.2.2.31.1.001 Participação na Companhia A
    - 1.2.2.31.1.002 (–) Perdas Prováveis na Realização de Investimentos
- 1.2.2.40 Propriedades para Investimento[19]
    - 1.2.2.40.1.001 Edifícios

CONTINUA

---

[17] Classificam-se como Investimentos, as contas representativas das Participações permanentes no Capital de outras sociedades como em controladas, coligadas ou outras. Essas Participações geram rendimentos para a empresa, quase sempre, em forma de dividendos. Classificam-se ainda como investimentos, as contas representativas dos Direitos de qualquer natureza não classificáveis no Ativo Circulante ou no Realizável a Longo Prazo e que não se destinem à manutenção da atividade principal da empresa como por exemplo os investimentos em obras de arte, ou ainda em bens que gerem receitas para a empresa, independentemente das suas atividades operacionais (Imóveis de Renda, aplicações em ouro etc.).

[18] Inciso III do artigo 183 da Lei n. 6.404/1976.

[19] Segundo a NBC TG 28, fundamentada no CPC 28, Propriedade para Investimento é a propriedade (terreno ou edifício – ou parte de edifício – ou ambos) mantida (pelo proprietário ou pelo arrendatário em arrendamento financeiro) para auferir aluguel ou para valorização do capital ou para ambas, e não para:

a. uso na produção ou fornecimento de bens ou serviços ou para finalidades administrativas; ou

b. venda no curso ordinário do negócio.

CONTINUAÇÃO

    1.2.2.41 (–) Depreciações Acumuladas
        1.2.2.41.1.001 (–) Depreciação Acumulada de Edifícios
    1.2.2.42 (–) Perdas por Redução ao Valor Recuperável
        1.2.2.42.1.001 (–) Perdas por Redução ao Valor Recuperável de Edifícios
    1.2.2.50 Outros Investimentos
        1.2.2.50.1.001 Antiguidades
    1.2.2.51 (–) Perdas Estimadas
        1.2.2.51.1.001 (–) Perdas por Redução ao Valor Recuperável
  1.2.3 IMOBILIZADO[20]
    1.2.3.01 Operacional Corpóreo (Tangível)
        1.2.3.01.1.001 Bibliotecas
        1.2.3.01.1.002 Benfeitorias em Propriedades de Terceiros
        1.2.3.01.1.003 Computadores e Periféricos
        1.2.3.01.1.004 Peças e Acessórios de Reposição (Almoxarifado)[21]
    1.2.3.02 Operacional Recursos Naturais
        1.2.3.02.1.001 Jazidas
        1.2.3.02.1.002 Florestamento e Reflorestamento
    1.2.3.03 Imobilizado Objeto de Arrendamento Mercantil[22]
        1.2.3.03.1.001 Veículos
    1.2.3.04 Imobilizado em Andamento
        1.2.3.04.1.001 Aquisições de Imóveis em Andamento
    1.2.3.05 (–) Depreciações Acumuladas
        1.2.3.05.1.001 (–) Depreciação Acumulada de Bibliotecas
    1.2.3.06 (–) Exaustões Acumuladas
        1.2.3.06.1.001 (–) Exaustão Acumulada de Jazidas
    1.2.3.07 (–) Perdas por Redução ao Valor Recuperável
        1.2.3.07.1.001 (–) Perdas por Redução ao Valor Recuperável de bibliotecas
  1.2.4 INTANGÍVEL[23]
    1.2.4.01 Operacional Incorpóreo (Imaterial)
        1.2.4.01.1.001 Direitos Autorais
        1.2.4.01.1.002 Direitos de Uso de Marcas e Patentes

CONTINUA

---

[20] Nesse grupo são classificadas as contas representativas dos recursos aplicados em bens corpóreos destinados à manutenção das atividades da companhia ou da empresa, ou exercidos com essa finalidade, inclusive os decorrentes de operações que transfiram à companhia os benefícios, riscos e controle desses bens, como é o caso daqueles objeto de arrendamento mercantil.

[21] Peças para reposição em bens do Ativo Imobilizado. Quando essas peças forem aplicadas, os seus custos integrarão os custos dos respectivos bens.

[22] Adiantamentos para aquisição de bens de uso.

[23] Neste grupo, são classificadas as contas representativas dos recursos aplicados em bens imateriais. São direitos que têm por objeto bens incorpóreos destinados à manutenção das atividades da empresa ou exercidos com essa finalidade.

CONTINUAÇÃO

     1.2.4.01.1.003 Fundo de Comércio (*Goodwil*)
     1.2.4.01.1.004 Sistemas Aplicativos – *Software*[24]
   1.2.4.02 (–) Amortizações Acumuladas
     1.2.4.02.1.001 (–) Amortização Acumulada de Direitos Autorais
   1.2.4.03 (–) Perdas por Redução ao Valor Recuperável
     1.2.4.03.1.001 (–) Perdas por Redução ao Valor Recuperável de Direitos Autorais

2 PASSIVO

 2.1 PASSIVO CIRCULANTE[25]

  2.1.1 OBRIGAÇÕES A FORNECEDORES

   2.1.1.01 Duplicatas a Pagar a Terceiros – Nacionais
     2.1.1.01.1.001 Fornecedor A
   2.1.1.02 Duplicatas a Pagar a Terceiros – Estrangeiros
     2.1.1.02.1.001 Fornecedor A
   2.1.1.03 Duplicatas a Pagar a Pessoas Ligadas
     2.1.1.03.1.001 Controlada A
   2.1.1.04 (–) Ajuste a Valor Presente (Juros Passivos a Vencer)
     2.1.1.04.1.001 (–) ...

  2.1.2 EMPRÉSTIMOS E FINANCIAMENTOS

   2.1.2.01 Bancos conta Caução
     2.1.2.01.1.001 Banco Urupês S.A.
   2.1.2.02 Bancos conta Empréstimos
     2.1.2.02.1.001 Banco Urupês S.A.
   2.1.2.03 Duplicatas Descontadas
     2.1.2.03.1.001 Banco Urupês S/A
   2.1.2.04 (–) ENCARGOS FINANCEIROS A VENCER (OU A APROPRIAR[26]
     2.1.2.04.1.001 (–) ...
   2.1.2.05 Debêntures a Pagar
     2.1.2.05.1.100 Debêntures Conversíveis em Ações
     2.1.2.05.1.101 Debenturista A
     2.1.2.06.1.300 (–) Comissões Passivas a Apropriar

CONTINUA

---

[24] Alguns Ativos Intangíveis podem estar contidos em elementos que possuem substância física, como um disco (como no caso de *software*), documentação jurídica (no caso de licença ou patente) ou em um filme.
Para saber se um ativo que contém elementos intangíveis e tangíveis deve ser tratado como Ativo Imobilizado de acordo com a NBC TG 27 – Ativo Imobilizado ou como Ativo Intangível, nos termos da presente Norma, a entidade avalia qual elemento é mais significativo. Por exemplo, um *software* de uma máquina-ferramenta controlada por computador que não funciona sem esse *software* específico é parte integrante do referido equipamento, devendo ser tratado como Ativo Imobilizado. O mesmo se aplica ao sistema operacional de um computador. Quando o *software* não é parte integrante do respectivo hardware, ele deve ser tratado como Ativo Intangível. (Item 4 da NBC TG 04).

[25] Classificam-se no Passivo Circulante as contas que representam obrigações cujos vencimentos ocorram durante o exercício social subsequente ao do Balanço no qual as contas estiverem sendo classificadas.

[26] Trata-se de despesas pagas antecipadamente, pro rata tempore (proporcional ao número de dias do empréstimo ou do financiamento tomado).

CONTINUAÇÃO

     2.1.2.06.1.301 (–) ...
     2.1.2.06.1.400 (–) DESÁGIOS A APROPRIAR
     2.1.2.06.1.401 (–) ...
  2.1.2.08 (–) Ajuste a Valor Presente (Juros Passivos a Vencer)
     2.1.2.08.1.001 (–) ...
 2.1.3 OBRIGAÇÕES TRIBUTÁRIAS
  2.1.3.01 Impostos a Recolher
     2.1.3.01.1.001 ICMS a Recolher
     2.1.3.01.1.002 Impostos e Taxas a Recolher
     2.1.3.01.1.003 IR a Recolher
     2.1.3.01.1.005 (–) Impostos a Compensar
  2.1.3.02 Contribuições a Recolher
     2.1.3.02.1.001 CSLL a Recolher
     2.1.3.02.1.003 (–) Contribuições a Compensar
 2.1.4 OBRIGAÇÕES TRABALHISTAS E PREVIDENCIÁRIAS
  2.1.4.01 Obrigações Trabalhistas
     2.1.4.01.1.001 Comissões a Pagar[27]
     2.1.4.01.1.002 Décimo Terceiro Salário a Pagar
     2.1.4.01.1.003 Férias a Pagar
     2.1.4.01.1.004 Honorários a Pagar[28]
     2.1.4.01.1.005 Salários a Pagar
  2.1.4.02 Obrigações Previdenciárias
     2.1.4.02.1.001 Contribuição(ões) Previdênciária(s) a Recolher
     2.1.4.02.1.002 Contribuição(ões) Sindical(is) a Recolher
     2.1.4.02.1.003 FGTS a Recolher
 2.1.5 OUTRAS OBRIGAÇÕES
  2.1.5.01 Adiantamentos Recebidos de Clientes
     2.1.5.01.1.001 Cliente A
  2.1.5.02 Aluguéis Passivos a Pagar
     2.1.5.02.1.001 Locador A
  2.1.5.03 (–) Ajuste a Valor Presente (Juros Passivos a Vencer)
     2.1.5.03.1.001 (–) Arrendador A
  2.1.5.04 Contas a Pagar
     2.1.5.04.1.001 Energia Elétrica a Pagar
  2.1.5.05 JUROS SOBRE O CAPITAL PRÓPRIO A PAGAR[29]
     2.1.5.05.1.001 Acionista A

CONTINUA

---

[27] As comissões devidas aos vendedores normalmente são pagas em duas etapas: uma parte na ocasião das vendas e outra parte por ocasião do recebimento das duplicatas, quando se tratar de vendas a prazo. No momento da venda, o registro contábil é feito debitando-se a conta "Comissões sobre Vendas" (Despesa com Vendas) e creditando-se a conta "Comissões a Pagar".

[28] Também intitulado por alguns contabilistas como Pró-labore a Pagar.

[29] Incluímos a conta JUROS SOBRE O CAPITAL PRÓPRIO A PAGAR no subgrupo OUTRAS OBRIGAÇÕES, para atender a disciplina da legislação tributária, e incluímos a mesma conta no subgrupo PARTICIPAÇÕES E DESTINAÇÕES DO RESULTADO, para atender disciplina da CVM.

CONTINUAÇÃO

 2.1.6 PARTICIPAÇÕES E DESTINAÇÕES DO LUCRO LÍQUIDO
  2.1.6.01 Dividendos
   2.1.6.01.1.001 Dividendos a Pagar
  2.1.6.02 Juros sobre o Capital Próprio
   2.1.6.02.1.001 Juros sobre o Capital Próprio a Pagar
  2.1.6.03 Participações
   2.1.6.03.1.001 Participações de Debêntures a Pagar
 2.1.7 PROVISÕES[30]
  2.1.7.01 Provisão para Benefícios a Empregados
   2.1.7.01.1.001 ...
  2.1.7.02 Provisão para Desmontagem de Equipamentos
   2.1.7.02.1.001 ...
  2.1.7.03 Provisão para Garantias
   2.1.7.03.1.001 Provisão para Garantias de Produtos
  2.1.7.04 Provisão por Danos Ambientais
   2.1.7.04.1.001 ...
  2.1.7.05 (–) Ajuste a Valor Presente
   2.1.7.05.1.001 (–) ...

2.2 PASSIVO NÃO CIRCULANTE[31]
 2.2.1 PASSIVO EXIGÍVEL A LONGO PRAZO[32]
  2.2.1.10 Obrigações a Fornecedores
  2.2.1.11 Duplicatas a Pagar a Terceiros — Nacionais
   2.2.1.11.1.001 Fornecedor A
  2.2.1.12 (–) Ajuste a Valor Presente (Juros Passivos a Vencer)
   2.2.1.12.1.001 (–) ...
  2.2.1.20 Empréstimos e Financiamentos
  2.2.1.21 Bancos conta Caução
   2.2.1.21.1.001 Banco Urupês S.A.
  2.2.1.22 (–) Encargos Financeiros a Vencer (ou a Apropriar)
   2.2.1.22.1.001 Entidade A
  2.2.1.23 Debêntures a Pagar
   2.2.1.23.1.100 Debêntures Conversíveis em Ações
   2.2.1.23.1.101 Debenturista A

CONTINUA

---

[30] O termo "Provisão" somente deve ser utilizado na intitulação de contas representativas de Passivos de prazo ou valor incertos. (NBC TG 25)

[31] O Passivo Não Circulante é o oposto do Passivo Circulante. Enquanto no Passivo Circulante são classificadas as contas representativas de obrigações vencíveis a curto prazo, no Passivo Não Circulante são classificadas as contas representativas das obrigações de longo prazo (obrigações de pagar), inclusive aquelas representativas das receitas recebidas antecipadamente (obrigações de fazer).

[32] Classificam-se no Passivo Exigível a Longo Prazo as contas que representam obrigações cujos vencimentos ocorram após o término do exercício social subsequente ao do Balanço na qual as contas estiverem sendo apresentadas. Na companhia cujo ciclo operacional tiver duração maior que o exercício social, a classificação no circulante ou longo prazo terá por base o prazo desse ciclo (parágrafo único do artigo 179 da Lei n. 6.404/1976).

CONTINUAÇÃO

    2.2.1.24 (–) Ajuste a Valor Presente
                2.2.1.24.1.001 (–) ...
    2.2.1.30 Obrigações Tributárias
    2.2.1.31 Impostos a Recolher
                2.2.1.31.1.001 IR a Recolher
    2.2.1.32 Contribuições a Recolher
                2.2.1.32.1.001 CSLL a Recolher
    2.2.1.33 Tributos Diferidos a Recolher[33]
                2.2.1.33.1.001 IR Diferido a Recolher
                2.2.1.33.1.002 CSLL Diferida a Recolher
    2.2.1.34 (–) Ajuste a Valor Presente
                2.2.1.34.1.001 (–) ...
    2.2.1.40 Outras Obrigações
    2.2.1.41 Arrendamentos Passivos
                2.2.1.41.1.100 Arrendamentos Passivos a Pagar
                2.2.1.41.1.101 Arrendador A
                2.2.1.41.1.200 (–) Encargos Financeiros sobre Arrendamentos a Pagar
                2.2.1.41.1.201 (–) ...
    2.2.1.42 (–) Ajuste a Valor Presente (Juros Passivos a Vencer)
                2.2.1.42.1.001 (–) ...
    2.2.1.50 Obrigações a Pessoas Ligadas
    2.2.1.51 Transações Não Usuais
                2.2.1.51.1.001 Controlada A
    2.2.1.52 (–) Ajuste a Valor Presente (Juros Passivos a Vencer)
                2.2.1.52.1.001 (–) ...
    2.2.1.60 PROVISÕES
        2.2.1.60.01 Provisão para Benefícios a Empregados
                2.2.1.60.01.1.001 ...
        2.2.1.60.02 Provisão para Desmontagem de Equipamentos
                2.2.1.60.02.1.001 ...
        2.2.1.60.03 Provisão para Garantias
                2.2.1.60.03.1.001 Provisão para Garantias de Produtos
        2.2.1.60.04 Provisão por Danos Ambientais
                2.2.1.60.04.1.001 ...
2.2.2 RECEITAS DIFERIDAS[34]

CONTINUA

---

[33] Subgrupo de contas apropriado para o registro do IR e da CSLL devidos sobre o lucro líquido em decorrência de exclusões lançadas no ELALUR por exigência fiscal. Esse subgrupo pode figurar também no Passivo Circulante, quando o prazo previsto para a reversão da exclusão for inferior a 12 meses da data do Balanço. Trata-se de Passivo fiscal diferido (valor do tributo sobre o lucro devido em período futuro relacionado às diferenças temporárias tributáveis) (Assunto disciplinado pela NBC TG 32, fundamentada no CPC 32).

[34] A Lei n. 6.404/1976, em seu artigo 299-B, estabelece que as contas representativas das receitas recebidas antecipadamente devem ser classificadas no Passivo Não Circulante, deduzidas dos custos e despesas a elas correspondentes.

CONTINUAÇÃO

   2.2.2.01 Receitas Recebidas Antecipadamente
      2.2.2.01.1.001 Aluguéis Ativos a Vencer (ou a Apropriar)
   2.2.2.02 (–) Custos/Despesas ou Encargos Vinculados às Receitas
      2.2.2.02.1.001 (–) ...

 2.3 PATRIMÔNIO LÍQUIDO

  2.3.1 CAPITAL SOCIAL
      2.3.1.01.1.999 Capital Subscrito
      2.3.1.02.1.999 (–) Capital a Realizar

  2.3.2 RESERVAS
   2.3.2.01 Reservas de Capital
      2.3.2.01.1.001 Reserva de Ágio na Emissão de Ações/Cotas
      2.3.2.01.1.002 (–) Ações em Tesouraria[35]
   2.3.2.02 Reservas de Lucros
      2.3.2.02.1.001 Reserva Legal
      2.3.2.02.1.002 Reservas Estatutárias
      2.3.2.02.1.008 (–) Ações em Tesouraria

  2.3.3 (+ ou –) AJUSTES DE AVALIAÇÃO PATRIMONIAL
   2.3.3.01 Ajustes de Elementos do Ativo
      2.3.3.01.1.001 ...
   2.3.3.02 (–) Ajustes de Elementos do Passivo
      2.3.3.02.1.001 (–) ...

  2.3.4 (+ ou –) LUCROS OU PREJUÍZOS ACUMULADOS[36]
      2.3.4.01.1.999 Lucros Acumulados
      2.3.4.02.1.999 (–) Prejuízos Acumulados

CONTINUA

---

[35] Correspondem a ações representativas do capital da própria empresa, adquiridas por ela mesma. Segundo estabelece o § 5º do artigo 182 da Lei n. 6.404/1976, as Ações em Tesouraria deverão ser destacadas no Balanço como dedução da conta do Patrimônio Líquido que registrar a origem dos recursos aplicados na sua aquisição. Por esse motivo, posicionamos a conta Ações em Tesouraria em dois lugares no Patrimônio Líquido. Na vida prática, havendo dificuldade de identificação da origem do recurso, conforme estabelece o preceito legal citado, o contabilista deve escolher o melhor posicionamento em cada caso particular.

[36] Com o advento da Lei n. 11.638/2007, as entidades constituídas sob a forma jurídica de sociedade por ações ficaram obrigadas a dar destinação total aos lucros apurados em cada exercício social. Deste modo, ficou vedado a esse tipo de entidade, a manutenção de saldo credor na conta Lucros ou Prejuízos Acumulados (ou na subconta Lucros Acumulados), nos Balanços de final de exercício social. Contudo, esse procedimento não se aplica às demais sociedades e entidades de forma geral, as quais poderão manter em seus Balanços saldo credor na conta Lucros ou Prejuízos Acumulados, para futuras destinações. (Ver itens 48 a 50 do Comunicado Técnico CTG 2000 aprovado pela Resolução CFC n. 1159/2009.

CONTINUAÇÃO

QUADRO II – CONTAS DE RESULTADO

3 DESPESAS E CUSTOS

  3.1 DESPESAS OPERACIONAIS

      3.1.1 DESPESAS COM VENDAS

          3.1.1.01 Pessoal

                3.1.1.01.1.001 Assistência Médica e Social
                3.1.1.01.1.002 Aviso Prévio e Indenizações
                3.1.1.01.1.003 Contribuição(ões) de Previdência
                3.1.1.01.1.004 FGTS
                3.1.1.01.1.005 Décimo Terceiro Salário
                3.1.1.01.1.006 Férias
                3.1.1.01.1.007 Lanches e Refeições
                3.1.1.01.1.008 Prêmios e Gratificações
                3.1.1.01.1.009 Pró-labore
                3.1.1.01.1.010 Salários
                3.1.1.01.1.011 Seguro de Vida em Grupo
                3.1.1.01.1.012 Seguros de Acidente de Trabalho
                3.1.1.01.1.013 Vale-refeição
                3.1.1.01.1.014 Vale-transporte
                3.1.1.01.1.015 Outros Encargos

          3.1.1.02 Comissões

                3.1.1.02.1.001 Comissões sobre Vendas

          3.1.1.03 Propaganda e Publicidade

                3.1.1.03.1.001 Amostras Grátis
                3.1.1.03.1.002 Pesquisas de Mercado
                3.1.1.03.1.003 Brindes e Presentes
                3.1.1.03.1.004 Veiculações Diversas na Mídia

          3.1.1.04 Despesas com Viagens e Estadas

                3.1.1.04.1.001 Condução e Transporte
                3.1.1.04.1.002 Hospedagem
                3.1.1.04.1.003 Lanches e Refeições
                3.1.1.04.1.004 Viagens Terrestres

          3.1.1.05 Despesas com Entregas

                3.1.1.05.1.001 Despesas com Arrendamentos Passivos
                3.1.1.05.1.002 Combustíveis
                3.1.1.05.1.003 Fretes e Carretos
                3.1.1.05.1.004 Manutenção de Veículos

          3.1.1.06 Ocupação

                3.1.1.06.1.001 Água e Esgoto
                3.1.1.06.1.002 Aluguéis Passivos
                3.1.1.06.1.003 Amortização
                3.1.1.06.1.004 Comunicação (Telefone, Fax etc.)
                3.1.1.06.1.005 Conservação Predial
                3.1.1.06.1.006 Depreciação
                3.1.1.06.1.007 Energia Elétrica

CONTINUA

CONTINUAÇÃO

    3.1.1.06.1.008 Manutenção em Elevadores
    3.1.1.06.1.009 Manutenção e Reparos
  3.1.1.07 Gerais
    3.1.1.07.1.001 Despesas Postais
    3.1.1.07.1.002 Materiais de Consumo
    3.1.1.07.1.003 Material de Escritório (Expediente)
    3.1.1.07.1.004 Material de Informática
    3.1.1.07.1.005 Material de Higiene e Limpeza
    3.1.1.07.1.006 Perdas com Clientes
    3.1.1.07.1.007 Prêmios de Seguro
    3.1.1.07.1.008 Revistas e Publicações
    3.1.1.07.1.009 Despesas Eventuais
  3.1.1.08 Serviços de Terceiros
    3.1.1.08.1.001 Assistência Técnica em Processamento de Dados
    3.1.1.08.1.002 Recrutamento e Seleção
    3.1.1.08.1.003 Segurança
    3.1.1.08.1.004 Treinamento de Pessoal
    3.1.1.08.1.005 Outros Serviços de Terceiros
  3.1.1.09 TRIBUTÁRIAS
    3.1.1.09.1.001 Imposto Predial e Territorial Urbano (IPTU)
    3.1.1.09.1.002 Imposto sobre Veículos Automotores (IPVA)
    3.1.1.09.1.003 Imposto Territorial Rural (ITR)
    3.1.1.09.1.004 Impostos e Taxas Diversas
  3.1.1.10 Despesas com Perdas Estimadas
    3.1.1.10.1.001 Despesas com Perdas Estimadas em Créditos de Liquidação Duvidosa
    3.1.1.10.1.002 Despesas com Perdas Estimadas por Redução ao Valor Realizável Líquido
    3.1.1.10.1.003 Despesas com Perdas Prováveis na Realização de Investimentos
    3.1.1.10.1.004 Despesas com Provisões para Benefícios a Empregados
 3.1.2 DESPESAS FINANCEIRAS
  3.1.2.01 Derivadas de Transações Comerciais
    3.1.2.01.1.001 Ajuste a Valor Presente (Compras de Bens ou Serviços)
    3.1.2.01.1.002 Descontos Concedidos
    3.1.2.01.1.003 Encargos Financeiros sobre Arrendamentos Passivos
  3.1.2.02 Derivadas de Transações Financeiras
    3.1.2.02.1.001 Despesas Bancárias
    3.1.2.02.1.002 Juros Passivos
  3.1.2.03 Tributárias
    3.1.2.03.1.001 Impostos sobre Operações Financeiras
  3.1.2.04 Variações Monetárias
    3.1.2.04.1.001 Variação Cambial Passiva
    3.1.2.04.1.002 Variação Monetária Passiva

CONTINUA

CONTINUAÇÃO

      3.1.2.05 Outras

            3.1.2.05.1.001 Juros sobre o Capital Próprio

  3.1.3 DESPESAS ADMINISTRATIVAS

      3.1.3.01 Pessoal (Classificação semelhante à do subgrupo 3.1.1.01) Pode figurar ainda a conta: Pró-labore[37]

      3.1.3.02 Honorários[38]

            3.1.3.02.1.001 Honorários da Diretoria

            3.1.3.02.1.002 Honorários do Conselho de Administração

            3.1.3.02.1.003 Honorários do Conselho Fiscal

      3.1.3.03 Despesas com Viagens e Estadas (Classificação semelhante à do subgrupo 3.1.1.04)

      3.1.3.04 Ocupação (Classificação semelhante à do subgrupo 3.1.1.06)

      3.1.3.05 Gerais

            3.1.3.05.1.001 Despesas com Arrendamentos Passivos

            3.1.3.05.1.002 Combustíveis

            3.1.3.05.1.003 Copa e Cozinha

            3.1.3.05.1.004 Despesas Legais e Judiciais

            3.1.3.05.1.005 Despesas Postais

            3.1.3.05.1.006 Doações Diversas

            3.1.3.05.1.007 Fretes e Carretos

            3.1.3.05.1.008 Manutenção de Veículos

            3.1.3.05.1.009 Materiais de Consumo

            3.1.3.05.1.010 Material de Escritório (Expediente)

            3.1.3.05.1.011 Material de Informática

            3.1.3.05.1.012 Material de Higiene e Limpeza

            3.1.3.05.1.013 Prêmios de Seguro

            3.1.3.05.1.014 Revistas e Publicações

            3.1.3.05.1.015 Despesas Eventuais

      3.1.3.06 Serviços de Terceiros

            3.1.3.06.1.001 Assistência Técnica em Processamento de Dados

            3.1.3.06.1.002 Auditoria

            3.1.3.06.1.003 Consultoria Contábil e Fiscal

            3.1.3.06.1.004 Recrutamento e Seleção

            3.1.3.06.1.005 Segurança

            3.1.3.06.1.006 Treinamento de Pessoal

            3.1.3.06.1.007 Outros Serviços de Terceiros

      3.1.3.07 Tributárias

            (Classificação semelhante à do subgrupo 3.1.1.09)

CONTINUA

---

[37] Pró-labore ou Honorários é a remuneração paga a sócios, diretores, administradores ou a titulares de empresas individuais, considerados não trabalhadores da empresa, pelos serviços por eles prestados à empresa. Sobre essa remuneração, a empresa tem ainda encargos com a Previdência Social (20%) e opcionalmente com o FGTS (8%).

[38] Idem comentário da nota 37.

CONTINUAÇÃO

        3.1.3.08 Despesas com Perdas Estimadas
                3.1.3.08.1.001 Despesas com Perdas Estimadas na Realização de Investimentos
                3.1.3.08.1.002 Despesas com Perdas Estimadas por Redução ao Valor Realizável Líquido
                3.1.3.08.1.003 Despesas com Provisões para Benefícios a Empregados
    3.1.4 OUTRAS DESPESAS OPERACIONAIS
        3.1.4.01 Gerais
                3.1.4.01.1.001 Despesas de Organização
                3.1.4.01.1.002 Insubsistências Ativas
                3.1.4.01.1.003 Multas de Trânsito
                3.1.4.01.1.004 Multas Fiscais
                3.1.4.01.1.005 Perdas Estimadas em Estoques
                3.1.4.01.1.006 Perdas ou Quebras de Estoques
                3.1.4.01.1.007 Perdas por Divergências de Estoques
                3.1.4.01.1.008 Superveniências Passivas
                3.1.4.01.1.009 Despesas Eventuais
        3.1.4.02 Tributárias
                3.1.4.02.1.001 COFINS sobre Outras Receitas Operacionais
                3.1.4.02.1.002 PIS/PASEP sobre Outras Receitas Operacionais
        3.1.4.03 Despesas de Participações Societárias
                3.1.4.03.1.001 Despesas de Participações Societárias Avaliadas pelo MEP
                3.1.4.03.1.002 Amortização de Ágios
                3.1.4.03.1.003 Despesas de Participações Societárias Avaliadas pelo MC

3.2 OUTRAS DESPESAS[39]
    3.2.1 PERDAS DE CAPITAL NO ATIVO NÃO CIRCULANTE
        3.2.1.01 Perdas de Capital nos Investimentos
                3.2.1.01.1.001 Perdas na Baixa de Investimentos Avaliados pelo MEP
                3.2.1.01.1.002 Perdas na Baixa de Investimentos Avaliados pelo Valor Justo
                3.2.1.01.1.003 Perdas na Baixa de Investimentos Avaliados pelo MC
        3.2.1.02 Perdas de Capital no Imobilizado
                3.2.1.02.1.001 Perdas na Baixa de Bens do Imobilizado
        3.2.1.03 Perdas de Capital no Intangível
                3.2.1.03.1.001 Perdas na Baixa de Bens do Intangível
        3.2.1.04 Perdas Estimadas
                3.2.1.04.1.001 Despesas com Perdas Estimadas na Realização de Investimentos[40]

CONTINUA

---

[39] É importante salientar que a nova redação dada ao inciso IV do artigo 187 da Lei n. 6.404/1976 pela Lei n. 11.941/09, substituiu na Demonstração do Resultado do Exercício, a denominação "Despesas Não Operacionais" por "Outras Despesas".

[40] Inciso III do artigo 183 da Lei n. 6.404/1976.

CONTINUAÇÃO

    3.3 CUSTOS

        3.3.1 CUSTO DAS COMPRAS DE MATERIAIS[41]

            3.3.1.10 Custos das Compras de Mercadorias[42]

            3.3.1.11 Mercado Interno

                3.3.1.11.1.001 Compras de Mercadorias

                3.3.1.11.1.002 Fretes e Seguros sobre Compras

                3.3.1.11.1.003 (–) Abatimentos sobre Compras

                3.3.1.11.1.004 (–) Compras Anuladas ou Devoluções de Compras

                3.3.1.11.1.005 (–) Descontos Incondicionais Obtidos

            3.3.1.12 Mercado Externo

                3.3.1.12.1.001 Compras de Mercadorias

                3.3.1.12.1.002 Fretes e Seguros sobre Compras

                3.3.1.12.1.003 Aluguéis de Contêineres

                3.3.1.12.1.004 Imposto sobre Importação (II) – não recuperável

                3.3.1.12.1.005 ICMS sobre Importação – não recuperável

                3.3.1.12.1.006 IPI sobre Importação – não recuperável

                3.3.1.12.1.007 Taxas Aduaneiras

                3.3.1.12.1.008 (–) Abatimentos sobre Compras

                3.3.1.12.1.009 (–) Compras Anuladas ou Devoluções de Compras

                3.3.1.12.1.010 (–) Descontos Incondicionais Obtidos

            3.3.1.20 Custo das Compras de Materiais de Acondicionamento e Embalagem
            (Classificação semelhante à do subgrupo 3.3.1.10)

            3.3.1.30 Custo das Compras de Materiais de Escritório (Expediente)
            (Classificação semelhante à do subgrupo 3.3.1.10)

            3.3.1.40 Custo das Compras de Materiais de Informática
            (Classificação semelhante à do subgrupo 3.3.1.10)

4 RECEITAS

    4.1 RECEITAS OPERACIONAIS

        4.1.1 RECEITA BRUTA DE VENDAS DE MERCADORIAS

            4.1.1.01 Mercado Interno

CONTINUA

---

[41] Nos registros das compras de qualquer material, deve-se também considerar o sistema de controle de estoques e apuração de resultados adotado pela entidade (inventário periódico ou permanente), bem como a inclusão ou não, nos estoques, dos tributos incidentes conforme estabelecer a legislação pertinente. Lembramos que há tributos recuperáveis, os quais não integram o custo das compras, e há tributos não recuperáveis, que integram o custo das compras. É importante ressaltar, ainda, que os materiais de consumo, como aqueles utilizados no expediente regular das empresas, normalmente compõem-se de muitos itens, incluindo valores inexpressivos, sendo perfeitamente aceitável a apuração do consumo por diferenças entre os valores lançados a débito da respectiva conta de estoque e o estoque final apurado por meio de levantamento físico (convenção contábil da materialidade).

[42] Quando a empresa adotar o sistema de inventário permanente para o registro e controle das operações com mercadorias, as contas desse subgrupo não serão utilizadas, uma vez que, nesse caso, os Débitos e os Créditos referentes ao custo de aquisição das mercadorias serão lançados diretamente na conta que registra o respectivo estoque. Haverá necessidade de controle extracontábil para possibilitar o acompanhamento das compras à vista e a prazo, tanto no mercado interno como no externo. Observar ainda a exclusão dos impostos recuperáveis.

CONTINUAÇÃO

                4.1.1.01.1.001 Vendas de Mercadorias
                4.1.1.01.1.002 (–) Abatimentos sobre Vendas
                4.1.1.01.1.003 (–) Vendas Anuladas (ou Devoluções de Vendas)
                4.1.1.01.1.004 (–) Descontos Incondicionais Concedidos
                4.1.1.01.1.005 (–) ICMS sobre Vendas
                4.1.1.01.1.006 (–) IPI sobre Vendas[43]
                4.1.1.01.1.007 (–) Imposto sobre Vendas a Varejo de Combustíveis Líquidos e Gasosos (IVVC)
                4.1.1.01.1.008 (–) PIS/PASEP sobre Faturamento[44]
                4.1.1.01.1.009 (–) COFINS sobre Faturamento[45]
    4.1.2 RECEITAS FINANCEIRAS
        4.1.2.01 Derivadas de Transações Comerciais
                4.1.2.01.1.001 Ajuste a Valor Presente (Vendas de bens ou serviços)
                4.1.2.01.1.002 Descontos Obtidos
                4.1.2.01.1.003 Receitas Financeiras sobre Arrendamentos Ativos
        4.1.2.02 Derivadas de Transações Financeiras
                4.1.2.02.1.001 Juros Ativos
                4.1.2.02.1.002 Rendimentos sobre Investimentos Temporários
        4.1.2.03 Variações Monetárias
                4.1.2.03.1.001 Variação Cambial Ativa
                4.1.2.03.1.002 Variação Monetária Ativa
        4.1.2.04 Outras
                4.1.2.04.1.001 Juros sobre o Capital Próprio
    4.1.3 OUTRAS RECEITAS OPERACIONAIS
        4.1.3.01 Gerais
                4.1.3.01.1.001 Aluguéis Ativos
                4.1.3.01.1.002 Arrendamentos Ativos
                4.1.3.01.1.003 Insubsistências Passivas
                4.1.3.01.1.004 Receitas com Perdas Recuperadas
                4.1.3.01.1.005 Receitas com ICMS sobre *Leasing*[46]
                4.1.3.01.1.006 Superveniências Ativas
                4.1.3.01.1.007 Receitas Eventuais
        4.1.3.02 Receitas com Reversões de Perdas Estimadas e Provisões
                4.1.3.02.1.001 Receitas com Reversão de Perdas Estimadas em Créditos de Liquidação Duvidosa
                4.1.3.02.1.002 Receitas com Reversão de Provisão para Benefícios a Empregados
                4.1.3.02.1.003 Receitas com Reversão de Provisão para Garantias de Produtos

CONTINUA

---

[43] Esta conta aparecerá somente na contabilidade das empresas que adotarem o critério de contabilizar o valor total da nota fiscal (produtos + IPI) como venda bruta. A orientação do Fisco é que a receita bruta de vendas seja contabilizada, líquida do IPI.

[44] Considerar, aqui, somente o PIS/Pasep incidentes sobre o faturamento, uma vez que as parcelas referentes às demais receitas figurarão no grupo das Outras Despesas Operacionais, subgrupo Tributárias.

[45] Valem os mesmos comentários da nota 44.

[46] Receita sujeita a previsão em dispositivo da legislação do ICMS.

CONTINUAÇÃO

   4.1.3.03 Receitas de Participações Societárias
      4.1.3.03.1.001 Dividendos Recebidos – Equivalência Patrimonial
      4.1.5.03.1.002 Ganhos por Compra Vantajosa
      4.1.3.03.1.003 Dividendos Recebidos – Método do Valor Justo
      4.1.3.03.1.004 Dividendos Recebidos – Método do Custo
 4.2 OUTRAS RECEITAS[47]
  4.2.1 GANHOS DE CAPITAL NO ATIVO NÃO CIRCULANTE
   4.2.1.01 Ganhos de Capital nos Investimentos
      4.2.1.01.1.001 Ganhos na Baixa de Investimentos Avaliados pelo MEP
      4.2.1.01.1.002 Ganhos na Baixa de Inv. Avaliados pelo Valor Justo
      4.2.1.01.1.003 Ganhos na Baixa de Investimentos Avaliados pelo MC
   4.2.1.02 Ganhos de Capital no Imobilizado
      4.2.1.02.1.001 Ganhos na Baixa de Bens do Imobilizado
   4.2.1.03 Ganhos de Capital no Intangível
      4.2.1.03.1.001 Ganhos na Baixa de Bens do Intangível
   4.2.1.04 Reversão de Perdas Estimadas
      4.2.1.04.1.001 Reversão de Perdas Prováveis na Realização de Investimentos

5 APURAÇÃO DE RESULTADOS

 5.1 RESULTADO OPERACIONAL BRUTO
  5.1.1 CUSTO DAS MERCADORIAS, DOS PRODUTOS E DOS SERVIÇOS
   5.1.1.01 Custo das Mercadorias
      5.1.1.01.1.001 Custo das Mercadorias Vendidas (CMV)
  5.1.2 RESULTADO DE MERCADORIAS, PRODUTOS E SERVIÇOS
   5.1.2.01 Resultado da Conta Mercadorias (RCM)
      5.1.2.01.1.001 Lucro sobre Vendas de Mercadorias
      5.1.2.01.1.002 (–) Prejuízo sobre Vendas de Mercadorias
 5.2 OUTROS RESULTADOS
  5.2.1 RESULTADO NA BAIXA DE BENS DO ATIVO NÃO CIRCULANTE
   5.2.1.01 Ganhos ou Perdas de Capital na Baixa de Investimentos
      5.2.1.01.1.001 Ganhos na Baixa de Investimentos
      5.2.1.01.1.002 (–) Perdas na Baixa de Investimentos
 5.3 RESULTADO LÍQUIDO
  5.3.1 RESULTADO LÍQUIDO DO EXERCÍCIO
      5.3.1.01.1 Resultado do Exercício
      5.3.1.01.1.001 Lucro Líquido do Exercício
      5.3.1.01.1.002 (–) Prejuízo do Exercício

---

[47] É importante salientar que a nova redação dada ao inciso IV do artigo 187 da Lei n. 6.404/1976 pela Lei n. 11.941/09, substituiu na Demonstração do Resultado do Exercício, a denominação "Receitas Não Operacionais" por "Outras Receitas".
Outras receitas representam os valores que sejam oriundos, principalmente, de baixas por alienação de ativos não correntes, tais como resultados na venda de imobilizado, de investimentos etc. (Item 9 do PRONUNCIAMENTO TÉCNICO CPC 09/2008).

QUADRO III – CONTAS EXTRAPATRIMONIAIS

6 CONTAS DE COMPENSAÇÃO

  6.1 CONTAS DE COMPENSAÇÃO DO ATIVO

    6.1.1 CONTRATOS E EMPENHOS

      6.1.1.01 Arrendamento Mercantil Contratado

            6.1.1.01.1.001 Companhia Jambo de Arrendamento Mercantil[48]

      6.1.1.02 Compras Contratadas

      6.1.1.03 Seguros Contratados

    6.1.2 RISCOS E ÔNUS PATRIMONIAIS

      6.1.2.01 Alienação Fiduciária

    6.1.3 VALORES EM PODER DE TERCEIROS

      6.1.3.01 Bens Cedidos em Comodato

      6.1.3.02 Bens Penhorados

    6.1.4 VALORES DE TERCEIROS

      6.1.4.01 Ações Caucionadas

  6.2 CONTAS DE COMPENSAÇÃO DO PASSIVO

    6.2.1 CONTRATOS E EMPENHOS

      6.2.1.01 Contrato de Arrendamento Mercantil

            6.2.1.01.1.001 Companhia Jambo de Arrendamento Mercantil

      6.2.1.02 Contratos de Compras

      6.2.1.03 Contratos de Seguros

    6.2.2 RISCOS E ÔNUS PATRIMONIAIS

      6.2.2.01 Contratos de Alienação Fiduciária

    6.2.3 VALORES EM PODER DE TERCEIROS

      6.2.3.01 Remessas de Bens em Comodato

      6.2.3.02 Penhoras de Bens

    6.2.4 VALORES DE TERCEIROS

      6.2.4.01 Caução da Diretoria

---

[48] Por razões práticas, deixamos de incluir subcontas nas demais contas de compensação deste elenco. Para exemplificar, fizemos constar apenas na conta 6.1.1.01 ARRENDAMENTO MERCANTIL CONTRATADO a subconta 6.1.1.01.1.001 Companhia Jambo de Arrendamento Mercantil.

REFERÊNCIAS

I – Obras consultadas

CALDERELLI, Antonio. *Enciclopédia contábil e comercial brasileira*. São Paulo: CETEC, 1996.

EISEN, Peter J. *Accounting*. 3. ed. Nova York: Barron's Business, 1994.

FRANCO, Hilário. *Contabilidade geral*. 18. ed. São Paulo: Atlas, 1973.

GOUVEIA, Nelson. *Contabilidade*. São Paulo: McGraw-Hill do Brasil, 1976.

IUDÍCIBUS, Sérgio de.; MARTINS Eliseu; GELBCKE, Ernesto R.; SANTOS, Ariovaldo dos. *Manual de contabilidade societária*. 1. ed. São Paulo: Atlas, 2010.

IUDÍCIBUS, Sérgio de; KANITZ, Stephen; MARTINS, Eliseu; RAMOS, Alkindar de Toledo; CASTILHO, Edison; BENATTI, Luiz; WEBER FILHO, Eduardo; DOMINGUES JR., Ramom. *Contabilidade introdutória*. 9. ed. São Paulo: Atlas, 1998.

JACINTHO, Roque. *Biblioteca de ciências contábeis em lançamentos programados*. 6. ed. São Paulo: Brasiliense, 1980.

NEPOMUCENO, F. *Novo plano de contas*. São Paulo: IOB – Thomson, 2003.

WALTER, Milton Augusto. *Introdução à contabilidade*. São Paulo: Saraiva, 1981.

II – Legislação consultada

- Código Civil Brasileiro (Lei n. 10.406, de 10/01/2002 – artigos 966 a 1.195).
- Código Comercial Brasileiro (Lei n. 556, de 25/06/1850).
- Decreto n. 3.000, de 26 de março de 1999 – Aprovou o Regulamento do Imposto de Renda (RIR/99).
- Lei n. 6.404, de 15 de dezembro de 1976 (Lei das Sociedades por Ações).
- Lei n. 11.638, de 28 de dezembro de 2007 – Alterou e revogou dispositivos da

Lei n. 6.404, de 15 de dezembro de 1976, e da Lei n. 6.385, de 7 de dezembro de 1976, e estende às sociedades de grande porte disposições relativas a elaboração e divulgação de demonstrações financeiras.

- Medida Provisória n. 449/08, convertida na Lei n. 11.941/09 – promoveu alterações na lei n. 6.404/1976, na legislação tributária federal além de outras providências.

III – Outros documentos consultados

- Pronunciamento Conceitual Básico do Comitê de Pronunciamentos Contábeis (CPC) que dispõe sobre a Estrutura Conceitual para a Elaboração e Apresentação das Demonstrações Contábeis;
- Instrução CVM n. 469/2008 – Dispõe sobre a aplicação da Lei n. 11.638/2007 e promove alterações nas Instruções CVM n. 247/1996 e 331/2000;
- Normas Brasileiras de Contabilidade do tipo NBC TG n.os 01 a 46 e 1.000, aprovadas pelo Conselho Federal de Contabilidade com fundamento nos Pronunciamentos Técnicos CPCs do Comitê de Pronunciamentos Contábeis, convergentes com as Normas Internacionais de Contabilidade IFRS, emitidas pelo International Accounting Standards Board (IASB);
- Normas Brasileiras de Contabilidade, suas Interpretações e Comunicados Técnicos editados pelo Conselho Federal de Contabilidade (CFC) – período: 1980/2016;
- Regulamentos do ICMS, do IPI e outros;
- Deliberações, Instruções e outros Atos Normativos expedidos pela Comissão de Valores Mobiliários (CVM) – período: 1990/2016;
- Portarias, Pareceres e outros Atos Normativos expedidos pela Secretaria da Receita Federal do Brasil, envolvendo tributos federais – período: 1976/2016;
- Pronunciamentos Técnicos do Comitê de Pronunciamentos Contábeis (CPC), n.os 1 a 46.